# 青藏高原的人与自然

泽绒洛吾◎著

西藏藏文古籍出版社

图书在版编目（CIP）数据

青藏高原的人与自然 / 泽绒洛吾编著. -- 拉萨 :
西藏藏文古籍出版社，2022.10
ISBN 978-7-5700-0749-3

Ⅰ. ①青… Ⅱ. ①泽… Ⅲ. ①藏族－民族历史－研究－中国②藏族－民族文化－研究－中国 Ⅳ. ①K281.4

中国版本图书馆 CIP 数据核字（2022）第 120964 号

青藏高原的人与自然

| | |
|---|---|
| 编　　著 | 泽绒洛吾 |
| 责任编辑 | 雄努洛桑　赵保利 |
| 装帧设计 | 拉　姆 |
| 出　　版 | 西藏藏文古籍出版社 邮政编码：850000 |
| | 打击盗版：0891-6930339 |
| 印　　刷 | 三河市腾飞印务有限公司 |
| 经　　销 | 全国新华书店 |
| 开　　本 | 16 开（710mm×1 000mm） |
| 印　　张 | 36.75 |
| 印　　数 | 01—3 000 |
| 字　　数 | 280 千字 |
| 版　　次 | 2023 年 9 月第 1 版 |
| 印　　次 | 2023 年 9 月第 1 次印刷 |
| 标准书号 | ISBN 978-7-5700-0749-3 |
| 定　　价 | 98.00 |

# 目　录

## 第二章　本教史籍中部分名人

## 第三章 本教文化与地名研究

## 第四章　十世纪以后的本教文化



## 第五章　象雄耳传大圆满与高原文化

# 序（一）

前不久，本书作者泽绒洛吾先生约请我茶叙，将他的新作《青藏高原的人与自然》书稿送来，谈及他撰写此书的动机以及与此相关的话题，并诚恳邀请我写个序言。话题及书的标题顿时深深吸引了我，在大致了解到作者主旨、情感基调以及主要内容后，我与作者的认知产生共鸣。同时发现作者是一位具有审辨思维，有眼光有担当,研究藏族传统文化学术成就较丰并有较多学术贡献的学者，在藏地宗教人士中鲜有的学术研究性人才。

一个宗教职业者以探秘自然文化的视野，利用祖先留传的古籍文献资源深度研究青藏高原的人与自然这样的课题，关注中华民族共有家园的美丽与安全，进行深入研究和探索，其探索精神与学术追求难能可贵。据了解，泽绒洛吾先生通晓藏汉两种语言，且知识渊博、融汇古今。他在继承先贤对藏族历史研究的基础上，探幽发微，同中寻异,先后发表了多篇论文，凸显其深厚的学术功底，他的《古藏文历史文献研究丛书》开始陆续问世，标志着其著述已形成系列成果，从一定意义而言，填补了该领域的一些空白，从而赢得国内外苯教学界的景仰。

当今，文化正在出现更大范围和更为深沉的融合，千方百计促进可持续发展已成为世界趋势。基于本土的特质和优势，使地方文化尽可能彰显中华文化的绚丽多姿，融入当代国际化语境是摆在人们面前的严峻课题。

人与自然万物存相互依存、休戚相关，是人类生存与发展的最基本关系，已成为当今世界各国共同追求的日标。党的二十大报告中习近平总书记指出："必须牢固树立和践行绿水青山就是金山银山的理念，站在人与自然和谐共生的高度谋划发展。"这不仅是我们党和国家对人与自然关系的新认知、新表述，也是对人与自然关系的新定义，是对新时代正确处理人与自然关系提出的新要求。

自古以来，人们对神秘的青藏高原充满了向往，成为探索其历史的不竭动力，一代又一代的学者，从不同的角度揭开其中神秘的面纱。随着科学的发展，人们把目光投向世界屋脊，对这片高原的自然与生存其间生灵给予更多的关注。

藏地最古老宗教——本教就发源于青藏高原，神奇雄浑的自然山水造就了早期高原先民对大自然的由衷的膜拜和虔敬，期盼自然神灵护佑人间风调雨顺、国泰民安，成为藏族期文明最重要的组成部分。藏民族慈悲行善、珍爱生命的自然生态价值观认为：宇宙结构框架一切生物与非生物的生存环境都是由外器世界（自然环境）与有情世界（生物）构成，他们之间是相互依存、相互作用、不可分割的因果关系链，对山水自然的尊崇无处不在。这种万物有灵的自然生态观使生长在高原的人们对自然万物赋以神秘的力量，崇尚山水，善待一切生物，建立人与自然界之间共生共存的亲近关系，祖祖辈辈顺从自然、善待自然，有节制地索取自然资源而不任意践踏破坏。

藏族山水文化自成体系，赋予万物包括天、地、日、月、星宿、山川、土石、草木、禽兽等自然物人格化秉性，崇尚万物有灵的观念，敬畏自然，是原始本教信仰的基点和归宿，也是藏民族文明的起源。因为藏民族的智慧与创造，以及与之相应的对呵护、善待自然界的理念与生俱来并世代相传，自觉自愿地守护着自己的家园，雪域高原才如此富饶多彩；因为藏民族有了对自然与生命的尊重、珍惜的善举，才有高原无数神山圣湖、神兽神树等构成的人间美景。

《青藏高原的人与自然》一书，关注和探讨青藏高原这一特殊地区的人与自然的关系,这样的研究确实具有积极的意义,亦属紧迫而关键。这大概是作者完成本书的宗旨和初衷。

毋庸置疑，泽绒洛吾先生为此书花费了很多精力，并通过二十多年的开疆拓土，辛勤耕耘，阐释了人与自然的关系，资料翔实，叙述详细，向读者提供了诠释青藏高原人与自然的新角度、新途径。作者围绕“青藏高原人与自然”的主题，以多学科的视野叩问远古历史，寻觅青藏高原的人与自然共生共荣悠久绵长的历史轨迹,有理有据地探索人与人、人与自然、人与社会和谐共生的新坐标，自觉维护生态平衡与人类生存环境作为一种目标追求，梳理并发现具有广泛的价值意蕴的规律性认知，展现了他攻坚克难、挑战极限的胆识与魄力。不仅体现出作者自我突破、参与学术争鸣、追求真理的治学精神，对促进中华民族共同体意识、繁荣藏地文化与内地文化的交流、交融是一个积极的贡献，无疑具有独特的开创性价值，想必可以对读者带来一些“新知”“新见”。

泽绒洛吾先生在本书中的许多见解，论点鲜明，论据扎实，尤其是让藏族传统科学的生态观古为今用等观点，可谓立意新颖，独树一帜，蕴含不少真知灼见，对该领域研究成果是一个有益补充和升华。当然，也希望泽绒洛吾先生不断发扬刻苦、严谨的治学精神,敬畏先祖，尊重史料，不主观臆想，不留偏执的遗患。因此，罗列以上文字，是为序。

四川省文化厅原巡视员 泽波

# 序（二）

《青藏高原的人与自然》是泽绒洛吾刻苦努力、精心撰写的一部著作。

泽绒洛吾学养深厚，治学严谨，淡于名利，潜心向学。这部著作凝聚了泽绒洛吾多年来学习、研究藏族文化历史的精华。是研究古代藏族先民社会生活、人文思想不可多得的一部力作。本书在广阔的文化背景下，全方位地展示了古代藏族的社会现象、人文历史、人神关系、神灵系统、社会结构、宗教信仰、文化礼仪等诸多方面的问题，内容详实，文献丰富，文笔流畅，可读性强，是一部雅俗共赏的精品佳作。

降边嘉措

2018年6月26吉日于北京

（降边嘉措，中国社会科学院民族文学研究所研究员、博士生导师）

# 序（三）

## 神话、历史与当下

泽绒洛吾是我敬重的高僧、学者和藏汉双语作家，我很早就拜读过他的著作。

还记得几年前尚未有机会拜识泽绒洛吾的时候，读到他的《发现自己》一书，欣喜之余想购买来赠送友人，却一时买不到更多，我就复印来转赠——不惜通过未经允许的复制，也想把来自家乡的美好，传达给身边的友人。

而正真有机会拜见泽绒洛吾，还是新近的事儿——去年在兰州大学的藏学研讨会上，有幸聆听了他的重要研究报告。

如今又有机会率先拜读泽绒洛吾的新著《青藏高原的人与自然》，更是欢喜异常：无数鲜活生动的、远古的神与人的历史画卷，徐徐展开在眼前。各具特色的神族、魔族、赞族、龙族、罗刹族、夜叉族、年族（著作中的“年”，即藏语གཉན། gnyan，本序为避免与“年神”误解，后文改作“撵”），在远古的高原风云激荡；瓦塞本尊等巨邦三尊、五胜本尊，以及斯巴杰母等“玛”“都”“赞”诸护法，统领着高原众神；辛饶弥沃，游走在远古十二部落的洪荒时代，划破蒙昧，开化先民……

是的，青藏高原无疑是距离天界最近，令诸神驻锡眷顾、流连忘返的地方，也是那些精灵鬼怪腾挪跌宕、兴风作浪的地方。无数大大小小的神灵鬼怪，与这里的山川与人民休戚与共。自小我们就对于拉（ལྷ། lha）、赞（བཙན། btsan）、鲁（ཀླུ། klu）、撵

（གཉན། gnyan）、萨达（ས་བདག sa bdag）、悉达（གཞི་བདག gzhi bdag）或域拉（ཡུལ་ལྷ། yul lha）等耳熟能详；高原上几乎每一座高山、每一处清泉，都蕴藏有各种神灵或鬼怪的温温气息，仅前文提到的“㘓”（གཉན། gnyan），这类据说面目相当可怖的地祇，就有土㘓（ས་གཉན། sa gnyan）、水㘓（ཆུ་གཉན། chu gnyan）、木㘓（ཤིང་གཉན། shing gnyan）、石㘓（རྡོ་གཉན། rdo gnyan）多种，可谓山石田土树，处处有神祇；同时，我们每一个人身边，除了域拉（ཡུལ་ལྷ། yul lha）地方神，还有诸如阳神或父族神（ཕོ་ལྷ། pho lha）、战神（དགྲ་ལྷ། dgra lha）、阴神或母族神（མོ་ལྷ། mo lha）和命神（སྲོག་ལྷ། srog lha）等寸步不离的守舍神（འགོ་བའི་ལྷ། vgo bavi lha），多方神灵层层护卫。

印度佛教的传入，又为原本就诸神林立的这片土地带来了更多的、乃至无量的诸佛菩萨和罗汉非天的眷顾。这种复杂的神系结构，与西方的希腊、东方的日本和近邻印度相比也有过之而无不及。

神话在人类历史上承担着非常复杂的功能；而从某种意义上也可以说，神的历史也就是人的历史，史前神话很大程度上是人类早期历史的缩影、隐喻。当然，有些神话可能与历史毫无瓜葛，与此同时一些真实的历史则又在时间长河中被不断地神化。青藏高原的神灵与神话，是人类心智共同的投影，更是远古藏族历史的生动折射，若有条件考究此类问题，足以令人心驰神往。

著名人类学家、比较神话学家和结构主义大师列维–斯特劳斯（Claude Lévi-Strauss）曾多次讨论过人类学与历史学的关系，他对美国人类学之父、描写语言学的先驱博厄斯（Franz Boas）能够从一些“让历史学家沮丧”的人类学资料中，重构（reconstruction）真实的历史（true history）的努力表示极大的尊重，但也认为那些只是一种“转瞬即逝”的历史（见Structural Anthropology, Translated from the French by Claire Jacobson and Brooke Grundfest Schoepf, New York: Basic Books, 1963: 9）。不过，列维–斯特劳斯还是承认“Anthropology is equally concerned with populations which possess writing……, And it is also possible to reconstruct the history of peoples who have never known writing, as, for example, the Zulu”，意即“人类学既关注那些拥有文字的族群，同时也可以去重构那些从来不懂得书写的人们的历史，例如祖鲁人”（见上引书，1963:24–5）。

而曾被称为用“新的眼光来了解中国古代史的第一人”的法国人类学家、汉学家葛兰言（Marcel Granet）则更是相信，通过神话、民间传说和歌谣等，可以重建“孔子文化”时代之前“截然不同的文化”（李璜译述葛兰言《古中国的跳舞与神秘故事》，上海：中华书局，1933：序及正文第29—30页）。

可以说，无论是“真实的历史”，还是转瞬即逝的历史细节，藉由这些神秘乃至虚幻的神话故事，某种程度上是有望得以“重构”无文献的早期历史的。而从另一种视角来看，著诸文字的、“严肃”的历史何尝不也是后人的一种“构建”，纯粹客观真实的历史从某种角度上看也只能是一种想象。

泽绒洛吾在这部著作中，正是利用多种文献，包括他搜集的一些非常珍稀的文献所记载的丰富的神话、传说和祭祀民俗等材料，来重构早期的历史。通过这样的方法，他勾勒出了远古青藏高原的相当宏大的历史线索。无论你同意与否，这些构建具有重要的价值与意义，极具启发又引人入胜。他主张，“自斯巴桑波布赤、南西共杰开始，衍生很多神，都是人为塑造的，实则都是人。”传说中的“神族统领天界，龙族统治水界，赞族统治岩石，魔鬼统治黑暗和森林，土地神统治大地，年族统领山”，然而这些神魔的原型，实际都是不同的原始部族：“辛饶弥沃时代高原地区神族、魔族、赞族、龙族、罗刹族、夜叉族等很多不同种族并存”，“这些不同种族之间曾经发生过战争，有过贸易来往，因此也有文化的交流。后来随着吐蕃的发展壮大，这些部落文化、信仰逐步相互融合，形成了吐蕃的政教势力和多元文化”（本书第一章第二节神族、龙族部分）。

进而作者细致描绘了这些远古部族活动区域的具体地望，“据说冈底斯的西部和西北部是属于神族的领地；尼泊尔等冈底斯的南部为龙族的领地；里象雄的嘉卡巴确为人族的领地；卫藏等吐蕃与门巴族为罗刹的领地；达波杰、工布杰、凉波杰为魔族的领地”（本书第一章第二节神族部分）。

如果简单地把神话不加分析地理解为历史、笃信你的祖先自天而降，那只能是一种信仰，乃至是宗教。作者的视角并非如此，他一边梳理文献中的神话传说本身，将超人的诸神之间复杂的谱系关系娓娓道来，同时又将神话中超验的一面细心剥去，试图还原出属于人的历史。于是，诸神实际上也就是远古时期生活在这片高原上的活生生的人群，“神不一定都在天空中，他也不一定是太空人士，他就生活在大地上的某个部族。龙族是生活在河边、海边、泉水和湖水边的族群，他们靠海水、湖水或河水来生存，以水为生活资源，以水为神，以水为父母或信仰”，而“神族居住在雪山的山顶，赞族生活于岩石等红色地带，……魔居住在森林、山阴等黑暗地带，年族生活在山上”；“有时候龙族与人族联姻，抵抗魔族和赞族；有时龙与魔族联姻，抵抗外来的入侵者；有时以神族为师，学习神族信仰，随着神族保护人类，维护和平”（本书第一章第二节龙族、魔族部分）。这样，泽绒洛吾的这一部著作就有了现代人类学的高度与意义。

关于青藏高原的神怪世界的过去与现实，既有内贝斯基（Nebesky）的《西藏的神灵与鬼怪》（Oracles and Demons of Tibet: The Cult and Iconography of the Tibetan Protective Deities）这样的名著；也有杰弗里·塞缪尔（Geoffrey Samuel）《文明的萨满：西藏社会中的佛教》（Civilized Shamans: Buddhism in Tibetan Societies，目前尚无汉文版）等重要著作，但是与高原神灵鬼怪的浩瀚世界及其在现实生活中的复杂表现来说，当然远远不够。在青藏高原，从神话传说到现实生活，活灵活现的神灵鬼怪，是人类学、神话学乃至文学创作的富饶资源。而泽绒洛吾的著作，作为娴熟使用本土文献的研究成果，价值尤为重要。

是的，不仅诸多重要神祇在整个高原赫赫有名，每一个小村庄都有专司庇佑一方的地方神，我们老家称为“悉达”（གཞི་བདག gzhi bdag），这里不妨译称为“地方悉达神”。他们也都有姓名、分性别，从着装、坐骑、到喜好，有着鲜活生动的形象，更有与周边村庄的其他地方悉达神之间数不尽的恩怨情仇史。我的老家山村只是个拥有几百人口的小村庄，然而村庄再小也不例外，这个叫做“程章”（藏语本字已不可考，如今官方记为ཁྲིམས་འཇམ། khrimas vjam，也不过是带有美化色彩的记音）的小村，至少有三个重要的当地悉达神供奉。与我们最为亲近的，就是直接驻锡在村后高山上的悉达扎西向姆（བཀྲ་ཤིས་ཕྱུག་མོ། bkra shis phyug mo，或有人认应该写作བཀྲ་ཤིས་ཆེན་མོ། bkra shis chen mo），她与村庄和子民朝夕相处，护佑了我无数的祖辈，如今仍然默默地保护着我们。扎西向姆是一位传奇的女神，驻锡的高山像一只巨大的鹏鸟，坐东朝西，面向雅砻大江和峡谷，在它双翅轻轻笼围的怀抱中，是我的故乡，一个小小的山村。自雅砻江山谷山坡中的山村向东翻越一座高山、离开峡谷到达高原原面，首先赴入眼帘的，是另一座与我们若干小村共同敬奉的悉达“布哲”。这座神山名号的藏文本字也无法考证，姑且记音性地写作འབུམ་འགྲིག（vbum vgrig，实际发音用国际音标可记为$mbu^{24}ndzi^{31}$）吧！布哲是一个白衣白马的英俊神祇，很多人在身陷险境时或梦境中亲眼目睹过他的雄姿、获得过他的解救。再往南方骑马半天的路程，可以到达我们和另外两个村庄及其他零星人家供奉的、规模很小但对我们来说非常神圣的寺院——夺绕寺（འདུ་ར་དགོན། vdu ra dgon）。而寺院所在山谷的尽头，是高大险峻的雍仲拉则神山（གཡུང་དྲུང་ལྷ་རྩེ། gyung drung lha rtse），同样如同一只巨大的鹏鸟，展开双翅，雄踞在高山之巅。如此等等，无论我们的村民远游到天涯海角，扎西向姆、布哲、雍仲拉则三位神山，都在默默地注视着我们，护佑着我们。偶尔，会从家乡传来消息，说神山通过神谕，叮嘱我们在外的人要多加小心，说悉达神为了顾全这些在各地游荡、又粗心大意的人，有时候实在有些顾不过来了呢……

这次敬受泽绒洛吾老师的要求，要在他的大著之前，献上这些话，一方面不无惶恐，同时又倍感荣幸。泽绒洛吾不仅是著名高僧、学者和双语作家，他还是一位言说着一种十分古老藏语的母语者。分布在道孚（རྟའུ། rtavu）、炉霍（བྲག་འགོ། brag vgo）、丹巴（རོང་བྲག rong brag）、金川（ཆུ་ཆེན། chu chen）、壤塘（ཛམ་ཐང་། dzam thang）这一带的，这种特殊的藏语（学界有人称道孚话རྟའུ་སྐད། rtavu skad，有人称霍尔话ཧོར་པ་སྐད། hor pa skad，尚没有一个广泛共识的共同名称），与同样古老特别的藏语嘉戎话（རྒྱལ་རོང་སྐད། rgyal rong skad）类似，都是历史层次上远比七世纪藏文所记录的吐蕃藏语更为古老的特殊藏语，对探究原始藏语乃至藏缅语的历史有着重要的价值。正如博厄斯（Franz Boas）曾说过的，物理的（体质的）、文化的和语言的方法，是重建人类历史的三个重要的方法（Race, Language and Culture, New York: The Macmillan Company,1940:154,159,171）；当代国际著名语言学家王士元先生（William S.-Y.Wang）也说，考古学、遗传学和语言学，是考察人类历史的三个窗口（见Three windows on the past. In Victor H. Mair <ed>, The Bronze Age and Early Iron Age Peoples of Eastern Central Asia. University of Pennsylvania Museum Publications,1998:508-34，又见《王士元语言学论文集》，北京：商务印书馆,2002:41-74）。可见语言在重建人类历史方面占有重要地位，保护和研究这些特殊藏语意义尤为重大。如今主流藏语社区对此往往重视不足，甚至有意无意无视它们的存在；同时，在更多更大的语言和方言的影响下，这些宝贵的地方语言岌岌可危。到了今天，藏语标准语的建设与方言土语的保护都到了同样重要的时候了。而这些语言是如此特殊与古老，相信作者以及和他一样能够言说这一古老而伟大母语的人们，更能够自魂灵深处直指远古世界的神境与灵气。

同时也相信，作为自古倍受众神庇佑的高原人，作为自幼浸透在人神交互文化中的高原人，我们与生俱来与诸神同在；我们天然地有着与诸神乃至鬼怪休戚与共的亲密生活；英雄的格萨尔王，至今仍然通过活着的史诗艺人与我们同在；神话时代、英雄时代和凡人时代（Giovanni Vico/维柯语）与今天的信息时代在这里的错综叠置。我相信，对于青藏高原的人们而言，神灵与神话不仅属于天界，而且也属于远祖鲜活的历史，更属于当下人们真切实在的生活。

即使从小在外地城市生长的我的两个孩子，每到吉祥的日子，他们也会端起冒着袅袅轻烟的香炉，对着万里之外的遥远的家乡，用母语呼唤永远在背后注视着我们、庇护着我们的地方悉达神，首先正是从家乡山村当地的三位悉达开始的：

མཆོད་ཅིག།

གཞི་བདག་བཀྲ་ཤིས་སྒྲུག་མོ་ལ་མཆོད།།

འབུམ་འཁྲིག་མི་དཀར་རྟ་དཀར་ལ་མཆོད།།

འདུ་ར་གཡུང་དྲུང་ལྷ་རྩེ་ལ་མཆོད།།

意即：

祭奉地域神扎西向姆！

祭奉白人白马的布哲！

祭奉夺绕雍仲拉则！

接着呼唤我们木雅（མི་ཉག　mi　nyag）地区两座终年积雪的冰清玉洁、漂亮的悉达神山：

ཤར་སྟོད་བཞག་བྲ་དཀར་པོ་ལ་མཆོད།།

ཤར་སྨད་མི་ཉག་གངས་དཀར་ལ་མཆོད།།

意即：

祭奉东方上部的洁白雅拉！

祭奉东方下部的木雅贡嘎！

雄伟的木雅贡嘎（མི་ཉག་གངས་དཀར། mi nyag gangs dkar）雪山，海拔超过7500米，是在喜马拉雅—昆仑和喀喇昆仑—兴都库高山集中区之外这个星球上的最高峰（亚洲之外没有超过海拔7千米的高山），也是当地重要的悉达神山。

然后依次呼唤、祭奉从本地到其他地方，包括世界中心、众山之王、无与伦比的冈底斯山（གངས་རིན་པོ་ཆེ། gangs rin po che）在内的悉达神。同时，我们也总是不忘一起喊上一声：

——ཕོ་ལྷ་དགྲ་ལྷ་དར་དགོས།།

——祈愿阳神战神发达！

南开大学语言学教授阿错（ཨ་ཚེར།）

2019年10月恭书于天津

# 序（四）

泽绒洛吾是甘孜藏族自治州佛协的常务理事，民族宗教文化研究中心之特邀嘉宾。自2005年起，甘孜藏族自治州佛协每隔一年举办一次以“523教学活动”为主题的藏传佛教寺庙和僧人管理的学术交流会。泽绒洛吾几乎每年都积极参与。

藏族人自古在青藏高原这片土地上繁衍生息，距今有数万年的历史。他们长期与严峻的自然环境斗争，迎接各种残酷的现实挑战，形成了具有地域特色的藏族文化。藏族通过与邻近地区长期交流，在文化习俗上互相吸收，彼此交融，产生了多种传承。但所有传承归纳起来，只有两个大的传承，那就是本波教和藏传佛教文化。

本教文化是高原地区土生土长的藏族特色文化，是藏文化的根和源，也是中华文化大家庭中的重要组成部分。传承和弘扬传统优秀文化不仅是我们中国人的追求，全人类都在为此付出和努力，所以佛教界也应义不容辞地为人类文化的延续尽绵薄之力。

泽绒洛吾从少年时代至今，致力于对本教人文历史、古籍文献、教义传承等方面深入调研、编译、注解。并且用藏汉语写了很多优秀作品，可谓是本教研究领域著作等身的博学者。近日获悉他已完成《青藏高原的人与自然》这部佳作，不胜欣喜。这本书系统地介绍了古代青藏高原的社会生活、人类的宗教、神的历史、人与神的社会关系，反映了古代社会的生活方式、文化礼仪、风俗习惯，以及社会的意识形态。无论是研究本教还是了解本教文化，都可令读者登高博见、豁目开襟。

作者为此佳作呕心沥血，是一本值得推荐和阅读的好书。

甘孜藏族自治州佛教协会

2019年9月10日

# 自 序

随着社会的发展，藏学的学术范畴日益扩大，受到越来越多学者的关注和重视。此处所指的藏学，包括民俗、历史、宗教、文化、语言、社会生活等很多学科。这些学科无一例外都受到宗教的影响。青藏高原上通过考古发掘的古代遗迹和先民遗物中，百分之七十都与宗教有关。有人说：宗教是人类文化中不可或缺的一环，只要有人的地方，就有宗教信仰。有宗教的地方，就有神的踪迹、人的生活产物。那么究竟是神创造了人，还是人创造了神？有的宗教认为，神是万能的，创造了世间万物。因为人无法创造自己，所以他把创造权归于神，以神为创造人类的工程师。有的宗教认为，神没办法创造人和事物，因为神并非万能的，没有能力让善变成恶或恶变成善，一切都由因果来决定。

也有的宗教认为，神是独一无二的，更是万能的，人无论怎么努力学习，都无法成为神，因为只有神才是最权威最神圣的。还有的宗教认为，神虽是神圣的、无所不能的，但人如果努力学习、积累资源，总有一天会达到神的境界。比如本教辛饶弥沃起初只是一名普通人，他先受了菩萨戒，行菩萨道，经历很长一段时间的积福消业，才成为辛饶弥沃佛。辛饶弥沃的后裔占巴南喀大师曾说过：“佛是觉悟了的众生，而众生是未觉悟之佛；佛与众生之间，只有觉悟与非觉悟之别，只有一念之差，没有身份和地位的尊卑之别。”只要肯努力学习，有了正确方向，成佛指日可待。

有人认为，神有三种特点，即关系性特点、功能性特点和辩证性特点。

所谓“关系性特点”是指人与神之间存在某种联通方式，人类可以通过积极、虔诚地向神祈请、祷告，或者通过修行、观想来请求指点和引导，神会用自己的方式给予帮助。如益西宁波向雍斯达巴请求指点心性一般。人与神的关系，站在神的角度而言，本性永恒一致，一尘不染；但对人类来说，想法和思维因时因地而转变。

“功能性特点”是指神的功能，人无论再聪明、能干，也无法与神相比，他是无与伦比、独一无二的。比如这世上的植物与动物，形形色色，各具特色，都是神的杰作，当然有的神只能在自然法则即因果的范围内从事创世工程。比如人有法律，有责任，但他负责到什么程度？他能自由吗？比如地震、海啸、火山爆发等自然灾害，以及死亡、衰老等，都不是人能控制的。再比如在大自然的舞台上，有很多事情无法用科学实证，因为人所能断定的太有限了，这些只能留给神来指点和引导。比如本教经典中所说的虹化成就，科学无法证实，但历史不断造就虹化成就者，这一点无法否认。这些问题一方面引出神的存在，另一方面也质疑了神的正义。

“辩证性特点”是指，人的认识都是相对而言，人的存在都是相对存在，但神的领悟是绝对的，不可置疑的。比如佛教的胜义谛和世俗谛、相对与绝对，都是这个层面。本教认为所有事物都有表面现象和本质现象，表面现象只是相对存在，而非绝对存在；但本质现象是绝对存在，是宇宙真理，只有佛或本尊才能完全领悟它的本意。当然，人可以修成正果，成为神或本尊，但到了那时就已经不是人的身份，而是神或本尊的身份了。这也是神的化身或变化功能。

2018年11月30日，中国社会科学院在西藏藏北羌塘高原发现了旧石器时期的遗物，并根据其和1982年四川甘孜藏族自治州炉霍县卡娘乡祖热恰卡地区发掘出的古人头盖骨对比后断定，四五万年前，智人已踏上了青藏高原的土地，创造了高原文化。根据昌都的卡若遗址、拉萨的曲贡遗址、炉霍卡萨遗址等很多考古发掘，公元前三四千年时，青藏高原已有了农牧民，他们打制新石器、冶炼青铜，也有了宗教信仰和神的踪迹。根据本教古籍文献所示，本教文化在漫长的岁月中，从原始本教走到古代本教即雍仲本教，其神物崇拜和宗教信仰也从原始的图腾崇拜发展为动物崇拜、半人半兽崇拜，直至人像崇拜，中间经历了很多变化。

很多古籍告诉我们，青藏高原的神灵分为主神和次神、化身与被化身，主神与眷属神、次神中也有主神与次神、眷顾与次眷顾等很多区别。人类的宗教信仰，从一神论走到多神论，这个过程中吸收了不同部落和区域的生活习俗、民俗习惯、神物崇拜和宗教信仰。瓦塞本尊（དབལ་གསས་རྔམ་པ།）是不灭顶佛时代的神族宗教，其中有巨邦三尊（སྤྱི་སྤུངས།）、明妃、护法神、眷属神等无数个神，神与神的关系有序，见证了青藏高原的人文历史、社会变迁。从人创造神开始，神的传奇故事就登上青藏高原的历史舞台，逐步神人合一，造就了所谓的宗教文化。藏族宗教有两个大的体系，一是本波教，二是藏传佛教。无论是本波教还是藏传佛教，无论是原始本教还是古代本教——雍仲本教，都是藏族文化的源流。

我们最关心的也许不是神本身，而是他们背后说不完的动人故事、人情世故。这些故事中阐述了我们祖祖辈辈传承下来的人文历史、宗教信仰、民族风俗、伦理道德、政治观念、生活态度、人生观念，也说明了他们的宗教信仰、神灵崇拜、神人关系、社会现象等历史发展和世事变迁，从而得知来之不易的高原文化究竟经历了什么，走过了多少岁月，才登上了世界的历史舞台。

舛误难免，敬希指正。

2019年3月25日星期一

# 第一章 高原远古的人与自然

神话代表一个时代的文明，是那个时代的主流或社会现象。无论是人物介绍还是祭祀神灵，无论是神的历史还是人的信仰，国王的威严还是国家的政治体系，都离不开神的传说。比如藏族古典中有“仲”（སྒྲུང་།）、“德邬”（ལྡེའུ།）、“本”或“苯”（བོན།）三流的详细记载。有的学者认为，仲德本中的“仲”（སྒྲུང་།）代表国王，“德邬”（ལྡེའུ།）是代表政治，“本”或“苯”（བོན།）是本教即青藏高原的宗教。

藏文的“仲”有神话、传说、故事等很多含义，它通过神话来阐述历代君王、贵族的世系繁衍和生平事迹，很多人文历史就在此基础上发展而来。“德邬”是通过谜语来传达重要信息，建立相互之间的来往，比如古代藏族人通过黑白小石子来计算善恶、对错，预测未来凶吉，或传达重要信息，这也是德邬中的一部分。“本”是藏族古代宗教，包括九乘次第本、四门五库本，以及神本、龙本、赞本、魔本、年本等青藏高原上的所有宗教。我们从古希腊、古埃及、古印度、古波斯及古代中原地区的宗教历史中能看见很多不同模式的神话故事，这些故事告诉我们人类文化如何诞生并发展，他们在文化上如何来往、接触并交融，人与神是如何建立联系的，等等。

自从神权与王权都集中在国王或某个人身上起，神话故事就伴随着人类的思想、社会的发展源远流长，形成了人类文化的重要组成部分。同样，在青藏高原的本教文化中也得见很多神话故事，有的神话已传承了四五千年，并且影响了中亚、东亚、中东等地，反映各个部落王朝的社会现象、人际关系、社会生活，也告诉我们什么样的人才能创造神。比如西藏的活佛转世、坐床仪式、寺院管制、圣山祭祀仪轨等都受到古代神话的影响，富于神秘色彩。由此可见，对于热衷高原文化的人而言，本教的宗教信仰和神话故事极其重要。

## 第一节 古藏文文献中的人类起源说

神话故事是古人为我们留下的先祖事迹，亦是远古人类文明的起源，达尔文尚未提出人类起源为猿猴之前，神话成为人类的主流文化。研究远古时期的人类文明，需要两个大的资源，一是神话故事，二是考古遗物。古藏文文献中的人类起源问题众说纷纭，各有见解，但归纳起来就有三种说法：一是人类起源于世间夫妇之说，二是人类起源于光明天神族之说，三是人类起源于猴子和罗刹之说。这三种故事都来自古藏文文献，在青藏高原广为流传，传承至今，但很少有人写这类故事，好像它们难登大雅之堂。

### 一、起源于世间夫妇之说

这一说法源于本教文献《世间根本藏》。其中记载："世间形成之初，五大元素精华中产生黑白两枚巨蛋，白色巨蛋生于光，代表光和正义，照亮世间万物，创造器情和平；黑色巨蛋生于黑暗，代表黑暗和恶魔，毁灭世间万物，让世界陷入黑暗之中。即白色代表善和正义，黑色代表恶者和黑暗，两股力量一善一恶，一白一黑，势不两立。光明的先祖名世间之父桑波布赤，别名拉果妥巴、赤杰库巴和仓巴即梵天。桑波布赤之明妃为曲江杰母即水神之母，别名为斯巴杰姆、大悲慈母、萨周艾桑、桑萨让尊等等。五行排序，空中生风，风生火，风与火的力量中产生水，水成海，海浪中形成一枚绿色蛋，从中出现一位贤惠聪明，慈悲正义的神女，被称为水神之母，是桑波布赤的明妃，生十八个子女，从而诞生神、人与恶魔的所有物种。”①

11世纪60年代由伏藏师切吾年彤巴掘藏的《世间根本藏注解》中记载：光明之子乃神族之王，呼吸成风，热量成火，风与火的力量集中在一起，产生乌云，从而生降雨即雨水和海水。即空生风，风生火，风与火中产生乌云，乌云中降水成海，水搅动后成土壤。土中生树，树被称作如意宝树，此外还有须弥山、七大海、七金山等器世界的形成。五行即五大元素精华中产生一枚半黑半白的巨蛋，白蛋产自光明，黑蛋产自黑暗。白蛋代表光明和善意，黑蛋代表黑暗和恶意。白蛋中生斯巴桑波布赤，即神的先祖，正义的化身，人类的救世主；黑蛋中生毁灭万物的恶魔，是黑暗之主，恶魔的化身，漆黑之子。光明和黑暗虽为孪生兄弟，但行为相反，光明之子桑波布赤创造和平、幸福和快乐；黑暗之子创造恶魔，破坏和平。海浪与桑波布赤的意念相结合后产生一枚绿蛋，蛋中生一枚仙女，名桑萨让尊即贤惠天女，即神族的祖母。

《世间光明续》中记载：世间形成之初，产生三枚巨蛋，黑色中产生黑暗和恶魔，从而诞生青藏高原三十三个部落；花色中产生夜叉族、罗刹族、鬼族等古人；白色蛋中生光子桑波布赤和水神之母。二位夫妇生两子一女，长子为拉饶年如杰，次子名光子，女儿名不详。长子年如杰拉（གཉན་རུམ་རྗེ།）生“拉”（ལྷ།）、“嘎尔”（གར།）、“邓”（དེགས།）三族。拉是指神族或天族，神族有无色界即看不见的神族，色界天即看得见，但只是彩虹之身，没有肉体，欲界天就是肉体身，是与人类交集最多的神。“噶尔”属神族之系，忿怒之身，降伏恶魔；“邓”是恰即福禄之主、“古”公正大师、“斯”即存在之神。次子光子生“人”（མི།）、“人非人”（སྨྲ།）与“幸”（གཤེན།）。人是指人

①永忠旦增、巴桑和仁博次邓主编：《世间根本藏》，成都：四川民族出版社，2018年版，第12页。

类，人非人看似像人类，实则是非人类的物种，幸是神族之后，人中之王，就是人中的聪明人、圣人、智人。幸代替神，度化人类，传播神族文化，维护世界和平①。这是本教的人类起源之说。

**二、起源于光明天族之说**

《世间根本藏》《俱舍论》和《日光根本续》等大量文献记载：如果前一劫的人类被毁于大火灾中，这一劫的人类就起源在于色界光明天神族。文献还记载：神族有无色界天、色界天和欲界天神族之分。无色界神族是看不见的五色之神，色界天神族是虽能看得见，但都是虹光之身，并无实体；欲界天与人类一样，不但看得见，还对睡眠、饮食、性交配都有欲望。从文本角度而言，他们是三个不同世界的物种②。从神学角度分析，他们是人类文明发展阶段中，三个不同时代的先祖。譬如：普贤王无色体、无住所、无眷顾、无时间概念，以赤身裸体呈现，不难发现他是最远古时期的神人。色界天是虹光身体，与光的时代有着密切联系。那么什么是光的时代？人类历史上有过一段没有阳光的时代，一直漆黑。人民很害怕黑暗，以黑暗为恶魔，以光为神灵，所以有了人类起源为光明神族之说。

据大量古藏文文献记载，无色界天族中衍生色界天神族，色界天神族中产生欲界天神族。色界天的最低层神族叫仓巴神即梵天众，也许就是印度婆罗门所说的梵天。仓巴神是人类鼻祖，世间之源，万物的始创者。欲界天族可谓是离人类最相近的神族，他们可以与人类正常交流，以人的身份降临到人间，生活在雪山或石片山和森林中，维护正义，守护人类，被尊为正义的化身，和善的代表者。欲界天中的知足天族为诸圣者的修行圣地，三十三天界是神子们从知足天来到人间的过道。三十三天界与阿修罗三十三个部落为交界，他们经常发生冲突，发动战争。这些实际都是青藏高原的远古部落。

---

① 赤索丹主编：《本教历史文献汇编》第4卷，兰州：甘肃文化出版社，2018年版，第39页。
② 赤索丹主编：《本教历史文献汇编》第4卷，兰州：甘肃文化出版社，2018年版，第39页。

光明天神子降临的故事，据文献记载：南瞻部洲人因福德圆满，一位光明天子从光明天神族降临到人间，使失去了光明天禅定之力，自称为谢帝（ཤེད་དེ།）；谢帝心想：有个伴该多好！因为心灵感应，招来了一位神女，名谢帝之伴。两人心想：若有个儿子该多好！他们心心相印，生一子，名谢子，从而衍生很多神子。他们身有聚光，照射世界，以禅定维系生命。有次一位神子吃了一点地上的地皮植物，发现味道甘美，大家抢着吃了之后，身上的光渐渐消失，世界变成一片漆黑。过了很长一段时间后，可食用的大地植物消失，生出了一种谷物，随时随地都能吃到。人们对食物的欲望逐渐增长，激烈斗争中谷物日渐减少。与此同时，有人发现剩下的谷物种子播在地下，来年还能再生，因此有了播种粮食的智慧。播种的粮食有限，有位贪婪的人，把自己的粮食藏了起来，偷窃他人的粮食。主人家因生气，杀死盗贼，发生命案。此时，所有长者们集中协商道："我们需要一位能领导族群的族长，以免发生此类事情。"因此，在众人当中精选一位大家公认的长老任族长，成为氏族首领。人类第一位首领是大家共同推举的，名为耶门杰波（ཡེ་སྨོན་རྒྱལ་པོ།）或敬众王①。

耶门杰波中的"耶"是最原始之意，"门"是公认之意，杰波为君王，即最原始的君王之意。他担任首领之后，逐步产生贫富贵贱等社会等级，从而诞生王族世系和国家概念。《五部箴言》中记载：知足天神族的两位神子神女降临到岗底斯山附近，成为南瞻部洲人种的起源。总之，自称为光明天的神子和神女的原始物种就这样成为我们的先祖，因此也有了对神的崇拜。譬如：西藏古老文化大圆满的全称叫"光明大圆满"，修大圆满能让人获得虹身成就，即身体变成光，光照射世间大地。大圆满传承中有光明神尊、无量光尊者等，都与古代光明时代或光的崇拜有关系。

---

① 才让太主编：《岗底斯雍仲本教文献》第1卷《祖师传及历史文献》，北京：民族出版社，2010年版，第11页。

### 三、人类起源猴子和罗刹之说

《柱间史》是阿底峡尊者来到卫藏后，根据布达拉管理员描述而记录成文的藏文史书，是公元11世纪最为重要的藏族历史文献之一。当然也有人说：这部史书是吐蕃赞普松赞干布所著，藏于布达拉宫柱子内，11世纪时，被阿底峡尊者发掘。但史书里出现很多公元11世纪的人，所以我们只能认定这是一部公元11世纪形成的史书。当有了这部史书后，藏族的神灵系统、神系结构、神话传说、国王历史和神人故事的阐述方式也产生巨大变化，形成印度化、佛教化的故事传说。

本书中提到岗底斯山为世界中心，湿婆神、观音自在神的神山。观世音自古与神子神女一起居住在岗底斯。有一次他得到释迦牟尼佛的召唤，前往印度，拜访释迦牟尼。释迦摩尼隆重迎接他，尊敬地行礼，因此引起了释迦牟尼佛弟子们的不满。观世音道：“我乃来自北方岗底斯雪山，”释迦摩尼说：“雪山好，将来我等必会传播到此境。”因此为观世音传授观音续部的灌顶、传承，预言将会传播到雪山领地。观世音带着种子返回岗底斯附近，用大慈大悲化身一位猴子，度母化为罗刹女，将两个物种结亲生子，成为藏族人的祖先。猴子与罗刹结亲后生很多子孙，观世音看望子孙时，子孙们兄妹私通，生了很多小猴，群猴争食，导致食物匮乏。观世音为子孙们种地产粮，以供他们养育后代①。

据历史学家研究，母系社会时期，婚俗不限兄妹、父女、母子等族内乱婚，所以猴子与罗刹的后代兄妹私通也是符合历史。19世纪英国博物学家赫胥黎在《人类在自然界的位置》中提到人类是由猿猴进化而来。由此可见，藏族神话故事中提到的人类起源猴子说现代科学观点很相近，但其中的有些内容不符合科学。比如书中说：观世音见了释迦摩尼后才以猴子与罗刹女形象创世，导致青藏高原的人类历史只有2500年之久。但现有的考古资料证明，青藏高原早在20万年前就

① 觉沃·阿底峡发掘：《柱间史》，兰州：甘肃民族出版社，1994年，第46页。

有人类居住。比如西藏拉萨堆龙德庆区的邱桑村发现22万至16万年前的古人足迹[①]，根据四川甘孜州稻城县的皮洛遗址显示，13万年前就有了旧石器的文化。如果去掉与佛教相关的神话，单纯从故事记载来看，藏族人的起源就是类似猴子和罗刹即两个原始物种进化而来。

上述古藏文文献中关于人类起源的三种说法，简而言之就是名为猴子和罗刹或神子神女或世间夫妇即两种不同的原始物种，他们先来到青藏高原的岗底斯山附近，沿着四大河流，不断将族群向四周繁衍扩散，最终遍布世界各地。个人认为，无论是猴子还是神子神女或世间夫妇，都是人们对自己祖先的不同尊称。不同的人、不同区域、不同时代的人，对自己祖先有不同的称谓，这很正常。总之，藏族人认为人类起源就是类似猴子或猿猴的两个物种。

## 第二节 青藏高原考古资料

随着国内外学术界的积极参与和深入研究，青藏高原不但有了史前历史之说，而且还得到了前所未有的研究成果。当然关于史前历史的划分目前尚有分歧，学者们对此众说纷纭，有的学者认为藏族早期历史分三个阶段，即石器时代、铁器时代、早期金属时期[②]；有的学者把藏族史前历史分为旧石器时代、新石器时代、金属时代三个阶段[③]。也有学者认为，藏族早期历史分三个阶段，即石器时代、铜铁时代、金属时代，石器时代分旧石器与新石器两个历史阶段，新石器又分为新石器、细制石器、磨制石器、打造石器等几个阶段[④]。

① 陈庆英：《邱桑温泉发现20万年前脚印》，文化出版社，2022年2月21日。

② 霍巍、王煜、吕红亮：《考古发现与西藏文明史》，北京：科学出版社，2015年6月第1版，第8页。

③吕红亮：《跨喜马拉雅的文化互动：西藏西部史前考古研究》，北京：科学出版社，2015年6月第1版，第4页。

④ 霍巍、王煜、吕红亮：《考古发现与西藏文明史》，北京：科学出版社，2015年6月第1版，第8页。

## 一、青藏高原旧石器文化

卡尔·马克思把人类社会划分为依次更替的五种形态：原始社会（含母系氏族社会、父系氏族社会）、奴隶社会、封建社会、资本主义社会和共产主义社会（社会主义社会是其初级阶段）。虽然此观点在欧洲仍有争议，但至今仍然有很多人认同此观点。按此推论，距今大约20万年至3万年之前是母系氏族制社会时期，大约35000年前是父系氏族制社会时期①。但是目前人类起源非洲说认为，智人虽然早在10万年前就出现在非洲东部，但一直到大约7万年前才开始迁徙到其他地方。据相关研究，这些智人的外表与现代人类十分相似，他们与现代人的大脑容量相差不大。有学者认为智人分早期和晚期，距今20万年至4万年之间为早期智人，这与历史唯物主义所示的母系制社会的年代比较相近；晚期智人称现代智人，出现在距今7万年至1万年间，与父系社会的年代大致相同②。按照人类起源非洲说所指，从10万年前智人就移动到欧洲、亚洲大陆，独霸地球③。

据此所示，这些先民从非洲大陆走向欧亚大陆有两次迁徙。我国著名考古学家童恩正根据所采集的古人遗物，断定距今5万年前，青藏高原北部和中部出现过现代智人，这基本是中亚大陆旧石器时代的晚期④；对于六十年前的考古发现来说，这已经是非常大的成就。黄蔚文根据阿里小柴达木湖的石器地点沉淀积累的物品年代测定认为距今35000年，也是旧石器晚期阶段；美国加州大学洛杉矶分校的布瑞庭汉姆对青藏高原的旧石器研究颇多，他认为距今22000年

---

①《藏学研究论文选》，北京：民族出版社，1990年3月第1版，第34页。

②东噶·洛桑赤列：《藏族远古历史、社会、宗教、民族制研究》，《藏学研究论文选》，北京：民族出版社，1990年3月第1版，第34页。

③知行：《全球通史》少年版，北京：华侨出版社，2012年4月第1版，第10页。

④（1）汤惠生：《略论青藏高原的旧石器和细石器》，《考古》，1999年第5期。（2)张文华：《青海岩画》[M]，北京：科学出版社，2001年7月第1版，第166页。

至20000年间出现过现代智人[①]。1982年北京考古人员在四川甘孜藏族自治州炉霍县卡娘乡祖热恰卡（རྫིག་ར་བྱ་མཁར།）地区所发现的人头骨，经中国社会科学院的专家鉴定距今有5万年的历史。考古报告还说：这是目前我国西南地区人类活动最早的历史记录。有的科学家认为，在7万年前到3万年前之间，智人发明了船、油灯、弓箭，以及缝制衣服所需要的针。他们越过海洋，走进之前从未有人类居住过的澳大利亚[②]。

尽管很多科学家认为，人类起源于非洲，但如今全球各地挖掘了很多新的古人类骨骼化石。譬如：2021年9月10日，我国著名考古学家章典教授、广州大学地理科学与遥感学院王蕾彬博士及其研究生王晓晴，在参与第二次青藏高原科考的过程中，在西藏自治区拉萨市堆龙德庆（སྟོད་ལུང་བདེ་ཆེན།）区邱桑村，发现了五个古人的手印、五个脚印化石。他们与各国考古队一起研究，发现是20万年前的古人脚印。青藏高原海拔高，地理位置特殊，环境寒冷，自然条件严峻，不宜人类居住，所以很多科考学者对此十分关心。研究人员发现，类似艺术的古人遗物，不仅在青藏高原有过，在南非布隆博斯洞穴的砾岩中，就有距今7.3万年的抽象网纹岩画艺术，印尼苏拉威西和婆罗洲洞穴中也绘有距今四五万年的猪和野牛。如今在西藏林芝本日山山脚也有巨人脚印，但目前尚未进行科考研究。这证明了藏文文献中提到的上古历史，即聂赤赞普以前的十个朝代之历史是有存在依据的。2019年4月，在四川甘孜藏族自治州炉霍县斯木镇俄米村，发现了疑似十余万年前古人遗留的打制石器——石斧。石斧应该是新石器的文物，但在炉霍县发现的石斧已有十余万年的历史，这是一个惊人的发现。除此之外，炉霍县斯木镇、宜木乡境内，还发现了距今5万

①吕红亮：《跨喜马拉雅的文化互动——西藏西部史前考古研究》，北京：科学出版社，2015年8月第1版，第20页。

② 以色列]尤瓦尔·赫拉利著；林俊宏译：《人类简史》，北京：中信出版社，2014年11第1版，第22页。

年的旧石器遗址和距今1.2万年的新石器遗址等共6个。

2019年8月，四川省文物研究院邀请北大城市与环境学院的张家富教授团队，对当地的旧石器遗址进行环境、年代分析，初步认为其中一把石斧的历史约有十余万年。2019年10月，四川省文物研究院再赴炉霍开展考古调查，对两处石斧进行勘探，探索其文化的内涵③。

2019年9月，四川省文物考古研究院借川藏铁路文物调查之机，在甘孜藏族自治州展开文物调查。除调查铁路沿线文物之外，一个重要任务就是旧石器专项调查。他们在甘孜藏族自治州的康东、道孚、理塘、稻城、炉霍进行调查，发现24处旧石器地点。稻城的旧石器文物地点位于四川省甘孜藏族自治州稻城县城附近2公里处的七家平洛村，平均海拔3750米，约有100平方米的旧石器遗址，专家称它为皮洛遗址，是距今有13万年历史之久的旧石器时期遗址④。

在过去的一段时间里，西藏有没有旧石器时代遗物，是考古学家、历史学家们一直在热烈讨论的问题，但他们基本能确定距今5万年前，青藏高原一带已出现过现代智人，而且活动频繁。值得给大家介绍的是，2018年11月30日，中国社会科学院在西藏自治区申扎县（ཤན་ཙ་རྫོང་།）尼阿底（ཉི་ཡ་ཏི།，海拔4600米，距拉萨市300公里处），首次发现距今3万至4万年前的旧石器遗物，考古学家将此地取名为尼阿底遗址。这是一处规模宏大、石制品分布密集、地层堆积连续的旧石器时代的旷野遗址，2019年尼阿底遗址被列入第八批全国重点文物保护单位名单⑤。这是考古界对青藏高原考古调查中前所未有的大发现，刷新了当时学界对青藏高原考古历史的认知。

通过以上考古发现，是否意味着打破了人类起源非洲说的记录呢？上述甘孜藏族自治州稻城的皮洛遗址、拉萨堆龙德庆区的邱桑村

③ 刘忠俊 杨凯：《四川炉霍发现疑似10万年余的手斧》，中国新闻网，2019年11月25日。

④ 资料来自川观新闻：《稻城发现大型旧石器遗址》。

⑤（1）中国科学院、国家文物局联合发布：《四万年前人类就登上了青藏高原》，博文中国，2018年11月30日。（2）朱敏：《四万年前人类就登上了青藏高原》，中华古玩网，2018年12月4日。

发现的古人类脚印和手印化石，以及是在甘肃甘南藏族自治州夏河县发现的丹尼索瓦人下颌骨化石，这些新的发现，对人类起源非洲说发起了挑战。

藏族很多早期文献中记载，他们的祖先中有神族、夜叉族、罗刹族、龙族、魔族、赞族、年族、穆氏族、阿修罗族等很多部族。他们制造弓箭、斧、刀、矛、盾等武器，发动战争。同时他们也有很多不同的部落宗教、部落神灵崇拜。如今很多考古发现，很多古人类的武器、生活用具、宗教法器、房屋、大炕、耕种用具，都有四至五千年的历史。以前我们认为藏族远古历史只是传说，没有真实历史。如今有考古依据，这些本波教、藏传佛教的历史也一一被证实。

2019年，美国《考古学》杂志评选出2019年度的世界十大考古发现。其中，由中国科学院青藏高原研究所、兰州大学和德国马普进化人类学研究所学者领衔、多家境内外科研院所参与的青藏高原丹尼索瓦人研究入选。夏河丹尼索瓦人研究，是本次世界十大考古发现中唯一的一项旧石器考古研究成果，也是唯一的一项来自中国的考古发现。2019年5月2日，该研究成果在《自然》（Nature）杂志在线发表。研究揭示，一件发现于中国甘肃省甘南藏族自治州夏河县白石崖溶洞的古人类下颌骨化石距今已有16万年，是除西伯利亚阿尔泰山地区丹尼索瓦洞以外发现的首例丹尼索瓦人化石，也是目前青藏高原的最早人类活动证据。这表明从西藏的拉萨到甘肃夏河县的甘加镇，乃至四川甘孜藏族自治州的稻城县和炉霍县，青藏高原的北部、南部、中部的人类历史都非常早。在漫长的岁月中，无论是青藏高原的地质或地貌还是人类的基因、身体结构，或是社会关系、社会生活都有了翻天覆地的变化，但这里依然有人类生存。

研究人员认为，甘肃夏河县甘加镇发现的丹尼索瓦人和尼安德特人类似，也是智人的祖先或智人之前的世界统治者[①]。一篇发表于

① 今日Nature:《青藏高原首次发现丹尼索瓦人的下颚骨化石》，详见知社学术圈。

《自然》杂志的考古论文称，智人尚未登上青藏高原之前，丹尼索瓦人已经是雪域高原的统治者，但他们有没有宗教信仰，文化理念目前尚不知情，他们的具体社会阶层、生活方式、人际关系是怎样的，学者目前还无法提供。不过一本叫《本教源流》的史书中记载：聂赤赞普尚未建立吐蕃前，青藏高原先后出现十个朝代，前6个的统治时间，约有数十万年。那时，被称作神的部族来到高原，生活在雪山、森林，维护人类。其次龙族、魔族、夜叉族等先后出现，推崇自己的信仰。

## 二、昌都卡若遗址与拉萨曲贡遗址

卡若遗址尚未发现之前，很多学者认为，公元7世纪以前，藏族人没有文字，没有农耕传统，没有宗教信仰，没有尊卑贵贱之分，没有社会等级，没有国家和国王的概念，几乎都是文盲，民风野蛮。1978年，考古学家发现昌都的卡若遗址和拉萨的曲贡遗址后，让学者们对藏族乃至喜马拉雅的历史有了新的认识，青藏高原的历史从而被改写，引来了大批国内外的科学家进行研究。他们发现4千至5千年前，西藏东部昌都地区已有农耕文明，有农区与牧区的划分，表明不但进入新石器时代，而且出现了以打制石器、磨制石器、细制石器为代表的手工艺术文化①。

卡若遗址中还发掘了用石、木垒砌的房屋遗址，而且有的是两层房，建筑工艺已很成熟，大的面积有20余平方米，小的面积有10余平方米，一般来说可容4至5个人居住。在室内还发现了十分丰富的器物，比如打制石器、磨制石器、细制石器以及少量的骨器和陶器等古人遗物。专家们推测，这有可能是原始社会之氏族公社时期人们用来存放器物的仓库②。如今在康巴和嘉绒的农区房屋基本都是两层，第

① （1）吕红亮：《跨喜马拉雅的文化互动：西藏西部史前考古研究》，北京：科学出版社，2015年6月第1次出版，第33页。（2）西藏自治区文物管理委员会、四川大学历史系：《卡若遗址》，文物出版社，1985年。

② 霍巍、王煜、吕红亮：《考古发现与西藏文明史》，北京：科学出版社，2015年6月第1版，第89页。

一层用来饲养家畜，第二层用来居住，可见，这些房屋是人类居住之所，而且与康巴地区的生活方式相差不大。当然也有少数地区习惯造三层房屋，第一层用来饲养家畜，第二层用作来人类住所，第三层用作佛堂或神殿。

曾经参加过卡若遗址发掘的西藏自治区文物管理委员会原副主任侯石柱，曾经写过一篇颇有戏剧性的小短文。据说，1977年，西藏昌都水泥厂放映了一部名为《“文化大革命”期间出土文物》的纪录片，银幕上一些出土文物的镜头引起了看电影的水泥厂工人的注意。他们联想到不久前水泥厂因扩建房屋，在挖地基时出土了许多破碎的陶片和石片等遗物，和电影上的出土文物很相似。于是，他们把捡到的这些东西专程送到昌都地区的文化局鉴定，但当时的昌都地区文化局连一个受过专业训练的考古人员都没有。恰好，此时西藏自治区文物管理委员会的仁钦、索朗旺堆、欧超贵三名文物干部来到昌都地区征集文物。他们经过观察鉴定，初步确认这可能是早期人类的遗物，并火速赶到现场进行考古试掘，在工地采集了不少石器、骨器和陶片，初步判断这是一处遗物丰富的原始人类居住过的遗址，从而揭开了昌都卡若遗址科学考古发掘的序幕。

昌都卡若遗址出土了新石器、细制石器、磨制石器、打制石器，以及木骨石造的泥墙房屋、石房屋、石墙、石台、石圈、石路、烧灶、灰炕、陶片、农作物、谷灰（即烧掉的粮食）等大量物品。卡若地区还发现了猪、牛、羊、羚羊等十几件动物骨器，这些骨器也许是源自原始人类的动物崇拜。后来经专家测定，卡若遗址文化的年代，距今有5000年至6000年的历史。从而认识到，那时的青藏高原中部的人已会种地，有农牧业的生产，以火取暖，并饲养牛羊与猪狗家畜。他们还会建造房屋，有农夫与牧民之分，产生了社会等级。在藏族古代文献《修贡经》中有关于农业神、战神、灶神、猎神、父神、母神、房屋神等的记载[①]。这些神是高原早期人类崇拜的神灵，是他们的信仰和精神依托，这与卡若地区发现的遗存有紧密联系，即文本得到科学的证实。我们可以从神学与宗教学角度分析这些神，部落文化神与神之间没有血缘关系，也没有上下级关系，更没有化身与被化身的关系，但父神与母神、子神与田神、地方神与战神都有下上级、血缘关系。由此可见，这是部落地区的部落文化演变为部落统一或部落联盟时期的文化。当时在部落与部落之间存在宗教、政治和经济贸易关系。据考古发现，距今4000年前的克什米尔河谷布鲁扎霍姆新石器时代遗址中，曾经发现与卡若遗址相似的遗物，两者在文化上肯定有千丝万缕的关系，时间上也没有太大出入[②]，接近雅利安人时代。从本教文本而言，本教的密宗、大圆满传承皆来自冈仁波齐山以西的三十三天界、知足天和沃莫隆仁，逐步传播到西藏各地，乃至青海、甘肃、云南、四川等地。如今在这些地方依然遗存下了很多本教的古籍文献、寺院、唐卡、壁画、祭祀仪轨、神山文化等。

曲贡遗址位于西藏自治区拉萨河谷的北缘，色拉乌孜山的山脚，由于其位置在拉萨北郊的曲贡村境内，所以称它为曲贡遗址。曲贡遗址是西藏新石器文化遗址，海拔3680米，遗址总面积10000平方米，发掘面积3000余平方米。发掘的遗迹主要有灰坑和墓葬两类，出土遗物有玉石器、骨器、陶器、小件铜器以及大量的动物骨骼。曲贡遗址的年代下限为公元前1500年上下，上限为不晚于公元前1750年，年代跨度在距今3500～3750年之间。

曲贡遗址分早期文化遗存和晚期文化遗存，早期文化遗存约距今3700年，晚期大约距今3500年。

早期文化遗存：主要有灰坑22座和墓葬3座及石器、陶器、骨器和铜器等。灰坑均位于文化层第三层堆积下，其中个别灰坑位于

① 作者不明：《禳灾集》第135页，长条写本，现藏于炉霍县易日寺噶桑尼玛手中。

② 霍巍、王煜、吕红亮：《考古发现与西藏文明》，北京：科学出版社，2015年6月第1版，第240页。

文化层第四层下。灰坑有圆形、椭圆形、葫芦形、圆角方形、带阶圆形等。灰坑的坑壁平整陡直，底部平坦。直径0.6～2.26米，深度1～1.26米。灰坑内为松软的灰土，有打制石器、陶器、人骨、兽骨等，并有一完整的人头骨。部分灰坑内堆有砾石块。墓葬开口皆位于文化层第三层下。墓葬形制均为土坑式，有长方形和方形两种。墓穴长1.2～1.64米，宽0.5～0.76米，墓口距地表1.6～2米。墓穴内用长方形石块堆垒成石壁。石壁高0.18～0.4米，墓均为西南方向。有屈肢葬和二次合葬两种。随葬品有4件陶器、1件石器及1件磨石。

早期文化遗存主要有石器、骨器、陶器三大类，其他为小件青铜器。出土器物分为生产工具、生活工具以及动物骨骼。生产工具中的石器分别为磨制石器、细石器及打制石器。其中打制石器为1136件，占71.27%；细石器为51件，占3.2%；磨制石器为407件，占25.53%。磨制石器包括磨盘、磨棒、研色石等382件。打制石器主要有敲砸器、砍砸器、石斧、手斧等。细石器包括石核和石叶。主要石料为砾石、灰色角岩、角页岩、花岗岩、石英、水晶、燧石等。

晚期文化遗存：该时期文化遗存共出土19件石器生产工具，以石铲、犁形器、双肩石器等为代表。制作方法以打制或磨光为主。其中石铲分扁平石铲、双肩石铲等。双肩石铲以角岩砾石为主要材料制成，部分是从大块砾石上打下石片，经二次加工修理而成。双肩石铲柄短，刀刃为舌形或弧形，其长度在10～19.5厘米之间。双肩石器为双侧刃，由粗砂岩块打制而成，器形厚重。

晚期发掘土坑石室墓29座，墓坑内用砾石块堆垒成壁，没有顶盖及底板。主要为二次合葬和屈肢葬。墓地有6处石台遗迹和2处祭祀遗迹。石台是由数块或数十块砾石在地表土层上摆放成单层的大体水平的台面，分布于墓地南部。占地1平方米，其中最长1.6米，最宽0.9米。陶器为主要的随葬品。在29座墓中，随葬有陶器的墓共10座，共出土15件陶器。随葬陶器以圆底器居多，占总数的80%，平底的仅为3件。圆底器主要器形有单耳罐、双耳罐、束颈罐等。陶制主要是夹砂和泥质两类，夹砂类约占75%。陶色有红褐色、灰褐色等。器表无纹，陶器均为手制，器形不规则。陶器位于墓底。随葬陶器均为实用器，其中罐类器居多。1990年的发掘还出土1枚铜镞，形体端正扁平，短铤，边锋微弧，刃缘锋利，长3.7厘米，宽1.4厘米，厚不及1毫米。铜镞造型明显是仿自更早的骨镞。铜镞含铜83.6%，含锡12.5%，系以铜锡合金铸造而成①。

从曲贡遗址中发掘的用泥土造的22座灰坑（大炕）显示，3千至4千年前生活在现今西藏拉萨的古人已有了通过火供来祭祀神灵或火葬仪式等大规模的宗教活动②，这些祭祀活动有可能是丧葬仪式中的部分内容，也是原始部落集体所举办的祭祀活动，并非普通人能完成祭祀仪式③。从中发现了骨器、石器、铜铁及烧毁的各类动物骨头。动物烧毁骨应该是陪葬品，因为根据专家所断言，该地理环境不易人类居住生活，更不是煮饭沏茶之地，而是类似火葬或火供等宗教祭祀活动之地。相应地，藏传佛教各大教派的仪轨文本中都有火供仪轨，火供即通过火进行供养和布施。藏传密宗的仪轨中有血肉骨的供养仪式，虽然如今早以糌粑替代这些，但仪轨依然都在。

本教古本《四巴基斯经》记述：赞本、魔本、顿本的宗教仪轨中，有杀生为善，血肉祭祀神灵的记载。而辛饶弥沃不喜欢杀生，不以血肉骨为食，禁止杀生祭祀，让他们用糌粑替代血肉供奉。④如今本教、宁玛派、格鲁派等各大教派的密宗仪轨中，就有用木头刻上各种动物，包括养牛马等家畜，用糌粑印下来，放在朵玛中用来供奉的

①霍巍、王煜、吕红亮：《考古发现与西藏文明史》（第一卷）《史前时代》，北京：科学出版社，2015年，第98页。

②中国社会科学院考古研究所、西藏自治区文物局：《拉萨曲贡》，北京：中国大百科全书出版社，1999年第1版，第22页。

③霍巍、王煜、吕红亮：《考古发现与西藏文明史》（第一卷），北京：科学出版社，2015年6月第1版，第97页。

④ 索南曲杰主编：《本教古文献九部史》，拉萨：西藏藏文古籍出版社，2017年，第93页。

规定。这种习俗也是自古传承下来的，高原原始人类开始只能食肉饮血，杀生祭祀，因为他们还不会种地产粮，后来农业生产发展，慢慢才以糌粑替代血肉供奉。

**三、雅砻江中上游与鲜水河流域的古人遗物**

早期在炉霍发现的所有石棺葬里几乎都有石斧，但历史超过3600年以上的极少。不过2019年考古学家在四川炉霍斯木镇俄米村和尼木乡章达村发现的石斧，从它的造型、手工艺上看，应属于新石器的遗物，但专家测定其历史已有10万余年，所以这到底是属于新石器还是旧石器遗物，还待分析。

炉霍卡萨石棺葬遗址、宴尔龙石棺葬遗址中有距今3600年至3000年的铁器、铜器、青铜器、石棺、骨器、瓷器等①。据宫本一夫的论文《川西高原石棺墓文化北方青铜器》记载：宴尔龙石棺葬遗址中，仅见青铜，但没有陶器。卡萨湖遗址里不但有青铜器，而且年代上比宴尔龙石棺墓更早②。这些古人遗物证明本教文献、敦煌文献中所载的辛饶弥沃时期有丧葬习俗、超度仪轨之说是真实的。在四川甘孜藏族自治州的雅江县与甘孜县，四川阿坝藏族自治州茂县的牟拖石棺葬都曾经出现过与炉霍石棺葬相似的文化③。比如《法藏敦煌本教文献汇编》中记载，聂赤赞普之前，即高原十二王朝时期，每个部落有自己的国王、大臣、宗教信仰、古本（སྐུ་བོན།，即贴身法师）。他们在做丧葬仪式或禳灾仪式时，召集一百位男性白帽法师（颇幸托噶ཕོ་གཤེན་ཐོད་དཀར་བརྒྱ།），一百位女性巫师，为活着的人进行禳灾，为死者进行丧葬仪式，超度亡魂④。

①四川省文物考古研究院编著，高大伦、宫本一夫主编：《西南地区北方谱系青铜器及石棺葬文化研究》，北京：科学出版社，2013年10月第1版，第110页。

②四川省文物考古研究院编著，高大伦、宫本一夫主编：《西南地区北方谱系青铜器及石棺葬文化研究》，北京：科学出版社，2013年10月第1版，第130页。

③四川省文物考古研究院编著，高大伦、宫本一夫主编：《西南地区北方谱系青铜器及石棺葬文化研究》，北京：科学出版社，2013年10月第1版，第130页。

④ 阿旺嘉措汇编：《法藏敦煌苯教文献汇编》PT1295—135页。

炉霍宴尔龙石棺葬，位于炉霍县雅德乡宴尔龙村（ཀཡར་ནང་།），距炉霍县城6公里，地处鲜水河支流——达曲河左岸的二级阶地上，海拔3250米。2008年，四川省文物研究院与日本九州大学合作对雅砻江、鲜水河流域进行调查。宴尔龙石棺葬有两种，一是石棺，二是大炕，炕应是火葬之地，石棺是土葬之所。但研究人员到现场时，炕的损坏很严重，石棺保存得比较完整。石棺内长1.7米，宽0.28米，深0.32米（1号与2号的尺寸比例有区别）。墓室顶部盖石为并列铺盖，不叠加。石棺梁边端挡板在两壁石板之外，之间有小石块卡砌。尸体骨架保存比较完整，都是仰身直支，头皆向着东南方向，比较整齐，而且有辈分等级。陪葬品有骨针、骨锤、穿孔蚌器、骨纺轮、骨珠、绿松石珠、石珠、石斧、铜镞、铜戈、玛瑙珠、水晶片、陶器、铁器等，骨器、石器、铁器皆为磨制而成，做工精细。骨珠、石珠、绿松石珠都佩戴在脖子上，石斧放在胸部，不过有的石棺中没有随葬品。所有物品都是细制石器之遗物，距今约3000年至3600年，甚至更早[①]。在石棺外面还发现了6至7世纪时期的藏文“ཨ་ཨོཾ་ཧཱུྃ།”。

《本教源流》一书记载：在聂赤赞普尚未建立赞普王朝之前，高原地区出现过十个朝代，先后统领青藏高原数十万年。其中在第六个朝代玛桑九兄（མ་སངས་སྤུན་དགུ།）时，以蕃康九区（བོད་ཁམས་གླིང་དགུ།）为地名，建造弓箭、矛、盾、刀、斧子等兵器，会骑马，部落之间有贸易往来；第七个朝代萨让六兄（ཟ་རམ་རྐྱེས་དྲུག）时，地名称蕃康十八部落（བོད་ཡུལ་སྟོང་སྡེ་བཅོ་བརྒྱད།）。那时的人佩戴头饰与手镯等饰品，会展现歌舞，举行欢聚仪式；第八个朝代十二王朝时，地名为蕃康八部（བོད་ཡུལ་སྨ་ཁ་ཆེ་བརྒྱད།），即八个区域。他们懂行礼，会礼数，传扬祖先的故事；第九个朝代四十王朝时，以蕃康九部（བོད་ཡུལ་གླིང་དགུ།）为地名，皈依本教（雍仲本教），建造经堂和庙宇，造

①四川省文物考古研究院编著，高大伦、宫本一夫主编：《西南地区北方谱系青铜器及石棺葬文化研究》，北京：科学出版社，2013年10月第1版，第11页。

三福田。以上四个时期中，藏族的祖先们用石冶制铜铁，建造木质与石质房屋，种地产粮，以牛马羊猪为家畜，用家畜毛做帐篷、缝衣服，信仰本教①。

呷拉宗遗址位于炉霍县仁达乡呷拉宗村境内，从仁达乡政府向东两公里处，鲜水河对岸，专家们称其为冶炼村子。藏文的呷拉宗（མགར་བ་གྲོང་།）为冶炼之村或铁匠村之意。甘孜藏族自治州18个县，康北有八个县，炉霍县和甘孜县为八个县的中心。炉霍县有16个乡镇，仁达乡在炉霍县城以东30公里，与道孚县交界处。呷拉宗是仁达乡16个村之一，位于仁达乡政府以东的2至3公里处，中间隔着一条大河，名为鲜水河。河对岸有很多村子，呷拉宗村为其中之一。

《炉霍县呷拉宗遗址考古》记述：呷拉宗遗址分为冶炼遗存和石棺葬遗址，冶炼遗址位于呷拉宗村的东南部，而石棺葬遗址在呷拉宗村背后的山坡地带，都在呷拉宗村边，鲜水河之岸。2009年9月至10月，四川省文物研究院、日本九州大学考古学研究室、炉霍县文化旅游局联手，对呷拉宗遗址进行调查和研究，获得极大成果。冶炼遗存中发现冶制铜铁的容器（窑炉）、铜铁器等重要遗物，经测定为公元6至7世纪的冶炼遗物，即呷拉宗村为吐蕃时期铜铁冶炼之地。呷拉宗遗址未发现之前，都认为呷拉宗是松赞干布大臣噶尔丹巴从唐朝领地进入西藏时所留之名，此冶炼遗址被发现后才知道“呷拉宗”名称的由来②。

呷拉宗的石棺葬遗址位于呷拉宗村的背后山腰处，一共有25处，每处的陪葬品有所不同。棺中发现牛骨、羊骨、人骨、鸟类肢骨、石块、陶器、铁器、铜器、海螺、陶器耳环、刀子、石斧等古人遗物。宴尔龙遗址中没有陶器，而呷拉宗石棺葬遗址中却发现陶器。从埋葬

① 白崔：《苯教源流》，拉萨：西藏人民出版社，2017年第2版，第25页。

② 石硕：《炉霍在康区的历史地位与文化价值》，《四川民族学院学报》，2015年第5期。

学的角度而言，窑炉废弃后，窑炉中分别放置两具人骨、牛肢骨、羊头骨，以及大量的动物骨骼，可能与宗教祭祀仪轨有关。比如：原始本教的仪轨中就有各种动物祭祀，虽然辛饶弥沃反对以动物的血肉祭祀，但很多地方一直都有这种祭祀活动。包括现在本教的密宗、藏传佛教的密宗，虽然早已不用动物祭祀，但现存仪式里都有动物祭祀的痕迹。

呷拉宗遗址石棺做工细致，从陪葬排列来看，男女、老少社会等级明显，牛羊为家畜，崇仰鹿与牛羊，有佩戴首饰的习惯。石斧、铁斧、铜刀、铁刀、铁箭镞等兵器种类很多。其年代测定为春秋晚期，战国早期，即距今3000年左右①。当时考古人员到现场时，墓地因保护不当，遭到很大破坏。他们清理14座石棺墓之后，将它分四类做了研究。从石棺的材料、墓型、陪葬品、埋葬的位置、墓的环境等各方面进行了分析。

卡萨湖石棺墓地遗址，位于炉霍县充古乡卡萨湖边上，与甘孜县的交接处。这是1984年初在卡萨湖修建水力电站开挖引水渠道时发现的，发掘工作开始于当年5月初，结束于当年7月中旬，发掘工作人员由四川省文物研究院和甘孜藏族自治州文化局联合组织，进行调查和研究。当时考古技术专业性不高，加上因为修电站对文物破坏极大，且有一些非专业人士因为不专业破坏了现场，给研究人员带来很大障碍。

发掘实际揭露面积约有6000平方米，对引水渠道的西侧和湖周围没有探掘，仅引水渠道地段发掘清理了275座石墓，是全国最大的石棺墓葬群。石棺的形式多样，大体可分为完全石棺型、常见石棺型、简易石棺型、变态石棺型四种，这可能与当时的社会等级、经济条件、社会地位有关系。其中148座墓有随葬品，占总墓数的54%，有

①四川省文物考古研究院编著，高大伦、宫本一夫主编：《西南地区北方谱系青铜器及石棺葬文化研究》，北京：科学出版社，2013年10月第1版，第36—68页。

127座无随葬品，占总数的46%，随葬品有铜器、石器、骨器各种装饰品和毛麻织品等[①]。

铜器：铜戈5件，剑1件，矛8件，削4件，铜筒4件，铜手镯136件，鞲1件，铜双连泡饰3件，叉形双连泡饰2件，铜泡饰53件，扣8件，锥形器5件，夹2件，铜环6件，耳形铜饰1件，铜铃1件，铜羊形饰1件。石器共489件，其中磨制石器5件（刀1件，箭镞4件），细石器484件。骨器共55件，其中骨器28件，骨针25件，骨轮1件，骨1件。装饰品：玛瑙珠34颗，玛瑙管21颗，还有硬玉石和绿松石饰品。墓葬时代初步断定为上至春秋、下至战国中期前。根据研究分析，炉霍石棺墓是一处氏族公共墓地，当时的人们尚处于贫富悬殊不大、等级差别不显著的原始氏族社会阶段[②]。卡莎湖石棺出土的文物，现收藏于甘孜藏族自治州藏族博物馆。

《四川地区石棺葬的时代特征》一文记述：2008年，日本九州大学宫本一夫、四川省文物研究院联合再次对卡萨湖遗址进行研究发现，卡萨湖遗址有青铜、铜戈、铁箭镞、石斧、石器、铁器、玉器、水晶、铜器，但没有陶器的随葬品。其铜器、铁器多，考古专家认为卡萨湖遗址中存有草原文化元素较多[③]。

中桥李博、冈奇健治、高京皓石的论文《川西高原青铜时代的人》认为：卡萨湖遗址和宴尔龙石棺葬年代测定为公元前1500至公元前1000年，皆是石器时代的人，但宴尔龙与卡萨湖遗址的人骨大小有一定的距离。呷拉宗遗址年代测定为公元前7世纪至公元前6世纪[④]，即距今2700至2600年之久，时值我国战国初期[⑤]。

①陈明芳：《炉霍石棺葬族属刍议——兼论炉霍石棺葬与草原细石器的关系》，《南方文物》，1996年。

② 详见《炉霍卡萨湖石棺墓发掘报告》，《考古》，1991年第2期。

③四川省文物考古研究院编著，高大伦、宫本一夫主编：《西南地区北方谱系青铜器及石棺葬文化研究》，北京：科学出版社，2013年10月第1版，第158页。

④四川省文物考古研究院编著，高大伦、宫本一夫主编：《西南地区北方谱系青铜器及石棺葬文化研究》[M]，北京：科学出版社，2013年10月第1版，第165页。

⑤四川省文物考古研究院编著，高大伦、宫本一夫主编：《西南地区北方谱系青铜器及石棺葬文化研究》[M]，北京：科学出版社，2013年10月第1版，第165页。

各地皆有石棺墓，譬如2012年西藏阿里噶尔县古入江寺发现来自古代丧葬文化中的金面具及绸缎、茶叶、盐等丧葬品。2013年发掘的阿里札达县曲踏墓地；1997年发现的新疆维吾尔族自治区伊犁哈萨克自治州昭苏波马墓葬等[①]。

本教文本《德智斯超度经》《普明佛超度法》和《隆基经》等中的超度仪轨，包括丧葬的各种仪式。超度法很多，比如男性死者有男性死者的超度法，女性有女性的超度法，老者有老者的超度法，年轻人有年轻人的超度法，婴儿有婴儿的超度法。西藏地区每家几乎皆有家族墓地。

从风水和历算角度而言，先选墓位。古人一般都会选背靠北、面向东的山腰位置。墓位顺序：长辈为上，晚辈为下，男为右，女为左，婴儿放置于墓地下方的周围，一切按辈分顺序排位。古人把死者尸体放在墓地处，举行丧葬仪式，之后就地埋藏或火化，藏文叫德尔萨（དུར་ས།）。丧葬仪式中有七种灵魂所依，金面具为身体所依、五珍宝为心的所依、竹子三节为命之所依、绿松石乃灵魂所依等。国际藏学研究会原会长卡尔梅·桑丹坚参解读古入江寺的石棺墓遗物时，依据的就是本教超度仪轨。丧葬仪轨记述：人死后就叫鬼魂，过了鬼门关就是灵魂，死者尸体葬在山腰，通过子孙后代的积善积德，灵魂升级到神魂，祖灵崇拜就是这么来的。当灵魂变成神魂，就从山顶的通道，往生天上。据聂赤赞普的历史传说，国王来自于天，最后身体变成彩虹，融入到头顶的一道光，升到天上，此说符合本教丧葬仪轨的逻辑。

1981年，甘孜藏族自治州雅江县呷拉乡本家村和朗德发现8座石棺葬文化遗留，文物专家对此进行了清理和研究；1983年，四川文物研究所对甘孜仁果乡吉里龙8座石棺葬遗址进行了清理和研究；1951年，甘孜县东南约七八公里处，发现与人骨共存的铜器、陶器和骨

① 《中国出土黄金面具鉴赏》，2019年1月刊。

器。格勒博士对新龙谷日村7座石棺葬进行了清理与研究。1984年，四川省文物研究所对炉霍卡萨遗址的257座石棺葬遗址进行了清理和研究。以上基本是在雅砻江中上游和鲜水河流域的石棺文化，年代上至春秋、下至秦汉时期。

2010年6月中日合作，对雅江呷拉遗址西北部的本家地区进行发掘。其中发现8座残墓，都是选用厚3～4厘米的天然方形板岩砌成石棺，棺底用石灰石夹泥填垫，无底板，棺盖用数块薄石板依次搭盖。由于墓葬骨架大多不完整，只有一具能看出是侧身屈肢。随葬器物不多，以陶器为主，有少量铜、铁器。陶器有双耳罐3件，单耳罐4件，除1件单耳罐颈部有刻画线条，其余皆为素面、鼓腹、平底，有泥质灰陶和夹沙陶两种。装饰品有小铁环1件，绿松石饰件1枚，铜饰件1枚，贝币1枚。双耳罐、单耳罐是石棺葬文化中具有特征的器物，就墓中清理的器物与岷江上游茂汶营盘山石棺葬中出土的铜铁器相比较，其时代上限不晚于茂汶石棺葬时代，即战国中晚期。

根据对卡若遗址、曲贡遗址、炉霍石棺葬文化等的研究发现，随着不同部族的起源与发展，青藏高原的文化也有过很多变化。比如新石器、青铜器、铁器等手工业文化，以及建筑、农业与畜牧文化的演变。[①]自20万年前起，人类就登上了青藏高原的西部、南部与北部。他们经过了新旧石器时代、铜铁器时代、金属时代等漫长岁月。从原始的氏族走进部落、部落联盟、吐蕃，他们的生活方式、宗教信仰、文化面貌也产生了翻天覆地的变化。

### 四、西藏阿里的考古与古代西藏文化

8000多年前青藏高原最早的磨制石针：从阿里地区日土县城往西约40公里，有一个名叫夏达错的小湖，这是一个面积8平方公里的淡水湖，海拔4368米。早在1992年，四川大学的霍巍和李永宪就在

①吕红亮：《跨喜马拉雅的文化互动：西藏西部史前考古研究》，北京：科学出版社，2015年6月第1次出版，第33页。

湖畔采集到92件石制品，其中包括可能属于旧石器时代的“手斧”工具——人们可以用它来切割加工动物皮肉，这一发现引起了国内外考古学者的关注。

四川大学考古文博学院教授吕红亮说：“这个遗址早年是1992年霍巍老师、李永宪老师发现的，只是一个表采的石器地点，没有地层。多年来我们一直希望找到这个地层堆积，但是跑了很多趟都没找到。在2019年调查的时候我们看到了黑土，终于发现了原生的堆积，回去我们测年之后发现是8000多年前的地层堆积。”

所谓“黑土”是指包含有燃烧灰烬或炭粒的土层，而8000多年前，包含有石器的“黑土”，显示了史前高原人群在这个地区的生存活动，它引起了考古学界的极大兴趣。2020年联合考古队在这里进行了49平方米的探方发掘，他们惊喜地清理出10处人类生活遗迹和1835件石制品，此外还出土了1300多件动物骨骼。测年结果显示它们属于距今8500年到7500年之间的新石器时代早期。在这个湖滨狩猎采集遗址的发掘中，还出土了青藏高原最早的磨制器——带有穿孔的石针。

吕红亮老师道：“石针我们知道是拿来做纺织的，可以拿这个东西来制作御寒的衣物等。所以我们倾向于把夏达错解释为一个永久定居点，但是还有许多的研究需要进行。”

青藏高原被称为世界第三极，也是全球性气候变化最敏感的区域之一。距今8000多年的全新世早中期，出现了全球性升温的“大暖期”，温暖湿润的气候为史前人类的生存发展提供了优厚的条件。全新世的气候与环境变化，正是第二次青藏科考团队重点研究的方向之一。从考古学角度来看，夏达错湖畔的营地遗址具有当时高技术含量的磨制石针、精致的细石器技术等，这些都为研究西藏西部全新世“大暖期”发生时史前人类生存环境和永久性定居情况，提供了弥足珍贵的实物证据①。

《跨喜马拉雅的文化互动：西藏西部史前考古研究》中记载：夏达错，位于西藏阿里日土县城以北约50公里处，又名沙达尔措（བྱ་དྲུར་མཚོ།），长5.9公里，面积约8平方公里，其北为班公错（དཔལ་མགོན་མཚོ།），东为曼冬错（དམར་གདོང་མཚོ།）。石器采集地点位于夏达错东北岸的湖滨坡地。在地表采集了92件，据李永宪观察，石料为灰黑色硅质岩，均采自山体基岩。阶地底层沉积的年代在距今23500+1200年；上层沉积的年代距今11700+（7000～8000）年。即年代定为旧石器晚期和新石器早期②。

采集的手斧有早期和晚期之分，种类有手斧、薄刃斧、砍砸器等，是欧洲阿舍利工业的典型器物。考古学家认为，南亚次大陆北部混杂性的砍砸器很可能与欧洲阿舍利工业有关。

本教文本中的辛饶弥沃时代，冈底斯西部沃莫隆仁地方，有穆氏王朝、胡王朝、后王朝、恰王朝等几个小国。他们在宗教信仰、政治经济上来往很多，交流频繁。在此之前，此处由神族统领，神族有三十三天界、知足天等很多部族。神族之外，还有一群好战的部落，称严康三十三部落，他们与神族为敌，发动战争，战火不断。斯巴杰母护法带来神族军队，击退严康各部落，斯巴杰母因此得到神族的尊崇。穆氏王朝时代，这些部族逐步变成辛饶弥沃的弟子，他们的宗教信仰也逐步融合成一体，称雍仲本教③。日土县这些早期人类的遗物，是否与此有某种关系，还待查实。

2018年7月至2019年4月23日，中国五支联合考古队走进西藏阿里，系统性地联合考古，在冈仁波齐西部象泉河流域发现3500年前至2500年前的古人遗物，包括陶器、木器、青铜器、铁器、金器、玉

① 详见《西藏发现8000年前的磨制石器》，《智慧网融媒体》，2021年5月1日17点29分报道。

②吕红亮：《跨喜马拉雅的文化互动：西藏西部史前考古研究》，北京：科学出版社，2015年6月第1版，第25页。

③ 伟色金巴主编：《门库经典汇编》第26卷《塞米经》，兰州：甘肃民族出版社，2015年，第38页。

髓、玻璃、贝饰、农作物种子、织物等。由此可推测出早在3000年前，阿里地区人类活动频繁，生活资源丰富，社会交流广泛[①]。这说明3000年前，阿里并非只有游牧文化，也有农耕文化，人口众多，活动频繁，可谓是政治、经济、文化的中心地带。

西藏腹心地带山南昌果沟遗址发掘中，发现距今3400年的青稞，属于新石器时代晚期。此发现说明，3400年前，生活在海拔4000米以上的青藏高原人不但会种地产粮食，而且已经培育了青稞、小麦等农作物。本教《修贡经》中就有蓝色青稞、黑青稞、白青稞的记载。由此说明，高原地区很早就有农作物种植。

本教文献中记载，辛饶弥沃时代（3600年至3800年前），拥有金、银、铜、铁、松石所造的经函版、勺子[②]；青藏高原十二诸侯时期（约3800年前）就已有农牧文明，信仰本教文化，建造经堂、神像、经函等，社会生活有了很大进步[③]。《日光根本续》也有此记载[④]。如今，有关古代藏族的历史、人物传记、地名、文献等很多说法已经被科学证实，笔者认为这是前所未有的进步。

2018年7月18日，四川大学考古队在阿里札达县东嘎遗址中发现了20多座墓葬，出土了带柄铜扣、织物、陶器、珠子等等，霍巍教授说：这次出土的文物与此前皮央出土的汉晋时期文物年代基本一致，迄今有2000年的历史。据霍巍教授介绍，除出土了反映当时人们生产和生活状态的实物，还发现了一些古人精神生活的遗物[⑤]。2017

① 中国文物局、西藏自治区文物局：《阿里地区古代亚洲文化交流的通道》，阿里旅游网，2019年4月23日。

② 毗卢遮那：《本教历史文献汇编》第2卷《塞米经》，北京：民族出版社，2010年9月第1版，第458页。

③ 白崔：《本教源流》，拉萨：西藏人民出版社，1988年11月第1版，第48页。

④（1）扎沃贡年：《本教历史文献汇编》第4卷《日光根本续》，北京：民族出版社，2010年9月第1版，第44页。（2）《本教历史文献汇编》第4卷《黑头凡人的起源》，北京：民族出版社，2010年9月第1版，第219页。

⑤ 社科院考古所中国考古网：《汉晋时期皮央东嘎一带与丝绸之路沿线互动往来》[OL]，2018年8月22日。

年4月5日，西藏文物研究所的考古专家们在西藏西南洛扎县发现距今3000年的两个墓葬，约有200平方米，从中出土了60多件遗物，其中有各种不同形状的陶器、石器、铁器、珠子等，都是陪葬品①。

**五、广汉三星堆遗址**

三星堆遗址位于四川省广汉市西北的鸭子河南岸，分布面积12平方公里，距今已有5000至3100年的历史，是迄今在西南地区发现的范围最大、延续时间最长、文化内涵最丰富的古城，称古蜀文化遗址。现保存有最完整的东、西、南城墙和月亮湾内城墙。三星堆遗址被誉为20世纪人类最伟大的考古发现之一，昭示了长江流域与黄河流域一样，同属中华文明的母体，被誉为“长江文明之源”。三星堆遗址文物出土发掘历史可以追逆到1929年，距今有近100年的历史，出土文物有5000件左右。此遗址中，有高2.62米的青铜立人，宽1.38米的青铜面具，更有高达3.95米的青铜神树等，均堪称独一无二的旷世神品。而以金杖为代表的金器，以满饰图案的边璋为代表的玉石器，亦多属前所未见的稀世之珍。

2021年3月20日，三星堆遗址考古工作中新发现的6个“祭祀坑”出土500多件重要文物，其中3个坑中有象牙，尤其在四号坑中有一根重达100多斤的象牙被完整提取。三星堆“祭祀坑”出土了大量重要文物，保存完整的东、西、南城墙和月亮湾内城墙，但目前已发掘的面积只占遗址总面积的2%左右。

至2021年5月28日，三星堆新发现6个“祭祀坑”，已出土重要文物一千余件。9月9日，三星堆遗址祭祀区三号坑、四号坑再发现阶段性重大考古成果②。

在三星堆祭祀坑出土的上千件青铜器、金器、玉石器中，最具特色的首推三四百件青铜器。其中，一号坑出土青铜器的种类有人头

① 详见《西藏山南考古发掘出土陶器最多墓葬》，藏地阳光网，2018年4月12日。

② 同美：《象雄·三星堆·金沙遗址》，成都：四川民族出版社，2020年，第7页。

像、人面像、人面具、跪坐人像、龙形饰、龙柱形器、虎形器、戈、环、戚形方孔璧、龙虎尊、羊尊、瓿、器盖、盘等。二号坑出土的青铜器有大型青铜立人像、跪坐人像、人头像、人面具、兽面具、兽面、神坛、神树、太阳形器、眼形器、眼泡、铜铃、铜挂饰、铜戈、铜戚形方孔璧、鸟、蛇、鸡、怪兽、水牛头、鹿、鲶鱼等。

关于成都一名的来历，据说“成都”系氐羌语，“成”为蜀人自称，意为高原人；“都”意为地区、地方。即“成”人的地方或高原之地。据《太平环宇记》记载，成都之名的来历是借用西周建都的历史经过，“以周太王从梁山止岐山，一年成邑，三年成都，因之名曰成都”。据史书记载，大约在公元前5世纪中叶的古蜀国开明王朝九世时，将都城从广都樊乡（今双流县）迁往成都，构筑城池。有专家认为，川西坝子狭义上讲就是成都，广义上讲包括雅安、峨眉、乐山、绵阳和德阳，不包括甘孜、阿坝、凉山。川西人自称是高原羌人，10000年前就进入新石器时代，以广汉三星堆为证，4千至5千年前就已有大规模的城市。他们的故事中也有黄帝与炎帝的传说。

本教古本《斯巴授记经》中记载：吐蕃赞普都松忙波杰（འདུས་སྲོང་མང་པོ་རྗེ།）时期（7世纪末），吐蕃讨伐云南王。当时琼波杰尔达美带兵，提前祭祀神灵并祈祷，砍断了一千头大象的鼻子，最终征服云南王。[①]显而易见，6至8世纪时，云南和四川一带有大象的记载。刚好四川广汉的三星堆遗址中也发现了象牙，此与本教藏文文本完全吻合。

辛饶弥沃自传《集经》中记载：辛饶弥沃圆寂后，由其子弥乔丹周继任法座，传授本教法。弥乔丹周有来自达斯、象雄、昌域、嘉纳的六位弟子，称六庄严。其嘉纳（中原地区）的弟子名叫勒丁忙波（ལེག་དང་ཚང་པོ།），从中原地区前往达斯即冈底斯以西[②]学习。《集

① 赤索丹主编：《本教历史文献汇编》第三卷，兰州：甘肃文化出版社，2018年，229页。

② 塔吉克为藏语的达斯（སྟག་གཟིག）之意，斯坦是地方之意，达斯·沃莫隆仁是否此处还待研究。

经》《塞米经》皆有记载[①]。法藏敦煌古藏文文献P.T.1285中记载：嘉纳国王之女得病，请百位古幸、百位女性巫师做禳灾法事，但没能治好，嘉本·勒丁忙波说：公主中了罗刹病毒[②]。

从文本的角度而言："嘉"（རྒྱ།）和"嘉纳"（རྒྱ་ནག།）并非一个含义。《土观宗派源流》中载说：藏语读晋朝的"晋"时，把它读成吉纳或紫纳（ཙི་ན།），从而音变为支那，嘉纳是支那的音变[③]。根据文献记载，勒丁忙波约诞生于公元前1400年，后成为嘉纳王之古幸。《斯巴授记经》中记载：嘉纳智者勒丁忙波来到康巴地区，在甘孜道孚巴协扎噶山、甘孜藏族自治州甘孜县帕旺本莫山埋藏很多本教经文[④]。总之，很多文献显示，勒丁忙波在川西、甘孜与嘉绒一带有弘法利生的记载。如今在雅安、宝兴、石棉、绵阳、德阳都有本教的寺院遗址、古籍文献、唐卡，他们的神山祭祀和婚丧嫁娶等民俗文化中，有浓厚的本教文化遗留。显而易见，本教曾经在这里有过宏伟发展。那么这些古老文化与三星堆、炉霍的石棺葬文化是否有关系，仍待研究。

譬如：拉萨曲贡遗址中发掘出大炕，炉霍宴尔龙遗址中也有大炕，四川的三星堆遗址里有大炕。而且这些大炕并非用来生火做饭，而是用来祭祀神灵、举行丧葬仪式。本教文本《普明佛》《隆基经》中有火葬的仪轨，而且在藏族人中广泛使用。根据雍仲丹增和雍仲益西自传显示，15至17世纪的本教大师们常去"汉地"收徒传法。这里所说的"汉地"是指如今的峨眉、乐山、雅安宝兴、石棉、绵阳和德阳等地区。有少数道家研究专家认为，嘉绒的本教与青城山的道教在文化脉络上同根同源。由此可从侧面说明，民族虽有汉藏之分，但文

① 才让太主编：《冈底斯雍仲苯教文献》第1卷《辛饶弥沃传记与历史》，北京：民族出版社，2010年，第86页。

② 详见法藏敦煌古藏文文献P.T.1295号。

③ 图官·洛桑确吉尼玛：《宗派源流史》，兰州：甘肃民族出版社，1984年，第391页。

④ 赤索丹主编：《本教历史文献汇编》第三卷，兰州：甘肃文化出版社，2018年，340页。

化只有山水、地域之分，没有民族之分。

根据陈卫东的解读：四川地区的石棺葬墓地发现较多，主要分布在岷江上游、大渡河中游、青衣江流域、雅碧江中游以及金沙江流域。其中主要集中在茂县、理县、汶川、宝兴、甘孜、炉霍、雅江、盐源和巴塘。岷江上游地区的石棺葬以茂县城关石棺葬墓为代表，面积约100万平方米。墓地可分为A、B、C、D四个区。石棺葬的形制可分为两类，一类为石板墓,部分石板墓设有头箱；另一类为墓室四壁用不规整的石块砌成,最后盖以不规则的石条。陶器以泥质黑陶和灰陶为主，有部分夹砂红陶和褐陶。器形以平底器为主，有部分圈足器和环底器。陶器组合主要为双耳罐、单耳罐、窟、单耳杯、罐等。纹饰以素面为主,有部分漩涡纹、划纹、戳印纹、弦纹等。铜器主要是剑、钺、釜、鎏盘。以及大量的装饰品，同还出土了大量的装饰品，部分铁器和秦汉时期的货币。时代上起春秋战国，下至两汉时期①。以此可以说明，这些部落宗教信仰和经济文化的来往非常密切。

## 第三节 青藏高原远古部落文化

青藏高原的人文历史发展和其他地域的人类文明发展过程是一样的，都是从原始社会慢慢演变到古代社会，又从古代社会走进了现代的文明社会。

那么，青藏高原的宗教信仰、文化习俗、生活习惯、社会关系经历了怎样的演变，才形成了今天的藏族文化？这就得从远古时期说起。据罗丹宁波的《密法意续经》所说，在远古时期，神族（ལྷ།）、龙族（ཀླུ།）、赞族（བཙན།）、魔族（བདུད།）、夜叉族（གནོད་སྦྱིན།）、罗刹族（སྲིན་པོ།）、年族（གཉན།）等不同部族纷纷迁徙到高原地区，

① 陈卫东：《2005年度康巴地区考古调查简报》，《四川文物》，2005年第6期。

先后统治青藏高原。[①]他们成为青藏高原最古老的统治者。其中最早出现并统治青藏高原的是神族，其次是龙族、魔族、赞族、夜叉族、罗刹族与十二小邦。不难想象，他们之间也曾有过战争和贸易等往来[②]。《密法意续经》虽是14世纪中叶所编纂，但其内容与藏族古代社会文化相吻合，所以值得参考。时至今日，在藏族人的民俗文化、宗教信仰中仍有神、龙、赞、魔的祭祀仪轨和许多有关他们的神话故事。

### 一、神族

有的宗教认为万物皆是神创造，包括人类亦是神创造的。有的宗教认为万物来自因果，并非人力所为，但宗教是神或佛所创。而神与人的关系是信仰与被信仰、供奉与被供奉、服侍与被服侍之关系。从宗教信仰的角度而言，人对神只能顺从、崇拜、信仰和接受，不能有质疑、疑心、猜测和犹豫，必须是全心全意。实则，神乃最起初人对大自然和动物的神秘感、敬畏感、崇拜之心所造就。后来随着社会的发展，很多贵族和统治者利用此信仰，创造了各种不同宗教文化和神灵体系。而这些神灵是不可侵犯、不可违背、不可质疑、不可二心的，包括佛陀。所以学术界有了“到底是人创造了神还是神创造了人”的话题。

米尔恰·伊利亚德认为，如果从宗教本身去研究就会发现，任何宗教都有一个不可跨越的因素，那就是“神圣”。神圣可以通过世俗来显现自己，成为与世俗完全不同的事物[③]。从神的历史发展和神系结构的变化来看，有太初神（即天与天神）、太阳和太阳的崇拜、月亮和月亮的崇拜、水和水的象征、符号与图腾、大地的

① 详见法藏敦煌古藏文文献P.T.1060号。

② 伟色金巴主编：《库门经典汇编》第119卷《密法意续经》，兰州：甘肃民族出版社，2015年9月第1次出版，第227页。

③ 米尔哈·伊利亚德著，吴晓群译：《宗教思想史》，上海：上海社会科学院出版社，2011年9月第1版，第5页。

崇拜等自然物和自然力崇拜；有狮子、老虎、蛇、龙、大鹏鸟、秃鹫、鹦鹉、鸽子、大象等动物崇拜，及父神、母神、子神、战神、田神、土地神、灶神、男神、女神等氏族部落的人像崇拜；有本教古本中所载的二十七位瓦尔莫护法（དབལ་མོ་ཉེར་བདུན།）、瓦塞本尊（དབལ་གསས།）等半人半兽的崇拜。人像崇拜中也有国王、王子、将军、巫师等不同呈现。神灵的供奉场所从简单的岩洞、森林发展到庙宇、宫殿、大片土地等，神灵的发展一直伴随着人类文化的发展而发展①。从神诞生、发展、演变的历史中得见人类社会的发展、演变现象，换句话说人与神自古都是相互依赖、互利互助，直到今天。西方学术界里神学中衍生出比较神学、理论神学等流派，为古人类文化探索、研究提供很多线索和证据②。通过神的历史，可以推测古人类的诞生与发展，他们的生活方式、社会生活、社会等级与神人关系。

青藏高原的神灵崇拜也不例外，从普贤王的自然蓝天崇拜发展到动物崇拜、人像崇拜等。本教藏文古籍显示，雍仲耶斯神王（གཡུང་དྲུང་ཡེ་སྲིད་ཀྱི་ལྷ།）与耶拉僧杰卓玛（ཡེ་ལྷ་སེམས་ཀྱི་སྒྲོན་མ།）做了很多善事，生了一对儿女。儿子还在母胎时，就已拥有无边的法力和神通，后迁徙到空中，产生雷神、风神、光神、龙神等各类神族，他们通过大自然的变化统领世界。女儿心怀仁慈，胸有智慧，成为万物之母，本教经典中称南西共杰玛（གནམ་ཕྱི་གུང་རྒྱལ།），就是天神之母、天神祖母之意，也衍生出很多神，其中一位神叫亚拉达州（ཡབ་ལྷ་བདལ་དྲུག），藏文中称"拉旺嘉欣"（ལྷ་དབང་བརྒྱ་བྱིན།），翻译成汉文为"玉皇大帝"或"玉帝"。

根据《密集意续》（གསང་འདུས་དོན་རྒྱུད།）记述，密集大师在三十

①米尔哈·伊利亚德著，曼可佳、姚夕琴译：《神圣的存在》，桂林：广西师范大学出版社，2008年8月第1版，第1—4页。

② 张志刚：《宗教学是什么》，北京：北京大学出版社，2001年1月第1版，第9页。

三天界的虚空藏净土中，修持瓦塞本尊，以法力征服那里的所有嘉欣族（བརྒྱ་ཅིན།）①。由此可见，“嘉欣”（བརྒྱ་ཅིན།）并非是某一个人，而是一个部族。“拉旺嘉欣”是所有嘉欣的主导者或君王，我个人认为嘉欣就是代指前述的雅利安人。

据本教古籍记载，亚拉达州安排五大神，分别为救护神、守护神、辅助神、保佑神、毁灭神。救护神又称男性神或父神，属下有十万余尊，居住在东卡宫殿中；守护神又叫原本神，是女性守护神，居住在红铜宫殿中，属下有十万尊；辅助神又称子神，居住在白色宫殿中，属下有十万尊；保佑神又称舅父神，居住在红铜宫殿中，属下有十万尊；毁灭神又称战神，是古代众勇士和将军所崇拜的神，居住在天铁宫殿中，属下有十万尊②。五神法器和宫殿中提到铁、红铜、银、金子、绿松石等是高原地区常见的物品；神兵有数十万，社会等级非常明显。

聂赤赞普从天而降的故事中，聂赤赞普的祖先为亚拉达州，亚拉达州曾经娶三位公主，建三座宫殿，邀请拉本妥噶（ལྷ་བོན་ཐོད་དཀར།）、斯本弥桥（སྲིད་བོན་ཐུ་ཚོ།）、弥本辛饶弥沃（མི་བོན་གཤེན་རབ་མི་བོ།）做主持。拉本妥噶为神族导师，亦是辛饶弥沃之父；斯本弥桥是斯巴族的导师；辛饶弥沃为人族的导师③。但此处拉本妥噶是否为辛饶弥沃之父嘉本妥噶还待查实，斯本弥桥与辛饶弥沃之子弥乔丹周应不是同一个人。

藏文中神的对应字是“拉”（ལྷ།），有的把它读成“喇”（བླ།）或“哈”（ལྷ།），有的认为“拉”和“喇”、“哈”意义相同。藏文“拉”为神圣、超凡、不可侵犯之意，而“喇”是无上、无比、顶

①伟色金巴主编：《库门经典汇编》第119卷《密法意续经》，兰州：甘肃民族出版社，2015年9月第1次出版，第229页。

②详见《远古祭祀仪文汇编》，拉萨：西藏藏文古籍出版社，2018年第一版，第22页。

③龙康·彭措多吉、拉巴扎西主编：《苯教远古文献汇编》，拉萨：西藏藏文古籍出版社，2018年，第13页。

级、至高无上之意，意义上基本相同，读法也相近，但藏文的写法不同。“喇”还有灵魂、神魂、鬼魂等意思。

根据本教密宗经典记载，神分世间神、出世间神、本尊神、护法神等很多种。世间神和出世间神的说法应该是比较晚近才出现的，按照传统说法，世间神是指尚未超越六道轮回之神。《集经》（མདོ་འདུས།）、《世间根本藏》（སྲིད་པའི་མཛོད་ཕུག）和《南巴迦瓦大陀罗尼》（ནམ་རྒྱལ་གཟུངས་ཆེན།）中所示的欲界天、色界天、无色界天，以及一百零八位世间护法神皆是世间神，因还没有超越六道轮回[①]。本教以欲界天和色界天、无色界天为三个不同世界或不同时代的人，但从神学的角度而言，他们是指远古时期两个不同时代的人，他们之间能否沟通都是问题，也许就像尼安德特人与智人一样是两个不同的人种。西藏本教和藏传佛教经典所示的轮回与出轮回是超越自我和非超越自我，即著相之差，非地理划分之别。古代象雄与印度人都主张轮回与出轮回之说，经文中称轮回与涅槃，或世间与出世间，或常人与非常人。世间神是尚未超越六道轮回或自我著相之神；出世间神是指超越六道轮回，远离自我与执着之神。

本尊神的藏文是“意当”（ཡི་དམ།），即时刻要记住或修行的神之意。本教本尊包括瓦塞本尊（དབལ་གསས།）、盖阔本尊（གེ་ཁོད།）、胜橛本尊（ཕུར་པ།）、拉果本尊（ལྷ་རྒོད།）、佐确本尊（གཙོ་མཆོག）、母续本尊（མ་རྒྱུད།）等，每个本尊修法皆有自己的主神。每个本尊分智尊、誓尊和不二本尊，智尊是智慧本尊，是誓尊实修的结果；誓尊是誓言本尊，即实修智尊者在修本尊时立誓修行；不二本尊是誓尊变成智尊的境界，或誓尊与智尊达到无二无别后的状态[②]。

瓦塞本尊、拉果本尊、佐确本尊为巨邦三尊（སྤྱི་སྤུངས་སྐོར་གསུམ།），

① 详见《南巴迦瓦大陀罗尼经》（ནམ་རྒྱལ་གཟུངས་ཆེན།），旺丹幸色掘藏于13世纪，手写版，现存于炉霍县仁达乡易日寺。

② 玛敦索增伏藏师：《瓦塞本尊仪轨》[伏藏经]，第54页，现存于阿坝夺登寺邓巴达吉家。

是普贤佛集（ཀུན་བཟང་རྒྱལ་བ་འདུས་པ།）的身语意化身[①]。藏文“巨”（སྤྱི།）乃共同、同用的意思，在象雄语中的“邦”（སྤུངས།）是导师、明师、指点和祖师之意，即全面明示九乘次第法的意思。“巨邦”（སྤྱི་སྤུངས།）中的“巨”为古藏文，“邦”为古象雄语，“巨邦”是两种语言混合组成的名词。《巨邦经》中阐释了本教南伏藏九乘次第的总概论（即全部内容），所以称“巨邦”[②]。瓦塞本尊为普贤佛集身体之化身，拉果本尊（ལྷ་རྒོད།）为语言的化身，佐确本尊（གཙོ་མཆོག）为意的化身[③]。本教密宗中以瓦塞、拉果、佐确、盖阔、胜橛为五胜本尊，藏文称“塞卡确阿”（གསས་མཁར་མཆོག་ལྔ།）。身、语和意三尊为巨邦三尊，再加上盖阔本尊为功德本尊，胜橛为事业本尊。古象雄语法中“塞”意为神或本尊，“卡”意为宫殿或神殿，塞卡即神宫、神殿、神的聚集处或庙会之意。

按照藏族本尊仪轨文献的说法：本尊神超越轮回，远离内心的贪念著相，属于出世间神，是法身佛、报身佛为了除恶驱魔所展现的化身。护法神是维护本尊尊严，护持本尊修法和正知正见，保持正法和正义的守护神，是正义之神。其中有男性护法神、女性护法神、中性护法神、变性护法神，这都与人类社会中的性别、等级相对应。

男性护法神有魔王护法、赞王护法、地母护法。起初，他们都是神族的敌人，向神族发起战争，扰乱社会秩序，危害人类，后来被瓦塞本尊征服并成为其护法神[④]。女性护法神有斯巴杰母（སྲིད་པ་རྒྱལ་མོ།）、扎拉杰母（སྒྲ་བླ་རྒྱལ་མོ།）、智慧怒母（ཡེ་ཤེས་དབལ་མོ།）、门母护法神（སྨན་མོ།）等。藏文“门母”中“门”（སྨན།）是对女性的

---

① 良美大师：《瓦塞本尊仪轨》之《དབལ་གསས་མངོན་རྟོགས།》，手抄版，274页，现存于炉霍县仁达乡易日寺。

② 云丹彭措主编：《藏族典籍精选》第46卷《大圆满精要》（སེམས་སྨད་སྡེ་དགུ།），成都：四川民族出版社，2014年12月第一版，第215页。

③ 弥秀多杰掘藏：《丹金护法经》（དམ་ཅན་ལས་བྱང་།），第5页，手抄版，现存于炉霍县仁达乡易日寺。

④ 伟色金巴主编：《库门经典汇编》，兰州：甘肃民族出版社，2015年9月第1版，第10页。

通用称呼，其中“拉门”（ལྷ་སྨན།）是神女，“鲁门”（ཀླུ་སྨན།）为龙女，“扎门”（བྲག་སྨན།）为岩石神女，“邦门”（སྤང་སྨན།）是草原之女。

所有宗教、神灵崇拜、神系结构都代表着那个时期的人类社会现象。那么藏族的本尊、护法神在古代代表什么？我个人认为，本尊代表国王，本尊的明妃代表王妃或妃子，护法神代表国王麾下的将军，斯巴杰母既是瓦塞本尊的明妃，又是其护法神，所以她的地位高于其他护法神。

根据藏文史籍记载，聂赤赞普尚未统一高原十二小邦前，青藏高原出现过十代或六代的统治者，神族是最早的统治者[①]，他们创造了神族文化，即以神灵崇拜为中心的宗教文化。所以在人们的印象中，神族是正义的化身、和平的使者，是正直善良、降妖除魔、感化人类的救世主。曼日寺第23代堪布尼玛丹增，根据《集经》等本教古籍指出，从斯巴·桑波布赤与曲江杰母夫妇起，恰（ཕྱྭ།）、穆（དམུ།）、祖（གཙུག）等先后出世，创造了青藏高原的人类文化，包括人神故事、人与自然的关系，奠定了古文明的基础，改革了他们的社会体制，完善了社会秩序，建立了十二乃至四十个王国（十二小邦）[②]。

神灵崇拜进化中，最初的神是蓝天、太阳、月亮等自然物和自然力；其次是动物和图腾崇拜；然后进化为半人半兽之神，最后成功演变为人像崇拜。故此，古代本教神系中有图腾、自然物、自然力、动物、人像和半人半兽等不同神灵的呈现。人像崇拜中也可以划分为国王、王子、将军、妃子、巫师等不同身份和等级，他们的装束、扮相和肤色有很大不同。很多宗教学者认为：在原始时期，在自然环境

① 赤索旦主编：《本教历史文献汇编》第6卷《本教起源史》，兰州：甘肃民族出版社，2018年7月第1版，第45页。

② 尼玛丹增：《尼玛丹增自传》，北京：民族出版社，2012年9月第1版，第36页。

中遇到很多无法解释的自然现象，比如地震、海啸、瘟疫、死亡、闪电、日食、月食、火山喷发等，从而诞生月神、日神、星神、云神、风神等自然物崇拜①。这些自然现象超越了远古人类的科学所涉及的范围，所以古人认为这背后有超自然的力量在操控，便把这样超能而神秘的掌管者称为神与魔、善与恶、黑与白。自斯巴桑波布赤（སངས་པོ་འབུམ་ཁྲི།）、南西共杰（གནམ་ཕྱི་གུང་རྒྱལ།）的神话在青藏高原流传开来，衍生出很多神话故事，其实都是人类创造的。

古人认为，如果人激怒了神魔，神魔就会发动地震、海啸、瘟疫等自然灾害，惩罚人类，于是人们通过祭祀、祈祷、祈请等方式，与他们心中的神魔沟通，协调自然，平息灾难。神灵也随着人类社会的变迁逐步产生社会等级和阶层的变化，人们对神的理解也更进一层，把神划分为世间神、出世间神、男性神、女性神、灶神、田神、水神、雷神等。一般认为出世间神是万物的真理、宇宙的真相、尊神的化身，他们不会危害人类。但世间神则不然，发动灾难的一般都是世间神和八部鬼众②。

父神、母神、子神、男神、女神一般都是家族神或氏族神，属于父系氏族社会的神灵崇拜。他们认为父神在右肩上，母神在左肩上，祖先神在头顶。如今藏族的墓位、社会等级都是如此，父为左，母为右，子为下，长辈为上座。吐蕃赞普时期，法师为右，大臣为左，国王为上，这是另一个时代的文化，与上述的等级完全不相同。

最原始的图腾崇拜是蓝天，也叫天神或自然神、原始神，这可能就是《神的历史》中所说的太初神③，本教古籍中称“普贤王”（ཀུན་ཏུ་བཟང་པོ།）为“多美工布”（གདོད་མའི་མགོན་པོ།），意思

① 赤索旦主编：《本教历史文献汇编》第4卷，兰州：甘肃民族出版社，2018年7月第1版，第184页。

② 详见《八部供酒经》，本赛穹果匝掘藏于12世纪，手写本，第40页，现存于炉霍县仁达乡易日村尼玛家。

③ 米尔哈·伊利亚德著，吴晓群译：《宗教思想史》第1卷，上海：上海社会科学院出版社，2011年9月第1版，第7页。

是最初、最原始、最自然之神。其次有了天空中出现的太阳、月亮、星星、云和风的神灵。再后来，就有了龙、狮子、老虎、豹子、熊、狐狸、狼等各种动物的崇拜。这些神灵虽然以各种动物呈现，但神与神之间没有有机关系，也没有上

下级、化身与被化身之关系，由此可以推断，他们是部落文化的神灵。比如《塞米经》所示的太阳本、月亮本、星星本、风本、云本、魔本、赞本、神本、龙本等不同神灵也是这么来的①。

还有在瓦塞本尊的头像中就有狮子头、龙头、鲸鱼头、老虎头、豹头，以及人像忿怒头。手持法器中也有宝刀、矛盾、弓箭、斧子、锯子、绳子等兵器。从这些半人半兽的图腾崇拜中不难看出，人类的信仰和神物崇拜是从原始社会各部族的动物崇拜和图腾崇拜基础上发展而来，从而衍生出人格化、人性化的神灵崇拜，而且当时已经有了战争、国王、大臣的概念，神与神之间也有有机关系，也有上下级和化身与被化身之关系。本教《修贡经》（སྒུགས་མགོན།）是民间流传较为广泛的一部经，经文中有父神、母神、子神、土地神、舅父神、农田神、灶神、战神的记载②。《塞米经》中有太阳神、月亮神、星星神、风神、火神、水神、海神、山神的记载③，他们都以不同的身份、形象出现，分工明确，折射出浓厚的农牧文化、父母与夫妻等家庭关系。我认为父神、母神、子神、舅神、农田神、灶神是父系时代的家族之神或氏族之神；太阳本、月亮本、星星本等为原始的部落文化，就是氏族发展成部落以后的宗教文化。

古巴比伦宗教经典中的多神崇拜与此类似，比如巴比伦文化中有农业神、法律神、土地神、太阳神、月亮神、灶神等多神④。青藏

① 赤索旦主编：《本教历史文献汇编》第2卷《塞米经》，兰州：甘肃民族出版社，2018年7月第1版，第35页。

② 详见《修贡经》，本赛穹果栽掘藏于12世纪，手写本，第10页，现存于炉霍县仁达乡易日寺噶桑尼玛家。

③ 毗卢遮那：《本教甘珠尔》第25卷《塞米经》，兰州：甘肃民族出版社，第28页。

④ 黄心川：《世界十大宗教》，北京：社会科学文献出版社，2007年5月第一版，第14页。

高原的多神文化体现了当时部族之间的竞争和抢夺关系，体现出古代青藏高原的社会生活、文化习俗、人际关系、宗教信仰、神人关联、生活习惯的复杂性和不稳定性。《塞米经》记载，在辛饶弥沃诞生之际，穆氏王朝隆重举办了王子的庆生仪式，迎请了太阳本（ཉི་བོན།）、月亮本（ཟླ་བོན།）、星星本（སྐར་བོན།）、云本（སྤྲིན་བོན།）、神本（ལྷ་བོན།）、龙本（ཀླུ་བོན།）、罗刹本（སྲིན་པོའི་བོན།）、夜叉本（གནོད་སྦྱིན་བོན།）、赞本（བཙན་བོན།）、年本（གཉན་བོན།）等三十三个部落。他们是来自不同部族的宗教导师、法师或巫师①。譬如：年本彤彤卓瓦（གཉན་བོན་ཐང་ཐང་གྲོལ་བ།）、穆本耶丹（དམུ་བོན་ཡིད་ཏན།）、都本曲嘉（བདུད་བོན་ཆུ་ལྕགས།）、赞本擦尔嘉（བཙན་བོན་ཚལ་ལྕགས།）、拉本妥噶（ལྷ་བོན་ཐོད་དཀར།）、斯本弥桥（སྲིད་བོན་མུ་ཚོ།）等都在被邀请的名单中。这些人名不仅在《塞米经》中有记载，在敦煌古藏文文献、当许噶塘蚌巴奇塔本文献中也有记载②。由此说明，穆氏王朝在各部落中具有崇高的地位。

这些“本波”不仅仅是卜卦、算命的普通本教法师，而是代表着不同部族和王室贵族或宗教团体的首座、主持、贴身法师。文献中充分体现出他们的神灵崇拜、宗教信仰、生活习俗、文化风俗都有极大差异，而且他们之间的斗争非常激烈，贸易往来也比较频繁。

辛饶弥沃时代，高原地区存在神本、魔本、赞本、龙本、罗本、夜叉本、罗刹本等很多本波③，他们是神族、龙族、魔族等不同种族的护国师，这与阿底峡尊者的《柱间史》《日光根本续》与《智者喜宴》所示的十二本教或本教十二智慧基本相吻合。据说冈底斯山的西部和西北部是属于神族的领地；尼泊尔等冈底斯南部地区为龙族的

① 毗卢遮那：《本教历史文献汇编》第25卷《塞米经》，兰州：甘肃民族出版社，2018年7月第一版，第37页。

② 详见法藏敦煌古藏文文献P.T.1285号。

③伟色金巴主编：《库门经典汇编》第26卷《塞米经》（辛饶弥沃自传），兰州：甘肃民族出版社，2015年9月第1版，第28页。

领地；里象雄的嘉卡巴确为人族的领地[①]；卫藏的雅砻吐蕃与门巴为罗刹的领地；亚隆下部达波（དྭགས་པོ།）、工布（ཀོང་པོ།）、凉波（ཉང་པོ།）地区为恰巴魔王的领地。根据阿须护法神的仪轨显示，阿须护法神属于赞族世系，他来自尼泊尔与雅砻吐蕃、门巴三地交界处，以此可大致界定赞族部落的地理位置[②]。这些不同种族之间曾经发生过战争，有过贸易来往，因此也有文化的交流。后来随着吐蕃政权的发展壮大，这些部落文化、信仰逐步融合，形成了吐蕃的政教势力和多元文化。

从青藏高原神系历史来看，随着人类文明的进步，神族也从原始的图腾崇拜发展到动物崇拜、半人半兽崇拜，乃至人像崇拜。

人像崇拜中的神以偶像的形式出现。例如，有的以国王、大臣的身份出现，治理国家；护法神等很多神以勇猛的将军身份出现，东征西讨，南征北战，试图征服世界；有的以国师、巫师的形象出现，为国王出谋划策。而动物崇拜则以动物的形象出现，吸收了不同部族和不同时代的动物崇拜。譬如：《瓦塞本尊仪轨》部下有二十七尊护法神，其中有红嘴乌鸦头、狮子头、马熊头、狼头、老虎头、鹏鸟头、鲸鱼头等九尊塞玛护法神[③]，这些神灵不但与高原文化、生态环境有关系，他们的外观形象、神系结构、信仰方式也经过了天翻地覆的变化。

再比如，本尊与护法神，世间神与出世间神，男神与女神，主神与次神等分类中，本尊明显属于国家宗教。其中有男性本尊和女性本尊，因为高原地区不仅有过男性国王，也有过如桑萨让尊、大慈母等女王；本尊的明妃代表王妃，有的既是明妃又是护法神，就是妃

① 元旦平措主编：《藏族典籍精选》第46卷《大圆满精要》，成都：四川民族出版社，2014年12月第1次出版，第82页。

② 详见《阿须护法神仪轨》，玛敦索增掘藏，手写本，第6页，现存于阿坝县哇尔玛乡夺登寺丹巴达尔吉家里。

③ 详见《瓦塞本尊仪轨》，玛敦索增掘藏于12世纪，手抄版，第49页，现存于炉霍县仁达乡易日寺嘎绒尼玛家。

子兼任大将军职位，上战场讨伐他国。比如瓦塞本尊的护法神中有都（བདུད།）、赞（བཙན།）、斯巴杰母（སྲིད་པའི་རྒྱལ་མོ།，即世间圣母）。藏文的“都”汉文译成魔王，“赞”译成妖。他们起初都是神族的死敌，后来被瓦塞本尊降伏并成为他的部下①。世间圣母、都、赞都是瓦塞本尊的护法神，但世间圣母的职位高于都和赞，这说明世间圣母不仅是瓦塞本尊的护法神，她还有一个身份就是明妃②。

神族与人类一样，有明确的社会等级与社会制度。譬如：天界有欲界天（འདོད་ཁམས།）、色界天（གཟུགས་ཁམས།）、无色界天（གཟུགས་མེད་ཁམས།）。欲界天有四大天王（རྒྱལ་ཆེན་རིགས་བཞི།）、三十三天界（སུམ་ཅུ་རྩ་གསུམ།）、时分天（འཐབ་བྲལ།）、知足天（དགའ་ལྡན།）、乐化天（འཕྲུལ་དགའ།）、他化自在天（གཞན་འཕྲུལ་དབང་བྱེད།）等六天③，这是不同部族所形成的原始部落。三十三天界以拉旺嘉欣为最高统治者。本教文本中认为，拉旺嘉欣为辛饶弥沃的使者、雍斯达巴大师的得意弟子。拉旺嘉欣统治下有三十二个诸侯王室，加上拉旺嘉欣就有三十三个，故得名三十三天界。

《南巴迦瓦大陀罗尼经》中以南巴迦瓦（རྣམ་པར་རྒྱལ་བ།）为天龙人的最高统治者，其部下有土地神、天神、龙神、财神、饿鬼神、非天神、妙语天女神、龙女神等八大护法。每一尊护法部下有八大诸侯神、四位看门神。主神一共有八位，八个十三就是一百零四位，加上金拉九眼（གཙན་ལྷ།）护法神的部下四尊护法，就是一百零八位神，这都隶属于南巴迦瓦。南巴迦瓦是辛饶弥沃在中原地区弘法时所得的名称，也是降伏罗刹、辅佐中原统治者王公仔楚杰时的尊称，译成汉文

① 罗丹宁波编纂：《斯比杰母祈请文》，收录于《祭祀文集》（སྣ་ཚོགས།），手抄版，第233页，现存于炉霍县仁达乡易日村的邓巴手中。

② 详见《སྲུང་མ་མ་བདུད་བཙན་གསུམ།》，玛敦索增掘藏于12世纪，收录于《祭祀文集》，手抄版，第240页，现存于炉霍县仁达乡易日寺嘎绒尼玛。

③ 才让太主编：《冈底斯雍仲本教文献》第12卷《世间根本藏》，北京：民族出版社，2010年9月第一版，第21页。

称尊胜佛[①]。

《南巴迦瓦经》中的神族以拉旺嘉欣为首，此外，财神的主神是人王如意财神（འདོད་པ་དགུ་འགྱུར།），龙族的主神是龙王祖娜仁钦（གཙུག་ན་རིན་ཆེན།），土地神的主神为桑瓦勒钦（གསང་བ་ལེགས་ཆེན།）。起初，神与神或神与人、神与其他部族间的关系错综复杂，但后来他们都成为辛饶弥沃的属下，归顺穆氏王朝，隶属神族的管辖范围[②]。穆氏王朝自称是神族的传承人，还认为辛饶弥沃是不灭顶佛的化身、辛拉俄噶（即白光佛或光神）的弟子，以此名正言顺地把神族文化继承下来，占为己有。

比如本教密宗和大圆满的传承来自西藏西部。历代很多尊者，包括普贤王如来（ཀུན་ཏུ་བཟང་པོ།）、辛拉俄噶（གཤེན་ལྷ་འོད་དཀར།）、才美俄丹（即无量光神，ཚད་མེད་འོད་ལྡན།）、楚辛囊丹（འཕྲུལ་གཤེན་སྣང་ལྡན།）、桑萨让尊（即贤惠神母，བཟང་བཟའ་རིང་བཙུན།）、不灭顶佛（འཆི་མེད་གཙུག་ཕུད།）、密集大师（གསང་བ་འདུས་པ།）、虎衣明王（སྟག་ལ་མེ་འབར།）、雍斯达巴（ལྷ་གཤེན་ཡོངས་སུ་དག་པ།）、弥鲁桑勒（རྒྱལ་གཤེན་མི་ལུས་བསམ་ལེགས།）、益西宁波（སྲུ་གྲུབ་ཡེ་ཤེས་སྙིང་པོ།）、囊瓦多金（ནམ་མཁའ་སྣང་བ་མདོག་ཅན།）[③]等，他们当中有的是辛饶弥沃的真身，有的为上师，雍斯达巴为辛饶弥沃的弟子。由此可见神族与穆氏王朝之间的复杂关系。《大圆满菩提藏》中也有同样的记载[④]。

普贤王超越三界天，过于尊贵，所以没有身份相称，没有供奉的庙宇，也没有固定弟子、眷属。白光佛（即光神）在色界[⑤]（འོག་

① 详见《大陀罗尼经》（རྣམ་རྒྱལ་གཟུངས་ཆེན།），旺丹幸色掘藏13世纪，现存于炉霍县仁达乡易日村尼玛家。

② 详见《南巴迦瓦福聚经》（རྣམ་རྒྱལ་གཡང་སྒྲུབ།），旺丹幸色掘藏13世纪，现存于炉霍县仁达乡易日村尼玛家。

③ 详见《巨邦三法》（སྤྱི་སྤུངས་སྐོར་གསུམ།)之《三怙主》（མགོན་པོ་རྣམ་གསུམ།），玛敦索增掘藏。

④ 详见《藏族典籍精选》第46卷《大圆满精要》（སེམས་སྨད་སྡེ་དགུ།），成都：四川民族出版社，2014年7月第一版。

⑤ 本教《世间根本藏》与印度佛教经典中，天神分欲界天、色界天、无色界天，色究竟天是色界天之上，是所有天的顶处。

མེད།）天传大圆满心识九部法（སེམས་སྨད་སྡེ་དགུ།）①。有的文献中记载，冈底斯山的山顶也有一个地方叫色究竟天、三十三天界②，才美俄丹是其弟子，自然也在色界天之上，后来被白光佛派到西方，成为西方极乐世界的部主。楚幸囊丹、桑萨让尊、不灭顶佛为密宗父母子三尊，出生和修行于三十三天界的知足天界。密集大师、虎衣明王出生于达斯地区（今伊朗一带），后来到了三十三天界拜楚幸囊丹、不灭顶佛和桑萨让尊佛母为师，学习神族宗教，成为密宗和大圆满的传承上师。

雍斯达巴、弥鲁桑勒、益西宁波为天龙人三贤，即雍斯达巴生于三十三天界，学习和修行于三十三天界，最后成为三十三天界的国师③。益西宁波出生于龙界（今尼泊尔一带），后来到三十三天界拜师学习，最后把大圆满和密法传承带到龙族领地。弥鲁桑勒出生于象雄的嘉卡巴确，曾前往三十三天界拜不灭顶佛、密集大师，在知足天拜桑萨让尊佛母。由此可见，密宗和大圆满最初是神族的宗教，后来随着穆氏王朝的强大，逐步被他们占有，成为穆氏王朝的主流文化，得名为雍仲本教。

本教信徒认为，辛饶弥沃的前世名叫斯巴切邬萨瓦（སྲིད་པ་ཁྱེའུ་གསལ་བ།），他有三兄弟，称达巴（དག་པ།）、萨瓦（གསལ་བ།）、西巴（ཤེས་པ།）。达巴演变为朵嘉耶钦（གཏོ་རྒྱལ་ཡེ་མཁྱེན།），成为过去世的佛；萨瓦成为辛饶弥沃（གཤེན་རབ་མི་བོ།），成为现在世的佛；西巴成为耶乃切邬穹（ཡེ་གནས་ཁྱེའུ་ཆུང་།），又被誉为唐玛美珍，成为未来世的佛。藏文“切邬”（ཁྱེའུ།）是孩童、赤心、赤子之意，辛饶弥沃的前世切邬萨瓦去了色界天，拜斯巴多杰罗本（སྲིད་པ་གཏོ་རྗེ་སློབ་དཔོན།）

①云丹彭措主编：《藏族典籍精选》第46卷《心识九部》（别称《大圆满精要》（སེམས་སྨད་སྡེ་དགུ།），由幸庆鲁噶掘藏于1017年），成都：四川民族出版社，2014年9月第1版。

② 赤索旦主编：《本教历史文献汇编》第8卷《冈底斯神山目录》，兰州：甘肃民族出版社，2018年7月第1版，第5页。

③ 伟色金巴主编：《库门经典汇编》第44卷《大悲佛母救八难经》（绰仓珠拉掘藏于10世纪），兰州：甘肃民族出版社，2015年9月第1版，第217页。

为师①，学习斯巴本，即民间本教。切邬萨瓦转世到三十三天界时，称不灭顶佛，再转世于沃莫隆仁后，尊称辛饶弥沃。

斯巴本以占卜、历算、医术、禳解和超度仪轨为主要内容，因辛饶弥沃的前世拜斯巴多杰为师，所以斯巴本成为穆氏王朝的宗教和雍仲本教的重要组成部分。很多资料显示，斯巴多杰罗本就是斯巴桑波布赤尊者，是四尊如来之一。到了辛饶弥沃时代，斯巴桑波布赤也转世于沃莫隆仁，成为玉吉切邬穹，实则玉吉切邬穹是辛饶弥沃的侄子，以辛饶弥沃弟子的身份出现并协助辛饶弥沃弘法利生。

辛饶弥沃是不灭顶佛的化身、白光佛的弟子，也是桑波布赤和大慈母的传承弟子。他既是神族，又是人族，是神人合一的完美体现，也是连接天地的弘法者。他以人的身份与神交流，以神的身份在人间传播神的宗教。他到了人间，能代表所有的神；到了神界，可以代表人类，以神权与王权并存于一人，弘扬穆氏王朝的宗教文化，扩大自己的政治势力，提高政治地位。

### 二、龙族

藏文的鲁（ཀླུ།）译成汉文是“龙”，指所有水生动物，象雄语和梵文都称纳噶（ན་ག）②，应该是青藏高原早期在尼泊尔一带的原始部落之一。据本教史籍记载，沃莫隆仁天语分耶斯天语（ཡི་སྲིད་ལྷའི་སྐད།）、噶仁达天语（ཀ་རན་ཏ་ལྷ་སྐད།）、噶布达天语（ཀ་པུ་ཏ་ལྷ་སྐད།）、梵天语（སང་སྐྲི་ཏ་ལྷ་སྐད།）、僧阿天语（སང་ང་ལྷ་སྐད།）、嘎啦邦噶天语（ཀ་ལ་པིང་གའི་སྐད།）等六大语系，都是沃莫隆仁四大河流流域的语系。耶斯天语中衍生出达斯语（སྟག་གཟིག་སྐད།）和象雄语（ཞང་ཞུང་།）；噶仁达天语中衍生出勃律语（བྲུ་ཤའི་སྐད།）、乌仗那语（ཨོ་རྒྱན།）；噶布达天语中衍生出萨霍尔语（ཟ་ཧོར།）、布谷语（སྦྲུ་གུ།）；梵天语中衍生

① 斯巴多杰罗本（སྲིད་པ་གཏོ་རྗེ་སློབ་དཔོན།）是指斯巴桑波布赤，辛饶弥沃前世斯巴切邬萨瓦拜他为师，学习世间本教。

② 才让太、阿旺嘉措主编：《古藏文苯教手抄珍本文献》第4卷，西宁：青海民族出版社，2016年12月第1次出版，第38页。

出印度语（རྒྱ་གར།）、尼泊尔语（བལ་པོ།）；僧阿天语中衍生出吐蕃语（བོད།）、木雅语（མི་ཉག）；嘎啦邦噶语中衍生出汉语（རྒྱ་ནག）与格萨尔（新疆和田一带）语（གེ་སར།）①。由此可以推断，梵语是古代冈仁波齐山脉附近的一种语系，也是印度语和尼泊尔语系之起源。

有的学者认为达斯是塔吉克斯坦，塔吉克就是藏文达苏的音译；也有人认为波斯就是达斯；还有人认为大食国为达斯；勃律分大勃律和小勃律，大勃律是指今上巴基斯坦，小勃律为吉尔吉特；乌仗那有人认为位于印度的南部，也有人认为在阿富汗中部；格萨尔地方被认为在今天的新疆的和田、且末和若羌等地；木雅位于今甘孜、炉霍、道孚、新龙等木雅上岗范围中；吐蕃位于西藏中部的雅隆一带。

据《龙供仪轨》记载："ན་ག་གེ་སར་པད་མ་གེ་སར་དང་།"，此中所说的"纳噶"（ན་ག）是象雄语，译成藏语称鲁（ཀླུ།），译成汉文为龙的花蕊或莲花蕊之意。在古代藏族的宇宙观里，宇宙分天（གནམ།）、地（ས།）、中间（བར་སྣང་།），天是虚空、天空，地是大地，中间是万物，包括水、木、金、火、土，以及天龙八部、八耀、二十八宿等。②神族统领天界，龙族统治水界，赞族统治岩石，魔族统治黑暗和森林，土地神统治大地，年族统领山。也把宇宙分为天龙人三界，天人来自天，生活在山顶，统治青藏高原的人类；龙族生活在泉水、海湖边上，统治水世界；人族生活在陆地上，统治大地③。

龙族，可以说是生活在河边、海边、泉水和湖水边的族群，他们靠海水、湖水或河水生存，以水为生活资源，以水为神，以水为父母或信仰。敦煌文献中以尼泊尔为龙的地界。

---

① 夏咱·扎西坚赞：《夏咱·扎西坚赞全集》第11卷《明空法藏》，成都：四川民族出版社，2011年7月第1次出版，第64页。

② 才让太、阿旺嘉措主编：《古藏文苯教手抄珍本文献》第3卷，西宁：青海民族出版社，2016年12月第1次出版，第86页。

③ 详见《盖阔本尊仪轨》，本本赛穹果匝于12世纪初掘藏，手抄版，第32页，现存于炉霍县仁达乡易日村雍仲翁嘉家。

龙族的社会中也有龙王、龙臣和平民百姓，以及龙的上师或成就者、龙的菩萨、龙的宗教。比如，有的祭祀仪轨中记载，用糌粑做成一百零八颗丸子供奉龙的八大菩萨①；再例如《塞米经》及法藏敦煌古藏文文献中记述的龙本耶年杰邬（ཀླུ་བོན་དབྱར་སྣན་གྱིམ་ཀླུ།）是龙的上师，也是龙珠耶西宁波的上师，在辛饶弥沃庆生仪式上邀请的三十二位本波里面，他代表龙族②。

关于龙本耶年杰邬有这样一则故事，很久以前，在一个叫斯达普日（ཟེལ་ཏ་ཕུག་རི།）的地方，有一对夫妻，夫为醉（同“醉”）丹（མཛེས་ལྡན།），是婆罗门族人，妻为年江吉玛（གཉན་ལྕམ་ཀླིད་མ།），是一位年族公主，两人一直没有孩子，便去龙本耶年杰邬处求子。龙本耶年杰邬通过龙族的仪轨，为这对夫妇求得一子，取名龙珠益西宁波（ཀླུ་གྲུབ་ཡེ་ཤེས་སྙིང་པོ།），即龙子精慧之意③。本教经文中有一部经叫《黑白花三部龙经》，是公元913年，被三位游僧从桑耶寺盗取并流传于民间。如今在布达拉宫藏经阁和德格印经院都收藏有此经，而且很多藏传佛教寺院不管是什么教派，也都有收藏此经的习惯。如果夫妻结婚一直无法生育时，家里习惯请法师念《黑白花三部龙经》。譬如：著名伏藏师幸钦鲁噶生于公元996年，其尚未诞生前，他的父母因膝下无子，念诵了很多遍 《黑白花三部龙经》，才有了幸钦鲁噶（即龙喜大师）。

本教有些经典中，龙珠益西宁波称帕巴鲁珠（འཕགས་པ་ཀླུ་གྲུབ།）④，他是否为印度大乘中观派的祖师龙树菩萨，还待研究。因为根据本教经典对比研究显示，龙族领地位于今尼泊尔卢娜之地，而龙树菩萨也曾在那里闭关，那么他们之间也许有千丝万缕的关系。

---

① 详见《龙供经》，手抄版，第40页，现存于炉霍县易日寺。

② 伟色金巴主编：《库门经典汇编》第26卷《塞米经》，兰州：甘肃民族出版社，2015年9月第1次出版，第28页。

③ 夏擦·扎西坚赞：《西藏本教源流》，北京：民族出版社，1985年9月第1次出版，第91页。

④ 伟色金巴主编：《库门经典汇编》第44卷《佛母救八难经》，兰州：甘肃民族出版社，2015年9月第1次出版，第229页。

简而言之，龙有龙神、龙魔、龙赞、恶龙，他们的价值观、人生观、信仰也都存在一定的差异。由此可见，龙族的社会结构与人类社会一样，由国王、大臣、将军、平民百姓构成，社会等级明显。龙神是龙族中的神，世代属于龙族，但行为、价值观、信仰与神族相同；龙魔是龙族社会里的邪恶之族，世袭属于龙族，但性格恶劣，不太友好，与神族为敌，所以人们称他为龙魔；龙赞是比较喜欢岩石或红色地带的龙族，乐于杀生、饮血，崇拜赞族宗教，所以称龙赞①。据此可见，龙族内部也有很多不同部族和血缘，他们为了地位、利益斗争激烈，战乱不休。

藏族人习惯在神泉、神水、神河、神湖、神海等地举行龙的供奉或祭祀龙王的仪轨，讲神龙故事，有时候用八字符合的童男童女做龙供，以此来阻止水灾和干旱。总之，在龙的故事中阐述了龙族的来历，龙与神的衍生和发展，龙与人的相互依赖，龙族与魔族或赞族之间的利害关系等。有时候龙族与人族联姻，抵抗魔族和赞族；有时与魔族联姻②，抵抗外来的入侵者；有时以神族为师，学习神族文化，跟随神族保护人类，维护和平和正义。由此说明，古代青藏高原的部族关系微妙而复杂，随时可能发生利益冲突，发动战争。

比如本教古籍中记载天有天神、水有水神、地有地神、风有风神、火有火神等五大女神，这些女神的肤色、装束、打扮、服饰皆不同。但他们有一个规律性的特点，譬如：绿色代表水、红色代表火、黄色代表地、黑色代表铁等。

① 详见《陀罗尼经》之《龙王还满经》（ཀླུའི་པང་སྐོང་།），夏咱·扎西坚赞编纂，手抄版，第230页，现存于炉霍县仁达乡易日村尼玛家。

② 详见《玛幸护法集》之《西超护法神仪轨》，手抄版，第750页，现存于炉霍县仁达乡易日寺嘎绒尼玛家。

### 内部密宗的五大神[①]

| 序号 | 象雄语 | 汉语 | 身份 |
| --- | --- | --- | --- |
| 1 | མཁའ་ལ་གདུག་མོ། | 卡拉度莫 | 天神，佐确卡江的明妃 |
| 2 | ནེ་སླ་རྒྱལ་མོ། | 乃李杰莫 | 地神，绰塞卡江的明妃 |
| 3 | ལི་མིན་རྒྱལ་མོ། | 里门杰莫 | 风神，昂塞卡江的明妃 |
| 4 | ཏིང་ནམ་རྒྱལ་མོ། | 党南杰莫 | 水神，党塞卡江的明妃 |
| 5 | ཚངས་སྣངས་རྒྱལ་མོ། | 仓当杰莫 | 火神，瓦塞卡江的明妃 |

### 外部密宗的五大神

| 序号 | 象雄语 | 汉语 | 身份 |
| --- | --- | --- | --- |
| 1 | གསས་བྱིད་གདོས་བྲལ། | 萨谢都扎 | 天神母，普明佛的明妃 |
| 2 | ཀུན་བསྐྱེད་བརྟན་མ། | 根杰邓玛 | 地神母，南喀宁波的明妃 |
| 3 | ཀུན་སྨིན་གསལ་མ། | 根门萨玛 | 火神母，无量大愿的明妃 |
| 4 | ཀུན་གསོ་བསྡུད་མ། | 根索都玛 | 水神母，坚固神的明妃 |
| 5 | ཀུན་སྐྱོང་སྒྲོལ་མ། | 根江卓玛 | 风水母，伽旺杰波的明妃[②] |

外部密宗和内部密宗所说的五行女神无论是名称还是外观、姿势、装束，都有很大的区别。从中不难看出，这些神在漫长的岁月中，由于人类的需求和社会的意识形态变迁，有过极大变化，这与不同时代的风俗、人文历史有着密切联系。她们之中水神的地位很高，因为水能滋润大地，养育所有众生，是万物的根本，所以不能破坏或污染她，而水与龙有密切联系。《盖阔本尊仪轨》记述：地有地

① 详见《瓦塞本尊仪轨》，玛敦索增掘藏于12世纪，手抄版，第254—257页，现存于阿坝县夺登寺邓巴达尔吉家。

② 详见辛饶弥沃：《本教十二仪轨之普明佛仪轨》，手写版，现存于炉霍县仁达乡易日寺尼玛家。

的主人，木有木的主人，水有水的主人，石有石的主人，人类不许破坏这些[①]。

藏族每年夏季都有做龙供的习俗。做龙供时，先用糌粑做一个三层式样的龙宫，其形状为八瓣莲花似的宫殿，上面不能染红色，全部涂熬过的酥油，贴酥油花。龙宫旁边放置用糌粑做的八大龙王、五色龙等，将龙王、龙妃、龙子、龙臣、龙军等全部摆放，宫顶放个大鹏鸟。《龙供仪轨》记载，有的龙是人形蛇尾，有的龙是人形龙头，有的龙是人负龟甲，有的龙是人形鱼尾。以此说明，龙当中有人相、兽相、半人半兽相等。很多科学家说：人类起源为水中动物，有的动物从水里出来，在陆地活动停留。在陆地待的时间长了，慢慢长出脊椎、手脚等，成为陆地动物。其实我们祖先的神灵中也有人像、动物像、半人半动物像，可见祖先的神灵崇拜与人类演变过程有着关系。龙的供品中有青稞、大麦、小麦、五谷、黄糖、冰糖、白糖、酥油、酸奶、牛奶等人类常用的食品[②]。上面还有太阳、月亮、山、海等图腾。

供龙时，先在泉水中用石头建造龙的宫殿模型，布置好供品，然后由法师来念诵龙的祭祀文。经文中有皈依、发心、观想、礼拜、忏悔、供养等很多佛教的内容，然后送走龙王。送走时，法师在家中念诵仪轨，施主把龙宫和所布置的供品都带到泉水里。藏区很多家族有自己特定的供龙泉水，把这些送到泉水之后，先把大鹏鸟取下来，放在旁边，然后用羊奶做供养，与龙交流，以求雨求福，避免干旱，请求赐予儿女和财富[③]。

《龙经》中有一个形象叫“帮公”（བང་སྐོང་།），藏文“帮公”

---

① 详见《盖阔本尊仪轨》，本塞琼果匝伏藏，手写本，第20页，现存于炉霍县仁达乡易日寺雍仲旺嘉家。

② 详见《禳灾文集》，作者不明，第150页，现存于炉霍县仁达乡易日村噶桑尼玛家。

③ 才让太、阿旺嘉措主编：《古藏文苯教手抄珍本文献》第4卷，西宁：青海民族出版社，2016年12月第1次出版，第38页。

是填满、装满之意。比如有些仪轨不完整，所以以“帮公”弥补。帮公还有忏悔、酬谢之意。藏文古籍中，萨达（ས་བདག）即土地神的帮公，朵（གཏོ།）即石神的帮公，年（གཉན།）即山神的帮公。龙的“帮公”中有神龙、赞龙、魔龙等不同等级、肤色、氏族之龙，其社会阶层十分复杂。由此可见，龙族与其他部族的复杂关系，以及龙族自己的社会生活、人际关系变化多端④。

根据《尊胜大陀罗尼经》记载：龙族以龙王祖娜仁钦（གཙུག་ན་རིན་ཆེན།）为最高统治者，领导八大龙王以及龙女妈妈德（མ་མ་ཏི།）等八大妃子。八大龙王下辖多层阶级，包括大臣、中臣、小臣以及大将、中将、小将等。不仅如此，龙族里还有龙族的上师、宗教信仰、神物崇拜。比如鲁珠益西宁波为天龙人三贤⑤（ལྷ་ཀླུ་མིའི་གཤེན་གསུམ།）之一，是不灭顶佛、虎衣明王、密集大师、桑萨让尊佛母的弟子，是龙族的上师。

益西宁波之父属于龙族，母亲是婆罗门族，益西宁波是龙族与婆罗门族的混血儿。鲁本是藏文（ཀླུ་བོན།）的音译，译成汉文是“龙的上师”之意，即龙的怙主或巫师、法师。“本”是本教的本，即古代高原地区所有宗教的总称；“本波”是古代高原所有法师、巫师、上师的总称。藏文“本波”（བོན་པོ།）有导师、引导者、明示或指点者、祖师、救世主、保佑者、法师等含义。龙有龙的宗教，神有神的信仰，魔有魔的崇拜，主持宗教的所有法师或巫师称本波。鲁本·耶年杰邬是龙族的护国师，在青藏高原地位显赫。辛饶弥沃的庆生仪式上，穆氏王朝邀请的三十三位本波中就有鲁本·耶年杰邬大师，由此可见，他在龙族当中的身份尊贵、威望极高⑥。

---

④ 详见夏匝·扎西坚赞编：《本教陀罗尼经》（ད།）章节，第270页，现存炉霍县仁达乡易日村尼玛家。

⑤ 天龙人三贤为天贤·雍斯达巴（ཡོངས་སུ་དག་པ།）、龙贤·益西宁波（ཀླུ་གྲུབ་ཡེ་ཤེས་སྙིང་པོ།）、人贤·弥鲁桑勒（རྒྱལ་གཤེན་མི་ལུས་བསམ་ལེགས།）。

⑥ 伟色金巴主编：《库门经典汇编》第25卷《集经》，三位游僧掘藏于913年，兰州：甘肃民族出版社，2015年9月第1次出版，第246页。

我们从本教密法中得知，密集大师、虎衣明王、桑萨让尊三人把密宗[①]归类为广、中、略三个传承，并传授于天龙人三贤，其中龙的贤德者称益西宁波，即知藏龙师。益西宁波把神族的部分宗教信仰请到龙界，发扬光大，因此与龙族、神族和人族关系友好，来往密切。

《当许噶唐本巴奇本教古文献研究》是2006年在西藏南部错门县洛扎噶唐本巴奇地区所发现的一本本教古书。据专家断言，其年代可以追溯到公元8世纪，对于藏学研究专家来说，此书非常珍贵[②]。此书中提到龙族（ཀླུ།）、神族（ལྷ།）、魔族（བདུད།）、赞族（བཙན།）、玛弥族（སྨ་མི།）等很多古老的部族，部族之间的利害关系错综复杂，其中龙族与罗刹族是亲属关系。

本教文献显示，天有十三层，最上面有魔王喜来日才（ཤེ་ལེ་རུ་ཚེ།），地下有九泉，最底层有带恩之王（ལྷས་ངན།），即制造凶兆的魔类。龙族位于尼泊尔地区，玛弥族位于唐杰地区。龙族与玛弥族相互结亲，关系友好，但后来事情恶化，玛弥族人不小心错杀龙子，两族之间发生激烈的矛盾和冲突。后来神族、魔族都来协调，但事情越来越严重，最后穆氏王朝之王辛饶弥沃从沃莫隆仁来到两族中间进行协调，才让事态平息[③]。

**三、魔族**

自古以来，有神就有魔，有善自有恶，有好自有坏，有利自有弊。自从神族来到高原地区，魔族的势力也随之而来，或者神族人把当地土著当成魔类，予以降伏。总之，魔类与神族为敌，以赞族为友，以偷抢和杀戮为业，以血肉为食，阻碍神的救度事业，破坏神与

① 这里所说的密宗是《巨邦三法》和《母续法》，是属于神族的宗教。

② 巴桑旺堆、罗布次仁主编：《当许噶唐蜂巴奇塔本古苯教文书汇编》，拉萨：西藏藏文古籍出版社，2007年9月第1次出版。

③ 赤索旦主编：《本教历史文献汇编》第4卷《黑头凡人的起源》，兰州：甘肃民族出版社，2018年7月第1版，第299页。

人之间的和谐气氛。

据《世间根本藏》显示，神族统治高原很长时间后，魔族的势力日益增长，与神为敌，发动战争，最后魔族统领高原，也逐步诞生魔族的宗教信仰和祭祀仪轨、宗教习俗。随着社会的发展，神魔战争爆发，神与魔的矛盾也更加激烈①。

有文史资料这样记载，最初夜叉族来到青藏高原，统领高原民族，弘扬夜叉与神族文化；其次由魔族统治高原，弘扬魔族文化；再次由罗刹族来到此地，统治高原人类，以罗刹真擦邻为地名，弘扬自己的信仰；之后由龙族统领，以鲁域尼让桑恩为地名，由鲁本耶年杰邬弘扬龙族的宗教；然后由玛桑年族统治高原，以蕃卡亚周为地名，年本彤彤卓瓦大师弘扬年族信仰。他们都是早期的青藏高原统治者②。

也有的记载中提到：世界形成之初，神族来到青藏高原，生活在雪山、岩石山顶，统治青藏高原，弘扬神族的文化与信仰；其次玛桑年族诞生，生活在片状石山和草滩中，统治青藏高原，与人族通婚，人与年族成为同族，那时人类以野兽为家畜；之后龙族来到高原，生活在泉水、河水边上，与人类同居，以家畜为奴，求雨滋润大地，丰收圆满，人们会念诵龙经十万颂，弘扬龙族文化；后来赞族诞生，赞族与夜叉族在高原得到极高地位，他们生活在岩石森林中，对人族既有利益又有危害，人们有了祭祀神山习俗；再后来魔族来到高原，他们生活在森林、山腰，与罗刹族为友，与赞族同流合污，吃人肉，杀害人类，与神族、人族势不两立③。

魔族社会结构与人类社会十分相近，他们有魔王、臣子、本

① 才让太、达瓦活佛主编：《冈底斯本教文献丛书》第12卷《世间根本藏》（སྲིད་པའི་མཛོད་ཕུག），北京：民族出版社，2010年9月第1版，第5页。

② 赤索旦主编：《本教历史文献汇编》第6卷《本教起源史》，兰州：甘肃文化出版社，2018年7月第1版，第104页。

③ 赤索旦主编：《本教历史文献汇编》第6卷《本教起源》，兰州：甘肃文化出版社，2018年7月第1版，第32页。

波、妃子、贵族、平民百姓，以及将军、士兵等，社会等级非常严密。甚至从中还可以划分为魔族内部的赞族、神族、龙族、人族等不同种族，他们的信仰、人生观、宇宙观、宗教观也不同。魔族中的神族倾向于神，与神族和行善者向来友好，维护世界和平；魔族的龙族世系上属于魔族，但其信仰、生活方式接近龙族，以水为崇高信仰①；魔族中的赞族是赞魔血缘混合的物种，他们的信仰、生活方式相互交融②。从中不难发现，这些古老的部族在青藏高原地区分分合合，无论在血缘上还是在文化、生活习惯上都受到对方的影响，最后形成了多元一体的本教文化③。

比如魔有魔本曲嘉（བདུད་བོན་ཚུ་ལྕགས།），龙有龙本耶年江邬（ཀླུ་བོན་དབྱར་སྟན།），神有拉（神）本托噶（ལྷ་བོན་ཐོད་དཀར།），赞有赞本擦嘉（བཙན་བོན་ཚལ་ལྕུགས།），罗刹有罗刹本雅阿（སྲིན་པོའི་བོན་ཡ་ངལ།），年族有年本彤彤卓瓦（གཉན་བོན་ཐང་ཐང་།），穆氏有穆本耶丹（དམུ་བོན་ཡེཙུ་ཏན།）④。高原十二诸侯有十二位本教大师，被称为十二本波，十二诸侯领域有十二种宗教，成十二本教，或本教十二智慧（བོན་ཤེས་པ་བཅུ་གཉིས།）⑤。此与敦煌文献法藏版中所载的高原各二十四个诸侯的古幸或本波内容相近⑥。

《瓦塞本尊仪轨文献》中有魔族和赞族的护法神记载。据说最初时，他们是以神为敌、以恶为业、以肉为食的强者部族。经过多年与神族的激烈战争，最后被瓦塞本尊降伏，成为他的部下，自那时起，本教信徒把他们当作护法神来供养，成为神族的一部分。瓦塞

①《盖阔本尊仪轨》[G]：水有水主，地有地主，水神就是水主。

② 赤索旦主编：《本教历史文献汇编》第2卷《塞米经》，兰州： 甘肃文化出版社，2018年7月第1版，第32页。

③ 赤索旦主编：《本教历史文献汇编》第4卷《日光根本续》，兰州： 甘肃文化出版社，2018年7月第1版，第64页。

④ 伟色金巴主编：《库门经典汇编》第26卷，《塞米经》，兰州：甘肃民族出版社，2015年9月第1版，第37页。

⑤ 觉沃阿底峡掘藏：《柱间史》，兰州：甘肃民族出版社，1991年9月第1版，第80页。

⑥ 详见法藏敦煌古藏文文献P.T.1042号、P.T.1060号、P.T.1285号。

本尊的护法有成千上万个，其地位最尊贵的就是“玛”（མ）“都”（བདུད།）、“赞”（བཙན།）三尊。“玛”是女性护法神，藏文称斯巴杰母（སྲིད་པའི་རྒྱལ་མོ།），汉文译成世间圣母。“都”（བདུད།）是魔族之王，其全称弥都江巴茶滚（དམུ་བདུད་འབྱམས་པ་ཁྲག་མགོན།），即魔族里有“赞都”（བཙན་བདུད།），是与赞族接近的魔族；“拉都”（ལྷ་བདུད།）是与神族相近的魔族；“穆都”（དམུ་བདུད།）是与穆氏相近的魔族；“鲁都”（ཀླུ་བདུད།）是与龙族相近的魔族。“赞”（བཙན།）是赞族之王，全名赞果赫尔锁金（བཙན་རྒོད་ཧུར་པ་གསོལ་སྐྱིན།）。

瓦塞本尊的护法神中，女性斯巴杰母的地位高于魔王、赞王，因为斯巴杰母不但是瓦塞本尊的护法神，也是其明妃，所以她的地位更高一层。本教的所有护法神当中地位最高的是斯巴杰母、智慧怒母、扎拉杰母（战神之母），因为她们既是瓦塞和盖阔本尊的明妃，又是护法神。

如今本教各个寺院都有魔王护法神、赞王护法神的供奉仪式、祭祀仪轨和祈祷文，但祈祷护法神不是为了成就密法，而是为了维护密法，防止外道扰乱；护法神的职责就是维护正义，保护正法，守护本尊的领土和利益。然而，都（བདུད།）和赞（བཙན།）都是通过瓦塞本尊的调伏，从魔族和赞族转化为护法神，所以他们的职责自然是保护本尊即国王的利益。比如魔王护法神属下有上万军队，而且他们的等级不同，职位分配、划分十分严密。这些护法神的坐骑中就有驴、鸟、龙、马、狼等各种动物。

魔有扎都（དགྲ་བདུད།）、幸都（གཤིན་བདུད།）、穆都（དམུ་བདུད།）、鲁都（ཀླུ་བདུད།）、阎王都（གཤིན་རྗེའི་བདུད།）、萨都（གཟའ་བདུད།）、恰都（ཕྱ་བདུད།）、赞都（བཙན་བདུད།），汉译为战魔、幸魔、穆魔、龙魔、阎王魔、曜魔、恰魔（藏文的恰有占卜、汇聚福禄、延寿等很多含义，法藏敦煌古藏文文献P.T.1042中提到的“མོ་བཏབ་ཕྱ་བརྒྱག”就是恰央的意思）、妖魔。

扎都名为江巴茶贡（འབྲམས་པ་ཁྲ་མགོ），汉文是敌魔或战魔之意，生活在西藏卡热阿地区（ཁ་རག），这是否是卡若还待研究；幸都名为江巴来让（གཤེན་བདུད་འབྲམས་པ་ལག་རིང་།），是隶属于幸氏的魔，居住在辛饶弥沃之乡沃莫隆仁附近，或许是辛饶弥沃的死敌恰巴魔王；穆都名康巴夏三（ཁམས་པ་ཤ་ཟན།），即食肉饮血之魔王，居住在穆氏王朝附近，属穆氏家族之分支；鲁都全名鲁都纳波松曲（ཀླུ་བདུད་ནག་པོ་གཟུངས་མཆུ།），是龙魔，属于龙族，居住在尼泊尔附近的河边；萨都译成妖魔，与曜本、星星本等自然物崇拜有着密切关系；恰都译成恰魔；赞都是赞族中的魔类[①]。比如恰巴魔王有四个大臣、四大将军，他们有不同的分工职能、社会地位，后来都成了辛饶弥沃的弟子[②]。

恰巴魔王（བདུད་ཁྱབ་པ།）与辛饶弥沃处于同一时代。据说，恰巴魔王统领达波（དྭགས་པོ།）、工布（ཀོང་པོ།）、凉波（ཉང་པོ།）等四大河的上下流域，其父亲名魔王嘉拉妥杰（བདུད་རྒྱ་ལག་ཐོ་རྗེ།），是魔族之王。恰巴魔王嫉妒辛饶弥沃，处处与穆氏王朝[③]为敌，比如骗取辛饶弥沃之女幸萨乃琼，盗取辛饶弥沃的七匹骏马，试图欺骗辛饶弥沃的弟子和妃子，明争暗斗，最后被辛饶弥沃说服，成为辛饶弥沃的弟子，名为恰巴居士。[④]在人们的印象中魔是无恶不作、性格恶劣、以神为敌、破坏和谐、夺人性命、阻碍行善的种族。他们一般都生活在黑暗中，暗地里与赞族、罗刹、夜叉族勾结，同流合污，危害人类，破坏社会稳定。比如辛饶弥沃时代，恰巴魔王统领以理域（今新疆和

---

① 详见《易日寺护法集》之《穆都护法祈请文》，玛敦索增掘藏于12世纪，手写版，现存于炉霍县仁达乡易日寺嘎绒尼玛家。

② 伟色金巴主编：《库门经典汇编》第26卷《塞米经》，兰州：甘肃民族出版社，2015年9月第1次出版，第331页。

③ 穆氏王朝是穆氏家族建立的西域六国之一，辛饶弥沃是穆氏王朝的继承者，也是他把穆氏王朝的势力推向冈底斯山的东南西北。

④ 伟色金巴主编：《库门经典汇编》第26卷《塞米经》，兰州：甘肃民族出版社，2015年9月第1次出版，第339页。

田、若羌）[1]、罗刹族[2]、达波、工布、凉波、霍尔族[3]等组成的魔鬼大军，与穆氏王朝交战，弄得人心惶惶。辛饶弥沃心怀仁慈，智勇双全，借助神的力量击败魔军，避免恶战，拯救世界，成了人们心中的神或救世主或神的老师，也是守护者。后来恰巴魔王及其父亲、家人、眷属都成为辛饶弥沃的弟子，战乱终于平息，百姓从激烈的战火中得救，魔王拜辛饶弥沃为师，成为瓦塞神族护法神[4]。

神的社会等级其实与人类社会一般无二，比如本尊代表国王，护法神代表国王部下的将军，明妃代表王妃。综上所述，护法神有世间护法神和出世间护法神，男性护法神、女性护法神和中性护法神，甚至有兽相护法神。世间护法神是赞王、魔王、罗刹、夜叉等被征服后训练出来的守护神，就是魔族、赞族、罗刹族成神之后的职位，为非王室世系的护法。出世间护法神的本尊眷属，比如斯巴杰母、扎拉杰母、吉祥天母，都是国王的妃子，是神的化身或氏系，所以称他们为出世间护法神[5]。

**四、赞族**

“赞”是藏文“བཙན།”的音译，古汉文中把它译成“妖精”，不知道正确与否。赞族统领高原地区的历史，古藏文献中记载：有时候它是独立的部族，有时候它隶属于魔族部下，一般生活在岩石山洞、山脚和山腰。他们以红色为崇拜对象，喜欢火，以红马为坐骑，身上披着红色衣服。

本教护法神当中有一尊叫阿须护法，全身为红色，坐骑是红色骏

① 藏文理域（ལི་ཡུལ）是指今新疆和田、且末一带。

② 罗刹族藏文称“སྲིན་པོ་གླིང་།”，恰巴魔王的母亲来自罗刹族，应该是今天的珞巴族和门巴族为主的祖先。

③ 霍尔族（ཧོར）是今天西藏的北部地区，指昌都丁青县、那曲的巴青县、聂荣县、那曲县等地。

④ 才让太主编：《冈底斯本教文献丛书》第1卷《集经》，北京：民族出版社，2010年9月第1版，第36页。

⑤ 详见罗丹宁波：《易日寺护法集》之《世界魏桑如意宝》，手抄版，第25页，现存于炉霍县仁达乡易日寺。

马，披着由塞（塞是由牛皮和布制成）制成的铠甲，毒蛇做腰带，右手持毒蛇，左手持神鸟——猫头鸟，头上戴着塞制成的头盔，拿着塞制成的盾，胯下是塞制成的马鞍。他是瓦塞本尊的护法神，是赞族之王。据说他诞生在吐蕃与洛门、尼泊尔三地中间，冈仁波齐山靠北的地方。最初被不灭顶佛（祈麦祖普，འཆི་མེད་གཙུག་ཕུད།）降服，后来随着辛饶弥沃维护正法，成为穆氏王朝的将军。再后来听命于象雄成就者东炯土钦，成为耳传大圆满的护法神，也是洛门、尼泊尔、拉达克、阿里一带的守护神。到了11世纪，被西耶勒波大师供奉，成为本教大圆满四大护法神之一，是西氏家族的主要护法神①。

据说阿须护法部下有成千上万个赞族眷顾，皆骑着红色骏马，手里拿着长矛和蛇绳，维护正法，保护百姓，坚持行善。

赞族有赞王、赞臣、将军、百姓等非常明确的社会等级。笔者家乡冬季有一种特别法会。法会中主要以“盖阔本尊”为主，顺带念《战神经》（དགྲ་བླ།）、《修贡经》（ཞུགས་མགོན།）、《赞族祭祀经》（བཙན་མཆོད།）、《煨桑祈请文》（བསང་ཡིག）、《护法经》（སྲུང་མ།）等，以此除障、消业、增福、增慧。祭祀赞族时，用糌粑做成朵玛（གཏོར་མ།），祭祀对象包括七位骑术非凡的骑兵将领、八位将军、五位君王等，祭祀物品中有鸟类、兽类、虫类、鱼类、家畜，以及美色、妙音、妙香、美味等。每家每户都有祭祀赞的单独地方。在家里念完经文后，举行送赞仪式，把它送到岩石脚下或专门供赞之地。

在辛饶弥沃的庆生仪式上，穆氏王朝为了巩固自己的政治地位和扩大政治势力，邀请了很多本波。这些本波代表各个部族、宗教团体、王室贵族，其中就有赞本擦嘉（བཙན་བོན་ཚལ་ལྕགས།）②。赞本擦嘉是赞族的巫师或法师，赞族举行宗教活动、祭祀仪式时，就由

---

① 详见《夺登寺的课诵文集》之《阿须护法神》，手抄版，第339页，现存于阿坝藏族自治州阿坝县夺登寺。

② 赤索旦主编：《本教历史文献汇编》第2卷《塞米经》，兰州：甘肃文化出版社，2018年7月第1版，第33页。

赞本即赞族法师来主持法会，以此避免赞族之灾[①]。本教文献《斯巴祭祀经》（སྲིད་པ་སྤྱི་མདོས།）记载：辛饶弥沃时代，高原地区由神本、龙本、魔本、赞本、罗刹本统领。其中说："赞王与辛饶弥沃不和，他以魔族为友，以罗刹为师，与神族为敌，与辛饶弥沃不和，杀生为业，以肉为食。辛饶弥沃不喜欢杀生，不吃肉，以素为食，所以阻止赞族的杀生祭祀，先邀请赞本，让他成为自己的弟子，其次通过赞本来引导整个族群放弃血肉食物，让赞本走向正道，最后都成为辛饶弥沃的弟子。"这个故事告诉我们，他们的信仰不同，生活习惯有异[②]。

如《阿须护法神仪轨》（ཨ་བསེ་སྒྲུབ་ཐབས།）所示，阿须护法部下有十万大军，皆骑着红色骏马，手持长矛，集聚于吐蕃（བོད།）与尼泊尔（བལ་ཡུལ།）的交界处，在高大无比、固若金汤的赞族宫殿前，由狼人和狼狗严守大门，四大将军围绕，与龙族联姻，最后成为辛饶弥沃的弟子。阿须护法仪轨所示，赞族有天上的拉赞、岩石上的岩石赞、水里的龙赞。拉是神族，拉赞是赞族与神族的混血族，岩石赞是生活在岩石上的赞族，龙赞是龙族与赞族的混血族。

《赞供仪轨》记载，赞族有国王、大臣、将军、贵族、平民等社会等级。比如骑兵七兄赞、八大护法神赞、独行赞、五大将军。赞的供品中包含牛、羊、马、鸟类、鱼类、青稞面粉、大麦、小麦、血肉骨头等，青藏高原的生活用品都可以做供养，人类所需的所有饮食也可以做供养。包括好看的、好听的、好闻的、好吃的、好穿的、好住处都可作为供养[③]。

藏族地区冬季或秋季时，都会举行秋季法事，该法事就有《送赞

① 赤索旦主编：《本教历史文献汇编》第4卷《斯巴祭祀经》，兰州：甘肃文化出版社，2018年7月第1版，第246页。

② 赤索旦主编：《本教历史文献汇编》第4卷《斯巴祭祀经》，兰州：甘肃文化出版社，2018年7月第1版，第249页。

③ 作者不明：《魏桑汇聚经》之《送赞仪轨》，手写版，第60页，现存于炉霍县仁达乡易日村尼玛家。

仪轨》和《赞的供养经》，先用糌粑做成赞的宫殿、眷属、财物、家畜，上面涂红色，放在木板或石板上。然后，先念本尊仪轨，再念赞的迎接法、供养，最后念诵护法经，把它送走。每家每户都有固定的供赞地点，每一年同一时间、同一地点进行供养，举行送赞仪式①。

普米族的韩规文献中记述，万物形成之初，有四枚蛋流落到人间四处，第一枚白色的巨蛋在东方，从中诞生一名身着白衣、骑着白马的赞王，成为东方的赞族之祖；第二枚巨蛋在南方，从中诞生一位穿着蓝衣、骑着蓝马，手持绿色巨龙的赞王，成为南方的赞族之祖；第三枚蛋在西方，从中诞生一名身着黑衣、骑着黑色之马的赞王；第四枚蛋在北方，从中衍生北方的藏族身着红衣、骑着红马②。

**五、罗刹族**

在本教经典中可见罗刹王、罗刹族、罗刹本等一系列术语。罗刹王是罗刹族的国王，罗刹族是古代高原地区以血肉为食的种族，罗刹本是罗刹的宗教信仰或崇拜，罗刹本波是从事罗刹信仰活动的巫师或法师。罗刹是梵文 “热刹”（རཀྵ།）之音译，藏文称生波（སྲིན་པོ།）。藏文的罗刹分生波（སྲིན་པོ།）、生莫（སྲིན་མོ།）、生邬（སྲིན་བུ།）、生杰（སྲིན་རྒྱལ།），“生波”一般是指男性罗刹，“生莫”是指女性罗刹，“生邬”是指罗刹子，“生杰”是指罗刹之王。罗刹内部还可以分为拉生（ལྷ་སྲིན།）、鲁生（ཀླུ་སྲིན།）、都生（བདུད་སྲིན།）、年生（གཉན་སྲིན།），以及罗刹的国王、大臣、将军、军队、普通百姓等。其中“拉生”是罗刹中的神族，“鲁生”是罗刹中的龙族，“都生”是罗刹中的魔族，“年生”是罗刹中的年族。

“罗刹本”的全称为“罗刹雅阿本”（སྲིན་པོན་ཡ་ངལ།），是罗刹王的古幸即贴身法师，相当于国师，当时由他代表罗刹国参加辛饶弥

① 作者不明：《魏桑汇聚经》之《送赞仪轨》，手写版，第60页，现存于炉霍县仁达乡易日村尼玛家。

② 胡忠文、胡忠明主编：《普米族韩规宝典》（一），昆明：云南人民出版社，2014年10月第1版，第89页。

沃的庆生仪式，后来成为辛饶弥沃的弟子①。

《日光根本续》中记载：最开始的时候，恰杰国王亚拉达州（ཡབ་ལྷ་འདལ་དྲུག）与穆氏王的公主塞卡玛（དམུ་བཟའ་གསས་མཁར་མ།）结亲，生九子、七女；与罗刹女来玛（ལེབ་མ།）结亲，生九子、七女，从而衍生很多种族②。由此说明，罗刹族是非常古老的种族。

《密集意续》中记载：密集大师在天神与罗刹的交界处修持瓦塞本尊并得到密法成就，降伏罗刹王楞伽十嘴（སྲིན་པོ་ལིནྡ་མགྲིན་བཅུ།），征服了所有罗刹族，成为密集大师的弟子，把巨邦三法（སྤྱི་སྤུངས་སྐོར་གསུམ།）授予罗刹本波雅阿（སྲིན་པོ་ཡ་ངལ།），罗刹王从此成为瓦塞本尊的护法神③。由此可见，罗刹不但有部族，还有罗刹国王、宗教信仰以及从事宗教仪轨的古幸（སྐུ་གཤེན།）。

《僧土根本续》中记载：斯巴桑波布赤与曲江杰母（ཆུ་ལྕམ་རྒྱལ་མོ།）结亲生两枚蛋，黑色蛋里衍生出魔族、赞族、罗刹族。罗刹族里有罗刹伽玛匝拉（ཀར་མ་ཛ་ལ།），可见罗刹也是桑波布赤与曲江杰母之后。桑波布赤与拉果妥巴、楚幸囊丹、赤西囊当、赤杰库巴、普明如来、梵天是不同部族对一个神的不同称谓。本教斯巴本教中称他为斯巴桑波布赤（སངས་པོ་འབུམ་ཁྲི།）；密宗巨邦三法中称他为拉果妥巴（ལྷ་རྒོད་ཐོག་པ།）；色界天称他为赤西囊当（ཁྲི་ཞི་ནམ་ཏིང་།）；龙族称他为楚幸囊丹（འཕྲུལ་གཤེན་སྣང་ལྡན།）；雍仲本教《贤劫经》称赤杰库巴（ཁྲི་རྒྱལ་ཁུག་པ།）；婆罗门教经典中称梵天。曲江杰母与慈母神、萨周艾桑、斯巴杰母、南西共杰也是同一个人，详细情况见慈母神章节。

《日光根本续》中记载：神族最早来到青藏高原，生活在雪山和

① 伟色金巴主编：《库门经典汇编》第26卷《塞米经》，兰州：甘肃民族出版社，2015年9月第1版，第28页。

② 赤索旦主编：《本教历史文献汇编》第4卷《日光根本续》，兰州：甘肃民族出版社，2018年7月第1版，第50页。

③ 伟色金巴主编：《库门经典汇编》第26卷《密集意续》，兰州：甘肃民族出版社，2015年9月第1版，第228页。

森林中，统领高原地区，维护人类秩序，保护正直正义，救助人类社会；其次由年族统领，生活在片石山和草滩中，与人类来往密切；后来龙族来到高原，生活在大海、河水、湖水、泉水中，以水为信仰，与人类友好相处；之后由夜叉、罗刹、魔族等先后统治青藏高原，与辛氏家族为敌，发动战争①。

《本教起源史》中记载：最早夜叉族来到青藏高原，统领高原地区，之后是魔族统领，然后是罗刹族，地名为罗刹九地，罗刹贾让茶梅（སྲིན་པོ་སྐྱ་རེངས་འཕྲུག་མིག）等供奉本波，罗刹族中诞生罗刹本②。在那时，吐蕃高原地区分九个部族，罗刹开始崇拜和供奉本波教，但一部分罗刹还是与魔族同流合污，危害人类，与辛氏家族为敌。这是两个不同文献的说法，但内容相差不大。

《当许噶唐蜂巴奇塔本古籍文献》中记载：藏巴王妃有一年怀上身孕，但由于卫藏的罗刹入胎，导致母子二人亡故③。由此认为罗刹是隶属于魔族或不善的黑暗族，挑起事端，危害人类。《集经》中记载：恰巴魔王的父亲名噶饶旺秀之子嘉拉托杰，母亲名罗刹饮血之女，生恰巴勒让④。由此可见，罗刹与魔族之间也许有血缘关系，罗刹也是辛饶弥沃征服的对象。

本教经典《僧土根本续》（ཀྱི་སྲུངས་བསེན་ཐུབ།）中记述，达拉美巴的哥哥叫罗刹达夏哲瓦（སྲིན་པོ་ཏྲ་ཤ་ཛྲི་བ།）。据说达拉美巴的父亲名叫永杰拉耶杰波（ཡང་རྒྱལ་ལྷའི་རྒྱལ་པོ།），为神族之王，他的妃子叫达萨黑党玛（སྟག་བཟའ་ཏེ་ཏིང་མ།），即来自达斯国的公主。这对夫妇有个奴

① 赤索旦主编：《本教历史文献汇编》第4卷《日光根本续》，兰州：甘肃民族出版社，2018年7月第1版，第157页。

② 赤索旦主编：《本教历史文献汇编》第4卷《本教起源史》，兰州：甘肃民族出版社，2018年7月第1版，第105页。

③ 巴桑旺堆、罗布次仁主编：《当许噶唐蜂巴奇塔本》，拉萨：西藏藏文古籍出版社，2007年9月第1版，第47页。

④ 伟色金巴主编：《库门经典汇编》第25卷《集经》，兰州：甘肃民族出版社，2015年9月第1版，第264页。

仆，天天被他们责骂、殴打，导致奴仆气极而亡。临死时，奴仆发了一个邪愿，说来世转生在此家，成为讨债的儿子，天天折磨这对夫妇。自那起，母亲天天做噩梦，感觉非常难受，第二年生了一子，性格刚烈，脾气暴躁，极端偏激，无恶不作。第三年又生了一子，与长子不同，次子性格温和，乐意行善，和谐慈悲，他就是降伏罗刹的达拉美巴（即虎衣明王）。长子跟母亲顶嘴，对父亲还手，结果失手杀死了自己的父亲，于是就跑到西南地区的罗刹洞里，投奔罗刹王，食人肉，饮人血，披人皮。弟弟虎衣明王为了降伏哥哥罗刹达夏哲瓦，修持胜掘本尊，最后在慈母神的帮助下，降伏了哥哥①。以此可见，罗刹与神族、达斯国、虎衣明王有密切关系。有人认为达斯国就是波斯，但也有人认为达斯是指吐蕃西部的所有地区。

辛饶弥沃弟子公仔楚杰是嘉纳之王，也是辛饶弥沃历算和占卜的传承者。与公仔楚杰相关的内容在《法藏敦煌藏文文献勘录十》②《安多政教史》《塞米经》等中都有详细记载。当时公仔楚杰为了弘法利生，在海上建一座神宫，但受到了罗刹王哈达杰（སྲིན་རྒྱལ་ད་ཧ་སྐྱེས།）和恰巴魔王的破坏，在被逼无奈的情况下，恳求辛饶弥沃帮忙。辛饶弥沃从沃莫隆仁来到甘肃临夏噶居地区，降伏罗刹之王，建立戛纳扎塞宫殿，娶公仔楚杰之妹嘉萨楚江为妻，生嘉擦楚布穹（རྒྱ་ཚོ་འཕྲུལ་བུ་ཆུང་།）③。

除此之外，嘉绒地区流传着阿米格尔东的故事，故事中提到，很久以前有一“食人罗刹”，他残害人类，以人肉为食，人血为饮，人皮为衣，无恶不作。阿米格尔东为了拯救嘉绒百姓，杀死了食人罗刹，成为当地百姓心中的英雄。如今嘉绒各个地区都有以歌舞赞颂英

① 伟色金巴主编：《库门经典汇编》第44卷《密集意续》，兰州：甘肃民族出版社，2015年9月第1版，第211页。

② 多布旦、扎西才让主编：《法藏敦煌藏文文献勘录》第10卷，兰州：西藏人民出版社，2017年6月第1版，第7页。

③ 伟色金巴主编：《库门经典汇编》第44卷《塞米经》，兰州：甘肃民族出版社，2015年9月第1版，第440页。

雄阿米格尔东，以唐卡和壁画描绘阿米格尔东的习俗，各个村落每年都有举办纪念阿米格尔东的仪式。此外，敦煌文献中也有七位罗刹女的供奉仪轨[①]。由此可见，古代的罗刹族、魔族、夜叉族、神族、龙族等对藏文化的形成和影响颇深。

**六、年族**

我们在本教文献中搜集到了诸多与年族相关的内容，比如年族的祭祀仪轨、传说、施供仪轨、《年布还满经》等。比如本教《甘珠尔》中有《年布经》（གཉན་འབུམ།）、《萨达布经》[②]（ས་བདག་འབུམ།）、《鲁布》[③]（即龙经ཀླུ་འབུམ།）等。《年布经》共有26章、164页，由切邬年同巴大师掘藏于11世纪中叶。经文中详细介绍了年族的迎请仪式、供奉仪式、顶礼和忏悔仪式、洗礼仪式、部族修正仪式，以及年族的类别、增福延寿仪式、萨达与地方神的关系、划分和协调方法等。

1.年族的祖先

文献中提到：年族的祖先是古拉耶斯楚杰（སྐུ་བླ་ཡེ་སྲིད་འཕྲུལ་རྒྱལ།）（即原始神王）和耶斯楚杰母（即原始神母）。古拉的鼻祖是韦嘉楚杰（འོད་ཟུགས་འཕྲུལ་གྱི་རྒྱལ་པོ།）和韦嘉楚吉杰母（འོད་ཟུགས་འཕྲུལ་གྱི་རྒྱལ་མོ།）。这对夫妇生九子九女，其长子名玛陇噶波（མ་ལུང་དཀར་པོ།），以牦牛为坐骑；第二子为阿尼玛钦（མ་རྒྱལ་པོམ་ར།），以白色野鸭为坐骑；第三子为玛孔莫僧周（མ་ཁོང་མོ་ཟིན་དྲུག），以乃莫果木为坐骑；第四子为玛扎噶切周山（མ་ཟག་དཀར་མཆེད་དྲུག），以白马为坐骑；第五子为玛吙波（མ་རྟེ་པོ།），以绿色马为坐骑；第六子为玛郭吙（མ་ཀོ་རྟོ།），以蓝色骏马为坐骑；第七子为玛夏扎带（མ་ཤ་སྦྲ་དེ།），以红色

① 多布旦、扎西才让主编：《法藏敦煌藏文文献勘录》第5卷，拉萨：西藏人民出版社，2017年6月第1版，第7页。

② 辛饶弥沃：《萨达布和龙的还满经》，共有690页，现收录于《库门经典汇编》第106卷，兰州：甘肃民族出版社，2015年9月第1版。

③ 辛饶弥沃：《黑白花三部龙经》，共有455页，现收录于《库门经典汇编》第105卷，兰州：甘肃民族出版社，2015年9月第1版。

骏马为坐骑；第八子为玛夏德童博（རྨ་བྱ་དུར་མཐོང་པོ།），以白马为坐骑；第九子为玛杰本热（རྨ་རྒྱལ་སྤོམ་ར།），他们都集中在玛曲即黄河流域上游，而且他们的坐骑中包含了马、牛、羊、野鸭等高原地区的家畜等动物①。

据相关文献记载，玛曲人的祖先是东氏。然而，在藏族历史文献中记述，东氏族是今嘉绒和木雅人的祖先，也是藏族六大氏族之一。党项国、党项族都是由藏文东（ལྡོང་།）音变而来，党项国就是东氏家族建立的国家。当时年族的年果带瓦（གཉན་ཆོད་དེ་ཕ།）通过雷劈死了人族，即东氏之子。后来阿尼玛钦出面协调，以上千头牛羊马作为礼品，年族与人族之间才避免了一场战争。据说年果带瓦先邀请年本彤彤卓瓦（年族的上师），协调人族与年族之间的事，但他的儿子年色蛇头（གཉན་སྲས་སྦྲུལ་མགོ）为了父亲安危声称自己是凶手，但后来通过占卜、历算的方式寻得真相，最终避免了人与年族之间的战乱②。

2.年族发祥及居住地

我们可以从文献中得知，年族是生活在黄河流域源头的部族，以阿尼玛钦（རྨ་རྒྱལ་སྤོམ་ར།）为年族的父亲，或年族的主要神山，他们的文化随着黄河流传到黄河下游地区，所以他们的文化与嘉绒、党项、内地的文化有密切关系。比如文献中记载了玛学（རྨ་ཤོད།）、玛阔（རྨ་ཁོག）、玛曲（རྨ་ཆུ།）、玛钦（རྨ་ཆེན།）等一系列与黄河有关系的术语。玛曲（རྨ་ཆུ།）是藏文“黄河”之名，其中“玛”（རྨ།）是黄河流域的地名，曲（ཆུ།）是河或水的意思；玛学是玛曲的峡谷或下方之意，或是阿尼玛钦的周边，指黄河流域的部分地区；玛阔（རྨ་ཁོག）是玛曲流域的部分地区；玛钦（རྨ་ཆེན།）是阿尼玛钦所在地，也是玛曲的中心地带。

① 伟色金巴主编：《库门经典汇编》第107卷《年布经》，兰州：甘肃民族出版社，2015年9月第1版，第241页。

② 伟色金巴主编：《库门经典汇编》第107卷《年布经》，兰州：甘肃民族出版社，2015年9月第1版，第160页。

文献中记载的世界有三级，即天上有神、地上有龙、中间有年族，神族统领天、龙族统领地和水、年族统治山和天地之间的一切。然而在藏文的很多古籍中记述，年族统治高山森林，或年族生活在山中，也是山的主人，人族与他们共同生活。藏族地区的牧人比较崇拜年族，也有很多与年族相关的故事，从中可以推测，年族是山的主人。年族的崇拜物中有狐狸、野黄牛、老虎等很多动物神，而且都生活在山里。在汉文里“年”的对应字几乎没有，兰州大学的阿旺嘉措教授，把“年”翻译为山神。

3.年族统治下的阶级体系

文献中还提到了亚拉达州（ཡབ་ལྷ་བདལ་དྲུག）、扎拉（སྲ་ལྷ།）、格西蒙盖（ཀུ་ཏྲེ་མང་སྐེ།盖阔本尊的另一种身份）、古拉（སྐུ་ལྷ།）、古卡（སྐུ་མཁར།）等很多古老术语。藏文中的古拉是指国王、贵族所供奉的神山，比如炉霍仁达乡易日寺有古拉雍仲东则，炉霍雅德乡吉绒寺有古拉雍贡，嘉绒小金县的四姑娘山也是古拉之意。古拉既是神山，又是护法神，有的古拉为僧人打扮，有的为俗家弟子或国王、王子形象。从中可以得见，年族的祖先是古拉，而古拉与古代的君王的信仰崇拜有着密切关系①。

亚拉达州是汉语中的帝释天，他与穆氏公主结亲，生穆氏十二子；与年莫公主结亲，生年擦隆隆。年莫就是年族的公主，年擦是年族之子之意，从年擦衍生年擦六子，以及六个世系。

文献中有这样一则故事，阿尼玛钦在念卡宫殿中坐镇，召集年族数万军队与董氏（ལྡོང་རིགས།）家族联盟，前往神族之下、罗刹族之上、龙族附近的地方，杀死罗刹之王。晦气污染了龙宫，给龙族和人族带来灾难，因此与罗刹结仇②。从中不难发现，年族与罗刹族、龙族、神族均有交战。年族分别有天上的年、雪山中的年、岩洞里的

① 桑吉林巴著：《སྐུ་ལྷ་གཡུང་དྲུང་དུང་རྩེ་མཆོད་ཐབས།》，现存于炉霍县仁达乡易日寺。

② 伟色金巴主编：《库门经典汇编》第107卷《年布经》，兰州：甘肃民族出版社，2015年9月第1版，第241页。

年、草滩上的年、水中的年、树林中的年、片石山中的年、森林中的年、石头中的年、彩云中的年、山腰上的年等很多类别。这些年族骑着老虎、豹子、狮子、龙、马、羊、牛等各种动物。其中雪山中的年族有九百九十尊，岩石上的年有一千尊，等等[①]。文献中还记载，年族有东方年族、西方年族、南方年族、北方年族、中央年族、上方的年族、地下的年族等很多种类。由此说明，年族与人类社会一样，有社会等级、社会制度。

年族中有年族的神族、龙族、赞族、魔族、人族等不同肤色和族群。年族有自己的宗教信仰，称年本，年族的巫师，叫年本彤彤卓瓦（གཉན་བོན་ཐང་ཐང་གྲོལ་བ།）。也有文献记载，穆氏家族乃辛拉俄噶（白光佛）的后代；嘉纳王朝（རྒྱ་ནག）是果赛卡江（སྐོད་གསས།）之后；释迦族（印度释迦族）是噶耳塞（གར་གསས།）之后；回回族（ཧོས་རིགས།）是南赛（གནམ་གསས།）之后；胡国族（དབོ་རིགས།）是塞杰王（གསས་རྗེ།）之后；年族（གཉན་རིགས།）是卡江（མཁའ་འགྱིང་།）本尊之后[②]。藏族的古代历史中有穆氏王朝等六大家族的划分方法，六大氏族起源于六尊大神，其中年族的祖先是卡江神族，古代高原部族里他的地位很高。

4.藏族对年族的相关信仰

盖阔本尊是本教五大本尊之一，九面十八臂四足，每面都是三眼的忿怒相。目前在我国西藏、青海、四川、云南和邻国尼泊尔、印度的拉达克、西玛杰等地都有很多崇拜盖阔本尊的信徒，他与老百姓的信仰、生活密不可分。比如炉霍县易日寺，在秋季和冬季时，每家每户会举办关于盖阔本尊的秋季和冬季法事，以此消除生活、工作、修行中的障碍。如今很多藏族村民家里依然遗留有盖阔本尊的唐卡、壁画、塑像和铸像。

---

① 伟色金巴主编：《库门经典汇编》第107卷，《年布经》，兰州：甘肃民族出版社，2015年9月第1版，第28页。

② 才让太主编：《冈底斯雍仲本教文献丛书》第1卷《辛饶弥沃传记与历史》，北京：民族出版社，2010年9月第1版，第148页。

盖阔本尊是象雄王国的古老之神，据说象雄与吐蕃之间有个峡谷，名为盖阔年龙，今在阿里冈底斯附近有盖阔的明妃扎拉杰母的宫殿和神山①。盖阔本尊《还满经》中记载，冈底斯山的右侧，玛旁雍错的左侧，片石山、草滩山、雪山之中，有扎拉杰母的宫殿和财库②。而扎拉杰母既是斯巴杰母的化身，又是盖阔本尊的明妃以及护法神，她是古代青藏高原的女性将军，译成汉文称战神母，由此可以推测，古代女性中带兵打仗的很多。盖阔本尊和扎拉杰母都属于年族。

藏族地区的每个村落几乎都有自己的神山，神山有山王、山臣、山母等等级关系。神山与神山之间有父子、母子、母女关系，有夫妻、兄弟等血缘关系，也有联盟、上下级等关系。山神的关系和变化皆来源于村落的变化。山神或神山都属于年族，其中念青唐拉、阿尼玛钦、墨尔多、工波本日、冈底斯山都是藏族最著名的山，他们的地位极高，藏传佛教各大教派都供奉他们，对他们有着崇高的敬仰。我们在藏传佛教各大教派关于神山的文献和藏族民间传说中都能看见他们的故事。由此说明，年族在青藏高原历史悠久，地位崇高，很受欢迎。

古代藏族历史文献中记载了玛桑年族的基本情况。玛桑分九个兄弟，分别为神玛桑、龙玛桑、魔玛桑、赞玛桑、年玛桑、人玛桑等。详细情况见《智者喜宴》和《藏族远古史》③。玛桑九兄弟应该是由九个部落联盟的大部落，或一个家族中衍生的九个部落。《集经》中记载，辛饶弥沃生于玛桑年族时代，即聂赤赞普尚未建立吐蕃政权之前，青藏高原地区出现过十个朝代，玛桑年族是第七个朝代④。

① 才让太主编：《冈底斯雍仲本教文献丛书》第1卷《辛饶弥沃传记与历史》，北京：民族出版社，2010年9月第1版，第91页。

② 详见本赛穹果匝伏藏：《盖阔本尊还满经》，手写本，第76页，现存于炉霍县仁达乡易日寺罗布师父家。

③ 南凯诺布：《藏族远古史》，成都：四川民族出版社，1990年4月第1版，第4页。

④ 巴沃·祖拉陈瓦：《智者喜宴》，北京：民族出版社，2015年4月第2版，第82页。

## 七、从天而降的故事

《从天而降的故事》是本教赞普世系历史中的五部书籍之一，讲述了关于青藏高原远古时期神与人的历史发展和演变，尤其是吐蕃聂赤赞普的起源与从天而降之传说[①]。文本中还提到，所有世袭王室部族皆从人类祖先神族而来，然后慢慢繁衍到整个青藏高原乃至全人类。瑜伽（ཡོ་ག）是普遍、全部、众所周知或公认之意，就是一切世袭源自“拉”（ལྷ།），即神；吉（གྱིས།）是从中衍生万事万物之意。人类起源于神族之说，不仅这一文献中有记载，本教的《世间根本藏》和《集经》等众多书籍中也反复提到人类来自于光明天之说[②]。

文献中记述，最初大自然的五大和合中衍生了祖先恰耶仟钦波（ཕྱ་ཡེ་མཁྱེན་ཆེན་པོ།），藏文的耶（ཡེ།）是原有、本有、自然、非人为之意；仟（མཁྱེན།）是知道、明白、认识之意；钦波（ཆེན་པོ།）是巨大之意。非人为的、最自然的遍知神，他是诸神之源，万物之根，诸神之真身。那时天地尚未劈开，尚未有天、地、空间的概念。后来大神耶仟钦波用嘴吹，用手扒，天地才裂开，才有了天地万物之概念，与盘古开天地的故事相似。

天有十三层，如同房屋，层层重叠；地有十三层，如同垫子，层层堆积，天地万物中间诞生两枚蛋，一为白色，代表善事、和谐、和顺、正义；一为黑色，代表邪恶、偏颇。白色辅佐善、有、存在，黑色破坏善、存在和有，两者见地一正一邪，从而衍生了善恶、正邪、好坏、高低。此与盖阔本尊仪轨中所说的本来无一物，从而生微尘，与二元论、多元论如出一辙[③]。

有和无、善与恶中间产生两朵美丽的花朵，一是金色光芒，一是

---

① 赤索旦主编：《本教历史文献汇编》第4卷《瑜伽拉吉史》，兰州：甘肃民族出版社，2018年7月第1版，第236页。

②伟色金巴主编：《库门经典汇编》第25卷《无垢根本经与集经》，兰州：甘肃民族出版社，2015年9月第1版，第228页。

③ 详见本赛穹果匝：《盖阔本尊仪轨》，长条写本，第4页，现存于炉霍县仁达乡易日寺尼玛家。

绿色如同绿松石。金色代表父亲，绿色代表母亲，夫妇和合生斯巴卡杰（སྲིད་པ་ཁ་རྗེ།）和觉美（སྐྱོལ་མེད།）。卡杰代表父亲，觉美代表母亲，两者生美南拉噶神子（མེས་གནམ་ལ་ཀར།）。他们倡导素食，维护正义，保护人类，与黑暗恶业抵抗到底，得到了人类的敬仰、崇拜。美南拉噶生玉日修莫神子（གཡུ་རི་ཕྱུག་མོ།），主持神族，维持善业。玉日修莫生四子，分别为噶南加瓦（དཀར་ནམ་རྒྱལ་བ།）、东巨噶波（ཤིང་རྒྱུད་དཀར་པོ།）、赤西噶波（ཁྲི་ཤེ་དཀར་པོ།）、仔仔扎杰（རྗེ་རྗེ་སྒྲ་རྒྱལ།）。他们皆有噶波之名，藏文的噶波（དཀར་པོ།）代表白色、白衣、善事、和谐、正义。东巨噶波与藏族六大世系中的东氏世系是否有关系还待考证。

东巨噶波神前往东胜神洲（本教经典记述，世界中央有须弥山，此外有七金山、七大海。海的周围东有胜神洲、北有俱芦洲、南有瞻部洲、西有牛货洲[①]），噶南加瓦前途到西牛货洲，赤西噶波来到南瞻部洲，仔仔扎杰去了北俱芦洲，为人类维护四大洲。赤西噶波中衍生三尊（མགུལ་ལྷ་མཆེད་གསུམ།），分别为西拉托噶（ཕྱི་ལྷ་ཐོག་དཀར།）、瓦拉沃巴（བར་ལྷ་འོད་འབར།）、囊拉贡嘉（ནང་ལྷ་གུལ་རྒྱལ།）。

赤西噶波三尊分里、中、外三层，西拉是外层的神，名拖拉，是雷神的意思；瓦拉是中间层的神，神的名字叫沃拉，即光神之意；囊拉是内层之神，名贡嘉，是最上层的天王之意。雷神、光神、天王三子把自己的口水吐到天上，形成了云、雨水、雾霾。白云当中，有一个头顶长绿色角的白衣童子，被称作南坛杰（གནམ་འཕེན་རྗེ།），即来自天上的王，其子为贡坛杰，即来自空中的王。贡坛杰之子为珍坛杰，即来自云中的天神。珍坛杰之子为色坛杰，即来自滴水中的天神。色坛杰之子为恰坛杰，即来自雨水中的天神。恰坛杰之子为梦坛杰，即来自天上的神。梦坛杰之子为南拉蓉蓉，其与亚恰玛当结亲，

① 永忠旦增、八桑、仁博次旦主编：《世间根本藏》（幸庆鲁噶伏藏），成都：四川民族出版社，2018年8月第1版，第75页。

生达恰伟沃（སྟག་ཆ་ཡལ་ཡོལ།）。达恰伟沃在十三层天上修建天宫，主持天界，维护正义，主持公道。

恰饶达恰伟沃与参萨切秋结亲，生四子，即亚拉达州（ཡབ་ལྷ་བདལ་དྲུག）、恰拉珍切（ཕྱྭ་ལྷ་བྲམ་ཆེན།）、嘉拉中南（རྒྱ་ལྷ་འབྲོང་ནམ།）、沃带贡嘉（འོད་དེ་གོང་རྒྱལ།）。“参”是古代藏族地区的世袭名称，比如参部族、参本波。辛饶弥沃庆生仪式上邀请了参本擦嘉（མཚམས་བོན་ཚལ་ལྕུགས།）①，由此可见，他们都是青藏高原古老的王室系统。亚拉达州应该是指雅利安人，因为他是神族的统治者，藏文称拉旺嘉欣，就是帝释天。亚拉达州、恰拉珍切、嘉拉中南、沃带贡嘉四子为了确定领地打骰卦，最后亚拉达州、恰拉珍切得胜，前往万河源头，统治人类。而嘉拉中南前往嘉娜即黄河上游，生卡沃嘉、达沃嘉、扎吉拉、中古杰等九子，成为黄河源头流域的众神之父。他与瓦吉同阿九子结亲，生拉克修，即食肉神；他与克萨玛结亲，生雅拉香波山。他还去了钱瑜（མཆིམས་ཡུལ།）、达波、工波等地。

由恰拉珍切衍生出了恰氏家族，恰氏家族在藏族地区都有后代。如今占卜、汇聚福禄法、延寿法等各种仪轨都以恰为名，可见恰氏家族在青藏高原的势力雄厚。

亚拉达州在十三层天上主持天人，天龙人都听命于他。亚拉达州与穆氏公主结亲，生七子一女。其长子蓉蓉佐伯（རོང་རོང་རྩོལ་པོ།）成亲后，生九子，衍生出象雄的诸神，包括盖阔诸神梵天、达斯、玛才等很多神。其子谭措索仲与沃马萨东戴结亲，生八子。拉杰贡赞（ལྷེའུ་རྗེ་གུང་ཙན།）与东萨巧巧（སྟོང་བཟའ་ཚོ་ཚོ།）结亲，生七子，分别为上天神、峡谷神、地方神、房屋神、外神、内神、门神。拉杰贡赞与藏里小门（གཙང་ལི་ཤོད་སྨན།）结亲，生九子。其拉杰森达与萨江玛结亲，生七子，梵天、水神等六子安顿于各州各地，第七子与兄弟不

---

① 伟色金巴主编：《库门经典汇编》第26卷《塞米经》，兰州：甘肃民族出版社，2015年9月第1版，第28页。

和，不从父母，父母实在没办法，给他野黄牛、铠甲、弓箭、佛牙海螺，流放到人间的穆氏地区，与穆氏公主唐唐结亲，生聂赤赞普。

此时，高原十二部落为了各自利益发动战争，相互残杀，百姓生灵涂炭。十二部落有十二位本波，他们主持协商如何结束这战乱。在那时，高原人得到神的旨意，说：第七层天上，绿色宫殿中，有一位神的后代、穆氏之侄、人类的怙主，你们可以迎接他，以他为王。此人除了萨拉贡邬之子紫吉拉嘎（ཅིབས་ཀྱི་ལ་སྐར།）之外，谁也请不动他。当时，十二部落都非常高兴，让紫吉拉嘎联系聂赤赞普，赞普说："十二部落地区，有强盗、有造毒者，遍地是嗔恨、贪婪、战争、谎言，我不愿去。"但最后他被说服，带着铠甲、弓箭、金银珠宝等很多财富，来到拉日将妥山，被吐蕃十二位本波发现，成为吐蕃之王，统一了吐蕃十二部落，建立吐蕃政权，以十二位本波为国师。征服桑巴杰波阿勇嘉瓦，桑巴成为吐蕃诸侯①。特别要注意的是，普米族的韩规文献中也有亚拉达州（ཡབ་ལྷ་བདལ་དྲུག）或恰杰亚拉达州、桑波布赤（སངས་པོ་འབུམ་ཁྲི།）的神系历史的记载，而且与本教的文献大同小异②。

**八、吐蕃第一任赞普聂赤赞普**

聂赤赞普是吐蕃42代赞普之首，也是吐蕃政权的始创者③。关于聂赤赞普的历史在藏文史籍中有特别多的版本，在此向大家介绍的是藏文古籍《扎巴林扎》版本的聂赤赞普故事④。

相传，《扎巴林扎》是由本教著名大师占巴南喀所著，内容十分复杂。部分内容在8世纪时被占巴南喀埋藏在桑耶寺，10世纪中叶由

① 赤索旦主编：《本教历史文献汇编》第4卷《瑜伽拉吉史》，兰州：甘肃民族出版社，2018年7月第1版，第244页。

② 胡文中、胡文明主编：《普米族韩规宝典》（一），昆明：云南人民出版社，2014年10月第1版，第35页。

③ 觉沃·阿底峡发掘：《柱间史》，兰州：甘肃民族出版社，1989年9月第1版，第84页。

④ 夏擦·扎西坚赞：《西藏本教源流》，北京：民族出版社，1985年9月第1版第128页。

塔依益西罗珠掘藏[①]；其中的部分内容在11世纪中叶由玛·西饶生根掘藏[②]。2010年9月民族出版社出版的《冈底斯雍仲本教文献丛书》第1卷，2016年四川民族出版社出版的《象雄与吐蕃历史文献》上册，2018年甘肃民族出版社出版的《本教历史文献汇编》第3卷中，都收录了这部史籍。

据这部史籍记载，吐蕃地区本教因四乘（即斯巴本教）最早得到兴盛，当时人寿约90岁；其次是密宗和大圆满得以兴盛，其时人寿约80岁。辛饶弥沃29岁至圆寂期间，密宗和大圆满逐步流传到里象雄沃摩隆仁。到辛饶弥沃的后裔南喀囊瓦多金时，本教密宗传承传授于聂赤赞普、穆赤赞普，从而兴盛于吐蕃地区。

据说辛饶弥沃在冈底斯山脚、玛旁雍错边的金色岩洞里，向象雄的弟子传授无上经和九乘次第法。那时，上至象雄穹窿银城以下，下至桑巴邻格姜雪（སུམ་པ་གླིང་གི་གྱིམ་ཤོད།）以上，都属于吐蕃的领地，也是穆氏王朝的管辖范围。后来，辛·南喀囊瓦多金成为所有古辛之首席，无数古辛在高原地区弘扬密宗和大圆满法，治理吐蕃周边的各个部落，因此几乎整个青藏高原都信奉本教。

但在那时，青藏高原没有公认的首领，各个部落为了拉帮结派发动战争，弄得民不聊生、生灵涂炭。对此，耶拉·僧杰卓玛神（ཡེ་སངས་སེམས་ཀྱི་སྒྲོན་མ་ཅན།）恳求桑波布赤说：高原地区的人无首领，众生无依无靠，请怜悯众生，创造一位仁慈的国王！于是，桑波布赤与妃子曲江杰母二人生九子九女。九子之长子为斯杰章噶（སྲིད་རྗེ་འབྲང་དཀར།），他与拉萨·贡扎玛（ལྷ་བཟའ་གུང་གྲགས་མ།）结亲，生十八子、十八女。其长子拉绕年族王，转世于色界天嘉囊（གྱ་ཅོམས།）神族领地。他与斯江丽都（སྲིད་ལྕམ་ལི་དུར།）结亲，生白色天神，从而衍生九

① 夏擦·扎西坚赞：《西藏本教源流》，北京：民族出版社，1985年9月第1版，第246页。

② 赤索旦主编：《本教历史文献汇编》第3卷《扎巴林扎》，兰州：甘肃民族出版社，2018年7月第1版，第189页。

位神系传承。九位神系传承中就有云传神、风传神、雨传神、瓦传神、冰雹神等。九位神系传承之最后一位叫孟腾传神。他与穆萨·东热玛（དམུ་དུང་རལ་མ།）结亲，生楚恰伟沃（འཕྱུལ་ཆ་འབལ་འོད།）、赤恰伟沃（ཁྲི་ཆ་འབལ་འོད།）、达恰伟沃（སྟག་ཆ་འབལ་འོད།）。自楚恰伟沃中衍生数十万神，化为星辰，守护天界；赤恰伟沃中衍生数十万幻化神，变成非天人三十三部族。按此所说，神与非天人的祖先也是兄弟手足。

达恰伟沃与参萨·切秋玛（མཚམས་བཟའ་ཁྱད་ཁྱུད་མ།）结亲，生亚拉达州，即帝释天。帝释天娶三十三位妃子。参丹玛妃子与帝释天生七子，三位长子上至色界天，学习斯巴本教，繁衍后代。第四、五、六子成为土噶神族、土玛云神、玛桑年族，来到人间，保护百姓。第七子称拉饶年如杰（ལྷ་རབས་གཉན་དུམ་རྗེ།）又称赤敦，被父亲派到南瞻部洲，被所有人顶礼膜拜，所以叫祖赤赞普，高原众诸侯以他为尊，故谓聂赤赞普。他来到人间，平息战争，创造和平，使众人幸福，最后回归天界继续做神。他与穆杰赞普之女穆江扎马结亲，生一枚肉蛋，九个月零十日后蛋破，从中生金色螃蟹、金色乌龟、白色江莫、绿色鱼四子。夫妇没有嫌弃，也没有认为是不好的征兆，把它们藏在汇聚福禄袋里，放在家中的金柜子里，用银锁锁住。三天之后，父母去看金柜中的那四个怪物，他们都变成非常俊俏的男孩。

螃蟹变成透明的俊男，绿色头发、身着白衣，头顶发白色之光，手持玻璃珠子；金色乌龟变成金色身体、红色髻顶、身着金色衣服，手持金色棍棒；白色江莫变成白色身体，珍珠色髻顶，身着珍珠衣服，手持金色单钹；绿色鱼变成绿色身体，金色头发，身着五颜六色的衣服，手持绿色神鼓。母妃问四子道："你们四位身相庄严，有何原因？"白色透明童子答："我乃拉饶年如杰之子，名为聂赤赞普。何谓聂赤赞普？就是母亲怀胎九月十日，所以称聂赤；发出金言，无人不从，所以称赞普。金色之人名雅恩斯比幸，能降伏一切晦气、疾病、磨难；绿色人名才弥幸，是我的贴身法师；白色人是杰尔凯，也是我的贴身法师，我们四人降到人间，请父母准许。”父母说：“人间危险重重，由雅恩幸来引导；障碍无处不在，由才弥幸护持；鬼神生物众多，由佐弥古幸辅佐。”四人按照父母吩咐，右手抓住长寿绳，左手抓着天梯，手足踏在天梯上，由四位天女与在空中的四匹云马抬举王子并迎接，从天而降。在空中观察后，他们在雅鲁藏布江地区降落，并以此为领地；西瓦搭载宫殿为神宫，以善为业，以幸·南喀囊瓦多金为师，巨邦三法为信仰和修行，巨邦三尊为神灵，建立雍忠拉泽天宫，成为吐蕃的第一任国王。

聂赤赞普与拉门噶莫（ཀླུ་སྨན་དཀར་མོ།）结亲，生穆赤赞普。他也与聂赤赞普一样，以囊瓦多金为上师，行善断恶，维护正义，保护百姓。在上师囊瓦多金座前接受巨邦三法的灌顶，以觉沃恰噶（ཇོའུ་ཕྱུ་དཀར།）为贴身法师，在拉日将妥山顶建立塞康阔玛乃琼宫殿，精进修持巨邦三法，得到密法成就。当时穆赤赞普觉得此法深不可测，非常珍贵，不舍得传承下去，便藏在国库宝箱里，三代未传。

赞普因此遭到天谴，法力减少三分之二，魔鬼、赞族所制造的灾难随之而至。此时，四位天女（རྫུ་འཕྲུལ་སྨན་བཞི།）从国库中把巨邦三法取出来，传授给门本哈热吉巴尔（མོན་བོན་ཧ་ར་ཙི་པར།）大师，即门巴地区的本教大师。哈热吉巴尔（ཧ་ར་ཙི་པར།）是象雄语，译成藏文叫益西喇嘛，汉语称智慧上师。赞普还找人卜卦，显示说：“赞普不把巨邦法传承，导致此事。”赞普让三位国师做了各种法事，消除障碍，最终国泰民安，百姓安居乐业，赞普因此载入史册，百姓对他赞不绝口。赞普赐予法师们各种特权，即着装特权：包括不剪头发，头顶戴着白色帽子或头巾，秃鹫羽毛插在头巾上，可用金色恰日（即鹏鸟）翅膀帽，可坐在高高的垫子上，以虎豹皮为衣，可以直接从座位上马等；语言特权：古幸没有发言前，赞普不发言，大臣不议事，国师未唱诵经文前，大臣不跳舞不唱诵；地位特权：身价、身份与赞普同等，宝座与赞普平高。

穆赤赞普与绰玛耶桑（ཁྲི་མ་ཡེ་སངས།）结亲，生丁赤赞普，以觉悟恰噶（གཙོ་ཐྲ་དཀར།）为国师，在嘉玛山山顶建立阔玛永泽宫殿（ཁོལ་མ་ཡང་རྩེ།）；丁赤赞普与赤玛东雪生索赤赞普，以觉悟伟噶（གཙོ་འོད་དཀར།）为国师，在扎巴擦地区建古热古秋宫殿（གསས་ཁང་དགུ་ར་དགུ་འཕྲུད།）；索赤赞普与南门修莫（གནམ་སྨན་སྨུག་མོ།）结亲，生达尔赤赞普，以觉悟向噶（གཙོ་ཤང་དཀར།）为国师，在雅鲁藏布江岸建索沃穹雷（བཟོ་བོ་ཁྲུང་ལེགས།）城堡；达尔赤赞普与桑门修莫（སེང་སྨན་སྨུག་མོ།）结亲，生向赤赞普，以觉弥切（གཙོ་མི་ཆེ།）为国师，在拉萨扎耶巴（བྲག་གཡེར་པ།）地区建雍仲赤泽（གཡུང་དྲུང་ཁྲི་རྩེ།）宫殿；向赤赞普与耶西贡桑（ཡེ་ཤྲི་གུང་སངས།）结亲，生赤带亚巴赞普，以觉沃夏噶（གཙོ་ཞལ་དཀར།）为国师，在凉朵达瓦擦地区（ཉང་རོ་ཟླ་བའི་ཚལ།）建阔玛日让宫殿。以上称吐蕃七座天王，都与天女结亲，圆寂时，身体变成光，消失于空中，因此有天子归天之说。

赤带亚巴赞普与仲萨拉金（སྲང་བཟའ་ལྷ་རྒྱན།）结亲，生止贡赞普，以觉沃参噶（གཙོ་མཚམས་དཀར།）为国师，在萨参果普地区建萨来榭仓宫殿。止贡赞普与华尔萨赤尊结亲，生鸟、马、狼三者混合毛发为皮肤的布带共杰赞普。他说："我父止贡赞普灭了本，但我要让本教复兴，发扬光大。"布带共杰迎请以象雄东迥土钦为主的一百零八位古辛，本教因此得以复兴，再次成为国教。

总之，自聂赤赞普至吐蕃最后一位赞普朗达玛赞普之间，相继出现四十二位赞普，吐蕃政权从无到有，由弱变强，成为青藏高原最强的王国。而且每位国王身边均有一位国师、翻译师，修持密法，惩恶扬善。有的赞普有十至四十位贴身法师，他们信奉本教，以本教为吐蕃主流文化。当时上至象雄穹窿银城，下至桑巴地区，东达格萨尔、昌域（今新疆和田、且末、若羌、民丰等地），南达门巴、尼泊尔地区之间，都有本教信徒。

## 九、吐蕃七赤天王

吐蕃分前吐蕃和后吐蕃，前吐蕃别名为雅砻吐蕃，后吐蕃称大吐蕃。藏文称前吐蕃为“蕃”（བོད།），称后吐蕃为“大蕃”（བོད་ཆེན་པོ།）。“蕃”仅仅包括古代十二小邦及苏毗国，不包括象雄、党项、南召、吐谷浑、突厥等；大吐蕃包括青藏高原东西南北，疆域辽阔。前吐蕃和后吐蕃共辈出四十三位国王，国号吐蕃，国王名赞普，大臣名伦波。七赤天王是吐蕃最初的七位国王，藏文中称为南吉赤敦（གནམ་གྱི་ཁྲི་བདུན།）。

七赤天王：聂赤赞普、穆赤赞普、丁赤赞普、索赤赞普、美赤赞普、达尔赤赞普、思赤赞普（详见下文“吐蕃七赤天王”表格）①。他们去世时，身体变成光，经头顶的光升到天上去，实则消失在空间。聂赤赞普生于1136年，止贡赞普生于710年，七赤天王的历史（公元前1136至公元前710），历时400多年。其中穆赤赞普持政60年，丁赤赞普持政107年，聂赤赞普持政100年，其余五位每位平均分40年，则差不多400年。

① 资料来源：（1）占巴南喀著，西日生根伏藏：《扎巴林札》，现收录于《刚底斯雍仲本教文献丛书》第1卷。北京：民族出版社，2010年第105页。（2）阔邦•洛珠妥美伏藏：《斯巴授记经》，现收录于《本教历史文献汇编》第3卷，兰州：甘肃文化出版社，2018年，第220页。（3）索南由杰主编：《苯教古文九部史》，拉萨：西藏藏文古籍出版社，2017年，第90页。（4）法藏敦煌古藏文文献P.T.1286号。（4）尼玛丹增：《本教教历宝蔓》。

## 吐蕃七赤天王

| 序号 | 赞普名称 | 简介 |
|---|---|---|
| 1 | 聂赤赞普<br>公元前<br>1136年 | 据法藏敦煌古藏文文献和《国王从天而降的故事》等文献记载：聂赤赞普是吐蕃第一任赞普，其父辈源自恰杰·亚拉达州（玉皇大帝），母系辈源于穆氏族。据《本教教历》载：聂赤赞普约在公元1136年，从象雄来到雅砻拉日将托山顶，被十二位本教法师发现，认他为国王，用肩膀抬举，四处宣扬，说他是上天派来的首领，因而有了从天而降的故事，遂成为吐蕃的第一任赞普。聂赤赞普带着穆氏铠甲、穆氏头盔、穆氏矛、穆氏宝刀、穆氏神梯、穆氏神绳九个法器，由两位法师和一位将军左右陪伴，来到吐蕃，建立吐蕃王朝。聂赤赞普来到雅砻地区时，高原分十二个小邦，年年战火不断，百姓民不聊生。聂赤赞普得到十二小邦的十二位国师的协助，结束了战争，建立了吐蕃王朝。<br>聂赤赞普拜南喀囊瓦多金为师，学习象雄神族宗教巨邦三法、大圆满法，以此为国教。当时吐蕃有两个文化体系，一是吐蕃土生土长的斯巴本教，二是来自象雄的神族文化。聂赤赞普建立雍布拉康，征服苏毗女王。聂赤赞普以帕瓦觉噶为古幸，多日追索、才觉为大臣。 |
| 2 | 穆赤赞普<br>公元前<br>1074年 | 穆赤赞普乃聂赤赞普与南萨穆穆（天女）之子，公元前1074年生于雅砻拉日将托山顶。根据《慈母救八难经》载：七赤天王时吐蕃王子随母姓，譬如：南萨穆穆之子穆赤赞普，达吉天女之子达赤赞普，思吉天女之子思赤赞普，索吉拉姆之子索赤赞普等等。穆赤赞普拜幸·囊瓦多金为师，学习来自象雄的密法（神族宗教），以觉吴恰噶（ཅོའུ་ཕྱྭ་དཀར།）为吐蕃的古幸（护国师）。穆赤赞普为了扩大刚建立的吐蕃势力，从象雄迎请108位大师，在吐蕃地区建了45个道场（就是商谈吐蕃国政和修行的聚集点），弘扬巨邦三法等吐蕃式的象雄文化，在后藏雅砻地区建立索沃琼拉宫殿。自穆赤赞普起，吐蕃王子登位时，从象雄迎请一位德高望重大师，更衣、沐浴和用象雄语取名，主持登位仪式（登位仪式包括更衣、沐浴及用象雄语取特殊名）。穆赤赞普中的“穆”是天的意思，“赤”是神之意，就是来自天上的神之意；赞普是国王之名。在那时，巫师们以虎皮、豹皮、草豹皮为衣，直接从座位上马。 |
| 3 | 丁赤赞普<br>公元前967<br>年 | 丁赤赞普（དིང་ཁྲི་བཙན་པོ།）是穆赤赞普与萨里丁丁玛（ས་སྲས་དེང་དེང་མ།）之子，约在公元前967年生于雅砻地区，丁赤赞普又称向赤赞普。萨里是五行中属土，是土地女神之意，丁赤赞普就是土地女神之子。之所以称丁赤赞普，是因为母亲姓萨里丁丁。其中的“萨”是藏文，“里”是象雄。丁赤赞普以觉吴门噶（ཅོའུ་སྨིན་དཀར།）为古幸，在雅砻嘉莫山顶建立阔玛永泽宫殿。 |

| | | |
|---|---|---|
| 4. | 索赤赞普 | 索赤赞普是丁赤赞普与索谭谭（སོ་ཐམ་ཐམ།）之子，生于雅砻地区。索赤赞普中“索”姓，因其母亲名为索吉拉姆，于是随母姓；赤是神或天之意；赞普是吐蕃国王之名。以觉悟伟噶（ཇོ་འོད་དཀར།）作为古幸，他们在雅砻占巴擦耳地区建立古热古秋宫殿，弘扬吐蕃文化。索赤赞普时期，吐蕃有四大天女（即地、水、火和风），弘扬女性文化。 |
| 5 | 达尔赤赞普 | 索赤赞普与达吉拉姆或南门修莫结亲，生达尔赤赞普，生于雅砻拉日将托山。达尔赤赞普中的“达尔”是随母亲的姓（达吉拉姆）；“赤”是天或神之意，“赞普”是国王之名。达尔赤赞普以觉悟向噶（ཇོ་འུ་ཤང་དཀར།）为古幸，在后藏地区建立索沃穹雷宫殿。 |
| 6 | 向赤赞普 | 向赤赞普又称美赤赞普或赤杰雅巴，是达尔赤赞普与桑门修莫之子。向赤赞普以觉吴谢噶（ཇོ་འུ་ཞལ་དཀར།）为古幸，凉朵达瓦地区建立塞康阔玛日让宫殿。 |
| 7 | 思赤赞普 | 思赤赞普是桑门修莫和向赤赞普之子，止贡赞普之父。思赤赞普中思是随母姓，因母亲名中有思门，赤是神或天之意，赞普是国王之名。思门所生的天子之意。出生地为良若达擦耳地区。以觉吴门噶作为僧赤赞普的古幸。 |

## 十、吐蕃第八代赞普止贡赞普

古藏文献中把吐蕃四十二位赞普分为七赤天王、中二王、六地王赞普、八水王赞普、四圆满赞普、五赞王赞普、六末王赞普。其中“中二王”是指吐蕃第八代止贡赞普和第九代布底贡杰，其中间还有洛昂王当了十二年的吐蕃赞普，但因他是谋权篡位，所以未列为四十二位赞普当中。据文献记载，七赤天王在去世时，身体变成光，从脚部融化，经头部之光，升到天堂，故名为七赤天王。第八代止贡赞普被杀后，尸体被扔到河里，才有了土葬或火葬的习俗。但根据拉萨的曲贡遗址[①]和炉霍的石棺葬遗址[②]判断，至少从3600年前，青藏高原东麓和西部就有了土葬和火葬习俗。据阿里象泉河的古墓[③]，可断定2500年前阿里也有土葬习俗。[④]

也许聂赤赞普与穆赤赞普真得到大圆满虹化真传，他们不但修过大圆满心法（心识九部），同时继承了传承。因初代赞普身体变成彩虹消失于人们的视野中，被人们传作是天子归天之说，所以后来的国王们必须消失。他们自己的王子登位后，将政务交于母亲和护国师，自己进山修行，再无音讯。所以有了七赤天王葬在天上之说。洛昂与止贡赞普较量，一是为了试探赞普去世时是否有尸体，二是以免受赞普惩罚或当上赞普后被刺杀。

| 序号 | 年代 | 简要内容 |
|---|---|---|
| 1 | 公元前710年，吐蕃第八代赞普止贡赞普，36岁时，被洛扎的洛昂王所杀。 | 据古代藏文文献《向玛经》记载：吐蕃七赤天王之最后一位赞普名思赤赞普（སེང་ཁྲི་བཙན་པོ།），别名为赤代雅巴（ཁྲི་ལྡེ་ཡག་པ།）。他虽生很多王子，但都被王宫附近岩石处的独角所杀。赞普迎请碧本波（སྤྱི་བོན་ཐོག་འཕྲུལ།）即来自碧域地区的护国师，以大悲慈母的神力，摧毁岩石，从中出来一位独角说：“赞普之子都是我所杀，如今只能把我自己的儿子献给赞普。”藏文史料中称止贡赞普为独角之化身，这应该是本教信徒为他做的定义，因止贡赞普灭了来自象雄之本教，得罪本教法师。总之，公元前710年时，止贡赞普生于良若达擦耳（ཉང་རོ་སྣག་ཚལ།）地区，父亲名赤代雅巴（ཁྲི་ལྡེ་ཡག་པ།），母名为仲萨拉金（འབྲོམ་ཟ་ལྷ་སྒྲིན།）。止贡赞普时期，吐蕃有两大文化体系，一是吐蕃土生土长的本土文化（斯巴本教），二是来自象雄的神族文化（密宗与大圆满）。止贡赞普为了巩固社稷，辅佐吐蕃本土宗教，打压了来自象雄的神族本教。这一举动，得罪了所有本教法师，他被认为是魔的化身，最后被洛昂所杀[④]。 |

① 霍魏：《青藏高原考古研究》，北京：北京师范大学出版社，2016年版，第68页。

② 四川省文物考古研究院　高大伦　（日）宫本一夫主编：《西南地区北方谱系青铜器及石棺葬文化研究》，北京：科学出版社，2013年版，第11页。

③ 详见《西藏考古发现：探秘千年墓葬群 揭开“洞室之谜”》，央视新闻客户端，2021年5月3日。

④ 琼布·洛追坚赞：《苯教远古历史源流》，拉萨：西藏藏文古籍出版社，2018年版，第33页。

| | | |
|---|---|---|
| 1 | 公元前710年，吐蕃第八代赞普止贡赞普，36岁时，被洛扎的洛昂王所杀。 | 《柱间史》记载：止贡带兵攻打卡拉奇（ཁ་ཆེ།）（古代巴基斯坦国号），赢得胜利，活捉了几位卡奇官员。在路上时，不分君臣，举行射箭比赛。明明国王的箭射在岩石上，很多卡奇人和不怀好意的人就说："射在岩石上的箭并非是赞普的，而是洛昂王的。"由此导致以洛昂与赞普之间发生冲突，赞普不服气，重新安排射箭比赛。洛昂为了自保杀死赞普，把尸体扔到雅砻河，为了以绝后患，想把两个王子也杀了。但两位王子当时在王宫，提前得到消息，所以逃难到共布（རྐོང་པོ།）、凉波境内（ཉང་པོ།）。洛昂把赞普之女作为自己的妃子，让赞普妃子放马。当时妃子怀有一子，那就是大臣茹来吉。他长大后与两位哥哥取得联系，三人同心协力，杀死洛昂王，夺回王位①。<br>法藏敦煌古藏文文献P.T.1287中记载：止贡赞普祖奶奶名卓夏玛吉林，止贡赞普小时候让她取名，祖奶奶问：家乡的岩石是否倒塌了？草原有无被烧掉？海子是否干涸？他回答：岩石没有倒塌，海子也没有干涸，草原亦没被烧掉。祖奶奶老了，耳朵不好使，把它听成岩石倒塌，海子干涸，草场被烧，所以给王子取名为止贡赞普，意为魔刀之化身，独角之后裔②。 |
| 2 | 公元前700年左右，洛昂王杀死止贡赞普，自己当上吐蕃赞普，但因名不正言不顺，所以12年以后被止贡赞普之子所杀。 | 吐蕃第九代赞普洛昂王全名洛昂达紫（ལོ་ངམ་རྟ་རྫི།），是吐蕃十二诸侯之洛扎地区的首领，玛桑族之后，以吐蕃王君臣相称。其父母和诞生年代不详。根据《柱间史》记载：止贡赞普讨伐卡奇王国，赢得很大的胜利。但他们从卡奇王国返乡的途中，洛昂与赞普之间发生冲突，赞普对洛昂苦苦相逼。洛昂一是为了验证赞普死后是否有尸体，二是为了自救和登上王位，决定与赞普拼死一搏。玛桑洛昂对赞普说："既然比射箭，那请您在额头上戴上银镜和海螺，红牛驮着装满灰的袋。"赞普觉得要求不过分，就按照洛昂的要求出场。赞普用宝刀砍断了自己头顶的穆绳，红牛背后的灰袋被破后，现场一片灰尘。洛昂把箭对着灰尘中的银镜子，射出箭后赞普应声倒地。赞普死后，尸体被扔到共布河里，赞普的两个儿子提前得到消息，逃难到共布和凉波，洛昂把赞普之女当作妃子。洛昂做了12年的赞普后被止贡赞普的两个儿子所杀。据法藏敦煌古藏文文献P.T.1287记载：赞普要求与洛昂比射箭，洛昂无力与赞普抵抗，但又不敢抗拒，所以提出以下要求："如果你能把自带铠甲、自带头盔、自刺宝刀、自捆绳子、自刺矛等几件宝物赐给我，我才能敢与你比箭，否则我战不过你。"赞普答应他的所有要求，结果被洛昂射杀，尸体被放在铜筑箱，扔了到河里③。 |

① 觉沃阿底峡发掘：《柱间史》，兰州：甘肃民族出版社，1991年版，第88页。

②③详见法藏敦煌古藏文文献P.T.1287。

| | | |
|---|---|---|
| 3 | 布底贡杰是止贡赞普之子，中二王之一。止贡赞普灭了本教，但布底贡杰迎请很多象雄的成就者，复兴本教文化。 | 止贡赞普与尤萨桑母结亲生布底贡杰，本教大师们称他为“布底贡杰”，印度人称他为“释迦雅巴”，妈妈称他为茹来吉①。但也有些文献中认为茹来吉与布底贡杰为兄弟，并非是同一个人②。布底贡杰身上具有类似马毛、狗毛和鸡毛般的毛，人们就称他为布底贡杰。布底贡杰与茹来吉是亲兄弟，布底贡杰为长子，当上吐蕃第九代赞普，茹来吉为次子，任辅佐赞普的大臣职称。茹来吉本来与母亲生活在一起，长大后从王宫偷偷溜到共布和凉波地区，找到了两位哥哥。布底贡杰与茹来吉同行，寻找父亲之尸体。他们还得到共布王和凉波王的帮助，带着3000多兵马，攻打良达巴擦耳，杀死洛昂达紫，夺回王位。从象雄迎请西氏鼻祖铁恰日坚，为父亲举行超度仪式，举办了隆重的葬礼。他们从象雄迎请东炯图钦等108位成大师，复兴本教文化，建立本教修行处。自那时起，一直到公元8世纪，本教文化一直流传在吐蕃，成为吐蕃王朝的主流文化③。 |

## 第四节 瓦塞忿怒神

目前尚未搜集到任何可证明瓦塞本尊诞生的具体年代的证据，大概的时间可以追溯到青藏高原十二小邦时代。他的神像中有各种不同的动物、自然物和人像等，都是比较早期的神物。比如太阳、月亮、星辰、乌云、彩虹、蛇、龙、狮子、豹子、熊、大鹏鸟等，既有原始宗教神物，也有古代宗教的文化现象。从中不难看出，瓦塞本尊是不同时代、部落和区域的各种宗教文化汇聚之象征，亦是神族、龙族、人族等不同部族的文化相互交融并发展的结果。

### 一、忿怒神的故事起源

忿怒神的藏文是绰沃拉（ཁྲོ་བོ་ལྷ།），即忿怒神、猛力神或威猛神之意。目前在我国涉藏地区和尼泊尔、印度北部等地的本教各大寺院里遗留下来的瓦塞本尊神像中，有泥塑像、石刻像、雕像、壁画、唐

① 赤索丹主编：《本教历史文献汇编》第3卷，兰州：甘肃文化出版社，2018年版，第222页。
② 琼布·洛追坚赞：《苯教远古历史源流》，拉萨：西藏藏文古籍出版社，2018年版，第33页。
③ 详见法藏敦煌古藏文文献P.T.1287。

卡、铜铸像等，它们相貌、制作技术都很不一样。由此说明，瓦塞本尊与青藏高原人类社会发展、社会生活密不可分。

关于忿怒神的故事，有几种资料来源，一是民间传说、神山和神水的故事；二是他们的神像，包括唐卡、壁画、铸像、泥塑像、雕刻像等；三是民间口述，是巫师或法师们把仪轨内容背下之后，以背诵而传承下来的资料，比如嘉绒的阿米格尔东（ཨ་མྱེ་སྣོ་ལྡོང་།）、纳西的东巴（སྟོན་པ།）、羌族释比即斯巴（སྲིད་པ།）、摩梭人的达巴（སྟོན་པ།）、普米族的韩规（ཧྲགས་མགོན།）等；四是文字记载。有关瓦塞本尊的文献资料很多，可以归为两类：理论部和仪轨部，其中有很多遗存在民间，作为信众供奉的对象。

各地本教信徒每年冬季、秋季会按时举行瓦塞本尊的会供仪式，有的信徒以瓦塞本尊仪轨作为自己常念的经文，随身携带，随时随地念诵，由此可见瓦塞本尊在本教信徒心中的地位。不管是我国青海、甘肃、四川、西藏地区，还是尼泊尔、印度北部、拉达克地区，都能看见瓦塞本尊的神像、仪轨文本，而且内容、文章结构、文化风格，以及仪轨种类都是比较统一的。

瓦塞本尊与《威猛超度经》（དབལ་གསས་གཤེད་ལྷུང་།）、《修贡经》（ཤུགས་མགོན།）、《伏敌经》（དགྲ་སྡུབ།）、《西超护法》（ཞེལ་ཁྲབ།）、《阿须护法》（ཨ་བསེ།）、《斯巴杰母护法》（སྲིད་པ་རྒྱལ་མོ།）等文献有着密切关系。比如西超护法修持仪轨中，先观想本尊瓦塞昂巴，本尊胸间观想“示”（ཧྲི།）字，示字周围有西超护法的心咒绕转，从而衍生西超护法的宫殿、主神与次神。阿须护法也一样，先修瓦塞本尊，才能观想阿须护法。

那么这尊忿怒神是如何诞生并发展的？忿怒神文本中记述，“本来无一物”，就是远离大小、善恶、好坏的空无一物、一切自然的根本天空；空中呈现五色光，光中生风，风中生火，风火微尘能量集中后生水，水风火混合之后生土，从而衍生万物。万物和合中产生一枚白色的蛋，蛋飞到宇宙山王——须弥山山顶，蛋破后从中出现一位穿着白衣、缀满珍宝的白色男孩。他没有姓名，也没人能为他取名，他自称耶斯杰波（ཡེ་སྲིད་རྒྱལ་པོ།），是自然的神或太初神、本原神，也可以叫自然之王。

耶斯杰波拥有普明神、斯巴桑波布赤、梵天等很多名称。耶斯杰波的明妃称曲江杰母（ཆུ་ལྕམ་རྒྱལ་མོ།），即水神母或万物之母，是万物的根本或起源，本教经典中称她为世间万物之母。

曲江杰母又称南西共杰，藏文“南”（གནམ།），是天、空气和自然之意；“西”（ཕྱི།）是原本、原配、原件之意，或天的母亲、自然之母之意；“共杰”（གུང་རྒྱལ།）是女王、君王、胜利之意，意为自然神母或神母之王。她在夜里被愚痴之气所污染，生了一个血袋子，袋中产生六子，分别为穆（དམུ།）、魔（བདུད།）、赞（བཙན།）、罗刹（སྲིན་པོ།）、约（ཡོག），他们破坏宇宙平衡、世界和谐；凌晨生了九子九女，其中有拉（ལྷ།）、噶（གར།）、邓（རྟེན།）三子和弥（མི།）、玛（སྨ།）、幸（གཤེན།）三子。

拉是神族的祖先，从中衍生了欲界天、色界天、无色界天等诸神族；“噶”中衍生瓦塞（དབལ་གསས།）、噶塞（གར་གསས།）、达塞（བདལ་གསས།）等无数塞氏部族；藏文的“邓”是所依（即依靠处）之意，从中衍生数不尽的护法神、地方神。弥、玛、幸中的弥是人种，应该是指里象雄、中象雄之人，幸是修行者或神族宗教密法的继承者，玛是人非人①。

关于瓦塞本尊救护人类的故事有很多。在远古时期，青藏高原以红头罗刹为主的所有罗刹族，包括男罗刹、女罗刹、罗刹王、罗刹臣们以杀生为业、血肉为食、人皮为衣，危害人类、祸害百姓，破坏社会秩序，所以人们以恶或黑暗来形容他们。慈母神内心充满慈悲，出

① 伟色金巴主编：《库门经典汇编》第123卷《瓦塞昂巴仪轨》，兰州：甘肃民族出版社，2015年9月第1版第4页。

于对众生的怜悯，恳求普贤王大发慈悲解救那些可怜的人。

普贤王化身为具有绿色之身、充满智慧和慈悲的格西蒙盖神（ཀུ་ཤེ་མང་སྐྱེ།），即幻化神。他身上发出智慧之火，燃烧罗刹军队。与此同时，由瓦塞本尊带头，无数尊忿怒神为了救度人类，降伏罗刹，灭绝罗刹族。杀死罗刹之后，用罗刹的血肉作为会供物品，把罗刹的皮作为衣服，把罗刹的血作为饮食。所以有时候藏族人把罗刹作为自己祖先，供奉和崇拜他；有时候把他当作恶魔、魔鬼，流放他。

与此同时，又出现了南都托郎（གནམ་བདུད་ཐོ་ལུམ།），汉文意为天魔大锤，骑着具有猛力的大鹏神鸟，以无数相貌各异的魔鬼为部下。天魔大锤身体与人无异，有四个头，嘴里冒出带毒的乌云、毒雨降到四处。瓦塞本尊便把身体变成十分恐怖的巨神、十分忿怒的样子，具有四足、九头、十八臂，拥抱着自己的明妃，嘴里发出索（བསོ།）和恰（ཆ།）的咒语之声，降伏天魔大锤。同时，赤西囊当化身为四头八臂的忿怒相，称拉果妥巴，就是神中之神，非常猛力的神。他手持宝剑、矛盾、弓箭、铁链等厉害武器，由无数的猛力神围绕着，发出恐怖的声音，四足燃烧智慧之火，身上发出火焰，烧毁了众魔①。如今《瓦塞降魔经》（དབལ་གསས་གཤེད་རྡུང་།）中有刀、剑、长矛、盾、弓箭、锤子、铁锁、装魔口袋、绳子等武器和法器的记载，就是由于我们的祖先与罗刹、魔族作战而来的②。

还有一位珍迪雅沃魔王（འགྲན་དེ་ཡ་བོ།），汉文意为大地魔王，他骑着黑色野黄牛，四处进攻，侵略人类，危害人类。瓦塞本尊大发慈悲，积聚力量，发动攻击，降伏大地魔王以及众眷属，并把大地魔王的五脏六腑作为诸神的供品。如今藏传佛教的密宗仪轨里就有血、肉、骨的供养，藏文称夏、察、如桑（ཤ་ཁྲག་རུས་གསུམ།），还有

---

① 玛敦索增伏藏：《瓦塞本尊仪轨》，写本，第20页，现存炉霍县雅德乡吉绒寺亚玛次仁家。

② 本赛穹果匝伏藏：《瓦塞降魔经》，手写本，第25页至10页，现存于四川炉霍县仁达乡易日寺南嘉家。

五根感官的供养[①]。这都是从不同部族的原始本教仪轨基础上发展而来的。

## 二、瓦塞本尊的名称释义

瓦塞本尊是本教五胜本尊之首、巨邦三尊之一，全称“绰沃瓦塞昂巴”（ཁྲོ་བོ་དབལ་གསས་རྔམ་པ།）[②]，绰沃（ཁྲོ་བོ།）是藏语，译成汉文是忿怒或猛力的意思，因瓦塞本尊是忿怒神，所表现的亦是忿怒或猛力的样子。瓦塞中的“瓦”（དབལ།）也是忿怒、猛力之意，但它是象雄语或非常古老的藏语，难以用现代藏语解释清楚。比如古藏语中，火烧得比较猛称“美瓦”（མེ་དབལ།）；水沸腾得猛称曲瓦尔（ཆུ་དབལ།）；风吹得非常厉害称隆瓦尔（དབལ་རླུང་།）。总的来讲，“瓦”是锋利、凶猛、忿怒之意。猛火、沸水、风暴都以瓦来形容。故此，“绰沃”应是后来加进去的，瓦塞中的瓦才是他的真名。

瓦塞中的“塞”是神、天、本尊的意思，瓦塞就是神当中比较猛力高傲之神，或忿怒之神，或厉害之神。比如瓦塞本尊有九头、十八臂、四足、三眼，浑身燃烧着火焰，以龙、蛇、鲸鱼、虎的皮为衣。他曾经征服魔族、龙族、赞族、罗刹族、夜叉族，这些部族归顺瓦塞本尊，并成为他的护法神。比如阿须护法神、西超护法神、穆都护法神都曾经是他的属下，所以称他为瓦塞即猛力神或忿怒神。

本教的很多本尊前面加“瓦”字，比如瓦青盖阔（དབལ་ཆེན་གེ་ཁོད།）、瓦尔本达拉美巴（དབལ་བོན་སྟག་ལ་མེ་འབར།）、益西瓦莫（ཡེ་ཤེས་དབལ་མོ།）、瓦莫聂邓（དབལ་མོ་ཉེར་བདུན།）。瓦青盖阔是降魔本尊，是象雄三大怙主（མགོན་པོ་རྣམ་གསུམ།）之一，瓦青是大忿怒神、大猛力之意，盖阔是降魔之意，瓦青盖阔就是降魔神的意思；益西瓦莫是大圆满护法神之首，亦是所有护法神的根本，汉文中有智慧怒母、智慧忿怒母、忿怒母等译法；瓦莫聂邓是瓦塞本尊的二十七位忿怒护法神。

① 伟色金巴主编：《库门经典汇编》第123卷《瓦塞昂巴仪轨》，兰州：甘肃民族出版社，2015年9月第1版，第6页。

② 详见《瓦塞本尊仪轨》，玛敦索增大师掘藏于12世纪，手抄版，第1页，现存于炉霍县仁达乡易日寺。

由此看来，瓦是非常古老的藏文术语。比如瓦塞本尊仪轨中有党塞（གཏུམ་གསས།）、昂塞（ངམ་གསས།）、果塞（རྐོད་གསས།）、瓦塞（དབལ་གསས།），都是不一样的忿怒神，他们的外观、打扮、姿势、职务都不同，但皆由瓦塞本尊所化，即同属于瓦塞本尊的管辖范围。

古象雄语当中塞卡（གསས་མཁར།）、塞康（གསས་ཁང་།）都译成神宫、神殿、神庙或庙宇，用现代藏语来讲，称拉康（ལྷ་ཁང་།）、都康（འདུ་ཁང་།）、祖拉康（གཙུག་ལག་ཁང་།）。塞卡确阿是所有塞康当中最为殊胜、优秀、超凡的宫殿，是五大本尊或五胜本尊的神殿或神庙。一般只有赞普才能用其庙宇，因为古代的庙宇和庙宇周边的土地属于神庙，神庙的主人都是王室贵族。比如本教经典中有三百六十座塞康，以五胜本尊庙宇为最高、最优秀、最殊胜，所以叫五胜本尊宫殿。

瓦萨昂巴当中“昂巴”（ངམ་པ།）在古藏语中是威严、威武之意，比如忿怒本尊以威武或威严的姿势坐在庙宇中，维持世界平衡。瓦塞本尊忿怒威武，降伏众魔，威震四海，在众神当中最为威武，最为猛力。瓦塞本尊有时称“瓦萨昂巴绰杰卡江卡”，绰杰（ཁྲོ་རྒྱལ།）是所有忿怒神之首，或众忿怒本尊之王的意思；卡（མཁའ།）是天或自然，古代本教中以天、地、空气为宇宙观，或天龙人为宇宙观。其中天是万物之源、众神之本，所有神皆起源于天，一切万物源自天；江（འགྱིང་།）是天空中所呈现的忿怒本尊，众神风姿绰约，精神饱满，威武庄严；卡（ཁ།）是忿怒的面目，忿怒之相。

我们从这些古语中能看出，瓦塞本尊是青藏高原非常古老的神，这些不同名称也是不同时代、不同部族所给予的不同称谓。从中不难发现，瓦塞本尊是不同部族、王朝的共同信仰，当然也是历经漫长岁月，积累不同时代的神灵崇拜的集体表现。

### 三、忿怒神的神系结构

忿怒神与普贤王、白光佛、无量光等自然神不同，他的神系结构里面出现了老虎、狮子、大鹏、龙、豹子、狼等各种动物形象，而且这些动物都是繁衍生息在青藏高原地区的远古动物。所以这些动物也许是原始时期高原各个部落的崇拜神物。后来神族统领高原地区，把这些部落文化汇聚成一体，形成瓦塞本尊。

古象雄语中“塞康”（གསས་ཁང་།）是神宫、神殿、神庙的意思，即众神聚集处。古代高原地区有父神、母神、男神、女神、子神、战神、地方神、农业神、灶神、天神、柱神等很多神，所有神都供奉于神殿中，所以称“塞康”。塞康就是神的集聚地点，或为众生谋略和平事业的神圣宫殿。庙宇周边都是丰腴的土地，这些土地都归神庙的主人古幸、本波等贵族所用，而且他们以神的名义享用神的一切特权。有时候，赞普替代神即本尊，他的属下猛将们变成各类各方的护法神，王妃代表明妃，古幸们在赞普身边谋个差事，做一些赞普不方便亲自做的事情，或以另一种身份治理国家。赞普或法师们，既能代表人自如地与神交流、为众生谋事，又能代表神向人类传达神的重大信息。法师或赞普是神人合一的代表，只有他们才能享用神人合一的神圣权力、待遇。

本教庙宇里把本尊放置于中上方，与本尊同姓同族的摆在其左右，比如瓦塞本尊、拉果本尊、佐确本尊称巨邦三尊。瓦塞本尊为普贤佛集身体的化身，所以自当坐在中央的位置，统领所有部下；拉果本尊是瓦塞本尊的父亲，是同氏同族，又是普贤佛集语言的化身，自然放在其右侧；佐确本尊是瓦塞本尊的得意弟子，又是同姓师兄，而且是普贤佛集意的化身，自当摆在左侧。实则，瓦塞本尊是不灭顶佛忿怒的相，代表赞普；拉果本尊是不灭顶佛之父楚幸囊丹，是忿怒之相，代表赞普之父；佐确本尊是不灭顶佛的弟子密集大师的忿怒之相。如果有三个本尊同台，其中一位是赞普，则剩下的两位是同一个家族的诸侯王。比如拉果本尊，他从色界天来到欲界天，与不灭顶佛之母、天国女王桑萨让尊佛母结亲，诞下一子叫不灭顶佛。拉果中的“果”在古藏文里是厉害或猛力的意思，比如鸟类当中最厉害的是鹰或秃鹫，藏文中称之为夏果（བྱ་རྒོད།）；马中最厉害或最威猛的马叫野马，即达果（རྟ་རྒོད།）；人当中最厉害或最威猛的人，被称为弥果（མི་རྒོད།）；陌生的地方或路叫做萨果（ས་རྒོད།）；神当中最优秀、最厉害的自然叫拉果（ལྷ་རྒོད།）。

在壁画、唐卡中，瓦塞本尊的身体为深蓝色，浑身燃烧猛力的智慧火焰，有九面、十八臂、四足。第一个三面之右面为白色忿怒相，左面为红色忿怒相，中间为深蓝色忿怒相。中间深蓝色上面有狮子头，狮子头上有大鹏鸟头；右面上有老虎头，老虎头上有龙头；左面上有豹子头，豹子头上有鲸鱼头。十八臂中间二臂手持持胜橛法器，右八臂手持宝幢、宝刀、斧头等；左八臂手持弓箭、绳索、铁钩、铁索等①。

拉果本尊身体为深蓝色，浑身燃烧智慧火焰，有四面八臂四足。四面的中央为深蓝色，右面为白色，左面为红色，中间的头上有红色忿怒相，三眼睁开，口中冒出火焰。上半身披着天魔皮，下半身披着豹皮，头有八星辰装饰，天蛇为腰带，二十八宿压服于脚下，右手持宝刀、矛、锤子、斧头，左手持绳索、铁索、铁钩等②。

佐确本尊身体为深蓝色，浑身猛燃火焰，三面六臂。三面之中央为深蓝色，三眼怒目，右面为白色三眼怒目，左面红色三眼怒目。右手持宝幢、智慧宝剑、天铁弯刀，左手持弓箭、绳索、铁钩。上半身披着妖魔皮，下半身披虎皮，天蛇为腰带③。

瓦塞本尊的明妃叫斯比杰母或昂莫央钦（ངམ་མོ་ཡུམ་ཆེན།），即忿怒的明妃之意。明妃面向本尊，被本尊拥抱着。

---

① 玛敦索增：《瓦塞本尊仪轨》之《མདོན་རྟོགས།》，手抄版，第247页，现存于阿坝藏族自治州阿坝县夺登寺。

② 玛敦索增：《瓦塞本尊仪轨》之《མདོན་རྟོགས།》，手抄版，第251页，现存于阿坝藏族自治州阿坝县夺登寺。

③ 玛敦索增：《瓦塞本尊仪轨》之《མདོན་རྟོགས།》，手抄版，第253页，现存于阿坝藏族自治州阿坝县夺登寺。

护法神排列在本尊下方的左侧和右侧，有的面向本尊，有的面向护法神，有的面向前面大地。男性在右，女性在左。瓦塞本尊的宫殿有两层门卫，第一层门卫为四大天王，称外层门卫；内层门卫中有人身白色狮子头、人身绿色鲸鱼头、人身红色猪头、人神黑色黑熊头四位①。

瓦塞本尊护法神当中最为厉害的三尊为玛（མ།）、都（བདུད།）、赞（བཙན།）。玛是女性护法神，即斯巴杰母护法；都是穆都江巴茶贡（དམུ་བདུད་འབྱམས་པ་ཁྲག་མགོ།），为魔本之王；赞是赞族之王阿须护法，为赞本之王。瓦塞本尊征服了魔王、赞王、罗刹王、龙王，使其成为瓦塞本尊的护法神。斯巴杰母掌管所有护法神，职位上高于其他护法神②。

瓦塞本尊的护法神当中有二十七位护法神：九位塞玛护法神（གཟི་མ་དགུ།），九位新带护法神（ཐྱིན་རིང་དགུ།），九位杰莫护法神（གྱད་མོ་དགུ།）。塞玛中的塞（གཟི།）是放牧的山之意，塞玛即是山神或放牧神之意；藏文中杰（གྱད།）是力士之意，杰钦（གྱད་ཆེན།）是大力士之意。

**四、四大怒神**

瓦塞本尊属下有四大忿怒神，藏文称日西忿怒神（རུ་བཞི་དཔལ་གྱི་ལྷ།）。藏文中的日（རུ།）是排队的意思。瓦塞本尊属下有左翼、右翼、中翼、分支翼四排队伍，他们以军士身份出现，身披不同军服，举着不同颜色的旗子，四排的首领为四大忿怒神或守护神。每个主神属下有上万尊天神军队。

第一个忿怒神是瓦塞本尊身的化身，为坚固不摧的绰塞卡江（ཁྲོ་གསས་མཁའ་འགྱིང་།）。其中，“绰”（ཁྲོ།）是古藏语，忿怒或猛力之

① 《དཔལ་གསས་སྒྲུབ་གཞུང་།》之《使用方法》（ཕྱག་བཞེས།），手抄版，第111页，现存于阿坝藏族自治州阿坝县夺登寺。

② 《易日寺护法集》之《玛、都、赞护法神》，手抄版，第111页，现存于炉霍县易日寺嘎绒尼玛手中。

意；“塞”（གསས།）是神或天、天神之意；“卡江”（མཁའ་འགྱིང་།）是倨傲之气，就是一种高傲的态度，即傲气猛力的忿怒神。其宫殿名为“里西日绒塞卡”（སླས་ཞི་རི་རོང་གསས་མཁར།）。象雄语中的“里西”（སླས་ཞི།）是地神母或大地女神；“日绒”（རི་རོང་།）是山间的峡谷队伍或峡谷之意；“塞卡”（གསས་མཁར།）是神殿或神宫，就是峡谷中的神殿，即山高水深中的宫殿。绰塞卡江有三头六臂，身上金色闪闪发光，外观凶猛威武，威震四海，四足压服大象与夜叉母（གནོད་སྦྱིན་མོ།）。六臂中的第一双手持神龙与鹏鸟，第二双手持熊，第三双手持金色胜幡，拥抱着尼里萨丹（ནེ་སླས་སྲ་བཏན།）明妃，表示智悲双运或阴阳和合。“尼里萨丹”是象雄语，汉文意为大地神母或大地女神，是绰塞卡江之明妃。绰塞卡江是大鹏鸟、神龙、大熊、胜幡法器等各种原始的动物、图腾和自然物崇拜的结合，不难发现这尊神是非常原始的高原神。这尊神的属下成千上万，清除五蕴中的色蕴、五毒中的痴毒，是五大元素当中的大地神、自然神与动物神相结合的集体信仰①。

第二个忿怒神叫昂塞卡江（ངམ་གསས་མཁའ་འགྱིང་ཁ།）。古藏文中“昂”（ངམ།）意为威势、威武、威气等；“塞”（གསས།）是神或天、天神和尊神之意；“卡江”是高傲威武之神，“昂塞卡江”称为傲气威势的忿怒神。其宫殿名为“里门色日绰塞卡”（ལི་མིན་སེག་རི་ཁྲོས་པའི་གསས་མཁར།），古藏文中“里门”（ལི་མིན།）是风的种子，“色日”（སེག་རི།）应是一座山，“塞卡”乃神殿、神宫或众神聚集点之庙宇。他有三头六臂，身为深蓝色且闪闪发光，有威武凶猛之相，四足压服宝马与夜叉。该神的第一双手持秃鹫与鹰，第二双手持狼与毒蛇，第三双手持蓝色胜幡，摧毁所有仇敌与魔类，拥抱着里门愣杰（ལི་ཟུན་ལེན་བརྒྱད།）明妃，即风神之母。昂塞卡江是以秃鹫、鹰、狼、

① 详见《瓦塞本尊仪轨》，玛敦索增掘藏12世纪，手写版，第255页，现存于阿坝县哇尔玛乡夺登寺邓巴达尔吉家。

蛇、骏马、夜叉等各种原始动物会聚的集体呈现，既有原始动物、自然物崇拜，又有人像崇拜，而且不是古埃及那种神与神之间缺乏有机联系的多神崇拜，昂塞卡江与瓦塞本尊有上下级、主神与次神等层级关系。其部下成千上万，消除五蕴中的行蕴和五毒中的贪婪毒①。

第三尊为“忿怒神南喀同恰瓦塞卡江卡”（ནམ་མཁའ་མཐོང་ཁྱབ་དབལ་གསས་མཁའ་འགྱིང་ཁ།）。藏文“南喀”（ནམ་མཁའ།）是指天；“同恰”（མཐོང་ཁྱབ།）是普遍、遍满之意；“卡江卡”（མཁའ་འགྱིང་ཁ།）是从空性中所呈现的忿怒神，“忿怒神南喀同恰瓦塞卡江卡”即威武傲气的忿怒天神。其宫殿名为“尼让桑普绰比塞卡”（ཉི་རམ་སམ་ཕུད་ཁྲོས་པའི་གསས་མཁར།），象雄语中的“尼让”（ཉི་རམ།）指火的种子；“桑普”（སམ་ཕུད།）是宫殿名。“尼让桑普绰比塞卡”就是火神的庙宇或宫殿的意思。瓦塞卡江有三头六臂，身体散发红色之光，四足踩着鹏鸟和龙王。六臂之第一双手持鹞（隼鸟）和鹰，第二双手持猞猁和雪豹，第三双手持铜色胜橛。铲除受蕴和贪婪，拥抱仓当瓦莫明妃。古藏文中的“仓当”或“尼让”是火神咒语，仓当瓦莫即忿怒的火神之母②。此神集中了隼鸟、雪豹、红铜、鹏鸟、龙王、猞猁等高原地区能看见的兽类，可见高原古人与动物之间的关系③。

第四个忿怒神是党塞卡江（གཏུམ་གསས་མཁའ་འགྱིང་།）。“党”（གཏུམ།）是凶恶、厉害之意；“卡”（མཁའ།）指天空、空气、蓝天；“江”（འགྱིང་།）意为傲气。“党塞卡江”即厉害、傲气的忿怒神。其宫殿名为“丁木当热绰比塞卡”（ཧྲིང་མུར་ཏང་ར་ཁྲོས་པའི་གསས་མཁར།）。古藏文里“丁”（ཧྲིང་།）是水神的心咒；“木”（མུར།）是

① 详见《瓦塞本尊仪轨》，玛敦索增掘藏12世纪，手写版，第256页，现存于阿坝县哇尔玛乡夺登寺邓巴达尔吉家。

② 详见《瓦塞历代上师还满经》（དབལ་གསས་བརྒྱུད་སྐོང་།），玛敦索增大师掘藏12世纪，17页，现收录于《易日寺魏桑经》，由易日寺登巴提供。《持明传承还满经》（རིག་འཛིན་བརྒྱུད་སྐོང་།），手写版，523页，现收录于《绰沃瓦萨修法》，文本来自阿坝夺登寺丹巴达尔吉。

③ 详见《瓦塞本尊仪轨》，玛敦索增掘藏12世纪，手写版，第257页，现存于阿坝县哇尔玛乡夺登寺邓巴达尔吉家。

指龙族的种子；“当热”（དང་རས།）是地名。“丁木当热绰比塞卡”是水神的宫殿。党塞卡江有三头六臂，身体呈绿色并闪闪发光，衣着佩饰英气逼人，四足踩压天魔与阎王。第一双手持隼鸟与水鸥，第二双手持鲸鱼，第三双手持绿色胜掘，消除五蕴之想蕴、五毒之嫉妒。

## 瓦塞本尊的历代上师简介①

| 序号 | 汉文名 | 藏文名 | 生活年代或身份 |
|---|---|---|---|
| 1 | 楚幸囊丹 | འཕྲུལ་གཤེན་སྣང་ལྡན། | 约公元前2000年 |
| 2 | 桑萨让尊 | བཟང་བཟའ་རིང་བཙུན། | 约公元前2000年 |
| 3 | 不灭顶佛 | འཆི་མེད་གཙུག་ཕུད། | 约公元前1800年 |
| 4 | 密集大师 | གསང་བ་འདུས་པ། | 约公元前1800年 |
| 5 | 虎衣明王 | སྟག་ལ་མེ་འབར། | 约公元前1800年 |
| 6 | 雍斯达巴 | ཡོངས་སུ་དག་པ། | 约公元前1700年 |
| 7 | 弥鲁桑勒 | རྒྱལ་གཤེན་མི་ལུས་བསམ་ལེགས། | 约公元前1700年 |
| 8 | 智藏龙师 | གླུ་གྲུབ་ཡེ་ཤེས་སྙིང་པོ། | 约公元前1700年 |
| 9 | 南喀囊瓦多金 | ནམ་མཁའ་སྣང་བ་མདོག་ཅན། | 约公元前1500年 |
| 10 | 穆赤赞普 | མུ་ཁྲི་བཙན་པོ། | 公元前1074年 |
| 11 | 哈热吉巴尔 | ཧ་ར་ཅི་པར། | 公元前1000年 |
| 12 | 达维李伟 | སྟག་ལྷེར་ལི་ལྷེར། | 时间不详 |
| 13 | 阿尼查达w | ཨ་ནུ་ཕྲག་ཏ། | 里象雄的译师 |
| 14 | 塞尼噶沃 | སད་ནེ་ག་ཝུ། | 中象雄的译师 |
| 15 | 太密带盖 | ཐད་མི་དད་གེ | 外象雄的译师 |
| 16 | 谢邬然库 | ཤ་བུ་ར་ཁུག | 时间不详 |
| 17 | 桑巴土钦 | ཟིང་པ་མཐུ་ཆེན། | 松潘人，时间不详 |

① 详见《瓦塞本尊历代上师还满经》（དབལ་གསས་བརྒྱུད་སྐོང་།），玛敦索增大师掘藏于12世纪，手写版，第17页，现收录于《易日寺魏桑经》，由易日寺登巴提供。

| | | | |
|---|---|---|---|
| 18 | 比本妥栽 | སྤེ་བོན་ཐོག་རྩེ། | 比是个地区，本是那里的法师 |
| 19 | 比本妥楚 | སྤེ་བོན་ཐོག་འཕྲུལ། | 与吐蕃第八代赞普止贡赞普同时代 |
| 20 | 东迥土钦 | སྟོང་རྒྱུང་མཐུ་ཆེན། | 与止贡赞普同时代 |
| 21 | 昂巴杰让 | ཟམ་པ་ལྕེ་རིང་། | 时间不详 |
| 22 | 夏日邬钦 | ཤ་རུ་དབུ་ཆེན། | 吐蕃人，时间不详 |
| 23 | 江匝玛琼 | གྱིམ་ཚ་རྨ་ཆུང་། | 德邬地区的法师，时间不详 |
| 24 | 杰匝卡邬 | ལྕེ་ཙ་མཁར་བུ། | 木雅的大师，时间不详 |
| 25 | 示巴杰美 | ཧྲི་པ་གྱེར་མེད། | 时间不详 |
| 26 | 穆匝杰美 | དམུ་ཙ་གྱེར་མེད། | 时间不详 |
| 27 | 阔邦占巴南喀 | ཁོད་སྤུངས་དྲན་པ་ནམ་མཁའ། | 公元前914年 |

本教密宗中的巨邦三法（སྤྱི་སྤུངས་སྐོར་གསུམ།）与大圆满心识九部（སེམས་སྨད་སྡེ་དགུ།）是同一个传承而来，因他们的祖师、历代传承大师都是一脉相传①。

### 五、瓦塞本尊部下的护法神

藏文古籍中本尊的仪轨文献繁多，所有仪轨中都有本尊和护法神。本尊相当于赞普，其部下有很多明妃、护法神、眷属神，他们的神系结构中大都等级分明。要修护法神，得先修本尊，本尊修行没有成就之前，不允许修护法神。本尊修行似乎就是修护法神的前提条件，就像将军带着军队出征打仗，需要国王授权，粮草、兵器、铠甲、兵马都由国王来支配一般。在护法神的法器当中就有弓箭、刀、矛、铠甲、镢、绳索、铁链等很多兵器，可能是现实生活的反映。

从《斯巴杰母仪轨》和相关资料中可见须弥山、七金山、三十三天界、知足天、达斯、格萨尔、神族、龙族、魔族、赞族等名称，也

① 云丹彭措主编：《藏族典籍精选》第46卷《大圆满精要》，成都：四川民族出版社，2014年12月第1版，第78页。

可见他们的年代非常古老。而吐蕃、象雄、印度、勃律、卡奇、乌仗那、卫藏等名称，在该仪轨中几乎没有，可见这些名称出现的年代相对比较晚。其中还记载：在非天道人入侵天国时，斯巴杰母代表神族国王，率领神族天兵，向非天道（即阿修罗）攻击，并击退非天道的军队。[①]本教文献中记载，远古时期在冈底斯周边有很多部落，藏文称“燕康”（གཡེན་ཁམས།），都属于六道之非天道，共有33个部族。其中天上的燕康有13族，称雅燕十三族（ཡར་གཡེན་གཞན་པོ་བཅུ་གསུམ།）；地上的燕康十一族，称萨燕十一族或地上十一部族（ས་གཡེན་སྤྱི་བ་བཅུ་གཅིག）；空中的燕康有九族，称瓦燕九个部族（བར་གཡེན་གཏོ་པོ་དུམ་དགུ།）。

据本教文献记载，起初，只有九个部族，后来发展成三十三个部族。藏文的“燕”（གཡེན།）是分割、离间、矛盾、战争、不和谐之意，这些部族以战争为生，故称为燕康。在辛饶弥沃的庆生仪式上，这33部燕康都被邀请，以庆祝辛饶弥沃的诞生[②]。据此可以推测，他们与三十三天界神族为敌，而且是比较古老的高原部落。而斯巴杰母是神族女王，曾经代表神族向非天道发兵，打败对方，深受神族的喜欢和敬仰。

本教护法神当中有男性护法神、女性护法神、中性护法神，斯巴杰母、扎拉杰母、吉祥天母、智慧怒母、门莫护法为女性护法神；都（བདུད།）护法、阿须护法、西超护法、邓玛护法、丹金护法为男性护法神。斯巴杰母汉文意为是世间圣母或世间神母，即女性护法；扎拉杰母（སྒྲ་བླ་རྒྱལ་མོ།）是战神之母，她既是盖阔本尊（降魔本尊）明妃又是其护法神，生活在冈仁波齐附近[③]。吉祥天母（དཔལ་ལྡན་ལྷ་མོ།），本

① 辛庆鲁噶掘藏：《རྒྱལ་མོ་ཐུགས་ཀྱི་གཟེར་བུ།》，第23页，现存于炉霍县仁达乡易日寺。

② 赤索旦主编：《本教历史文献汇编》第2卷《塞米经》，兰州：甘肃民族出版社，2018年2月第1版，第33页。

③ 详见《盖阔本尊还满经仪轨》，本赛穹果匝掘藏12世纪初，手写版，第120页，现存于炉霍县仁达乡易日寺雍仲翁嘉家。

教和格鲁派都有她的祭祀仪轨和修持方法[①]；智慧怒母（ཡེ་ཤེས་དབལ་མོ།），是本教大圆满四大护法神之首，本教认为她是所有护法神的真身[②]；门莫（སྨན་མོ།）是女性护法神。都意为魔，是瓦塞本尊降伏魔王后封为护法神，都有弥都（དམུ་བདུད།）、拉都（ལྷ་བདུད།）、赞都（བཙན་བདུད།）、鲁都（ཀླུ་བདུད།）、年都（གཉན་བདུད།）。阿须护法是赞族之王，他的王宫在尼泊尔的多尔博地区；西超是知氏家族所供奉的护法神，也是瓦塞本尊的护法神之一[③]；邓玛（བརྟན་མ།）是永宁地母十二尊[④]，也是本教的重要护法神；丹金护法分三兄弟，即天上的骑龙丹金、地上的骑羊丹金、中间的骑狮子丹金[⑤]。

其中斯比杰母虽为女性护法，但她的地位高于都（བདུད།）、赞（བཙན།）等男性护法神，因为她不仅是本尊的护法神，也是其明妃。根据本教经典记载，萨周艾桑（ས་ཏྲིག་ཨེར་སངས།）、大慈母（ཤེས་རབ་བྱམས་མ།）、桑萨让尊佛母（བཟང་བཟའ་རིང་བཙུན།）、秋江杰母（ཆུ་ལྕམ་རྒྱལ་མོ།）、斯比杰母（སྲིད་པའི་རྒྱལ་མོ།）、南西共杰（གནམ་ཕྱི་གུང་རྒྱལ།）等是指同一个人，即斯比杰母，都是青藏高原非常有影响力古代神[⑥]。

萨周艾桑是象雄语，是智慧圣母之意，是本教四大本尊（四大本尊或四尊神，即萨周艾桑、桑波布赤、辛拉俄噶、辛饶弥沃）之首[⑦]；西饶向玛有智慧佛母、大慈母之意，大慈母分救八难佛慈母、十六慈母、二十一慈母、三百六十慈母等[⑧]；桑萨让尊（བཟང་བཟའ་རིང་བཙུན།）

① 耿珠扎巴：《吉祥天女修法仪轨》，手写版，现存于四川阿坝县哇尔玛乡夺登寺吉美家。

② 本教名词汉译审定编辑小组：《雍仲本教颂词精选》，成都：四川民族出版社，2017年10月第1版，第123页。

③ 作者不明：《西超护法修持仪轨》，手写本，现存炉霍县仁达乡易日寺雍仲翁嘉家。

④ 张怡荪主编：《藏汉大辞典》，北京：民族出版社，2014年3月第15次出版，第1123页。

⑤ 弥秀多杰耳传：《丹金护法修持仪轨》，手写本，现存于炉霍县仁达乡易日寺雍仲翁嘉家。

⑥ 才让太主编：《冈底斯雍仲本教文献丛书》第15卷《僧土根本续》，北京：民族出版社，2010年9月第1版，第5页。

⑦ 伟色金巴主编：《库门经典汇编》第26卷《塞米经》，兰州：甘肃民族出版社，2015年9月第1版，第532页。

⑧ 伟色金巴主编：《库门经典汇编》第44卷《佛母五部经》，兰州：甘肃民族出版社，2015年9月第1版，第204页。

是不灭顶佛之母，母续传承之鼻祖，诞生于三十三天界天，在知足天修行，是密集大师、虎衣明王、弥鲁桑勒、雍斯达巴、益西宁波等的上师①；秋江杰母（ཆུ་ལྕམ་རྒྱལ་མོ།）是水神或水神圣母，也是斯巴桑波布赤（即梵天）的明妃，据说是因为桑波布赤的念想和海的声音，形成一枚蛋，蛋中生一女，叫秋江杰母②；南西共杰（གནམ་ཕྱི་གུང་རྒྱལ།）中的南是天的意思，西是祖母、祖师婆婆之意，共是无上，杰是王，即天神女王或天神无上女王，是拉果妥巴的明妃，瓦塞本尊二十七位瓦尔莫护法之母③。

瓦塞本尊的护法神系中以玛（མ།）、都（བདུད།）、赞（བཙན།）三尊为主要护法神。其中以斯巴杰母为主尊；都即魔王护法，是魔族的后裔、黑暗的使者，后来被不灭顶佛、密集大师降伏后成为瓦塞本尊的主要护法神之一。魔分为穆魔（དམུ་བདུད།）、赞魔（བཙན་བདུད།）、神魔（ལྷ་བདུད།）、幸魔（གཤེན་བདུད།）；赞是古代赞族的后裔，与魔族同流合污，祸害百姓，后来被不灭顶佛、密集大师降伏并成为瓦塞本尊的主要护法神。赞有天上的神赞、水里的龙赞、岩石处的扎赞④。

二十七位女神忿怒护法，藏文称瓦尔莫护法神（དཔལ་མོ་ཞིར་བདུན།），其中有九位塞玛护法、九位杰莫护法、九位辛带护法，共二十七位。据说瓦塞本尊的兄长拉果妥巴（ལྷ་གོད་ཐོག་པ།）和南西共杰女神虽未见面，但生了二十七枚蛋，第一个九枚蛋中生塞玛九神（གཟེ་མ་དགུ།），第二个九枚蛋中产生辛带九神（ཤིན་དེར་དགུ།），第三个九枚蛋中生杰莫九神（རྒྱུད་མོ་དགུ།）。

---

① 雍忠丛书整理：《苯教母续根本经及其注释》，北京：民族出版社，2009年12月第1版，第143页。

② 八桑、永忠旦增、仁博次邓主编：《世间根本藏》，成都：四川民族出版社，2018年9月第1版，第15页。

③巴桑旺堆、罗布次仁：《当许噶唐布巴奇塔本古苯教文书汇编》，拉萨：西藏藏文古籍出版社，2007年9月第1版，第3页。

④ 弥秀多杰掘藏：《易日寺护法集》之《丹金嘉措护法集》，手抄版，，第213页，现存于炉霍县仁达乡易日寺。

塞玛属于山神或道神，也可谓牧羊神，共有九尊，称塞玛九神。

| 序号 | 藏文名 | 汉文名 | 形象 |
|---|---|---|---|
| 1 | འབྲུག་ལྕམ་དར་མ་ཀུན་གྲགས་མ། | 青年龙女神 | 人像青龙头神 |
| 2 | སྦྲུལ་ལྕམ་འཁྲིལ་བྱེད་མ། | 缠绕蛇女 | 绿人像蛇头神 |
| 3 | བདུད་ལྕམ་ཛ་ལོ་སྒྲོག་བདག | 命主魔女 | 黑人红嘴乌鸦头神 |
| 4 | སེང་ལྕམ་དར་མ་སྟོབས་པོ་ཆེ། | 大力狮子女王 | 白人狮子头神 |
| 5 | མ་མོ་ཟ་བྱེད། | 食肉女王 | 人像熊头神 |
| 6 | སྲིན་མོ་ཟ་བྱེད། | 食肉罗刹女王 | 人像狼头神 |
| 7 | སྟག་ལྕམ་འབྲིང་མཐིང་། | 老虎女王 | 人像虎头神 |
| 8 | ཁྱུང་ལྕམ་རྒྱལ་མོ། | 鹏鸟女王 | 人像鹏头神 |
| 9 | ཀླུ་མོ་མི་སྐྱོད་ཁ་ཛམ། | 不动龙女 | 人像鲸鱼头神 |

第二个九蛋中产生九尊护法神，称杰莫九神，是大力神、战神、运动神。

| 序号 | 藏文名 | 形象 | 特征 |
|---|---|---|---|
| 1 | མི་ལུས་འབྲོང་གི་མགོ་ཅན། | 人像野牛头 | 锋利牛角刺杀敌魔 |
| 2 | མི་ལུས་དཀར་མོ་བྱ་རྒོད་མགོ་ཅན། | 白色人身秃鹫头 | 举着神族的旗帜 |
| 3 | གཏུམ་ཆེན་དོམ་གྱི་མགོ་ཅན། | 凶猛黑人黑熊头 | 守护国土，防止敌人 |
| 4 | མི་ལུས་སྟོབས་ལྡན་གླང་པོ་མགོ་ཅན། | 人身大象头 | 用大石击败敌人， |
| 5 | མི་ལུས་སྔོན་མོ་གཟིག་གི་མགོ་ཅན། | 蓝人豹子头 | 赞的绳子捆绑敌方 |
| 6 | མི་ལུས་སེར་ལྷོང་འུག་པའི་མགོ་ཅན། | 人身猫鹰头 | 用笑声击败敌魔 |
| 7 | མི་ལུས་དམར་མོ་ཁྲ་ཡི་མགོ་ཅན། | 人像鹤鸟头 | |

| | | | |
|---|---|---|---|
| 8 | སྤྲ་ཁྲ་གསའ་ཡི་མགོ་ཅན། | 人像雪豹头 | |
| 9 | མི་ལུས་དམར་ནག་ཕག་རྒོད་མགོ་ཅན། | 人像猪头 | |

第三个九枚蛋中产生九个护法神，称辛带九尊。

| 序号 | 藏文名 | 汉文名 | 形象 |
|---|---|---|---|
| 1 | གནམ་གྱི་བྱིན་ཏེ་ཐང་ང་ལྷ་མོ། | 天神女王 唐阿拉姆 | 全身白衣奇妙 |
| 2 | ས་ཡི་བྱིན་ཏེ་ཐང་ང་དོག་མོ། | 地神女王 唐阿朵莫 | 金色着装，金发奇妙 |
| 3 | བདུད་ཀྱི་བྱིན་ཏེ་ཐང་ང་བདུད་མོ། | 魔族女王 唐阿都莫 | 黑色女王 |
| 4 | དམུ་ཡི་བྱིན་ཏེ་ཐང་ང་དམུ་མོ། | 穆氏女王 唐阿穆母 | 紫色女王，蓝头发 |
| 5 | ཀླུ་ཡི་བྱིན་ཏེ་ཐང་ང་ཀླུ་མོ། | 龙神女王 唐阿鲁莫 | 蓝色女王 |
| 6 | གཉན་གྱི་བྱིན་ཏེ་ཐང་ང་གཉན་མོ། | 年族女王 唐阿年莫 | 白衣绿脸女王 |
| 7 | སྲིན་གྱི་བྱིན་ཏེ་ཐང་ང་སྲིན་མོ། | 罗刹女王 僧莫唐阿 | 红色女王 |
| 8 | ཕྱྭ་ཡི་བྱིན་ཏེ་ཐང་ང་ཕྱྭ་མོ། | 恰族女王 唐阿恰莫 | 蓝色女王 |
| 9 | བགེགས་ཀྱི་བྱིན་ཏེ་ཐང་ང་བགེགས་མོ། | 盖族女王 唐阿盖莫 | 紫黑色女王 |

## 六、阿须护法神

据统计，目前国内的本教寺院大约有480座①。每个寺院几乎都有阿须护法的神像，包括唐卡、壁画、泥塑、铜铸、雕刻，及其仪轨文献、传说、故事。除了本教信徒以外，非本教徒家里也有他的塑像、唐卡等收藏。关于阿须护法的故事，以两种形式流传：一种是文字记录的故事，另一种是非文字记录的民间口头传说。阿须护法的神像，外形为红色巨人，骑着红色骏马，身上披着由“塞”或“须”制作的铠甲，头上戴着由“塞”造的头盔，右手持毒蛇缠绕的长矛，左手持

① 达扎：《象藏古刹》（上下册），藏文版，成都：四川民族出版社，2015年1月第1版。

猫头鹰，嘴里喷出火焰，鼻孔冒烟①。

为什么阿须护法神会得到如此多人的崇拜和供奉？为何其影响力如此之大，难道这背后有巨大的政治力量？一说到宗教或政治力量，就不得不提吐蕃，在吐蕃曾经发展过的地方，几乎都有本教文化的遗存。只要有本教信徒之地，几乎都供奉着阿须护法神，可见他在本教护法神中的地位。阿须护法的诞生地在古代吐蕃与尼泊尔的交界处②，8世纪时毗卢遮那、占巴南喀都供奉过他③。如今本教大圆满四大护法中，阿须护法就是其中之一。不仅如此，他还与瓦塞本尊有关系。

根据文献记载，阿须护法不仅得到供奉，而且还拥有各种不同的形象、名称和身份。比如《阿须护法施供仪轨》记述：阿须护法以护法神身份出现时，身形高大，通体红色，衣着锦缎和半月形披风，以红色骏马为坐骑，三位门巴（མོན་པ།）兄弟为其亲随，惩奸除恶，维护和平和正义；他上战场杀敌时，头发变成毒蛇，巨狮为坐骑，百位杀敌勇士为随从，捍卫国土，保护百姓；他呈现凶兆时，头上戴着暗红色的头盔，黑鼻狐狸为坐骑，万神为随从，给敌方制造混乱；他化身财神或财主时，头顶戴着水红色的帽子，骑着金色狮子，以万众财神为眷属；他观察世间万物时，变为蓝色巨人，日月披风为衣，蓝色骏马为坐骑，无数敏锐观察者为随从，时刻警觉观察；他为人延寿除病时，为红色巨人，手持长寿宝瓶，以蓝马为坐骑，数万延寿神为随从；为家庭护法及送子时，名为雍仲无碍伏敌神，岩山獐子为坐骑，数万送子神为随从④。

① 知索南罗珠编纂：《阿须护法施供仪轨》第343页，手写本，长条，现存阿坝县哇尔玛乡夺登寺丹巴达尔吉家。

② 知索南罗珠编纂：《阿须护法施供仪轨》第343页，手写本，长条，现存阿坝县哇尔玛乡夺登寺丹巴达尔吉家。

③ 芭·丹杰桑布：《本教源流宏扬明灯》，北京：中国藏学出版社，1991年1月第1版，第231页。

④ 知索南罗珠编纂：《阿须护法施供仪轨》第348页，手写本，长条，现存阿坝县哇尔玛乡夺登寺丹巴达尔吉家。

那么阿须护法的名称由何而来？藏文的“ཨ་བསེ།”可音译为“阿须”或“阿塞”。阿须（ཨ་བསེ།）中的“须”或“塞”（བསེ།）是指在表面涂了油漆的皮子和布，可能还添加了其他成分，是一种坚不可摧的古代军用物品，它可以做铠甲，也可做头盔、马鞍、长矛、刀剑、弓箭，所以说它很坚固。比如《阿须护法仪轨》记述：由塞制作的铠甲叫“塞察”（བསེ་ཁྲབ།），塞造的头盔叫“塞莫”（བསེ་རྨོག），塞造的马鞍叫“塞噶”（བསེ་སྒ།），塞制造的盾叫“塞泡”（བསེ་ཕུབ།），塞制造的马镫叫“塞要”（བསེ་ཡོབ།），塞制造的箭叫“塞达”（བསེ་མདའ།）①。由此可推测，“塞”应该是阿塞家族所发明的古代军用物品。阿塞或阿须中的“阿”（ཨ།）是古代藏语的一种运用习惯，一般都会加在某个名字的前面，比如妈妈叫“阿妈”（ཨ་མ།），爸爸叫“阿爸”（ཨ་ཕ།），爷爷叫“阿米”（ཨ་མྱེ།），姨妈叫“阿尼”（ཨ་ནེ།），叔叔叫“阿克”（ཨ་ཁུ།），舅舅叫“阿香”（ཨ་ཞང་།），活佛叫“阿拉”（ཨ་ལགས།）等，阿须也不例外。阿须护法的仪轨文献中记载：阿须嘉瓦诞生于古代吐蕃与尼泊尔的交界处，“蕃”（བོད།）是指雅砻吐蕃，即今尼泊尔的木斯塘（སྨོཐུ་ཡུལ།）地区。因在古时候，尼泊尔木斯塘、夺波（རྡོལ་པོ།）、拉达克（ལ་དྭགས།）等都是古象雄王朝的管辖范围。据说那里是象雄耳传之乡，出过很多耳传大圆满的历代上师，故称为“象雄耳传”。此外，在今四川省甘孜藏族自治州石渠县有阿须峡谷（ཨ་བསེ་ཁོག）、阿须草原；甘孜藏族自治州新龙县也有阿须（ཨ་བསེ་ཀླུ་མོ་ར།）地区或阿须鲁莫热寺，这必定与阿须护法有着密切关系，因它曾是本教的寺院。

青藏高原古代氏族当中有个“塞”（བསེ།）世系，据说雅砻吐蕃尚未崛起之前，那里有个叫蕃的部落，“塞”就是它的后代。据藏文古籍《黑头矮人书》记载：很久以前在象雄与雅砻吐蕃中间，有个同

① 知索南罗珠编纂：《阿须护法施供仪轨》第343页，手写本，长条，现存阿坝县哇尔玛乡夺登寺丹巴达尔吉家。

盖王子（རྒྱལ་བུ་མཐིང་གེ），他娶穆江崇崇噶莫（དམུ་ཙམ་ཁྲིང་ཁྲིང་དཀར་མོ།）为妻，生三子，分别名蕃（བོད།）、嘉（རྒྱ།）、霍尔（ཧོར།）。蕃与年江噶莫（གཉན་ཙམ་དཀར་མོ།）结亲，生三子，长子名“东”（ལྡོང་།），次子名“扎”（དབྲ།），最小的儿子名“珠”（འགྲུ།）；娶穆萨为妻，生一子，名“穆擦噶”；娶罗刹女为妻，生两子，长子名“瓦”（དབལ།），次子名“达”（ཟྲ།）。合计起来有六个儿子，称“年擦六兄弟”[①]。其中“扎”又称“塞穹扎”（བསེ་ཁྱུང་དབྲ།），有时候把塞、穹、扎分开来写，有时候混着写，导致让人误解为塞、扎、穹是三个氏系，实则三者是同一个氏系的不同名称[②]。总之，塞是古代青藏高原六大氏族之一。

**阿须护法的不同别名**

| 序号 | 藏文 | 汉文音译 | 汉文意译 | 备注 |
|---|---|---|---|---|
| 1 | བསྟན་སྲུང་ཨ་བསེ་རྒྱལ་བ། | 丹松阿须杰瓦 | 阿须护法王 | 杰瓦是王之意 |
| 2 | ཨ་བསེ་བྲག་བཙན་དམར་པོ། | 阿须扎赞玛波 | 阿须红岩护法 | 扎赞是红岩石 |
| 3 | གཡུང་དྲུང་དགྲ་འདུལ་རྩལ། | 阿须雍仲扎都 | 雍仲伏敌护法 | |
| 4 | ཐོགས་མེད་དགྲ་འདུལ་རྩལ། | 陀美扎都仔 | 无碍伏敌护法 | |
| 5 | ལྷ་བཙན་ནེ་ཕེ་རེ། | 拉赞尼伟杰 | 神赞尼伟王护法 | |
| 6 | ཨ་བསེ་མྱུར་མགྱོགས་རྩལ། | 阿须尼觉仔 | 阿须时速护法 | |

据阿须护法仪轨记载：最初时，祈麦祖普（不灭顶佛）的弟子密集大师实修瓦塞本尊时，以阿须嘉瓦为他的护法，消除障碍，维护正义，保护正法，主持公道；公元前1800年至公元前1600年，阿须嘉瓦在辛饶弥沃足下立过誓言，任穆氏王朝的护法神；公元前200年至公元前300年，阿须嘉瓦在象雄东迥土钦等诸多成就者座下立誓，作

①赤索旦主编：《本教历史文献汇编》第4卷《黑头矮人书》，兰州：甘肃民族出版社，2018年7月第1版，第222页。

② 南卡诺布：《藏族远古史》，成都：四川民族出版社，1990年4月第1版，第25页。

为其护法神①。公元8世纪赤松德赞灭本时，毗卢遮那（བཻ་རོ་ཙ་ན།）与占巴南喀（དྲན་པ་ནམ་མཁའ།）在拉萨扎耶巴②地区埋藏本教经文，把伏藏精品托付于阿须护法，维护本教印度部传承的大圆满③。在阿里及尼泊尔的木斯塘等象雄耳传曾经传播最广的地方，耳传大师们一直供奉阿须护法神，因此阿须护法成为名副其实的大圆满四大护法之一。公元1002年时，本教四大家族之一的西氏家族之后西耶勒波在著名伏藏师幸庆鲁噶（གཤེན་ཆེན་ཀླུ་དགའ།）处学习大圆满心识九部（སེམས་སྨད་སྡེ་དགུ།）、菩提藏（བྱང་སེམས་གབ་པ།），从而在大圆满方面得到非凡成就。那时西耶勒波以阿须护法、智慧怒母为主要护法神，从那时起，阿须护法在西氏家族乃至所有本教信徒心中获得了崇高的地位④。如今在本教信徒家中或寺庙中几乎没有不供奉阿须护法神的，尤其是大圆满禅修院、闭关室的弟子⑤。

我们从阿须护法的仪轨中可知，阿须护法与瓦塞本尊的关系密不可分。比如仪轨中记述：修阿须护法，需先把自己观想为瓦塞本尊，九面十八臂，瞪眼张嘴，嘴里喷出火焰，鼻孔里冒出轻烟，头顶具有骷髅，全身上下充满智慧火焰，燃烧所有烦恼和恶业，与明妃斯巴杰母相互拥抱。在自己的喉咙处观想拉过果妥巴与其明妃南西共杰，胸间观想佐确卡江拥抱红驴斯巴杰母。周围由众多智慧忿怒本尊、忿怒护法、世间使者围绕。瓦塞本尊胸间观想“索”（བསྒོ།）字发光，照射到前面的阿须护法神宫殿⑥。瓦塞本尊、拉果妥巴、佐确卡江为巨邦三尊，是三十三天界神族的宗教信仰，随着时代发展，逐

---

① 知索南罗珠编纂：《阿须护法施供仪轨》，第367页，手写本，长条，现存阿坝县哇尔玛乡夺登寺丹巴达尔吉家。

② 扎耶巴（ཟབ་ཡེར་པ།）在拉萨市达孜区帮堆乡境内，离拉萨城有36公里，详见《象藏古刹》，第91页。

③ 夏擦·扎西坚赞：《西藏本教源流》，北京：民族出版社，1985年9月第1版，第277页。

④ 知索南罗珠编纂：《阿须护法施供仪轨》，手写本，第367页，现存于阿坝县哇尔玛乡夺登寺丹巴达尔吉家。

⑤ 芭·丹杰桑布：《本教源流宏扬明灯》，北京：中国藏学出版社，1991年1月第1版，第212页。

⑥ 知索南罗珠编纂：《阿须护法施供仪轨》手写本，长条，第342页，现存于阿坝县哇尔玛乡夺登寺丹巴达尔吉家。

步流传到沃莫隆仁、嘉卡巴确等地。如今各地本教信徒都供奉瓦塞本尊。瓦塞本尊的护法神里有玛（མ།）、都（བདུད།）、赞（བཙན།）三尊。“玛”指斯巴杰母（སྲིད་པ་རྒྱལ་མོ།），“都”指穆都江巴（དམུ་བདུད་འབྱམས་པ།），“赞”指阿须护法（ཨ་བསེ་རྒྱལ་བ།）。

《谢超护法密修仪轨》中记载：“谢超护法以龙赞为父，龙女为母，其化身中有一位红色巨人，头上戴着‘塞’造的头盔，身上披着‘塞’造的铠甲，右手持‘塞’造的盾，左手持长矛。”[①]这个与阿须护法的身着、打扮、外观完全吻合，所以阿须护法与谢超护法之间也有关系。

罗丹宁波在14世纪中叶时编纂了三部丹金嘉措护法文，《丹金嘉措还满经》是其中之一。该书记载：“在赞族的领地，由‘塞’制造的宫殿中，阿须红岩护法全身红色披着塞之铠甲，手持毒蛇、长矛与猫头鹰，红马为坐骑，他以阿须杰瓦为父，罗刹女王为母。”[②]这部经中阐述了三十位护法，其丹金嘉措为主人，其余十二尊为她的随从，阿须护法在十二尊当中排第十二位。

**七、西超护法神**

笔者从13岁起，便跟随着易日寺、吉绒寺和旺达寺的老僧人一起念诵《西超护法密修仪轨》（ཤེལ་ཁྲབ་གསང་སྒྲུབ་མེ་ལྷུང་འཚུབས་མ།）、《西超护法祈请文》（ཤེལ་ཁྲབ་གསོལ་མཆོད།）及《西超护法还满经》（ཤེལ་ཁྲབ་ཀྱི་སྐོང་བཤགས།）等经文，参加大大小小的法会。此类法会是意在为信教群众清除障碍，使人事事顺利。此外，易日寺在每年的正月十五日都会举行护法神的金刚神舞法会。神舞会中有息、增、怀、伏四个斯巴杰母、八位阎王护法、丹坚护法和西超护法等，从早上跳到日落。据当地老人所言，易日寺西超护法的面具是由格

① 智·达尼钦波编纂：《西超护法密修仪轨》，手写本，第26页，现存于炉霍县仁达乡易日寺噶桑尼玛家。

② 详见《护法集》之《丹金嘉措还满经》，罗丹宁波编纂，第134页，现存于炉霍县仁达乡易日寺尼玛家。

西・雍仲丹增在300多年前亲手做的，可惜后来被毁。易日寺现有的西超护法面具是按照之前的面具尺寸仿造的，样式很独特。

自2007年开始，笔者先后去了四川省甘孜藏族自治州新龙县、德格县、道孚县、丹巴县，和阿坝藏族自治州的金川、小金、马尔康、阿坝县、松潘、若尔盖，以及甘肃省甘南藏族自治州的迭部县佐仓寺等本教寺院，发现很多关于西超护法的唐卡、面具、壁画、泥塑、铜铸等，还搜集到很多与西超护法相关的仪轨、史诗、历史文献，以及与西超护法有关的民间故事等。并且，每个地区的本教寺院和信徒，都会不定期地举行西超护法神的会供法会。可见西超护法在本教护法神众中的地位。在民间能搜集到很多与西超护法相关的故事，比如穆辛尼玛坚参（དམུ་གཤེན་ཉི་མ་རྒྱལ་མཚན།）与西超护法的故事、阿尼格格若佐（ཨ་མྱེ་ཀུ་ཀུ་རོ་ཙོ།）与西超护法的斗法故事、雍仲丹增（དགེ་བཤེས་གཡུང་དྲུང་བསྟན་འཛིན།）与西超护法的故事等。

“谢超”（ཤེལ་ཁྲབ།）又称“杰钦谢超”（རྒྱལ་ཆེན་ཤེལ་ཁྲབ།）、“郭达谢超”（བཀོར་བདག་ཤེལ་ཁྲབ།）等。谢超中“谢”（ཤེལ།）是无垢玻璃之意，“超”（ཁྲབ།）是铠甲，即白色巨人。他身着玻璃铠甲或透明铠甲，着五彩飘带，头戴铁头盔，双足穿着由“塞”造的鞋，红布为鞋带，宝剑佩在腰带上，右手持白色马鞭，虎皮做的弓箭袋；左手持长矛，白马为坐骑，透明白鸟盘旋在顶上①。“杰钦”（རྒྱལ་ཆེན།）是杰波钦波的简称，意思是大王或王中之王，财主护法或财神护法。

关于谢超护法的来历，有一个故事。传说“鲁赞土沃切”（ཀླུ་བཙན་མཐུ་པོ་ཆེ།，即大力赞龙）是龙族与赞族的混血后代，与龙女沃巴玛（即龙女光者）结亲，育有三子。长子名为“白嘎杰波”（བེ་ཀར་རྒྱལ་པོ།），即木鸟王；次子名为“卫藏阿杂热”（ཨ་ཙ་ར།），即游方

① 智・达尼钦波编纂：《谢超护法密修仪轨》，手写本，第8页，现存于炉霍县仁达乡易日寺噶桑尼玛家。

僧；第三子名为“多杰邦江仔”（རྡོ་རྗེ་དཔུང་འཇོམས་རྩལ།），即金刚破摧护法。这三子生来凶恶残暴，杀生偷盗，无恶不作。他们以杀生为业，以人的心脏为食物，危害人畜，祸害众生。“象雄东迴土钦”（ཞང་ཞུང་སྟོང་རྒྱུང་མཐུ་ཆེན།）[①]心怀慈悲，把众生视为自己的父母。他不忍父母被杀，便通过瓦塞本尊的神力，降伏了恶魔三兄弟。三兄弟知错、改错、誓不再错，尤其是多杰邦江仔，在东迴土钦座前立誓做护法，成为维护正义、遵守因果、行善断恶的雍仲本教护法神，名为“杰邬亚觉噶波（ཡ་ཅོ་དཀར་པོ།）”，即亚觉噶波勇士。

自从西超护法担任本教护法一职起，对本教历代大师言听计从，维护社会安定，保护和平正义，保持正知正见，不祸害百姓。莲花生大师在建设拉萨的桑耶寺时（公元8世纪），以西超为护法；公元11世纪初，知氏家族建立耶如文萨卡学院（གཡས་རུ་དབེན་ས་ཁ།），以西超为主要护法，编纂西超护法的仪轨，自那起至今，未曾间断，他遂成为知氏家族的唯一护法神。

如今，除了藏族地区知氏家族（བྲུ།）的传承者，辛氏（གཤེན་ཚང་།）家族是拒绝供奉西超护法的，背后有这样一则故事（为甘孜藏族自治州炉霍仁达乡易日村所流传的民间故事）。据说辛氏家族约在14世纪中叶出现一位大师，名为穆辛·尼玛坚参（དམུ་གཤེན་ཉི་མ།），是三位耳传大师之首，与罗丹宁波（བློ་ལྡན་སྙིང་པོ།）、良美大师（མཉམ་མེད་ཤེས་རབ་རྒྱལ་མཚན།）同代。据说他与藏传佛教的一位师父发生矛盾并相互斗法，尼玛坚参以西超护法为防止诅咒的首要护法。但西超不但没能防止诅咒，还偷懒，所以辛氏家族就把他流放了，从此再也没有供奉他。如今如阿坝县夺登寺等辛氏家族传承的一些寺院，不供奉西超护法也是因为这个缘由。总之，西超护法在上千年的岁月中，尤其是通过知氏家族的大力推广，逐步传遍青藏高原的各个地方，

① 象雄东迴土钦是本教四大智者之首，据说公元前200年时，他曾担任止贡赞普的古辛。本教四大智者分别为：象雄智者东迴土钦，吐蕃智者夏日邬钦，德邬智者江擦玛琼，木雅智者杰匝卡邬。

成为他们的依靠处、护法神。

《西超密修仪轨》中还记载，龙女为西超护法的意中人，龙赞土沃切（ཀླུ་བཙན་འོད་འབར་མ།）、龙女沃巴玛（ཀླུ་མོ་འོད་འབར་མ།）分别为西超护法的左膀右臂，鲁赞杰久（ཀླུ་བཙན་སྐྱེས་གཅིག）从前面引领，友谊王为其随行者，天上有神赞（ལྷ་བཙན།），地下有龙赞（ཀླུ་བཙན།），中间有岩石赞（བྲག་བཙན།）[①]。

**各部族对西超护法的不同名称**

| 序号 | 地方 | 藏文名 | 汉文音译 | 汉文意译 |
| --- | --- | --- | --- | --- |
| 1 | 象雄语 | ཡ་ཆེ་དཀར་པོ། | 雅觉噶波 | 白色王 |
| 2 | 印度语 | རྒྱལ་པོ་ཤིང་བྱ་ཅན། | 杰波向夏坚 | 木造鸟王 |
| 3 | 藏语 | རྒྱལ་པོ་ཉི་པང་སད། | 杰波尼帮赛 | 尼帮大力士王 |
| 4 | 普遍称 | ཤར་ཕྱོགས་རྒྱལ་པོ་འོད་དཀར་ཅན། | 谢雪杰波沃噶坚 | 东方白光王 |
| 5 | 密宗称 | རྡོ་རྗེ་དཔུང་འཇོམས་རྩལ། | 多杰邦江载 | 金刚破摧王 |
| 6 | 瑜伽师称 | སྲོག་བདག་རྒྱལ་པོ། | 索达杰波 | 命主王 |

据文献记载，西超护法在古印度那烂陀寺护法时，以蓝色彩虹为坐骑，身披光衣，日月为装，让世界充满光，去除黑暗；其化身利益大众时，身披花色玻璃衣，玻璃光芒射四方，被称为诸有情之主；游历世界各地时，日月星为衣，白螺为铠甲，头上戴着白螺头盔，照耀世间万物，救度无数婴灵，让所有青年心动；来到吐蕃地区时，名为孩童之王，用白布为头巾，身着白衣，金色领口发光，白马为骑，金色嚼子，绿色马笼头，白螺马鞍，白螺马镫，手持白色鞭子，竖着白色翼旗。

据《西超护法密修仪轨》记载：“首先把自己观想成瓦萨昂巴九

① 智·达尼钦波编纂：《西超护法密修仪轨》，手写本，第13页，现存于炉霍县仁达乡易日寺噶桑尼玛家。

头十八臂，四足，身体深蓝色，九头威武，手持各种法器，拥抱着明妃斯巴杰母，身体的各个部位、各筋脉都观想智慧神众。胸间观想红色‘示’（ཧྲི།）字发火焰，照射世间万物。”由此说明，西超护法与瓦塞本尊也是护法与本尊之关系。瓦塞本尊是辛饶弥沃的前世不灭顶佛时代的神族宗教信仰，也是他们的主流文化。后来，经不灭顶佛的弟子虎衣明王、密集大师、天龙人三贤的大力传播，瓦塞本尊成为象雄、吐蕃等的主流文化。西超护法、阿须护法、斯巴杰母，与瓦塞本尊同步发展。但奇怪的是罗丹宁波的十三护法集里面没有西超护法，夏匝巴大师的阿赤大圆满皈依境里也没有他，为什么？这是一个需要思考的问题。

西超护法历史悠久、文化独特，但由于西超护法的相关文献极少，笔者又缺乏相关知识、孤陋寡闻，文章中可能存在错误、不足，还望读者提供更多建议及资料。

**八、本尊与护法神的关系**

虽然在表达方式上有所不同，但在我国各地及其他地区的宗教理论中都出现过“护法”这个词汇。什么叫护法？护法就是维护正法或维护自己的教法之意。比如在本教的密宗文献中有很多不同类别的本尊，包括男性、女性、忿怒、非忿怒等，且每位本尊几乎都有自己的护法神。护法神的工作，是保护本尊的传承、教法和教法的精神。有的学者认为，宗教是一种社会历史的现象，它有产生、发展和消亡的过程[①]。它是某个时代或部落当时的社会现实反映，《宗教学通论新编》一书中认为，宗教学所研究的对象是作为社会现象的宗教，但如果要把宗教学建设成为一门真正的社会科学，我们对宗教的研究就不能停留在宗教的现象形态和外部特性的范畴，而是必须透过宗教的外部现象把握其本质，通过偶然的属性揭示其必然的规律[②]。那么护法

① 黄心川：《世界十大宗教》，北京：社会科学文献出版社，2007年5月第1版，第2页。
② 吕大吉：《宗教学通论新编》，北京：社会科学文献出版社，2017年7月第5版，第17页。

在宗教文化领域中扮演了什么样的角色？他的作用、意义又何在呢？

1.护法神的地位和作用

据本教众护法的仪轨记载，护法神旨在维护自己的信仰，辅佐行善断恶者，其职责是防止或诛灭对信仰、宗教文化不利的恶人。所谓“维护自己的信仰”是指本尊的信仰和信仰背后所承载的教义教规，包括复杂的各种仪轨、本尊的修法等。本尊的信仰有三个原则：一是不危害无辜的众生，不欺骗众生；二是不违背因果的发展、生灭规律；三是不饶恕违背因果、污蔑真相、扰乱社会、颠倒黑白、与正知正见背道而驰的恶者。本尊好比是某个国家的国王，护法神相当于国王属下统率三军的将军，本尊的明妃如同国王的妃子，有的明妃既是明妃又是护法。本尊的神系中有主神、次神、眷属神等等级，好比是与国王有血缘关系的王室贵族或朝中的大臣等。

对于本教信徒而言，想要修护法神或行护法神的会供，要先接受本尊的灌顶，然后修好本尊，以此为基础。当你在本尊修法上获得一定的成就，护法神的修法才能顺理成章。这好比出兵讨伐某个敌对势力时，先要得到国王的允许一般，国王肯出粮草、兵马，将军才能名正言顺地出战。比如在《谢超护法密修仪轨》中记述，谢超护法的修法前提，是要把自己观想成瓦塞本尊，九头、十八臂、四足，与斯巴嘉母拥抱着。其次，在本尊胸间观想红色的藏文“示”（ཧྲཱི།）字，其周边观想“示知然匝志志萨玛雅热约匝”（ཧྲཱི་ཧྲི་ར་ཙ་ཧྲི་ཧྲི་ས་མ་ཡ་ར་ཡོ་ཛ།）向右旋转并发出智慧之光，照射净土中的诸佛菩萨以及本尊圣众，催动他们弘法利生，得到本尊的身语意之力量；佛光照射到地上的有缘众生，消除他们的业障、烦恼，使他们修行无碍畅通；再照射到世间万物，把万物的福寿精华汇聚于自己的胸间，使自己变成光，和充满慈悲与智慧等力量[①]。这段观修文本告诉我们，护法

[①] 知索南罗珠：《阿须护法施供仪轨》，长条手写本，第5页，现存于阿坝县哇尔玛乡夺登寺丹巴达尔吉家。

神必须与本尊同步修行。同样，《阿须护法仪轨》中也记载：若要修持阿须护法，需先把自己观想成瓦塞本尊（དབལ་གསས།），本尊胸间观想藏文“索”（བསྲོ།）字发光，照射前面的大地，索字变成阿须护法及其随从①。从以上这些仪轨中不难发现，本尊似乎成为护法神的坚强后盾、修行的资源，护法要斩妖除魔、坚守因果、维持社会秩序、守护信徒和信仰，都离不开本尊的大力支持，即他的许可。从中可见，本尊与护法神反映了古代国家宗教时期的社会现象和统治阶级的阶层关系。

当然，从本教仪轨中也可得知，如同斯巴嘉母（སྲིད་པ་རྒྱལ་མོ།）、扎拉嘉母（སྒྲ་བླ་རྒྱལ་མོ།）等为数不多的女性护法不用依靠本尊，可以单独修行。看似乱了规矩，不合密宗修法的程序。这是为什么呢？经过深入调查才发现，其实斯巴嘉母、扎拉嘉母、智慧怒母等不仅是本尊的护法神，也是他的明妃，在某种情况下，她们可以替代本尊做决定，或者对于其他护法神而言，她们既是本尊又是护法神。比如《红驴斯巴嘉母仪轨》中记载：修持斯巴嘉母时，先把自己观想成佐确卡江本尊（གཙོ་མཆོག་མཁའ་འགྲིང་།），胸间观想藏文“阿”（ཨ།）和“玛”（མ།）字。“阿”代表佐确卡江本尊（གཙོ་མཆོག་མཁའ་འགྲིང་།）的种子，玛是斯巴嘉母（སྲིད་པ་རྒྱལ་མོ།）的种子，他们是夫妻关系，也是智悲和合圆融的象征②。不难发现，斯巴嘉母和佐确卡江是古代神族王宫里的国王夫妇。

有的本尊仪轨中记载，一个本尊可以带几个或多个护法神的显像，比如瓦塞本尊属下有二十七位忿怒护法神（དབལ་མོ་ཉེར་བདུན།），以及玛（མ།）、都（བདུད།）、赞（བཙན།）三尊。罗丹宁波的《丹金嘉措护法集》当中，丹金嘉措属下有十三尊护法（དམ་ཅན་རྒྱ་མཚོ་གཙོ་འཁོར་

① 智·达尼钦波编纂：《谢超护法密修仪轨》第8页，手写本，现存于炉霍县仁达乡易日寺噶桑尼玛家。

② 详见《红驴斯巴杰母密修仪轨》，幸庆鲁噶掘藏于1017年，长条手写本，第68页，现存于炉霍县仁达乡易日寺。

བཙུ་གསུམ།）等。这就相当于一个国家只能有一个国王，但可以有很多将军和大臣一般，将军也有主将和副将等军阶。护法神当中也有忿怒神、非忿怒神，就像一个国家既有文官又有武官一般，护法神当中也是既有文的护法，也有武的护法，当然也有文武双全的护法，以及财神护法、送子护法、除障护法等等。

据本教文献《僧土根本续》记载：在先前的一段时间，人类、神族与辛饶族的势力逐渐退化，魔鬼、罗刹、赞族的势力日益增长，修持本尊与护法的行者日益减少，妖精、魔类、罗刹们无法无天，危害人类，蛊惑人心，杀害众生，与神族为敌。在那时，桑萨仁尊（བཟང་ཟ་རིང་བཙུན།）、其美祖普（འཆི་མེད་གཙུག་ཕུད།）、楚幸囊丹（འཕྲུལ་གཤེན་སྣང་ལྡན།）三人心生慈悲，怜悯众生，吩咐弟子密集大师铲除危害，维护人类和谐与和平。密集大师修持瓦塞本尊，以本尊的力量诛灭魔类、妖精与罗刹。他们当中的大部分归顺本尊，维护和平，主持正义，成为瓦塞本尊的护法神①。从中可见，在本教的世界观里，没有绝对的魔或神，在老师、本尊的适当调教下，魔可以变成神，如果修行中缺乏慈悲、智慧，神也会变成魔，魔与神就是一念之差。占巴南喀云：“佛是觉悟了的众生，而众生是未觉悟之佛，佛与众生之差别在于觉悟与非觉悟。”

当然本尊里面也有文本尊与武本尊，据传统的解释：文的本尊是本尊的真面目，武的本尊是由文本尊忿怒变化而来。也就是说文本尊是武本尊的真身，武本尊是文本尊的化身，就像文官披着铠甲拿起长矛上战场杀敌一般，其本质无二。除此之外，本尊还划分息（ཞི་བ།）、增（རྒྱས།）、怀（དབང་།）、伏（དྲག）四类，息是指温和或非忿怒的本尊；增是招财增福、延寿的本尊；怀是怀绕，号召万物生灵的本尊；伏是降伏魔类的忿怒本尊。护法神当中除了斯巴嘉母，尚未

① 伟色金巴主编：《库门经典汇编》第118卷《僧土根本续》,兰州：甘肃民族出版社，2015年9月第1版，第10页。

得见息、增、怀、伏之说。由此可见，本尊可以有各种身份，护法只能有文武之分。

2.护法神的分类与古代社会

护法神分男性护法、女性护法、中性护法。比如“都”即魔（བདུད།）、“赞”即妖（བཙན།）、阎王护法（གཤིན་རྗེ།）、谢超护法（ཞལ་ཁྲབ།）、阿须护法（ཨ་བསེ།）、丹坚护法（དམ་ཅན།），都是属于男性护法；息、增、怀、伏的四尊斯巴嘉母（སྲིད་རྒྱལ།）、扎拉嘉母（སྒྲ་བླ་རྒྱལ་མོ།）、智慧怒母（ཡེ་ཤེས་དབལ་མོ།）、门莫护法（སྨན་མོ།）、二十七位忿怒护法（དབལ་མོ་ཉེར་བདུན།）等都是属于女性护法。其中斯巴嘉母、扎拉嘉母等既是明妃又是护法，也是本尊。智慧怒母是所有护法神的根本即真身，也是大圆满最高权威的护法神。如同门莫等为数不多的护法既是护法身份，又隶属于历代上师。中性护法分无性护法、变性护法、双性护法，不过这些只是在文献中有此类说法，具体名字目前尚未得见。

二十七位忿怒护法当中有人像狮子头、人像熊头、人像龙头、人像鸟头、人像豹头、人像大象头、人像虎头等很多动物崇拜，明显是原始时期的部落崇拜、氏族信仰遗留下来的传承。比如瓦塞本尊的头像中就有人像、豹子头、虎头、狮子头、鹏头、龙头等，这应该是原始社会部落文化的表现。这些护法与本尊中吸收了原始的自然崇拜、动物崇拜、人像崇拜等不同文化现象。如今藏族男性服饰边上放虎皮、豹皮，以此表示勇猛，女性服饰边上有水獭，据说女性是财富之源，与水相融。战场上临阵逃脱者，就让他戴个狐狸帽，以此羞辱逃兵，这也许与上述的护法神崇拜有着关系。

瓦塞本尊护法神当中有玛（མ།）、都（བདུད།）、赞（བཙན།）三尊。“玛”是斯巴嘉母，汉文译为“世间圣母”。世间圣母分“白驴世间圣母”“红驴世间圣母”“黑驴世间圣母”和“绿驴世间圣母”。白驴世间圣母名卡江拉姆（མཁའ་འགྱིང་ལྷ་མོ།），“卡”是天或空气，“江”是一种威武的姿态，“拉姆”是神母、天母、圣母之意。她的坐骑是白色之驴，九面十八臂，所以称白驴世间圣母，代表温柔、温和，是瓦塞本尊的明妃兼护法神。红驴世间圣母名噶桑拉姆（བཀའ་གསང་ལྷ་མོ།），“噶”是命令、授予、授权之意，“桑”是秘密、深奥之意，“拉姆”指天母。她骑着红色之驴，三头六臂，所以称红世间圣母，是代表增福，任佐确本尊的明妃兼护法神。黑驴世间圣母称带卓桑央（བདེ་འགྲོ་གསང་ཡུམ།），“带”代表欢乐、喜乐，“卓”是行走、移动，“桑”是秘密，即大乐秘密护法神之意。她骑着黑色之驴，三头六臂，所以称黑驴世间圣母，代表忿怒，是瓦塞本尊的三大护法神之一，也是白驴世间圣母的化身。绿驴世间圣母称迪央拉姆（དུས་ཡུམ་ལྷ་མོ།），是时间之神。其中分六时护天母（六时：春、长夏、更、秋、冬和晚冬）、四季护天母等。她骑着绿色之驴，所以称绿驴世间圣母，是拉果本尊的明妃兼护法神。

**本教十三尊护法**

| 序号 | 藏文名称 | 汉文名称 | 意思 |
|---|---|---|---|
| 1 | དམ་ཅན་རྒྱ་མཚོ། | 丹金嘉措 | 护法集，所有的护法的根本或真身 |
| 2 | མཁའ་འགྱིང་ལྷ་མོ། | 卡江拉姆 | 息增怀伏中“息”（白驴）斯巴杰母，九面十八臂 |
| 3 | དུས་ཡུམ་ལྷ་མོ། | 迪央拉姆 | 息增怀伏中“增”（绿驴）斯巴杰母，四面八臂 |
| 4 | བཀའ་གསང་ལྷ་མོ། | 噶桑拉姆 | 息增怀伏中“怀”（红驴）斯巴杰母，三面六臂 |
| 5 | བེད་འགྲོ་གསང་ཡུམ། | 带卓桑央 | 息增怀伏中“伏”（黑驴）斯巴杰母，三头六臂 |
| 6 | བྱ་ར་མ་གསུམ། | 夏热玛桑 | 一面二臂，以魔鸟为骑 |
| 7 | རྨུ་འཕྲུལ་སྨན་བཞི། | 门莫四神 | 四尊天女，即四个女性护法 |
| 8 | སྒྲ་བླ་རྒྱལ་མོ། | 扎拉嘉母 | 格阔本尊的明妃，也是其护法神 |
| 9 | མ་བདུད། | 玛都护法 | 魔有幸魔、穆氏魔、赞魔、神魔等 |

| | | | |
|---|---|---|---|
| 10 | གཤིན་རྗེ། | 阎王护法 | 巨都本尊与斯巴杰母之子，南方部主 |
| 11 | དམུ་བདུད་རྒྱ་པོ། | 穆都护法 | 穆都是魔类护法之一 |
| 12 | བཙན་རྒོད་ཧུར་པ། | 赞果护法 | 赞果是赞族成为瓦塞本尊的护法 |
| 13 | ཨ་བསེ། | 阿须护法 | |

这十三尊护法都是丹金嘉措的化身，而丹金嘉措有很多身份，身为法身佛时，被称为普贤佛母：身为报身佛时，被称为萨周艾桑即智慧佛母；身为化身佛身份时，称丹金嘉措百头千手护法①。

古代人向来重男轻女，按理来说，应当以男性护法为首位，女性护法为次位，但本教的护法的神系结构中以女性为主位，男性为次位。这应该是身份问题，比如斯巴嘉母既是瓦塞本尊的明妃又是护法，扎拉嘉母也是格阔本尊的明妃兼护法，智慧怒母是所有护法神的根本，是普贤佛母的化身，是十方三世诸佛之母，也是慈母神的别名，自然身份尊贵，地位高于赞（བཙན།）、都（བདུད།）等其他护法。赞护法与都护法最初与本尊为敌，发动战争，扰乱和平，但后来被本尊征服并成为其护法，所以自然是次位。都护法中划分穆魔、赞魔、拉都即神魔、幸魔等很多族类②。炉霍县仁达乡有两个本教寺院，分别为易日寺、嘉绒寺，都供奉丹金护法（དམ་ཅན།），而且每年都举办丹金护法的金刚神舞。据《丹金仪轨》记载：丹金护法有骑羊丹金、骑狮丹金、骑龙丹金、铁匠丹金等很多类别。据说地上有骑丹金，天上有骑龙护法，中间有骑狮护法③。

但是在七座天王时代，吐蕃赞普以女性为尊，比如国王的儿子取

① 详见《巨邦续之丹金嘉措祈请文》，罗丹宁波编纂于14世纪，手写本，第121页，现存于炉霍县仁达乡易日寺。

② 玛敦索增伏藏：《瓦塞本尊修持仪轨》，手写本，第102页，现存于阿坝县哇尔玛乡夺登寺邓巴达吉家。

③ 格西雍仲丹增编纂：《丹金护法仪轨集》，手写本，第15页，现存于炉霍县仁达乡易日寺噶桑尼玛家。

名时，没有以父亲的姓为准，他们都随了母亲的姓，这说明当时慈母神、母续本尊、斯巴嘉母、扎拉嘉母、智慧怒母等影响极大。

3.护法神的传承轨迹

护法神与本尊的修法在传承上相傍相依，互利互助。而本尊修法离不开历代上师，因修本尊的都是上师们。护法神的传承与发展的轨迹，与上师们走过的足迹、弘法的传承息息相关。比如某些寺院以前不供奉谢超护法，后来他们寺院的某个高僧前往西藏也如文萨卡或曼日寺学习，并得到非凡成就归来，这座寺院有可能就因此供谢超护法。我在这里举几个例子，先说黑驴斯巴嘉母和红驴斯巴嘉母。

如今在藏族地区本教寺院或信徒中有这样的现象，供奉黑驴斯巴嘉母的一般不供奉红驴斯巴嘉母，供奉红驴斯巴嘉母的也不供黑驴斯巴嘉母，这其实与它的发展路线、上师的传承有关系。比如有的寺庙本来供红驴斯巴嘉母，不供奉黑驴护法；有些地方寺庙里供黑驴斯巴嘉母，但村民却供红驴斯巴嘉母；有的寺院之前供奉黑驴斯巴嘉母，但后来又转供红驴斯巴嘉母等。经过调查之后才发现，自公元10世纪末起，藏族地区本教寺院虽然众多，但主要以知氏家族、幸氏家族的寺院为主。这两家寺院的传承都是一致的，世代都是师徒关系，但两者势力庞大，难免有些冲突，逐步形成了两个传承体系。知氏家族所建的也如文萨卡等学院信徒们以黑驴斯巴嘉母为主要护法，幸仓寺的信徒以红驴斯巴嘉母为主要护法。继承幸仓寺传承或随着幸仓寺传承的寺院，一般以红驴斯巴嘉母为主，知氏家族继承的寺院们以黑驴斯巴嘉母为主。14世纪中叶，良美·西饶坚参在现今的西藏日喀则南木林县妥嘉乡建立曼日寺，他们在修行上继承了也如文萨卡的全部传承，并取而代之。自那时起，黑驴斯巴嘉母就成为他们的专修护法，随后曼日寺的所有弟子都开始供奉黑驴斯巴嘉母。

但与此同时，又出现了非常了不起的两位大师，一个是新密开创者罗丹宁波，一个是幸仓寺的著名耳传大师尼玛坚参。两位大师在修行、弘法上面威望极高，跟随弟子众多。同时，供奉红驴斯巴嘉母护法的弟子也随之发展，遍布各地，形成一股传承力量。公元16世纪中叶，格西·雍仲丹增诞生，把知氏家族、幸氏家族、罗丹宁波的传承融为一体，成为格西家族。但他们主要以红驴为主。再后来，根珠扎巴、桑吉林巴、夏匝巴大师都注重红驴斯巴嘉母，供奉红驴护法的也越来越多，便形成两股势力。

我们去一座寺院旅游也好，朝拜也罢，进去第一个看见的就是四大天王、六道轮回、当地的神山。在里面，大门左右挂着男性护法、女性护法的唐卡。像瓦塞本尊、格阔本尊、虎衣明王、胜橛本尊等几乎每个寺院都供，都有他们的壁画、唐卡，但谢超护法、阿须护法等不是每个寺院都有。要研究寺院的历史，护法神、当地神山是不可缺少的部分。

斯巴嘉母自己的文本与其他护法神的文本不同，比如阿须护法的文本中有吐蕃、尼泊尔、门巴、罗刹、象雄、卫藏等名词，但斯巴嘉母文本除了须弥山、七金山、七大海、四大洲、八中洲、三十三天界、知足天、阿修罗即非天道）、非天道的三十三个燕康（即部族）之外，没有象雄、吐蕃、印度、中原、勃律、尼泊尔、乌仗那之类的名词。文献中还明确记载，红驴斯巴嘉母名噶桑拉姆，在天人与非天道即神族和阿修罗发生战争时，曾担任天道的女将军，统率三军，退败非天道的军队，拯救了人类，免除战争的灾难①。

① 罗丹宁波编纂：《噶桑拉姆密修仪轨》，手写本，第12页，现存于炉霍县仁达乡易日寺噶桑尼玛家。

## 第五节 普贤王与蓝天崇拜

目前我们只了解普贤王是一位非常原始的神祇，与神族宗教——大圆满和密宗的起源有着密切关系，但他是什么时代的神、生于何处、迄今有多少年的历史，则无从考证。不过可以确定，他最初是天的崇拜，而天是所有自然物崇拜的开始，也可谓天是万物之源、众生之本。根据大量文献记载，大圆满是一门非常古老的雪域高原宗教，人们称之为自然法，可谓是青藏高原所有宗教文化的起源之一，它从冈仁波齐山之西，今巴尔蒂斯坦和吉尔吉斯斯坦或拉达克一带逐步流传到尼泊尔和我国西藏等地。本教是西藏最古老的宗教，其藏文对字是“བོན།”，译成汉文有本、本教、本波教、苯教等不同写法，但都只是藏文的音译，现在统一写成本教或苯教。它虽包含很多流派，但可以归纳为两个大的体系，即大圆满和世间本教。两者在最起初时也许是同根同源，但后来随着时代的潮流和历史的进程，一个流传到冈底斯山之东，成为高原十二小邦的主流文化，形成了斯巴本教；一个流传到冈底斯山之西、北，成为侯国、胡国、恰国、穆氏国等西域六国的国教，形成大圆满本教。斯巴本教中衍生高原十二智慧（བོན་ཤེས་པ་ཅན་བཅུ་གཉིས།），形成青藏高原特色文化；大圆满传承中衍生巨邦三法、耳传大圆满、心识九部等很多流派，成为神族宗教。后来聂赤赞普来到雅砻地区，在高原十二小邦领域中兴盛的十二本教（即十二智慧）的基础上建立了吐蕃，以十二本教为内容的斯巴本教遂成为吐蕃的国教。与此同时，幸南喀囊瓦多金（ནམ་མཁའ་སྣང་བ་མདོག་ཅན།）来到吐蕃，做了聂赤赞普和穆赤赞普的上师，他带来的密宗、大圆满法也成为吐蕃的主流文化之一。对于吐蕃而言，大圆满心识九部、耳传大圆满、巨邦三法是新来的宗教，只有王室贵族才能接触，所以成为贵族的宗教。而斯巴本教在吐蕃十二小邦的管辖范围里广泛流传，故成为民间的宗教。

人类历史上的神灵崇拜有很多不同类别，而普贤王是所有神灵崇拜的起源，可谓是万物的本源。从大圆满经典中可以得知，白光佛（གཤེན་ལྷ་འོད་དཀར།）是普贤王如来以报身佛的身份呈现，辛饶弥沃和不灭顶佛（འཆི་མེད་གཙུག་ཕུད།）是以化身佛的身份出现，三者出现的时间地点和方式不同，但本质上与普贤王并无区别，也就是说与天和大自然合二为一。据本教文献记载，“三身佛即法身、报身、化身佛，是本教修行的最终目的[①]。”大圆满所说的三身佛并非三个独立个体，而是三个不同人对普贤王在不同程度上的不同认识。就像一个女人，对于自己的丈夫来说是妻子，对于自己父母来说是女儿，对其子女而言是母亲。女人本身没变，但因为对象变了，所以她在不同的时间、地点，面对不同的人，发挥出不同身份的作用。同理，对于普贤王本身而言，他就是普贤王；对于菩萨等非普通人而言，他是报身佛；对于普通百姓而言，他就是化身佛。本教佛系从单身佛发展到双身佛、三身佛、四身佛、五身佛等，都是随着时代的潮流和社会的变迁而来，都与社会的变化、人类的需求有着紧密联系。

**一、普贤王与一神崇拜**

威廉·施米特认为世界上文化层次最古老、最原始的种族都信仰至上神，一神观念是亘古以来就有的，起源于上帝对人类的原始启示，而多神教则是原始一神信仰的退化。施米特这种宗教起源论称为“原始启示说”或“原始一神论”。他的理论中具有浓厚的护教色彩，他所根据的人类学、民族学材料很多也不可靠，因此，不少宗教学者对他的观点表示怀疑，采取批判甚至否定的态度。但与此同时，也有一些学者认为，在有些原始民族中，确有信仰至上神的事实，不可一概否定。那么本教大圆满的普贤王一神崇拜是否为此提供了很多

① 详见《因明钥匙经》，占巴南喀著，本赛穹果栽掘藏，共有12页，现收录于《良美大师全集》，昌都印刷厂印刷。

可靠有理的信息和证据[①]？

根据本教早期史籍《世间根本藏》（སྲིད་པའི་མཛོད་ཕུག）记载，神有色界天神、无色界天神、欲界天神，他们是不同阶层、不同区域、不同文化的神族[②]。他们的信仰、生活习惯、世界观、价值观都有着极大差别[③]。大圆满是神族统领青藏高原时代的宗教，起源于色界天神族的领地色究竟天（འོག་མིན།），到了不灭顶佛时期，由其父楚幸囊丹（འཕྲུལ་གཤེན་སྣང་ལྡན།）从色界天（གཟུགས་ཁམས།）传到欲界天（འདོད་ལྷ།）神族领地，成为三十三天界[④]（སུམ་ཅུ་རྩ་གསུམ།）与知足天（དགའ་ལྡན།）的主流文化。这些文化在不灭顶佛的化身辛饶弥沃时代，由穆氏王朝（དམུ་རྒྱལ་ཁབ།）[⑤]所继承，成为其国教。藏族众多史籍记载，神族乃青藏高原的第一个统治者[⑥]，他们从今巴尔蒂斯坦越过冈底斯山，来到青藏高原，与当地的魔族、赞族、罗刹族、霍尔族长期斗争，并征服了他们，弘扬了自己的宗教即本教所说的大圆满。故而，本教众多史籍中反复提到，人类源自光明神[⑦]，人的宗教——大圆满也是由神族的最高领袖光神（གཤེན་ལྷ་འོད་དཀར།）所创，逐步传播到欲界天乃至人类社会。他们认为越过一座雪山就是沃莫隆仁，辛饶弥沃

---

① 吕大吉：《宗教学通论新编》，北京：中国社会科学院出版社，2010年9月第2版，第10页。

② 详见《世间根本藏》，辛饶弥沃著，幸庆鲁噶掘藏于1017年，现收录于《冈底斯雍仲本教文献》第20卷，北京：民族出版社，2010年，第15页。《本教源流宏扬明灯》，现收录于《冈底斯雍仲本教文献》第1卷，北京：民族出版社，2010年，第219页。《黑头凡人的起源》，现收录于《本教历史文献汇编》第4卷，冉桑赤乃阔著，兰州：甘肃民族出版社，2018年7月，第209页。

③夏尔匝·扎西坚赞著，卡纳尔·格桑嘉措译：《雍仲本教法藏宝库》，西宁：青海人民出版社，2013年1月第1版，第87–94页。

④ 据本教早期文献记载，三十三天位于须弥山之顶，是玉皇大帝的统治区域，这一区域是否是雅利安人时代印度河源头拉达克，还需要进一步研究考证。

⑤ 穆氏王朝位于冈底斯山之西，以步行约三个月的行程处。不仅如此，很多证据证明：三十三天界、知足天、穆氏王朝的首付沃莫隆仁、嘉卡巴确都在冈底斯山之西，即今吉尔吉斯斯坦、土库曼斯坦、枯寂科斯塔地带。

⑥ 赤索旦主编：《本教历史文献汇编》第6卷《本教起源史》，兰州：甘肃民族出版社，2018年7月第1版，第105页。

⑦ 赤索旦主编：《本教历史文献汇编》第4卷《黑头凡人的起源》，兰州：甘肃民族出版社，2018年7月第1版，第207页。

来阿里、卫藏和工布时，就翻过这座雪山而来。据说人类中能越过这座山的只有恰巴魔王（བདུད་ཁྱབ་པ།），其实这座山就是冈仁波齐山。在辛饶弥沃自传《集经》中提到，沃莫隆仁位于冈仁波齐山之西[①]，应该就是汉文古籍中所说的小羊同[②]。

本教经典中以普贤王如来为大圆满的鼻祖、众神之本原、十方三世诸佛的真身，被称为原始神、太初神或自然神、蓝天神[③]。他独一无二，藏文中称普贤王为“朵美贡波”（གདོད་མའི་མགོན་པོ།），是最自然、最起初的原始神，也就是《神的历史》中所说的太初神[④]。普贤王的藏文“耿德桑波”（ཀུན་ཏུ་བཟང་པོ།）或“耿桑”（ཀུན་བཟང་།），译成汉文是普贤，是平等、无缺陷、和谐、圆融、不极端、圆满、普遍之意。普贤王过于尊贵，他的思维领域里没有尊卑、善恶、高低、好坏、性别、种族、国界之别，也没有佛与众生、神与魔、轮回与涅槃之分，身份、地位等社会等级也未曾存在过，他完美无缺，故称为大圆满或普贤王，实则是我们的本性。

普贤王与神学家们所说的一神教比较相似。有的学者认为宗教阶段划分为：家族宗教走到部落、民族、国家乃至世界宗教。有的按照神的数量来划分，比如多神崇拜、二神崇拜、一神崇拜、交换神崇拜，或一神崇拜、多神崇拜、融合化崇拜等等[⑤]。以本教典籍而言，普贤王是从一神崇拜走向多神崇拜，从天的崇拜发展到太阳、月亮、星星、乌云、彩虹等自然崇拜，逐步演化为人格化了的普贤王乃至白光神等。与大圆满所说的法身佛中产生报身佛，报身佛中衍生化身佛

---

① 才让主编：《冈底斯雍仲本教文献》第1卷，《集经》，北京：民族出版社，2010年9月第1版，第7页。

② 罗广武译注：《两唐书吐蕃传译注》，北京：中国藏学出版社，2014年5月第1版，第7页。

③ 赤索旦主编：《本教历史文献汇编》第2卷《塞米经》第九章，兰州：甘肃民族出版社，2018年7月第1版，第493页。《隆吉经》，旺丹幸色掘藏13世纪，手写长条版，第10页，现存于炉霍县仁达乡易日寺。

④（英）凯伦·阿姆斯特朗著，蔡昌雄译：《神的历史》，海口：海南出版社，2013年9月第1版，第9页。

⑤ 黄心川：《世界十大宗教》，北京：社会科学文献出版社，2007年5月第1版，第2页。

是一个道理。一神崇拜是世界变成地球村庄，信仰回归到一个信仰时的宗教；或原始时期，一个家族只供一神，除此之外，不拜其他神，亦可谓是一神崇拜。

简而言之，普贤王不生不灭，所以没有时间概念；没有具体的所处地点、身份相称和眷属即神系，所以也就没有具体供奉的庙宇；因过于尊贵或崇高，所以人类对他的崇拜便显得不相称；他独一无二又如此平等、不偏袒，因此没有著名的弟子或直接的眷属；他过于原始、自然，所以无法言喻，或未以偶像的身份出现①。到了公元前2000年左右，随着辛饶弥沃的诞生，普贤王的崇拜与穆氏王朝的信仰相结合，逐步传播到沃莫隆仁、嘉卡巴确等象雄地区，成为当地的主流文化，自然崇拜转化为人像崇拜。后来辛饶弥沃在各地游历时，普贤王的崇拜和相关文化也从沃莫隆仁传播到象雄（今阿里与勃律）、卫藏（今西藏）、达波、工布、凉波、苏毗（སུམ་པ།）、木雅（མི་ཉག）、南诏（འཇང་།）等各地，成为青藏高原十二小邦的主流文化和国教②。后来吐蕃的历代赞普敬仰普贤王，学修大圆满心法，得到虹光成就即光的成就③。本教文献和众多藏文历史文献告诉我们，吐蕃最初的七位国王在圆寂时，身体变成光体，照耀大地，最后消失在空中，被称为七座天王，不仅如此，阿底峡的《柱间史》④、祖拉陈瓦的《智者喜宴》⑤等中也有记载。

据本教续部文献记载：“外部妙法来自化身佛，内部密法来自报身佛，密部心法来自法身佛。”所谓外部法是对所有人公开的

① 永忠祖培主编：《良美大师全集》第2卷《地道明灯》，成都：四川民族出版社，2015年5月第1版，第151页。

② 赤索旦主编：《本教历史文献汇编》第2卷《塞米经》[辛饶弥沃自传]，甘肃民族出版社2018年7月第1版，第390页。

③ 云丹彭措主编：《藏族典籍精选》第46卷《大圆满精要》，成都：四川民族出版社，2014年12月第1版，第82页。

④ 阿底峡尊者：《柱简遗嘱——柱间史》，兰州：甘肃民族出版社，1989年9月，第84页。

⑤ 巴俄·祖拉陈瓦：《智者喜宴》，北京：民族出版社出版，2015年4月，第85页。

法，内部法是指对内部人公开的，包括密宗传承。密部心法是指除了为数不多的得意弟子或王子之外，非公开之法，即大圆满传承。关于这一说，早在耳传大圆满二十六位虹化大师期间就有流传。本教大圆满经典中，以普贤王如来为三身佛中的法身佛（བོན་སྐུ།）身份出现，白光佛为报身佛（ལོངས་སྐུ།），不灭顶佛和辛饶弥沃为化身佛（སྤྲུལ་སྐུ།）身份出现。而汉文法身佛中的“法”是佛教的词汇，指万物，就是所有法；“身”是汇聚一体之意，法身佛是万物汇聚的集体呈现，是万物集体的概念，没有明确的身份象征，没有具体的庙宇和供奉场所[①]，也没有宗教概念。他独一无二，所以没有随从、眷属等关系，也没有崇拜者[②]。

威赫曼·史密特在1912年出版的《一神概念的起源》一书中提出，人类开始崇拜多个神祇之前，已经有了原始的一神崇拜，这与普贤王崇拜非常相近。他认为世界诞生之初，就存在着一个无上崇高的神祇，他创造了世界并在相当遥远的地方统治人类的事务。有的人认为他是苍天神，因为他与天有关。对这个神的信仰，仍然是许多非洲土著部落宗教生活的特色[③]。但他在我们日常生活中无影无踪，也没有特别的崇拜者，也没有以偶像的形式呈现。也有人认为他无处不在，只是默默无闻，常人感觉不到他的存在，如果领悟到其真相，那便成了佛。

所有宗教文化都是从无到有、从小到大逐步发展而来，都是从简单崇拜演变为复杂的仪轨，从原始的部落宗教发展至文明宗教。一种宗教可以随着家族衰败消失得无影无踪，也可以演变为不同形态的宗教文化，甚至可以衍生出多种宗教流派，或不同宗教也会融

① 赤索旦主编：《本教历史文献汇编》第2卷《塞米经》第493页，2018年7月甘肃民族出版社第1版。

② 赤索旦主编：《本教历史文献汇编》第5卷《本教源流识别镜》，2018年7月甘肃民族出版社第1版，第30页。

③（英）凯伦·阿姆斯特朗著，蔡昌雄译：《神的历史》，海口：海南出版社，2013年8月出版，第9页。

合为同一宗教。神的历史也不列外，从单身普贤王如来的崇拜发展到双身的普明佛、三身佛、巨邦三尊、四尊如来、五方佛、五大本尊、六能仁等，发展的过程中产生过多种变化，吸收了多民族、多国家、不同时代的多元文化，形成如今的藏族文化和神灵崇拜。它随着时代的潮流、社会的需求，逐步传播到吐蕃①、象雄②、勃律③、波斯④、印度⑤、南召⑥、党项⑦、昌域与格萨尔⑧等各个地方，与当地的民俗、生活相交融，以入乡随俗的形式衍生了很多不同的传承和流派。

然而，一神崇拜有很多概念，普贤王时代的一神崇拜是最原始而自然的神灵，中世纪的一神崇拜是原始神灵从一神发展成多神，最后又回归一神崇拜。他是原始的世系家族演变为部落乃至部落联盟，最后成为各部落统一化的国家出现之表现，比如基督教、伊斯兰教等。而普贤王是最原始、最自然、独一无二的神，与中世纪的一神崇拜不同。

他在最初有可能是一个家族的崇拜，后来家族发展到部落，甚至从中衍生很多个部落，他们所崇拜的神灵随着人类的需求而演化，从中产生很多不同的神。后来这些部落相互交融，或被其他部落吞

---

① 吐蕃开始时，是以雅砻地方为主的部分地区，后来势力范围扩大到整个青藏高原。

② 象雄是指以冈仁波齐山的西、东、南、北部。

③ 勃律是克什米尔东部拉达克地区印度河流域上游地区的古国，扼印度次大陆、中亚细亚和青藏高原西部和西北部地区之间的交通要道。勃律是藏文“བྲུ་ཞ”的音变。

④ 波斯是伊朗在欧洲的古希腊语和拉丁语的旧称译音，也就是说波斯是伊朗的古名。历史上在西亚、中亚、南亚地区曾建立过多个帝国。后来阿拉伯在波斯基础上建立阿拉伯帝国，宗教从琐罗亚斯德教演变为犹太教、基督教，最后被伊斯兰教征服。

⑤ 印度是南亚次大陆最大的国家，其名起源于印度河，藏文称嘉噶（རྒྱ་གར།），汉文史籍中称为天竺。

⑥ 汉文史籍中的南召在藏文中写为“ཇ་དཀར་ནག”，汉文称白蛮和乌蛮，就是现在白族、彝族、纳西族等的祖先。

⑦ 党项是是古代党氏家族所建的国家，称党项国或大夏国，藏语中称为“ཞོང་སྦྱང་རྒྱལ་ཁབ།”。据汉文史书记载：南北朝时分布于今青海海南南部河曲和四川松潘以西山谷地带。唐朝前，吐蕃征服青藏高原，大部党项迁徙到今甘肃、宁夏、陕北一带。

⑧ 昌域与格萨尔分布在今新疆的和田、且末、若羌等地。

并、毁灭，形成统一的国家，他们的宗教也演化为国家宗教。家族宗教进化为国家宗教，又回归到一神崇拜。普贤王崇拜的大圆满从无色界神族传入到色界神族，其次传到欲界神族，逐步传到天龙人三地[①]乃至沃莫隆仁、波斯等地。最后经过上部象雄传入整个青藏高原。

笔者认为，普贤王是兴起于耳传大圆满二十六位虹化大师时代的信仰，他们思维从简，无拘无束，独自一人闭关十年甚至几十年。他们的信仰、生活、仪轨都简单，但充满智慧。

**二、原始本教—神数与多神崇拜的演变**

在古埃及的宗教中也有多神崇拜，而且各种形象都有，这些神还没有系统化，彼此之间缺乏有机联系。一个神往往由于没有明显个性而与另一个神混为一体[②]。古巴比伦的宗教信仰中也有多神崇拜，其中包括父神、母神、农业神、法律神、田神、战神等[③]，但神与神有明确联系[④]。其与本教的《修贡经》（གྱུགས་མགོན།）、《伏敌经》（དགྲ་སྒྲུབ།）的神灵系统比较接近，比如藏文古籍《修贡经》中提到：父神、母神、子神、战神、地方神、田神、灶神等，他们职位、等级和分工都很明确[⑤]。明显这些神是父系氏族制时代农牧民族的信仰，他们学会了种粮食，拥有农田文化，部族之间也有贸易和文化上的来往，当然也免不了战争。藏族传统文献中记述了高原十二小邦早期，藏族人已掌握握种地、产粮食的技术[⑥]。炉霍县雅德乡的宴尔龙遗址曾发掘出公元前13至11世纪的大麦炭化种子；考古学者们在甘肃河西走廊的东灰山发掘出距今5000多年的大麦[⑦]；昌都卡若遗址中出土了

① 天龙人三地中的天是指向今冈仁波齐山之西，吉尔吉特一带；龙界是指今尼泊尔；人界是指上部象雄嘉卡巴确。

② 黄心川主编：《世界十大宗教》，北京：社会科学文献出版社，2007年5月第1版，第2页。

③ 黄心川主编：《世界十大宗教》，北京：社会科学文献出版社，2007年5月第1版，第5页。

④ 知行主编：《全球通史》（少年版），北京：中国华侨出版社，2012年4月第1版，第39至41页。

⑤ 本赛穹果匝：《益西修贡经》，手抄版，第3页，现存于炉霍县仁达乡易日寺课诵文集。

⑥ 白崔：《苯教源流》，拉萨：西藏人民出版社，1988年11月第1版，第31页。

⑦ 四川省文物研究院、高大伦、（日）宫本一夫主编：《西南地区北方谱系青铜及石棺葬文化研究》，北京：科学出版社，2013年10月第1版，第228页。

距今5000至4000年的炭化种子。以此可以推断，青藏高原的农田文化历史非常悠久，这些田神、农业神的出现迄今有4000至5000年一点都不为过①。

普贤王没有衣服、装饰，以裸体形象呈现，也没有明妃或弟子，似乎像是原始人一般，没有夫妻、师生等概念。本教信徒以蓝天的颜色描绘他，因为天是万物之本，无边无际，无生无灭，自然清净，可谓是一切自然物崇拜的起源②。《扎巴林扎》（བསྒྲགས་པ་གླིང་གྲགས།）是藏学研究专家们比较重视的藏文古代历史文献，其中有这样的记载：在非常原始而古老的时期，普贤王、斯巴耶江噶波（སྲིད་པ་ཡེ་རྒྱུང་དཀར་པོ།）同时出现，弘扬大圆满信仰，广度大众③。斯巴耶江是否为白光佛，他与普贤王有何关系无法考证，但可以肯定的是他们都是非常早期的神灵崇拜。按照《本教起源史》的说法，青藏高原最早期的统治者是神族，他们统领世界，创造了人类文化。继后出现夜叉族（གནོད་སྦྱིན།）、罗刹族（སྲིན་པོ།）、魔族（བདུད།）、赞族（བཙན།）、年族（གཉན།）、人族，先后统领高原地区④。《智者喜宴》等其他史籍中也有同样的记载，由此说明此说乃藏族普遍认同的传统历史观⑤。而大圆满的藏文是佐巴钦波（རྫོགས་པ་ཆེན་པོ།），容纳万物之意，开始是单纯的蓝天崇拜，后来衍生了光的崇拜。比如大圆满历代传承中出现过白光佛、无量光神、孩童光子等都与光有联系，大圆满修法中的托噶法就是通过阳光、月光、灯光来钻研自己、了解自己的方法，最后也会得到光的成就，人们称为虹化。虹化是身体变成

① 霍巍：《青藏高原考古研究》，北京：北京师范大学出版社，2016年6月第1版，第15页。

② 才让太主编：《冈底斯雍仲本教文献》第1卷《本教源流宏扬明灯》，北京：民族出版社，2010年9月第1版，第237页。

③ 才让太主编：《冈底斯雍仲本教文献》第1卷《扎巴林扎》，北京：民族出版社，2010年9月第1版，第95至120页。

④ 赤索旦主编：《本教历史文献汇编》第6卷《本教起源史》，兰州：甘肃民族出版社于2018年7月第1版，第20页。

⑤ 巴沃·祖拉陈瓦：《智者喜宴》，北京：民族出版社，2015年4月第2版，第82页，。

光，融入本性，身语意合为一的成就现象，历史上出现过的吐蕃七座天王、二十六位虹化大师、白光佛、无量光神都是光的成就者、大圆满的传承者和弘扬者。大圆满产自无色界的色究竟天，后来传播到光明天、三十三天界、知足天，才到了沃莫隆仁、象雄、吐蕃等地。它是神族信仰，也是不同时代、不同部族王朝的信仰、社会文化融为一体的完美表现，所以得到了广泛传播。

神族不但在藏族史籍中有记载，古埃及、巴比伦宗教、古印度婆罗门教、古波斯琐罗亚斯德教、犹太教等其他宗教中也有记载。虽然每个宗教的神系不同，神的属性、形象、文化也在不断地变化，但所有神都是维护正义、拥护世界、倡导善业、抵抗恶业、创造和谐者①。西方科学家们所说的现代智人也许就是宗教界所述的神族，他们创造了人类文化，统领了整个喜马拉雅。藏文古籍中记载："法身佛清净如天，无垢空性，报身佛如空中的日月般照射光芒，化身佛如细雨阳光下的彩虹，见而不实②。"说普贤王为法身，如天空一般，本来清净，空无一物，是所有神的真身；报身佛就像在空中升起太阳和月亮一般，照耀世界，驱除黑暗；化身佛如阳光下的彩虹，即提到蓝天、日月星辰、彩虹。此说虽吸收了周边地区的文化影响，但还是保留了蓝天、太阳、月亮、彩虹等自然物的崇拜。

正如上述所言，普贤王没有明妃、弟子、神系，他是远古时期的一神崇拜。从中不难发现，人类最起初没有尊卑、贵贱、高低之分，没有社会等级和社会制度乃至夫妻制，甚至不穿衣服、不戴任何饰品，以裸体呈现，生活无拘无束。《神的历史》中称当时的神为太初神或原始神③，就是最早期、最自然之神，他是万神之祖，按

① 黄心川：《世界十大宗教》，北京：社会科学文献出版社，2007年5月出版。

② 伟色金巴主编：《库门经典汇编》第26卷，《塞米经》，兰州：甘肃民族出版社，2015年9月第1版，第499页。

③（英）凯伦·阿姆斯特朗著：蔡昌雄译：《神的历史》，海口：海南出版社，2013年8月第1版，第9页。

佛教的话来说：是诸佛之真身。有的学者认为，人最初的崇拜是一神论，后来随着社会的发展，一神论转变为两神论、三神论乃至多神论。比如本教的神灵历史变化中，起初是普贤王等单身神，其次是普明佛（ཀུན་རིག）等双身佛①，以巨邦三尊（སྤྱི་སྤུངས་སྐོར་གསུམ།）②、三根本（རྩ་བ་གསུམ།）③为例的三神崇拜；以四尊如来④（བདེར་གཤེགས་གཙོ་བཞི།）、息增怀伏（ཞི་རྒྱས་དབང་དྲག）为例的四神崇拜；五方佛⑤（རྒྱལ་བ་རིགས་ལྔ།）、五胜本尊（གསས་མཁར་མཆོག་ལྔ།）⑥、五方空行母⑦（མཁའ་སྡེ་ལྔ།）等五神崇拜；塞玛九尊、杰莫九尊、辛迪九尊为例的九神崇拜；如文武百尊（ཞི་ཁྲོ་དམ་པ་རིགས་བརྒྱ།）一般的多神崇拜。从无衣、无装饰的裸体演变为贵族、国王的打扮，这些延续和变化告诉我们，人的思维模式、信仰、见地和生活习惯也是这么演变过来的。

瓦塞本尊是普贤王如来的忿怒化身，据说普贤王有五种智慧（ཡེ་ཤེས་ལྔ།）⑧，即五种特色的超越认识，从而呈现五方佛、五胜本尊等等。然而，我们在瓦塞本尊的头像中看见有大鹏鸟头、狮子头、老虎头、豹头、龙头和鲸鱼头等动物头，这说明，从没有弟子、明妃、服饰的自然崇拜，演变为复杂的动物崇拜、人像崇拜、半人半兽崇拜乃至国家宗教，可见大圆满的神系结构，以及从外观到内心的价值观都在伴随着人类需求而演变。不仅如此，普贤王分普贤佛海（ཀུན་བཟང་རྒྱལ་བ་རྒྱ་མཚོ།）、普贤佛集（ཀུན་བཟང་རྒྱལ་བ་འདུས་པ།）等不同身份。普贤

---

① 伟色金巴主编：《本教甘珠尔》第123卷《瓦塞本尊》，兰州：甘肃民族出版社。

② 巨邦三尊分别为瓦塞本尊、拉果本尊、佐确本尊，是普贤王的身语意的化身。

③ 三根本是加持的根本乃上师，成就的根本乃本尊，事业的根本乃空行母。本尊代表方便，空行母代表智慧，上师代表集体。

④ 详见《隆吉经千佛号经》，辛饶弥沃著，旺丹幸赛掘藏于13世纪，手写版，现存于炉霍县仁达乡易日寺。

⑤ 本教五方佛是指东萨瓦让炯（གསལ་བ་རང་བྱུང་།）、北盖拉嘎秀（དགེ་ལྷ་གར་ཕྱུག）、西谢扎欧美（བྱེ་བྲག་དངོས་མེད།）、南噶瓦顿珠（དགའ་བ་དོན་གྲུབ།）、中央根囊恰巴（ཀུན་སྣང་ཁྱབ་པ།）。

⑥五胜本尊是身、语、意、事业、功德之本尊，即身瓦塞本尊、语拉果本尊、意佐确本尊、功德盖阔本尊、事业胜橛本尊。

⑦ 五方空行母是指东雍仲部、北法轮部、西莲花部、南珍宝部、中央如实部。

⑧ 五智：法界性智、妙观察智、大圆镜智、平等性智、成所作智。

佛海与千手观音外观相同，都有千手千眼；普贤佛集有五面十臂，是瓦塞本尊的真身。他们与普贤王名称相同，但以他们着装、姿势、打扮来看，可以说是跨越几个时代的神。据藏文文献记载，普贤王本质不动摇，但相貌不断地变化，一面二臂是光身普贤，三头六臂为报身普贤，五面十臂为化身普贤①。显而易见，普贤王崇拜也随着历史进程、时代的进步、社会的变迁而变化。

按照上文所述，瓦塞本尊是人类进入文明时代，社会有了明显的等级和阶级斗争，形成国家之后产生的宗教信仰。比如其中的本尊（ཡི་དམ།）、明妃（སྒྲོར་ཡུམ།）、护法神（སྲུང་མ།），以及主神、次神等不同等级，体现国王、妃子、军人、百姓的关系。但普贤王则不同，他不属于神灵系统，没有所谓的护法神和明妃，身上也没有衣服和装饰物，人们以蓝色描绘他的形象，明显是自然崇拜阶段。有的藏文古籍中提到，普贤王创造了轮回与涅槃②，即佛与众生、善与恶等万物都是普贤王所创。当然在世间本教经典中亦能看见一名叫“斯巴桑波布赤”（སྲིད་པ་སངས་པོ་འབུམ་ཁྲི།）的神，“斯巴”是指世间万物、有、存在和因果等一切现象，“桑波”是觉悟者、觉醒者、智者之意，“布赤”是成千上万的意思，即万神之父，称觉悟万法的神父。这尊神与普贤王很相似，都有创造了世间万物之说，即善恶、好坏、佛与众生皆起源于他③。从外观、打扮、姿势上看，印度教所供奉的梵天、本教十二仪轨中的普明佛（ཀུན་རིག）和斯巴桑波布赤基本一致，可能不同部族对他的称呼不同。本教的少数文献中桑波布赤也被称为仓巴，仓巴的汉文译名就是梵天，所以他们之间有着紧密联系。虽然普贤王与斯巴桑波布赤都有创造万物之说，但两者的创造方式不同，

① 赤索旦主编：《本教历史文献汇编》第4卷《日光根本续》，兰州：甘肃民族出版社，2018年7月第1版，第2页。

② 轮回与涅槃是佛教所倡导的词汇，轮回是以无明、自我所致的生死轮流；涅槃是结束生死轮回，即没有轮回。

③才让太主编：《冈底斯雍仲本教文献》第12卷《世间根本藏》（སྲིད་པའི་མཛོད་ཕུག），北京：民族出版社，2010年9月第1版，第4页。

大圆满认为普贤王是我们的本性，是最原始、最自然的神圣物。他不是有意创造轮回与涅槃，而是以认识和不认识所产生。人们认识他，便成为觉悟者，远离自我和轮回二元论，结束轮回的一切现象，称为涅槃寂静；如果不认识他，便会成为众生，转世生死，陷入轮回世界①。但斯巴桑波布赤则不同，他有意创造各种善恶神魔，包括善与恶、轮回与涅槃、佛与众生、神与魔等等。他认为，自古就有各种恶魔的存在，他们危害人类，破坏众生的生灵系统②。斯巴桑波布赤为了抵制恶魔、阻止战争，创造各种神类系统，避免战乱③。他认为世间万物皆归为两类，一是神圣物，即光明、善事、神灵；二是世俗物，即魔鬼、赞族、罗刹族，他们喜欢黑暗，从事恶业，让世界混乱④。比如三十三天界与阿修罗，辛饶弥沃与恰巴魔王，虎衣明王与罗刹王等等。

据《盖阔本尊仪轨》（གེ་ཁོད་ཀྱི་འཕྲིན་ལས།）记载：本来无一物，从而诞生似无非无，其中产生微细物体，逐渐有了善恶是非等二元论乃至多元论。万物都是从零开始，无中生有⑤，从简单崇拜走到复杂仪轨，逐步形成哲学体系。古代藏族人认为，万物起初是空，空中生风，风中生火。风与火的微尘中生水，风、火、水三者的微尘相结合，产生土，被称为五大元素。所谓空中生风并非无中生有，而是在空气中有风的细微因素。一切从零开始，从无到有，从小到大，逐步发展。这种说法与世间本教中的金木水火土有所不同，金

① 才让太主编：《冈底斯雍仲本教文献》第22卷《菩提藏》，北京：民族出版社，2010年9月第1版，第2页。

② 才让太主编：《冈底斯雍仲本教文献》第12卷《世间根本藏》，北京：民族出版社，2010年9月第1版第4页。

③ 赤索旦主编：《本教历史文献汇编》第4卷《日光根本续》，兰州：甘肃民族出版社，2018年7月第1版，第37页。

④ 才让太主编：《冈底斯雍仲本教文献》第10卷《般若慧度经》，北京：民族出版社，2010年7月第1版，第2页。

⑤ 本赛穹果匝12世纪：《盖阔清毒仪轨》（གེ་ཁོད་ཀྱི་དུག་སྦྱང་།），第2页，手抄版，现存炉霍仁达乡易日寺尼玛家。

是金属，木是植物，水是液体，火是热能，土是土地。木生火，火生土，土生金，金生水，水生木，万物因五行而生，因五行而灭，被称为缘起法[①]。我们体内的血代表水，热量为火，气代表风，肉代表土，心代表空。在原始本教神灵系统里，风有风神，水有水神，地有地神，天有天神，火有火神，灶有灶神，田有田神，还有农业神、山神、湖神、法律神等很多神，世间万物都由神掌管[②]。

《耳传大圆满历代上师传》是弟子们先接受大圆满的灌顶、实修秘诀等所有传承，其次实践并得到一定成就后，把自己的上师放在历代上师传记中，由此形成。过去很多大德汇编过《耳传大圆满历代上师传》，以公元13世纪时知・嘉瓦雍仲和14世纪时由芭・邓杰桑波大师所编纂的大圆满传承上师传为最新内容。传记中记载："普贤王如来超越时间和空间，超越因果，无影无踪，无边无际，无有言喻，没有轮回与涅槃，没有佛与众生，一切佛的真身，大圆满的起源。"[③]一般人能看得见、听得到、摸得着的，五根感官能感知得到的一切二元论称轮回；超越轮回，远离二元论的寂静状态叫寂静。轮回好比是结冰了的水，涅槃就像冰化为水一般，本质不二[④]。本教认为，万物分表面现象和本质现象，比如一辆车，它是由各种零件组成，如果把每个零件都放在不同的地方，这台车就不复存在，但这些都组合起来，才能算是一辆车，所以说各种零件组成的车是存在的，但除了这些零件之外的车是找不到的。

《什么是宗教学》一书中提到，人类把世界分成两个领域，一个

---

①《本教十二仪轨》之《普明佛仪轨》（ཀུན་རིག་སྒྲོན་མེ་ཆོ་ག）[G]，北京：民族出版社，2010年9月第1版，第15页。

② 详见《盖阔本尊》之《ས་ཅོག》，本赛穹果匝掘藏于12世纪，手抄版，第15页，现由存炉霍县仁达乡易日寺雍仲翁嘉收藏。

③ 才让太主编：《冈底斯雍仲本教文献》第24卷《辛饶弥沃传记与历史》，北京：民族出版社，2010年9月第1版，第4页。

④ 才让太主编：《冈底斯雍仲本教文献》第9卷《地道明论》，北京：民族出版社，2010年9月第1版，第363页。

包括所有神圣的事物，另一个包括所有世俗的东西，这是宗教思想的特色[①]。本教大圆满与世间本教中也有相同的哲学观点，比如人与神、神与魔、佛与众生、轮回与涅槃、世俗谛与胜义谛、善与恶、是与非都是从最本初、最自然、最原始的物体而来。所以类似的说法不单单在本教大圆满和世间本教中有记载，这也是所有宗教共有的善恶是非概念。比如以印度的耆那教、古代波斯的琐罗亚斯德教为例，以神与魔、善与恶、好与坏、正面与反面划分，万物自古都是以此方式存在。现在的小说故事都是以此编写，比如有好人就有坏人，有善自有恶，有高自有低，有神自有魔[②]。比如古波斯的琐罗亚斯德教认为，世间中有善与恶、光明与黑暗等两种不同的部落，一种是在波斯浩瀚的沙漠中，以游牧为生，经常进行抢夺、偷袭、袭击的野蛮部落，他们以死亡和破坏威胁着和平的居民，因之被认为是恶魔、坏人；另一种以农耕为生，过着安居乐业的生活，他们被认为是善的力量[③]。这种分类有点像辛饶弥沃时代的神族与魔族、恰巴魔王与辛饶弥沃、龙族与赞族等。

## 三、普贤王与印度佛教

公元前2000年左右，雅利安人（ཨཱ་རྱ་བ།）由中亚经兴都库什山和帕米尔高原涌入印度河上游即今拉达克一带，也有人说今吉尔吉特一带，与当地土著民族长期斗争之后征服了他们，游牧民族变成农耕民族，形成吠陀教。他们的信仰与冈仁波齐有着紧密联系，比如他们的崇拜中有蒂姆神、自然崇拜即太阳神、动植物、男女生殖器等崇拜。冈仁波齐就是男性生殖器形状，玛旁雍错为女性生殖器形状，印度教、婆罗门教[④]认为冈仁波齐是自在天湿婆神[⑤]的生殖器。

① 张志刚：《什么是宗教学》，北京：北京大学出版社，2016年8月第2版，第55页。
② 口述传承口述：《本教远古祭祀仪文汇编》，拉萨：西藏藏文古籍出版社，2018年10月第1版，第2页。
③ 黄心川主编：《世界十大宗教》，北京：社会科学文献出版社，2007年5月第1版，第26页。
④ 黄心川主编：《世界十大宗教》，北京：社会科学文献出版社，2007年5月第1版，第48页。
⑤ 湿婆神的藏文对字是旺秀（དབང་ཕྱུག），汉文译为自在天，是印度婆罗门教所尊崇的三大神之一。

到了公元前500年左右，印度宗教中兴起沙门思潮，就是反对婆罗门奴隶制政策的自由主义者。其中有印度佛教的创始人释迦牟尼即乔达摩·悉达多，耆那教的大雄符驮摩那，生活派（佛教称他为邪魔外道）的领袖末伽梨·俱舍罗，顺世派的阿耆多·翅舍钦婆罗等。佛教是沙门思潮之一，是乔达摩·悉达多所创。佛教分原始佛教与当地特色的佛教，原始佛教是释迦牟尼佛和他的弟子所弘扬的佛教，主要兴起于印度北部恒河流域[①]。特色佛教在公元前4世纪至公元前3世纪，在孔雀王朝阿育王的大力扶持下，从恒河流域传到了印度次大陆大部分地区及周围的一些国家。孔雀王朝历经138年后被推翻，公元前180年左右建立了巽伽王朝，巽伽王朝统治者拥护婆罗门教以后，有很多异族入侵，随着印度社会政治和经济的发展，婆罗门和佛教有所接触。他们相互斗争，相互影响[②]。与此同时，佛教传入各地后，不得不适应当地情况而变化，因而佛教中出现了以地区划分的流派。

佛陀涅槃后100年左右，弟子们进行了第一次集结，佛教开始分为上座部和大众部。此后，又从中分裂为18至20种支派，相互斗争。在公元前200年至公元前100年左右，上座部中衍生了根本上座部和一切有部。前者流传于雪山地域即喜马拉雅山山麓，后者流传于卡拉奇即克什米尔一带。公元1世纪前后，印度从奴隶制向封建制度过渡。其间，龙树菩萨诞生，他从尼泊尔即龙族[③]领地迎接般若十万颂，建立大乘佛教，形成中观派。大乘佛教兴起后，把上座部贬低为小乘佛教，即仅靠他自己的见修行[④]成不了佛，但上座部不承认这个观点。公元4世纪左右，无著菩萨随着弥勒佛前往知足天，取回五部经，建

---

①（德）马克斯·韦伯著，康乐 简惠美译：《印度的宗教——印度教与佛教》，桂林：广西师范大学出版社，2010年9月第1版，第275页。

② 黄心川主编：《世界十大宗教》，北京：社会科学文献出版社，2007年5月第1版第60页。

③ 据玛敦索增掘藏的《弥都护法祭祀经》记载：鲁域乃然桑恩地，瓦尔波云宫中，有弥都护法神。藏文瓦尔波就是古汉语中的泥婆罗，今尼泊尔地区。汉传佛教历史上，龙树菩萨去了雪山处，迎接大乘佛教之说。

④见、修、行中的见是见地，对修行的基本认知，修是实现见地的一切方法，行为是修行的出发点。

立瑜伽派即唯识宗。公元7世纪末，在印度教、大乘佛教和印度民间各种信仰融合的基础上，新生密教法①。

最初，印度佛教没有三身佛之说，他们只认释迦牟尼佛，认为佛陀是个历史人物。后来随着印度社会的发展和变迁，佛也渐渐产生变化，不仅承认释迦牟尼佛，还有过去世的佛、未来世的佛、现在世的佛等三世佛之分②，但没有法身佛、报身佛、化身佛之说。到了龙树菩萨的中观学兴盛乃至密教兴起时，印度佛教就有了三身佛的划分，即以大日如来为法身佛，以庐舍佛为报身佛，释迦牟尼为化身佛。这说明印度佛教的部分内容并非来自释迦牟尼佛的教育。再如兴起于古印度河上游的婆罗门教中有三大神，即毗湿努神遍入天、湿婆神即自在天、梵天，所以三神崇拜并不限于佛教或大圆满。《神的历史》中提出，目前已经有许多关于宗教起源的理论，然而，人类似乎仍在不断地创造神祇。当某个宗教概念不再能满足人们的需求时，它便会被替代或演化、衍生出新形式。根据人们的需求、信仰、社会的变迁，神也在不断地演化。

傅佩荣在《人神交流关系的历史》中提到，宗教是人类文化不可或缺的一环，有人的地方就有神的踪迹。这种关系十分密切，已经到了因果难分的地步：究竟是神创造了人，还是人创造了神？答案是：人不能够创造自己，所以把创造权推给神；另一方面，人也无法创造他所能接受的神。人所创造的神必定有着千百种面貌，由此构成丰富的内涵与多变的历史③。

人在不同的历史背景、社会需求下，创造不同的神，反映了不同时代或不同部族的社会现象。其中人像崇拜基本都是以国王或王子为

---

① 黄心川主编：《世界十大宗教》，北京：社会科学文献出版社，2007年5月第1版第49和108页。

② 据《第吴宗教源流》中记载：佛有寂静佛、灭累佛、燃灯佛、释迦牟尼佛等三世佛。（详见第吴贤者：《第吴宗教源流》，北京：中国藏学出版社，1987年6月第1版第22页。）

③ 杜尔凯姆:《宗教生活的基本形式》，转引自皮克林编《杜尔凯姆论宗教——原著选读与文献提要》，第103页 。

原型，比如印度的释迦牟尼、穆氏王朝的辛饶弥沃[①]、神族的不灭顶佛，都是王室贵族们根据自己的需求所创造的神的形象，都是神人合一的完美体现。比如释迦牟尼在起初时就是释迦族的悉达多王子，但他创立的佛教后来得到阿育王的大力推崇，佛教变成印度的国教，释迦牟尼佛也转化为三世佛之首，再后来就提升为法身佛中的化身佛。他其实就是古印度释迦族的王子，为印度文化乃至人类文化的发展做出了积极贡献。辛饶弥沃也不例外，本教经典中记载，他是白光佛的化身，是普贤王如来以另一种身份出现[②]，以此证明辛饶弥沃与神族宗教即密宗、大圆满法有着密切关系[③]。据藏文古籍记载，普贤王和白光佛都是辛饶弥沃尚未诞生之前的神灵，到了辛饶弥沃的自传《集经》和《塞米经》中，认为辛饶弥沃是白光佛的弟子[④]；有时候辛饶弥沃被认定为普贤王与白光佛的化身，为三身佛之一。

马克斯·韦伯认为，印度佛教源自印度教，印度教来自印度的婆罗门教。婆罗门教起初以文化的形式出现，有很多不同的传承体系，但源自冈底斯山附近或喜马拉雅山脉。据莫亨约·达罗的研究和哈拉伯遗址表明，公元前2000年前，印度河上游已有地母神、生殖器[⑤]、动植物的崇拜[⑥]。公元前20世纪，原居住在中亚草原地区属于印欧语系的雅利安人越过现今阿富汗和巴基斯坦交界处的兴都库什山脉，涌入伊朗高原和印度次大陆西北部地区，创造了自己的文

---

① 才让太主编：《冈底斯雍仲本教文献》第1卷《辛饶弥沃传记与历史》，北京：民族出版社，2010年9月第1版，第24页。

② 赤索旦主编：《本教历史文献汇编》第4卷《斯巴祭祀经》，兰州：甘肃民族出版社，2018年7月第1版，第245页。

③（英）凯伦·阿姆斯特朗：蔡昌雄译：《神的历史》，海口：海南出版社，2013年8月第1版，第4页。

④ 邓真尼玛主编：《象雄与吐蕃历史文献》上册，成都：四川民族出版社，2016年11月第1版，第15和430页。

⑤ 古梵文称生殖器为楞伽（ལིངྒ།或སུ་ལིངྒ།），是男性生殖器，སྦུ་ལིངྒ།为女性生殖器之名。藏文“ལིངྒ་གཤེགས་པའི་མདོ།”，汉文称《楞严经》，都与此有关系。

⑥ 马克斯·韦伯著，乐康 简惠美译：《印度的宗教——印度教与佛教》，桂林：广西师范大学出版社，2010年9月第1版，第483页。

化和宗教，信奉多神崇拜，特别是火神即光的崇拜，并实行繁琐的祭祀仪式。最早反映在《伽泰》中的诸神崇拜，光明神或善神阿胡拉·玛兹达的地位已经十分重要。公元前1600年左右，雅利安人征服了当地人，成为婆罗门的祖先。后来随着历史的进程，他们的宗教随着印度河流传到印度。其中也有光和火的崇拜，与本教古籍所说的白光佛、无量光佛、大圆满光明法、自然法是否有关系，尚待研究①。

**四、普贤王与雍仲本教**

本教文献中记载：法身（བོན་སྐུ།）、报身（ལོངས་སྐུ།）、化身（སྤྲུལ་སྐུ།）佛为三身佛。法身佛是报身佛与化身佛的真身，是智慧资粮圆满的成果；报身佛是呈现给神族弟子、得道菩萨等高层弟子的一种身份，一般人无法得见；化身佛是所有弟子都能看得见、听得到、接触得到的②。无取无舍、不增不减、不生不灭为法身普贤王；具有四无量心白光佛为报身佛，居住在充满欢喜、快乐的色究竟天③；从色界天中衍生欲界六天，即六个部族。欲界六天之主为仓巴布赤（ཚངས་པ་འབྲུམ་ཁྲི།），是人类的起源、万物之根本、众生之子④。普贤王的智慧超越轮回与涅槃，远离所有的极端、取舍二元论、善恶习气，称法身佛，常住于我们每个人的心里，是五毒烦恼、五智慧、五方佛、五行、五身佛之根本⑤。

本教信徒认为《集经》是辛饶弥沃的传记广中略三部之略部，属于他的自传。据说是李西达让大师从雍仲天语译成藏文⑥。据本教史

① 黄心川主编：《世界十大宗教》，北京：社会科学文献出版社，2007年6月第1版，第48页。

② 详见《隆吉经》，旺丹幸色掘藏于13世纪，手写本，第24页，现存于炉霍县仁达乡易日寺尼玛家。

③ 赤索旦主编：《本教历史文献汇编》第4卷《日光根本续》，兰州：甘肃民族出版社，2018年7月第1版，第2页。

④ 赤索旦主编：《本教历史文献汇编》第4卷《日光根本续》，兰州：甘肃民族出版社，2018年7月第1版，第39页。

⑤ 云丹彭措主编：《藏族典籍精选》第46卷《大圆满精要》，成都：四川民族出版社，2014年12月第1版，第191页。

⑥ 才让太主编：《冈底斯雍仲本教文献》第1卷《辛饶弥沃传记与历史》，北京：民族出版社，

籍记载，辛饶弥沃圆寂后的第二年，其十二位弟子对本教的经文进行集结，编纂整理成经函[①]。其次每位集结师各传了三年法后，弥乔丹周来到沃莫隆仁，继任辛饶弥沃法太子，传授本教文化，那时李西达让年满八岁[②]。但到了8世纪时，也有一位叫李西达让的上师[③]，这部经文的译者应是这位大师。著名藏学家南开诺布根据堪钦尼玛丹增的自传[④]、教历[⑤]认为，李西达让在8世纪时达2500岁[⑥]。按此推断，弥乔丹周与8世纪间有2500年的历史，时隔多年，李西达让把它翻译成藏文，并传到青藏高原。卡尔梅·桑丹坚参根据尼玛旦增的经典与论典目录中的记载推断，《集经》是尼泊尔的三位游方僧从桑耶寺盗取并流传到民间[⑦]。若是如此，那么这部经掘藏于913年，成为10世纪初的伏藏品。

这部经里提到以普贤王为法身佛，五方佛为报身佛，辛饶弥沃为化身佛，三身佛无二无别为法性大乐净土[⑧]。其中有三身佛、法身佛、报身佛、化身佛、五方佛、普贤王、大乐、不二等重要名词记载。比如第二页中记载：顶礼法身普贤王如来！顶礼报身五方佛！顶礼化身遍知辛饶弥沃！顶礼东方部主解脱导师！顶礼南方部主勒巴根江，等等。

《耳传大圆满》是本教大圆满当中历史最悠久、传承最清晰的经

---

2010年9月第1版，第86页。

① 才让太主编：《冈底斯雍仲本教文献》第1卷《辛饶弥沃传记与历史》，北京：民族出版社，2010年9月第1版，第85页。

② 赤索旦主编：《本教历史文献汇编》第6卷《话说本教起源》，兰州：甘肃民族出版社，2018年7月第1版，第88页。

③ 芭·丹杰桑布：《本教源流宏扬明灯》，北京：中国藏学族出版社，1991年12月第1版，第162页。

④ 尼玛丹增：《堪钦尼玛丹增自传》，北京：民族出版社，2012年9月第1版，第60页。

⑤ 邓真尼玛主编：《吐蕃与象雄历史文献》上册《本教教历宝蔓》，成都：四川民族出版社，2016年11月第1版，第1045页。

⑥ 南卡诺布著：《藏族的历史纪元》，《西藏研究》，1989年第2期，第1页。

⑦ 卡尔梅·桑丹坚参：《卡尔梅·桑丹坚参选集》上册，北京：中国藏学出版社，2007年9月第1版，第240页。

⑧ 伟色金巴主编：《库门经典汇编》第25卷《集经》，兰州：甘肃民族出版社，2015年9月第1版，第222页。

典文献。其中记载：大圆满的起源为法身普贤王如来，他无因缘，无父母，无定居，无崇拜的弟子，就安住于无边无际的法界之中。他是我们的本性，是三身佛的真身、诸神之本源。能领悟到法身普贤王本意者为报身白光佛，他定居在色究竟天，即四禅天上面有无清静天，其上就是色究竟天。报身白光佛有固定的弟子，有固定的住所和供奉的庙宇。其弟子为化身白光佛，是报身白光佛的化身、诸神之父、才美俄丹的上师①。

白光佛是色究竟天的主人，其上面只有蓝天，别无他色，所以他们崇拜的只有蓝天。而在本教的各种唐卡、壁画中把普贤王描绘为没有身像、没有眷属、无所不在的蓝天。而蓝天崇拜为原始宗教的自然物崇拜之起源，也是所有崇拜神物的开始，这与本教文献中的普贤王有着紧密联系。后来才美俄丹即无量光神、楚幸囊丹、不灭顶佛、桑萨让尊即大慈母先后把光明天的蓝天崇拜带到三十三天界、知足天，成为欲界天的主流文化。后来半人半神的辛饶弥沃诞生于沃莫隆仁，以穆氏王朝的军力、物力和政治势力，把普贤王、白光佛、无量光、不灭顶佛和大慈母等的崇拜信仰占为己有，成为穆氏王朝的主流文化。他们通过穆氏王朝的强大政治与经济实力，把这些文化推广到冈底斯山的东南西北，成为喜马拉雅一带的主流文化②。

普贤王分普贤佛父佛母，斯巴杰母是瓦塞本尊的护法神，也是所有护法神的主导。她以真身出现时，为普贤佛母；以报身佛的身份出现时，是萨周艾桑；以化身佛身份时，称丹金嘉措护法百头千手尊，即有一百个头、一千只手③。萨周艾桑是象雄语，译成汉文是智慧母、大悲母、慈母之意。丹金嘉措有六个名字，即南希共杰（གནམ་ཕྱི་གུང་རྒྱལ།）、曲江杰母（ཆུ་ལྕམ་རྒྱལ་མོ།）、斯巴杰母（སྲིད་པའི་རྒྱལ་མོ།）、大慈

① 详见《耳传大圆满历代上师传》，雍敦华尔桑波编于11世纪，电子版，，第20页，由邓真尼玛提供。

② 赤索丹主编：《本教历史文献汇编》第2卷《塞米经》，兰州：甘肃民族出版社，2018年7月第1版，第392页。

③ 罗丹宁波汇编：《丹金嘉措护法祭祀经》手写本，现存炉霍县仁达乡易日寺，第121页。

母（ཐུགས་རྗེ་བྱམས་མ།）、萨周艾桑（ས་ཏྲིག་ཨེར་སངས།）、普贤佛母（ཀུན་ཏུ་བཟང་མོ།），都是同一个人或同一个传承体系中的人物[①]。

《大圆满心识九部》是以几个章节所形成的大圆满经文，《杜鹃神鸟经》是其中的一个章节。该经是不灭顶佛所示，其次传授于密集大师、虎衣明王、雍斯达巴、弥鲁桑勒、益西宁波、囊瓦多金等历代上师，止贡赞普时期被埋在现今西藏日喀则岗巴县知参塔尕地区，公元1017年由辛庆鲁噶掘藏，并传授于西耶勒波大师。如今在藏族地区能得见木刻板、手写本等不同版本。其中记载，白光佛分为可看见的白光佛和看不见的白光佛。看不见的白光佛就是普贤王如来[②]。

据说，《向僧噶巴》（བྱང་སེམས་གབ་པ།）译成汉文是《菩提藏》，是深藏在本性中的菩提，即觉悟心。这部经是辛饶弥沃59岁时所传之法[③]，是大圆满心识九部之根本。但还有一种解释认为，普贤王的化身白光佛把自己所领悟到的无量智慧传给才美俄丹即无量光神，继而传授给楚幸囊丹尊者，楚幸囊丹把它传给自己的儿子不灭顶佛。不灭顶佛传授于密集大师、桑萨让尊佛母、虎衣明王三位。这三位把这些秘诀分成广中略三部，分别传授于天国导师雍斯达巴、人间导师弥鲁桑勒、龙族导师益西宁波，成为天龙人三族的主流文化。这三位又把它传授于囊瓦多金大师，囊瓦多金将其传授于吐蕃赞普聂赤赞普和穆赤赞普父子，从而成为吐蕃的国教[④]。良美大师在《菩提藏注解》中记载，在四大智者（མཁས་པ་མི་བཞི།）的下半生，吐蕃第八代赞普时期，吐蕃的本教遭遇毁灭，《菩提藏》和其注释《大圆满心识九部》都埋藏

① 才让太主编：《冈底斯雍仲本教文献》第15卷《僧土根本续》，北京：民族出版社，2010年9月第1版，第5页。

② 云丹彭措主编：《藏族典籍》第46卷《大圆满精要》，成都：四川民族出版社，2014年12月第1版，第78页。

③ 尼玛旦增：《尼玛丹增自传》，北京：民族出版社，2012年9月第1版，第57页。

④ 才让太主编：《冈底斯雍仲本教文献》第22卷《菩提藏注解》，北京：民族出版社，2010年9月第1版，第92页。

在现今西藏日喀则岗巴县知参塔尕地区[①]，公元1017年由幸庆鲁噶掘藏并传授于西耶勒波大师。其中记载：普贤王为法身佛，居住在法性大乐宫殿中，深藏于我们的本性中，凡人不易发现，故谓向僧噶巴即菩提深藏[②]。

该书中还记载：普贤王没有种族、国家的界限，没有男女、老少之分，没有尊卑、贵贱之别，无论什么种族、肤色、国家、身份，我们的内心深处都有一尊普贤王。佛与众生、轮回与涅槃、智者与愚者都只是觉悟和未觉悟之区别，没有身份、性别、种族之分。那就是我们的本性，是真正的自己，认识它你就是智者，是觉悟者，不认识它你就是愚者，无明的众生。众生的开头是无明，无明就是不明白事情的真相，不明白万物的真理，不明白自己的本性。普贤王实际就是一种真相，是众生的本性、万物的本源、众神的本质、诸佛的真身[③]。由此说明，虽然我们的身份不同，信仰不一样，但我们的人格没有贵贱、尊卑之分，是平等的。

**五、普贤王与三身佛**

兴起于青藏高原的本波教和藏传佛教教义中皆有三身佛、四身佛、五身佛之说。而三身佛是西藏显宗、密宗、大圆满都承认的说法；四身佛、五身佛在只有内部密法即部分密法中才会出现。在印度原始佛教经典中把释迦牟尼佛当作一位伟大的历史人物，但大乘佛教则宣扬释迦牟尼佛是绝对真理的化身，即把它神化为本性的化身。本教经典也不例外，斯巴本教认为，辛饶弥沃从事占卜、历算、行医、超度，是与各地部落频繁交流的历史人物。在斯巴本教中，他既是一名卦师或风水师，又是一位超度师、医师、政治家。但密宗大圆满中

① 才让太主编：《冈底斯雍仲本教文献》第22卷《菩提藏注解》，北京：民族出版社，2010年9月第1版，第507页。

② 才让太主编：《冈底斯雍仲本教文献》第1卷《菩提藏》，北京：民族出版社，2010年9月第1版，第85页。

③ 才让太主编：《冈底斯雍仲本教文献》第22卷《菩提藏注解》，北京：民族出版社，2010年9月第1版，第84页。

称他是白光佛的弟子、普贤王如来的化身佛。藏传佛教格鲁派认为，释迦牟尼化身为喜金刚传授《喜金刚经》，化身为时轮金刚传授《时轮金刚经》，化身为多吉琼传授很多密法，进而衍生出新密。本波教与宁玛派则主张三身佛之说，而且他们把显宗称外部法，即公开法，是由化身佛所传；把密宗称内部法，即对高层人或内部人公开的法，起源于报身佛；大圆满为密部法，除了为数不多的有缘弟子，绝对保密，起源于普贤王如来。

比如雍仲本教经典中以普贤王如来为法身佛，白光佛为报身佛，以辛饶弥沃为化身佛；本教密宗巨邦三法等以普贤王为法身佛，白光佛为报身佛，不灭顶佛为化身佛；藏传佛教宁玛派经典中以普贤王为法身佛，金刚萨埵为报身佛①，嘎绕多吉②为化身佛。本教《大慈母经》经中以普贤王为法身佛（བོན་སྐུ།），白光佛为报身佛（ལོངས་སྐུ།），辛饶弥沃为化身佛（སྤྲུལ་སྐུ།），以及本质身佛（ངོ་བོ་ཉིད་སྐུ།）、现证觉佛（མངོན་པར་བྱང་ཆུབ་སྐུ།）即五身佛之说。除此之外，其他教派很少主张普贤王如来。印度的大乘密教③、大乘教法中有三身佛之说，即法身佛、报身佛、化身佛即应身佛。汉传佛教 《华严经》《大日如来》等经典中，以毗卢遮那即大日如来为法身佛，以卢舍那为报身佛，以释迦牟尼为化身佛。

比如本教的部分寺院中把经堂即大雄宝殿修成三层，第一层是外部密宗即按化身佛的净土所设置；第二层是按内部密宗即报身佛的宫殿所布置；顶层只画一尊蓝色裸体的普贤王，没有眷属，没有净土，没有衣装。本教认为化身佛是法身佛为了度化众生而化身佛的历史人物；报身佛是只有部分弟子所看见的非公开身份；普贤王是绝对意义上的真理。化身佛有过去世的佛、未来世的佛、现在世的佛，所以他

---

①《金刚萨埵仪轨》，十二世纪由本赛穹果匝大师掘藏，详见《本教源流》一书记载。

② 都将仁波切：宁玛派嘎绕多吉与本教达布示匝为同一个人。

③黄心川主编：《世界十大宗教》第111页：印度佛教中的密宗，是约在公元7世纪时，印度大乘佛教、印度教、印度民间信仰混合的基础上发展而来。

是出现在世界某个角落的历史人物。

本教文献告诉我们，蓝天崇拜中衍生日月崇拜和光的崇拜。光明神中的忿怒神，后来成为穆氏王朝的国教即主流文化。蓝天是普贤王，日月是白光佛，彩虹喻做辛饶弥沃，他们是三身佛关系。

## 第六节 白光神与远古文化

白光佛是第一个领悟普贤王本意或自己本性的远古神，是无量光尊者（ཚད་མེད་འོད་ལྡན།）、赤西囊当（ཁྲི་ཞི་ནམ་ཧིང་།）、不灭顶佛（འཆི་མེད་གཙུག་ཕུད།）和桑萨让尊佛母（བཟང་ས་རིང་བཙུན།）、辛饶弥沃等的老师。据说普贤王有两种身份，一种是对神族公开的身份，一个是非公开身份。白光佛是普贤王为了度化色界天神族和圣者们，以另一种身份出现的古老神，本教经典称他为本尊辛拉俄噶即白光幸神，简称白光神、报身白光佛等。人们以古代王子的装扮描绘他：头顶戴着王冠，身着绸缎上衣和裙子，腰系绸缎腰带，以光和天为崇拜。据说，藏文辛拉俄噶的意思是神族之王、诸辛饶（本教经典中辛饶译成汉文相当于佛菩萨的意思）的本尊、所有神的本原，包括辛饶弥沃、不灭顶佛。在藏族地区本教寺院的壁画、唐卡、泥塑中都有白光佛的像。描绘这尊佛时，“头顶有一只大鹏鸟，左右肩膀上各有一条龙，双足盘腿的两个膝盖边上分别有两只狮子。”大鹏鸟代表见地，展翅高飞；双龙代表智悲双运的修法，行走畅通，见修不二，修行无碍；狮子代表无所畏惧的行为。虽然在白光佛的神系中出现了大鹏鸟、龙、狮子等原始的动物和图腾崇拜，但主要还是以人像崇拜为主，而且以王子身份出现，充分体现了在古老的原始宗教基础上发展的古代宗教，也是神族时代的高原文化。据藏文文献记载：白光佛是三身佛之一①、四尊如来②之首，辛饶弥沃、朵嘉耶钦③和不灭顶佛的上师。据说，朵嘉耶钦、辛饶弥沃与唐马美珍为本教三世佛，他们在色界天神族时，称达巴、萨瓦、西巴，是三兄弟。达巴转世于沃莫隆仁称朵嘉耶钦，萨瓦转世为辛饶弥沃，西巴转世为唐马美珍。白光佛是三兄弟的密法老师。

## 一、白光佛的名称和分类

白光佛的藏文称“辛拉俄噶”（གཤེན་ལྷ་འོད་དཀར།），汉文译作“耿桑辛拉俄噶”。“耿桑”是普贤之意，合成为普贤白光佛。本教认为白光佛是普贤王的化身，以王子身份出现，他也许是神族的一名王子。辛拉中的“辛”是本教经典中常用的古老词汇，古代青藏高原将修行者、引导者、成就者、圣者总称为“辛”，但现代藏文中很少见。例如，古代前吐蕃时期，每位首领身边都有位贴身法师，名叫古幸，相当于吐蕃的国师④。高原十二小邦时代，整个高原分十二个小邦，每个小邦都有一位首领，如同拉本拉赛、东拉本波等每个首领身边也都有一位贴身法师，叫古辛或本波。他们为首领行占卜、算命、汇聚福禄、谋国事，称本教十二智慧或十二大师⑤。而且，他们还为首领谋事，为国家谋幸福。敦煌文献中也有关于十二小邦和十二本波的记载，它与佛母救八难经中的本教十二智慧意义是否相同，还得进一步研究⑥。《柱间史》中记载：聂赤赞普来到吐蕃时，由十二位本波迎接并让他登上赞普王位⑦。

① 三身佛中的报身佛是对菩萨与神族人公开，但对欲界天和人族尚未公开的身份；化身佛是对所有人公开的身份，法身佛是报身佛与化身佛的真身。

② 四尊如来是白光佛、大悲佛母、斯巴桑波布赤、辛饶弥沃。大悲佛母代表智慧，桑波布赤代表方便法，白光佛代表智悲不二，辛饶弥沃为三者集体。

③ 朵嘉耶钦是本教的过去世的佛，辛饶弥沃是现在世的佛，唐马美珍是未来世的佛。

④ 赤索丹主编：《本教历史文献汇编》第3卷《扎巴林札》，兰州：甘肃民族出版社，2018年7月第1版，第22页。

⑤ 伟色金巴主编：《库门经典汇编》第44卷《佛母救八难经》，兰州：甘肃民族出版社，2015年9月第1版，第241页。

⑥ 详见法藏敦煌古藏文文献P.T.1285。

⑦ 觉沃阿底峡：《柱间史》，兰州：甘肃民族出版社，1989年9月第1版，第81页。

其实在那时，高原地区的所有超度大师、卦师、历算师、风水师、医师、禳解师也都被称作辛（གཤེན།）或本波（བོན་པོ།），以他们为主的宗教为本教。辛与古辛的区别在于，“辛”是所有行者或法师的总称，而“古辛”是国王身边的法师，地位尊贵[①]。本波与辛意义基本相同，也许藏文中“本”出现的时间早于“辛”，后来辛饶弥沃家族的势力逐步强大，人们把辛和本并用，甚至幸替代了本波。再后来，本教当中衍生两个传承，分别为世间本教、大圆满法[②]。世间本教的传承者称本波，密宗和大圆满的弘法者叫辛饶或古辛，所以辛拉中的“辛”与青藏高原的远古文化密不可分。拉是天神、本尊、尊神、圣神之意。本教古籍中把神分为世间神和出世间神，世间神中又分为欲界天、色界天、无色界天。色界天是神当中地位较高的神，而色界天的最高处有个色究竟天，白光佛就是那里的主人，是众神之王、三界天的主神，所以称辛拉，就是神中的神。后期本教文献认为白光佛是十方三世诸佛的本尊，所以称本尊白光佛。说法虽然变了，但意义没变，就是众神之王之意。辛拉也是所有大圆满和密宗等神族宗教行者的本尊或老师（本教所说的辛与佛教所说的佛或菩萨意义基本相同，辛有因辛饶和果辛饶之分，因辛饶与菩萨相同，果辛饶与佛相同）。如今僧人在修密宗或大圆满时，以白光佛为本尊，把上师当做白光佛，以此说明白光佛与所有密宗和大圆满有着密切关系。“俄噶”是白光或光明的意思，即白色纯净、一尘不染，能照射万物和本性之意，如今很多人译成白光佛或白光神，应译为神圣的白光或光之神、光神。婆罗门最早流传在印度河上游流域，即今拉达克一带，冈仁波齐被认为是湿婆神的生殖器[③]。阿底峡认为，本教古籍中的白光

① 赤索丹主编：《本教历史文献汇编》第2卷《塞米经》，兰州：甘肃民族出版社，2018年7月第1版，第33页。

② 大圆满与世间本教相互融合并产生密宗，比如密宗巨邦三法与大圆满心识九部在起初时，是同根同源，但到了不灭顶佛时期，衍生出两个体系。

③ 印度河有几个源头，即今巴基斯坦与阿富汗交界处，或巴蒂斯坦与吉尔吉斯坦地带，也有人说土库曼斯坦、吉克尔吉斯斯坦领域，还有就是拉达克地区。

佛、印度佛教中的观世音和婆罗门所说的湿婆神是同一个神。婆罗门的信仰当中也有火、太阳等能发光的自然物。由此说明，白光佛、湿婆神之间有千丝万缕的联系，也许是同属于雅利安人。总之，古人惧怕黑暗，所以将能发光的物体都认做是神，我们的祖先有过一段追随太阳的习惯，如今藏文仪轨文献中酥油灯供也许是这样发展而来。斯巴本教认为，万物源于空，空生风，风生火，火生水，水生地，以五大为因，衍生三界。三界中色界天的身体能发光，是光的身体，然而白光佛就是色界天的主人，从中可以了解到白光佛与光的崇拜有什么样的联系。还说人类起源于光明天①。本教大圆满的全称为“自然光明大圆满”。也有些古籍中认为，辛是本性如实展现在法界中，即他并非来自外界，而是本性的呈现，是普贤王的另一种身份；拉是神，是普贤所化之神。

根据藏族古籍文献记载，白光佛分本性白光佛、大悲白光佛、加持白光佛。所谓本性白光佛是指我们的本性，就是心的本体。每个人都有个未曾被污染过的白光佛，他不垢不净，不增不减，不生不灭，从未离弃过我们；大悲白光佛是诸佛大慈大悲和大彻大悟而呈现的佛，即慈悲同体、智慧的载体，是智慧与慈悲同时达到相融圆满的表现②；加持白光佛是指为有缘弟子提供实践方法、正确引导和摄受加持的诸历代上师。

《如巴克秀》（རིག་པ་ཁུ་བྱུག）是本教大圆满心识九部经（སེམས་སྡེ་དགུ）之一，汉文译成《神鸟经》或《杜鹃自明经》③。其中有这样的记载：这部经是不灭顶佛以白光佛禅定为根据所整理。不灭顶佛以口述的方式把它传授于自己的弟子密集大师。这部经中把白光佛分三

①八桑、永忠旦增、仁博次邓主编：《世间根本藏》，成都：四川民族出版社，2018年8月第1版，第28至127页。

②才让太主编：《冈底斯雍仲本教文献》第22卷《大圆满菩提藏疏》，北京：民族出版社，2010年9月第1版，第92页。

③才让太主编：《藏族典籍精选》第46卷《大圆满精要》[辛庆鲁噶伏藏]，成都：四川民族出版社，2010年9月第1版，第82页。

类，即可依赖的白光佛、看得见的白光佛和看不见的白光佛①。可依赖的白光佛是指在修行道路上引导我们的上师、修行方法，包括经文和灵塔，通过这些把白光佛的智慧传达给有缘弟子。看得见的白光佛是指本文所说的白光佛，又被称本尊白光佛，因他是十方三世诸佛菩萨的本原、诸神的本质，被称为本尊白光佛；他的慈悲摄受无边众生，远离万物的阻碍，没任何事物能阻碍他的行动。看不见的白光佛是我们的本性，肉眼看不见，只有当你了悟白光佛，或认识自己的真相之后才能得见这尊神，所以称看不见的白光佛②。这部经中提到神族、达斯、龙族、人族、象雄、赞普，等等。

白光佛的身份过于尊贵，他超越了天龙人三界，色界天的极顶有“沃门刹土”（འོག་མིན།），汉语称“色究竟天”。白光佛就常住于此地即上层天，无法与欲界天的神族和人族交流。就是因无法以白光佛的身份出现在欲界天神族领地，所以他化身为神鸟，来到知足天（དགའ་ལྡན།）和三十三天界（སུམ་ཅུ་རྩ་གསུམ།），与桑萨让尊佛母（བཟང་ཟ་རིང་བཙུན།）结亲，向欲界天神族的弟子传递白光佛的智慧，即上层天的宗教，这就是人类文化的起源。他所传达的信仰被称为密宗或大圆满，是神族的信仰，后来逐步传播到人族与龙族的族群里，成为天龙人共享的崇高信仰。据藏文文献记载，神族统领过青藏高原乃至整个喜马拉雅地区，他们的信仰和宗教影响了西亚、中亚、中东以及东亚、东南亚，所以每个部族的宗教信仰中都有神族的崇拜。他们认为自己的祖宗来自上层天，就是天有很多层，自己所在的层级住着最低级的神，上面还有很多天，认为三十三天和知足天的祖先、宗教信仰都来自于上上层天，就是本教古籍中所述的无色

① 才让太主编：《藏族典籍精选》第46卷《大圆满精要》[幸庆鲁噶伏藏]，北京：民族出版社，2014年12月第1版，第82页。

② 永忠丛书整理：《本教母续根本经及其注释》[古如诺栽伏藏]，北京：民族出版社，2009年12月第1版，第156页。

界天之上的沃门刹土[①]。

神族王子不灭顶佛有来自天龙人三族的三大弟子，而且神族人非常敬重这些弟子。其神族弟子被称作雍斯达巴，出生于三十三天界，与不灭顶佛、桑萨让尊佛母是同一个族群；人族王子弥鲁桑勒出生于嘉卡巴确（རྒྱལ་མཁར་བ་ཆོད།），即古老的象雄分里中外三位，嘉卡巴确应位于冈仁波齐山之西，沃莫隆仁与阿里的中间，今库鲁曼斯坦、塔吉克斯坦一带；龙族王子益西宁波出生于齐木嘉匝（ཚུ་མིག་བརྒྱ་རྩ།），应位于尼泊尔境地，古汉语中称泥婆罗。比如辛饶弥沃从沃莫隆仁来到罗刹领地吐蕃时，先到波斯，然后到了勃律，其次是阿里一带。

**二、白光神与三身佛**

本教经典中的三身佛之法身佛自然神，是蓝天的崇拜，他没有庙宇、弟子、信徒；白光神是光的崇拜，也是自然演变为人像崇拜，而且以王子打扮出现，身份尊贵，常人无法看见或与他交流；化身佛是以人的身份出现，而且贵族、常人皆能得见，他是神人合一的完美体现。

本教古籍中以普贤王为法身佛，白光佛为报身佛，不灭顶佛为化身佛。法身佛是报身佛和护法神的真身[②]，也就是说：法身佛有多种面貌适用于不同身份，报身、化身都是法身佛的不同身份和面貌的显化。其报身白光佛以非神的身份出现，就是超越了神，既不属于欲界天神，又不属于色界天神、无色界天神，他超越了所有神，换句话说：他是诸神之神，诸神的本原；化身不灭顶佛属于三十三天界的神系，以天国的王子身份出现，拜色究竟天（འོག་མིན།）的白光佛为师时，以弟子的身份出现，本教密宗和大圆满中以上师的身份出现[③]。

---

① 云丹彭措主编：《藏族典籍精选》第46卷《大圆满精要》　　[幸庆鲁噶伏藏]，北京：民族出版社，2014年12月第1版，第82页。

② 详见《隆吉经》，旺丹幸色掘藏于13世纪，手抄版，第45页，现存炉霍县仁达乡易日寺嘎绒尼玛家。

③ 云丹彭措主编：《藏族典籍精选》第46卷《如巴克秀注释》，成都：四川民族出版社，2014年12月第1版，第78页。

也有人说普贤王为法身佛，白光佛为报身佛，辛饶弥沃为化身佛。普贤王是报身佛与化身佛的真身，人们经常以蓝天的颜色来描绘或形容他的美；色界天顶上有个叫沃门的地方，汉文称色究竟天，白光神在那里传授密法和大圆满；辛饶弥沃出生于穆氏王朝，以王子身份出现，据说是不灭顶佛的化身。他与不灭顶佛都是以化身佛身份出现，但不同的是不灭顶佛属于神族，而辛饶弥沃是半人半神，他既可以用神的身份出现在人间，传达神的旨意，又可以以人的身份出现在神界求法，在神与人之间做协调。后来他成为神、龙、人三族的导师和依靠处。比如辛饶弥沃的父亲名嘉本托噶（རྒྱ་བོན་ཐོད་དཀར།），全名为拉本（ལྷ་བོན།）、弥本（མི་བོན།）、越本（ཡོ་བོན།）嘉本托噶，意思是神的本波、人的本波、所有种族的本波，嘉本是国王的意思①。藏文中的本波（བོན་པོ།）是救世主、引导者、可依处、导师、法师之意，嘉本妥噶是神族、龙族、人族等所有部族的依靠处。辛饶弥沃中的辛饶是非常殊胜、优秀的圣者，弥沃是大人、巨人、超人的意思。辛饶弥沃是王权与神权皆集中在一个人身上的集体表现，他既是神又是王，既是诸神之师，又是诸神之王。他有占卜师、超度师、招财师、王子或国王等很多身份。高原十二小邦有十二位首领、十二位法师，他们都称辛饶弥沃为父辛饶弥沃②。

法身普贤王有五种特点，与其他神不同：1.普贤王没有崇拜的弟子和眷属；2.他没有固定的住处和供奉的庙宇；3.他没有明显的身份特征，人们经常把他描绘为深蓝色，可能与天的崇拜有关，因天是自然崇拜之根；4.他没有固定的时间局限，也没有过去和未来的三世概念，即超越时空；5.他没有固定的法要传，因为没有弟子。古时候的大圆满行者们很少带弟子，所处环境不固定，时间也不固定，这可能

① 赤索丹主编：《本教历史文献汇编》第2卷《塞米经》，兰州：甘肃民族出版社，2018年7月第1版，第138页。

②详见法藏敦煌古藏文文献P.T.1285。

与普贤王的信仰有关系①。

但白光佛则不同，他有五固定，即所处的环境固定、崇拜的弟子固定、传法的时间固定、所说的法固定、身份固定。白光佛所在的环境固定在沃门刹土即色究竟天（འོག་མིན།）中，所以说环境是固定的；白光佛身份过于尊贵，他的弟子也只有十地以上的菩萨和色界天的神族，一般人无法见他，故谓崇拜的弟子固定；白光佛的传法时间为自轮回的开始至终止，轮回终止之后，他的传法时间也将停止，故谓时间固定；白光佛只传授密法，不传显宗等相应法，所以说法固定②。从中不难发现，五固定是典范的国家宗教，白光佛也以王子身份出现，所以自然是某个国王的人像崇拜③。白光佛的皮肤白色如同阳光照射到雪山一般灿烂明亮，头顶戴着五冠帽即王冠，身披绸缎制成的上衣、裙子和腰带，以王子的身份出现，本教经典中称报身佛打扮，其身份是固定的④。

化身佛有五不固定：1.身份不定，可以以王子身份出现，也可以以讨饭的乞丐或师父的身份出现；2.没有固定的弟子，即化身佛的弟子中既有王室贵族，又有一无所有的乞丐，弟子身份不固定；3.传法时间不固定，有了弟子即可传法，无弟子则无需传法，一切随缘；4.没有固定的环境，化身佛不一定只住一个地方，他可以换很多地方，因弟子、时间的变化而移动；5.法不固定，他既可以传显宗法，也可以传密宗和大圆满法，可以随着弟子的慧根、喜好而传法⑤。

三身佛并非三个物种，而是三种不同的人，是对某个人的不同认

---

①才让太主编：《冈底斯雍仲本教文献》第19卷，第225页；另见第19卷《大乘基道果三位》，第322页，北京：民族出版社，2010年9月第1版。

②才让太主编：《冈底斯雍仲本教文献》第19卷，第226页；另见第19卷《大乘基道果三位》，第323页，北京：民族出版社，2010年9月第1版。

③（德）马克斯·韦伯著，康乐、简惠美译：《宗教社会学》，桂林：广西师范大学出版社，2011年3月第1版，第20页。

④夏咱·扎西坚赞：《本教知识宝典》，成都：四川民族出版社，2018年5月第8次出版，第316页。

⑤才让太主编：《冈底斯雍仲本教文献》第19卷，北京：民族出版社，2010年9月第1版，第227页。

识。比如普贤王本人所看见的是法身佛，是报身佛与化身佛的真身；而非普通人所看见的是报身佛，即普贤王为了利益菩萨而呈现的另一种身份；普通人所看见的是化身佛，是为了度化芸芸众生而呈现的应身佛。白光佛以偶像的形式出现，但他只出现在色界天神族的领域中，欲界天和凡人的族群里看不见他；他也只传授密法和大圆满，不传授相应法。白光佛头顶有五冠帽，身上披着白色绸缎，双手结禅定印，双足大盘坐，以人像的方式呈现，就连辛饶弥沃都是他的化身。

**三、白光神与四尊如来**

四尊如来又称四尊逝世（བདེར་གཤེགས་གཙོ་བཞི།），即诸佛当中的主要四尊，是逝世、离去或远离生死轮回的意思，也是佛的十种名号之一。由于佛远离世俗，超越了生死轮回，所以得逝世之名。本教认为，四尊逝世是所有佛的本尊或真身，所有佛都是四尊佛所化身，故谓四主尊逝世⑥。但少数资料中记载：人寿一百岁时，与辛饶弥沃一起出现的白光佛、斯巴桑波布赤，称拉辛斯巴三尊，其中没有大慈母的记载⑦。

据本教文献记载：以白光佛（གཤེན་ལྷ་འོད་དཀར།）、斯巴桑波布赤（སྲིད་པ་སངས་པོ་འབུམ་ཁྲི།）、大慈母（ཐུགས་རྗེ་བྱམས་མ།）、辛饶弥沃（གཤེན་རབ་མི་བོ།）为四尊如来⑧，即斯巴桑波布赤代表方便法，大慈母代表智慧，白光佛代表了智慧与慈悲相融的圆满境界，辛饶弥沃为三者集体的表现。实际四尊佛都是不同时代和部族的人，但最后都融合在一起，成为四尊集体的雍仲本教传承。四尊如来之斯巴桑波布赤以父亲的身份出现，大慈母以母亲的身份出现在三十三天，白光佛以师父即尊师的身份出现在色究竟天，辛饶弥沃以弟子的身份出现在沃莫隆

⑥ 赤索丹主编：《本教历史文献汇编》第2卷《塞米经》[毗卢遮那译]，兰州：甘肃民族出版社，2018年7月第1版，第504页。

⑦ 才让太主编：《冈底斯雍仲本教文献》第1卷《集经》[三维游方僧伏藏]，北京：民族出版社，2018年7月第1版，第17页。

⑧ 详见《隆吉经》，旺丹幸色掘藏，手抄版，第31页，现存于炉霍县仁达乡易日寺课诵文集。

仁，他们的关系错综复杂，可见多元文化交融在一起的现象。

如上文所述，白光佛以师父的身份出现在色究竟天（འོག་མིན།），向无量光尊者（ཚད་མེད་འོད་ལྡན།）、不灭顶佛（འཆི་མེད་གཙུག་ཕུད།）、桑萨让尊天女（བཟང་ཟ་རིང་བཙུན།）、楚幸囊丹（འཕྲུལ་གཤེན་སྣང་ལྡན།）、辛饶弥沃（གཤེན་རབ་མི་བོ།）等弟子传授神族的宗教文化，即密宗与大圆满。辛饶弥沃以不灭顶佛身份出现时，拜白光佛为师，学习密法①；以白光佛自己的身份出现在上层天的神族领地，为色界天神族传授自己的宗教文化；以本尊的身份出现在诸佛的思想中，成为三世诸佛的本尊。由此可见，辛饶弥沃既是白光佛的弟子，又是他的化身，其关系错综复杂。斯巴桑波布赤也是在不同的时代和部族以不同的身份出现，比如白光佛传授密法和大圆满时，以弟子的身份出现，传授密宗与大圆满，被称为赤西囊当或楚幸囊丹尊者（ཁྲི་ཞི་ནམ་ཏིང་།）；辛饶弥沃时代时，以辛饶弥沃的弟子身份出现，代辛饶弥沃各地传律法，名玉吉切邬穹（ཡིད་ཀྱི་ཁྱེའུ་ཆུང་།）。大慈母也以不同身份出现在不同的时间和地点，比如以大慈母（ཐུགས་རྗེ་བྱམས་མ།）身份出现在天龙人三界，帮助雍斯达巴（ཡོངས་སུ་དག་པ།）、弥鲁桑勒（མི་ལུས་བསམ་ལེགས།）、益西宁波（ཡེ་ཤེས་སྙིང་པོ།）、吐蕃聂赤赞普等王子，为他们排忧解难，解除危险，救国利民；以护法神的身份出现在瓦塞本尊身边，为国王南征百战，威震四海，名斯巴杰母（སྲིད་པ་རྒྱལ་མོ།）；以天国公主身份出现在三十三天界，协助不灭顶佛传授母续密法，称桑萨让尊天母。

四尊如来之白光佛是神族宗教——密宗和大圆满的鼻祖和起源，常住于色究竟天；大慈母是龙族宗教——般若经、智慧法的鼻祖和起源；斯巴桑波布赤是人族宗教——占卜、历算、行医、禳解、超度等斯巴本的起源，也是世间万物之源。他们与辛饶弥沃是完全不同时代、不同部族的人，但最后都由辛饶弥沃继承了他们的

① 才让太主编：《冈底斯雍仲本教文献》第1卷《集经》[三位游方僧掘藏] 第20页；第4卷，《日光根本续》[扎沃贡年] 第79页，北京：民族出版社，2018年7月第1版。

所有文化传承，把这些优秀的文化融入了穆氏王朝文化中，成为他们的主流文化——称雍仲本教。后来，辛饶弥沃因各种缘由，前往吐蕃、象雄、达波、凉波、工布、知夏、卡奇、胡国、天国、龙国[①]等地，扩大自己的政治势力，提高政治地位，把自己的文化传播四方，使雍仲本教走向整个青藏高原的各个部族、领域，成为青藏高原的主流文化。

所以在本教古籍中我们可以得见，占卜、历算、医学、祭祀仪轨、超度法等斯巴本（སྲིད་པའི་བོན།）的内容[②]，其教义中有很多与古埃及宗教相似的内容；亦能看见如巨邦三法（ཀྱི་ཕྱུངས་སྐོར་གསུམ།）、三怙主（ཡི་དམ་མགོན་པོ་རྣམ་གསུམ།）、耳传大圆满、大圆满心识九部（སེམས་སྨད་སྡེ་དགུ།）等神族的宗教——密宗和大圆满的内容；除此之外，我们还能得见大慈母经中般若部[③]、经部[④]、续部[⑤]、咒语[⑥]部等般若智慧法的众多内容。只有穆氏王朝才能把这些文化集合成一体，成为自己的宗教文化，可见穆氏王朝的经济和政治势力。

**四、西藏民间文化与白光佛**

如今在藏族地区一年四季都有不同的祭祀神灵、供奉山神、水神、地神的仪式仪轨，以此祈求防范自然灾害，消除病魔，祈祷社会和谐、国家繁荣、百姓平安幸福。比如干旱时，供龙求雨，以期消除干旱灾难，供龙仪式的主尊就是白光佛。无论在西藏还是青海、甘肃，或是在四川或云南，都有供山供水、祭祀神灵、超度婴灵、火

---

① 赤索丹主编：《本教历史文献汇编》第2卷《塞米经》[毗卢遮那译]，兰州：甘肃民族出版社，2018年7月第1版，第391页。

② 伟色金巴主编：《库门经典汇编》第14卷《无垢庄严经》[耳传]，兰州：甘肃民族出版社，2015年9月第1版，第306页。

③ 伟色金巴主编：《库门经典汇编》第44部《大悲佛母五部经》，兰州：甘肃民族出版社，2015年9月第1版。

④《佛母经》的藏文对字是བྱམས་མའི་མདོ།，收藏于炉霍易日寺里。

⑤ 续《佛母根本》བྱམས་མ་རྩ་བའི་རྒྱུད།，今存于《本教甘珠尔》第124部，由甘肃民族出版社出版。

⑥《佛母咒语部》的藏文对字是“བྱམས་མ་འཇིག་པ་བརྒྱད་སྐྱོབ།”（《佛母救八难经》），现收录于《库门经典汇编》第44部，甘肃民族出版社，2015年9月第1版。

供、烟供、会供、煨桑供养、水布施、食物布施的仪式仪轨。即便喝茶也有喝茶的仪式，喝酒有喝酒的规矩，这些仪轨，与藏族文化中的死亡、婚姻、祭祀神灵等民间文化有着密切关系。但每种仪轨几乎都离不开白光佛，白光佛有时候扮演着所有山神的主子，带领众山神斩妖除魔，协调自然，积累福德，消除业障；有时候扮演着龙王、龙女、龙族的主上，引导他们不再危害众生[①]；有时候扮演着魔王的上师，引导魔族走向正确道路，以此来维护正义，保护百姓；有时候扮演着土地神，守护大地，滋润大地，养育众生；有时候以财神身份出现，汇聚福禄，消除贫困。白光佛是所有佛的本尊，所有神的本原，一切万物的根源，所以说白光佛乃诸佛之本[②]。比如做烟供时，把自己观想成白光佛，白光佛胸间发出一道光，从而产生四众宾客，进行供奉和布施仪式，以此积累福德[③]。举行煨桑仪式时，把自己的观想成白色光芒，一尘不染的白光佛，胸间发出光，迎接世界各地的圣山、圣水，以此把世界各地的所有山神集中在一处，举行布施和供奉仪式。这些山水文化体现出山与山之间的各种关系，比如上下级关系、主山与次山关系、血缘关系，从中反映出人类文化的诞生和发展以及历经的变迁。

藏族传统文化中的水布施、食物布施、擦擦文化、装藏文化、雕刻文化中也有白光佛的影子。比如各大寺院里我们都能看见白光佛的画像、塑像、铸造像，包括唐卡、壁画、泥塑、石刻、雕像、铸造像，等等。他不仅在寺院有很高的地位，在经文中频繁出现，而且与藏族人的山神祭祀、宗教仪轨、民俗文化、风俗习惯息息相关，他从未离开过藏族文化的领域，他是活着的神，是藏文化的灵魂。

比如为死人超度，离不开白光佛，虽然后来的教派中将其演化成

---

① 辛饶弥沃：《སྣང་སྲིད་ཞི་བ་ཆེན་པོ།》，手写版，现存于炉霍县仁达乡易日寺泽绒罗布手中。

② 详见《易日寺护法集》之《神山祭祀经》（བསང་ཡིག），第60页，现存于炉霍县仁达乡易日寺嘎绒尼玛处。

③ 详见《燋供仪轨》（གསུར་བསྔོས།），耿珠扎巴著，现于存炉霍县仁达乡易日寺尼玛处。

不同形象，但本质不变；为婚姻念诵汇聚福禄经、招财延寿经，都离不开白光佛；做烟供或火供或火布施时，所有火神阿尼热阿（མེ་ལྷ་ཨ་ནི་ར།）、息增怀伏的本质都是白光佛，以白光佛为根本神①。无论是生、老、病、死，无论是悲还是喜，都离不开这尊神。

**五、白光佛与大悲观音**

阿底峡尊者是藏传佛教八大教派之噶当派的鼻祖，也是来自古印度孟加拉地区的著名中观哲学的大师，为藏传佛教后弘期做出了杰出贡献。他在噶当教言中说："印度佛教称观世音，印度教称自在天，本教称白光佛即光之神。"他认为印度佛教所供奉的四臂观音、本教密宗和大圆满里的辛拉俄噶即白光神、印度教所供奉的湿婆神即自在天都是同一个人，应该是三个不同宗教或部落对白光佛的不同称呼。虽然观世音有千手观音、十一面观音、四臂观音，以及男性观音、女性观音等，不同区域和时代有着不同的称呼、外貌，但笔者很赞同上述的观点，比如印度教、耆那教、婆罗门教认为冈仁波齐山是湿婆神即自在天或梵天的圣山，他们的传统习俗中认为，从那里吹来的风、流淌的水都能洗清罪障。那里的语言为梵语，就是梵天的语言。古婆罗门的祖先吠陀教崇拜神物中有生殖器崇拜，而冈仁波齐山就是男性生殖器形状，玛旁雍错为女性生殖器形状。资料记述，古印度佛教、古印度教、耆那教等都来自印度婆罗门教，而婆罗门源于吠陀教②。吠陀教是雅利安人来到巴基斯坦与阿富汗交界处，征服当地民族之后所诞生的宗教③。所以这些宗教对自己信仰、人文起源一直抱有着崇高的敬仰。

依照本教《塞米经》所示，冈仁波齐山的西部是神族，冈仁波齐山的南部是龙族，东有吐蕃、达波、工布、凉波、霍尔族等凡人

---

① 详见《སྣང་སྲིད་ཞི་བ་ཆེན་པོ།》，辛饶弥沃著，手写版，现存于炉霍县仁达乡易日寺泽绒罗布手中。

② 黄心川主编：《世界十大宗教》，北京：社会科学文献出版社，2007年5月第1版，第48页。

③（德）马克斯·韦伯著，康乐 简惠美译：《印度宗教》，桂林：广西师范大学出版社，2010年9月第1版，第209页。

领地。高原十二小邦时代，恰巴魔王越过冈仁波齐山前往沃莫隆仁，辛饶弥沃也为了征服以恰巴魔王为主的十二部落，从沃莫隆仁即现今的巴基斯坦与吉尔吉斯坦越过冈仁波齐山，来到青藏高原。而白光佛是辛饶弥沃的上师，应当是冈仁波齐山西部之人。根据印度教的经典记载，冈仁波齐山是自在天即湿婆神的生殖器，印度信奉湿婆神的教徒崇拜生殖器的原因也许就是因为这个。而观音有观自在、观音菩萨不同称呼，其称谓与婆罗门中的自在天名称相近。绒敦巴大师在《本教源流》（བོན་ཆོས་རྣམ་དབྱེ།）中记述，观音与自在天即湿婆神就是同一个神①。

著名成就者珠巴耿雷（འབྲུག་པ་ཀུན་ལེགས།）尊者云：“白光佛与观音不二，本教与藏传佛教教义毫无区别。”②意思是白光佛和观音菩萨为同一个尊者，雍仲本教与藏传佛教在教义上没有任何区分。本教古籍中没有提到白光佛与观音菩萨的关系，但赤西囊当与四臂观音在仪轨、打扮、装束、外观上基本一致。赤西囊当有一面四臂，双手合掌持着莲花，另外双手中持有玻璃珠子和莲花。本教古籍中认为赤西囊当是白光佛的化身，所以认赤西囊当为观音菩萨一点都不意外③。

我国藏族地区和内地的各种壁画、唐卡、塑像对观音的描绘以多种形态出现。她从印度河上游流传到印度，并传入我国各地，吸收了不同时代、不同民族和国家的多元文化。

## 第七节 无量光与本教经典中的才美俄丹

无量光是阿弥陀佛的意译。如今很多修净土的居士认为只有净土宗才有阿弥陀佛的修法仪轨；还有一些弟子认为只有净土宗、藏传佛

① 绒敦巴大师：《本教源流》手写版，第15页，现存阿坝县哇尔玛乡夺登寺邓巴达尔吉家。

② 其麦拥珠主编：《色拉班智达·扎顿巴·嘎桑丹巴坚参文集》第1卷，北京：民族出版社，2009年8月第1版，第236页。

③ 弥秀多杰编纂：《丹金护法祭祀仪轨》第5页，手写本，现存炉霍县仁达乡易日寺护法神文集。

教宁玛派和噶举派才有阿弥陀佛修法仪轨，除此以外，其他教派都不具备阿弥陀佛的修持方法。其实很多教派都有阿弥陀佛的修法仪轨，只是他们没有广泛宣传而已。阿弥陀佛修法也不是唯一的净土法，除此之外，还有药师佛净土法、普明大日如来净土法、普贤佛净土等[①]。本教经典中也有阿弥陀佛修法，所以在这里简单介绍一下本教中的阿弥陀佛与才美俄丹的关系。

**一、阿弥陀佛的名称由来和外观变化**

邬金林巴大师（公元1230年至1309年）是藏传佛教噶举派支派竹巴噶举的创始人郭仓巴大师的门徒，黑帽系第二世噶玛巴——噶玛拔希的儿子。大师曾受乌仗那国王之邀，在乌仗那游历多次并弘法利生多年。他是宁玛派与噶举派公认的著名伏藏大师，一生著有很多经典之作，其中《五部箴言》（བཀའ་ཐང་སྡེ་ལྔ།）[②]是他最为优秀的代表作。《五部箴言》分别为《国王箴》（རྒྱལ་པོ་བཀའ་ཡི་ཐང་ཡིག）、《后妃箴》（བཙུན་མོ་བཀའ་ཐང་།）、《大臣箴》（བློན་པོ་བཀའ་ཐང་།）、《佛徒箴》（བླ་མའི་བཀའ་ཐང་།）、《鬼神箴》（ལྷ་འདྲེས་བཀའ་ཐང་།），是一部在藏传佛教界非常受欢迎、受重视的经典之作。其中《大臣箴言》中有本教的部分记载："以才美俄丹尊者为主的本教九位伟大的大圆满上师获得虹身成就，即光的成就。"[③]这其中提到了才美俄丹尊者，才美俄丹译成汉文就是无量光之意。

本教耳传大圆满历代上师传记中以普贤王如来、白光佛、才美俄丹、楚幸囊丹、如巴克秀、桑萨让尊、不灭顶佛和密集大师为九位如来秘传上师[④]。这些都是辛饶弥沃以前的大圆满历代上师，也与邬金林巴的《五部箴言》中所示的九尊佛基本吻合[⑤]。其普贤王就是上文

① 赵朴初：《佛教常识答问》，南京：江苏古籍出版社，1988年4月第1版，第155页。

②《藏汉大辞典》（上），北京：民族出版社，2010年。

③ 乌金林巴：《五部箴言》（又称《五部遗教》），北京：民族出版社，1997年5月第1版，第495页。

④ 才让太主编：《冈底斯雍仲本教文献》第24卷《耳传大圆满》，北京：民族出版社，2010年9月第1版，第182页。

⑤ 才让太主编：《冈底斯雍仲本教文献》第24卷《耳传大圆满历代上师传》，北京：民族出版社，2010年

中所提到的普贤王，是诸佛的根本，诸神之真身，万物的本源。白光佛是普贤王如来的化身，三世佛的本尊，以报身佛的身份出现，但只有色界天神族和菩萨才能看见他，常人是看不见的。

据相关文献记载："才美俄丹"是大圆满最初的九位上师之一，可以说是白光神的弟子当中第一个获得大圆满虹化成就者，即光的成就者。他起初拜白光佛为师，接受大圆满光修的传承，以毕生的精力实践大圆满光明法，最后让自己的身体变成光，照耀大地，被称为才美俄丹（ཚད་མེད་འོད་ལྡན།）或沃巴美（འོད་དཔག་མེད།），译成汉文是"无量光"，梵文对字是"阿穆带瓦"（ཨ་མི་དེ་ཝ།），后来汉文中音译为"阿弥陀"，后面加了一个"佛"字，便称"阿弥陀佛"。"阿穆"（ཨ་མི།）是无量光的意思，"带瓦"（དེ་ཝ།）是神或尊者的意思，阿穆带瓦可译为无量光神或光的神、光的成就者。他所修的法是大圆满光明法，虹化之说和大圆满光明法的称谓也许就是这样来的。

无量光在本教大圆满经典中被称为才美俄丹尊者，本教《无垢庄严经》中称"沃巴美"（འོད་དཔག་མེད།）或谢扎恩美（ཤེ་ཐག་དངོས་མེད།）、门兰塔耶（སྨོན་ལམ་མཐའ་ཡས།）即无量愿大经。才美俄丹和沃巴美都是无量光、无量光神、光的成就者之意；门兰塔耶是无量愿如来、无量佛、无量愿神。他们的形象、姿势、装束、服饰、仪轨都是一致的，都以报身佛装束出现。在藏传佛教经文中也称无量光为沃巴美或桑吉囊瓦塔耶（སྣང་བ་མཐའ་ཡས།），以化身佛的身份出现。化身佛与报身佛的区分是化身佛头上不戴王冠，以比丘的形象出现；报身佛戴着王冠，以王子形象出现。

人们之所以把冈仁波齐称作三十三天界、噶丹天的天国之都或神族，有可能是因为孕育了大圆满自然法，很多圣人在那里践行实修自然法即光明大法，获取光的成就，所以对冈仁波齐山有着崇高的敬

9月第1版，第2页。

仰。后来，随着时代的发展，大圆满自然法逐步传播到吐蕃、象雄、勃律、尼泊尔等地，影响周边的各个部落王室。比如在《冈仁波齐神山目录》中，印度、尼泊尔、卡奇、勃律、理域[①]、霍尔族[②]、吐蕃、象雄、南诏[③]、苏毗、木雅等很多地方都用自己的语言给冈仁波齐取了名称。由此说明，青藏高原的各个部落对冈仁波齐山有崇高的敬仰[④]。比如大圆满文献中记载：冈仁波齐山附近曾经出世过数十万虹化大师，修持大圆满，得到虹光成就。

据德国著名社会学专家马克斯·韦伯的研究，印度佛教来自印度教，印度教来自印度的婆罗门教。婆罗门教分很多种传承体系，但都源自冈仁波齐附近——吉尔吉特一带。说明印度文化之源与冈仁波齐有着密切关系[⑤]。很多证据都指出印度婆罗门文化源自印度河的源头，印度最早的文明是公元前3000年至公园前1500年间的印度河流域文化。莫亨约·达罗的研究和哈拉伯遗址的发掘证明：当时印度河河沟的人已经使用青铜器，大多从事农业和畜牧业，其流行的宗教信仰是对地母、动植物、生殖器等的崇拜，沐浴与土葬是重要仪式。公元前2000年中叶雅利安人由兴都库什山越过帕米尔高原，迁徙到印度河流域，和当地的主要民族进行长期斗争并最终征服了他们。后来当地宗教与外来的宗教相融合，形成了印度文化之源——婆罗门教[⑥]。

无论是印度佛教还是印度教或婆罗门教，对冈仁波齐的一些观念十分相似，这也许与大圆满和历代大师——光的成就有关系。比如有

---

① 理域（ལི་ཡུལ།）指冈底斯山以北，今新疆的和田、且末、若羌等地。

② 霍尔族是指以今西藏昌都的丁青县、那曲的巴青县、聂荣县、那曲县等为主的区域。

③古汉语中的南召即藏语中的绛域（འཇང་།），敦煌古藏文文献中称为“ཕྱྭ་ཕྱྭ་དཀར་ནག”，即白蛮和乌蛮。

④ 邓真尼玛编纂：《象雄与吐蕃历史文集》上册之《冈底斯圣山目录》，成都：四川民族出版社，2016年。

⑤（德）马克斯·韦伯著，康乐、简惠美译：《印度宗教：印度教与印度佛教》[M]，桂林：广西师范大学出版社，2010年9月第1版，第650页。

⑥ 黄心川主编：《世界十大宗教》，北京：社会科学文献出版社，2007年5月第1版，第49页。

的本教文献中记载：沃莫隆仁有很多不同的名称，印度人称香巴拉，象雄人称沃莫隆仁，乌仗那人称极乐世界，吐蕃人称达斯昌域（སྟག་གཟིག་ཁྲོམ་པའི་ཡུལ།），是指同一个地方①。辛饶弥沃自传《集经》中记载，沃莫隆仁的具体位置在冈仁波齐山之西②。其中还说：冈底斯山邻近的地区有缚刍河和徙多河、印度河等四大河流的发祥地，西北部有辛饶弥沃的弘法之地沃莫隆仁；西有辛饶弥沃的诞生地穆氏王朝；东面有嘉那即今甘肃省临夏的噶居地区；南面有洛族和门巴族；东南有绛域即今纳西族、普米族、彝族、白族等的祖先，唐书里称南召，隋末唐初他们建立云南王朝，七世纪末被吐蕃所统领；北面有理域与昌域，东北角有霍尔族和雪域吐蕃之域等，明确地指出了沃莫隆仁具体位置，以及汉区、理域、昌域、霍尔族和绛域即南召等的相关名词和地理方位③。

《唐会要》和《唐书·吐蕃传》中记载，大羊同东接吐蕃，西连小羊同，北至于阗④。大羊同是指今阿里、拉达克、古格为主的象雄，小羊同应指在冈仁波齐山之西，今巴基斯坦、吉尔吉特一带，本教古籍中记载的沃莫隆仁或嘉卡巴确城也都在此。据本教文献记载：象雄分里中外三部分，里象雄乃辛饶弥沃诞生地沃莫隆仁，中象雄为弥鲁桑勒的弘法地古象雄嘉卡巴确，外象雄是指今我国西藏阿里为主的高原地区。比如《母续经》中记载，《母续经》乃首先从雍仲天语（གཡུང་དྲུང་ལྷའི་སྐད།）译成古梵文，普贤如来传授于普贤佛母；其次在三十三天界，普贤佛母用古梵文译成达斯语（སྟག་གཟིག་སྐད།），传授于桑萨让尊神母；桑萨让尊神母与弥鲁桑勒用古梵文译成象雄玛文

① 尼玛丹增著：《尼玛丹增传》，北京：民族出版社，2012年9月第1版，第25页。

② 才让太主编：《冈底斯雍仲本教文献》第1卷《辛饶弥沃的传记与历史》，北京：民族出版社，2010年9月第1版，第4页。

③ 才让太主编：《冈底斯雍仲本教文献》第1卷《辛饶弥沃传记与历史》，北京：民族出版社，2010年9月第1版，第10页。

④ 今新疆和田一带。

（སྨྲ་སྐད།），流传到古象雄国[①]。这里的雍仲天语应是斯巴本教中所说的色界天语言；古梵文是三十三天界即冈仁波齐山的西部语言；象雄玛文是嘉卡巴确之语言。桑萨让尊佛母是不灭顶佛的母亲、弥鲁桑勒大师的上师，而不灭顶佛是辛饶弥沃的前世转世[②]。

本教文献中记载，才美俄丹又称西扎沃美，是西方的部主无量光尊者，是五方佛之一。五方佛是当我们的贪、嗔、痴、慢和嫉妒即五毒烦恼彻底消除后，所呈现的大圆镜智、法界性智、妙观察智、平等性智和成所作智五智慧。五智慧实际就是我们本性的五种特殊功能，都是自本性中发挥出来的天生智慧[③]。五智慧与五大元素相结合而呈现五方佛，五方佛在忿怒时称五大本尊或五胜本尊，实际他们都是以我们的本性来展现，皆来自我们的本性。大圆满把本性称法身佛，本性中呈现的五大智慧、五方佛、五胜本尊都是法身佛的化身，是为了度化各种不同的人所呈现。

## 二、藏文文献中的弥陀

《弥陀经》中的“经”是经典之意，是佛陀修行中累积的经典。从佛教的角度而言，经是佛陀亲自所述，论是经的解释。《阿弥陀佛经》是修阿弥陀佛即无量光佛的经，是往生极乐世界的方法，汉传佛教和藏传佛教都非常重视这部经典，在藏族地区它只是一部经，但到了内地它不仅是一部经，更是由此形成一门宗派。本教经典中有十二大经，称十二仪轨（详见下表）。

---

① 雍忠丛书主编：《本教母续根本经及注释》[古如诺栽伏藏]，北京：民族出版社，2012年9月第1版，第140页。

② 赤索旦主编：《象雄与吐蕃历史汇编》第4卷《日光根本续》，兰州：甘肃民族出版社，2018年7月第1版，第79页。

③ 才让太主编：《冈底斯雍仲本教文献》第27卷《世间根本藏》，北京：民族出版社，2010年9月第1版，第15页。

| 序号 | 经文名 | 藏文 | 音译 |
|---|---|---|---|
| 1 | 摧破金刚 | རྣམ་འཇོམས། | |
| 2 | 普明佛 | ཀུན་རིག | |
| 3 | 无量愿经 | སྨོན་ལམ་མཐའ་ཡས། | |
| 4 | 药师佛经 | སྨན་ལྷ། | |
| 5 | 慈母经 | བྱམས་མ། | 大慈母经 |
| 6 | 普空经 | ཀུན་དབྱིངས། | 根央经 |
| 7 | 慧度经 | ཕལ་ཕྱིན། | |
| 8 | 行善经 | དགེ་བསྙེན། | 格年经 |
| 9 | 慈悲经 | བྱམས་ལྷན། | 向丹经 |
| 10 | 清静经 | རྣམ་དག | 南达经 |
| 11 | 普贤佛海经 | ཀུན་བཟང་རྒྱལ་བ་རྒྱ་མཚོ། | |
| 12 | 时轮经 | དུས་འཁོར། | |

《弥陀经》虽不在其中，但它的修行风格、修行内容、方法与十二部经大致相同。

净土修法以四个方法为主，一是发菩提心，二是积累七支资粮，三是大力发愿，四是观想庄严净土的优点。菩提心包括因果七诀、六度法、四无量心；七支资粮包括礼拜、发心、忏悔、供养、随喜、求法、回向等。这四个方法，几乎十二部经都具备④。

据《本教阿弥陀佛经》记载：人们远离贪婪和其习惯并证得妙观察智，才美俄丹或无量光佛是证得妙观察智后所呈现之尊者。据藏族文化中关于方位颜色的区分方法，北方一般为绿色，南方为蓝色或青色，东方为白色，西方为红色，所以本教经典中的阿弥陀佛的身色为红色。我们可以这样推断：汉传佛教净土宗认为，极乐世界位于西

④《报身佛大愿经》第40页，详见《夏匝扎西坚参全集》。

方，而阿弥陀佛是西方的部主。其实净土不一定只有西方，东方、南方、北方都可以有净土，但习惯中认为极乐世界只有在西方与才美俄丹的生平有着密切联系。笔者认为人们之所以把极乐世界指向西方，也是因为跟才美俄丹的诞生地和大圆满光明法的起源与发展有密切关系。比如本教经典中的阿弥陀佛是报身佛装扮，头顶有五冠帽，身披各种绸缎制成的衣服，藏传佛教的阿弥陀佛为化身佛装扮，他们的外观和打扮都有了明显的变化。

本教弥陀经中阿弥陀佛位于中央，五尊大愿佛（སྨོན་ལམ་བསམ་མཐའ་ཡས་པ།）弥陀的头顶上，右肩上有大慈母，左肩上有不灭顶佛，右脚方向有密集大师，左脚方向有囊瓦多金大师，前面是占巴三父子即占巴南喀、泽旺仁增、莲花生大士。而藏传佛教的弥陀经的中央是阿弥陀佛，左侧是大力金刚，右侧是观音菩萨，三者统称为“西方三圣”。而以本教和藏传佛教资料来推断，大力金刚即虎衣明王，观音菩萨是赤西囊当或白光佛，他们都在本教密宗和大圆满的历代上师当中赫赫有名。

据藏汉文文献记载：才美俄丹是无量光尊者即汉传佛教所说的阿弥陀佛，他是白光佛的弟子，是神族之后、本教大圆满的历代上师。如今很多专家认为，密法来自于西方乌仗那地区，那里是燃灯佛之乡、阿弥陀佛的净土，与大圆满传承密不可分。很多象雄文化研究专家根据本教资料推断：本教文化源自象雄即鹏鸟王国。象雄是主要以冈仁波齐周边为主的地区。据说：象雄分上部象雄、中部象雄、下部象雄。上部象雄中包含沃莫隆仁，中部象雄以嘉卡巴确为主，有人认为其中还包括今天的尼泊尔、乌仗那等地区。古汉文文献中将尼泊尔称作泥婆罗，印度称南婆罗①，都与婆罗门有着密切关系。乌仗那有人认为是今天的巴基斯坦之南；也有人认为是巴基斯坦与阿富汗中间，就是如今的吉尔吉特一带、印度河的源头；也有人认为位于阿富

① 罗广武译注：《两唐书吐蕃传译注》，北京：中国藏学出版社，2014年5月第1版，第4页。

汗境内，目前学术界说法不一，尚无统一观点。以文化的领域而言，沃莫隆仁、乌仗那都与象雄有千丝万缕的关系，或直属于象雄。

据历史研究专家考证，在人类历史上也有过追随太阳的习惯，因为人畏惧黑暗，不希望日落，所以一直追随太阳的行踪。这种习惯传承了好几代甚至几十代，最后他们定居在如今的喜马拉雅山一带，形成了部落。人们之所以把极乐世界定位于西方，跟这些文化习俗或太阳崇拜有关系。西藏的很多老人到现在还会往日落的方向磕头、做祷告，认为太阳下山的地方是神圣之地，认为那里是我们的回归之所。本教的佛塔头顶的重要珍宝，右侧是太阳，左侧是月亮。白光佛的宝座垫子饰以莲花、太阳、月亮，太阳和月亮是代表父母的阴阳，明显是从太阳崇拜演变而来①。

古埃及人认为，人有很多灵魂，第一个叫做“卡”（ka），具有该人本人的形象。卡的含义可以说是一种“重要力量”，它的历史比本教文献中记载的相关内容的时间更长。它生前附着于人体，死后继续附着于其尸体和雕像，其存在的持久程度由尸体的保存情况而定。所以他们把尸体埋在棺材里，像国王等条件较好的人士会建筑金字塔，以此保留尸体。第二个灵魂叫作“巴”，为“永远活着”之意，其形象是人头鸟。“巴”似乎只在人死之后才得以从身体中释放出来。神也有卡和巴的灵魂。这两个灵魂在人死后继续存在，回到棺材里，所以人死后必须为两个灵魂预备酒和食物等。比如在我国内地有扫墓的习俗，古代本教文献中也有每年用茶酒、食物祭祀死者的相关记载。古埃及人认为，人死后，其灵魂“卡”将去西方“西卢之野”，因此死者的墓都建在尼罗河西。藏族土葬习俗中也有头向西的习惯。从西方冥世观念来看，“日落于西”的习俗和经验观察有关。这和追随太阳和崇拜光的信仰肯定有关系，古人对光的崇拜

①云丹彭措主编：《藏族典籍精选》第20卷《大圆满法论》，成都：四川民族出版社，2014年12月第1版，第77页。

与白光佛、大圆满关系密切[①]。比如本教大圆满的祖师白光佛即光之神、才美俄丹即无量光神，都与光有联系。大圆满虹化成就其实就是身体变成彩虹或光，逐步消失，所以大圆满称“光明大圆满”，其历代上师叫白光佛、无量光神，等等。

古埃及人的思想与斯巴本教的观念有很多相似之处，比如斯巴本教认为灵魂分“喇（བླ།）、意（ཡིད།）、森（སེམས།）”，“喇”是灵魂的一部分，有时候“喇”会被分离、夺去、丢掉，所以人容易变植物人、神经错乱、不正常，等等。“喇”有时候随着别人走掉，或跟着尸体埋在棺材里。“喇”既不是心，又不是心所，它是一种力量。“意”是意识，是我们的第六识，最后与阿赖耶识融为一体。“心”是灵魂中的主体，显宗、密宗、大圆满对心有不同的解释。“心”有心和心所之分，“心”是指眼识、耳识、鼻识、舌识、身识和意识。心与心所当中的心叫心王，就是有心所为自己助伴之识；心与心所中的心所是心王所生，又随从心王的意识。

如今我们常念的普咒——八字真言就是阿弥陀佛的心咒，在本教阿弥陀佛经文里对八字真言有非常详细的解释，认为其是报身佛心咒，也是三大真言之一。

**三、无量光与本教五身佛**

白光佛的弟子分别为萨瓦让炯（གསལ་བ་རང་བྱུང་།）、噶瓦敦珠（དགའ་བ་དོན་འགྲུབ།）、盖拉嘎秀（དགེ་ལྷ་གར་ཕྱུག）、谢扎恩美（བྱེ་བྲག་དངོས་མེད།）。萨瓦让炯译成汉文为光明自然神或本原神、太初神，属于东方的部主，全身白色；噶瓦敦珠译为汉文是喜乐如意神或欢喜如意神，隶属于南方的部主，以深蓝色身体；盖拉嘎秀汉文称善福神，全身绿色，头顶王冠，以王子装扮，属于北方部主；谢扎恩美汉文中称为无量光，又被称作无量愿神、无量寿神，全身红色，头顶王冠，王子装扮，身披绸缎，是西方极乐世界的部主；本教五身佛中央是普

① 黄心川：《世界十大宗教》，北京：社会科学文献出版社，2007年5月第1版，第5页。

明佛，而普明佛与斯巴桑波布赤、梵天、大日如来的身着、打扮、姿势都是基本相同。

按照古代藏族人的习惯，东方呈白色或黄色，北方呈绿色，南方呈深蓝色，西方呈红色，中央为白色。人有贪、嗔、痴、嫉妒、傲慢，即五毒烦恼。法界性智、妙观察智、大圆镜智、平等性智、成所作智为五智。色蕴、受蕴、想蕴、行蕴、识蕴为五蕴。空、风、水、火、地为五大元素。贪婪清除后，呈现妙观察智；嗔恨消除后呈现法界性智；痴毒清除并呈现大圆镜智；嫉妒消除了，呈现成所作智；傲慢远离并呈现平等性智。

五方佛与五毒烦恼、五智、五蕴、五大元素、五种颜色、五胜本尊、五大空性母有着密切关系。其中无量光神是白光佛的五大弟子之一，是大圆满的继承者、西方极乐世界的部主，也是第一个获得虹化成就的大师。无量光拥有才美俄丹（ཚད་མེད་འོད་ལྡན།）、谢扎恩美（ཁྲི་ཟུག་དངོས་མེད།）、囊瓦塔耶（སྣང་བ་མཐའ་ཡས།）、沃巴美（འོད་དཔག་མེད།）、门兰塔耶（སྨོན་ལམ་མཐའ་ཡས།）等很多别名。才美俄丹、囊瓦塔耶和沃巴美是无量光的意思；谢扎恩美是无色神之意，门兰塔耶是无量愿或无量大愿之意。无量大愿包括本教十二仪轨。

| 名称 | 五毒 | 五智 | 方位 | 五行 |
|---|---|---|---|---|
| 普明如来 | 嗔恨 | 法界性智 | 中央 | 天空 |
| 光明自然神 | 痴毒 | 大圆镜智 | 东方 | 地 |
| 善福神 | 傲慢 | 平等性智 | 北方 | 风 |
| 无量光神 | 贪婪 | 妙观察智 | 西方 | 火 |
| 欢喜如意神 | 嫉妒 | 成所作智 | 南方 | 水 |

### 四、阿弥陀佛与本教大圆满

本教大圆满主要有两个大的传承体系，分别为印度部传承、象雄部传承。这两部传承的文化体系、文献架构、语言风格、人物介绍等方面相差甚远。印度传承中衍生了毗卢遮那的传承、占巴南喀的传承体系。以《大圆满量论狮语》（ཚད་མ་སྨྲ་བའི་སེངྒེ་།）、《妙法乘释经》（ཐེག་འགྲེལ་མི་ཡོང་དགུ་སྐོར།）为主的经典乃属于毗卢遮那的传承，以《大圆满耶赤经》（ཡི་ཁྲིད་མཐའ་སེལ།）为主的经典乃属于占巴南喀的传承。象雄部主要有三个传承，分别为《象雄耳传》（ཞང་ཞུང་སྙན་རྒྱུད།）、《心识九部》（སེམས་སྨད་སྡེ་དགུ།）、《大圆满广说三要》（རྫོགས་ཆེན་བསྒྲགས་པ་སྐོར་གསུམ།）。《象雄耳传》中衍生了《耳传四部大圆满》（བཀའ་བརྒྱུད་སྐོར་བཞི།）、《耳传实修三部传承》（ཉམས་རྒྱུད་རྒྱས་འབྲིང་བསྡུས་གསུམ།）；《心识九部》中衍生《大圆满菩提藏》（བྱང་སེམས་གབ།）；《大圆满耶赤经》中衍生了《大圆满极顶法》，等等[①]。

《象雄耳传》中有九位心传上师、二十六位虹化大师、五大成就者、六位证悟大士、七位经论上师等一百多位大师。从中衍生上部耳传、下部耳传、南部传承、北部传承等很多流派[②]。《心识九部》中出现了九尊如来传承，上部六尊导师、十二位世系上师、四大智者等大师，把大圆满流传到吐蕃、象雄、桑巴、中原等。

据《象雄耳传》记载：九位心传上师分别为本原普贤王、大悲白光佛、化身白光佛、才美俄丹即无量光神、楚幸囊丹、如巴克秀即杜鹃智慧鸟、桑萨让尊、不灭顶佛、密集大师。其中提到了才美俄丹即无量光尊者。无量光尊者在色界天上部瓦拉俄萨神族领地，为无数菩萨传授大圆满，消除他们的所知障。另据《持慧意续》记载：在寒热的交叉之中，光与声相融相合，诞生了一名充满慈悲和智慧的光子，他有慈无量、悲无量、喜无量、舍无量，身上具有无量的光，照耀大地，故谓无量光尊者[③]。《大圆满耶赤经》的历代上师中有“智慧光

① 夏察·扎西坚赞：《西藏本教源流》，北京：民族出版社，1985年9月第1版，第116页。

② 芭·丹杰桑布：《本教源流宏扬明灯》，北京：中国藏学出版社，1991年12月第1版，第194页。

③ 才让太主编：《冈底斯雍仲本教文献》第24卷《四部象雄耳传》，北京：民族出版社，2010年9月第1版,第6页。

上师”“雍仲光上师”都与光有关系，没直接提无量光[1]。

《心识九部》历代传承中记载：白光佛在色究竟天苦修多年，把它继承下来留给后人。其弟子才美俄丹在光明天刻苦修行，吸取精华，使身体变成光，照射大地，照射世界，所以被称为才美俄丹，即无量光[2]。另据李西达让的《大圆满极顶法》（རྫོགས་ཆེན་ཡང་རྩེ་ཀློང་ཆེན།）中记载：白光佛对普贤王供奉了无量的禅定，促使传法。白光佛胸间产生阿字，照射光芒。那时，才美俄丹站起来，做了遍满天空和大地的供养，求大圆满法[3]。

据说《大圆满菩提藏》（བྱང་སེམས་གབ་པ།）是辛饶弥沃59岁时所传之法[4]。菩提是指我们的本性，我们每个人都有本性，只是藏得很深，被自我、无明遮蔽得严严实实，不容易发现，所以称菩提藏。对这部经的注释很多，比如四大智者的《菩提藏广义注释》、占巴南喀的《菩提藏注释明海经》、12世纪时卓衮罗珠坚参做的注释，良美·西饶坚赞的《菩提藏注释明灯》，等等。本教信徒认为：《菩提藏》是《心识九部》的正文，但两者传承有异，《菩提藏》起源于辛饶弥沃，《心识九部》起源于白光佛、才美俄丹、不灭顶佛。奇怪的是，两本都是幸庆鲁噶所掘藏，所以称根本分支之关系。据《菩提藏》中记载：才美俄丹所传之法，菩提藏的附录，为了快速认识九乘次第法的见地、修法，传授此法。这应是与本教南部传承九乘法有关系的一本书，因为文本中提到才美俄丹[5]。此外书中还提到都幸忙带（འདུར་གཤེན་ཛ་དེ།），法藏敦煌古藏

① 伟色金巴主编：《库门经典汇编》第138页《大圆满耶赤经》，兰州：甘肃民族出版社，2015年9月第1版，第451页。

② 云丹彭措主编：《藏族典籍精选》第46卷《大圆满精要》，成都：四川民族出版社2014年12月第1版，第13页。

③ 才让太主编：《冈底斯雍仲本教文献》第23卷《大圆满极顶法》，北京：民族出版社，2010年9月第1版，第245页。

④ 尼玛丹增：《尼玛丹增自传》（藏文），北京：民族出版社，2012年9月第1版第57页。

⑤ 才让太主编：《冈底斯雍仲本教文献》第23卷《大圆满菩提藏》，北京：民族出版社，2010年9月第1版，第51页。

文文献P.T.1068中也有此人的名称。

《大圆满广说三要》是白光佛传授于楚幸囊丹，其次先后传于桑萨让尊、祈麦祖普即不灭顶佛、密集大师等古代大师。到了公元8世纪时，李西达让把它埋藏在洛扎县康铜拉康，公元1088年谢敦恩珠扎巴把它掘藏传授于弟子，现收录于存本教甘珠尔心识部里。所谓广说三要是指续部（རྒྱུད།）、经部（ལུང་།）、秘诀部（མན་ངག），续部传给雍斯达巴，成为天人传承；经部传授于弥鲁桑勒，成为人族传承；秘诀部传授于益西宁波，成为龙族传承。《广说三要》中提到普贤王、白光佛、楚幸囊丹、桑萨让尊、祈麦祖普等相关人物，但没有提到才美俄丹[①]。传承中有一位叫俄色巴美（འོད་ཟེར་དཔག་མེད།）[②]，也是无量光的意思，但很难断定此人与才美俄丹是否是同一个人。

《五部遗教》又称《五部箴言》（བཀའ་ཐང་སྡེ་ལྔ།），宁玛派著名伏藏师邬坚领巴著于公元1285年。据《五部箴言》之大臣篇记载：本教大圆满传承是由幸才美俄丹即无量光尊者，以及其明妃、子三人修行，得到无量光的成就，并传授于楚幸囊丹尊者。楚幸囊丹在须弥山山顶修行，密宗父、母、子三人都证得虹化成就，并传授于弟子密集大师[③]。

公元1038年，贡佐巴大师在新著《阿赤大圆满》八十座间，在原有的大圆满基础上建立新的大圆满传承，名为阿赤大圆满；公元1189年，卓衮罗珠坚参著《阿赤三十座间》；13世纪时，知嘉瓦雍仲著《阿赤十五座间》。《阿赤大圆满历代上师传》中提到贡佐巴大师是才美俄丹之化身[④]。由此可见，才美俄丹与大圆满之关系十分密切。

---

① 伟色金巴主编：《库门经典汇编》之《大圆满广说三要》，兰州：甘肃民族出版社，2015年9月第1版，第4页。

② 夏察·扎西坚赞：《西藏本教源流》，北京：民族出版社，1985年9月第1版，第182页。

③ 多吉杰博整理：《五部遗教》，北京：民族出版社，1986年12月第1版，第496页。

④夏咱·扎西坚赞：《夏咱·扎西坚赞全集》第9卷《虚空藏秘诀部》，成都：四川民族出版社，2011年7月第1版，第346页。

## 五、阿弥陀佛与八字真言

除了纳西族的东巴文化、普米族的韩规文献中有八字真言的记载[①]之外，嘉绒的阿米文化中也有八字真言的锅庄、金刚舞记载，甘肃迭部的来邬文化中都能看见本教八字真言的各种唱诵。本教经典中以八字真言（མ་ཏྲི།）、十五字真言（དུ་དྲི་སུ།）、九字真言（ས་ལེ་འོད།）为三尊真言。八字真言称玛智，是阿弥陀佛以及六能忍佛的种子，十五字真言是四尊如来的种子，九字真言为白光佛或普贤王的心咒。

在本教各种文献中都有八字真言的解释，而且每种文献对其的解读方法也不一样，在此以本教弥陀经来对八字真言稍作解释。夏匝巴大师著有三个发愿文，即《化身发愿文入遍知方法》《报身发愿文大悲妙法》《法身发愿文觉醒妙法》。其《报身发愿文注释大悲月光》中根据《胜续》（རྒྱུད་མཆོག）解读了八字真言的妙义、作用、用法和功能。

其中记载：以普明如来为中央部主，自生光明为东方部主，善福自在王为北方的部主，欢喜如意神为南方的部主，阿弥陀即无量光为西方的部主。其阿弥陀佛有才美俄丹（ཚད་མེད་འོད་ལྡན།）即无量光（འོད་དཔག་མེད།）、无量愿（སྨོན་ལམ་མཐའ་ཡས།）、无量寿（ཚེ་དཔག་མེད།）、谢扎恩美（ཤེ་ཐྲག་དངོས་མེད།）等很多称呼。

八字真言的开头有两句如下：礼敬无量光尊者，愿我往生极乐世界，嗡嘛智牟耶萨列德（མ་ཏྲི་མུ་ཡེ་ས་ལེ་འདུ།）。其“嗡”是五身佛、五智慧的集体无量光尊者的种子。藏文“ཨོཾ”是由五个部分组成的，其“ཨ།”是法界性智和法身佛的种子，“˜”是大圆镜智和报身佛的种子，“˜”是平等性智和本质佛的种子，“ན”是成所作智与化身佛的种子，“。”是妙观察智现证佛的种子。嗡的功能是消除贪嗔痴嫉妒傲慢即五毒烦恼，断掉六道通道，证得五身佛、五智慧。

---

① 胡文中、胡文明主编：《普米族韩规宝典》（一），昆明：云南人民出版社，2014年10月第1版，第198页。

第二个字母，“嘛”（མ།）是轮回与涅槃和合不二的呈现大悲佛母的种子，也是诸佛之母、诸神之母。她把众生视为自己的儿女，所以称她为佛母无量光；“智”（ཏྲི།）是度化天界众生的无量光才美俄丹（ཚད་མེད་འོད་ལྡན།）的种子，他以精进心感化天界众生，消除他们心中的懈怠心；“牟”（མུ།）是度化非天人即阿修罗众生的无量光向巴俄丹（བྱམས་པ་འོད་ལྡན།）即大慈光佛的种子，他以大慈大悲的心感化非天人，消除他们心中的战争与杀戮之心；“耶”（ཡེ།）是度化人类众生的无量光普遍光明佛，他以包容、广阔的心胸感化人类众生，消除他们心中的嫉妒；“萨”（ས།）是度化畜生道众生的无量光萨瓦俄丹（གསལ་བ་འོད་ལྡན།）即光明佛，他以智慧的心感化畜生道众生，消除他们的愚昧心；“列”（ལེ།）是度化饿鬼众生的无量光都字俄丹（བདུད་རྩི་འོད་ལྡན།）即甘露智光佛，他以布施的精神感化饿鬼众生，消除他们的饥渴之苦；“德”（འདུ།）是度化地狱众生的无量光根桑俄丹（ཀུན་བཟང་འོད་ལྡན།）即普贤聚光佛，他以法界性智即空性的智慧，消除他们心中的嗔根，救度地狱众生[①]。

上述的六道能忍佛都是无量光的化身，他们把众生从六道轮回中解救，最后皆往生西方极乐世界。经中提到五智慧、五身佛、五蕴、五毒烦恼、六道众生、五毒烦恼的调节方法。

本教经文《颂词珍宝明灯》中记载：

“嗡”为自身辛饶佛，方便大悲度众生，一切众生唯父。

“嘛”为大悲慈佛母身，诸佛本源空性母，一切种智根本性。

“智”为牟秋丁珠佛，大悲救度冷热苦，教化地狱道众生，嗔根化于慈悲中。

“牟”为桑瓦昂仁佛，布施救度饥渴苦，教化饿鬼道众生，贪念化于布施中。

---

①夏咱·扎西坚赞：《夏咱·扎西坚赞全集》第4卷《皈依、发心以及三发愿文注释》，成都：四川民族出版社，2011年7月，第366页。

“耶”为德桑荣西佛，智慧救度愚痴苦，教化畜生道众生，愚痴化于智慧中。

“萨”为扎西丹崩佛，包容救度嫉妒苦，教化人间道众生，嫉妒化于包容中。

“列”为杰加巴德佛，息灭救度我慢苦，教化修罗道众生，我慢化于熄灭中。

“德”为耶西祖普佛，精进救度懒惰苦，教化天道诸众生，懒惰化于精进中。

“嗡嘛智牟耶萨列德”熄灭六道轮回苦，空界法性中阴界，大解脱而真觉悟，

世间现有报身界，大圆满而正觉悟，内外器情任运已，大喜悦而成觉悟，自他无别到彼岸，大涅槃而本觉悟，周遍任运法性界，嗡嘛智牟耶萨列德。①

以上译本仅为参考，但藏文内容不变。文献中还提到了白光佛、才美俄丹、辛饶弥沃、朵邬布桑、恰杰嘉波、神族、龙族、象雄、达斯、公仔楚杰等的名称。

## 第八节 赤西囊当与青藏高原古人类

赤西囊当是在本教的历史文献中反复记载的地位很高的古老神灵，其神系结构中的相关人物都早于辛饶弥沃和高原十二小邦时期。本章旨在详细介绍赤西囊当神，以及与其相关的西域神灵崇拜，包括斯巴桑波布赤、赤杰库巴、拉果妥巴、梵天神、楚幸囊丹，等等。

### 一、赤西囊当为何人

要了解古老的神与人以及祖先的社会生活、社会人际关系，就得

① 伟色金巴主编：《库门经典汇编》第45卷《颂词珍宝明灯》，兰州：甘肃民族出版社，2015年9月第1版，第248页。

了解本教的各种仪式仪轨、文献资料、神山祭祀仪轨和相关传说，以及唐卡、壁画、泥塑像、石刻和木刻雕像和铸造像，这样才能把祖先的人文思想、历史文化参透一二。虽然我们得到的资料很有限，但还是找到了证据和线索。比如本尊、护法神、神山等的祭祀仪轨，以及唐卡、壁画、泥塑、雕刻等，还包括民间的传说、民俗歌舞、丧葬仪式、故事，以及各种古老的词汇、语言都能为我们提供很多线索。

壁画和唐卡中把赤西囊当描绘成一面四臂，第一双手持莲花，第二双手持水晶珠子、哈罗莲花，双足大盘腿，双眼关注于自己的鼻尖，与藏传佛教经典中的四臂观音丝毫不差。当然这也是根据仪轨文献来描绘的，因在赤西囊当仪轨中的解释与唐卡几乎毫无区别，如果没有看过赤西囊当的仪轨文献，第一眼肯定会认为他就是观世音①。赤西囊当（ཁྲི་ཞི་ནམ་ཏིང་།）中的“赤”是天或神的意思，“西”是寂静、温和、宁静、非忿怒之意，“囊当”应该是比较古老的语言。他应该是温和、温顺的神。

瓦塞中的瓦（དབལ།）是威猛、猛力、忿怒之意，塞（གསས།）是神或天的意思，瓦塞就是忿怒神。忿怒神相关的仪轨文献很多，在忿怒神的起源史里记载：很早以前，天魔大锤以及众魔烧杀抢掠，危害人类社会，破坏宇宙平衡。在那时，赤西囊当幻化为拉果妥巴忿怒神，以及两万两千尊拉果忿怒神，他们身上喷出火焰，四足具有猛力火焰，燃烧所有魔军和罗刹族，平息战争②。赤西囊当不但是拉果妥巴的真身，他也与瓦塞忿怒神的神系有着密切关系。可见他在远古神族社会中的地位。也有文献记载，天上的尊神拉果妥巴（ལྷ་མཆོད་ཐོག་པ།）、赤杰库巴（ཁྲི་རྒྱལ་ཁུག་པ།）、恰杰嘉波（ཕྱ་རྗེ་རྒྱལ་པོ།）、桑波布赤（སངས་པོ་འབུམ་

① 弥秀多杰伏藏：《丹金护法祭祀仪轨》，手写本，第4页，现存于炉霍县仁达乡易日寺。

② 伟色金巴主编：《库门经典汇编》第123卷《瓦塞本尊仪轨》[玛敦索增伏藏]，兰州：甘肃民族出版社，2015年9月第1版，第5页。

ཁྲི།）、赤西囊当（ཁྲི་ཞི་ནམ་ཏིང་།）都是同一个神的不同名称①。从而得见，他们之间的关系错综复杂。本教每个仪轨的神系不同，但结构都差不多，都有上下级、化身和被化身、主神与次神的关系，尤其是本尊仪轨中都有自己的护法神。比如瓦塞本尊的主要护法神为玛、都、赞（མ་བདུད་བཙན་གསུམ།）三者，盖阔本尊的主要护法神为扎拉杰母（སྒྲ་བླ་རྒྱལ་མོ།），母续的主要护法神乃恰热玛周（བྱ་ར་མ་དྲུག），等等。虽然仪轨众多，神系错综复杂，但主要以三个大的体系为主，一是《世间根本藏》的神系，二是巨邦三法和盖阔本尊、母续等的体系，三是普明佛、药师佛、无量愿等十二仪轨的体系。就是因为仪轨文献传承不同，导致他们的神系结构也比较复杂。

有的仪轨文献显示，普贤王、赤西囊当、无量光神是同一个神不同名称②，也许是普贤王的延续变化，为白光佛的另一种身份，因本教的很多经典中楚幸囊丹是白光佛的化身，而赤西囊当与楚幸囊丹就是同一人的不同名称。比如阿底峡尊者认为吠陀经的湿婆神、本教的白光佛、印度佛教的观世音都是同一个人③。然而，在描绘赤西囊当时，他与四臂观音的外观、手持、打扮、姿势都丝毫不差，由此得见，他们之间肯定有复杂的关系。古代神灵的化身和被化身身份比较模糊，比如把辛饶弥沃的化身说成是辛饶弥沃本身。类似这种模糊言语，使神系关系混淆。

大圆满神系结构中白光佛、无量光神、楚幸囊丹是师徒关系。白光佛的弟子是才美俄丹即无量光，其弟子为楚幸囊丹，他们都是色界天的神，无法与欲界天直接沟通，所以楚幸囊丹化为杜鹃神鸟来到欲界三十三天界，成为祈麦祖普的父亲④。《如巴克秀经》中记载：耶

① 才让太主编：《冈底斯雍仲本教文献》第15卷《巨邦僧土根本续》本赛穹果匝伏藏]，北京：民族出版社，2010年9月第1版，第5页。

② 伟色金巴主编：《库门经典汇编》第128卷《如巴克秀经》，兰州：甘肃民族出版社，2015年9月第1版，第8页。

③ 仲顿巴等：《阿底峡传》，西宁：青海民族出版社，2012年第1版第23页。

④ 邓真尼玛主编：《象雄与吐蕃历史文献》下册，成都：四川民族出版社，2016年11月第1版，第

斯杰布即自然神、赤西囊当、仓巴布赤即梵天神、斯巴桑波布赤都是同一个神，只是名称不同而已[①]。自然神即赤西囊当创造器情万物，包括拉、噶、邓三种，以及弥、玛、幸三种。拉是神族的祖先，噶是神族的化身，邓是万物持续的时间，弥是人类，幸是修行者或神人之间的通信员，玛是人非人。所以本教称赤西囊当为众生之父、万物起源、诸神之源。

《巨邦意续》中记载：在神族眼里我是赤杰库巴，神族的大悲阳光照射到三界有情，去除三界黑暗，传授神族意续广义；龙族的眼里我是赤西囊当，如在海中发现珍宝一般，清除众生之饥渴之苦，传授龙族意续简要秘诀；人类眼里，我是楚幸囊丹，传授人类宗教，清除人类的各种苦难[②]。不同的部族，对赤西囊当有不同称谓，以此说明，他与高原地区的很多部族文化有着密切关系。

## 二、赤西囊当与桑波布赤

《忿怒神仪轨》中记载：空中呈现五彩光，光中产生一枚蛋，飞往须弥山的山顶，蛋破后从中出现一位白色天子，没人为他取名，自称耶斯楚杰，别名桑波布赤。藏文耶斯楚杰的汉文意为自然神、自然王、本原神；藏文桑波布赤中的桑波是觉悟、明白、理智之意，布赤是指成千上万，意为万物智者、万物神[③]。以桑波布赤为世间之父、万物之源、轮回之本。

辛饶弥沃自传中以斯巴桑波布赤为四尊如来之一，拉（ལྷ།）、幸（གཤེན།）、斯巴（སྲིད་པ།）三尊之首。四尊如来中桑波布赤代表方便，慈母神代表智慧，白光佛代表智悲和合不二，辛饶弥沃代表三

---

1至13页。

① 伟色金巴主编：《库门经典汇编》第128卷《如巴克秀经》，兰州：甘肃民族出版社，2015年9月第1版，第8页。

② 伟色金巴主编：《库门经典汇编》第119卷《巨邦意续》，兰州：甘肃民族出版社，2015年9月第1版，第25页。

③ 伟色金巴主编：《库门经典汇编》第123卷《瓦塞仪轨》，兰州：甘肃民族出版社，2015年9月第1版，第25页。

者集体呈现，称四尊如来；辛拉俄噶即白光佛为拉，辛饶弥沃为幸，桑波布赤为斯巴。拉（ལྷ།）是本尊、神尊之意，白光佛是十方三世诸佛、所有神的真身，所以称本尊；幸（གཤེན།）是行者、圣者之意，十方三世佛菩萨、修行者可称为幸；斯巴（སྲིད་པ།）是平衡、存在之意，即斯巴本教的法师皆可称为斯巴①。

《世间根本藏》中记载：起初万物的精华中诞生黑白两枚蛋，白色中出现桑波布赤或仓巴布赤（梵天），他支持善业，主持公道，维护宇宙和平，保护正直正义；黑色中诞生魔王，从事恶业，以黑色为崇拜对象。桑波布赤与曲江杰母结亲生九子九女，长子为斯杰仲噶（སྲིད་རྗེ་འབྲིང་དཀར།）、老二古杰仲噶（སྐོས་རྗེ་དྲང་དཀར།）、老三恰杰仁噶（ཕྱ་རྗེ་རིང་དཀར།）、老四拉绕年如杰（ལྷ་རབས་གཉན་རུམ་རྗེ།）、老五唐唐南美杰（ཐུམ་ཐུམ་རྣལ་མེད་རྗེ།）、老六君当恩吉杰（སྐྱིན་འདངས་ངར་གྱི་རྗེ།）、老七耶切楚吉杰（ཡེ་མཁྱེན་འཕྲུལ་གྱི་རྗེ།）、老八萨拉多日杰（ས་ལྷ་དོག་རུམ་རྗེ།）、老九君修阔罗杰（སྨོན་ཕྱུག་འཁོར་ལོ་རྗེ།）②。其中斯、古、恰是氏系名，杰为国王之意，所以斯杰即斯王，古杰是古氏之王，恰杰就是恰王的意思。恰、斯、古当中恰在占卜、历算中以（ཕྱ་མོ།）为名；汇聚福禄仪轨中以恰央（ཕྱ་གཡང་།）为名；延寿仪轨中以恰才（ཕྱ་ཚེ།）为名。除此之外，古代青藏高原地区有很多以恰为氏系的家族。由此说明，恰氏家族在青藏高原的地位和影响。桑波布赤是这所有氏系的起源，诸神之根，万物之源。

如上所述，赤西囊当与桑波布赤、梵天、赤杰库巴、楚幸囊丹在外观、相貌方面不断产生变化，但本质都是同一个人。这也许就是不同民族、国家或部族对他的不同称谓，或不同时代、不同宗教流派对赤西囊当的不同称呼。从中不难发现，他吸收了不同部族和时代的文

---

①才让太主编：《冈底斯雍仲本教文献》第1卷《辛饶弥沃传记与历史》，北京：民族出版社，2010年9月第1版，第19页。

②八桑、永忠旦增、仁博次旦主编：《世间根本藏》，成都：四川民族出版社，2018年8月第1版，第16页。

化、风俗习惯。桑波布赤的形象为一面双手，头顶戴着王冠，右手持宝幢，以双狮子为坐骑，他与本教十二仪轨中的普明佛即根如（ཀུན་རིག）的外观、姿势、打扮基本一致。本教文献中根如（ཀུན་རིག）的别名为南巴囊栽（རྣམ་པ་སྣང་མཛད།）或根囊恰巴（ཀུན་སྣང་ཁྱབ་པ།），藏文根囊恰巴、根如都是普明如来。南巴囊栽在梵文中称毗卢遮那（བཻ་རོ་ཙ་ན།），汉文译成大日如来。但是藏传佛教新密中的根如南巴囊栽、汉传佛教中的大日如来与印度教的梵天王在外观、手势、打扮方面基本一致。据本教文献记载，桑波布赤、梵天、普明佛是同一尊神的不同名称。

本教普明如来的神系结构里中央为普明佛，东方为不变如来，北方为噶王杰波即法轮王，西方为无量大愿如来，南方为虚空藏如来。普明佛的明妃为萨谢多扎，汉文译为虚空天女；不变如来的明妃为更杰邓玛，汉文译为大地神母；法轮王的明妃为更江卓玛，汉文译为风神天女；无量大愿如来的明妃为更门萨玛，汉文译为火神天女；虚空藏如来之明妃为更索都玛，汉文译为水神天女。普明如来的神系结构有五层，第一层是四大如来；第二层是八位自然神和八位自然神母，藏文称耶幸六十尊（ཡེ་གཤེན་ཡབ་ཡུམ་བཅུ་དྲུག）；第三层是四大忿怒神、四大忿怒神母（སྒོ་བ་ཡབ་ཡུམ་བརྒྱད།）；第四层是六能忍如来（འདུལ་བ་གཤེན་དྲུག）；第五层是四大天王、四大天女（རྒྱལ་ཆེན་སྡེ་བཞི།）①（详见下表）。

① 罗丹宁波：《普明如来仪轨》，手写本，第120页，现存于炉霍县仁达乡易日寺雍仲平措家。

### 普明佛的神系（ཀུན་རིག་གཙོ་འཁོར།）

| 名称 | 普明如来 | 不变佛 | 自在佛 | 无量愿佛 | 虚空藏佛 |
|---|---|---|---|---|---|
| 藏文名 | ཀུན་རིག | མི་འགྱུར་སྙིང་པོ། | གར་དབང་རྒྱལ་པོ། | སྨོན་ལམ་མཐའ་ཡས། | ནམ་མཁའི་སྙིང་པོ། |
| 身体颜色 | 白色 | 黄色 | 绿色 | 红色 | 蓝色 |
| 宝座 | 双狮子座 | 大象座 | 骏马座 | 孔雀座 | 共命鸟座 |
| 明妃 | 蓝天神母 | 大地神母 | 风神母 | 火神母 | 水神母 |
| 方位 | 中央 | 东方 | 北方 | 西方 | 南方 |
| 五智 | 法界性智 | 大圆镜智 | 平等性智 | 妙观察智 | 成所作智 |
| 五毒 | 嗔恨 | 痴毒 | 傲慢 | 贪婪 | 嫉妒 |
| 五蕴 | 色蕴 | 受蕴 | 行蕴 | 想蕴 | 识蕴 |
| 五行 | 天 | 地 | 风 | 火 | 水 |

藏文的根囊恰巴（ཀུན་སྣང་ཁྱབ་པ།）译成汉文是普明神，是本教五方如来之中央部主，白色身体；萨瓦让炯（གསལ་བ་རང་བྱུང་།）译成汉文是自然光明神，是东方如来之名，神色为黄色；盖拉嘎秀（དགེ་ལྷ་གར་ཕྱུག）译成汉文是自在善神，是北方佛，全身绿色；谢扎邬美（བྱེ་བྲག་དངོས་མེད།）译成汉文是无量愿神，是西方部主，红色身体；噶瓦敦珠（དགའ་བ་དོན་གྲུབ།）译成汉文是欢喜如意，是南方部主，蓝色身体①。其普明佛与赤西囊当、桑波布赤在神系上有千丝万缕的关系。

桑波布赤在辛饶弥沃前世时，以师父的身份出现，名多杰罗本（གཏོ་རྗེ་སློབ་དཔོན།），传授世间本教的内容；在辛饶弥沃穆氏王朝时，以弟子身份出现，名玉吉切邬邛；辛饶弥沃传法时，扮演着四尊如来的身份，名桑波布赤。穆氏王朝之所以能继承世间本教、密宗、大圆满、佛母文化等三个体系，是因为他是白光佛的弟子、不灭顶佛的化身、慈母神的继承者、桑波布赤的徒弟，这样名正言顺地继承下了他们的文化传承。

① 伟色金巴主编：《库门经典汇编》第119卷《巨邦意续》，兰州：甘肃民族出版社，2015年9月第1版，第12页。

本教密宗和大圆满传承中以楚幸囊丹或赤西囊当为父亲，桑萨让尊为天母[①]；《隆吉经》中，四尊如来之桑波布赤为慈父，慈母神为慈母，他们代表智慧与慈悲和合[②]。《世间根本藏》里，以斯巴桑波布赤为父亲，曲江杰母（ཆུ་ལྕམ་རྒྱལ་མོ།）为母亲，他们是万物之父和之母[③]。他们的名称在变化中，但身份、神系一直不变。

## 三、赤西囊当与拉果妥巴

据《忿怒神仪轨》记载：远古时期，罗刹和赞族们破坏宇宙平衡，危害人类，无恶不作，幸赤西囊当（ཁྲི་ཤི་ནམ་ཏིང་།）尊者为了降伏罗刹和魔族，幻化为拉果妥巴天神，征服恶劣的部族，断灭他们的不良行为，还人类太平[④]。赤西囊当与幸赤西囊当是同一人，本教古籍中的拉（ལྷ།）、噶（གར།）、邓（དེན།）三族和弥（མི།）、玛（སྨ།）、幸（གཤེན།）三族中，幸是一个独立的存在，他既不属于神族，也不属于人族。但神族里面有幸，龙族、人族当中也有幸族，比如拉幸雍斯达巴就是神族中的幸，弥鲁桑勒乃是人族中的幸，鲁珠·益西宁波是龙族中的幸。

拉果妥巴（ལྷ་རྒོད་ཐོག་པ།）又称南吉拉果妥巴（གནམ་གྱི་ལྷ་རྒོད་ཐོག་པ།），以巨邦三尊当中的瓦塞神为身体本尊，拉果神为语言本尊，佐确神为意的本尊。瓦塞神是不灭顶佛忿怒之神，拉果是楚幸囊丹或赤西囊当的忿怒神，佐确是密集大师的忿怒神。拉是神的意思，据说拉果妥巴或赤西囊当都属于色界天的神系，果（རྒོད།）是比较厉害或猛力的意思。比如鸟类飞行或生存能力最强的叫做恰果（བྱ་རྒོད།）；人当中最猛力、最有能力或力气的叫做弥果（མི་རྒོད་པོ།）；牛里面的野

① 云丹彭措主编：《藏族典籍精选》第46卷《大圆满精要》，成都：四川民族出版社，2014年12月第1版，第78页。

② 旺丹幸色伏藏：《隆吉经》，手写本，第50页，现存于炉霍县仁达乡易日寺嘎绒尼玛家。

③ 八桑、永忠旦增、仁博次旦主编：《世间根本藏》，成都：四川民族出版社，2018年8月第1版，第16页。

④ 伟色金巴主编：《库门经典汇编》第123卷《瓦塞仪轨》，兰州：甘肃民族出版社，2015年9月第1版，第25页。

牛叫做雅果（གཡག་རྒོད།）或索果（ཟོག་རྒོད།）；马里面最厉害的叫做达果波（རྟ་རྒོད་པོ།）或没有被训的野马可称达果（རྟ་རྒོད།），神当中最猛力、最厉害的自然称拉果。比如神有色界天神、无色界天神、欲界天神等很多神，所有神当中拉果妥巴最猛力、最超强，所以称他为拉果神。

藏文当中的果（རྒོད།）有多种含义，神名有拉果妥巴或果塞卡江（རྒོད་གསས་མཁའ་འགྱིང་།）；氏系名称中也有“果如”（རྒོད་རིགས་སམ་རྒོ་རིགས།）或拉如果（ལྷ་རིགས་རྒོད་ཀྱི་གདུང་རྒྱུད།），即神族的祖先之意；藏族远古六大世系中也有果的世系。由此可以推断，果的世袭或文化在青藏高原的地位至高。比如藏文中没有路的地方叫“萨果”（ས་རྒོད།），发洪水叫做曲果（ཆུ་རྒོད།）。妥巴是无碍、无阻、无上、无限量等含义。

当然本教经典中也记载：瓦塞昂巴（དབལ་གསས་རྔམ་པ།）为身本尊，拉果妥巴（ལྷ་རྒོད་ཐོག་པ།）为语本尊，佐确卡江（གཙོ་མཆོག་མཁའ་འགྱིང་།）为意本尊，瓦青盖阔（དབལ་ཆེན་གེ་ཁོད།）为功德本尊，普巴胜橛（ཕུར་པ་འབྲུག་གསས།）为事业本尊①。

《忿怒神仪轨》中记载：不同部族对如巴克秀有不同的称谓，即龙族人称赤西囊当，人族即里象雄人称楚幸囊丹，天人即神族人称赤杰库巴神，非天人称拉果妥巴，所有人称他梵天或斯巴桑波布赤神②。在天人与非天人即阿修罗发动战争时，拉果妥巴应该是代表天人，猛攻非天人，退败非天人，功不可没，所以得到拉果的称呼。

**四、赤西囊当与本教大圆满**

很多资料显示，大圆满与人类文明发展史一样，建立在原始宗教的蓝天和光等自然物崇拜的基础上，随着社会的变迁，自然崇

① 夏匝·扎西坚赞：《西藏本教源流》，北京：民族出版社，1985年9月第1版，第85页。

②伟色金巴主编：《库门经典汇编》第119卷，《巨邦意续》，兰州：甘肃民族出版社2015年9月第1版，第25页。

拜慢慢演变为人像崇拜①。比如大圆满经典所记载的普贤王、白光神、无量光神都与光和蓝天有着密切关系。大圆满全称“光明大圆满”、“光明自然法”、“无上大圆满”等。到了祈麦祖普时期，大圆满传承中衍生出两大流派，分别为《心识九部》（སེམས་སྨད་སྡེ་དགུ།）、《象雄耳传》（ཞང་ཞུང་སྙན་རྒྱུད།）。《心识九部》先后传承于密集大师、虎衣明王、天龙人三贤（ལྷ་ཀླུ་མིའི་གཤེན་གསུམ།）、囊瓦多金（གཤེན་ནམ་མཁའ་སྣང་བ་མདོག་ཅན།）。囊瓦多金把他传授于吐蕃聂赤赞普和穆赤赞普，自那时起，大圆满就成为吐蕃的主流文化。

《母续根本经及其注释》文本中记载，母亲问下人她的儿不灭顶佛去了何处？下人答：去了父亲处学习。母亲问：根本没有父亲，何来父亲处学习？下人答：有父亲，就是赤西囊当即楚幸囊丹尊者②。母续中认为赤西囊当是楚幸囊丹的别名，上文中也提到了人族称楚幸囊丹，龙族称赤西囊当。

《心识九部》中记载：辛拉俄噶即白光神刻苦修行，努力奋斗，把自己的苦修成果传授于后人。第一个弟子是才美俄丹即无量光神，他在色界天瓦拉沃萨神族领地苦修多年，最后身体变成光，光照耀着大地，得到光的成就，所以称才美俄丹即无量光；其弟子为楚幸囊丹，他在须弥山山顶苦修多年，最后得到光的成就；楚幸囊丹把它传授于自己的儿子不灭顶佛，他在三十三天界玉龙谢扎地区苦修并获得光的成就；其弟子为密集大师，他是达斯人，来到三十三天界求法，求到了大圆满自然法，苦修多年，得到虹成就③。密集大师传授于玉罗达向，玉罗达向传授于天国导师雍斯达巴，其弟子为里象雄的弥鲁桑勒，其弟子为龙族导师益西宁波，其弟子为南喀囊瓦多金，其弟子

① （德）马克斯·韦伯著，康乐、简惠美译：《宗教社会学》，西安：陕西师范大学出版社，2011年3月第1版，第9页。

② 雍忠丛书整理：《母续根本经及其注释》[古如诺栽伏藏]，北京：民族出版社，2009年12月第1版，第144页。

③ 云丹彭措主编：《藏族典籍精选》第46卷《大圆满精要》，成都：四川民族出版社，2014年12月第1版，第13页。

为门巴本波阿哈热吉巴尔，其弟子为象雄本波阿尼查达等等[①]。从而易见，大圆满法便于高原地区修行，因大圆满法中有焯火、气脉明点、托噶法即光修，这些都是严寒之地的修行之法。

《象雄耳传》中记载：普贤王弟子称白光神，白光神的弟子为无量光，其弟子称楚幸囊丹。楚幸囊丹拜白光神、无量光为师，学习神族的大圆满法。其次在色界天贡尊恰耶神族领地修行，获得光的成就。楚幸囊丹是普贤王的化身、白光佛的弟子，如巴克秀（རིག་པ་ཁྱུ་བྱུག）的真身，也是瓦拉沃萨神族的上师。他与欲界天神族无论外表还是生殖器官、体格、语言都不相同，所以到了欲界天是以如巴克秀的身份而来。其弟子为如巴克秀，其弟子为桑萨让尊，其弟子为不灭顶佛，其弟子为密集大师。普贤王如来、大悲白光佛、化身白光佛、无量光佛、楚幸囊丹、如巴克秀、桑萨让尊、不灭顶佛、密集大师为九位如来密集传承上师[②]。

以上述所言，大圆满法的全称“光明大圆满”，大圆满修法当中也有托噶法等光修，即通过阳光、月光、灯光来修复自我的方法；大圆满历代传承中也有白光佛、无量光神、七座天王、二十六位虹化大师等很多光的成就者。显而易见，大圆满与古代光的崇拜、蓝天崇拜有着密切关系。

比如本教文献中记载：人类起源于色界天当中的光明天，当时一位光明天的人以光明天的身份，从天而降到冈底斯山附近。不久后，又飞来了一位光明天，两位结为夫妻，生了很多天子。当时的人类或神能发光，无需以粮食等为生，但后来人的欲望增张，慢慢依靠食物生存，形成了现在的人类[③]。这则故事中提到了人类起源是光明天，

① 云丹彭措主编：《藏族典籍精选》第46卷《大圆满精要》，成都：四川民族出版社2014年12月第1版，第81页。

② 才让太主编：《冈底斯雍仲本教文献》第1卷《耳传大圆满》，北京：民族出版社，2010年9月第1版，第4页。

③ 才让太主编：《冈底斯雍仲本教文献》第1卷《辛饶弥沃传记与历史》，北京：民族出版社，2010年9月第1版，第4页。

古代人身上有光，以光为生，以光为信仰。因人类害怕黑暗，他们认为光来自天上，是神族赐予他们，能驱除黑暗和恐惧，他们的祖先是光明神族。可见，光对人类生活的重要性和人的生活中对光的依赖。

大圆满认为，修行最圆满的成果就是光的成就，所谓光的成就是身体变成光，光融入我们的本性。所以从大圆满法里衍生气修、脉修、光修、身修、黑暗闭关、盟瑜伽修法、中阴修法等等。古代的大圆满行者压力很大，因为他的成就必须虹化，所以吐蕃最初的七位赞普即七座天王①、二十六位虹化大师都是延续虹化②。

**五、赤西囊当与梵天**

我们从藏文古籍中可以推断，赤西囊当与仓巴布赤（ཚངས་པ་འདུམ་ཁྲི།）是同一个人。藏文仓巴是干净、不受污染之意，仓土（ཚངས་ཐིག）是中道、不偏颇、不极端之意，汉文译成梵天。有的藏文古籍中将桑波布赤称仓巴布赤，由此看来，本教中的桑波布赤与仓巴布赤吠陀教中的梵天也有密不可分的关系。吠陀经中记述，印度的婆罗门就是梵天之子，从而诞生印度的所有宗教，包括印度教、耆那教、印度佛教等。梵天亦可称为造书天、婆罗贺摩天、净天、智慧之神，汉语称四面佛、大日如来佛，以孔雀为坐骑，以智慧女神妙音天女为明妃。梵天有四面八臂、四面六臂和四面一臂之像。在印度供湿婆神的几乎不供梵天神，供梵天的不供湿婆神。

雅利安人的藏文写法是“ཨརྱ།”，藏文是帕巴（འཕགས་པ།）之意，汉文中是圣神、圣者、超越之意。他们自公元前2000年左右，由兴都库什山越过帕米尔高原涌入印度河上流。笔者认为，本教古籍中的祈麦祖普、赤西囊当、楚幸囊丹、无量光、白光神、密集大师、桑萨让尊、斯巴杰母都是雅利安人之人，或和他们有着密切关系。比如吠陀

① 觉悟阿底峡发掘：《柱间史》，兰州：甘肃民族出版社，1989年9月第1版，第84页。

② 才让太主编：《冈底斯雍仲本教文献》第24卷《耳传大圆满》，北京：民族出版社，2010年9月第1版，第14页。

经里梵天的意念与大海中生一名天女，称妙音天女或梵天女。

据本教文献记载，远古世纪，在三十三天界有一名女王叫桑萨让尊，又被称作海生女王。此故事摘要如下：三十天界的南部，有一片海，大海的海浪中形成一枚蛋。蛋破了，里面出现一位非常美丽的女神，她贤惠美丽，聪慧过人，自然神娶她为桑萨让尊①。这与梵天女的故事情节非常相近。

上文提到大日如来，据印度密教文献记载，大日如来是释迦牟尼的真身、三身佛之一，他四面二臂，与梵天神像非常相近。藏文译成根如南巴囊栽（ཀུན་རིག་རྣམ་པར་སྣང་མཛད།），本教文献中也记载了南巴囊栽的名字。公元6至7世纪时，古印度在政治上处于分裂局面，出现了很多小国。印度教在广大地区取得了统治的地位，与佛教等其他宗教相互影响。佛教在大乘佛教、印度教，以及其他部落和地方的民间信仰的基础上产生密教，从印度北方逐步传入我国青藏高原和内地。如今藏传佛教里外部密宗、汉传佛教里的唐密、日本的东密，都是在此基础上发展而来。他的到来，使青藏高原的本教密法也发生了天翻地覆的变化。所以不管是早期，还是晚期，梵天与本教文化之关系是密不可分。

## 第九节 远古母神崇拜

据本教文献记载，大慈母代表智慧，桑波布赤代表慈悲或方便，白光佛既代表智慧又代表慈悲，辛饶弥沃为三者集合，称为四尊如来或四逝世佛，即诸佛或诸神当中主要四尊②。其大慈母是青藏高原非常早期的母性女神，是母续文化的开启者、佛母信仰的鼻

① 才让太主编：《冈底斯雍仲本教文献》第4卷《日光根本续》，兰州：甘肃民族出版社，2018年7月第1版，第52页。

②赤索旦主编：《本教历史文献汇编》第2卷《塞米经》[辛饶弥沃自传]，兰州：甘肃民族出版社，2018年7月第1版，第391页。

祖、母续本尊的始创者。以父神、母神、子神、田神、地方神、灶神的分类为根据，自从母系时期起，大慈母神系就已登上青藏高原的历史舞台，为农牧文化做出积极贡献①。她起初是以天神的身份出现，后来演变为世间之母、万物之神、万神之母，称为斯巴杰母即世间圣母②；再后来她的崇拜逐步传播到中东、东亚、西亚、南亚，对她的形象描绘也越来越人像化、女王化、地方化，每个地方的母性女神的外观、打扮、装束截然不同。比如本教经典中以大慈母、护法斯巴杰母、扎拉杰母、智慧怒母、普贤佛母、桑萨让尊佛母，以及黄河文化中称西王母、古代苏美人称伊娜娜、巴比伦称伊施他尔、迦南地称作爱娜特等不同长相、不同身份和画像出现，足以说明她与不同的部落、种族、地方文化有着紧密连接。

大慈母与本教历史中出现过的虎衣明王（སྟག་ལ་མེ་འབར།）、雍斯达巴（ཡོངས་སུ་དག་པ།）、弥鲁桑勒（མི་ལུས་བསམ་ལེགས།）、益西宁波（ཟླ་གྲུབ་ཡེ་ཤེས་སྙིང་པོ།）、囊瓦多金（སྣང་བ་མདོག་ཅན།）、聂赤赞普、止贡赞普等天、龙、人的历代国师和君王有密切关系，也与魔族、龙族、神族、罗刹族、赞族、人族等各部族的宗教信仰、文化习俗关系密不可分。

## 一、大慈母与桑萨让尊天女

大慈母的藏文对字是“向玛”（བྱམས་མ།），汉文有慈母、大悲母、大慈大悲母、圣母、慈祥之母、智慧母、佛母等不同译法。起初，以父神（ཕ་ལྷ།）、母神（མ་ལྷ།）、子神（བུ་ལྷ།）、舅父神（ཞང་ལྷ།）、地方神（སོ་ཏོག་ལྷ།）等五神中的母神的方式出现③，负责维护良田、种子、农业与家庭；再后来，做了瓦塞本尊的明妃，以其本尊的明妃和护法神的身份维护正义，就是以王妃和将军即女性战神的身份

① 详见《སྣ་ཚོགས།》之《修贡经》，本赛穹果匝伏藏，手抄版，第80页，现存于炉霍县仁达乡易日寺。

② 赤索旦主编：《本教历史文献汇编》第4卷《日光根本续》[扎沃贡年伏藏]，兰州：甘肃民族出版社，2018年7月第1版，第37页。

③ 详见《སྣ་ཚོགས།》之《益西修贡经》，本赛穹果匝伏藏，手抄版，第7页，现存于炉霍县仁达乡易日寺尼玛家。

出现，任神族的三军统帅，与阿修罗即非天道三十三个部族交战并退败非天道人；到了不灭顶佛时期，以女性上师或母亲的身份出现在天国，作为不灭顶佛的母亲、天国之母和母续传承的鼻祖，尊称桑萨让尊（བཟང་བཟའ་རིང་བཙུན།）。随着历史的变迁、社会的发展、信仰者的需求，大慈母中衍生布施慈母、持戒慈母、忍辱慈母、精进慈母、禅定慈母、大力慈母、慈悲慈母、方便慈母、大愿慈母和智慧慈母等十地慈母①，以及救八难慈母②、二十一尊慈母③等，共有三百六十乃至成千上万尊慈母。

《密集意续》是14世纪时由罗丹宁波所编纂，现收录于《库门经典汇编》第119卷。其中记载：轮回与涅槃等器情万物之本普贤王如来安住于法性平等之中，与五方佛、八位本觉佛同在。普贤王为了度化众生，本性中化为大慈大悲的普明如来。普贤王与普贤佛母的慈悲与智慧和合而降水成海。海浪中产生一枚绿色的蛋，蛋中出现一位贤能、聪慧、仁慈、美丽动人的天女，没人取名，普贤佛母即大悲佛母取名为桑萨让尊，为三十三天界之母，别名为斯巴杰母（སྲིད་པ་རྒྱལ་མོ།）、南西共杰（གནམ་ཕྱི་གུང་རྒྱལ།）、曲江杰母（ཆུ་ལྕམ་རྒྱལ་མོ།）、萨周艾桑（ས་ཏྲིག་ཨེར་སངས།）、土杰向玛即大悲母（ཐུགས་རྗེ་བྱམས་མ།）④。从而易见，大悲佛母、斯巴杰母与桑萨让尊都是同一个人。

其中还记载：普贤白光佛的慈悲与智慧中产生一枚发光的珍宝之蛋，蛋中出现一位白色身体、绿色头发、头顶具有珍宝发髻的天子。众人称它为赤杰库巴、恰杰嘉波、斯巴桑波布赤、风翅神、赤西

---

① 伟色金巴主编：《库门经典汇编》第44卷《慈母五部经》（བྱམས་མ་འབུམ་ལྔ།）[绰仓珠拉伏藏]，兰州：甘肃民族出版社，2015年9月第1版，第122页。

② 伟色金巴主编：《库门经典汇编》第44卷《慈母五部经》，兰州：甘肃民族出版社，2015年9月第1版，第230页。

③ 伟色金巴主编：《库门经典汇编》第44卷《慈母五部经》，兰州：甘肃民族出版社，2015年9月第1版，第230页。

④ 伟色金巴主编：《库门经典汇编》第119卷《密集意续》，兰州：甘肃民族出版社，2015年9月第1版，第10页。

囊当、楚幸囊丹等。从万物空性中生出黑白两道、善恶两群、利害两拨。黑色代表恶魔、恶业、破坏，白色代表善良、和谐、神人。黑色中产生一枚铁蛋，蛋中生了雅燕十三尊、瓦燕九尊、萨燕十一尊等三十三尊非天道即阿修罗种族①。后来非天道与天人发动战争，攻击天人，斯巴杰母代表天人，统领天人三军，退败阿修罗军队。

桑萨让尊慈母是不灭顶佛之母、本教密宗父母子三尊之一、母续传承的鼻祖。随着社会的发展，本教密宗中衍生了父续密宗、母续密宗②、子续密宗即三个传承，并传播到神族、龙族、人族的领地，密宗从而形成天龙人三个传承系统。三个传承有三部代表性文献，即《僧土根本续为母续》（གསང་བ་བསེན་ཐུབ་ཡུམ་གྱི་རྒྱུད།）、《桑瓦都巴为父续》（གསང་བ་འདུས་པ་ཡབ་ཀྱི་རྒྱུད།）、《桑瓦顿珠为子续》（གསང་བ་དོན་འགྲུབ་སྲས་ཀྱི་རྒྱུད།），成为父母子传承的三个代表作③。其神族是指三十三天界、知足天，即位于冈仁波齐山之西，印度河的源头上；龙族是以水为崇拜的部族，以尼泊尔为主的冈仁波齐山之南；人族是弥鲁桑勒的诞生地嘉卡巴确（རྒྱལ་མཁར་བ་ཆོད།），即《唐会要》所指的小羊同。桑萨让尊是母续密宗之母、母续本尊的鼻祖、天龙人三贤之导师。母续密法之根本为母续密意究竟本尊（མ་རྒྱུད་གསང་མཆོག་མཐར་ཐུག），桑萨让尊是第一位母续本尊的成就者。她诞生于三十三天界（སུམ་ཅུ་རྩ་གསུམ།），修行于知足天（དགའ་ལྡན།），弘法于上部象雄嘉卡巴确。桑萨让尊的弟子有天国导师、龙族导师、达斯导师、人族导师。由此可见，天国、龙国、人族都离小羊同不远。

母续是一种古代高原地区的母系文化，而桑萨让尊作为母续的首要成就者，把母续的信仰传授于象雄国的王子弥鲁桑勒导师，天国的

① 伟色金巴主编：《库门经典汇编》第119卷《密集意续》，兰州：甘肃民族出版社，2015年9月第1版，第10页。

② 母续密宗是否是母系社会的宗教信仰，还得查实。

③ 伟色金巴主编：《库门经典汇编》第119卷《密集意续》，兰州：甘肃民族出版社，2015年9月第1版，第14页。

很多宗教文化也随之来到象雄地区，成为人类文化的起点，这应该是雅利安人的信仰向东的起点。桑萨让尊是楚幸囊丹之弟子，也是耳传大圆满的第七位历代上师[①]。由此可见，她不仅是一位母亲，也是天国女王或大圆满的成就者或导师，并且对密宗和大圆满文化发展做出了杰出贡献。

藏文桑萨让尊中的“桑”（བཟང་།）是贤惠、贤德、圆满、完美、和善之意，与普贤的贤是一个意思；古藏文中的“萨”（བཟའ།）是女性的总称，比如吐蕃萨是指吐蕃公主，嘉萨是指唐朝公主，共萨是指共布公主；“让尊”（རིང་བཙུན།）是贤惠、美德之意[②]。桑萨让尊是贤惠、美德的女神。她的出生经历与吠陀经典中所说的梵天公主即妙音天女的人生经历非常相似，也许就是同一个人，后来衍生不同宗教流派，产生不同称谓。

比如本教经典中记载：大海深处生一枚蛋，蛋中产生一位贤惠、美德、神圣的慈悲之母，耶斯楚杰为她取名为桑萨让尊[③]。其他文献中所记载的南希共杰（གནམ་ཕྱི་གུང་རྒྱལ།）、曲江杰母（ཆུ་ལྕམ་རྒྱལ་མོ།）、斯巴杰母（སྲིད་པའི་རྒྱལ་མོ།）、大慈母（ཐུགས་རྗེ་བྱམས་མ།）、萨周艾桑（ས་ཏྲིག་ཨེར་སངས།）、普贤佛母（ཀུན་ཏུ་བཟང་མོ།）都是同一个人或同一个传承体系中的人物[④]。在母续经[⑤]、巨邦三法经中以桑萨让尊佛母为不灭顶佛之母；世间本教中称她为南希共杰，是本原天神或天神鼻祖之意；有的文献中称她曲江杰母，即水神之母[⑥]，是斯巴桑波布

---

① 邓真尼玛主编：《象雄与吐蕃历史文集》上册之《耳传历代上师传》，成都：四川民族出版社，2016年11月第1版，第1至65页。

② 赤索丹主编：《本教历史文献汇编》第4卷《日光根本续》[扎沃贡年伏藏]，兰州：甘肃民族出版社，2018年7月第1版，第62页。

③ 赤索丹主编：《本教历史文献汇编》第4卷《日光根本续》，兰州：甘肃民族出版社，2018年7月第1版，第57页。

④ 才让太主编：《冈底斯雍仲本教文献》第15卷《僧土根本续》，北京：民族出版社，2010年10月第1版，第5页。

⑤ 雍忠丛书整理：《苯教母续根本经及其注释》[古如诺栽伏藏]，北京：民族出版社，2009年12月第1版，第2页。

⑥ 才让太主编：《冈底斯雍仲本教文献》第10卷《世间根本藏》，北京：民族出版社，2010年10

赤的妃子、万物之母；做瓦塞本尊的护法神时，称斯巴杰母，“斯巴”是世间万物之意，“杰母”是圣母或圣王、女王之意，以护法神或将军的身份保护国王，南征北讨，威震四海；在救苦救难的时候，称大慈母或智慧佛母或大慈母①，象雄语称萨周艾桑，藏文称西饶向玛②，以大慈母身份，协助历代国师和君王；大圆满经典中称普贤佛母，是万佛之母、万神之灵，他们的本质不变，只是在不同的部族区域和时代里呈现不同的身份。或是说在忿怒或战争时称斯巴杰母即世间圣母，以护法神的身份出现，协助本尊维护统治；非忿怒时称大慈母，以慈祥的国母身份出现，协助各个君王与国师，消除各种灾难；传大圆满信仰时称普贤佛母，以蓝天神或太初神的身份出现，默默无闻地帮助人类；做桑波布赤明妃时称曲江杰母，以桑波布赤的明妃身份出现，创造万物；母续里称桑萨让尊佛母，以母亲的身份出现，协助不灭顶佛抑恶扬善，维护天国③。但她与普贤王不同，她有供奉的庙宇，有眷属及崇拜的追随弟子④。

藏族古代女性神祇一般都是裸体以神舞的姿势站立，右脚跟放在生殖器官口，但大慈母则不同，她头上戴着王冠帽，身上披着绸缎圣衣，以各种装饰装扮着，以十六岁相貌描绘，外表十分慈祥、俊俏、美丽，右手拿着装满甘露圣水的法瓶，左手持宝物和镜子⑤。斯巴杰母分红驴斯巴杰母、黑驴斯巴杰母、白驴斯巴杰母等很多。黑驴斯巴杰母、红驴斯巴杰母都是三头六臂，手持宝剑、胜橛、宝幢、天灵盖，

---

月第1版，第4页。

① 伟色金巴主编：《库门经典汇编》第44卷《慈母五部经》，兰州：甘肃民族出版社，2015年9月第1版，第260页。

② 详见《隆吉经》《ཞིག་ལི་མདོ།》，第180页，现存于炉霍县仁达乡易日寺土多堪布家。

③ 才让太主编：《冈底斯雍仲本教文献》第15卷《僧土根本续》，北京：民族出版社，2010年9月第1版，第5页。

④ 雍仲丛书整理：《苯教母续根本经及其注释》[古如诺载伏藏于12世纪]，北京：民族出版社，2009年12月第1版，第3页。

⑤ 唐卡：阿赤大圆满皈依境，现存甘孜藏族自治州炉霍县仁达乡易日寺。

以怒视形象出现[①]。从斯巴杰母到曲江杰母、南希共杰、桑萨让尊、大慈母，她们的外表、打扮、姿势都很不一样，这可能与不同时代、不同部族的生活习惯、神物崇拜、绘画艺术不同有关。

伟大的母神意象在世界各地的远古崇拜中都出现过，比如古代的苏美人称为伊娜娜，古巴比伦人称伊施他尔，在迦南地称爱娜特，古埃及人称爱西丝，在古希腊称阿芙罗狄。由此可见，女神崇拜在不同地区、不同宗教中比较广泛，很受尊重[②]。除此之外，在藏族地区都有斯巴杰母、大慈母的圣山，或很多神山都与大慈母联系紧密，比如嘉绒的摩尔多拉年、松潘的黄龙和母续圣山。

**二、大慈母与虎衣明王**

据说大慈母与虎衣明王尊者、弥鲁桑勒大师、雍斯达巴、益西宁波、聂赤赞普乃至七座天王等高原地区的历代君王和法师的故事，和他们的宗教信仰、神灵崇拜都有紧密联系[③]。

大慈母经文分很多种，我们把它归类为四部，即以《佛母五部经》为主的智慧部、以《佛母救八难经》为主的咒语部、《二十一佛母礼赞文》等经部和《佛母根本续》等胜密续部。其中《佛母救八难经》是以各种故事和咒语编纂而成的本教古籍，其内容分为八个故事：第一是救敌难经，二是救诅难经，三是救家难经，四是救龙难经，五是救偏见经，六是救残缺经，七是救寿难经，八是救耀难经。所谓救敌难经是针对敌人所造各种灾难的化解方法；救诅难经是诅咒而来的种种灾难解救法；救家难经是家庭不和或无子无孙的灾难的解救方法；救龙难经是由龙魔造成的各种灾难解救方法；救偏见经是由偏见和极端态度所造的灾难解救法；救缺陷经是残缺

① 详见《སྣ་ཚོགས།》之《丹金嘉措》，罗丹宁波编纂，写本，第121页，现存于炉霍县仁达乡易日寺嘎绒尼玛家。

② （英）凯伦·阿姆斯特朗著，蔡昌雄译：《神的历史》，海口：海南出版社2013年8月第1版，第11页。

③ 伟色金巴主编：《库门经典汇编》第44卷《慈母救八难经》[伏藏]，兰州：甘肃民族出版社，2015年9月第1版，第211页。

或不完整所造的灾难解救法；救寿难经是寿命障碍、短命等的解救法；救耀难经是因星耀而成的灾难解救法，即各种自然灾害。

大慈母与虎衣明王的故事来自于救敌难经，经中描述了虎衣明王家族中的恶缘报应所引起的神族与罗刹、魔族间的战争和灾难，最后经大慈母指点平息战争，终止灾难。

虎衣明王出世于高原十二小邦的初期，约在公元前2000年左右。虎衣明王的藏文对字是达拉美巴（སྟག་ལ་མེ་འབར།），因他在虎年、虎月、虎日所生，幼儿时喝虎奶长大，而且长大后身披虎皮，所以称为虎衣明王。虎衣明王是不灭顶佛的第二弟子，天龙人三贤的上师，本教胜橛金刚之祖。虎衣明王以本尊（即尊神）、喇嘛即上师、弟子、国王等不同身份出现，所以他的外观、打扮、姿势也不一样。他以喇嘛的身份出现时，出生在达斯（波斯）岗南带诺地区（གུང་ནམ་སྲེ་སྟོད།），父亲名为雍杰拉耶杰波（ཡོངས་རྒྱལ་ལྷའི་རྒྱལ་པོ།），即天国之王的意思，母名为达萨海东玛（སྟག་ཟ་ཧེ་དང་མ།）。二位夫妇有一位奴仆，他笨手笨脚，家里的主人都看不顺眼，经常被虐待和折磨，最后被殴打而亡。奴仆在断气之际，发了不好的愿，说："愿我成为向他们讨债的儿子，毕生折磨二位夫妇①。"

有一天达萨海东玛梦到自己生了一名穿黑衣、虎牙流血、形貌丑陋的儿子，是来向他们夫妇讨债的，第二天起床心里感到非常恐惧，一个人游荡到河边时，听见空中发出马头明王的声音，心里稍稍得到安慰。不久后，母亲生了两子，长子性格恶劣，脾气暴躁，形容丑陋，饮血食肉，人们称他为罗刹达夏折瓦（སྲིན་པོ་ཏྲ་ཤ་ཁྲི་བ།）；次子心地善良，聪慧过人，乐于助人，心怀仁慈，为人正直，名达拉美巴，汉文译为虎衣明王②。

两位王子一正一邪，一善一恶，政见不合，矛盾重重，水火不

---

① 芭·丹杰桑布：《本教源流宏扬明灯》，北京：中国藏学出版社，1991年12月第1版，第108页。

② 夏匝·扎西坚赞：《西藏本教源流》北京：民族出版社，1985年9月第1次出版，第80页。

容。正所谓即便是王室贵族，也难逃大自然的惩罚，母亲对长子训话，长子不但不听，还动手殴打母亲；当父亲打他时，他依然还手，最后失手把自己的父亲给杀了，遂逃到西南方向的岩洞里，投靠罗刹族，与罗刹和魔族为友，吃尸林里的人肉，喝那里的人血，披着人皮，以杀生为业，以血肉为食，人们称他为罗刹达夏折瓦（སྲིན་པོ་ཏྲ་ཤ་ཁྲི་བ།）。罗刹王对达夏折瓦说：您主宰他人命运，是天龙八部鬼众的主人，罗刹之子。次子虎衣明王从天国来到沃莫隆仁，拜辛饶弥沃为师，接受很多降伏罗刹与魔族的秘诀。返回后，虎衣明王想尽办法说服自己的哥哥，让他回头是岸，不再作恶。但达夏折瓦性格刚烈，不听劝告，执意要与弟弟虎衣明王和神族为敌。当然虎衣明王为了征服罗刹，也修了猛力的伏法，但不见成效。有一天，天国之母大慈母来到此处，为他传授胜橛本尊的灌顶和传承，说：修行要讲究方法，智勇双全，把握分寸，把握方向，才能有成就。佛母还对虎衣明王说：您是天人之后，王族之后，不可有妇人之仁，为了众生，为了百姓，要做到大义灭亲，才能为民除害，终止恶业。虎衣明王听从大慈母的话，用猛力的伏法和锋利的金刚橛杀死罗刹王。

据说当时很多佛母手持利刃，助虎衣明王一臂之力，铲除达夏折瓦等残余罗刹。据大慈母《救敌难经》记载：当时罗刹达夏折瓦与罗刹族、魔族、赞族、天龙八部同流合污，共同抵抗神族，发动神魔之战。虎衣明王得到大慈母的指点和帮助，以自己盖世的武功、深厚的法力，铲除了以达夏折瓦为首的罗刹族，抵抗了罗刹与魔族的入侵，阻止了一场恶战①。大慈母与虎衣明王的师徒善缘就此开始，罗刹与神族也结了仇怨，自那起，罗刹与神族为敌，势不两立②。

---

① 伟色金巴主编：《库门经典汇编》第44卷《慈母救八难经》[伏藏]，兰州：甘肃民族出版社，2015年9月第1版，第211页。

② 芭·丹杰桑布：《本教源流宏扬明灯》，北京：中国藏学出版社，1991年12月第1版，第108页。

## 三、大慈母与天国导师雍斯达巴

这是关于大慈母如何解除诅咒的故事，《救诅难经》是大慈母的救八难佛母经之一，这则故事就是来自此经[①]。故事内容是天国导师雍斯达巴（ཡོངས་སུ་དག་པ།，即清净天师）在三十三天界深得天人的欢喜和敬仰，在天国传授神族的宗教巨邦三法，培养弟子，造福造乐，但因此遭到了天国诅咒大师的嫉妒，被下了诅咒。天国导师被诅咒后，全身无力，神族弟子们无计可施，就求助于辛饶弥沃。辛饶弥沃通过大慈母的《救诅难经》解除诅咒，救了天国导师雍斯达巴。

当时在喜马拉雅一带有很多部族，包括神族、龙族、人族、魔族、赞族、罗刹族。以三十三天界、知足天为神族，位于今天的冈仁波齐西部吉尔吉特或拉达克之西为主的地区。神族的国师称拉幸·雍斯达巴（ལྷ་གཤེན་ཡོངས་སུ་དག་པ།），简称雍斯达巴，汉文译为清净天师或天国导师；位于尼泊尔的齐木嘉匝（ཚ་མིག་བརྒྱ་རྩ།）等地为龙族，他们生活在海边和湖岸，以水为生，信仰崇拜水生动物，他们的国师名鲁珠·益西宁波（ཀླུ་གྲུབ་ཡེ་ཤེས་སྙིང་པོ།），简称益西宁波，汉文译为知藏龙师；以上部象雄的嘉卡巴确（རྒྱལ་མཁར་བ་ཆོད།）、中部象雄阿里为人族，他们的王子称嘉幸·弥鲁桑勒（རྒྱལ་གཤེན་མི་ལུས་བསམ་ལེགས།），简称弥鲁桑勒，汉文译为人族国王；卫藏、达波杰、工布杰、凉波杰为魔族；洛扎、门巴族为罗刹族。雍斯达巴、弥鲁桑勒、益西宁波三人为天龙人三贤，都拜过不灭顶佛、密集大师、虎衣明王和桑萨让尊为上师，由此可见，他们是同一代人。当时的天龙人三族互相来往，宗教信仰相同，贸易来往频繁，文化交流畅通。比如人族导师弥鲁桑勒前往天国学习，将其所学在人族中传播；龙族大师知藏龙师来到天国和人族的嘉卡巴确，拜拉幸·雍斯达巴和嘉幸·弥鲁桑勒为师，相互学习，相互沟通和交流[②]。

① 伟色金巴主编：《库门经典汇编》第44卷《慈母救八难经》[伏藏]，兰州：甘肃民族出版社，2015年9月第1版，第217页。

② （1）芭·丹杰桑布：《本教源流宏扬明灯》，北京：中国藏学出版社，1991年12月第1版，

拉幸·雍斯达巴是天龙人三贤之天国上师，六位尊师之一，是弥鲁桑勒、知藏龙师和幸南喀囊瓦多金等的上师。雍斯达巴自幼拜不灭顶佛为师，取名为雍斯达巴，汉文译为清净天师，被任命为天国的国师。后来拜桑萨让尊、密集大师、虎衣明王为师，学习神族的宗教——密法，从而在密法中衍生了天传密法、龙传密法和人传密法，而雍斯达巴是天传密法的法主。他不仅在巨邦三法和耳传大圆满传承中反复出现，还对这些内容的发展、弘扬做了杰出的贡献。

雍斯达巴生于天国囊玛雨当（སྣང་མ་གཡུ་སྙིང་ཚལ།），卓玛固脱天宫（སྒྲོན་མ་དགུ་ཐོག་གསས་མཁར།），他的父亲名嘉瓦沃噶杰（འོད་དཀར་རྗེ།），母名西江赤尼当尊（ཁྲི་ནེ་ཏིང་བཙུན།）。雍斯达巴是密集大师的化身，长大后拜密宗父母子三尊为师，为天国的导师。天国导师在密集大师座前学习父续密宗的内容，形成了密宗三个传承之天传密宗体系。据说他也是辛饶弥沃的弟子，辛饶弥沃把耳传大圆满传授于天国导师雍斯达巴，从而相继传承二十六位虹化大师。这位大师的修行历程与大慈母有着紧密联系①。

诅咒的故事是这样发生的：雍斯达巴在三十三天界天人集聚处擦日山（མཚལ་རི་ལྷ་ཡི་འདུན་ས།）座前，向天人传授密法，玉皇大帝向大师供奉不同物种，而且每一样都是一百一百的，深得神族的欢喜和敬仰，引起天国诅咒师的嫉妒。天国诅咒师见地不正，诅咒法术高明，为了私利草菅人命。他对雍斯达巴下了五种诅咒，一是物品诅咒，以烟火夺他人之命的法术；二是化身诅咒，以风招来他人灵魂的法术；三是咒语诅咒，以咒语使他人短命的法术；四是精要诅咒，以诅咒轮摧毁他人的生存所依的法术；五是配料诅咒，以毒药摧毁他人的身体。以五种诅咒削弱雍斯达巴的身、语、意、事业与功德之力。神族无其他办法，只能求助辛饶弥沃。

第108页。（2）夏匝·扎西坚赞：《西藏本教源流》，北京：民族出版社，1985年9月第1版，第89页。

① 夏匝·扎西坚赞：《西藏本教源流》，北京：民族出版社，1985年9月第1版，第90页。

诅咒师与天人之魔同流合污，危害百姓，尤其是危害天人导师雍斯达巴，让神族不得安宁。辛饶弥沃为此前去天国，召集神族，当众揭开诅咒师的阴谋，还通过“大慈母救诅咒灾难法”阻止了一场灾难。由此说明，大慈母与神族和穆氏王朝的宗教信仰、风俗习惯都有着密切关系。比如她与雍斯达巴、知藏龙师益西宁波、弥鲁桑勒等天龙人三贤的修行旅程、宗教信仰的关系非常牢固[①]。

雍斯达巴是天龙人三贤之首，天国六大导师之一，是辛饶弥沃的耳传大圆满继承者。随着高原地区的环境日益严峻，时代潮流不断涌现和社会的日益进步，产生了很多宗教流派，后被统称为本教。其密宗传承中衍生了父续密宗、母续密宗、子续密宗，雍斯达巴是父续密宗的传承者。

**四、大慈母与象雄王子弥鲁桑勒国王**

《救家难经》是大慈母的救八难经之一，旨在禳解家庭不顺、夫妻不和或无法生育等各种灾难。其中讲述了大慈母如何赐子，如何解救象雄王国，以及象雄王子弥鲁桑勒是如何诞生，如何与桑萨让尊佛母结缘等等。故事摘要如下：在上部象雄即里象雄有位国王，爱民如子，象雄王国亦呈太平盛世。但人难逃一老，当他年老体弱后，周边地区的部族纷纷来攻打象雄，国王别无他法，最后求助于大慈母。佛母向国王赐一子，名弥鲁桑勒，长大后，前往天国，拜桑萨让尊佛母为师，接受母续传承，得到非凡的成就。王子长大后继承王位，以王子身份把母续文化带到象雄，得以发展，被命为人类导师。

据文献记载：弥鲁桑勒出生在上部象雄的嘉卡巴确神宫中[②]。另据《母续经》[③]和《尼玛丹增自传》记载：象雄分里、中、外或上、

① 伟色金巴主编：《本教甘珠尔》第44卷《佛母救八难经》[伏藏]，兰州：甘肃民族出版社，2015年9月第1版，第217页。

② 雍忠丛书整理：《本教母续经及其注释》[古如诺栽伏藏]，北京：民族出版社，2012年9月第1版，第1至12页。

③ 雍忠丛书整理：《本教母续经及其注释》[古如诺栽伏藏]，北京：民族出版社，2009年12月第1版，第140页。

中、下三部，而嘉卡巴确（རྒྱལ་མཁར་བ་ཚོད།）属于里象雄即上部象雄境内①。弥鲁桑勒是王子身份，敬众王之后、象雄国王的儿子，他以桑萨让尊佛母②为师，学习母续文化，成为佛母的得意弟子，把神族的信仰——母续文化带到人间，做了神人之间的桥梁纽带。根据《慈母救八难经》所示，敬众王是人类历史上最初的国王，也是民众共同推选的国王，象雄语称他参胡桑吉（ཐ་ཚན་ཧེ་སངས་སྐྱེས།），应该是出生于父系公社制演变为王室统治制中间的人③。国王夫妇一生抑恶扬善，造福百姓，象雄一带国泰民安，但国王年事已高，体弱多病，又无子无后。周边地区的十二部族非常高兴，赞颂歌谣道："象雄国王年事已高，无子无后。如果我们攻打象雄，活捉象雄王，他们的江山和王土都将归顺我们。"遂以此为由，发动战争，讨伐象雄，年年战火不断，民不聊生。其中所说的十二部族乃是藏族历史上所说的高原十二小邦，是聂赤赞普尚未建立吐蕃之前的历史，与辛饶弥沃处于同代。比如弥鲁桑勒的弟子是鲁珠·益西宁波，其弟子为南喀囊瓦多金。南喀囊瓦多金五百岁时来到吐蕃。然而，辛饶弥沃之子乃贡擦雍仲旺丹，他有四子，长子龙子，其子乃囊瓦多金之父。由此推断，弥鲁桑勒与辛饶弥沃同代。

因受外敌入侵，象雄国王及其子民们内心非常痛苦和恐惧，不知所措，于是都集中在上部象雄的中心吉祥庄严塔前，同心协力祈请大慈母，供奉佛母以及送子佛母神众，祈福行善，以此来求子。在那时，空中突然呈现被四大佛母围绕的大慈母，周边由成千上万尊世间送子佛母围绕着。国王与百姓们虔心祈祷，积累善缘，国王的妃子因此受到大慈母的加持，佛母赐予她送子咒语，还预言授记道："汝一年之后将会生一名能弘扬正法，为人正直，利益大众的能人。"一年

① 才让太整理：《尼玛丹增自传》，北京：民族出版社，2012年9月第1版，第27页。

② 很多文献记载，桑萨让尊、大悲佛母、斯比杰母都是同一个人。

③ 伟色金巴主编：《库门经典汇编》第44卷《慈母救八难经》[绰仓珠拉伏藏]，兰州：甘肃民族出版社，2015年9月第1版，第223页。

之后，国王夫妇果然生了一子，他菩萨心肠，有大将风范，虽为王子身份，但聪慧过人，夫妇二人把他带到不灭顶佛前赐名，不灭顶佛为他传密法灌顶，取名为弥鲁桑勒。

弥鲁桑勒中的弥鲁（མི་ལུས།）是人的身体或人的身份，就是以人的身份出现；桑乐（བསམ་ལེགས།）是善心、爱心、慈悲心、正见心和菩提心，就是充满慈悲与智慧的心或利他心和菩萨心。弥鲁桑勒四个字合起来就是人的身体具有菩萨的心，或菩萨以人的身份出现。大师自小拜不灭顶佛为师，接受巨邦三法①和密宗六部法②的传承，赐名为弥鲁桑勒。后来，大师分别拜密集大师、虎衣明王、桑萨让尊、知藏龙王、清净天师等六尊上师，学习不同部落的宗教文化，上知天文，下知地理，对高原的部落文化无所不通。

弥鲁桑勒由于拜很多上师，得法颇多，而起了严重的傲慢心。正当此时，母续本尊的护法神恰热玛周（ཁྱ་ར་མ་དྲུག）以丑陋的老女人形象现身，问弥鲁桑勒：“您对母续法了解多少？”弥鲁桑勒答：“我拜六大尊师为师，学习母续，对母续法可以说无不精通。”那老女人听了非常不高兴，从大海中取了一碗水，碗上面放了一根吉祥草，说：“母续内容深如大海，你的上师所了解到的只是大海中所取的一碗水，你所学习的就像吉祥草里吸的水一般，非常有限。”还说：“噶丹天（དགའ་ལྡན་གྱི་ཡུལ།）是神族的重要领地，桑萨让尊是天神之母，已得到母续神尊的成就。您若想学习母续，就去噶丹天，拜桑萨让尊佛母为师，因为她才是母续法的法主。”

弥鲁桑勒大师遂前往噶丹天界，拜访桑萨让尊佛母。桑萨让尊佛母和四位大乐佛母为灌顶上师，二十四处圣地的空行母为灌顶法会提供无限的条件，把基道果三续做成经函赐予弟子弥鲁桑勒。之后，弥

① 巨邦三法是指身瓦塞本尊、语拉果本尊、意佐确本尊。

② 密宗六部（ཁྲོ་བོ་རྒྱུད་དྲུག）是指见地部、修法部、戒律部、行为部、事业部、成果部，详见《冈底斯雍仲本教文献》第16卷。

鲁桑勒返回人间，即上部象雄的嘉卡巴确，他在山洞里精进修行时，当地的空行母与二十四处的空行母共同启动了成千上万个空行母，她们个个手持武器，与弥鲁桑勒大师作对。弥鲁桑勒征服了数不尽的忿怒空行母、瑜伽空行母，成为母续的护法神。

弥鲁桑勒在离嘉卡巴确不远的岩洞里精进修行，感动了当地的天龙八部，为他提供饮食，国家再次走向和平盛世。弥鲁桑勒继承王位后，以清净莲花胜法来治理百姓，以酷吏之法来治理国家，以大慈母的心法来治理朝纲，以母续法来治理后宫。基位修了四十年，道位上修了四十年，果位上修了四十年，最后大部分百姓都得到虹化成就[①]。就是因慈母经有此记载，后来的所有本教史籍中都会引用它。[②]从本教众多文献记录的弥鲁桑勒与大慈母的故事中不难看出，象雄的历代君王与大慈母的神祇崇拜有着密切关系[③]。

**五、大慈母与龙族上师益西宁波**

这则故事来自《救龙难经》，故事摘要如下：鲁珠·益西宁波为龙族传授心法，造福百姓，国泰民安。但有善必有恶，有神必有魔。在那时，大海深处有一尊龙魔，性格恶劣，用心歹毒，危害百姓。益西宁波对他毫无办法，最后得到大慈母的帮助，铲除龙魔，百姓得救。

鲁珠·益西宁波简称益西宁波，汉文译为知藏龙师，是龙族的国师，也是不灭顶佛的弟子、六位尊师和天龙人三贤之一。藏文的“鲁”是龙的意思，鲁珠中的“珠”是成就、成功的意思，就是龙的成就者。他出生于斯达普日（ཟིལ་ད་ཕུག་ཏུ།）圣地的江巴五则宫，父为最丹（མཛེས་ལྡན།），母名年坚巨玛（གཉན་ལྕམ་ལྡིད་མ།），是龙族与年族混

① 雍忠丛书整理：《本教母续经及其注释》[古如诺栽伏藏]，北京：民族出版社，2012年9月第1版，第1至12页。

② 夏匝·扎西坚赞：《西藏本教源流》，北京：民族出版社，1985年9月第1版，第90页。

③ 伟色金巴主编：《库门经典汇编》第44卷《慈母救家难经》，兰州：甘肃民族出版社，2015年9月第1版第223页。

血。这对夫妇虽抑恶扬善，利益他人，但没有生育。他们从桑庆花园（གསང་ཆེན་སྐྱེས་ཚལ།）迎来一名大龙族的成就者，名为鲁本耶年杰邬（ཀླུ་བོན་དབྱར་སྣན་གྱེར་བུ།）。这位大师在辛饶弥沃诞生庆祝日时，代表龙族来到沃莫隆仁，由此可见，他与辛饶弥沃同代。益西宁波的父母为了求子，供养鲁本耶年杰邬，以此请求帮助。当时鲁本耶年杰邬说："求子还得求龙王，因为龙族才是财富的根本。"为了让龙王欢喜，他们举行了隆重的龙供仪轨，使龙王十分满足。龙王赐他们一棵如意宝树并大力发愿，使这对夫妇在来年立夏十五日获一子，他就是鲁珠·益西宁波。

益西宁波从小智慧非凡、心怀仁慈、神通广大、助人为乐，为了龙族付出一切。他的发型如伏魔树叶，两唇犹如莲花，手足形如法轮，心间具有文字形象，身相美满。他自九岁开始拜不灭顶佛、桑萨让尊为师，取名为益西宁波。再后来分别拜密集大师、虎衣明王、弥鲁桑勒、雍斯达巴等高人为师，并学习天父续、子续、母续三部密法的传承，形成龙传密法传承体系。

当时辛饶弥沃得到龙族人的热情邀请，前往龙宫传法，大慈母传承因此传播到龙族领域。据本教文献记载，大慈母经与般若经有因果关系。当时出现一位以龙族的身份证得菩萨果位的大师，名鲁珠·益西宁波，有人称他为祖幸嘉瓦，也有人称他为耶年杰邬。他在龙族国传法，降伏龙魔，造福龙族百姓。但有善自有恶，有正必有邪。大海深处，潜伏着一名龙魔，它全身带毒，虎牙尖上流毒血，呼吸可以毒死很多人。龙魔与阎王、魔族同流合污，祸害百姓，生灵涂炭。益西宁波为了降伏龙魔，想了无数办法，最终走投无路，寸步难行，只能祈求大慈母。

大慈母化为龙女，来到益西宁波座前，说："天天祈求我，求助于我，你有何难？"益西宁波说："您是大慈大悲之母，众生之母，龙族天生愚笨，难以相信正法，导致遇到灾难，请您解救龙族众生。”大慈母带着无数的眷属、随从、军队，来到龙族王国。但如果不趁龙魔发功时征服他，其他任何办法都无用，所以大慈母伪装成龙魔的妻子哈拉热（ཧ་ལ་ར།），说：“鲁珠·益西宁波想尽办法对付您，您若想解除危难，以龙魔身份拥抱我，我有办法解除危难。”龙魔相信夫人，化成毒蛇，缠绕在妻子身上，大慈母立刻变成降龙天女，把它所有的毒都洗干净，所有毒都用尽了，然后化为大鹏鸟，吃了龙魔，解除了龙魔的灾难，龙族得救①。如今藏族地区各大寺院都有大鹏鸟的绘画，其两爪抓着毒蛇，这些图也与此有关系。

关于益西宁波有很多动人的故事，比如大师在弥鲁桑勒处学修密法时，虽学到了不少东西，但还是搞不明白自己是谁，向师父反复请求指点，让他明白什么是本性。大师答：“每句不了义法中都有了义法，每句佛言都是真理之言，若要学到了义法，去找雍斯达巴吧！”

益西宁波依照师令，前往雍斯达巴处，学到很多理论，但仍未证悟了义法。益西宁波恳求指点，雍斯达巴说：“密法句句都有觉悟之道，若无不了义法，何有了义法？若无轮回，何有涅槃？你想得到指点，就去找密集大师，也许他能够指点你！”

益西宁波前往密集大师处，学了九乘次第，但依然没能满足，请求指点迷津。密集大师说：“九乘妙法，句句都有不二法，修法不能执法，执著成不了大事。”益西宁波问：“那么何人能够指点？”大师答：“只有白光佛才能解答你的问题。”弟子问：“他在何处？”师答：“在报身净土色究竟严密刹土。”宁波大师化为大鹏鸟，飞往天空中寻白光佛，但未能见着，又去了深海，但依然未能得见白光佛，最后非常绝望地坐在海边。白光佛在空中彩虹圈里全身呈现，说：“你找我有何贵干？”大师说：“我找您找得好苦，海底、空中都不见身影，您一直隐藏于何处？”白光佛答：“我一直

① 伟色金巴主编：《库门经典汇编》第44卷《慈母救龙难经》[绰仓珠拉伏藏]，兰州：甘肃民族出版社，2015年9月，第230页。

在你心里，既没有涅槃，又没有轮回，何来大海与天空。见到自己的本性，那就是白光佛，除此之外，别无白光佛。”①

**六、大慈母与吐蕃历代赞普**

《救缺难经》是由残缺集合而成的各种灾难解救方法，是慈母救八难经之一。其中说到聂赤赞普是吐蕃的第一任赞普，他统一了高原地区的十二小邦，建立吐蕃政权。据慈母经记载，恒河上游流域有一位国王，即今尼泊尔和冈底斯山中间，名叫娇宋王（སྐྱབ་སེང་།），他们历朝历代太平安定，但他没有后代，怕江山拱手送人，因此夫妇二人偷偷走进林子里，拜见一位修大慈母的成就者。这位大师长期修增加热量的修法——“拙火”，使身体热量达到极致。国王与妃子在向大师供奉食物时，妃子的手不小心碰上了大师的身体，因大师身体温度极高，烫到了妃子之手，使她叫出声，将大师从禅定中唤醒。大师说：“国王千里迢迢来到此地，有何原因？”国王说：“我一代君王，一世英名，独独无后，来此就是为了求子。”大师为国王夫妇赐一尊大慈母心咒加持过的法瓶，说道：“你们把法瓶中的圣水洒尽四处，再涂到妃子的手脚，将会生子。”

国王往天上洒了六次，妃子手脚上也都涂过。就是因为其力量无比，妃子与国王还没接触，就生了一子。他的手如鸡爪子，眼睛不同于常人，相貌十分丑陋，所以妃子就把他放在红铜盒子里，扔到贡噶（གང་།）河②中。与大河缓慢同步流淌了很长时间后，那个孩子被一对夫妇救起，养大成人。这个孩子长大后得知自己的身世，心里难受悲哀，离开了养父养母，来到西藏的拉日江妥山，逐步降到雅砻地区。

与此同时，此事在卫藏地区的民间传开，说是不久的将来会诞生

① 夏臣·扎西坚赞：《西藏本教源流》，北京：民族出版社，1985年9月第1版第91页。

② 恒河，藏文音译为贡嘎河（གང་།），汉文中又译为殑伽河、强伽河、冈底斯河，发源于喜马拉雅山南麓即今我国冈底斯山之南，流经印度北阿坎德邦、北方邦、比哈尔邦、恰尔肯德邦、西孟加拉邦后，进入孟加拉国，改称帕德玛河，会合布拉马普特拉河后形成下游的贾木纳河，最后注入孟加拉湾，其入海河段称为梅克纳河。

一名天子，是神的儿子，他将来到吐蕃，成为高原的赞普，平息十二部落的战乱。这个预言一传十，十传百，很快传遍整个青藏高原。刚好聂赤赞普来到此地，与高原十二善知识即十二位本教大师相遇。他们问聂赤赞普："您是何人？从何而来？"聂赤赞普由于语言不通，手指往拉日江妥圣山。十二大师是高原十二小邦的国师，他们在当地百姓心中的地位极高，可谓一言九鼎。借此机会，他们就把聂赤赞普神化为神人合一的形象，神权与王权都集于一身，他们把他请上轿辇，四处宣扬道：这是神的儿子，从天而降，来此当赞普[①]。

吐蕃第一任赞普聂赤赞普被称为七座天王之首[②]，是神的儿子、弥鲁桑勒大师之后、大慈母所赐之子。自那起，吐蕃供奉大慈母，以大慈母为国母，所以女性地位也很高。比如本教护法神当中的斯巴杰母（སྲིད་པའི་རྒྱལ་མོ།）、扎拉杰母（སྒྲ་བླ་རྒྱལ་མོ།）、玛索杰母（དམག་ཟོར་རྒྱལ་མོ།）都是女性将帅，又是国王的妃子。由此可见，当时女性带兵打仗比较普遍[③]。再如，吐蕃赞普中穆赤赞普、达赤赞普、斯赤赞普都随了母亲的姓，由此说明，他们对慈母神有崇高敬仰。

聂赤赞普的世袭起源有很多说法，这里以大慈母神为主，所以只能提到与他有关的故事。若想了解细节，可看《ཡོ་ག་ལྷ་གྱེས་ཅན་གྱི་ལོ་རྒྱུས།》[④]。

吐蕃第二任赞普穆赤赞普是本教十三世系上师之首、聂赤赞普之子、囊瓦多金的弟子，也是密宗巨邦三法的重要传承人。因为聂赤赞普、穆赤赞普二人大力支持，里象雄的信仰巨邦三法、大圆满法才能流传到吐蕃，成为吐蕃的主流文化。穆赤赞普拜囊瓦多金为师，学习绰沃王钦法（ཁྲོ་བོ་དབང་ཆེན།）[⑤]，修行成绩非凡，四万余天女拜他为

---

① 芭·丹杰桑布：《本教源流宏扬明灯》，北京：中国藏学出版社，1991年12月第1版，第133页。

② 觉沃阿底峡：《柱间史》，兰州：甘肃民族出版社，1989年9月第1版，第77页。

③ 伟色金巴主编：《库门经典汇编》第44卷《慈母救患难经》，兰州：甘肃民族出版社，第223页。

④ 赤索旦主编：《本教历史文献汇编》第4卷，兰州：甘肃民族出版社，2018年7月第1版，第236页。

⑤ 绰沃旺庆（ཁྲོ་བོ་དབང་ཆེན།）是巨邦三法的精华所在，囊瓦多金时代传播到吐蕃，成为吐蕃的主流文化。

师，很多八部鬼众都被他征服。赞普觉得此法非常殊胜，不舍得传给他人，三代没有传人，导致遭到报应，自己的法力减少三分之二。在那时，穆赤赞普后悔不已，求助于大慈母。大慈母来到国王面前，传授佛母心咒，使赞普恢复法力，充满力量，继续传承[①]。

吐蕃第八代赞普止贡赞普的父亲名叫桑赤赞普，他所生的所有婴儿都被岩石山洞里的魔鬼吃掉。赞普为此邀请了白耶本波（སྲེ་ཡི་བོན་པོ།）大师，让他降伏吃婴儿的魔鬼。大师的本尊是大慈母，他把大慈母法瓶中的神水倒在岩石上，通过法力摧毁了岩石，逼魔鬼现身。魔鬼现身后，对大师承诺不再吃赞普之子，并且答应把自己的儿子送给赞普。第二年，赞普生一子，头发红色，眼睛圆圆，手心中显示黑痣，样子丑陋。从中不难看出，吐蕃历代赞普与大慈母有着密切联系[②]。

那么为何吐蕃赞普随母亲的姓，而不是父亲？这肯定与慈母神的信仰有关系。比如慈母神中有很多经文，其中一部经叫《救八难经》，属于咒语部。经中讲到了聂赤赞普、穆赤赞普、止贡赞普很多吐蕃赞普故事。其中还记述了吐蕃赞普的世系起源、高原本教十二智慧，以及他们的文化风俗、宗教信仰。古代高原人非常注重女性文化，比如本教传承中的母续本尊、慈母神、斯巴杰母、扎拉杰母都出在高原地区，为青藏高原的和谐、和平立过汗马功劳。到了前吐蕃时，他们也深受远古文化的影响，崇拜慈母神、母续神，就连王子的姓都随了母亲的姓。

## 第十节 天国王子不灭顶佛

约在4000年前，青藏高原一带有神族、龙族、魔族、人族、罗刹族、夜叉族等很多部族。神族位于冈仁波齐之西，今勃律（བྲུ་ཤ།）

① 伟色金巴主编：《库门经典汇编》第44卷《慈母救家难经》，兰州：甘肃民族出版社，2015年9月第1版，第230页。

② 绰仓朱拉大师：《本教甘珠尔》第44卷《救家难佛母经》，兰州：甘肃民族出版社，第225页。

之拉达克一带的大片地区，神族分三十三天界、噶丹天即知足天等很多种族；人族主要聚集在象雄地区，本教古籍中象雄分里中外三区，里象雄嘉卡巴确为人族的首府；龙族位于尼泊尔的齐木嘉匝（ཆུ་མིག་བརྒྱ་རྩ།），即今尼泊尔境内；罗刹族在吐蕃与尼泊尔交界处，靠近南诏王领地，是以古代的洛巴族（ཀློ་པ།）和今门巴族（མོན་ཡུལ།）为主的部族；魔族位于达波、工布、凉波等地；霍尔族位于今天昌都的丁青县、那曲的巴青县、聂荣县、那曲县为主的地区。而不灭顶佛是神族的导师，三十三天界的王子，神族的宗教——密宗和大圆满的鼻祖。当时来自波斯的密集大师、虎衣明王、象雄的弥鲁桑勒、龙族的益西宁波大师都聚集于神族领地，学习神族的宗教文化——密宗和大圆满。

**一、不灭顶佛的名称来由和修行旅程**

据说不灭顶佛是三十三天界的王子、密宗之父、白光佛的弟子、辛饶弥沃的前世、天国六大尊师之祖。在瓦拉神族领地，拜才美俄丹即无量光神为师，学习神族宗教大圆满[①]。

藏文中不灭顶佛称“祈麦祖普”（འཆི་མེད་གཙུག་ཕུད།），祈麦是不死、不灭、长寿、永恒之意。据本教古籍记载，“祖普”是崇高的敬仰、权力的象征。比如耶幸祖普（ཡེ་གཤེན་གཙུག་ཕུད།）、斯幸祖普（སྲིད་གཤེན་གཙུག་ཕུད།）、楚幸祖普（འཕྲུལ་གཤེན་གཙུག་ཕུད།）、恰幸祖普（ཕྱྭ་གཤེན་གཙུག་ཕུད།）、祖普九士（གཙུག་ཕུད་ཐོབ་པའི་གཤེན་བརྒྱད།），他们地位崇高。藏文中的“祖”（གཙུག）是顶和头顶、最高处之意，“普”乃顶中的顶或最首位之意，比如“རྩེ་ཕུད”意为最高处、最顶处，“ཕུད་མཆོད།”意为最首位的供养。祖普一般只有国王、王子、国师、神级别的才可以用，其他大臣、将军和贵族尚未用过此名称。而祈麦祖普的祖普是因头顶以花形成顶饰，故称祖普，汉文译成不灭顶佛、不死

① 才让太主编：《冈底斯雍仲本教文献》第23卷《大圆满极顶法》，北京：民族出版社，2010年9月第1版，第251页。

之神、顶尖的不灭神。

祈麦祖普的母亲为桑萨让尊，关于他的父亲是谁有两种说法，一说是楚幸囊丹，根据《母续经》记载，母亲问下人：“子去何处？”答：“子在父亲处学习。”母说：“我子无父。”下人答：“父就是楚幸囊丹。”[①]二说是楚幸囊丹的化身杜鹃神鸟[②]，巨邦三法里父母子三尊就是不灭顶佛为子、楚幸囊丹为父、桑萨让尊为母。

据说耶幸风神派遣三尊神，一是杜鹃神鸟，二是藏文阿（ཨ།）字，三是玻璃宝瓶。杜鹃神鸟从天而降，与桑萨让尊天女生下一子。母亲把他放在大海边的花瓣中，九天后去看望儿子，发现他不但没死，还认出母亲，微笑相迎。桑萨让尊感动不已，为其取名为祈麦祖普，把他带回神宫，抚养成长，成为三十三天界的王子。长大后，母亲桑萨让尊说：“我们来到世界，并非为了享受荣华富贵，我们是带着使命而来[③]。”有的文献中的故事版本如下：不灭顶佛的母亲桑萨让尊是天国公主，是至尊圣母，又被称为大慈母。她游荡于大海边上时，空中突然飞来一只杜鹃神鸟，降落于佛母的右肩上，叫了几声就飞走了。过了一年之后，桑萨让尊就生了一子，感觉这名不正言不顺，说：“无因之果，无种之芽，无父之子，非常令人不解，也许是不好征兆。”说完后，把孩子放在海里的莲花中，祈愿道，“你若是个神子，就祈祷让你活下来，为众生服务；若是魔的化身，就希望你立即死去。”九日后，母亲去看望自己的儿子，令人感到意外的是孩子不但没死，还认出了自己的母亲，对母亲微笑，所以称他为祈麦，即不死或不灭的意思；因其头顶有花的髻顶，所以称祖普，祈麦祖普汉译为“不灭顶佛”[④]。

① 雍忠丛书整理：《苯教母续根本经及其注释》，北京：民族出版社，2009年12月第1版，第143页。

② 赤索旦主编：《本教历史文献汇编》第4卷《日光根本续》，兰州：甘肃民族出版社，2018年7月第1版，第61页。

③ 雍忠丛书整理：《苯教母续根本经及其注释》，北京：民族出版社，2009年12月第1版，第143页。

④ 赤索旦主编：《本教历史文献汇编》第4卷，《日光根本续》，兰州：甘肃民族出版社，2018年7月第1版，第61页。

母亲说："我们是带着使命来到世上。"子不灭顶佛问："带着什么样的使命？"母答："我们的诞生和存在不仅仅是为了个人的利益，而是为了成就众生，创造和平。"子问："既然如此，那我们以什么样的方法才能成就他人？"母答："在神族领地有既深奥又简单易懂的法，非常神秘，名为密法，学修此法方能成就他人。"子问："谁又能够为我们传授如此殊胜的密法？"母答："天有十三层，十三层的顶处有一个地方叫色究竟天，那儿居住着神族中的神族。那里有一尊无所不知、无所不能的神，叫做辛拉俄噶（གཤེན་ལྷ་འོད་དཀར།），即白光神。他是诸佛的大慈大悲而呈现，诸神之本源，万物之灵，智慧的载体，慈悲的同体，他能为我们指点并传授。"子答："那可否马上启程，前往白光佛处，学习神族的宗教——密法和大圆满？"母亲答应后，不灭顶佛就化为大鹏神鸟，飞往色究竟天，拜白光神为师，接受密法六部、瓦塞本尊忿怒神的传承，之后返回三十三天界。

子回来后，母问："你去了光神处，学到什么东西？"子答："密宗传承博大精深，但被我学习得无所不知，真言真理无所不通，光神的所有的本领我都学好了。"母问："成就别人，先要成就自己，导师只为你提供指点，但修行还得靠自己，仅仅懂理不够，还要去践行，让理变成事实，才能利己利人。所以我们要找到合适环境，合适的伴侣，并践行心法。"子答："按照传统的修法努力践行，信仰上坚定无疑，成就指日可待。"母问："那么什么样的环境才能使我们极速成就？"子答："在金色大地上，具有六个顶的山，绿色山谷，透明的岩洞，有没有这样的地方？"母亲答："我知道这样的地方。"并向他推荐了三十三天界的六顶山（有学者认为孜珠山就是六顶山，也有学者认为孜珠山是六顶山的复制品）。密宗父母子（ཡབ་ཡུམ་སྲས་གསུམ།）三尊相聚于六顶山、绿色山谷、透明山洞里修瓦塞本尊（དབལ་གསས་ཛམ་པ།），最后与瓦塞本尊合二为一，达到相融圆满的境界。这就是不灭顶佛成神的旅程①。

## 二、本教密宗父母子三尊

本教密宗经典中以楚幸囊丹为父，桑萨让尊为母，祈麦祖普为子，称“父母子三尊”。

有的古籍中认为：楚幸囊丹、赤西囊当（ཁྲི་ཞི་ནམ་ཏིང་།）、朵嘉耶钦（གཏོ་རྒྱལ་ཡེ་མཁྱེན།）、萨当华二觉（ས་སྟོང་དཔལ་འབྱོར།）、赤杰库巴（ཁྲི་རྒྱལ་ཁུག་པ།）为同一个人；也有的古籍中记载，赤西囊当（ཁྲི་ཞི་ནམ་ཏིང་།）、耶斯赤杰（ཡེ་སྲིད་འཕྲུལ་རྒྱལ།）、赤杰库巴（ཁྲི་རྒྱལ་ཁུག་པ།）、楚幸囊丹（འཕྲུལ་གཤེན་སྣང་ལྡན།）、桑波布赤（སངས་པོ་འབུམ་ཁྲི།）、恰杰杰布（ཕྱ་རྗེ་རྒྱལ་པོ།）、拉果妥巴（ལྷ་རྒོད་ཐོག་པ།）是不同名称的同一神②。据说神族称楚幸囊丹，龙族称赤西囊当，人族称赤杰库巴③。桑萨让尊佛母别名为南希共杰（གནམ་ཕྱི་གུང་རྒྱལ།）、曲江杰母（ཆུ་ལྕམ་རྒྱལ་མོ།）、斯巴杰母（སྲིད་པའི་རྒྱལ་མོ།）、大慈母（ཐུགས་རྗེ་བྱམས་མ།）、萨周艾桑（ས་ཏྲིག་ཨེར་སངས།）、普贤佛母（ཀུན་ཏུ་བཟང་མོ།）等④。

父母子三尊中的父楚幸囊丹是白光佛的弟子、不灭顶佛的上师，也是不灭顶佛之父⑤。他以白光神弟子的身份出现在色界天，学习密宗和大圆满精神；以老师的身份出现在三十三天界，为不灭顶佛传授巨邦三法和大圆满心识九部；以杜鹃神鸟的身份出现在桑萨让尊身边，为神族传授白光佛的智慧。很多部族对楚幸囊丹有不同的称谓，比如神族称他为楚幸囊丹，龙族称赤西囊当，人族称赤杰库巴，印度教称他为梵天，忿怒时称拉果妥巴神。有的古籍中说楚幸

① 雍忠丛书整理：《母续根本经及其注释》，北京：民族出版社，2009年12月第1版，第143页。

② 永忠旦增、八桑、仁博次旦主编：《世间根本藏》，成都：四川民族出版社，2018年8月第1版，第15页。

③ 才让太主编：《冈底斯雍仲本教文献》第15卷《巨邦僧土根本续》，北京：民族出版社，2010年9月第1版，第5页。

④ 才让太主编：《冈底斯雍仲本教文献》第15卷《巨邦僧土根本续》，北京：民族出版社，2010年9月第1版第5页。

⑤ 雍仲丛书整理：《母续根本经及其注释》[古如诺栽伏藏]，北京：民族出版社，2009年12月第1版，第144页。

囊丹是白光佛的弟子，赤西囊当的化身，神族的统治者，拉果妥巴的真身。父母子当中的母亲名桑萨让尊佛母，龙族人称大慈母（ཤེས་རབ་བྱམས་མ།）、象雄语称萨周艾桑（ས་ཏྲིག་ཨེར་སངས།）、为瓦塞本尊明妃和护法神时称世间圣母（སྲིད་པའི་རྒྱལ་མོ།）或世间之母或天国之母（གནམ་ཕྱི་གུང་རྒྱལ།）。有的古籍中说西王母娘娘的藏文对字是南门噶莫（གནམ་སྨན་དཀར་མོ།），是大慈母或斯巴杰母的化身。

父母子当中的父楚幸囊丹为天国的国王，母亲桑萨让尊为国王明妃兼将军，不灭顶佛为王子，称密宗父母子三尊，他们是国王、明妃与王子的关系，也是母续密法、父续密法、子续密法的鼻祖。本教的少数文本中记载，大愿导师门巴更萨（ཟུན་པ་ཀུན་གསལ།）把三宣大圆满传授于象雄的持明者楚幸囊丹，把楚幸囊丹列为象雄的成就者，但巨邦三法里明确指出，楚幸囊丹是色界天之神。由此说明，色界天与里象雄的距离不远。楚幸囊丹在象雄与乌仗那交界处，红色岩山的山洞里修持大圆满，身体变成光融入本性，得到了光的成就①。《忿怒神仪轨》中记载：斯巴杰母萨周爱德桑，曲江杰母乃众生之母，桑萨让尊乃天国女王，斯比杰母万物根本母，南西共杰甘露滋润母，卡拉度莫瓦塞之明妃。曲江杰母、桑萨让尊、斯巴杰母、卡拉度莫、萨周艾桑不但是同一个人，而且都与瓦塞本尊有着密切关系②。

不灭顶佛也是巨邦三法③之祖，密宗父母子三尊之一④。所谓巨邦三尊是身语意三尊，即身瓦塞本尊、语拉果本尊、意佐确本尊。其中瓦塞本尊乃不灭顶佛忿怒而演化的神，九面十八臂，头部有狮子、豹子、龙头、大鹏等各种信仰的集体；拉果本尊（ལྷ་གོད་ཐོག་པ།）是

① 才让太主编：《冈底斯雍仲本教文献》第23卷《大圆满极顶法》，北京：民族出版社，2010年9月第1版，第253页。

② 伟色金巴主编：《库门经典汇编》第123卷《瓦塞本尊仪轨》[玛敦索增伏藏]，兰州：甘肃民族出版社，2015年9月第1版，第43页。

③ 才让太主编：《冈底斯雍仲本教文献》第15卷《巨邦僧土根本续》[玛敦索增伏藏]，北京：民族出版社，2010年9月第1版，第8页。

④ 详见《ལྷ་ཚོགས།》之《བསང་ཡིག》，手写本，第18页，现存于炉霍县仁达乡易日寺。

楚幸囊丹的忿怒像，四面八臂，四足，是忿怒的神；佐确本尊（གཙོ་མཆོག）是密集大师修行成就而显现的忿怒神，三面六臂，其明妃为红驴斯巴杰母。三者合为一体，就是巨邦三尊（སྤྱི་སྤུངས་སྐོར་གསུམ།），是楚幸囊丹、不灭顶佛、密集大师忿怒而化身的神。瓦塞本尊是身体的化身，代表国王；拉果妥巴是语言的化身，是国王之父；佐确本尊是意的化身，是国王的部下；对于神族而言，巨邦三法既是化身和被化身的关系，又是上下级或师徒或国王与大臣之关系。

也有一说认为，赤西囊当、桑萨让尊、密集大师都成为不灭顶佛的弟子，比如《日光根本续》中记载：耶幸祖普接受灌顶和传承后，从天而降，来到大地上，在三十三天界的东北角，须弥山之南，玉龙谢扎地区，向幸赤西囊当、桑萨让尊、密集大师三人，传授本教密法。三人得到真传后，掌握全部内容，实践密法，并得到殊胜成就。成就后赤西囊当成为拉果妥巴，不灭顶佛成为瓦塞本尊，桑萨让尊成为斯巴杰母，密集大师得到佐确卡江成就[1]。祈麦祖普把密宗的全部内容归类三种，广义、要义、略义，广义传承传授于天国导师雍斯达巴大师，要义传承传授于象雄王子弥鲁桑勒大师，略义内容传授于龙族导师益西宁波尊者[2]。

## 三、不灭顶佛与辛饶弥沃

辛饶弥沃大小传记中认为，不灭顶佛是辛饶弥沃的前世转世，不灭顶佛在传授密宗教法时，以祈麦祖普的身份出现在三十三天界，传授巨邦三法，成为天国之神[3]；传授显宗时，演化为穆氏王子辛饶弥沃，穆氏王朝（དམུ་རིགས་རྒྱལ་པོ།）也因此名正言顺地继承了神族的所有宗教文化。不灭顶佛以神的身份出现时，统领三十三天界，引导神族

① 赤索旦主编：《本教历史文献汇编》第4卷，《日光根本续》，成都：四川民族出版社，2018年8月第1版第69页。

② 赤索旦主编：《本教历史文献汇编》第4卷，《日光根本续》，成都：四川民族出版社，2018年8月第1版第77页。

③ 赤索旦主编：《本教历史文献汇编》第4卷，《日光根本续》，成都：四川民族出版社，2018年8月第1版第79页。

的信徒；转世于穆氏王朝的辛饶弥沃时，以半人半神或人神合一的身份出现，他上通神界，下通人类，成为神人通道。他以神的身份向人传达神的旨意，传达白光佛的智慧；以人的身份向神祈祷，甚至直接引导神族，统领神族。自从不灭顶佛演化为穆氏王朝的王子辛饶弥沃起，穆氏王朝就继承了神族的执掌权，接替了神的全部义务，来自神族的宗教也被穆氏王朝接纳，形成了穆氏王朝的主流文化，名为雍仲本教。

辛饶弥沃大小传记中记载：辛饶弥沃尚未转世到沃莫隆仁之前，在瓦拉（བར་ལྷ་འོད་གསལ།）即中间神的领地有三兄弟，分别名为切邬达巴（ཁྱེའུ་དག་པ།）、切邬萨瓦（ཁྱེའུ་གསལ་བ།）、切邬西巴（ཁྱེའུ་ཤེས་པ།）。他们的父亲名赤沃王（ཁྲི་འོད་རྒྱལ།），母名耿西（ཀུན་ཤེས།），老师名朵杰罗本（གཏོ་ཛེ་སློབ་དཔོན།），上师名白光佛。切邬（ཁྱེའུ།）是小孩儿或孩童的意思，就是三个小孩儿一起学习，一起发愿，最后变成了朵杰耶钦（གཏོ་རྒྱལ་ཡེ་མཁྱེན།）、辛饶弥沃（གཤེན་རབ་མི་བོ།）、唐玛麦珍三佛（ཐང་མ་མེ་སྒྲོན།）[①]。切邬达巴在神族修行，得到成就后转世于沃莫隆仁，称达巴朵杰耶钦，即第七位佛，弘扬正法，利益大众[②]；切邬萨瓦得到无上成就后转世于沃莫隆仁，成为辛饶弥沃，即第八位佛，继承了朵杰耶钦的弘法事业，从事弘法利生工作；切邬西巴得到光荣成就后，成为不灭顶佛的继承人，引导神族，将来会转世到人间，成为唐玛麦珍佛，即第九位佛，也是未来佛。三兄弟从小就拜朵杰罗本（གཏོ་ཛེ་སློབ་དཔོན།）为师，学习斯巴本的博大精深内容，精通了神族的宗教文化；长大后拜白光佛为师，学习神族宗教——密法和大圆满法，人们尊称他为斯巴切邬萨瓦，是祈麦祖普的别名，译成汉文就是不灭顶佛或孩童光明。

① 赤索旦主编：《本教历史文献汇编》第2卷，《塞米经》[毗卢遮那译]，兰州：甘肃民族出版社，2018年7月第1版第3页。

② 才让太主编：《冈底斯雍仲本教文献》第1卷《辛饶弥沃传记与相关历史》，北京：民族出版社，2010年9月第1版第15页。

密宗典籍中认为不灭顶佛拜白光佛为师，辛饶弥沃略传里认为斯巴切邬萨瓦也拜白光佛为师，学习神族的宗教文化，有的经典中说不灭顶佛即切邬萨瓦拜白光佛，由此说明可以把他俩理解为同一个人。据说密宗和大圆满是神族的宗教信仰，其能消除知识障，培养数不尽的神族学徒或菩萨。朵杰罗本又被称作朵邬布赤罗格杰金（གཏོད་དུ་འདུས་ཁྲི་སློག་གི་ལྡེ་ཅན།）或斯巴桑波布赤，是达巴、萨瓦、西巴三兄弟的启蒙老师，也是斯巴本教的老师。在那时，称辛饶弥沃为斯巴切邬萨瓦，密宗巨邦三法里称不灭顶佛，就是一个人用了两个名字。辛饶弥沃的自传《集经》中记载："辛饶弥沃的前世转世中，他转世到瓦拉沃萨天，母名桑萨让尊佛母，父亲名楚幸囊丹尊者，儿子名不灭顶佛。"白光佛传授言教，加持切邬萨瓦，使他消除成佛或觉悟的所有障碍，转世到沃莫隆仁圣地，成为穆氏王朝的王子辛饶弥沃。

切邬达巴还嘱咐自己的弟弟："让弟弟切邬西巴继承神族王位，把王冠戴在弟弟的头上，说我将要转世到人间沃莫隆仁，成为人间导师辛饶弥沃佛，继承达巴朵杰耶钦的弘法利生事业，继续做弘法利生的工作，但您要继承神族的王位，引导神族，将来的某一天，你也会成为唐玛麦珍，以佛的身份出现在人间，转授妙法，弘法利生[①]。"据此可以推断，能戴王冠的情况只有两种，一是法门继承者，二是王位继承者。辛饶弥沃先到知足天，再走到三十三天界，逐步来到了须弥山四处，与四大天王会见，传授很多神族的宗教信仰；到了非天界即阿修罗领地时，降伏了三十三位非天人恶者，把那里所传的法托付于三十二位本波。最后把自己转化为藏文的"ཨ།"和"མ།"，转世到嘉谢玛的母胎，十月怀胎，诞生后称穆氏王子辛饶弥沃[②]。

① 赤索旦主编：《本教历史文献汇编》第4卷《日光根本续》[扎沃贡年伏藏]，兰州：甘肃民族出版社，2018年7月第1版，第79页。

②赤索旦主编：《本教历史文献汇编》第2卷《塞米经》[毗卢遮那译]，兰州：甘肃民族出版社，2018

## 四、不灭顶佛与本教大圆满

大圆满又称为自然法、光明法或无上法，是来自神族的宗教，是藏文化的起源之一，是神族传承已久的部落宗教或氏族宗教，也是神族、龙族、人族的主流文化。它最初诞生于色界天神族的领地，又传到欲界天的三十三天界、噶丹天。有的从噶丹天传播到沃莫隆仁，有的从三十三天界传播到沃莫隆仁，成为穆氏王朝的主流文化。穆氏王朝的王子辛饶弥沃游历象雄、卫藏、达波、工布、凉波、霍尔族、中原等地，以大圆满为主的雍仲本教也随之传开，流传到高原十二小邦，以及印度、卡奇、中原等地。到了公元前1136年，聂赤赞普来到雅砻一带，得到了高原十二小邦的国师十二本教大师的支持，很快统一十二小邦，建立吐蕃，得到了吐蕃的大力支持，大圆满文化得到广泛传播，成为吐蕃的国教。随着吐蕃的壮大，大圆满文化也吸收各地、各族的文化，逐步演化交融，成为国际性的大圆满①。

所谓大圆满就是普贤王的本意，是我们的本性，是万物的真相。起初应是蓝天的崇拜，到了白光神、无量光尊者时代，蓝天崇拜演变为光的崇拜。白光佛领悟到了其中的胜义，并传于无量光尊者（ཚད་མེད་འོད་ལྡན།）；无量光通过毕生修行，让自己身体变成光体，光照耀了整个大地，得到了无量光的称号；无量光把自己毕生实修的经验传承于楚幸囊丹尊者，传到了欲界天领地；楚幸囊丹毕生实修并得虹化成就，把它传授于自己的儿子不灭顶佛②。从中不难发现，这都是经过家族或氏族而传承，从不外传，所以称为密法。

到了不灭顶佛时代，大圆满中衍生了两个大的传承体系，即大圆满心识九部（སེམས་སྨད་སྡེ་དགུ།）和耳传大圆满（ཞང་ཞུང་སྙན་རྒྱུད།）。

---

年7月第1版，第26页。

① 才让太主编：《冈底斯雍仲本教文献》第1卷《辛饶弥沃传记与相关历史》[三为游方僧伏藏]，北京：民族出版社，2010年9月第1版，第35页。

② 才让太主编：《冈底斯雍仲本教文献》第24卷《耳传大圆满历代上师传》[芭・丹杰桑布编纂]，北京：民族出版社，2010年9月第1版，第3页。

不灭顶佛把耳传大圆满传授于自己的弟子本钦霍尔德大师（དཔོན་ཆེན་ཧོར་ཏི།），直至先后传承二十位虹光成就者即光的成就者，其中大多数都是象雄的成就者，故称为“象雄耳传大圆满”传承。不灭顶佛把一部分内容传授于密集大师（གསང་བ་འདུས་པ།）、虎衣明王（སྟག་ལ་མེ་འབར།）和桑萨让尊佛母。他们三人又把它传授于雍斯达巴、弥鲁桑勒、益西宁波等天龙人三贤，形成了心识九部大圆满的传承体系，从中衍生了天龙人三大传承。这两大流域的大圆满传承，造就了当时独具特色的雪域高原主流文化[①]。

自从辛饶弥沃被认定为不灭顶佛的化身，继承了神族的宗教——密宗和大圆满法宝起，耳传大圆满中衍生出辛饶弥沃、不灭顶佛、密集大师、耶幸祖普等四个不同的传承系统。辛饶弥沃传承中出现二十六位虹化者即光的成就者，一直传承到公元7世纪达布示匝（ཏ་པི་ཧྲི་ཙ།）、囊谢勒波大师（སྣང་བཞེར་ལོད་པོ།）间。这些大圆满修行者当中有卫藏的、象雄的、勃律的、昌域的（今新疆和田地区）、格萨尔的（今新疆且末和若羌一带），还有木雅、苏毗、乌仗那、中原等各地的。心识九部大圆满被传授于密集大师、虎衣明王、桑萨让尊，他们又把它传授于天龙人三贤，流传到神族、龙族、人族，成为这些部落和王族的最大法宝。

再后来，辛饶弥沃的后裔幸南喀囊瓦多金拜天、龙、人三贤为师[②]，成为天龙人三个传承的唯一继承者，并把它带到青藏高原。那时的青藏高原尚未统一，但幸南喀囊瓦多金在青藏高原以闭关方式把自己隐藏在森林和岩洞里，修行密法和大圆满，以此传承心法。不久后，聂赤赞普来到青藏高原，被高原十二小邦的上师——十二大师封为首

① 云丹彭措主编：《藏族典籍精选》第46卷《大圆满精要》[幸庆鲁噶伏藏]，成都：四川民族出版社，2014年12月第1版，第82页。

② 天龙人三贤是指天界导师雍斯达巴、人间导师弥鲁桑勒、龙界导师益西宁波大师。

领，成为吐蕃的第一任赞普①。那时，囊瓦多金大师出山，被聂赤赞普邀请到吐蕃，任聂赤赞普之子穆赤赞普的上师，把从神族带来的密宗和大圆满传授于吐蕃第一任赞普聂赤赞普和第二任赞普穆赤赞普，从而使它在吐蕃和象雄地区得到广泛传播。聂赤赞普也成为神族之后，随着历史的进程和时代的变化、社会的需求，将密宗和大圆满逐步传播到卫藏、阿里、达波、工布、凉波、洛扎等十二王朝领域中，使之成为青藏高原的主流文化②。这就是七座天王在圆寂时，身体变成光体，消失在空中的缘由。

**五、不灭顶佛与耶幸祖普**

本教古籍中耶幸祖普与祈麦祖普（不灭顶佛）都有祖普之名，都是密宗和大圆满中的重要上师。但有关他们的历史和形象有点混淆，有时候他们被认为是同一个人，有时候又非同一个人。比如生于13世纪的噶敦慈诚坚参，他对藏族远古时期的神话历史、宗教信仰传承做了比较详细的解释。他的一些著作中指出：辛饶弥沃的前世转世祈麦祖普（即耶幸祖普）被桑萨让尊放在大海边的花中，九天之后，儿子不但没死，还认出母亲，他就是巨邦三法、大圆满的祖师③。但是芭·邓杰桑波在介绍耶幸祖普时，把耶幸祖普的故事分两种，一是胎生传记，二是化生、卵生传记。其中化生传记故事在李西当让大师的《大圆满极顶法》中有记载：森林的中央，有一位国王叫扎比阔罗（གྲགས་པའི་འཁོར་ལོ།，即声轮王），奴仆名雅桑扎瓦（དབྱལ་སོང་གྲ་བ།）。他们有一头大象丢了，奴仆去找大象。大象在一座岩石山处的泉水里边喝水，边听着岩石里面的声音。奴仆雅桑扎瓦也随着大象一起听，

① 赤索旦主编：《本教历史文献汇编》第6卷《本教起源史》，兰州：甘肃民族出版社，2018年7月第1版，第133页。

② 赤索旦主编：《本教历史文献汇编》第4卷《日光根本续》[扎沃贡年伏藏]，兰州：甘肃民族出版社，2018年7月第1版，第159页。郑巴兰卡等：《象雄文集》第3卷《噶敦巴的本教源流》，成都：四川民族出版社，2012年5月第1版，第50页。

③ 赤索旦主编：《本教历史文献汇编》第5卷《本教源流明镜》，兰州：甘肃民族出版社，2018年7月第1版，第244页。

里面发出非常美妙的声音。奴仆回到国王身边，说："岩石里面发出美妙声音。"国王随着奴仆一起听声音之后，国王说："我们把岩石给摧毁，里面如果是一位神的化身，他就会出来；若是魔鬼的话，我们就把它杀死。"他们把岩石烧毁之后，里面有一位白色透明的白衣神，头顶饰有青莲花。国王问他："你从何而来？以后去往何处？以何方式存在？"神子回答："我起初来自本原自然中，以后会去无生无灭之处，如今处在无边无际中。"①自那时起，国王把他邀请到自己的王宫，作为自己的守护神。

耶幸祖普的三个名称，一是斯幸祖普，二是祈麦祖普即不灭顶佛，三是耶幸祖普。他就是本教密宗和大圆满的鼻祖。然而，祈麦祖普母亲名桑萨让尊，父亲名楚幸囊丹，自己有无量光神、楚幸囊丹、白光神等弟子，他并非从石头中蹦出来。所以，这二位并非同一个人。卵生传记如下：空中生风，风中生火，火中生水，水中生土，五大和合后生一枚具有无量光的蛋，蛋中出现了一位具有金色胡子的绿色神人，头顶照射一道光连接到天空，人们称他为耶幸祖普。卵生说法在本教的经典中比较普遍，比如斯巴桑波布赤、自然神的神系中都有卵生之说。

耳传大圆满在本教大圆满当中历史比较清晰，传承很独特，而且与吐蕃周围的很多地区有密切联系。《历代上师传记》中记载：普贤王的弟子乃白光神，白光神弟子称无量光，其弟子为楚幸囊丹，其弟子称桑萨让尊，桑萨让尊弟子祈麦祖普。自祈麦祖普起，耳传大圆满传承中衍生了四个传承，分别为耶幸祖普、密集大师、辛饶弥沃、祈麦祖普即不灭顶佛。耶幸祖普、密集大师、祈麦祖普三人的传承称无序传承，比较混乱；辛饶弥沃的传承叫有序传承，即传承非常清晰。

① 芭·丹杰桑布：《本教源流宏扬明灯》，北京：中国藏学出版社，1991年12月第1版，第78页。

## 第十一节 本教密集大师

密集大师的藏文称“桑瓦对吧”（གསང་བ་འདུས་པ།），即能持秘密胜意的大师之意。密集大师又称密集金刚、密集本尊。藏传佛教格鲁派和噶当派的经典中认为密集金刚是五大金刚之一，桑、德、久三尊之一。桑是桑瓦都巴即密集金刚，德是德确即胜乐金刚，久是指久谢即大威德金刚。而本教经典中密集大师是大圆满九祖之一，不灭顶佛和桑萨让尊之徒，与辛饶弥沃同代。

## 第十二节 公仔楚杰与辛饶弥沃

据说，古老的黄河源头有一个非常古老的王国，藏文古籍中称之为“嘉”。那里有一名心怀仁慈、才智过人、精通历算的国王，被称为公仔楚杰。他的一生充满传奇的故事。公仔楚杰与辛饶弥沃有着非常深厚的善缘，比如公仔楚杰危难之际，请出辛饶弥沃支援，辛饶弥沃从沃莫隆仁步行到嘉那地区，解救公仔楚杰以及其王国，国王以及所有百姓都成为辛饶弥沃的弟子。公仔楚杰为了报答恩惠，也为了巩固自己的政治地位，把自己的妹妹嘉萨楚江许配给辛饶弥沃，并生一子，名叫贡擦楚布穹。两国联姻成为盟友后，本教文化也逐步传播到嘉那即中原。

### 一、古代嘉蕃霍尔三族

本教古籍文献记载：很久以前，有一名叫彤葛王子的人诞生于西藏山南的雅砻一带。他有个妃子名穆江崇崇噶莫（དམུ་ལྕམ་འབྲུངས་འབྲུངས་དཀར་མོ།），应该与穆氏王朝有关系。两人结亲后生三子，长子名为“蕃”（བོད།）；老二名为“霍尔”（ཧོར།）；老三名叫“嘉”（རྒྱ།）。长子“蕃”长大后留在了卫藏的雅砻地区，统领雅砻六部，称蕃卡六部（བོད་ཁམས་གཡའ་དྲུག），从而衍生藏族六氏家族（མིའུ་གདོང་

ཏྲུག）以及象雄等。后来聂赤赞普在此建立吐蕃，从而诞生吐蕃政权、吐蕃宗教、吐蕃文化等。老二霍尔迁到藏北的那曲、昌都的霍尔穹地区，即今昌都的丁青县、那曲的巴青县、聂荣县、那曲县一带，后来衍生了三十九部霍尔族。老三嘉被老大和老二蒙骗，流放到中原的噶居（ཀ་རྒྱ།）一带，后代散布在黄河流域。

后来蕃族中衍生出吐蕃的六大氏族，以及象雄与苏毗等部族，即象雄包括今天阿里与勃律等地，苏毗包括今天的长江上游和怒江河流域。嘉那族中衍生出木雅（མི་ཉག）①和裕固（ཡུ་གུར།）等很多部族，其与新疆的裕固族不同。霍尔中衍生出索波（སོག་པོ།）即蒙古和主古（གྲུ་གུ།）②即突厥族③。按此所说，嘉与蕃即汉族与藏族的起源为同源同根，体现了民族间的深厚情谊。

## 二、公仔楚杰与塞米经

嘉的后代延续多年后，诞下一位名叫嘎达拉塞吉朵坚的国王，其明妃名穆知萨瓦，生一子叫公仔楚杰。他抑恶扬善，助人为乐，心怀仁慈，才智过人，以利益百姓为业。关于公仔楚杰的故事有很多种版本，在此通过辛饶弥沃的自传《塞米经》介绍一二。

《塞米经》是一部记述辛饶弥沃一生经历与成长的传记，也有达波杰、工布杰、凉波杰、藏波杰、象雄、理域④、降⑤、四大河流⑥、冈底斯、本日圣山⑦、拉日江妥等重要的地名、山名、水名。这部经约在公元8世纪时，由毗卢遮那大译师（བཻ་རོ་ཙ་ན།）将其从象雄文译为藏文，并转交给吐蕃赞普赤松德赞。后来毗卢遮那被流放到嘉绒地

①木雅分东木雅、西木雅、宗喀木雅，东木雅位于今以康巴藏族为主的部分地区，西木雅是西夏王朝的祖先，宗喀木雅位于今宗喀地区。

②藏文的“主”：汉语称为“突厥”，是非常古老的游牧民族，公元5世纪，居住在阿尔泰山一带。据藏文史料记载，松赞干布时期，吐蕃发兵伐突厥，导致突厥分裂为东西两突厥。

③ 白崔：《本教起源》，拉萨：西藏人民出版社，1988年11月第1版，第29页。

④ 理域是指今天新疆的和田、且末、若羌等地。

⑤ 降是指唐书中记载的南诏，即今彝族、白族、纳西族、普米族等的祖先。

⑥ 四大河流指金沙江、黄河江、怒江、澜沧江。

⑦ 本日圣山位于林芝县驻地普拢的东南方，雅鲁藏布江北侧的工波地区。

区[①]，赤松德赞把这些文献转交于王子弥杜赞普（མུ་ཏིག་བཙན་པོ།）；弥杜赞普把它传承于热巴坚赞普（ཁྲི་རལ་པ་ཅན།）；热巴坚把它转交于吐蕃最后一位赞普——朗达玛（གླང་དར་མ།）。朗达玛遇刺后，两位王子见地有异、政见不合，为了王位、权势、利益，骨肉相残，发动战争，吐蕃因此走向分裂。吐蕃土崩瓦解后，这些经典落入朗达玛的国师仗阿华尔吉云丹（དྲང་ང་དཔལ་གྱི་ཡོན་ཏན།）手中。华尔吉云丹把他传授于自己的儿子仗阿华尔吉扎巴（དྲང་ང་དཔལ་གྱི་གྲགས་པ།），又传授于仗阿仁青华尔（དྲང་ང་རིན་ཆེན་དཔལ།）。仗阿仁青华尔与前妻无子，娶一名小妾，生一子名仗阿朵拉（དྲང་ང་མདོ་ལ།）。仗阿朵拉四岁时，父亲病重面临死亡。临终时把大师仲杰尊巴赛美（དྲང་རྗེ་བཙུན་པ།）请到家中，把这些文献和儿子都托付于仲杰尊巴。他说："我儿才四岁，尚无能力管理这些，所以我把它托付于您。你先暂时把它埋藏于某地，我儿朵拉年满十三岁时，把它取出来，二人共同分享。在此期间，你不能独自享用，为此您要发毒誓。"仲杰尊巴为此发誓并按照仗阿仁青华尔的安排，把它放在桑耶寺墙壁中，过了十年把它出土并使用。仲杰尊巴说："我喜欢历史，除了《塞米经》原文，其他的都归你。"这部经因此得名为辛饶弥沃的中传，共有十八章，分上下集。

《塞米经》第十三章中阐释了关于公仔楚杰如何修建"塞康戛纳扎萨"（གསས་ཁང་དཀར་ནག་བཀྲ་གསལ།）的故事。嘉那国王嘎达拉塞吉朵坚（ཀ་རྣ་ལ་གསེར་གྱི་མདོག་ཅན།）与妃子穆知萨瓦之子公仔楚杰二十五岁时，生两男一女。有一天，公仔楚杰（ཀོང་ཙེ་འཕྲུལ་རྒྱལ།）心生出离心，对妻子醉丹玛（མཛེས་ལྡན་མ།）说："儿女是轮回之因，金钱是地狱之种子，亲属乃魔鬼之化身，若贪得无厌，即便世界沾满金

① 嘉绒全称谢嘉莫擦瓦绒（ཤར་རྒྱལ་མོ་ཚ་བ་རོང་།），"谢"是东的意思，因它位于吐蕃之东；"嘉莫"是女王，因那里的王室贵族都以女性为主；"擦瓦"是热带的意思，"绒"是峡谷之意。意指东女国或东方的女国，即今天的壤塘、马尔康、金川、小金、丹巴、康定、九龙、道孚、黑水、松潘为主的大片地区。

银，也不会让人快乐。人生无常，死期不定，也许是明年，也许是明天，或许当下就是死期，谁也说不准。所以在得到暇满人身之际，无常来临之前，应做利益百姓、利益众生的感天动地之事，但不知做什么才好。”

公仔楚杰是个历算大师，自己卜了一卦，推算出若在大海上面修建一座宫殿，其所得福报非凡，能利益大众。但在海上建宫殿难如登天，所以必须与龙族、罗刹族合作，才能把宫殿修建好。于是，他到了海边，与龙族、罗刹族接见并协商如何修建宫殿。龙族与罗刹族都答应提供帮助，罗刹族还说："我可以为您安排一百位罗刹，助你一臂之力，但不能公开，要秘密修建。"还说："中间若泄密，我们就终止合作，不再提供任何帮助。"公仔楚杰答应所有的条件，与龙族和罗刹族一起修建神宫，但一段时间后，王子特别想念自己的父母，所以去看望父母，龙族和罗刹族也准许了。公仔楚杰回家后，不忍心看到父母担心紧张，所以把自己的事情和地址都告知他们，但没对妻子说。妻子由于丈夫失踪，心里一直耿耿于怀，伤心欲绝。公仔楚杰之父母不忍心她如此伤痛，所以把实情告知媳妇，让她别伤心。

公仔楚杰乃王室贵族，经济实力非常雄厚。公仔楚杰的妻子醉丹玛，在几百头牛、几百匹马背上驮食物、金银珠宝和绸缎，带着三个孩子去找孩子的爸爸。到了海边时，海上云雾缭绕，看不见任何东西。孩子妈妈让大儿子前往探查，看到相貌跟公仔楚杰一样的很多人在修建宫殿，其中有石工、木工，实际都是罗刹和龙族打扮成公仔楚杰，以防暴露身份。大儿子突然出现，让罗刹族感到不安，觉得公仔楚杰违背承诺，导致所有罗刹都突然消失。公仔楚杰因为失去了罗刹和龙族的帮助，无法动工，致使他非常生气，放弃了妻子和儿子，独自一人四处流浪。公仔的妻子与儿女们十分担心，怕其遇害。公仔楚杰走过千山万水到了昆仑山山脚时，遇见一位相貌非凡、手持智慧宝剑的童子，自称为恰公仔林梅（ཕྱྭ་གོང་ཙེ་ལེན་མར།）①。恰是当时势力庞大的王室贵族，辛饶弥沃与他们结亲，娶恰萨公主为妻，生奥周唐波。公仔楚杰与公仔林梅两人简单对话后，公仔楚杰发现这位童子对自己的事情了如指掌，认为他肯定是圣人的化身，便拜他为师，请求指点。童子回答道：我乃公仔林梅，您生于帝王家族，身份高贵，意志坚定，请不要丧失斗志，不要放弃自己当初的发心即初衷，失败乃暂时的，失败之后还会有成功等待着，若世上没有失败，何来成功，若无善缘，何来恶缘。公仔林梅为公仔楚杰卜了一卦，说："祈愿佛祖大悲在，祈愿正教大昌盛，祈愿众生得幸福，祈愿邪恶魔类灭，祈愿永无罗刹害，祈愿轮回众有情，痛苦伤心断灭已，得来殊胜大吉祥。"②这部祈愿文迄今本教各大寺院都在念，尤其是在大法会、做法事、修宫殿、朝拜时③。

恰公仔林梅对公仔楚杰说：您是人中之王，手持金宝轮，大力发愿神族得到胜利，灭绝魔族，本教昌盛。卜卦的结果为："十二年的年终是铁猪年，十二月的月终乃冬末，三十天的最终乃三十日，一周年神族胜利，一周年魔族得胜。上一次是魔族得胜利，这一次神族一定会胜利。您是人中之王，积善之王，发愿之王，发什么愿都如意成就，做什么善事都得顺利，所以请勿丧失斗志，振作起来，你还有机会把神宫修好。"恰公仔林梅还道："您从昆仑山返回家乡，把家乡的善男信女、帝王贵族都集中起来，布置丰盛的供品，举行供神之隆重仪式，神族与恰族都会来辅佐你。"公仔楚杰返回家乡后，按照恰公仔林梅预言授记，把自己的子民聚集起来，赶往修建宫殿之地，隆重举行供神仪式④。公仔楚杰父母、妃子、王子、

① 据说：恰公仔林梅就是我们所谓的文殊菩萨，或文殊就是他的化身。他是恰族之王，公仔楚杰的师父。

② 辛饶弥沃：《雍仲本教颂词精选》之《发愿文如意宝》，成都：四川民族出版社，2017年10月第一版，第293页。

③ 旺丹幸色：《大陀罗尼经》，手抄版，第70页，现存于炉霍县仁达乡易日村尼玛家。

④ 赤索旦主编：《本教历史文献汇编》第2卷《塞米经》，兰州：甘肃民族出版社，2018年7月第1版，

子民们也非常高兴[①]。

### 三、辛饶弥沃解救公仔楚杰之故事

辛饶弥沃伸手支援救助公仔楚杰，不仅仅是为了弘法利生，更多是为了巩固自己的政治地位，扩大自己的政治势力，以及推广穆氏王朝的主流文化——雍仲本教。

据说，当时地狱善行者、饿鬼善行者、畜生道善行者、恰族善行者、神族善行者都聚集于修建宫殿处，辅助公仔楚杰修建宫殿，里面造了以大慈母、桑波布赤、白光佛、辛饶弥沃为主的一百零八尊如来神像。不过俗话说的好：哪里有善者，那里就有恶者；哪里有神族，哪里就有魔族；哪里有好事，恶行、阻挠者就随之降临。公仔楚杰白天修建宫殿，晚上罗刹族与魔族把它摧毁；第二天重修，晚上又被摧毁。恰巴魔王是工布地区的人，当时已败给了辛饶弥沃，不服气，所以与罗刹族为友，和公仔楚杰为敌。于是，公仔楚杰心灰意冷，不知所措。他冷静下来后，仔细一想，有魔自然有神，有恶自然有善，于是虔诚地祈祷道："我行善造福百姓，利益大众，但魔族与罗刹族却与我为敌，破坏宫殿，人世间还有什么力量助我一臂之力，有没有慈悲与智慧的力量能辅佐我，助我成功？"

俗话说的好，魔高一尺，道高一丈，最后辛饶弥沃感受到他的祈祷，以协助公仔楚杰行善、替天行道的名义，带着以四大佛子为主的五千五百个弟子，千里迢迢来到公仔楚杰修建宫殿之地，助他一臂之力。当时恰巴魔王与罗刹汉达杰九狼狈为奸，破坏行善。恰巴魔王是达波、工布、凉波[②]地区的，罗刹是藏族和门巴族的祖先，都与当地的罗刹同流合污，胡作非为。但辛饶弥沃千里迢迢来到此处，进行了南巴迦瓦尊胜佛的仪式仪轨，助公仔楚杰一臂之力，修建完戛纳扎萨

---

第421页。

① 才让太主编：《冈底斯雍仲本教文献》，北京：民族出版社，2010年9月第1版，第32页。

② 才让太主编：《本教历史文献汇编》第2卷《塞米经》[毗卢遮那译]，兰州：甘肃民族出版社，2018年7月第1版，第394页。

宫殿。南巴迦瓦中央为辛饶弥沃，头顶乃见地之王大鹏鸟，是辛饶弥沃的见地化身；左肩与右肩两条龙，是辛饶弥沃的修行化身；左右两侧为两头狮子，代表行为，是辛饶弥沃的行为化身；玛罗祖普、玉罗达向、隆珍萨瓦、矩阵卓玛为四大弟子，最后四大弟子变成四大忿怒本尊即勇猛的将军，把罗刹之王汉达杰九带到辛饶弥沃面前。罗刹王发誓不再破坏修建宫殿，成为辛饶弥沃佛的弟子，作为南巴迦瓦的护法神①。

南巴迦瓦中有神族、龙族、地祇族、非天族、财神族、天女族等八大种族，以玉皇大帝为神族统领，桑瓦勒钦为地祇神之首，祖娜仁钦为龙族之首领，如意佛为财神之主，唐桑让吉为非天族的统领，妙音天女为天女族的统领。八大护法以及一百零八位护法神即将军们，也纷纷来到此处，助公仔楚杰一臂之力②。辛饶弥沃以南巴迦瓦的威猛势力协助公仔楚杰，降伏罗刹与魔族，平息战乱。公仔楚杰也成为辛饶弥沃的得意弟子，学会了占卜和历算等。他还把自己的妹妹嘉萨楚巨公主许配给辛饶弥沃，生一子，名叫贡擦楚布穹，也是一名精通历算、占卜的大师。

危险解除之后，玉吉切邬穹对辛饶弥沃说：师尊，为了度化后人，把正知正见和正义继续传播下去，请把所有典籍写在布上，刻在木板和石板上，以保留这些经典。辛饶弥沃采纳弟子的建议，师徒二人借助公仔楚杰的实力，把穆氏王朝的所有典籍归类为五部，即乔纳斯巴续本门、盘域广义般若本门、乔噶猛力密宗本门、上师秘诀大圆满本门、四门混合的世间藏本门，为四门一库。

**四、南巴迦瓦发愿文的奇缘**

因果是最公平的自然法律，无论你做过什么、说过什么，即便过了几十年乃至几百年，它都不会凭空消失，该报应的时候，自然会受

① 旺丹幸色：《南巴迦瓦汇聚福禄经》，手抄版，第291页，现存于炉霍县仁达乡易日村尼玛家。
② 旺丹幸色：《南巴迦瓦汇聚福禄经》，手抄版，第291页，现存于炉霍县仁达乡易日村尼玛家。

到应得的报应。

以下故事来自本教的《大陀罗尼经》（རྣམ་རྒྱལ་གཟུངས་ཆེན།）和《如意宝发愿文》。据说，很久以前，在古老的青藏高原上有一位国王，他生有两位王子。大王子心地善良，人见人爱，聪慧过人，取名为根呷沃（ཀུན་དགའ་འོད།）。小王子性格恶劣，行为粗暴，为了名利地位，不择手段，人们称他为敦波杰（གདུམ་པོ་རྗེ།），就是不友善的意思。有一位大臣，名桑炯雀（བཟང་སྐྱོང་མཆོག），他知识渊博，智慧过人，见多识广，心怀仁慈，为人正直，对王子忠心不二，对百姓誓死不弃。桑炯雀倾向于大王子，因为大王子为人正直、忠肝义胆，这引起了小王子的嫉妒[1]。

大王子根呷沃在想，由无数世累积善德福报，如今已得暇满人身，转世为王子，这是百年不遇的机会。应借此机会，应为众生、为社会、为百姓做点什么，但又不知该做什么。为此，他召集各路有才华、有智慧的才子，细心商量。大臣桑炯雀说：佛经记载，若想做一点令人感到非凡的事，就去大海里取得如意宝，因为如意宝是让大众事事如意的稀有之宝，只有珍宝才能让人心想事成。这合大王子之意，两人达成一致，决定入海取宝，并把事情如实禀告父王，得到父王的准许。

此时，小王子心想，如果长子根呷沃入海得宝回来，百姓和大臣都会向着他，这对自己很不利。如果大王子以及众人寻宝时遇难，这是国家的损失，对自己以后治理朝纲也很不利。所以他想尽办法阻止大王子与大臣出海，为此去找父王，对父王说："大臣桑炯雀不怀好意，他想害了大哥，如果贸然出海必死无疑，所以必须下令阻止他们。"父王说："这是佛陀的言教，是圣者的语言，你我怎能违背神的意愿。你大哥必须出海，你回去安心等待大哥凯旋。"

大王子与大臣桑炯雀二人为出海做了很多准备工作。出海后，他

---

① 旺丹幸色：《大陀罗尼经》[伏藏经]，手写版，第70页，现存于炉霍县仁达乡易日村尼玛家。

们在海上漂了几个月，经历了很多磨难，才到达大海的彼岸。那里有很多稀世珍宝，难以想象。他们随着一道光进了一处山洞，里面有一尊诸佛慈悲与智慧载体的大佛，名叫如意佛。他是诸财神之本，诸佛之源。佛问王子道：你来此所为何事？王子答：“据圣人之言，若能海中取宝，以此发愿，一切如意，我等为了利益众生取宝。如意佛说：如意宝有白色、蓝色、红色，你喜欢哪一种？”王子看着白色说：“白色代表善，代表纯洁，代表本性，我就要白色。”如意佛说：“你可以在如意宝座前发愿，无论你发何愿，都会让你如愿。”如意佛还说：“其实真正的宝物并非财宝，而是王子您和您属下的发心、智慧和勇气。”

此时，王子、大臣以及所有与王子一同前往的善男子，与如意佛一起祈祷念诵《南巴迦瓦发愿文》（རྣམ་རྒྱལ་སྨོན་ལམ།）。由于是寻宝时在如意宝座前发愿的，所以称《如意宝发愿文》（ནོར་བུ་སྨོན་ལམ།）①。《如意宝发愿文》《水施发愿文》《十地发愿文》为三发愿文。

大王子等得到宝物后，返回自己的国家。小王子一直不怀好意，算了一下时间，觉得他们该回来了，就带着军队，以迎接大哥的名义到海边等待大王子回来，目的是把宝物抢到手后，杀死大王子与跟随他的所有人。大王子在大海彼岸看见小王子以及他带来的军队，已经猜出小王子的意图。小王子对大王子说：“你出海寻宝辛苦，可我也没闲着，你不在时，我忙着维护百姓、治理国家，所以宝物该给我。”大王子说：“宝物归所有百姓，怎能你我独吞，这是众生的共同财产。”小王子说：“果然不出我所料，那我要强抢宝物。”此时，大王子把如意宝放在宝幢上，大力发愿道：战胜敌军灾难，战胜魔力邪见，胜利不正的发心，使小王子的眷属都晕倒，小王子也因自私、贪婪导致死亡。大王子因为发心利益众生，为众生付出一生，

① 本教名词审定编辑小组：《雍仲本教颂词精选》（藏汉对照），成都：四川民族出版社，2017年10月第1版，第293页。

所以成为辛饶弥沃；大臣桑炯雀因助辛饶弥沃一臂之力、利益他人，转世为公仔楚杰；小王子因发心不正、杀气太重，转世为罗刹达夏折瓦，处处与公仔楚杰为敌，阻碍修建宫殿。辛饶弥沃因为前世的善缘，再次与公仔楚杰相遇，并且帮助他降伏了罗刹与魔军。

## 第十三节 辛饶弥沃与恰巴魔王

辛饶弥沃时代，穆氏王朝沃莫隆仁之北，有黑暗的魔鬼领地，称黑暗雍仲塞丹（གཡུང་དྲུང་མུན་པ་ཟེར་ལྡན།）。那里有铁、铜铸成的魔族王宫，周围有数不尽的罗刹村庄。魔王宫殿四方有四门，四门有四大将军即护法。宫殿东有黑暗金刚魔王城，北有法轮魔城，西有莲花红魔城，南有蓝色魔王城，东北角有观察点，东南角有赞族七兄之宫殿，西南角有阿嘎日宫殿，西北角有魔本擦嘉的宫殿。那里由欢喜魔王之后、嘉拉托杰之子、恰巴魔王统治。恰巴魔王以血肉为食、杀生为业，黑暗魔本为信仰，处处与辛饶弥沃为敌①。北有格萨尔、昌域（若羌、且末、民丰），周边肉食吐蕃地，达波、工波、凉波、罗刹等都是恰巴魔王的联盟部落②。辛饶弥沃与恰巴魔王是仇敌关系，中间有很多神魔或邪与正的故事。

### 一、恰巴魔王以拜师接近辛饶弥沃

这里根据辛饶弥沃的自传《塞米经》《集经》《扎珠经》《不了义经除暗明灯》等文献介绍辛饶弥沃与恰巴魔王之间所发生的故事。有的说恰巴魔王与辛饶弥沃为同一个氏族，也有的说是兄弟。总之，恰巴魔王是以辛饶弥沃为敌，以战争和掠夺为好的人，人们以魔王或恶人称呼他。恰巴魔王是尚未成辛饶弥沃弟子之前的称号，后来他成

① 伟色金巴主编：《库门经典汇编》第25卷《无垢根本经》，兰州：甘肃民族出版社，2015年9月第1版，第157页。

② 赤索旦主编：《本教历史文献汇编》第2卷《塞米经》，兰州：甘肃民族出版社，2018年7月第1版，第388页。

为辛饶弥沃的弟子，尊称格念恰巴即居士恰巴。

恰巴魔王召集众臣，说："大敌当前，魔鬼大军统领世界，普天之下，莫非我土，但穆氏王朝的辛饶弥沃处处与我为敌，诱惑众人，图谋不轨，占我土地，夺我政权。我要召集兵马，讨伐穆氏王朝，活擒辛饶弥沃，消灭穆氏王朝。"恰巴魔王的父亲嘉拉妥杰说："穆氏王朝实力非凡，天、龙、人族都以他为王，各国各族都以他为友，再者辛饶弥沃聪慧过人，精通兵法，我等没有必要与他为敌，攻打穆氏王朝未必能胜，既然如此，我们坚守自己的领地，保存实力，才是上策；攻打穆氏王朝，还不如偷偷前往沃莫隆仁暗杀辛饶弥沃。"

恰巴魔王听了父亲的劝告，觉得此计可行，于是来到穆氏王朝的首府沃莫隆仁圣地，假装辛饶弥沃的弟子，暗地里诱惑辛饶弥沃的弟子和妃子，说："辛饶弥沃是在欺骗你们，他的法需要一生一世乃至几世才能成就，我有个法，慧根上等者只需七天时间，中等者二十一天，慧根下等者四十九天就能成就。"他以此方式欺骗辛饶弥沃的妃子、子女、弟子，但除了辛饶弥沃之女幸萨乃琼，其他人都没上当。

恰巴魔王用尽了办法，直到无计可施，非常绝望地返回家乡，心生不快，导致过度生气而晕倒。嘉拉妥杰让大臣千里眼和千里耳前往魔洞，邀请魔本大师。魔本擦嘉是魔界的导师，但因穆氏王朝的热情邀请，出席辛饶弥沃诞生仪式，并成为辛饶弥沃的首要弟子，所以他也尽量阻止讨伐穆氏王朝。大师说："魔王之所以晕倒，是因为心有邪见，违背因果，污蔑辛饶弥沃，导致滔天之罪，要为此及时忏悔，否则会因此丧命。"从中不难发现，魔本不但倾向于辛饶弥沃，还想尽办法阻止恶战。所谓的魔界也只是个说法，实则是为了自己的政治地位，以神族辛饶弥沃为敌的部族而已，所以神族的行者们把他们称为恶魔。

魔本虽然屡次劝告，但恰巴魔王不听，又前往沃莫隆仁，先后假扮成辛饶弥沃的上师白光佛、老师斯巴桑波布赤、父亲嘉本土噶、为母尊莫杰谢玛等，假传语言授记道：“魔鬼实力日日增长，你无法阻碍魔族，应放弃抵抗，归顺魔族。”可辛饶弥沃没有被骗。最后，恰巴魔王把辛饶弥沃的女儿幸萨乃琼骗到手，并把她带到黑暗的魔鬼领地，生了两子，分别称达邬唐（སྟག་དུ་ཐང་།）、苏邬唐（གཟིག་དུ་ཐང་།），就是虎和豹子的意思，最后成为穆氏王朝的女婿。

恰巴魔王可谓是青藏高原唯一能够抵抗穆氏王朝的人，他也一直找机会毁灭穆氏王朝，以联姻或其他方式和好，以保存实力。所以魔王以弟子的身份前往沃莫隆仁，通过各种手段欺骗辛饶弥沃的弟子和家属，当然也欺骗过辛饶弥沃本人，但所有计策都失败了。他被辛饶弥沃逼得走投无路，最后欺骗辛饶弥沃女儿幸萨乃琼，把她领到魔界的领地，这样一来可以逼辛饶弥沃就范，二来可以以联姻的方式和好。后来，辛饶弥沃想尽办法，把自己的女儿和两位魔子带回沃莫隆仁，这激怒了恰巴魔王，引起了神魔恶战。

恰巴魔王为了自己的妻子和儿子发动战争，他动员了霍尔族、昌域、格萨尔、理域、达波、工布、凉波、卫藏、门巴等很多部族。可见，恰巴魔王实力非凡。据说澜沧江、怒江、黄河、金沙江的上游和下游流域都曾被魔族所统领，由此说明他为什么能动员高原的那些大小部落。恰巴魔王的父亲嘉拉妥杰被辛饶弥沃俘虏时，嘉拉妥杰对辛饶弥沃说：“你夺我妻子，杀我子女，抢我领地，还入侵我地，你若是神族，为何要来到人间？你若有平等的心，为何还要分神与魔？”从中可以看出，魔族为什么要发动战争、抵抗穆氏王朝。辛饶弥沃的骏马被盗后，很多人劝辛饶弥沃，不要为了几匹马发动战争，不值得。辛饶弥沃说：“我这次讨伐魔军是为了降伏罗刹和魔族，是为了禁止杀戮、结束战争，是为了利益大众、实现和平。”

《集经》中有相关事件的记载。《伏敌经》是辛饶弥沃为了降伏魔族和罗刹所著的一部经，经里记载：北方有霍尔族来犯，东方有魔族入侵。由此可见，恰巴魔王为何与辛饶弥沃为敌，而穆氏王朝为何要讨伐魔军，最后雅砻、工布、达波、凉波、门巴、尼泊尔、霍尔族、象雄都归顺穆氏王朝，接受穆氏王朝的宗教——雍仲本教。因为穆氏王朝既能代表神族，又能代表人族，讨伐魔族和罗刹名正言顺①。此外，本教很多经典中有关于降伏罗刹和魔族的仪轨和经文，也有很多有关魔族、罗刹族与辛饶弥沃的传奇故事。如今无论在西藏、青海、甘肃，还是四川或云南等藏族地区的民间都广泛流传。

**二、辛饶弥沃与恰巴魔王之战**

辛饶弥沃想尽办法把女儿、两个外孙都接回穆氏王朝沃莫隆仁。恰巴魔王想念自己的儿子，让自己的属下千里眼、千里耳去查探此事。这两位能者居然没看见恰巴魔王的两个儿子，回来对魔王说："您的两个儿子已不在人世。"恰巴魔王让自己麾下七名骑术非凡的强盗去偷两位儿子。七位强盗没能找到魔王的儿子，就盗取了辛饶弥沃的七匹骏马。这七匹骏马是辛饶弥沃的最爱，恰巴魔王得到宝马之后，把它藏在工布沃卡②地区即工卡宫殿下面。然后，恰巴魔王又召集成千上万的魔军，当众宣布："辛饶弥沃处处与我为敌，屠杀我儿，抢我妻子，打压魔军，想方设法消灭魔族，我们要主动出击，消灭穆氏王朝，占有沃莫隆仁，抢占他们的财产和妻女。"

在召集魔军大队前往沃莫隆仁路经工布地区时，工布王共杰噶波③心里恐慌，问道："你们如此兴师动众、大动干戈，要讨伐何国？"魔王说："工布王无需担心，我们要攻打穆氏王朝，消灭辛氏

---

①（1）毗卢遮那：《本教历史文献汇编》第2卷《塞米经》第十章、十一章、十二章，兰州：甘肃民族出版社，2018年7月，第309页至420页。（2）三位游方僧：《冈底斯雍仲本教文献》第1卷，《集经》[G]，北京：民族出版社，2010年9月第1版，第35页。

②工布地区包括现今行政区划的林芝县、米林县、工布江达县一带，这里山高水急，林木苍翠。民主改革前，这里交通极不便利，与邻近的地区形成相对闭塞的区间，各种习俗、文化自成一体，因而工布地区的年节文化形成独具风格的特点。具体的风俗习惯有赶鬼、请狗赴宴、吃"结达"、背水、祭丰收女神等。

③ 共杰噶波：辛饶弥沃时代工布地区有共杰噶波、共杰玛尔波、纳波等很多部族，共杰应该是他们的族长即君王。

家族，不会危害这里的一草一木。”工布王听后安下心来。恰巴接着说，“七位骑术非凡的强者已秘密潜入沃莫隆仁，如果把我儿安全带回，就放于你处，请与我为友，抵抗辛饶弥沃。”恰巴魔王动用了卫藏、达波、工布、凉波、洛扎门族、昌域和格萨尔、霍尔族、索伯的大军，与辛饶弥沃对垒。

辛饶弥沃丢失宝马后，召集人马，准备前往魔鬼领地工布地区。众弟子异口同声说：“昨晚骏马被盗，今天又下了大雪，为了区区七匹骏马，这样兴师动众，值得吗？万一遇到不测，如何是好？”辛饶弥沃说：“我等此去不仅仅是为了骏马，还为了在达波、工布、凉波等地传播穆氏王朝的宗教，并降伏恰巴魔王，也是为了避免一场战争。”辛饶弥沃以寻回骏马为名，带自己的四个弟子①和神族大军，经过象雄、吐蕃来到工布地区②。

他们先到象雄，在冈仁波齐山以右旋的方式转了三圈，加持冈仁波齐山。在冈仁波齐四处的岩石上，留下辛饶弥沃的神奇脚印。辛饶弥沃是人中之宝，他的身材是一般人的两倍，常人身长约四尺，他的身长有九尺。如今工布地区、曼日寺的脚印足以证明他的身材有多高大威猛。辛饶弥沃到了阿里，在拉日江妥山（ལྷ་རི་གྱང་ཐོ།）③闭关七日，传授九乘次第法；在象雄地区建立穹窿银城，这座城楼是目前高原地区发现的最大的王宫遗址。据说辛饶弥沃建立穹窿银城后，在此娶工布公主共萨楚江为妃，生下工布王子贡擦王丹，所以此地成为穆氏王朝的要塞之一④。

辛饶弥沃有八个儿子、两个女儿，但最后除了工布王子，其余的

① 四位弟子分别是朵邬布桑、谢邬赤西、隆珍萨瓦、矩阵卓玛。

② 毗卢遮那翻译：《本教甘珠尔》第26卷《塞米经》，兰州：甘肃民族出版社，402页。

③ 拉日江妥是辛饶弥沃传授九乘次第之地，也是藏族人传言中的天国，聂赤赞普就是那座山下山。据雍仲本教经典记载：本日山是佐确本尊的神山，该山一个山脉有三座山峰，即木日宰加、拉日江托、辛日德丹。

④ 三位游方僧：《本教甘珠尔》第25卷《集经》，兰州：甘肃民族出版社，第262页。

都出家了，后来的大小幸氏家族也是由此诞生[①]。故事版本有几种，最为珍贵的应该为《塞米经》，其中记载：恰巴魔王通过法力降雪，欲断辛饶弥沃等的后路。辛饶弥沃通过太阳大悲心咒融化了雪，追回宝马；而后，魔军用火攻击辛饶弥沃，辛饶与四位弟子在八瓣莲花上，没受火攻影响，导致魔军中的部分军人心生敬仰，皈依辛饶弥沃。之后，辛饶弥沃来到大河源头[②]，恰巴魔王企图制造水灾，辛饶弥沃与四位弟子坐在莲花上过河，恰巴魔王的部分弟子又皈依辛饶弥沃，如今那里是一片沙漠。辛饶弥沃到了象雄雍仲仁钦巴卫岩洞林地时，被魔军包围，恰巴魔王借助风暴的力量攻击辛饶弥沃，但辛饶弥沃与弟子面不改色、如履平地，部分魔军又生起了信心，成为辛饶弥沃弟子。

到了谢玛雍仲的所在地[③]时，辛饶弥沃为当地百姓传授世间本教的一些内容，发愿有一天神圣的密法和大圆满传播到此地，吐蕃[④]的所有百姓迎请辛饶弥沃，不战而胜。接着，辛饶弥沃又来到工布地区，恰巴魔王堆了很多大石头，阻止辛饶弥沃前进，可辛饶弥沃是个大力士，任何大石都拦不住他，他把这些大石放在如今的本日神山领地，将其加持为圣山。然后，恰巴魔王的父亲嘉拉妥杰带领成千上万的魔军与辛饶弥沃作战，说："辛饶弥沃是骗子，骗了我媳妇，杀我子孙，侵我领地，蛊惑人心，达波、凉波、工布地区是我魔王之地，你不该来犯。"辛饶弥沃随后率领成千上万的神族大军进攻，魔王被辛饶弥沃所擒。活捉嘉拉妥杰后，辛饶弥沃由于怜悯俘虏，不但没有杀他们，还将他们收为自己的弟子。

辛饶弥沃继续前行，路上遇到恰巴魔王安排的很多穿白色衣服的美女，她们在茶酒里放毒药做供奉，辛饶弥沃毫不犹豫地把它喝了下

① 夏匝·扎西坚参：《本教源流妙语宝库》，北京：民族出版社，1985年9月，第42页。

② 四大河流源头应该是如今的吉尔吉特，那里是上部象雄领地，也是辛饶弥沃的家乡。

③ 谢玛雍仲是象雄东炯土钦与夏日邬钦二人，翻译本教经典之地。据说翻译了一万部经典。

④ 吐蕃是指雅砻地区的六个部族。

去，不但没死，反而浑身发光，比往日庄严。那些美女知错，忏悔修行，辛饶弥沃为她们传授《八关斋戒经》，工布地区名为魔女成佛之地至今还在。

恰巴魔王非常生气，遂问道："辛饶弥沃你自称是天人，是神族，你既然是天人，为何来到人间？我们无需你讲法，无需你说因果。"辛饶弥沃说："你盗我骏马，骗我女儿，假装弟子传邪法，入侵的是你而非我。"魔军不听辛饶弥沃解释，乱箭射向辛饶，但辛饶弥沃法力无穷，所有箭都变成花，没能威胁到辛饶弥沃。

辛饶弥沃说："我若与你们为敌，一箭可杀死无数人，是与不是请看河岸边的大石头。"辛饶弥沃箭术非凡，一箭把河彼岸的大石摧毁，箭没入河边的岩石中。共萨楚江公主用白色布把箭拔出献给辛饶弥沃。取箭之后，射箭的岩洞里流淌水，名为取箭水，至今依然在岩石上得见。工布王共杰噶波心生敬仰，皈依辛饶弥沃，把自己的女儿工布公主献给辛饶弥沃为妻，生一子叫贡擦旺丹佛子。由于辛饶弥沃的非凡智慧和神族大军的威严，魔鬼大军不攻而破，昌域、理域、格萨尔大军返回自己的领地，霍尔、门族逃到森林里，达波、工布、凉波人归顺穆氏王朝。

最后恰巴魔王的父母、儿女、臣子、军队都成为辛饶弥沃的弟子，只剩魔王独自凄苦。他心生一计，假装被说服，跟随辛饶弥沃来到沃莫隆仁。辛饶弥沃知道恰巴魔王并非真心投诚，而恰巴魔王则暗地里一直观察辛饶弥沃。辛饶弥沃为了让他心服口服，三年禁食苦修，最后才教化了恰巴魔王，穆氏王朝不战而胜，其宗教信仰也随着他们的胜利逐步在卫藏、工布、达波、凉波等地①。

①（1）毗卢遮那：《本教甘珠尔》第26卷，《塞米经》，第402至414页，兰州：甘肃民族出版社，第140页；（2）《八关斋戒经》，如今保存于易日寺课诵文集。（3）本赛穹果栽：《易日寺护法集》之《扎珠经——伏敌经》，现存于炉霍县仁达乡易日寺。（4）才让太主编：《冈底斯雍仲本教文献》第7卷《不了义经除暗明灯》，北京：民族出版社，2010年9月第1版，第102页。（5）法藏敦煌古藏文文献P.T.129。（6）三位游方僧:《本教甘珠尔》第25卷《集经》，兰州：甘肃民族出版社，第35页。（7）罗丹宁波：《本教甘珠尔》第25卷《无垢根本经》[耳传]，兰州：甘肃民族出版社。（8）

## 三、恰巴魔王与辛饶弥沃最终的缘分

恰巴魔王的随从、妻儿、父母和属下都归顺穆氏王朝，所以他本人也暂时被迫接受现实，陪同自己的父母和妻儿前往沃莫隆仁。到了沃莫隆仁，恰巴魔王心里依然不服气，为了复国做出各种努力。当然，他也在暗地里观察辛饶弥沃的一举一动，因为辛饶弥沃不单单是位王子，他还有一个身份就是古幸即上师。他常对人说：人生无常，轮回过患，因果业报，但自己是否做到是另一回事。所以恰巴魔王为了证实辛饶弥沃口是心非，暗地里一直观察他。

其实辛饶弥沃也知道，恰巴魔王并非一心一意投靠自己，为了感化此人，他放弃了名利、地位和荣华富贵，甚至舍弃了家人、妻儿，包括弟子和所有眷属，独自一人在花园里闭关修行。据说，辛饶弥沃在森林中与鸟类同住共存，修行一年；与猴群同住共存，苦修了一年；与人同住，苦修了一年。在此期间，他每天只吃一粒水果，一碗水，以鸟类为友、猴群为师，除了鸟类和猴群，不见其他客人。辟谷修法和闭关的习俗也从此诞生，逐步传到各地。

辛饶弥沃表里如一、身心不二，说到做到，打动了恰巴魔王，生起信仰，真心皈依辛饶弥沃。只要有耐心和包容心，即便是无恶不作的魔王也能被感化，何况是普通人。辛饶弥沃常说，说什么不重要，最重要的是要做。《辛饶弥沃四句真言》说道："见地要高远，修善从小做起，以慈悲心为修行根基，以六度为实现方法[①]。即站在高处观看世界，才能见得长远；修善从我做起，微尘积大山，再小的恶业不能容忍，因为一根火柴有可能烧掉一座山；慈悲是一切行善、修行、利众的根本；六度是实现目标的一切方法。"

恰巴魔王皈依后成为辛饶弥沃的得意弟子，出家后称格念恰巴

---

芭·丹杰桑布：《本教源流宏扬明灯》，北京：中国藏学出版社，1991年11月，第90页。（9）夏匝·扎西坚参：《西藏本教源流》，北京：民族出版社，1985年9月第1版，第42页。（10）罗丹宁波：《本教甘珠尔》第20卷《无垢庄严经》第8卷，兰州：甘肃民族出版社，第72至264页。

① 毗卢遮那：《本教甘珠尔》第26卷《塞米经》，兰州：甘肃民族出版社，第140页。

即居士恰巴。辛饶弥沃圆寂后，恰巴魔王化为大鹏，飞往魔族的领地，对所有魔界子孙说：“人生无常，万物无常，像辛饶弥沃那样无所不能、无所不知的人都难逃一死，何况一般凡人；因果不虚，善有善报，恶有恶报，不是不报，时间到了，自然会报，所以无常来临之前，证得暇满之际，珍惜善缘，从事善业，禁止恶业，听从辛饶弥沃佛的教言，因为正教不邪，真理不假，太阳光中没有黑暗，黑暗只是因为我们自己的位置不对。”恰巴魔王替辛饶弥沃传播智慧，自己也好好修行，珍惜善缘，成为辛饶弥沃的得意弟子。

**四、十五字真言的历史渊源**

十五字真言是本教三尊真言之首，亦叫断三恶趣咒语。之所以叫十五字真言，是因为由十五个藏文字母组成。也有人称他为十四真言，因十五字母中嗦哈两字合为一个字。“阿噶阿玛”（ཨ་དཀར་ཨ་མད།）四个字是四尊如来之种子；“德智斯”（ཏུ་ཧྲི་སུ།）三个字乃三恶趣之种子；“纳波”（ནག་པོ།）是黑色或黑恶之意，“息息”（ཞི་ཞི།）是息灭三恶趣和一切黑暗恶魔；“玛玛”（མལ་མལ།）是息灭三恶趣、黑恶之后的安宁和喜悦。

其故事如下：辛饶弥沃在沃莫隆仁的南花园为朵邬布桑等首要弟子传法时，从南方传来了美妙的声音，同时迎来一批人马，其中有王子、国王、使者等很多人。他们来到辛饶弥沃座前，跪拜在地上，供奉诸多金银珠宝、如意宝等贵重物品，说道：“众生怙主辛饶尊，世间明灯神圣子，辨别万物是非者，自如如来化身者，我乃来自胡王朝，胡杰巴卫卓玛坚。胡赤党坚巴（ཁྲི་ཏང་འབྲུམས་པ།）之领地，曾是仅行善事地，此地西部有个小国，名为西部赤乌穹（ཁྲི་འོད་ཆུང་།），国王查莫赤沃（འཕྲ་མོ་ཁྲི་འོད།）与王妃赤尊萨摩（ཁྲི་བཙུན་གསལ་མོ།），生一子为赤向王子（ཁྲི་ཤང་།）。王子得病无法康复，此地著名卦师起卦，说要奴隶的儿子作为祭品。坚向[①]贡贡本波（ཀྱིམ་ཤང་གོང་གོང་བོན་པོ།）担

① 坚向是河的名字，辛饶弥沃过坚向河返回沃莫隆仁，应该是沃莫隆仁与胡国中间的一条河。

任祭祀仪式主持，罗刹哈达纳波（ཧ་ཏ་ནག་པོ།）做刽子手。当时王子非常反对活人献祭，但巫师因贪财、恋权，以妄言欺骗哈达纳波。愚者哈达纳波把刀砍下去，砍死九个奴隶的儿子。”

还说，“奴隶儿子和家长们言：王子若死王氏断脉，为了王子康复，奴隶应当充当祭品，但问题是奴隶死后王子能否恢复？他们把奴隶儿子砍死并进行祭祀后，回到王国发现王子已故。奴隶们由于受卦师之骗，也是国王昏庸之故，所以赤乌穹王朝遭到所有奴隶的反抗，他们攻打王国，攻破王宫，灭了王朝，屠杀国王和王宫里的所有贵族，奴隶当上了国王。奴隶当上国王后，四处惹事，欺压百姓，攻打胡国。胡国为了为民除害，灭了奴隶王国。灭奴隶王国的同时杀死三千多名军人，所有奴隶也被我杀死，导致我心不得安宁，有何方法消除此罪？是何原因导致这一切？请为我解释其中的前因后果、来龙去脉，这样的罪过会有怎样的报应？”

辛饶弥沃答道：“胡杰①国王聪慧过人，都是为了为民除害和百姓安康。若心存善念，做什么都不会成为恶业，因您的发心是正确的，所以没有恶果。这些都是前世结下的仇和恶缘，今世必须还清，否则下辈子还要还。”辛饶弥沃前往胡国，传授十五字真言以及《雍仲隆吉经》（མདོ་གཡུང་དྲུང་གླིང་རྒྱས།）②，胡杰国王之女胡萨唐波娶妻，生隆珍萨瓦和矩阵卓玛二子，成为辛饶弥沃的得意弟子。

《塞米经》中对这件事是这样讲述的：王子病重，国王吩咐道，要找一位会赎身法的本波，无论多少金银珠宝都可以给。不久后就得到消息，有一名叫坚唐贡贡本波的人会做赎身法。大臣们去找这位本波，他说道：“整个王国，除了我没人会赎身法。我施了赎身法之后，王子必会康复，但供养我需要王国的土地、财产各一半。”奴

① 辛饶弥沃时代，冈底斯山的西面有六国，分别为胡国、侯国、恰国、塞国、穆氏国和天国，胡国是其中之一。

② 才让太主编：《冈底斯雍仲本教文献》第1卷《集经》，北京：民族出版社，2010年9月第1版，第28页。

隶的儿子当时在服侍生病的王子。卦师即贡贡本波说："要治王子的病，其他方法都没用，唯一的办法就是把这位侍从杀掉，祭祀神灵，让王子康复。"侍从说："我因为前世业力，此世身为奴隶，我愿意用我的命换来王子之命，但我有个要求，就是不要杀我，用流放的方式替王子赎身。"

对此王子答道："我因为很多世累积恶业，转世到轮回中，又是疾病不健，如今还要继续为我杀生祭祀神灵，这样的报应我不愿背，请不要杀侍从。"随后，王妃说："子若死，侍从留他何用，杀死侍从，还我儿命。"当时父母为了让王子活命，卦师为了钱财，哈达纳波由于愚笨，导致危害了奴隶之子。他们把侍从绑好，向王子病床绕转九圈，有的抓头部，卦师抓脚，屠夫一刀砍下去，夺取了侍从的性命。祭祀仪式结束后，卦师、王妃回到王宫，王子已故。奴隶们为了复仇，为了自由，进行反抗，国王被杀，赤乌穹王国被灭。然后，胡国国王胡杰巴伟卓玛坚对他们说，不许在此地滥用权力、滥杀无辜，可他们不听劝。胡国国王为了百姓安宁，为了王国，发动战争，杀死三千多敌军①。

这两部传记中的说法大同小异，唯有《集经》里说本波是主持赎身祭祀仪式者，卦师是起卦者，而《塞米经》中说卦师与本波是同一个人，值得注意的是《塞米经》中的叙述更为详细一些。杀死三千敌军，说明当时已有很强大的国家和军队。如今拉萨曲贡遗址中发现22个灶，这些灶并非用来烧茶做饭，而是用来进行宗教仪式，祭祀神灵。大约4000年前，拉萨曲贡地区已有火供、祭祀神灵的习俗②，而且有的人还利用宗教来满足自己的欲望，通过它来赚钱，这说明当时宗教已经很普遍。从中不难发现，有人为了私利所造的罪孽进行忏悔，这些忏悔仪式是由国王主持的。

① 毗卢遮那：《本教甘珠尔》第26卷《塞米经》，兰州：甘肃民族出版社，195页。

② 霍魏:《青藏高原考古研究》，北京：北京师范大学出版社，2016年6月第1版，第69页。中国社会科学院和西藏自治区文物局主编：《拉萨曲贡》，第222至229页。

后来的本教文献《日光根本续》[1]、耳传于公元12世纪中叶的《不了义经》[2]、嘎敦·慈诚坚参著于公元14世纪初的《本教源流幻化镜》[3]、芭·邓杰桑波著于公元14世纪中叶的《本教源流弘扬明灯》[4]、公元14世纪穹波·罗丹宁波大师耳传的《无垢庄严经》12卷《无垢根本经》[5]、穹波·罗珠坚参著于公元16世纪中叶的《本教起源史》[6]和《话说本教起源》[7]、更珠扎巴著于公元18世纪的《本教源流如意宝》《甘珠尔目录》[8]、堪钦尼玛丹增著于18世纪末的《堪钦尼玛自传》[9]、夏匝巴大师著于19世纪末的《藏族雍仲本教史妙语宝库》和《西藏本教源流》[10]、凯旺巴尔丹慈诚著于公元20世纪中叶的《本教源流》[11]等诸多文献中都记载了这个故事。

《塞米经》中记载：辛饶弥沃的前世有三兄弟，达巴（དག་པ།）、萨瓦（གསལ་བ།）、西巴（ཤེས་པ།）三人，他们的父亲名赤沃，母名为根西。达巴成为朵嘉耶钦、萨瓦成为辛饶弥沃、西巴成为唐玛麦珍[12]。他们有三位师父，分别为桑波布赤（སངས་པོ་འབུམ་ཁྲི།）、白光佛（གཤེན་ལྷ་

① 扎沃贡年：《本教历史文献汇编》第4卷《日光根本续》，兰州：甘肃民族出版社，2018年7月第1版，第1至171页。

② 龙本拉年：《冈底斯雍仲本教文献》第7卷《不了义经》[耳传]，北京：民族出版社，2010年9月第1版，第101至115页。

③ 嘎敦·慈诚坚参：《象雄文集》第3卷《本教源流幻化镜》，成都：四川民族出版社，2012年5月第1版第47至96页。

④ 芭·丹杰桑布：《本教源流宏扬明灯》，北京：中国藏学出版社，1991年12月第1版第91页。

⑤《无垢庄严经》现存于本教《甘珠尔》第13至24卷；《无垢根本经》本教《甘珠尔》第25卷，甘肃民族出版社。

⑥ 穹波罗珠坚参：《本教历史文献汇编》第6卷《本教起源史》，兰州：甘肃民族出版社，2018年7月第1版，第89至167页。

⑦ 穹波罗珠坚参：《本教历史文献汇编》第6卷《话说本教起源》，兰州：甘肃民族出版社，2018年7月第1版，第1至88页。

⑧ 仁增更珠扎巴：《本教甘珠尔目录或本教大藏经目录》，北京：中国藏学出版社，1993年12月。

⑨ 堪钦尼玛:《尼玛丹增自传》[M]，才让太整理，北京：民族出版社出版，2012年9月第1版。

⑩ 夏匝·扎西坚参著：刘勇译注：《藏族雍仲本教史妙语宝库》，北京：民族出版社，2012年12月第1版，第19页。夏匝·扎西坚赞：《西藏本教源流》，北京：民族出版社，1984年9月第1版，第43页。

⑪ 白崔：《本教源流》，拉萨：西藏人民出版社，1988年11月第1版，第72页。

⑫ 毗卢遮那:《本教甘珠尔》第26卷《塞米经》，兰州：甘肃民族出版社，第2页。

འོད་དཀར།）、大慈母（ས་ཏྲིག་ཡེར་སངས།）①。辛饶弥沃继承了来自白光佛和不灭顶佛的密宗和大圆满法传承，来自桑波布赤的世间本教传承，来自大慈母的般若法传承。所以如今的本教中能看见显宗、密宗、大圆满以及世间本教为主要内容的四门五库和九乘次第修法。这样独到的修法只存在于本教和藏传佛教宁玛派修法中。本教经典中称辛饶弥沃、白光佛、桑波布赤、大慈母为四尊如来，即桑波布赤代表方便，大慈母代表智慧，白光佛代表不二，辛饶弥沃代表集体。

本教《隆吉经》《塞米经》中以“阿噶阿玛德智斯，纳波息息玛玛梭哈”为十五字真言，是化身佛的心咒。其中阿噶阿玛四个字为四尊如来的种子，阿是白光佛的种子，噶是桑波布赤的种子，阿是大慈母之种子，玛代表辛饶弥沃。这四个心咒是能洗净罪名的四颗种子。德智斯代表三恶趣种子，纳波是所有恶业，这四颗种子是要洗清的四颗种子，其中纳波列为一体。息息是彻底消除业障，麻麻是消除业障之后所得到的安宁。梭哈是最后两个字，一般一千遍念一次梭哈②。

本教经文中八字真言、九字真言、十五字真言为三尊真言。其中十五字真言是化身佛心咒，因为它是辛饶弥沃的心咒。辛饶弥沃是三身佛中的化身佛。严格来讲，没有十五字真言，只有十四字真言，因为纳波列为一个字③。以十五字真言为核心的经文有《隆吉经》（མདོ་གཡུང་དྲུང་གློང་རྒྱས།）、《普明经》（ཀུན་རིག）、《断恶经》（སྐྱིས་སྡོ་གཙོད་པ།），另外《塞米经》中也有记载。

① 详见《隆吉经》旺丹幸赛掘藏于13世纪，现存于炉霍县仁达乡易日寺扎西家。

② 本教名词审定编辑小组：《雍仲本教颂词精选》，成都：四川民族出版社，2017年10月第1版，第109页。

③ 毗卢遮那：《本教甘珠尔》第26卷《塞米经》，兰州：甘肃民族出版社，第246页。

# 第十四节 玉吉切邬邛与侯国

本教文献中提到侯国妃子葛郎玛（བཙུན་མོ་སྒྲ་ལིང་མ།）、玉吉切邬邛（ཡིད་ཀྱི་ཁྱིའུ་ཆུང་།）、辛饶弥沃（གཤེན་རབ་མི་བོ།）、玛罗祖普（རྨ་ལོ་གཙུག་ཕུད།）、玉罗达向（གཡུ་ལོ་དར་དཔྱང་།）、侯当瓦玉让、罗本雍仲祖幸嘉瓦（སློབ་དཔོན་གཡུང་དྲུང་གཙུག་གཤེན་རྒྱལ་བ།）和侯萨嘉美玛（ཧོས་རྒྱལ་ཁབ།）等很多古老的名词。其中，玉吉切邬邛与辛饶弥沃是师徒关系；玛罗祖普和玉罗达向与玉吉切邬邛是师兄弟关系；侯当瓦玉让与玉吉切邬邛是施主关系；尊莫葛郎玛与后当瓦玉让是夫妻关系；罗本祖幸嘉瓦是玉吉切邬邛的别名。侯当瓦玉让（ཧོས་རྒྱལ་དང་བ་ཡིད་རིང་།）是回王国（ཧོས་རྒྱལ་ཁབ།）的国王，他有个女儿叫回萨嘉美玛（ཧོས་ཟ་རྒྱལ་མེད་མ།），是辛饶弥沃之妃子、朵邬布桑（གཏོ་བུ་འབུམ་སངས།）与谢邬赤西（དཔྱད་བུ་ཁྲི་ཤེས།）之母；侯当即侯当瓦玉让的王国。

## 一、侯当瓦意让简介

侯当瓦意让（ཧོས་རྒྱལ་ཁབ།）是古代西域高原六国之一，亦是高原十二小邦（རྒྱལ་ཕྲན་བཅུ་གཉིས།）之首。在那个时代，冈底斯山西方有侯国（ཧོས་རྒྱལ་ཁབ།）、恰国（ཕྱ་ཡི་རྒྱལ་ཁབ།）、塞国（གསས་རྒྱལ་ཁབ།）、胡国（དཔོས་རྒྱལ་ཁབ།）、天国（ལྷའི་རྒྱལ་ཁབ།），以及穆氏王国（དམུ་རིགས་རྒྱལ་ཁབ།）等六个古国①，那时的人称冈底斯山西部为神族的领地，又叫天国。五国皆与穆氏王国有着联姻关系，其中穆氏王朝、天国②、恰国乃神族之后，信奉神族的宗教③；侯当瓦意让、胡国起初与神族为敌，但后来以辛饶弥沃为师，成为雍仲本教的弟子④。那么侯国

① 三位游方僧：《冈底斯雍仲本教文献》第1卷《集经》，北京：民族出版社，2010年9月第1版，第36页。

② 天国是本教《斯巴起源藏》所示的三十三天界、知足天，应位于冈仁波切之西，据《冈底斯目录》记载，三十三天界、知足天、色究竟天都在冈底斯山的山顶。

③ 如今在本教文献中所指的巨邦三法、大圆满心识九部、象雄耳传大圆满都是神族的宗教。

④ 扎沃贡年：《冈底斯雍仲本教文献》第4卷《日光根本续》，北京：民族出版社，2010年9月第1版，第45页。

的具体位置到底在何处？辛饶弥沃的自传《集经》中记载：世界中心冈底斯山，又被称作雍仲古栽山，其北有香积山、玛旁雍错，四大河流向四方。冈底斯山的西北角有沃莫隆仁，印度佛教徒称香巴拉，乌仗那人称极乐世界；西有穆氏王朝，即辛饶弥沃的诞生地；东有嘉娜即中原；南有门域即今天的珞巴族和门巴族生活地区；东南角有绛域（འཇང་།），即唐书所载的南诏[①]，敦煌古书所示的白蛮、乌蛮[②]；北有理域和昌域，即今新疆的和田、且末、若羌等地；东北角有霍尔族，即以昌都丁青县、那曲的巴青县、聂荣县、那曲县为主的藏北地区[③]。扎敦巴大师的《地理概述》中记载：冈仁波齐山之西，大约步行三个月日程处，有沃莫隆仁和神族之地，侯当、胡国、恰国、天国、塞国都以沃莫隆仁为邻[④]，即今土库曼斯坦、吉尔吉斯斯坦、乌兹别克斯坦、塔吉克斯坦等地。自公元7世纪开始，吐蕃征服整个青藏高原，上述大部分地区归顺吐蕃。据《塞米经》记载：侯国当位于沃莫隆仁之东，冈仁波齐山之西，即应在沃莫隆仁与冈底斯山中间地带[⑤]。

根据本教文献记载，文中的侯当（ཧོས་རྒྱལ།）称西方侯当部族大食国（ནུབ་ཕྱོགས་ཧོས་རིགས་སྟག་གཟིག）[⑥]。比如本教早期文献中认为：冈底斯山西部有达代（སྟག་སྡེ།）与苏盘（གཟིག་འཕན།）两大部落[⑦]。很多学者认为，古藏文中的大食国就是古波斯，才让太教授认为达代与苏盘是今天的伊朗和阿拉伯[⑧]；南开诺布教授认为，那是古波斯的祖

① 《二十四史》第32卷，《旧唐书》，北京：中华书局，1999年8月第1版，第3692页。

② 法藏敦煌古藏文文献P.T.1287第343行。

③ 三位游方僧：《冈底斯雍仲本教文献》第1卷《集经》，北京：民族出版社2010年9月第1版，第7页。

④（1）芭·丹杰桑布：《本教源流宏扬明灯》[M]北京：中国藏学出版社，1991年12月第1版，第88页。（2）龙本拉年：《冈底斯雍仲本教文献》第7卷《不了义经》[耳传] 北京民族出版社于2010年9月第1版，第103页。

⑤ 毗卢遮那：《本教历史文献汇编》第2卷《塞米经》，北京：民族出版社，2010年9月第1版，第88页。

⑥ 白催：《本教源流》，拉萨：西藏人民出版社，1988年11月第1版，第34页。

⑦ 占巴南喀：《本教历史文献汇编》第3卷《扎巴林扎》，兰州：甘肃民族出版社，2018年7月第1版，第3页。

⑧ 才让太：《ཞང་ཞུང་གི་ཤེས་རིག》，བོད་ཀྱི་ཤེས་རིག་ཞིབ་འཇུག་ཆེད་རྩོམ།，北京：民族出版社，1990年，

先[①]。本教文献所记载的大食国就是达瑟国，是古代位于中亚地区的两个大的部落，也是波斯国的祖先。波斯帝国位于西亚伊朗高原地区。公元前550年，居鲁士大帝开创阿契美尼德王朝，他们以琐罗亚斯德教为国教。公元前330年，亚历山大大帝攻陷波斯波利斯，波斯帝国灭亡。公元224年，萨珊王朝成立，重建波斯帝国，公元651年亡于阿拉伯帝国。

本教众多文献记载，辛饶弥沃娶侯当公主回萨嘉美玛（ཧོས་བཟའ་རྒྱལ་མེད་མ།）为妻，并生下朵邬布桑（གཏོ་བུ་འབུམ་སངས།）和谢邬赤西（དཔྱད་བུ་ཁྲི་ཤེས།）两个王子。穆氏王朝与回王国也因此有了良好的联盟基础，强强联盟，统领中亚地区；之后，又娶了胡国公主胡萨唐波（དཔོས་བཟའ་ཐང་པོ།）为妻，生下隆珍萨瓦（ལུང་འདྲེན་གསལ་བ།）与矩阵卓玛（རྒྱུད་འདྲེན་སྒྲོན་མ།），与胡国联姻，提高自己的政治地位；娶恰王国公主恰萨公主（ཕྱ་བཟའ་གུང་དྲུག）为妻，生幸弥乔丹周（མུ་ཆོ་ལྡེམས་དྲུག），与恰王国结为盟国；娶天国公主拉萨昂让（ལྷ་ཟ་དང་རིང་།）为妻，生我周唐波王子（འོལ་དྲུག་ཐང་པོ།），与天国[②]结为盟友。辛饶弥沃还娶了南婆罗公主、工布公主、嘉娜公主，生共擦旺丹和贡擦楚布穹，共娶八国公主，生八子，与侯当（ཧོས།）、胡国（དཔོ།）、恰国（ཕྱ།）、塞国（གསས།）、婆罗门（བྲམ་ཟེ།）等各国结为盟国，推崇穆氏王朝的信仰雍仲本教，扩大自己的势力，提高政治地位[③]。从中不难发现，侯当为西域六国之一，与沃莫隆仁为邻，他们的关系因历经战争、和亲而产生各种变化。

---

第284页。

① 南卡洛布：《藏族远古史》，成都：四川民族出版社，1990年，第48页。

② 天国是指三十三天界、知足天。

③（1）龙本拉年：《冈底斯雍仲本教文献》第17卷《了义除暗明灯经》，北京：民族出版社，2010年9月第1版，第105页。（2）夏匝·扎西坚赞：《西藏本教源流》，北京：民族出版社，1985年9月第1版，第42页。（3）三维游方僧：《冈底斯雍仲本教文献》第1卷，《集经》[G]，北京：民族出版社，2010年9月第1版，第17页。

在那个时代，冈仁波齐东部以藏巴杰（གཙང་པ་རྗེ།）、洛扎杰（ལྷོ་བྲག་རྗེ།）、翁瓦杰（འོང་བ་རྗེ།）、达波杰（དྭགས་པོ་རྗེ།）、工布杰（ཀོང་པོ་རྗེ།）、凉波杰（ཉང་པོ་རྗེ།）、闹杰（གནུབས་རྗེ།）、桑巴杰（སུམ་པ།）、象雄杰（ཞང་ཞུང་།）、拉达（ལ་དྭགས།）、阿夏（ཨ་ཞ།）等十二个小邦为主①，称十二诸侯或邦国。十二小邦有十二位国王、十二位大臣、十二位本波。十二本波实则是十二位大师或善知识、十二智慧②。对于当时而言，冈仁波齐以西为穆氏王朝和神族六国的领地，他们之间发生过大规模战争。比如九位卦师为胡国之王③卜卦，说：要治好国王的病，需很多活人的心脏。因此士兵们杀死三千名无辜百姓。胡国国王因生前感受到地狱的恐怖，皈依辛饶弥沃，接受忏悔法④。据说忏悔就是由此诞生的。国王哈拉燃杂（ཧ་ལ་ར་ཙ།）与顾伟热匝（ཀུ་ཡེར་ར་ཙ།）为了各自利益，发动大规模战争，死了九千名战士⑤。但后来辛饶弥沃让双方达成和解，从而平息战争，两个国家的子民也都成为辛饶弥沃的弟子，归顺穆氏王朝，可见当时穆氏王朝的势力以及辛饶弥沃的影响力。

根据本教古籍记载，雪域高原最初由神族统领，盖阔众神居住在雪山中，统领世界，维护正义，保护人类，成为人类的救世主，神族宗教就这样诞生；其次由年族统领雪域高原，生活于雪山、荒野里，与人族通婚；再后来由龙族统领，他们生活在湖边、河边、海岸，以水为信仰，与人族关系非常好；然后由夜叉族统领高原，他们居住在岩石、森林中；后来由魔族统领高原，他与罗刹族、赞族为友，与穆氏王朝为敌，统治吐蕃四大河流流域。根据本教文献记载，魔族与辛

①（1）法藏敦煌古藏文文献P.T.1136；（2）巴沃·祖拉陈瓦：《智者喜宴》，北京：民族出版社，2015年4月第1版，第84页。

② 觉悟·阿底峡：《柱间史》，兰州：甘肃民族出版社，1989年9月第一次出版，第81页。

③ 名胡杰巴卫卓玛坚（ཧོས་རྒྱལ་འབར་བའི་སྒྲོན་མ་ཅན།）。

④（1）占巴南喀：《冈底斯雍仲本教文献》第17卷《了义除暗明灯经》[耳传]，北京：民族出版社2010年9月第1版，第107页。（2）芭·丹杰桑布：《本教源流宏扬明灯》，北京：中国藏学出版社1991年12月第1版，第91页。

⑤ 夏擦·扎西坚赞：《西藏本教源流》，北京：民族出版社，1985年9月第1版，第42页。

饶弥沃同代；其次由十二小邦统领，那时整个高原分十二部落，战火不断；然后是聂赤赞普从天国被父亲恰王派遣到雅砻一带，通过十二本教的大力支持和推荐①，建立了吐蕃②。神族、龙族、魔族、赞族、年族、罗刹族③等先后统领雪域高原，说明高原地区各部族间的信仰、政治、军事等方面交流频繁。

辛饶弥沃诞生时，穆氏王朝举行了一次规模盛大的庆生仪式，邀请了三十多位本波（大师），包括魔本、赞本、龙本、罗刹本、夜叉本、太阳本、月亮本、星星本、云本等很多本波。这些本波并非普通的本波，他们来自各个王室，他们所代表的不是个人，而是某个王室的宗教。可见在那时，穆氏王朝就与冈仁波齐山之东、北和南的各部落王朝有了经济、文化、军事等联系。

象雄分里中外三部，有的文献中以沃莫隆仁（འོལ་མོ་ལུང་རིང་།）为里象雄，嘉卡巴确（རྒྱལ་མཁར་བ་ཆོད།）为中象雄，穹窿银城（ཁྱུང་ལུང་དངུལ་མཁར།）为外象雄④；也有的经典中以嘉卡巴确为里象雄，今穹窿银城为中象雄，琼波孜珠山为外象雄⑤。其实里象雄应该是汉语古籍中所记载的小羊同，比如《唐会要》记载，大羊同西连小羊同，东接吐蕃，北至于阗⑥。本教古籍记载⑦，象雄国王无子无孙，没有继承人，周边的十二小邦霸占其财产和地盘发动战争。由此说明，穆氏王朝与高原十二部落中以冈仁波齐山为界线，他们关系一直紧张。当时恰巴魔王带着理域、昌域、格萨尔、霍尔族、达波、工布、凉波、

① 扎沃贡年：《本教历史文献汇编》第4卷《日光根本续》，兰州：甘肃民族出版社，2018年7月第1版，第157页。

② 觉悟·阿底峡：《柱间史》，兰州：甘肃民族出版社，1989年9月第1次出版，第81页。

③ 赤索旦主编：《本教历史文献汇编》第4卷《黑头凡人的起源》，兰州：甘肃民族出版社，2018年7月第1版，第222页。

④ 详见《本教母续根本经及注释》，古日诺载大师发掘于12世纪初，北京：民族出版社，2009年12月，第140页。

⑤ 堪钦尼玛丹增：《尼玛丹增自传》，北京：民族出版社，2012年1月，第27页。

⑥ 于阗是古代西域的古国名称，今新疆于阗县等地。

⑦ 罗广武译注：《两唐书吐蕃传译注》，北京：中国藏学出版社，2014年5月，第7页。

雅砻等各部落的数万军队[①]，越过冈仁波齐山，攻打穆氏王朝，但没能攻破，后将辛饶弥沃之女幸萨乃琼骗取为妻，返回自己的领地，成为辛饶弥沃的女婿。如今印度的婆罗门教、印度教、耆那教都以冈仁波齐山为三十三天界，为湿婆神和梵天的神山。各种迹象表明，如今本教所推崇的密宗与大圆满就是神族的宗教。后来，这些宗教逐步流传到印度河流域，成为印度的婆罗门教；流传到青藏高原十二小邦领地，成为十二本教（བོན་ཤེས་པ་ཅན་བཅུ་གཉིས།）[②]、大圆满信仰。

据文献记载，辛饶弥沃从冈仁波齐西部越过雪山，来到外象雄古格地区，建立穹窿银城宫殿，为当地百姓传授盖阔和麦日本尊为主象雄本教传承，象雄本波为法主；其次来到卫藏，传授拉本四门[③]，奠定了本教文化发展的坚实基础；其次来到工布、凉波、达波等地，与恰巴国王激战几个回合，降伏恰巴国王的父母、共杰噶波[④]等，并使他们皈依辛饶弥沃，成为穆氏王朝的信仰者。辛饶弥沃娶共波公主共萨楚江（ཀོང་ཟ་འཁྲུལ་ལྕམ།）为妻，生共擦旺丹王子（ཀོང་ཚ་དབང་ལྡན།）。与工布王、达波王、凉波王形成联姻关系。辛饶弥沃为了帮助公仔楚杰国王，前往中原地区，与其结盟，公仔楚杰便成了辛饶弥沃的忠诚弟子。

恰巴国王全名恰巴勒让（ཁྱབ་པ་ལག་རིང་།），辛饶弥沃的信徒贬称恰巴勒让为恰巴魔王，实则恰巴也是辛饶弥沃的女婿。从中不难发现，恰巴魔王为什么翻过冈仁波齐山，讨伐穆氏王朝；辛饶弥沃及其众弟子为何以魔王来形容恰巴勒让。当时，以冈仁波齐山以西为神族领地；以南为龙族领地，其部分地区隶属于象雄；北有格萨尔、理域、昌域；冈仁波齐山以东有十二小邦。而恰巴勒让是十二部落当

① 赤索旦主编：《本教历史文献汇编》第8卷《冈底斯神山目录》，兰州：甘肃民族出版社，2018年7月第1版，第32页。

② 绰仓珠拉：《本教甘珠尔》第44卷《佛母救八难经》，兰州：甘肃民族出版社，第241页。

③本教经文中的“拉本四门”是指占卜、历算、医术、禳解法四门，其传承来自神族领地，所以称拉本四门。

④ 共杰噶波是工布之王，是辛饶弥沃时代的十二诸侯之一。

中势力最大的强国，其母来自罗刹国，他与工布王、凉波王、达波王有着友好来往；藏巴杰与工布王又是亲戚关系。辛饶弥沃是他们共同的敌人，需要共同抵抗。本教文献记载，恰巴魔王让七位骑术非凡的臣子去盗取穆氏王朝的七匹骏马，又安排霍尔族、罗刹族、藏巴杰、工布杰、达波杰、凉波杰、桑巴杰、昌域、理域等高原各部落的军队阻止辛饶弥沃来犯[①]，后来被辛饶弥沃的军队征服，成为辛饶弥沃的信徒[②]。

## 二、玉吉切邬邛

玉吉切邬邛中的“玉”（ཡིད།）是意的意思，“切邬邛”是孩童、王子之意，就是意的化身童子。本教文献记载，辛饶弥沃认玉吉切邬邛（ཡིད་ཀྱི་ཁྱེའུ་ཆུང་།）为斯巴桑波布赤（སྲིད་པ་སངས་པོ་འབུམ་ཁྲི།）的化身，是辛饶弥沃的侄子和语言的化身。其父名为安才冷美（ཨེན་ཚེ་ལེན་མེད།），母名幸萨昂让（གཤེན་ཟ་ངང་རིང་།），即辛饶弥沃之妹[③]。

本教文献中称玉吉切邬邛为罗本雍仲祖幸嘉瓦（སློབ་དཔོན་གཡུང་དྲུང་གཙུག་གཤེན་རྒྱལ་བ།），那是侯当国王当瓦玉让对切邬邛的尊称。当时切邬邛代替辛饶弥沃去侯当（ཧོས་རྒྱལ།）传法，侯当国王当瓦玉让非常欢喜，于是把他称作祖幸嘉瓦[④]。祖幸当中“祖”是顶级、头顶、高处、高高在上等意；“幸”是有识之士、有成就、行者、导师的总称；“雍仲”是本教山名、地名、水名、人名中常见的词汇；“嘉瓦”有胜利、殊胜、尊胜、佛陀等含义，他完全替代辛饶弥沃的思想传承。

---

① 赤索旦主编：《本教历史文献汇编》第8卷《冈底斯神山目录》，兰州：甘肃民族出版社，2018年，第32页。

② 毗卢遮那：《本教历史文献汇编》第2卷《塞米经》，兰州：甘肃民族出版社，2018年9月第1版，第388页。

③ 毗卢遮那：《本教历史文献汇编》第2卷《塞米经》　　，兰州：甘肃民族出版社，2018年9月第1版，第89页。

④（1）毗卢遮那：《本教历史文献汇编》第2卷，《塞米经》[G]，兰州：甘肃民族出版社，2018年9月第1版，第87页。（2）龙本拉年11世纪：《冈底斯雍仲本教文献》第17卷，《了义除暗明灯经》[G]，北京：民族出版社，2010年10月第1版，第104页。

《集经》是辛饶弥沃传记广中略当中的略传，属于自传，据说是公元913年三位游方僧从桑耶寺盗取流传到民间，共有二十四章。经中记载，辛饶弥沃父亲名“嘉本妥噶”，母名为“尊莫嘉谢玛”，辛饶弥沃弟子有三类，身弟子即有血缘关系的弟子，语弟子即言教出来的弟子，意弟子即心传弟子。身弟子包括辛饶弥沃与回萨嘉美玛（ཧོས་ཟ་རྒྱལ་མེ་མ།）生有朵邬布桑（གཏོ་བུ་འབུམ་སངས།）、谢邬赤西（དཔྱད་བུ་ཁྲི་ཤེས།），与胡萨唐波（དཔོ་ཟ་ཐང་པོ།）生矩阵卓玛（རྒྱུད་འདྲེལ་སྒྲོན་མ།）、隆珍萨瓦（ལུང་འདྲེན་གསལ་བ།），与恰萨公主（ཕྱ་ཟ་དང་རིང་།）生弥乔丹周（མུ་ཆོ་ལྡེམ་དྲུག），与塞萨公主（གསས་ཟ་དང་རིང་།）生沃周唐波（འོལ་དྲུག་ཐང་པོ།），与工布公主（ཀོང་ཟ་འཕྲུལ་ལྕམ།）贡擦旺丹（ཀོང་ཚ་དབང་ལྡན།），共八位。语弟子包括玉吉切邬邛（ཡིད་ཀྱི་ཁྱེའུ་ཆུང་།）、仓巴祖普（ཚངས་པ་གཙུག་ཕུད།）、阿夏桑瓦多都（ཨ་ཞ་གསང་བ་འདུས་པ།）三人；意弟子包括玛罗祖普（མ་ལོ་གཙུག་ཕུད།）、玉罗达向（གཡུ་ལོ་དར་དཔྱང་།）二人，共十三位，都是辛饶弥沃最得力的弟子。他们起初请求辛饶弥沃传法，其次对所传的法进行汇编，最后集结做成经函①。玉吉切邬邛是辛饶弥沃的语弟子之一，也是《慧度八界经》（ཁམས་བརྒྱད་འབུམ།）的法主，他起初向辛饶弥沃请求传授《慧度八界经》，然后进行集结即整理，据说《慧度八界经》大部分都是辛饶弥沃入定加持切邬邛，而切邬邛代替辛饶弥沃所传。辛饶弥沃传授戒律时，玉吉切邬邛作为堪布，辛饶弥沃为上师，众弟子分男性和女性，传授戒律，说明玉吉切邬邛既是辛饶弥沃的弟子，又是他的助手。

《塞米经》中记载：玉吉切邬邛骑着龙马，背着经书箱子，带着金钵，尚未出家之前，以王子身份出现，受戒之后以僧人身份出现。出家后改名为祖幸嘉瓦，就是留了侯当国王取的名字。

① 三位游方僧：《冈底斯雍仲本教文献》第1卷《集经》，北京：民族出版社，2010年9月第1版。第17页。

## 三、玉吉切邬邛与侯国妃子之间的故事

辛饶弥沃与玛罗祖普、玉罗达向、玉吉切邬邛在沃莫隆仁传法时，从东方照射美满灿烂的光，代沃松钦神（ལྡེ་བོ་གསུང་ཆེན།）、噶塞赞普二人（གར་གསས་བཙན་པོ།）从噶玉桑扎（གར་ཡུལ་གསང་བྲག）前来沃莫隆仁听法；从北方照射无量之光，芒幸杰瓦（མང་གཤེན་རྒྱལ་བ།）和郭塞赞普二位（ཀོད་གསས་བཙན་པོ།）从郭域赤庞（ཀོད་ཡུལ་ཁྲི་འཕང་།）地区前来听法；自西方出现一道光，瓦饶楞西（བ་རབ་གླིང་བཞི།）和塞杰忙波（གསས་རྗེ་རྨང་།）二位从塞域地区（གསས་ཡུལ།）前来闻法；自南方照耀一道光，瓦饶楞佐（བ་རབ་གླིང་རྩོལ།）和南塞央饶（གནམ་གསས་དབྱིངས་རུམ།）二位从南域当钦（གནམ་ཡུལ་ལྡིང་ཆེན།）前来沃莫隆仁闻法；从中央照射一道光，光中楚幸桑瓦和沃噶图杰二位从中央天界来到沃莫隆仁闻法。他们来到沃莫隆仁拜辛饶弥沃为师，进行供养，虔诚行礼。辛饶弥沃向五位辛饶和五位本波传授四门一库法。

这段文本中有地狱、恶鬼、畜生道、人道、非天道、天道等六道轮回，以及贪、嗔、痴、慢、妒等五毒烦恼的记载。除此之外，还有恰、塞、南域等各国的名称记载。恰、塞即冈底斯西部六国中恰国、塞国之简称，从中不难发现这些人来自恰国、塞国、侯当等六国。噶塞、郭塞、塞杰中的塞有很多种含义。塞在藏文中有时译为“拉”（ལྷ།）即天或神，有时译为“意当”（ཡི་དམ།）。如今把它翻译成本尊，即与密宗有关的修法，比如瓦塞本尊、盖阔本尊、拉果本尊等。

其中有一则故事：辛饶弥沃在为五位辛饶传四门一库时，来自侯当的侯当瓦玉让国王前来沃莫隆仁拜辛饶弥沃，目的是把辛饶弥沃请到自己的国家。他到沃莫隆仁时，问：“此地何名？此城何称？辛饶弥沃在何处？”辛饶弥沃答：“此地为沃莫隆仁，此城为瓦波索杰城，此宫为先波拉载宫殿，我乃辛饶弥沃，您是何人？所为何事？”回王答：“我等来自侯国，我是侯国之王当瓦玉让，我的家乡有各类奇珍异兽，水土优渥，风景优美，利于居住，但就是没有法。我此次

前来，就是为了迎请辛饶弥沃到我乡传法，让我乡的百姓弃恶从善，离苦得乐。”辛饶弥沃说：“侯当王宽宏大量，心地善良，倡导和平，慈悲心肠，为百姓造福造乐，但我在为五位辛饶传法，阻断传法罪不可赦，所以无法前去，但我有个弟子，他是斯巴桑波布赤的化身，其智慧与我同等，品行良好，智慧超凡，我可以让他前去，在侯当弘扬本教文化。”

国王很满意地回答道：“辛饶弥沃为世间明灯，有求必应，我等愿意以玉吉切邬邛为师，恭迎驾临。”辛饶弥沃对玉吉切邬邛吩咐道：“您有慈悲心肠，力量巨大，智慧过人，天资聪慧，心灵敏锐，但还是要记住：见地圆融高远，以慈悲为基础，行为从自己做起，行十大方便法。”意思是目光不能短浅，心存利己利人之心，以利众为修行，行事从小做起。

玉吉切邬邛答：“师父所言，弟子铭记于心，即便下了地狱，我也不会违背师父指令。”切邬邛骑着龙马，背着经文箱，披着龙皮，与玛罗祖普、玉罗达向前往侯当。走过一段路之后，玉吉切邬邛对二位陪同师兄说：“师父说让你们送行，但没说送到什么位置，所以送行送到这里，回沃莫隆仁去吧。”二位师兄说：“我们既然奉师父之命为您送行，就要送到侯当。”走到了沃莫隆仁边境上时，回王说：“前面就是侯当领地，二位就请送到此处。”玉吉切邬邛下马说：“两位骑着此马，速速返回。”龙马因为被切邬邛赠送于二位师兄，心里难过，伤心流泪，二位师兄也难舍难分。玉吉切邬邛对二位师兄和龙马说：“万物有聚有散，万事有始有终，你们的使命到此结束，请一切随缘。”

玉吉切邬邛与回王、众随从前往侯当，侯当的公主、妃子、大臣、贵族、百姓们，有的吹螺，有的打鼓，有的举着旗子，有的骑马，隆重迎接玉吉切邬邛，把他恭请到侯当巴瓦栽古宫殿中，坐在宝座上，以各种美食相待。玉吉切邬邛在侯当长期传法，那里的妃子、公主、臣子、百姓共同受戒、闻思修慧，学习本教文化，出了很多成就者、智者等能人圣贤。玉吉切邬邛白天来到王宫传法，夜里就在离王宫不远的清净之地禅修。每天来传法时，由很多童男童女隆重迎接，以曼茶罗等供品供奉。

俟当百姓敬仰玉吉切邬邛，但国王的妃子葛郎玛对切邬邛生起贪念，图谋不轨。有一天国王与随从出门散步，贵妃葛郎玛趁此机会把宫内的所有随从、管家支开，引诱切邬邛和她共赴云雨。玉吉切邬邛毅然拒绝，于是引起了回妃葛郎玛之恨。葛郎玛是俟当国王当瓦玉让的妃子，也是恰国公主。由此可见，恰国与俟当是联姻关系。

切邬邛拒绝后离开王宫前往自己的住处。葛郎玛非常生气，于是生起毁掉国师的邪念。国王回来时，她把自己的头发、身上的衣服弄得乱七八糟，对国王说："您不在的时候，国师对我图谋不轨、动手动脚，我不从，他依旧如此无礼，你要重罚国师，否则天理何在！"国王不知所措，无法相信妃子所说。第二天国师来到王宫，没有一个人迎接他，也没人开门。切邬邛就知道是王妃所为。他回到自己的住处，待了两天也没人理他。国师明白国王的意思，就离开住处。此时，国王安排人接国师，发现国师不在住处，这更加印证妃子所言不虚。世界虚虚实实，谎言变成流言，这就是娑婆世界，切邬邛看破红尘，离开王宫。

国王最后还是选择相信国师，派人追寻。国师走过漫漫长路，到了一个村庄里。那里有一位铁匠，国师言："现在时至中午，我一天没吃饭，希望能提供食物。"铁匠夫人非常虔诚地奉上美餐，膳后国师离开此地，但不幸的是铁匠的锤子不见了。铁匠非常生气，持着匕首追国师，越过一座山后追到国师，说道："我供您午餐，待你不薄，可你偷我东西。"便手持匕首向国师刺去。国师说："我早上被冤枉过一次，此次被你冤枉，若我言句句属实，就愿您手中的刀变成金子。"匕首果然变成金子，铁匠相信了国师，便返回了。

此时，侯当的众人都不相信妃子所言，鸟类、畜类都随国师离开了，国王更加坐不住了，责骂王妃，说："国师乃神的化身、辛饶弥沃的替代者，怎能做出如此荒唐之事，等追上国师后一一查实，再跟你算账。"于是骑着宝马，追寻国师。他在路上碰到穿着黑衣的铁匠，问他，"你有没有看见一个年轻人从这里路过？"那人说："看见了，他还送我金子。"国王继续追寻，到了僧噶河边时，看见国师在那里步行，立刻下马，向国师磕了七个头，说："您是我的国师，你若喜欢妃子，我送你，但请您回到侯当，继续做我的国师。"国师答："我需要的不是女人，女人不利于修行，至于国师，您另请高人，因我存在的目的不是做国师，而是行善积德。"说完国师消失得无影无踪，国王累得筋疲力尽，太阳也快下山了，只能返回。

回去的路上又遇到铁匠，铁匠说我家的锤子找到了，在牛粪堆里。国王说："我是侯当国王当瓦玉让，你冤枉国师，罪该万死，应当判你死刑，但你提供信息有功，已将功补过了。"铁匠吓得屁滚尿流。第二天国王又到僧噶河边上寻找国师，但仍不见踪影。此时，玉吉切邬邛前往祖让巴卫神山中修行，传授心法，栽培弟子，名罗本雍仲知嘉瓦。玉吉切邬邛离开侯当之后，那里的人开始不信他，停止行善，最后引起了龙魔的不乐，因此妃子葛郎玛得了龙病难愈。卦师卜卦，说："葛郎玛冤枉国师，得到报应，需要忏悔。"侯当国王邀请辛饶弥沃为妃子传授忏悔法。辛饶弥沃为妃子传了"三百六十佛母忏悔法"，妃子得救。也有人说，龙病是玉吉切邬邛的弟子造的，卦师也是切邬邛安排的，目的就是让侯当恢复行善积德的好习俗[①]。

①毗卢遮那：《本教历史文献汇编》第2卷《塞米经》，兰州：甘肃民族出版社，2018年9月第1版，第85至107页。

# 第二章 本教史籍中部分名人

本教古籍中所记述的大部分古代历史人物都是以神话的方式来介绍国王等统治阶级，神变成了统治阶级的唯一武器。比如有的统治者以神的身份向人类传达神的旨意，由此保持神人之间良好来往；有的以人的身份向神祈祷，成为人与神沟通的唯一渠道。后来巫师或法师替代了神，人神之间的交流和沟通的工作都由他们来完成。辛饶弥沃就是最好的例子。

欧洲人把青藏高原文化的历史分三个时段来介绍，分别为早期、中期、晚期①。穆氏王朝的诞生至聂赤赞普之间，为早期，又被称为上古时期；聂赤赞普至松赞干布之间为中期，也是前吐蕃时期；松赞干布以后就是晚期，也是后吐蕃时期。本教古籍中的历史、人物、地名和仪式仪轨，与古青藏高原的人文历史密不可分，换句话说，要了解藏族早期、中期的历史，就要靠本教的历史文化。本章介绍了辛饶弥沃和其弟子弥乔丹周、世界六庄严、本教四大智者、八大译师、占巴三父子，以及与这些大师相关的地名研究。

## 第一节 敦巴·辛饶弥沃

对于藏文化或本教文化研究者而言，辛饶弥沃的名称释义及其生平事迹很重要。本教文献中称辛饶弥沃为佛，笔者认为他是一名诞生于高原十二小邦时期的历史人物，他对藏文化乃至青藏高原文化的发

① （1）南开诺布：《象雄与吐蕃史》，北京：中国藏学出版社，1996年5月第1版，第1至3页。（2）李裕群：《前吐蕃与吐蕃时代》[M]，北京：文物出版社,2013.11。

展做出了积极贡献。据此，本章主要分四部分进行介绍与阐释：辛饶弥沃的氏系与父母，辛饶弥沃的名称释义，本教徒称辛饶弥沃为佛的原因，辛饶弥沃的诞生年代。

## 一、辛饶弥沃之父母氏系

据本教大量文献记载，辛饶弥沃的父亲名为嘉本托噶（རྒྱལ་བོ་ཐོད་དཀར།），母亲名嘉谢玛（རྒྱལ་བཞེད་མ།）。《本教起源史》钟记载：嘉本托噶诞生于高原十二部落时期，就是尚未建立吐蕃之前的高原[①]。据《塞米经》记载：恰巴魔王发号施令，说为了报杀子之仇，派七位神偷前往沃莫隆仁杀辛饶弥沃，抢来穆氏家族之财。他还说：凉波、工布、达波三区，以鱼、虾、蛇为食，杀生为业，不怕生死，为了敌人不顾情面，就连兄弟都敢杀绝。七位神偷走穆氏家族的七匹坐骑后，辛饶弥沃为了寻回自己的坐骑和传播本教文化，来到工布地区。辛饶弥沃在高原十二小邦时期，从沃莫隆仁来到工布地区，降伏恰巴魔王[②]，娶工布[③]公主为妻，生贡擦旺丹佛子[④]。由此可见，嘉本托噶与其子辛饶弥沃同处于十二小邦时代，即尚未建立吐蕃之时。

聂赤赞普尚未建立吐蕃之前，青藏高原分为十二个部落。其中，势力较强的是象雄穆氏王朝，象雄王朝的对手是工布、达波、凉波三个诸侯。他们事事与象雄或穆氏家族[⑤]为敌，挑起战争。穆氏家族在吐蕃兴盛于青藏高原之前即已兴盛且拥有灿烂文明，已与附近各小国、部落在经济贸易、宗教文化上关系密切，来往频繁。

《扎巴林扎》中记载：世间之父桑波布赤（སྲིད་པ་སངས་པོ་འབུམ་

---

① 赤索旦主编：《本教历史文献汇编》第6卷《本教起源史》，兰州：甘肃民族出版社，2018年7月1版，第105页。

② 恰巴魔王与辛饶弥沃同代，大概是工布地区的，天生好战，野心很大，处处与辛饶弥沃为敌，最后成为辛饶弥沃弟子。

③ 工布公主是共萨楚江（ཀོང་བཟའ་འཁྲུལ་ལྕམ།），共杰噶波即工布王之女，也是辛饶弥沃八个妃子之一。

④ 贡擦王丹佛子是辛饶弥沃八位王子之一，也是唯一为幸氏家族传宗接代的传承人。据本教文献记载，除了贡擦王丹佛子，其余王子都出家为僧。

⑤ 穆氏家族又被称为幸氏家族，是指辛饶弥沃的家族。

ཁྲི།）与齐江嘉母（ཆུ་ལྕམ་རྒྱལ་མོ།）二人育有九子和九女，其中，长子名斯杰仲噶（སྲིད་རྗེ་འབྲང་དཀར།），与拉萨昂扎玛（ལྷ་བཟའ་ངང་གྲགས་མ།，天国公主）联姻，生十八子、十八女。十八子中的长子名拉康年日杰（ལྷ་ཁམས་གཉན་ཏུམ་རྗེ།），年日杰至囊乃屯古（གནམ་ནས་འཐེན་དགུ།）等地先后传承并发展。囊乃屯古中的囊（གནམ།）是“天”的意思，乃（ནས།）指“来历”，屯（འཐེན།）是“传承、继承”等意，古（དགུ།）是“九”的意思①。古文献记载囊乃屯古（འཐེན་དགུ།）是从天人传承下来的九个王朝，在人间繁衍生息，最终传承到穆氏王朝。比如，本教北传伏藏《密宗六续之见地展翅大鹏续》（ལྟ་བ་ཁྱུང་ཆེན་ལྡིང་བའི་རྒྱུད།）中记载：“人类世源在于天，一切由天而开头，天人传于瓦（བལ།）氏族，瓦族传承严（གཡེན།）氏族，严人传承于恰（ཕྱྭ།）氏族，恰人传承于沃（ཨོལ།）氏族，沃人传承于域（ཡུལ།）氏族，域人传承于贡（དགུང་།）氏族，贡人传承于光氏族，最后传承于穆氏族，所有传承的最终，穆修尊巴杰学②。”本教文献中把辛饶弥沃的世源名为“穆辛”（དམུ་གཤེན།），从中可知，穆辛是两个氏族相融合而形成的家族。其中“幸”是辛拉俄噶（གཤེན་ལྷ་འོད་དཀར།），汉文译成白光佛或报身白光佛，穆是指穆日弥波（དམུ་རི་ས།）圣山。据说：白光佛胸间发出一道红色之光，照射到工布地区的穆日圣山，形成一枚蛋。蛋破之后，里面有一位散发红色光芒之子，名穆修尊巴杰学（དམུ་ཕྱུག་བཙན་པ་སྐྱེར་གཞོན།）。如今在工布地区尚存穆日圣山，还能瞻仰穆氏王子辛饶弥沃的脚印以及传授九乘次第之地的神迹等③。此外，本教文献中还记载：弥、玛、幸三种，弥（མི།），译成汉文是人种之意；玛（རྨ།）是非人即人非人之意；幸（གཤེན།）是人种，但他的身材、智

① 永忠旦增、八桑、仁博次旦主编：《世间根本藏》，成都：四川民主出版社，第2018年8月第1版，第15页。

② 伟色金巴主编：《库门经典汇编》第121卷《密宗六续》，兰州：甘肃民族出版社，2015年9月第1版，第1页。

③ 才让太主编：《冈底斯雍仲本教文献丛书》第1卷《辛饶弥沃传记与历史》，北京：民族出版社，2010年9月第1版，第148页。

慧、思想却超越正常人类，就是我们经常所说的圣者、贤者和超人。他虽以人的身份出现，但其身材、肤色、心胸、思想、智慧等皆超越人类。比如《本教源流弘扬明灯》中根据《本教八界慧度十六卷》[①]记载：辛饶弥沃的肤色发出白色光芒如同雪山接触阳光般。应该是穿着白色衣服，手持禅仗，能辨别善恶是非，乐意助人利生[②]。

概括而言，穆修尊巴杰学之子为穆嘉兰巴恰噶（དམུ་རྒྱལ་ལམ་པ་ཕྱ་དཀར།），其子为穆修尊巴杰庆（དམུ་ཕྱུག་བཙན་པ་གྱེར་ཆེན།），其子为穆杰赞普（དམུ་རྒྱལ་བཙན་པོ།），其子为穆杰陀杰尊巴，其子为穆妥杰尊巴（དམུ་རྒྱལ་ཐོག་རྗེ་བཙུན་པ།），其子为穆杰兰吉腾古（དམུ་རྒྱལ་ལམ་གྱི་ཐེམ་སྐས།），其子为嘉本托噶，其子为辛饶弥沃佛[③]。这些人的名字中出现穆杰、赞普，穆杰即君王，赞普即国王，杰即圣者、圣王，说明当时的青藏高原已存在社会等级和君臣之礼。王室传承为王朝，王朝与氏族公社制最大的不同之处在于王朝可以以氏族继承王位，而氏族公社制父亲可以为王，但世系继任的习惯尚未诞生。

如上所述，穆氏王朝自穆修尊巴杰学至辛饶弥沃之间先后传承九位国王，而嘉本托噶乃第八代国王，是辛饶弥沃佛之父，穆氏家族之后。《集经》第八章及《塞米经》中记载：辛饶弥沃的父亲名弥本（མི་བོན།）、拉本（ལྷ་བོན།）、越本（ཡོ་བོན།）、嘉本托噶（རྒྱལ་བོན་ཐོད་དཀར།）[④]。最初，“本”具有有识之士、学者、导师、救世主、依靠处、引导者等诸多含义。“弥本”中的“弥”是人的意思，“弥本”有人的本或人的救世主、人的依靠处、人的导师、为人引导善恶者等意义。“拉本”中的“拉”是天人或神的意思，拉本是神或天人本，

① 《八界慧度十六卷》共有16卷，现收录于《库门经典汇编》第53至68卷，兰州：甘肃民族出版社，2015年9月第1版。

② 芭·丹杰桑布：《本教源流宏扬明灯》，北京：中国藏学出版社，1991年12月第1版，第82页。

③ 才让太主编：《冈底斯雍仲本教文献丛书》第1卷《辛饶弥沃传记与历史》，北京：民族出版社，2010年9月第1版，第149页。

④ 伟色金巴主编：《库门经典汇编》第26卷《塞米经》，兰州：甘肃民族出版社，2015年9月第1版，第8页。

就是天人的救世主，天人的依靠处或导师或引导者。越本中“越”是一切或所有、全部的意思。“越本”是所有的本，即所有的救世主，诸众生的依靠处或引导者或精神导师。嘉本托噶是辛饶弥沃父亲的真名，“嘉本”中的“嘉”是王或君王之意，“嘉本”就是王的本，王的老师，国家的导师。简言之，“弥本”“拉本”“越本”的意思都是人的依靠处、神的依靠处、诸众生的依靠处，皆指嘉本托噶。

辛饶弥沃佛诞生时，尼本（ཉི་བོན།）、达本（ཟླ་བོན།）、沃本（འོ་བོན།）、噶本（སྐར་བོན།）、珍本（སྤྲིན་བོན།）、哟本（ཡོག་བོན།）、隆本（རླུང་བོ།）等三十三位本波来到沃莫隆仁之瓦波索杰宫殿中，为辛饶弥沃庆生仪式进行祈祷[①]。这些本波都是来自各地的老师，用现在的语言来说是善知识或有识之士。这些本波国王旁边的贴身法师或巫师，其包括卦师、历算师、风水师、丧葬师、汇聚福禄师。辛饶弥沃诞生后，他们拜辛饶弥沃为师，也许是互相为师，学习知识，这对辛饶弥沃创立雍仲本教给予了极大帮助。可以说雍仲本教是在原始的不同部落的宗教文化基础上所建的，或是由这些原始本教演变而来的。嘉本托噶之所以被称为弥本、拉本、越本[②]，是因为他就是所有本（བོན།）的上师，他是本波中的本波，这些称谓都是对嘉本托噶的尊称。

本教文献中有弥西（མི་སྲི།）、拉西（ལྷ་སྲི།）、越西（ཡེ་སྲི།）、嘉谢玛（རྒྱལ་བཞེད་མ།）[③]等词汇。其中的西（སྲི།）是很古老的词汇，译成汉文就是祖母、母亲之意。“弥西”意思为人的祖母或国母、佛母或母亲；“拉西”是神的母亲，神的祖母，神或天人祖母，一切之母；“越西”是所有众生之母或佛母。“嘉谢玛”是真名，也有国王的妃

① 伟色金巴主编：《库门经典汇编》第26卷《集经》，兰州：甘肃民族出版社，2015年9月第1版，第24页。

② 伟色金巴主编：《库门经典汇编》第26卷《塞米经》，兰州：甘肃民族出版社，2015年9月第1版，第151页。

③ 伟色金巴主编：《库门经典汇编》第26卷《塞米经》，兰州：甘肃民族出版社，2015年9月第1版，第151页。

子之意。嘉谢玛是一位奴隶，她的父亲是个瘸子，母亲是个瞎子，但嘉谢玛如仙女般美丽动人，而且善良慈悲，最后被选为嘉本托噶的妃子，取名“越西嘉谢玛”，据说是大慈母的化身[①]。

《塞米经》中记载：嘉本托噶与很多随从在花园中散步时，突然有一对夫妇到来，跪拜在嘉本托噶身前，说：“我们虽为平民百姓，身份低贱，但我们家有个长相非凡、品质优良之女，我二人想把她供奉于王子。”嘉本托噶说：“你二人一个瞎子，一个瘸子，而且身份低微，怎会有做我妃子之女？你二人不要把话传出去，别人会笑话的。”起初王子因为身份高贵，种族歧视，瞧不起嘉谢玛，但由于嘉谢玛长相非凡，天资聪慧，品质优秀，所以最后被选为嘉本托噶的妃子，成为辛饶弥沃之母[②]。从中可知，在辛饶弥沃的时代，青藏高原已有尊卑贵贱之分，王族与百姓女子结婚不易。

## 二、辛饶弥沃名称释义

辛饶弥沃佛又被称为敦巴辛饶弥沃佛、辛饶弥沃尊胜如来、辛饶弥沃等几个不同名称。《塞米经》中记载：“万物明示即敦，抚育众生即巴，性心现于法界中即幸，利益众生即饶，化为人身即弥，至高尊尚即沃。”[③]言下之意，敦巴辛饶弥沃中“敦巴”（སྟོན་པ།）是导师、祖师、引导者或者明示、指示、指点之意。敦巴在象雄文里称“邦索”（སྤུངས་སོ།）。比如象雄文中的“塞拉杰尔若邦金诺”（སད་ལ་གྱེར་རོ་སྤུངས་གྱིན་ནོ།）译成藏文是“སྟོན་པ་ལྷ་ཡི་གཤེན་པོ་སྟེ།། གཤེན་རྒྱལ་སྐུ་ལ་ཕྱག་འཚལ་ལོ།།”[④]，汉文译成神圣的本教祖师，“塞”与藏文的“拉”在语法上很接近。根据本教文献记载，敦巴辛饶中的

① 伟色金巴主编：《库门经典汇编》第26卷《集经》，兰州：甘肃民族出版社，2015年9月第1版，第246页。

② 夏擦·扎西坚赞：《西藏本教源流》，北京：民族出版社，1982年9月第1版，第17页。

③ 伟色金巴主编：《库门经典汇编》第26卷《塞米经》，兰州：甘肃民族出版社，2015年9月第1版，第151页。

④才让太主编：《冈底斯雍仲本教文献丛书》第12卷《世间根本藏》，北京：民族出版社，2010年9月第1版，第2页。

“敦”是明示万物真相①，引导众生走出轮回惑乱，走向觉悟道路或指点善恶因果之意。“巴”是主持词，就是引导众生之主持或明示万物规律之师、指点善恶因果之人，指点万物即指点善恶因果，善恶是非。万物有本质现象和表面现象之分，“敦巴”意为能够指明万物本质和表面的一切现象。辛饶中的“辛”（གཤེན།）是他的世源或世系、氏族，本教经典中称穆氏家族，就是穆辛氏族之意。《集经》《塞米经》中均有记载，辛饶弥沃佛的氏族源自穆氏，但未明说穆氏是如何诞生的。根据大量本教文献记载，穆辛（དམུ་གཤེན།）中的“穆”是指穆日山，在今西藏的林芝地区，与本日神山和拉日江妥神山是一个山脉。藏文中的辛拉俄噶（གཤེན་ལྷ་འོད་དཀར།）译成汉文是白光佛，本教认为他是十方三世诸佛的本尊②，所以称他为本尊白光佛。据说他的胸间发出一道光，照耀到穆日山顶，形成一枚蛋，蛋破后里面诞生了一位美丽的童子，被称为穆修赞巴杰学（དམུ་ཕྱུག་བཙན་པ་སྐྱེར་གཞོན།），其子为穆杰兰巴恰噶、其子为穆修赞巴杰庆、其子为穆杰赞普、其子为穆杰妥吉尊巴、其子为穆杰兰杰唐盖、其子为嘉本托噶，嘉本托噶的儿子是辛饶弥沃佛③。穆修赞巴杰学至辛饶弥沃佛之间先后有八代王子，辛饶弥沃佛是第九代。之所以称“穆辛”是因为辛拉俄噶即白光佛的胸间发出一道光，照射到穆日山，所以叫穆辛，就是辛拉俄噶和穆日山的名称混合而成的名字。辛饶弥沃佛之所以称幸是因为他是幸氏家族之后，因为幸氏家族是辛拉俄噶即白光佛的化身。根据本教经典《无垢庄严经》（དྲི་མེད་གཟི་བརྗིད།）、《世间根本藏》（སྲིད་པའི་མཛོད་ཕུག）中把所有物种分类为木（མི།）、玛（སྨྲ།）、幸（གཤེན།）和拉（ལྷ།）、噶（དཀར།）、邓（ཧེན།）六者④。木、玛、幸中

① 芭·丹杰桑波：《本教源流宏扬明灯》，北京：中国藏学出版社，1991年12月第1版，第71页。

② 云丹彭措主编：《藏族典籍精选》第46卷《大圆满精要》，成都：四川民族出版社，2014年7月第1版，第78页。

③ 才让太主编：《冈底斯雍仲本教文献丛书》第1卷，《辛饶弥沃传记与历史》，北京：民族出版社，2010年9月第1版，第148页。

④ 尼玛丹增：《尼玛丹增自传》，北京：民族出版社，2012年9月第1版，第30页。

的“木”是人种，就是指所有人种；“玛”是人非人，就是除了人类以外的物种；“幸”是人种，但又超越了人的思想和精神，在意义上与汉文中的“佛”基本相同。据说幸族的人体结构、五根感官、长相、体型与人相同，但其身材比一般人高大，智慧、慈悲精神超越了普通人。就是人们把他稍微神化了一点，这种王权与神权集于一身的现象并不罕见，是古代文化的普遍特征，比如古埃及、罗马、小亚细亚的君王和皇帝都是如此[①]。辛饶弥沃有慈悲的爱，有超越常人的智慧、丰富的人生阅历，以救人、助人为乐。根据辛饶弥沃佛中传《塞米经》记载[②]，“幸”是心性如实展现在法界中的意思，或本性如实展现在面前之意，意思是辛饶弥沃是本性的呈现，也是辛拉俄噶的化身。有的本教经文记载，于空性中是白光佛，于法界中是辛饶弥沃。所以本教经典中白光佛的名字中有幸，楚幸囊丹的名字中也有幸字，后来诞生于象雄与吐蕃的大部分密宗和大圆满行者都被称为幸，而且幸字的含义基本相同[③]。

辛饶中的“饶”（རབ།）译成汉文是优越、殊胜、非凡、非常之意。根据本教文献记载：辛饶分因辛饶、果辛饶。因辛饶是尚未证得正果前的辛饶，果辛饶是修得正果后的辛饶，打个比方，他们之间就如博士在读和博士毕业之分。本教认为辛饶弥沃佛是修得正果之辛饶，他的修行、慈悲超越所有辛饶。由此可见，辛饶是所有修行人走向觉悟道的总称，辛饶弥沃佛则是所有修行人的主持或领袖或带领者，所以称他为“辛饶”。弥沃中“弥”（མི།）即人种之意，辛饶弥沃的慈悲、智慧的精神力量虽超越人类，但他还是人。《塞米经》第三章《出生记》中记载道：“转世于六道中的人道，四大洲之南瞻部

---

① 张志刚著：《宗教学是什么》，北京：北京大学出版社，2016年8月第2次出版，第27页。

② 伟色金巴主编：《库门经典汇编》第26卷《塞米经》，兰州：甘肃民族出版社，2015年9月第1版，第151页。

③ 伟色金巴主编：《库门经典汇编》第13卷《无垢庄严经》，兰州：甘肃民族出版社，2015年9月第1版，第281页。

洲，四种氏族之穆氏家族”[①]即辛饶弥沃属于人类，而且是穆氏家族的后裔，如今尚存有穆氏家族的后裔，被称之为“幸仓”（གཤེན།）。所以本教认为辛饶弥沃出生于象雄的沃莫隆仁地区[②]，他既是人，但又非人，因为他的智慧远超常人，与汉文中的“佛”意义基本相同。弥沃中的“沃”（བོ།）是古藏文，“བོ།”有大人、超人、圣人、贤者之意，比如“日沃”（རི་བོ།）即大山或高山，须弥山被称为日沃，而“纳沃切”（སྣ་བོ་ཆེ།）是对承担重要工作的人的尊称。比如，辛饶弥沃是大人或圣人，所有辛饶当中辛饶弥沃是最殊胜、非凡之人（弥沃切也含有大人、上人、高人之意），因此很多本教信徒称辛饶弥沃为佛，但非本教徒觉得这样不妥。其实，在笔者看来，对自己的祖师、上师尊称为佛没有什么不好，因佛是远离所有缺陷，圆满具备一切善缘条件即没有缺陷的完人，如今很多弟子对自己的师父尊称为佛或菩萨，在汉地也有居士对自己上师尊称为佛爷，其实都是一种尊重、敬仰之意。所以本教信徒将自己的祖师辛饶弥沃尊称为佛，笔者觉得再合适不过，就像印度佛教称释迦牟尼为佛，但印度教、婆罗门教信徒们并不认为释迦牟尼是没有任何缺点的人，相反，他们可能还会指出其一大堆毛病。同理，与辛饶弥沃同代的恰巴魔王（བདུད་ཁྲབ་པ།）把辛饶弥沃说成是骗子，但其弟子们并不赞同[③]。

辛饶弥沃迎娶了十个妃子，她们是来自不同国家的公主，包括印度（རྒྱ་གར།）、中原（རྒྱ་ནག）、恰域（ཕྱྭ་ཡུལ།）、胡国（རྒྱལ་པོ་དཔོ་ཡི་རྒྱལ་ཁབ།）、侯国（ཧོས་རྒྱལ་ཁབ།）、工布（ཀོང་པོ།）、色国（གསས་ཡུལ།）等地，都是当时沃莫隆仁的近邻。幸氏家族与这些国家的联姻对弘扬辛饶弥沃佛所创立的雍仲本教起到积极的促进作用，雍仲本教也因此成为诸多国家之国教。辛饶弥沃有八位王子、两位公主，具体而言，

① 伟色金巴主编：《库门经典汇编》第26卷《塞米经》，兰州：甘肃民族出版社，2015年9月第1版，第30页。

② 扎沃贡聂：《日光根本续》[伏藏] 第43页，电子版，资料来源阿坝朗依寺格西才旺丹增。

③ 扎沃贡聂：《日光根本续》[伏藏] 第72页，电子版，资料来自阿坝朗依寺格西才旺丹增。

与胡萨唐波（དཔོ་བཟའ་ཐང་པོ།）生矩阵卓玛（རྒྱུ་འདྲེན་སྒྲོན་མ།）、隆珍萨瓦（ལུང་འདྲེན་གསལ་བ།）；与侯萨嘉美玛（ཧོ་བཟའ་རྒྱལ་མེད་མ།）生朵邬布桑（གཏོ་བུ་འབུམ་སངས།）和谢邬赤西（དཔྱད་བུ་ཁྲི་ཤེས།）；与嘉萨楚江（རྒྱ་བཟའ་འཕྲུལ་ལྕམ།）（汉族公主）生贡擦楚布穹（རྒྱ་ཚ་འཕྲུལ་བུ་ཆུང་།）；与共萨楚江（ཀོང་བཟའ་འཕྲུལ་ལྕམ།，工布公主）生贡擦王丹王子（རྒྱལ་སྲས་ཀོང་ཚ་དབང་ལྡན།）；与色萨昂让妃子（གསས་བཟའ་ངང་རིང་།）生奥周唐波（འོལ་དྲུག་ཐང་པོ།）；与恰萨公主（ཕྱྭ་བཟའ་གུང་དྲུག）生穆乔丹周法太子（རྒྱལ་སྲས་ཇུ་ཚེ་ལྗེམས་དྲུག）。《塞米经》第八章讲到，辛饶弥沃在世时，有一位名叫胡杰巴伟卓玛坚的人，他与邻国交战杀死九千名军人，在他死亡之前感到地狱的恐怖，欲消解自己的罪恶，辛饶弥沃为此来到该地，给他传授忏悔的方法，消除其业障。由此可见，在辛饶弥沃时代，已经存在强大的国王和军队，而且有严格的军规、军阶，忏悔法也由此诞生①。

### 三、本教信徒为何以辛饶弥沃为佛？

敦煌古藏文文献中辛饶弥沃的名字有几种不同写法，比如“辛饶”（གཤེན་རབ།）、“辛饶弥沃”（གཤེན་རབ་མྱི་བོ།）、“弥沃切”（མྱི་བོ་ཆེ།），但没有佛的称谓。《普米族韩规宝典》是八至九世纪的本教古籍，其中称辛饶弥沃为辛饶弥沃佛（སངས་རྒྱས་བསྟན་པ་གཤེན་རབ་མི་བོ།）②，《西藏王统记》等藏文历史文献上也有“辛饶弥沃”四个字，也没有被尊称为佛。而本教所有文献资料均显示辛饶弥沃被尊称为佛，尽管有的藏传佛教信徒认为辛饶弥沃并非佛，因为佛只有一尊，即释迦牟尼佛，但其实这种说法严重违背了佛的教言，佛说人人皆有佛性，故人人皆可成佛。如今很多佛教信徒不断修行，目的就是为了成佛，故可以说众生都是未来佛。占巴南喀大师云：“众

① 伟色金巴主编：《库门经典汇编》第26卷《塞米经》，兰州：甘肃民族出版社，2015年9月第1版，第138、148、178、200、417、488页。

② 胡忠文、胡文明：《普米族韩规宝典》第二册，昆明：云南人民出版社，2014年10月第1版，第19页。

生是尚未觉悟之佛，佛是已觉悟了的众生，佛与众生之间只有一念之差，那就是觉悟与非觉悟之区别。”《耶赤拉达经》（ཡེ་ཁྲིད་ལ་བྲའི་བམ་པོ།）记载：“所谓基道果三位，本性不增减称基位，认识其法即道位，证悟本性即果位。”[①]本性尚未觉悟前是基位，修持本性并走向觉悟时是道位，最后通过道位清除内心污垢及认知障碍，认识本性便是果位。它是相续法，是本性经历三个阶段的过程，但本性只有一个，无论成佛与否，其本性不会发生任何的变化。

就从汉字的字面意思理解而言，“佛”有觉悟之意，即由迷惑变清醒，由无明而觉醒，由睡眠而清醒之意。根据藏文的字面意义理解，佛被称为桑吉（སངས་རྒྱས།）。“桑吉”两字中蕴含着断圆满和证圆满的意义，即“桑”是断圆满之意，“吉”是证圆满之意。断圆满是远离所有的缺点、不正、不圆满，包括阻碍觉悟本性的烦恼障、所知障等一切障碍，而证圆满是认识圆满或理解圆满，即认识轮回与涅槃含有的一切真相，认识物质的本原，生命的真相。换句话说，远离所有的缺点，具备一个人该有的所有品质，便可称为佛[②]。《辛饶弥沃十二功业赞颂文》记载：“虽已断证圆满得觉正。”即指出断圆满和证圆满[③]。

本教认为佛是远离了所有缺点，具备了一个人该拥有的一切良好品质，是最圆满、神圣之人。那么对于本教徒而言，辛饶弥沃佛则是最神圣或优秀、高尚的导师，他远离所有缺点，具备所有良好品质，因此可以称为断圆满和证圆满。根据本教早期文献记载：过去世中已出世七位佛[④]，他们的名字、父母、弘法事业都有记载，辛饶弥沃佛

① 伟色金巴主编：《库门经典汇编》第138卷《耶赤经》，兰州：甘肃民族出版社，2015年9月第1版。

② 雍忠丛书主编:《本教母续根本经及其注释》，北京：民族出版社，2009年12月第1版，第49页。

③ 本教名词审定编辑小组：《雍仲本教颂词精选》，成都：四川民族出版社，2017年10月第1版，第6页。

④ 过去七尊佛指郎瓦让迥土吉坚、格瓦阔瓦衮真、衮西尼木度舍、勒巴才美图杰、宁巴唐吉钦斯、祥巴赤杰库巴、达巴朵杰耶钦。辛饶弥沃是第八位佛。

是第八位佛，他是穆氏家族之后，也是人寿百岁时的导师①。

其实本教徒认为辛饶弥沃是佛，不一定他就是佛，在有些人眼里他不但不是佛，而且是个魔也说不准。据辛饶弥沃佛中传《塞米经》记载：恰巴魔王把辛饶弥沃佛当做魔鬼，当做骗子，说："辛饶弥沃说谎言，骗走我的家人与眷属。"同理，释迦牟尼佛在世时，与他同代的异教徒也认为释迦牟尼佛不是佛，说他是魔鬼。但恰巴魔王说他是魔，他也不一定是魔，在他的弟子眼里他就是个佛，是神圣者。笔者觉得辛饶弥沃被尊称为佛，是因为他的文化传承影响了整个青藏高原，后人为了纪念他而将他尊称为佛，这个没有什么不合理。

在梵文中，菩提或布达常常被译成"觉悟"，藏文对字为"桑吉"（སངས་རྒྱས།），象雄语称其为"阿德"（ཨ་དི།）。本教文献中有记载云："阿德大圆满来自世间藏。"世间藏是个文库，里面有很多文献，大圆满吸取精华而成。在象雄文中，称大圆满为"大圆满阿德见地"，即佛的见地，究其根本，"佛"一词是否由此诞生值得我们去研究。"菩提"的藏文对字为"桑吉"或"向曲"，但这个词汇在公元8世纪以前吐蕃人是否用过，目前已无从考证。据本教文献和二十六位虹化大师的传记可以得知，"桑吉"和"向曲"的概念也有大圆满阿德见地之意。梵文文化其实是印度北方靠近冈仁波齐山的一种文化，这种文化对印度河流域文化的影响甚大，也许所谓菩提就是冈仁波齐山脉的语言。简而言之，本教认为，公元8世纪以前，本教经文中"桑吉"和"向曲"一词有大圆满阿德见地之意。比如本教文献《耶赤经》记载："众生皆有佛性，所以有成佛之因，有了成佛之因，就有修佛之路。"②《耶赤经》认为成佛障碍有烦恼障和所知障，成佛之因有福德资粮和智慧资粮，但主要之因是因为佛性即本

①《库门经典汇编》第25卷《集经》（三位游僧掘藏于913年），兰州：甘肃民族出版社，2015年9月第1版，第236页。

② 伟色金巴主编：《本教甘珠尔》第138卷，《耶赤经》，兰州：甘肃民族出版社，第221页。

性，所谓成佛便是成为真正的自己，完全融入本性之中。本性是自在无量，所以在本性中可以利益无量众生。本性在基位时是众生，道位时是行者，果位时是觉悟者。

## 四、辛饶弥沃诞生年代考释

对于古代藏族宗教的生产和发展而言，辛饶弥沃是个非常重要的人物，因此，考证他的诞生年代也极其重要。关于辛饶弥沃的诞生年代，本教古籍中的观点不一，可归纳为四种：堪钦尼玛丹增《自传》[①]认为辛饶弥沃诞生至今有18036年，圆寂迄今有9836年，《教历宝蔓》也有同样的记载[②]；更珠扎巴大师[③]认为，辛饶弥沃至更珠扎巴诞生年间有20600年之遥[④]；琼波罗珠坚参[⑤]认为，辛饶弥沃圆寂至今有3898年，诞生至2019年间有3980年之久[⑥]；芭·丹杰桑波在13世纪末诞生于巴氏家族，他认为辛饶弥沃圆寂迄今有5590年[⑦]。除此之外，藏传佛教的《宗派源流》一书中说，辛饶弥沃诞生于公元前600年左右。《西藏王统记》记述：吐蕃第九代赞普布带共杰时期，辛饶弥沃从象雄来到吐蕃，弘扬本教九乘次第法[⑧]。本教《教历宝蔓》中记载：止贡赞普诞生于公元前200年左右[⑨]，按此说，辛饶弥沃也与耶稣同代。《土观宗派源流》认为：辛饶弥沃与内地的老子同

① 尼玛丹增著：《尼玛丹增自传》，北京：民族出版社，2012年9月第1版，第60页。

② 邓真尼玛主编：《象雄与吐蕃历史文献》上册，成都：四川民族出版社，2016年11月第1版，第1045页。

③ 更珠扎巴（ཀུན་གྲོལ་གྲགས་པ།）又称仁增更珠扎巴，诞生于1700年，是本教四大活佛之一，格西雍仲丹增的得意门生。

④ 仁增更珠扎巴：《本教大藏经目录》，北京：中国藏学出版社，1993年12月第1版，第250页。

⑤ 琼波罗珠坚参出生于1585年，是《本教起源史》和《话说本教起源》的作者，与四世达赖喇嘛同代。

⑥ 邓真尼玛主编：《冈底斯雍仲本教文献》第1卷《话说本教起源》，北京：民族出版社，2010年9月第1版，第440页。

⑦ 芭·丹杰桑布：《本教源流宏扬明灯》，北京：中国藏学出版社，1991年第1版，第250页。

⑧ 萨迦·索南坚赞：《西藏王统记》，北京：民族出版社，1981年5月第1版，第57页。

⑨ 邓真尼玛主编：《象雄与吐蕃的历史文献》上册，成都：四川民族出版社，2016年9月第1版，第1045页。

代，他[①]还根据本教古籍指出，辛饶弥沃诞生于象雄沃莫隆仁地区，是人寿一百岁时的导师，传授九乘次第法，曾来到卫藏、工布、达波等地，开创神山，降伏魔军，实力非凡[②]。这说明，曾经很多前辈学者也积极研究过辛饶弥沃的诞生年代及其文化思想。

10世纪初至11世纪的本教早期文献中记载，辛饶弥沃诞生于高原十二小邦时代。《塞米经》中也有详细记载，辛饶弥沃与共杰噶波同代。那时的高原分很多区域：即达波（དྭགས་པོ།）、工布（ཀོང་པོ།）、凉波（ཉང་པོ།）等隶属于魔王恰巴；洛巴（ཀློ་ཐག）与门巴（མོན་པ།）属于罗刹族，与魔族同流合污；卫藏一带称“蕃”，隶属于藏巴杰（གཙང་པ་རྗེ།），但与共杰噶波有联姻关系；霍尔族、理域（ལི་ཡུལ།）、昌域（ཁྲོམ།）是独立的，但他们有时与魔族为友，和辛饶弥沃为敌，祸害百姓；阿里和拉达属于象雄国，是个独立的王国。辛饶弥沃生于沃莫隆仁（今巴蒂斯坦和吉尔吉特中间），是穆氏王朝的王子。当时，人们认为，越过冈仁波齐山，就到了神族的领地。认为冈仁波齐附近的阿里、拉达一带非神族领地，但离神最近。辛饶弥沃为了扩大穆氏王朝的政治势力、提高自己的政治地位，积极与高原地区的部落联盟，由沃莫隆仁途经巴蒂斯坦（勃律）越过冈仁波齐山，到了阿里、拉达，并在那里修建穹窿银城王宫（ཁྱུང་ལུང་དངུལ་མཁར།），娶工布公主为妻，生共擦旺丹。在冈仁波齐山顶闭关七天，开启天门，给那里的人传授穆氏王朝的宗教信仰[③]。然后来到卫藏，为当地人传授神本四门即占卜、历算、医术和禳解法。其次迁往达波、工布、凉波，一路上与恰巴魔王多次交手，最后将恰巴魔王之父嘉拉托杰活捉，恰巴魔王战败并成为辛饶弥沃的弟子。

辛饶弥沃时代，高原十二部落与魔族和赞族同流合污，与辛饶弥

---

① 他指的是土观曲吉尼玛大师。

② 土观曲吉尼玛：《土观宗派源流》，兰州：甘肃民族出版社，1984年4月第1版，第379页。

③ 伟色金巴主编：《库门经典汇编》第25卷《集经》[伏藏]，兰州：甘肃民族出版社，2015年9月第1版，第268页。

沃为敌，破坏高原地区和谐气氛。根据绰仓珠拉[①]掘藏于公元10世纪中叶的《佛母救八难经》记载，嘉幸弥鲁桑勒大师[②]是上部象雄国王之子。上部象雄称嘉卡巴确（རྒྱལ་མཁར་པ་ཆོད།），应该是《唐会要》所指的小羊同。总之，嘉卡巴确的王子出生前，象雄国王没有继承人，高原十二小邦因此庆幸，认为象雄没有继承者，那些领土、财产和百姓将归他们所有。他们为此开战，入侵国土，生灵涂炭。国王感到岌岌可危，向大慈母[③]。《集经》中记载：辛饶弥沃圆寂28年后，雍斯达巴、弥鲁桑勒、龙珠益西宁波三人把密宗应迎请到沃莫隆仁。[④]由此可见，弥鲁桑勒与辛饶弥沃不但是同代，而且他还在沃莫隆仁雍仲九重山[⑤]修行过，在三十三天界拜雍斯达巴为师，又在知足天（དགའ་ལྡན།）桑萨让尊佛母处学习过母续文化。当时象雄与吐蕃十二部落关系十分紧张，战乱频繁。

藏族史籍记载，共杰噶波度（གོང་རྗེ་དཀར་པོ་དྲུག）是吐蕃十二小邦之一[⑥]。由此可见，辛饶弥沃所处的时代就在吐蕃十二小邦时代。藏族众多史籍记载，聂赤赞普之前，高原地区有很多部族，他们相继统领高原地区。按本教古籍记载，第一是神族，第二是龙族，第三是夜叉族，第四是魔族，第五是赞族，第六是罗刹族，第七是玛桑年族，第八是萨让杰周，第九是十二邦国，第十是吐蕃赞普[⑦]。《本教

① 绰绰珠拉（ཁྲོ་ཚང་འབྲུག་ལྷ།）诞生于956年，圆寂于1077年，是本教著名的伏藏大师之一。

② 嘉幸弥鲁桑勒是天龙人三贤之一，雍斯达巴和桑萨让尊佛母之弟子，也是南喀囊瓦多金的上师。南喀囊瓦多金五百岁时，来到吐蕃，任聂赤赞普和穆赤赞普的上师。

③ 大悲佛母又译成慈母神，藏文称向玛（བྱམས་མ།），据说她与斯比杰母、桑萨让尊、南西共杰都是同一个人。]求子后生一子名嘉幸弥鲁桑勒，即弥鲁桑勒[ 伟色金巴主编：《库门经典汇编》第44卷《佛母救八难经》，兰州：甘肃民族出版社，2015年9月第1版，第223页。

④伟色金巴主编：《库门经典汇编》第25卷《集经》[辛饶弥沃自传]，兰州：甘肃民族出版社，2015年9月第1版，第326页。

⑤ 雍仲九重山（གཡུང་དྲུང་དགུ་བརྩེགས།），位于沃莫隆仁，即冈仁波齐的西部，是汉文古籍所载的小羊同。

⑥ 巴俄·祖拉陈瓦著：《智者喜宴》，北京：民族出版社，2015年4月第5次出版，第84页。

⑦ 赤索旦主编：《本教历史文献汇编》第10卷《本教源流贤劫庄严论》，兰州：甘肃民族出版社，2018年7月第1版，第33页。巴俄·祖拉陈瓦著：《智者喜宴》，北京：民族出版社，2015年4月第1版，第82页。赤索旦主编：《本教历史文献汇编》第6卷《本教起源史》，兰州：甘肃民族出版社，2018

起源史》是本教史籍，由琼波罗珠坚参著于1558年。书中根据马谢扎（མ་ཤེལ་བྲག）[①]文献记载：第一由神族统领，弘扬拉本文化（ལྷ་བོན་སྣོ་བཞི）；其次由夜叉族统治，地名为卡热郭谷（ཁ་རག་སྒོ་དགུ）；其次由魔族统领，魔本卡带仲亚大师（བདུད་བོན་ཁ་རྟེག་འཕྲིང་ཡུག）弘扬魔本信仰；其次被龙族统领，由龙本耶年江邬大师（ཀླུ་བོན་དབྱར་སྣན་ཁྱིམ་བུ）弘扬龙本文化；其次玛桑年族统领高原，地名为蕃卡亚周（བོད་ཁ་གཡའ་དྲུག），由年本彤彤卓瓦（གཉན་བོན་ཐང་ཐང་གྲོལ་བ）弘扬年本文化；其次萨让六子统领，推崇本教文化；其次十二小邦统领高原，由拉本托噶（ལྷ་བོན་ཐོར་དཀར）弘扬拉本文化，即占卜、历算、禳解与医术四门[②]。十二小邦是第六代，其次就是前吐蕃时期。若其中所述的拉本托噶为辛饶弥沃之父嘉本妥噶，那么辛饶弥沃就是生于十二小邦时代。

《话说本教起源》记载：辛饶弥沃诞生后，十二位集结者即十二位弟子把辛饶弥沃的所有经典归类集结，此后每个集结师讲述三年法，共三十六年。然后辛饶弥沃的儿子弥乔丹周从三十三天界来到沃莫隆仁，传法三年，那时李西达让八岁。赤松德赞水猪年灭本时，李西达让2500岁。8世纪的水猪年有二，一是公元723的水猪年，二是公元728的水猪年。辛饶弥沃圆寂至28年后李西达让诞生；李西达让诞生至公元723之间有2500年之差距。以此推断，辛饶弥沃圆寂至今有3824年，诞生至今有3906年。若是在公元728年灭本，辛饶弥沃诞生至今有3846年，圆寂迄今有3764年[③]。这个观点为国内外的学术界提供了很多帮助。

---

年7月第1版，第20页。

① 玛谢扎是个地名，今位于西藏日喀则一带，切邬年同巴大师在那里掘藏的经文叫玛谢扎（མ་ཤེལ་བྲག）。

②赤索旦主编：《本教历史文献汇编》第6卷《本教起源史》，兰州：甘肃民族出版社，2018年7月第1版，第105页。

③ 才让太主编：《冈底斯本教文献丛书》第1卷《辛饶弥沃传记与历史》，北京：民族出版社，2010年9月第1版，第374页。

根据敦煌文献记载，吐蕃诞生前，青藏高原分象雄杰（ཞང་ཞུང་རྗེ།）、藏巴杰（གཙང་པ་རྗེ།）、达波杰（དྭགས་པོ་རྗེ།）、工布杰（ཀོང་པོ་རྗེ།）、凉波杰（ཉང་པོ་རྗེ།）、阿夏杰（འ་ཞ་རྗེ།）、苏毗杰（སུམ་པ་རྗེ།）、罗扎杰（ལྷོ་བྲག་རྗེ།）、翁瓦杰（འོང་བ་རྗེ།）、努杰（གནུབས་རྗེ།）等十二小邦。十二个小邦有十二位法师、十二位大臣、十位二将军①。十二位法师就是各小邦的国师②，本教古籍中称十二本教或十二位善知识③，就是本教十二位大师，藏文写作“བོན་ཤེས་པ་ཅན་བཅུ་གཉིས།”，有的史籍中写成“བོན་པོ་བཅུ་གཉིས།”。十二位本教都称辛饶弥沃为“为父辛饶弥沃”或“祖父辛饶弥沃”④。为父和祖父不一定是父亲，可以是他们的鼻祖或祖师爷，因为辛饶弥沃是雍仲本教的创始人，本教的经典称辛饶弥沃为祖师辛饶弥沃。十二小邦统领高原也有很长时间，可分为初时期、中时期、末期。辛饶弥沃出生应是在十二小邦的初期，他诞生于穆氏王朝，这与本教《塞米经》《本教起源史》《集经》等很多史籍的观点基本吻合。据敦煌文献和本教的部分古籍推断，基本确定此推断是可取的。《集经》是辛饶弥沃广、中、略传记之略传，共有二十四章。著名藏学家卡尔梅·桑丹坚赞认为，这部经是由尼泊尔的三位游方僧在公元913年从桑耶寺盗取的。经中提到辛饶弥沃越过冈仁波齐，从沃莫隆仁来到象雄，修建穹窿银城，传授穆氏王朝的文化⑤。还说辛饶弥沃诞生于玛桑年族时代⑥。本教史籍记载，聂赤赞普之前出现过夜叉族、魔族、罗刹族、龙族、玛桑年

---

① 详见法藏敦煌古藏文文献P.T.1136。

② 第吴贤者：《第吴宗教源流》（藏文），拉萨：西藏藏文古籍出版社，2011年12月第1版，第214页。

③ 觉沃·阿底峡掘藏：《柱间史》，兰州：甘肃民族出版社，1989年9月第1版，第81页。

④ 详见法藏敦煌古藏文文献P.T.1136。

⑤ 伟色金巴主编：《库门经典汇编》第25卷《集经》，兰州：甘肃民族出版，2015年9月第1版，第268页。

⑥ 伟色金巴主编：《库门经典汇编》第25卷《集经》，兰州：甘肃民族出版，2015年9月第1版，第240页。

族、十二诸侯[①]。玛桑年族是第五个朝代，也许辛饶弥沃就是玛桑年族末、十二诸侯初的人。十二小邦又称十二部落、十二诸侯等，藏文称“རྒྱལ་ཕྲན་བཅུ་གཉིས།”，是十二诸侯之意。十二小邦时期，是指聂赤赞普尚未统一青藏高原之前的统治者，他们在起初时是部落，后来逐步进入部落联盟时代，相继衍生二十五个乃至四十个部落，最后变成了十二个小国。小国相互联盟，成为十二小邦。十二小邦统领高原很长时间，他们为了各自利益，独霸一方，发动战争，年年战火不断，高原不得安宁，生灵涂炭，民不聊生。十二善知识是十二小邦的国师，称本教十二智慧或十二大师（བོན་ཤེས་པ་ཅན་བཅུ་གཉིས།），在高原地区地位尊贵。他们为了结束战乱，成立高原统一管理的吐蕃，把聂赤赞普推上吐蕃的王位，使之成为吐蕃的第一任赞普[②]。

另外一种推断如下：辛饶弥沃的弟子是拉辛雍斯达巴（ལྷ་གཤེན་ཡོངས་སུ་དག་པ།）[③]，拉辛雍斯达巴的弟子为弥鲁桑勒（རྒྱལ་གཤེན་མི་ལུས་བསམ་ལེགས།），弥鲁桑勒的弟子为鲁珠益西宁波（ཀླུ་གྲུབ་ཡེ་ཤེས་སྙིང་པོ།），鲁珠益西宁波的弟子是辛南喀囊瓦多金大师（གཤེན་ནམ་མཁའ་སྣང་བ་མདོག་ཅན།）。南喀囊瓦多金在500岁时，来到吐蕃做聂赤赞普和穆赤赞普的上师[④]。根据辛氏传承所言，辛饶弥沃之子为共擦旺丹，共擦旺丹又生四子，其长子为龙王。龙王之子乃穆阿瓦日让，其子为穆杰唐唐南美，穆杰唐唐南美之子为穆杰嘉波，穆杰嘉波之子为南喀囊瓦多金大师[⑤]，与辛饶弥沃隔7辈，加上囊瓦多金五百岁时才来到吐蕃。由此推断，辛饶弥沃与聂赤赞普之间有约800年之遥。

---

① 赤索旦主编：《本教历史文献汇编》第6卷《本教起源史》，兰州：甘肃民族出版社，2018年7月第1版，第105页。

② 觉沃·阿底峡掘藏：《柱间史》，兰州：甘肃民族出版社，1989年9月第1版，第81页。

③ 邓真尼玛主编：《象雄与吐蕃历史文献》下册，成都：四川民族出版社，2016年11月第1版，第10页。

④ 云丹彭措主编：《藏族典籍精选》第46卷《大圆满精要》，成都：四川民族出版社，2014年12月第1版，第82页。

⑤ 夏擦·扎西坚赞：《西藏本教源流》，北京：民族出版社，1985年9月第1版，第141页。

关于聂赤赞普诞生的年代，藏族学者们的见解各不相同，但笔者比较赞同堪钦尼玛丹增的观点，他认为聂赤赞普出生于公元前1136年，距2020年有3156年之久。根据《本教历法宝蔓》的记载，占巴南喀大师生于公元前914年左右①。如今在阿里的噶尔县古入江寺②发现了距今2000年至1900年的占巴南喀大师石刻像，由此证明，占巴南喀大师的诞生年代可推到2000年以前。而占巴南喀是象雄东炯土钦的弟子。东炯土钦的上师是塞乃噶邬（སད་ནེ་ག་ཟུ།），其师为阿尼查达（ཨ་ནུ་ཐག་ཏ།），其师为太弥带盖（ཐད་མི་དད་གེ），其上师是穆赤赞普（མུ་ཁྲི་བཙན་པོ།），且穆赤赞普是聂赤赞普之子，所以聂赤赞普生于公元前1036年是非常合理的③。

根据本教密宗《巨邦三法传承》（སྤྱི་སྤུངས་སྐོར་གསུམ།）记载：穆赤赞普的弟子是哈热巨巴（ཧ་ར་ཅི་པར།），其弟子为达维勒伟（སྟག་བཟའ་ལི་ཤེར།）、阿尼查达（ཨ་ནུ་ཐག་ཏག）、塞尼噶邬（སད་ནེ་གཟུ།）等十三名成就者，他们相继传承，即前为师，后为徒，而且都是本教史料中所记载的十三世系大士。东炯图钦大师为其中第十名，即穆赤赞普至东炯图钦之间相隔八代人。还有一些经典中记载，穆赤赞普弟子为阿尼查达（ཨ་ནུ་ཐག་ཏ།），其弟子为塞尼噶邬（སད་ནེ་གཟུ།），其弟子为东炯图钦（སྟོང་རྒྱུང་མཐུ་ཆེན།）。根据此说，东炯图钦是穆赤赞普的第四代弟子。无论是哪一种说法，东炯图钦都晚于穆赤赞普，而且相隔几百年。《堪钦尼玛丹增自传》记载了东炯土钦大师生于公元前970年，由此可见，聂赤赞普生于公元前1137年的说法是正确的④。

---

① 尼玛丹增：《尼玛丹增自传》，北京：民族出版社，2012年9月第1版，第60页。

② 古入江寺（གུར་གྱིམ་དགོན།），位于西藏阿里噶尔县门士乡卡尔东。

③ 邓真尼玛主编：《象雄与吐蕃历史文献》上册之《历法宝蔓经》，成都：四川民族出版社，2016年11月第1版，第1045页。

④ 郭哇·格西旦增朱扎：《大乘觉悟道雍仲本教常识》，北京：民族出版社，1998年10月第1版，第126页。

根据《西藏本教源流》[①]《本教源流》[②]记载，还有另外一种推断，即认为辛饶弥沃佛是象雄国王之子，他有八个儿子。他与工布公主贡萨楚坚（ཀོང་བཟའ་འཕྲུལ་ལྕམ།）生一子叫做雍仲旺丹（རྒྱལ་སྲས་གཡུང་དྲུང་དབང་ལྡན།），其子乃龙王（འབྲུག་གི་རྒྱལ་པོ།），龙王之子乃穆本药丹（དམུ་བོན་ཡོ་བརྟན།），穆本药丹之子乃穆本唐拉（དམུ་བོན་ཐང་ལྷ།），穆本唐拉之子乃吉洛擦（སྐྱེ་ལོ་ཚལ།），吉洛擦之子乃穆辛卓瓦（དམུ་གཤེན་སྒྲོལ་བ།），穆辛卓瓦之子乃穆卡博木博（དམུ་ཁ་སྤོ་མུ་སྤོ།）。穆卡博弥博为第二代赞普穆赤赞普的上师，由此可见，辛饶弥沃与穆赤赞普相隔八代之久，其中有的修行较好，获延寿成就。而《本教源流妙语贤劫庄严史》记载辛饶弥沃之子是公擦旺丹即雍仲旺丹，雍仲旺丹生四子，即光子（འོད་ཀྱི་རྒྱལ་པོ།）、雷子（ཐོག་གི་རྒྱལ་པོ།）、龙子（འབྲུག་གི་རྒྱལ་པོ།）、噶邬琼（འགར་བུ་ཆུང་།）。光子为长子，光子之子乃穆本阿日让（དམུ་བོན་ཨ་བ་རི་རིང་།），其子乃穆杰腾腾（དམུ་རྒྱལ་ཐིམ་ཐིམ།），穆杰腾腾之子为穆杰嘉（དམུ་རྒྱལ།），穆杰嘉之子就是南喀囊瓦多金（གཤེན་ནམ་མཁའ་སྣང་བ་མདོག་ཅན།）。根据本教《医学四部十万颂》（སྨན་འབུམ་བཞི།）[③]记载，辛饶弥沃佛的弟子是谢邬赤西大师（དཔྱད་བུ་ཁྲི་ཤེས།），谢邬赤西的弟子是波斯论师穆匝扎黑（དམུ་ཙ་ཧ་ཏེ།），波斯穆匝扎黑的弟子是塞拖杰江（གསེར་ཐོག་ལྕེ་འབྱམས།），塞拖杰江的弟子就是东炯图钦大师（སྟོང་རྒྱུང་མཐུ་ཆེན།）。另外，根据《日光本续》（ཙ་རྒྱུད་ཉི་ཟེར་སྒྲོན་མ།）、《集经》（མདོ་འདུས།）记载，本教不灭顶佛是辛饶弥沃佛的前世转世，其弟子是密集大师、虎衣明王、桑萨让尊佛母。他们的弟子是天、龙、人三贤，即清净天师、弥鲁桑勒大师和智藏龙师。天、龙、人三贤的弟子是南喀囊瓦多金大师，也是吐蕃第一位赞普聂

① 夏擦·扎西坚赞著，多吉杰博编：《西藏本教源流》，北京：民族出版社，1982年9月第1版，第141页。

② 白崔：《本教源流》，拉萨：西藏人民出版社，1988年11月第1版，第348页。

③ 详见伟色金巴主编：《库门经典汇编》第51至52卷《四部医经》，共有六百多页，辛饶弥沃著，谢邬赤西汇编，三位僧人掘藏于11世纪。

赤赞普的上师[①]。不灭顶佛的弟子为密集大师，其弟子为清净天师，其弟子为弥鲁桑勒大师，其弟子为智藏龙师，其弟子为幸南喀囊瓦多金。

还有一种说法是辛饶弥沃圆寂之后，十二位弟子把辛饶弥沃的所有经文归类、编辑并集结，形成了经部、续部、论藏部、仪律部、医术部、历算部、禳灾部、理部、心识部、因明部等不同法门。集结完后，每一位弟子讲了三年法，一共三十六年。最后三年，辛饶弥沃之子弥乔丹周传法时，自大食国、印度、中原、象雄、昌域等地来了六大论师（本教经典中称之为六庄严），分别为大食国论师穆匝扎海（དམུ་ཙ་ཧ་རེ།）、象雄论师赤妥巴匝（ཁྲི་ཐོག་སྤར་ཙ།）、格盒勒巴亚（ཧུ་ཧུ་ལུ་སྤར་ཡ།）、中原论师勒当忙波（ལེགས་ཏིང་རྨང་པོ།）、印度论师拉达昂卓（ལྷ་བདག་སྔགས་གྲོལ།）[②]。有些经典中说他们都是弥乔丹周的弟子，有的认为他们是师徒关系。由此可以推断，辛饶弥沃佛的诞生年代可追溯到吐蕃第一代赞普聂赤赞普之前的1000年左右。以堪钦尼玛丹增大师的《本教历法》[③]为准，聂赤赞普生于公元前1137年。以此看来，辛饶弥沃佛的出生年代，大约在公元前1000年至公元前2000年左右，就是吐蕃十二部落即诸侯时代。据《无垢庄严经》记载：“人寿八十岁时，拉邬丹巴朵噶（ལྷ་བུ་དམ་པ་ཏོག་དཀར།）生于印度波罗奈斯的释迦家族，名释迦牟尼，传授妙法。”[④]据藏传佛教文献记载，拉邬丹巴朵嘎是释迦牟尼佛的前世，是知足天（དགའ་ལྡན།）之人[⑤]。而拉邬丹巴朵嘎就是辛饶弥沃的四大弟子之一，辛饶弥沃把他派到印度传

---

① 云丹彭措主编：《藏族典籍精选》第46卷《大圆满精要》（སེམས་སྨད་སྡེ་དགུ།），成都：四川民族出版社，2014年12月第1版，第82页。

② 伟色金巴主编：《库门经典汇编》第26卷《塞米经》，兰州：甘肃民族出版社，2015年9月，第665页。

③ 邓真尼玛主编：《象雄与吐蕃历史文献》下，成都：四川民族出版社，2016年11月第1版，第1054页。

④ 伟色金巴主编：《库门经典汇编》第24卷《无垢庄严经》，兰州：甘肃民族出版社，2015年9月第1版，第414页。

⑤ 第吴贤者：《第吴宗教源流》，拉萨：西藏藏文古籍出版社，2011年12月第1版，第39页。

法[①]，根据本教文献记载，辛饶弥沃与释迦牟尼为同一个家族，祖籍皆为冈仁波齐一带[②]。

## 第二节 本教历史名人

雍仲本教是辛饶弥沃和他的众弟子们在原始的部落宗教基础上所建立的宗教，后成为穆氏王朝的国教。后来随着辛饶弥沃的游历，本教文化也逐步传播到青藏高原十二部落以及西域六国，成为高原各个部落的主流文化。

### 一、弥乔丹周

辛饶弥沃有八位王子，主要继承者为弥乔丹周大师。弥乔丹周的母亲名为恰萨公主，是恰国（ཕྱྭ་རྒྱལ་ཁབ།）的公主，父亲名辛饶弥沃，是穆氏王朝之王，两国关系密切。据《塞米经》记载，弥乔丹周乃非天人即阿修罗导师[③]，非天人是六道当中与人族为敌的种族。

按照本教传统说法，雍仲本教在不同的历史阶段中，划分为身教期（སྐུ་བསྟན།）、语教期（གསུང་བསྟན།）、意教期（ཐུགས་བསྟན།）三个阶段。身教期间由辛饶弥沃亲自传授三转法轮，广度众生；语教期间，弥乔丹周（མུ་ཆོ་ལྡེམ་དྲུག）来到达斯沃莫隆仁，继承辛饶弥沃的教义精神，成为语教期间的主要法主[④]；意教期间，占巴南喀大师诞生于冈底斯附近，弘扬息增怀伏等密法，任职意教法的法主。

本教部分文献中记载：辛饶弥沃圆寂8年后，弥乔丹周从天国来

---

① 赤索旦主编：《本教历史汇编》第3卷《扎巴林扎》，兰州：甘肃民族出版社，2018年7月第1版，第15页。

② 赤索旦主编：《本教历史汇编》第3卷《扎巴林扎》，兰州：甘肃民族出版社，2018年7月第1版，第122页。

③ 伟色金巴主编：《库门经典汇编》第26卷《塞米经》，兰州：甘肃民族出版社，2015年9月第1版，第661页。

④ 赤索旦主编：《本教历史文献汇编》第3卷《扎巴林扎》（བསྒྲགས་པ་གླིང་གྲགས།），兰州：甘肃民族出版社，2018年7月第1版，第12页。

到沃莫隆仁，三年间，传播集显、密、大圆满的雍仲本教文化，培养优秀弟子①。也有的经典中说：辛饶弥沃圆寂1800年后，弥乔丹周来到沃莫隆仁，300年里传播本教文化，栽培来自各国的弟子②。虽然两者之间相差甚远，但不难发现，过去很多人对辛饶弥沃、弥乔丹周进行过研究。弥乔丹周的弟子当中有大食国、印度、中原、象雄、昌域等很多地方的人。

## 二、本教六庄严师

本教古籍文献中反复提到世界六庄严，就是来自不同国家的六位贤者或六大论师。他们纷纷来到沃莫隆仁，拜弥乔丹周为师，学习本教文化，并把本教的很多经典译成各种语言，传播到各地。六位大师分别为，达斯智者穆匝扎海（དམུ་ཙ་ཏྲ་ཧེ།）、象雄智者赤妥巴匝大师（ཁྲི་ཐོག་སྤར་ཙ།）、苏毗智者格何乐巴勒大师（སྲུ་ཏྲུ་ལུ་སྤར་ལེགས།）、嘉娜即中原智者李党忙波大师（ལེགས་ཏིང་མང་པོ།）、昌域智者塞妥杰江大师（གསེར་ཐོག་ལྕེ་འབྱམས།）、印度智者拉达昂卓大师（ལྷ་བདག་སྔགས་གྲོལ།）③。

《静猛根本续》显示，冈底斯山有达斯，冈底斯山东有中原与成敦，南有印度与卡奇，北有霍尔与格萨尔。达斯（སྟག་གཟིག）在冈底斯山以西，它分两个部落，即达代（སྟག་སྡེ།）、苏盘（གཟག་འཕེན།）。有的学者认为这两个部落对应的是伊朗与阿拉伯，也有的认为是古伊朗人所建的波斯国，也有人认为是大食国。但《唐书·吐蕃传》记载：波斯在京师西15300里，东接吐火罗、康国，北邻突厥的可萨部，西北拒狒菻；大食国本在波斯之西④。据此所言，波斯与大食国并非一国。有人认为大食国是唐宋时期中国人对阿拉伯帝国的称谓。

---

① 赤索旦主编：《本教历史文献汇编》第6卷《话说本教起源》（གླིང་གཞི་བསྟན་པའི་འབྱུང་ཁུངས།），兰州：甘肃民族出版社，2018年7月第1版，第88页。

② 赤索旦主编：《本教历史文献汇编》第4卷《日光根本续》（ཙ་རྒྱུད་ཉི་སྒྲོན།），兰州：甘肃民族出版社，2018年7月第1版，第168页。

③ 伟色金巴主编：《库门经典汇编》第25卷，《集经》，兰州：甘肃民族出版社，2015年9月第1版，第327页。

④ 刘昫：《二十四史》第32部，《旧唐书·吐蕃传》，中华书局，第3616页。

也有的学者根据本教文献中的表述，认为本教所说的达斯国是今天的塔吉克斯坦。扎敦巴大师的《世界地理概述》记载，吐蕃以西的所有地区统称为达斯（སྟག་གཟིག）①。显而易见，达斯在不同时代，有不同的理解和解释。总之，穆匝扎海就是达斯国的人，穆匝扎海的穆与穆氏王朝的穆是一个词，他们之间是否有关系还得考证。穆匝扎海是本教律宗的主要传承人，也是弥乔丹周的大弟子。

根据本教文献记载，象雄分为里、中、外，此处所说的象雄是里象雄嘉卡巴确（རྒྱལ་མཁར་བ་ཆོད།），因里象雄与波斯国、沃莫隆仁都位于冈底斯山之西。这应该是 《唐会要》和《唐书·吐蕃传》中记载的小羊同，象雄分大羊同和小羊同，大羊同西连小羊同，东接吐蕃，北至于阗②。象雄西部有小羊同，东面有吐蕃，北有于阗（即今新疆的于田县）。《本教母续根本经及其注释》中认为，以沃莫隆仁（འོལ་མོ་ལུང་རིང་）为里象雄，嘉卡巴确（རྒྱལ་མཁར་བ་ཆོད།）为中象雄，穹窿银城（ཁྱུང་ལུང་དངུལ་མཁར།）为外象雄③。《尼玛丹增自传》中以嘉卡巴确为里象雄，穹窿银城为中象雄，丁青县孜珠山为外象雄④。赤妥巴匝大师就出生于小羊同，即嘉卡巴确。

松巴（སུམ་པ།）源自知（འབྲི།）氏世系，大部分居住在以昌都为中心的长江上游流域，与安多混合⑤。有的学者认为汉文文献中的苏毗就是藏文松巴的音变，这不是没有可能。苏毗又称东女国，应是藏文中的谢嘉莫绒（ཤར་རྒྱལ་མོ་རོང་།）的直译，意思是东方的女国。它位于吐蕃之东，所以称东方，那里的国王等掌权者都是女性，所以称东女国。还有一种说法，藏族有四大峡谷，即东嘉莫绒、北阿达绒、西

① 其麦拥珠主编：《色拉班智达·扎顿巴噶桑丹比将参文集》第2卷，北京：民族出版社，2009年8月第1版，第69页。

② 罗广武译注：《唐书吐蕃传译注》，北京：中国藏学出版社，2014年5月第1版，第8页。

③ 雍忠丛书主编：《苯教母续根本经及注释》，北京：民族出版社，2009年12月第1版，第141页。

④ 尼玛丹增：《尼玛丹增自传》，北京：民族出版社，2012年9月第1版，第27页。

⑤ 根敦群培：《白史》，成都：四川民族出版社，2002年7月第1版，第12页。

工波绒、南擦瓦绒[1]。嘉绒位于四大峡谷之东，故谓东女国。格何乐巴勒是世界六庄严之一，也是苏毗国的古幸即国师或翻译师。

敦煌古藏文文献中记载，赤松德赞攻下噶居的嘉卡，即中原的王宫[2]。据本教文献记载，同盖王子（རྒྱལ་བུ་མཐོང་གི）生三子，长子名“蕃”（བོད།），定居在今西藏的雅鲁藏布江一带；老二名“霍尔”（ཧོར།），迁到今以昌都、那曲为主的藏北一带；老三名为“嘉”（རྒྱ།），因与老大不和，所以迁到今甘肃省临夏噶居（ཀ་ཅུ།）地区，从而衍生黄河流域的人文历史[3]。敦煌古藏文文献中有一名叫嘉本李丁忙波的大师，是中原王国的国师。藏文嘉娜（རྒྱ་ནག）是指黄河流域之人，也是今汉族人的祖先。[4]此说法与本教文献中中原李丁忙波完全吻合。总之，李党忙波乃中原的国师，也是本教六大庄严之一。

根据本教古籍记载，冈底斯山北部有格萨尔（གེ་སར།）、昌域（ཁྲོམ།）、理域（ལི་ཡུལ།）等三个部族，是指今新疆和田（和阗或于阗）、且末（新疆维吾尔自治区南部）、若羌（新疆维吾尔自治区巴音郭楞蒙古自治州辖县）、民丰（位于昆仑山北麓）等地。其昌幸（ཁྲོམ་གཤེན།）是昌域地区的古幸即国王的贴身法师，赛妥杰江是其真名，藏文“杰江”（ཀླེ་འབུམས།）是大译师、大学者、大师之意[5]。藏族世系中有“杰氏家族”，杰江的杰是否与它有关系还得进一步调查。

嘉噶尔（རྒྱ་གར།）是古代吐蕃人对天竺国或印度的称呼，汉文文献中称身毒国或南婆罗，现代汉语译成印度。据《白史》记载：吐

---

① 阿坝藏族自治州藏族历史文化古籍研究协会：《嘉绒地区历史》上册，成都：四川民族出版社，2017年1月第1版，第2页。

② 多布旦、扎西才让：《法藏敦煌藏文文献勘录》，拉萨：西藏人民出版社，2017年4月第1版，第22页。

③ 作者不明：《人类氏族起源》，现收录于《本教历史文献汇编》第四卷，甘肃民族出版社，2018年，第220页。

④ 详见法藏敦煌古藏文文献P.T.1285。

⑤ 赤索旦主编：《本教历史文献汇编》第3卷《扎巴林扎》，兰州：甘肃民族出版社，2018年7月第1版，第3页。

蕃东有周王，南有南婆罗，北有霍尔族，西有达斯[①]。印度的藏文写法是“很德”（ཧིན་རྡུ།），是一条河的名称。印度河源自西藏的拉达克，流向乌兹别克斯坦、吉尔吉特斯坦，经印度流入印度洋。印度河流域的文化称印度文化，古印度国是印度文化最深厚之地。古代时，卡拉奇（ཁ་ཆེ།）和印度是两个国家，后来合并成一国。拉达昂卓（ལྷ་བདག་སྔགས་གྲོལ།）就是印度北部之人，亦是他们的国师，是世界六大庄严之一。

以上六位大译师来自不同的古国，拜弥乔丹周为师，学习雍仲本教文化，把本教经典和论典译成各种语言，广泛传播[②]。

据《塞米经》记载：弥乔丹周圆寂后，先后出现很多神通广大、学识渊博的大德，即达斯论师穆匝扎海、赤妥巴匝、格何乐巴勒、印度论师拉达昂卓、中原论师李党忙波、昌域论师赛妥杰江。六大庄严的弟子有四大智者，分别象雄智者东迥土钦、木雅智者杰匝卡邬、德邬智者江擦玛琼、吐蕃智者夏日邬钦等，把本教文化传至各地[③]。

**三、藏文古典中的李丁芒波**

李党忙波一词不仅出现在敦煌文献，很多本教文献中也有多次出现。比如《集经》中记载：弥乔丹周（མུ་ཆོ་ལྡེམ་དྲུག）为辛饶弥沃之子，他有来自不同王国的六大弟子，称世界六庄严。李党忙波（ལེགས་ཏང་རྨང་པོ།）为中原庄严即译师。该节内容以法藏敦煌古藏文文献P.T.1285，以及本教早期文献《集经》《塞米经》《扎巴林札》等相关资料为依据，对嘉纳本波（རྒྱ་ནག་བོན་པོ།）、李党忙波的相关问题做了考释，同时对李党忙波与康巴藏族地区木雅文化的关系也做了简单介绍。

① 根敦群培：《白史》，成都：四川民族出版社，2002年7月第1版，第33页。

② 赤索旦主编：《本教历史文献汇编》第3卷《扎巴林扎》，兰州：甘肃民族出版社，2018年7月第1版，第3页。

③ 伟色金巴主编：《库门经典汇编》第26卷《塞米经》，兰州：甘肃民族出版社，2015年9月第1版，第674页。

1.李党忙波的参考文本介绍

有的学者认为李党忙波就是李耳（老子），情况是否属实还得研究。本教文献中与李党忙波相关的资料很多，包括文献、唐卡。笔者主要在此向大家总结辛饶弥沃略传《集经》、中传《塞米经》、本教史籍《扎巴林札》，以及法藏敦煌古藏文文献P.T,1285中对李党忙波的相关内容。

李党忙波不仅在本教文本中有反复记载，而且在敦煌文献P.T.1285.137和P.T.1285.138中出现了李党忙波之词。本教文本中写成“ལེགས་དང་ཚང་པོ།”或“རྒྱ་བོན་ལེགས་དང་ཚང་པོ།”。敦煌PT1285中写成“ལེག་དང་ཚང་པ།”或“རྒྱ་བོན་ལེག་དང་ཚང་པོ།”。敦煌文献中故事内容为中原的一位公主染上罗刹九兄之毒，百位古幸（སྐུ་གཤེན།）为此做禳解仪式，但没能清毒。中原国王邀请李党忙波占卜历算，推算出是中罗刹之毒。这是吐蕃十二小邦时期的故事。

2. 李党忙波与藏族上古时期的本教文化

根据炉霍卡萨湖石遗址、宴尔龙石棺葬遗址、拉萨曲贡遗址等地考古资料显示，公元前2000年至公元前1000年前，青藏高原已有丧葬仪式，对祖灵和动物的崇拜，以及具有组织性、集体性、阶层性的宗教诞生。琼布·罗珠坚参的《本教起源史》记载：辛饶弥沃诞生于3880年前，那时是吐蕃十二小邦时期①。

《集经》中记载：辛饶弥沃娶八个妃子，六个个妃子生八位王子和两位公主。辛饶弥沃与恰萨贡周结亲，生弥乔丹周②。据说：弥乔丹周是辛饶弥沃语言的化身和继任传法的衣钵大师。辛饶弥沃圆寂三年之后，弥乔丹周从恰王国来到沃莫隆仁，对辛饶弥沃所述的经文做注解、讲解，产生论典。当时，弥乔丹周有六大弟子，称世界六庄严。

① 琼布·洛追坚赞：《本教起源史》，拉萨：西藏藏文古籍出版社，2018年第1版，第78页。

② 伟色金巴主编：《库门经典汇编》第26卷《集经》，兰州：甘肃民族出版社，2015年第1版，第674页。

即达斯沃莫隆仁庄严“穆匝·扎海”、古盒勒巴雅，象雄庄严为“赤妥巴匝”，印度庄严为“拉达阿卓”，昌域庄严为“赛拓吉江”，中原庄严为“李党忙波”①。据说当时李党忙波从中原来到达斯沃莫隆仁，拜弥乔丹周为上师，将很多西藏以及西域文化译成汉文。

芭·邓杰桑波所著的《本教源流弘扬明灯》中记载：嘉本李党忙波把律部法传授于中原本波祖拉巴盖（གཙུག་ལག་དཔལ་གེ）、毗卢遮那即白若杂纳译师（བེ་རོ་ཙ་ན།）二人，兴盛于嘉纳即中原②。据此所言，李党忙波有两个，一是与弥乔丹周同代的李党忙波，二是7至8世纪的李党忙波。据《扎巴林札》记载：本教九位诅咒师，嘉本·李党忙波能把天地反转，佐本·江邬兰擦（གཙོ་གྱིམ་བུ་ལན་ཚ།）使树木汇聚，里本·恰桑（ལི་བོན་ཕྱ་སངས།）用手指动雪山等③。中原、松巴苏毗、里域（于阗）、象雄、达斯等九个周边国王，中原诅咒师为李党忙波，即把他列为本教九位诅咒师或大力士之首。总之，李党忙波在本教文献、敦煌文献中皆有记载，而且是重要人物。

3. 李党忙波与鲜水河流域古文化的关系

雅砻江中上游与鲜水河流域中包括今四川甘孜县、炉霍县、道孚县、新龙县、雅江县。鲜水河的藏文名为“谢曲”（ཤེལ་ཆུ།），即琉璃河、清水河之意。鲜水河是雅砻江支流，上游称达曲（ཟླ་ཆུ།）即月亮河，到了炉霍三区即称“谢曲”（ཤེལ་ཆུ།）。炉霍县城称“谢多”（ཤེལ་མདོ།），即谢曲的下游或下方之意。谢曲在炉霍县城东北角与泥巴河（太阳河）汇合，成为鲜水河，流向东面。到了道孚县，鲜水河流入县城右方的山沟里，到了雅江县以北27公里处，流入雅砻江。鲜水河流域指道孚、炉霍县境内，雅江中上游包括雅江县、理塘县、

① 伟色金巴主编：《库门经典汇编》第26卷《塞米经》，兰州：甘肃民族出版社，2015年第1版，第674页。

② 芭·丹杰桑布：《本教源流宏扬明灯》，北京：中国藏学出版社，1991年第1版，第127页

③ 才让太主编：《冈底斯雍仲本教历史文献》第1卷《辛饶弥沃传与相关历史》[M]，北京：民族出版社，2010年第1版，第108页。

新龙县、甘孜县。

炉霍为青铜之乡，石棺葬之境，考古学家门在炉霍的卡萨湖遗址、宴尔龙遗址、呷拉宗遗址等地发现了旧石器、新石器、骨器、陶器、青铜器、铜铁器等丰富的古人遗物[①]。《2005年度康巴地区考古调查简报》也有记载[②]。除此之外，雅江县呷拉乡呷拉遗址、本教遗址等地发掘灰炕、房址、墓葬，以及铜器、陶器等丰富遗物，年代应为汉代；约在甘孜东南部7至8公里处，发现与人骨共存的铜器、陶器和骨器。格勒博士对新龙谷日村7座石棺葬进行了清理与研究。

从古人遗物（包括旧石器、新石器、骨器、陶器、铁器、铜器、青铜等古人遗物）的工艺、品种来看，雅砻江上游和鲜水河流域的古文化都是一脉相承。他们的丧葬仪式、陪葬品等都有相同之处，而且其年代上至10万年（石斧），下至春秋乃至西汉时期。3600年前，当地的土著民族会种地、产粮，以牛羊猪狗为家畜，已无需游牧，过着定居生活。从本教文献角度而言，嘉纳（中原）译师李党忙波在3千多年前从中原来到沃莫隆仁，从事翻译工作，对藏汉文化的交流交融起到极大作用。

那么李党忙波与甘孜康北地区有何关系？从西藏到内地，雅砻江中上游和鲜水河流域是至关重要的区域之一。据《琼布王朝史镜》记载：琼波·雍仲从查瓦绒来到嘉绒时，从甘孜、炉霍、道孚和木雅路过[③]。毗卢遮那来到嘉绒地区亦是从此路过，如今在炉霍、甘孜地区有很多毗卢遮那的修行洞和脚印遗迹。嘉本·李党忙波在象雄沃莫隆仁学习，经木雅赶往峨眉山。这需要从阔邦罗珠陀美的伏藏经说起。阔邦罗珠陀美（ཁོད་སྤུངས་བློ་གྲོས་ཐོགས་མེད།）约在1277年诞生于九寨沟阔

① 四川省文物研究院、高大伦、（日）宫本一夫主编：《西南地区北方谱系青铜器及石棺葬文化研究》，科学出版社，2013年第1版，第11、221、237页。

②故宫博物院、四川文物考古研究院：《2005年度康巴地区考古调查简报》，《四川文物》，2005年第6期。

③ 阿坝藏族自治州藏族历史文化古籍研究协会：《嘉绒地区杰布和文书档案》，成都：四川民族出版社，2017年第1版，第26页。

波地区的阔波（ཁོད་པོ།）家族，即今四川阿坝藏族自治州九寨沟县雍仲达尔林寺境内；24岁（公元1301年）从道孚巴协扎噶山（སྦྲ་ཞབས་ཟུག་དཀར།）掘藏经文；卒于73岁（公元1350年）。据说：阔波家族同源于象雄的阔邦·占巴南喀（ཁོད་སྤུངས་དྲན་པ་ནམ་མཁའ།），是象雄阿里人。公元8世纪时，吐蕃暗杀象雄国王李弥嘉，并讨伐与李弥嘉有关的村落和信徒。阔邦家族在吐蕃的欺压下被迫东迁，定居于九寨阔波（ཨི་ཁོ་པོ་སྡེ་བརྒྱད།）[①]地区，成为阔波村落，雍仲达尔林寺是阔波家族之庙。

阔波罗珠陀美长大后，游历了嘉绒、甘孜、道孚、康定、炉霍、新龙和德格等各地，向各地群众传授本教真言和修法，与各地领主结上善缘，站稳了脚跟，奠定了弘法利生之基础。在那时，康区和嘉绒地带，除了为数不多的宁玛派之外，都是本教信徒[②]。阔邦·罗珠陀美24岁（公元1301年）时，到了道孚巴协扎噶神山（སྦྲ་ཞབས་ཟུག་དཀར）的右肩，形如狮子头的山顶，掘藏出中原译师李党忙波所伏藏的经文《斯巴授记经》《智慧秘密十万颂》《轮回断灭经》《金光珍宝经》《八十大士之号经》《静猛精髓经》《拉果妥巴仪轨》《扎拉杰母修法仪轨》《阿须护法仪轨》等很多文献[③]。著名史籍《斯巴授记经》中也提到，此经文由李党忙波伏藏，罗珠陀美掘藏。

本教大师嘉本·李党忙波不仅在本教的经文中出现，敦煌古藏文文献中也有记载，从中可知，他也许就是敦煌地带的中原人。总之，他是辛饶弥沃之子弥乔丹周的六大弟子之一，从中原来到里象雄沃莫隆仁，学习雍仲本教文化。回去时，从康区返回，经过甘孜藏族

① 据当地人说：九寨沟分外、中、里，外阔波八村，内九寨九区，中严卡三部，阔邦罗珠陀美出生于阔波八村境内。

② 其麦用珠主编：《扎顿巴·噶桑丹巴将参文集》第6卷，北京：民族出版社，2009年，第1版，第48至101页。

③ 琼布·洛追坚赞：《苯教远古历史源流》，拉萨：西藏藏文古籍出版社，2018年，第1版，226页。

自治州炉霍县、甘孜县、道孚县、康定县、丹巴县等，以弘扬高原文化，即象雄文化[①]。总之，他与我国古代西南与西北地区的文化很有关系。

## 四、象蕃四大论师

本教古籍中提到上期六位尊师（སྟོད་ཀྱི་བླ་མ་ཆེ་དྲུག）[②]、中期十三位世系大师（བར་གྱི་གདུང་རྒྱུད་བཅུ་གསུམ།）[③]、下时期四大智者（སྨད་ཀྱི་མཁས་པ་མི་བཞི།）。四大智者分别为象雄智者东迥土钦（སྟོང་རྒྱུང་མཐུ་ཆེན།）、木雅智者杰匝卡邬（ལྡེ་ཙ་མཁར་བུ།）、德邬智者江匝玛琼（ལྡེའུ་གྱིམ་ཙ་རྨ་ཆུང་།）、吐蕃智者夏日邬钦（ཤ་རི་དབུ་ཆེན།）[④]，与吐蕃第八位赞普止贡赞普同代[⑤]。本教在发展过程中遭到过两次毁灭，第一次是止贡赞普时期，第二次是赤松德赞时期。止贡赞普灭本时，本教的大师们聚集在莽卡嘉常（མང་མཁར་ལྒུགས་ཕྱིང་།）[⑥]地区，协商如何应对接下来发生的各种灾难，其中就有象雄四大智者。

众多古籍记载，象雄智者东迥土钦与吐蕃智者夏日邬钦在谢玛雍仲天国（ཁྱི་མ་གཡུང་དྲུང་ལྷའི་ཡུལ།）领地，翻译了数万卷本教经书；有的古籍记载是在穹窿银城附近所翻译[⑦]。我们从本教大圆满经典中可以得知，白本妥栽大师（སྤྲི་བོན་ཐོག་རྩེ།）把大圆满心识九部（སེམས་སྨད་སྡེ་དགུ།）传授于象雄四大智者。在那个时代，上自穹窿银城，下至象雄卡右、喜来嘉噶（ཤར་ལི་རྒྱ་སྐར།）之间，建立了三十七座密宗道

---

① 象雄属于吐蕃以西，里象雄是本教密宗和大圆满的起源神族领地，密宗和大圆满从神族传播到里象雄沃莫隆仁，再传播到中象雄阿里地带。

② 六位尊师：虎衣明王、雍斯达巴、弥鲁桑勒、益西宁波、玛罗祖普、南喀囊瓦多金。

③十三位世系上师：穆赤赞普、哈热吉巴尔、达维李伟、阿尼查达、塞尼噶邬、谢邬然库、桑巴土钦、白本妥在、白本妥楚、四位护法神母。

④ 伟色金巴主编：《库门经典汇编》第26卷《塞米经》第674页，2015年9月甘肃民族出版社第1版。

⑤ 玛敦索增伏藏：《库释》མཛོད་སྤྲ་འགྲེལ།第14页，资料来自绰仓格西祖普慈诚，电子版。

⑥ 莽卡嘉常位于今西藏日喀则拉孜县莽卡乡。

⑦ 赤索旦主编：《本教历史文献汇编》第6卷《本教起源史》[琼波罗珠坚参著于16世纪]，兰州：甘肃民族出版社，2018年7月第1版，第139页。

场，弘扬密宗和大圆满心法[①]。据说：喜来嘉噶是昌都丁青县的孜珠山。有的古籍记载，里象雄（ཞང་ཞུང་ཕྱུག་པ།）的翻译师称阿尼查达，中象雄的翻译师称塞尼噶邬（སད་ནེ་གའུ།），外象雄翻译师为东迥土钦大师（སྟོང་རྒྱུང་མཐུ་ཆེན།）。《母续根本经及其注释》中记载：以沃莫隆仁（འོལ་མོ་ལུང་རིང་།）为里象雄，嘉卡巴确（རྒྱལ་མཁར་བ་ཆོད།）为中象雄，穹窿银城（ཁྱུང་ལུང་དངུལ་མཁར།）为外象雄，由此可见，东迥土钦诞生于今阿里的中心穹窿银城境内[②]。

据《扎巴林扎》记载：在止贡赞普灭本时，本教大师们观点不一，占巴南喀献策道："如今诸辛饶观点不一，要不我们从南措湖迎请我师东迥土钦？"大家表示同意。占巴南喀快速前往南措湖，诚恳邀请恩师东迥土钦。东迥土钦说："根据各种迹象表明，本教可能会遭到一次毁灭性打击，所以我们要把这些经文伏藏。"热桑赤乃阔大师问："若要埋藏经文，那应埋藏于何处？会有复兴的时刻？"东迥土钦答："应藏在良好的修行处，托付于各个护法神，这样比较妥当。当时机成熟后，肯定会被有缘伏藏师发掘并发扬光大。"热桑赤乃阔问："是否需要做目录和分类？"东迥土钦答："如今本教弘扬遇到各种障碍，我们要列目录，通过本尊和护法神清除所有障碍，维护弃恶扬善的精神，保护正知正见。"[③]由此说明，东迥土钦是占巴南喀大师的师父，止贡赞普灭本时在他南措湖闭关修行。

藏族古籍中的木雅氏族源于党氏（སྟོང་།）之族，是藏族六大氏族之一。汉语中称"党项羌"，是羌族人的一支，据说我国南北朝时，分布在今青海省东南部河曲与四川松潘以西山谷地带。唐朝前期，吐蕃征服青藏高原，大部分党项羌人迁到今甘肃、宁夏、陕北

①云丹彭措主编：《藏族典籍精选》第46卷《大圆满精要》[幸庆鲁噶伏藏]，成都：四川民族出版社，2014年12月第1版，第82页。

②雍忠丛书：《本教母续根本经及其注释》，北京：民族出版社，2009年12月，第141页。

③赤索旦主编：《本教历史文献汇编》第3卷《扎巴林扎》，兰州：甘肃民族出版社，2018年7月第1版，第29页。

一带[①]。《旧唐书·吐蕃传》记载：党项羌是西羌之别，汉朝时西羌盛旺。魏、晋朝之后，西羌微弱，自周氏灭宕昌、邓至之后，党项开始强大。其界东至松洲，西接叶护，南达春桑、迷桑等地，北连土右浑，处山谷间[②]。《两唐书吐蕃传译注》记载：党项国的国度为松洲，即现在的松潘地区。很多学者认为，其实党项就是古代高原地区的党氏家族（ཞོང་རྒྱལ་ཁབ།）所建之国，国号党项国，后来壮大成大夏国（西夏）。《智者喜宴》《多美政教史》等记载：木雅王朝非常勇猛，其势力分布在以噶塔（མགར་ཐར།）为主（今四川康定、塔公、道孚一带）。自公元1038年党项人建立大夏国起，木雅人征服了各大部落。据说，7世纪以前，木雅国南达南诏（འཇང་།）即白蛮和乌蛮（ལྷོ་དཀར་ནག），东连中原宋朝，西达吐蕃，北至蒙古[③]。本教文献记载：木雅分西木雅、东木雅、宗喀木雅[④]。党项六兄弟，上部有瓦草（བ་ཚག།）和智雅（འབྲི་གཡག），中部有白日杰波，下部有木雅[⑤]。《琼布王室世系水晶镜》是关于琼波雍仲的历史，书中提到，琼波雍仲父子为了征服四大绒庆之人，经过炉霍的朱倭与霍尔前往噶塔尔（འགའ་དག་གམ་སྔ་ཐར།）地区，为当地传授本教密宗和大圆满。这里提到的噶塔尔今以甘孜藏族自治州的道孚、八美、塔公、康定为主的地区，称作木雅峡谷[⑥]。木雅杰匝卡邬乃木雅即党项国的国师。

汉文里称藏族为“吐蕃”，蒙古人称“特白”（སྟོད་བོད།），据说此名称兴起于卡拉奇即克什米尔、勃律地区。他们认为以拉达（ལ་དྭགས།）为主的藏族上部地区称“多蕃”（སྟོད་བོད།），后来蒙古人读音

① 罗广武译注：《唐书吐蕃传译注》，北京：中国藏学出版社，2014年5月出版，第8页。

② 刘昫：《二十四史》第32部，《旧唐书吐蕃传》第3600页，中华书局。

③ 周华：《藏族简史》，北京：民族出版社，1996年第1版，第180页。祖拉陈瓦：《智者喜宴》，北京：民族出版社，2005年12月出版，第721页。

④ 夏咱·扎西坚赞：《西藏本教源流》，北京：民族出版社，1985年9月第1版，第138页。

⑤ 赤索旦主编：《本教历史文献汇编》第4卷《人类氏族起源》，兰州：甘肃民族出版社，2018年7月第1版，第227页。

⑥ 阿坝藏族自治州藏族历史文化古迹研究协会编：《嘉绒地区杰布和文书档案》第10卷《琼布王室世系水晶镜》，成都：四川民族出版社，2017年1月第1版，第26页。

不正确，变成“特白”，到了汉语里就把它读成“吐蕃”。本教经典中认为，起初时称“本”（བོན།），后来演变为“蕃”（བོད།）。其实这个两个字的读音相近，就差一个后加字。比如拉萨语把本（བོན།）读成Ben,蕃（བོད།）读成Bod①。聂赤赞普于公元前1136年在拉萨雅砻地区登上赞普之位，称前吐蕃。据说在那时此处有六个部族，称蕃卡亚周（བོད་ཁ་གཡའ་དྲུག），公元7世纪时，吐蕃征服了整个青藏高原。吐蕃智者夏日邬钦就是雅砻地区的本教大师，也是四大智者之一。他的别名有塞本夏日邬钦，“塞”（སེ།）是很古老的氏族，比如塞依（སེ་ཞིག）和塞敦（སེ་སྟོན།）。

藏文的德邬（དེའུ།）意为小石子，古代藏族先民用它来算命、计数、传达重要信息。藏族地区有德邬的氏族、区域，比如四川阿坝县有座寺院叫德邬寺（དེའུ་དགོན་པ།），藏族地区曾有一位著名的学者，叫凯巴德邬（མཁས་པ་དེའུ།），他写了一本非常著名的藏族宗教史叫《第吴宗教源流》。由此可见，德邬或第吴是有来头的，毫无疑问，本教四大智者中的德邬江匝玛琼也是属于德邬家族②。

根据《堪钦尼玛自传》记载：象雄东迥土钦诞生于公元前976年，其他三位与他同处一个时代③。本教其他文献记载，东迥土钦、杰匝卡邬与止贡赞普同代。本教《教历宝蔓》中记载，止贡赞普诞生于公元前200年左右。

**五、古代高原八大译师**

《库释》（མཛོད་སྒྲ་འགྲེལ།）又称《扎摘经》，即占巴南喀对辛饶弥沃的《世间根本藏》（སྲིད་པའི་མཛོད་ཕུག）所作的注解，共有三十五章。其第三章第十四页中记载，前吐蕃时期，本教密宗传承中出现了比较厉害的八位大师，称八大译师（ལོ་པཎ་གཉེན་བརྒྱད།），分

① 根敦群培：《白史》，北京：民族出版社，2005年第1版，第7页。

② 才让太：《象雄文化》，收录于《藏族研究论文选》（一），1990年3月，第284页。

③ 尼玛旦增：《尼玛丹增传》，北京：民族出版社，2012年9月第1版，第60页。《大乘觉悟道雍仲本教常识》，北京：民族出版社，2009年版，第126页。

别为象雄译师东迥土钦（ཞང་ཞུང་སྟོང་རྒྱུང་མཐུ་ཆེན།）、木雅译师杰匝卡邬（མི་ཉག་ལྡེ་ཙ་མཁར་བུ།）、格萨尔译师昂巴杰让（གེ་སར་ཇམ་པ་ལྡེ་རིང་།）、吐蕃译师夏日邬钦（བོད་ཤ་རུ་དབུ་ཆེན།）、德邬译师江匝玛琼（ལྡེའུ་ཁྱིམ་ཙ་ཟ་ཆུང་།）、波斯译师萨让美巴（སྟག་གཟིག་ཟ་རིང་མེ་འབར།）、印度译师拉达昂卓（རྒྱ་གར་ལྷ་བདག་སྔགས་གྲོལ།）、松巴译师穆邦萨当（སུམ་པ་མུ་སྤུངས་གསལ་བཏང་།）。

据本教文献记载，冈底斯山之北有格萨尔（གེ་སར།）和霍尔族（ཧོར།），格萨尔边上有昌域（ཕྲོམ）和理域（ལི་ཡུལ།），即格萨尔、昌域、理域是冈底斯山以北的三个古老部落①。文献中这三个部落的名称常常混淆，比如昌格萨尔、里昌即三个部落的名字混合，说明三个部落之间距离很近，而且中间也有过政治、军事、文化的来往。很多学者认为，以上三个部落是今新疆的和田、且末、若羌、民丰等地。格萨尔昂巴杰让是格萨尔地区本教译师，杰让是译师之意。

据藏文文献记载，冈底斯山之西有达代（སྟག་ཟི།）、苏盘（གཟིག་འཕེན།）两大部落，才让太认为，那是伊朗和阿拉伯，南开诺布认为那是古波斯国②。波斯国是伊朗人所建古国，唐宋时期，称他为大食国。也有的学者认为达斯在塔吉克斯坦，本教某些文献中称吐蕃西部的所有地区为达斯③。总之，萨让美巴来自达斯地区。

印度智者拉达昂卓应该也来自今土库曼斯坦、塔吉克斯坦，即冈底斯山以西。

本教文献记载，象雄分里中外三位，里象雄为嘉卡巴确，中象雄为穹窿银城，外象雄为松巴邻各姜雪（སུམ་པ་གླིང་གི་ཁྱིམ་ཡོད།）④。吐蕃

① 赤索旦主编：《本教历史文献汇编》第3卷，《扎巴林扎》，兰州：甘肃民族出版社，2018年7月第1版，第3页。

② 南卡洛布：《藏族远古史》，成都：四川民族出版社，1990年第1版，第50页。

③ 邓真尼玛主编：《象雄与吐蕃的历史文献》下册，成都：四川民族出版社，2016年11月第1版，第255页。

④ 尼玛旦增：《尼玛丹增传》，北京：民族出版社，2012年9月第1版，第27页。

东部即下部有松巴[①]，有的学者认为，唐书吐蕃传所说的苏毗国就是藏文中的松巴，译成汉文为东女国，即东方的女国。昌都以下，松潘以上的广阔疆域都属于松巴[②]。《白史》中记载：松巴是吐蕃周边的诸侯，与安多部族混合。耳传大圆满历代上师当中有一位松巴人，名松巴本波阿瓦东（སུམ་པའི་བོན་པོ་ཨ་བ་སྟོང་།）。松巴译师穆邦萨当（སུམ་པ་མུ་སྤྱངས་གསལ་བཏང་།）中的“穆”（མུ།）是天的意思，古藏文的“邦”（སྤྱངས།）是导师、指点者、引导者之意，萨是明朗的意思。松巴地区本波即苏毗的大师[③]。萨迦派的著名大学者绒敦巴大师的礼赞文记载：精通双语的世间之眼，妙言善语的布施者，礼敬著名八大译师[④]。

**六、赞普时期的九位密宗武士**

九位密宗武士是九个大力士、咒语法师、巫师或九大成就者，他们对本教的密宗和大圆满文化发展，以及吐蕃的政治、军事、经济和文化发展方面做出极大贡献。九位咒语大师分别为里本弥乔（ལི་བོན་མུ་ཚོ།）、嘉本弥乔（རྒྱ་བོན་མུ་ཚོ།）、佐江邬兰擦（གཙོ་ཁྱིམ་བུ་ལན་ཚོ།）、松巴穆夏（སུམ་པ་མུ་ཤྲ།）、克本同扎（ཁྱུ་བོན་མཐིང་གྲགས།）、象雄穆夏（ཞང་ཞུང་མུ་ཤྲ།）、多带嘉瓦（དོད་དེ་རྒྱལ་བ།）、降本盆囊（འཇང་བོན་འཕེན་སྣང་།）、玛本图嘎（རྨ་བོན་ཐུགས་དཀར།）。

里本弥乔中的“里”是指藏语中的理域（ལི་ཡུལ།），即今新疆的和田、且末、若羌一带。“里本”是理域的本波或大师，弥乔是他的真名；嘉本弥乔中“嘉”是指中原，“本”是那里的本波即大师，“弥乔”是真名；佐江邬兰擦是吐蕃第八代赞普止贡赞普的贴身法师。止贡赞普灭本时，止贡赞普下令：拉本四门（ལྷ་བོན་སྒོ་བཞི།）和佐

① 赤索旦主编：《本教历史文献汇编》第3卷《扎巴林扎》，兰州：甘肃民族出版社，2018年7月第1版，第5页。

② 周华：《藏族简史》，北京：民族出版社，1995年第1版，第70页。

③ 详见玛敦索增掘藏：《库释》（སྒྲ་འགྲེལ།），电子版，第14页，资料来源于绰仓格西祖普慈诚。

④ 详见《礼赞莲花鬘》（སྟོད་ཚིག་མེ་ཏོག་ཕྲེང་བ།），绒敦巴大师所著，第1页，现存于易日寺课诵文集。

江邬兰擦（གཙོ་གྱིམ་བུ་ལན་ཚེ།）留着，主持吐蕃的宗教，其余的本教法师们皆赶出卫藏境内。当时吐蕃的宗教有三个传承体系，分别为拉本四门、超度法（གྲོང་གི་འདུར་བོན།）、清静心法（ཡང་དག་པའི་སེམས་བོན།）。拉本四门包括占卜术、历算术、禳解术、医术。超度包括三百六十法。清静心法是指巨邦三法（སྤྱི་སྤུངས་སྐོར་གསུམ།）、母续（མ་རྒྱུད།）、大圆满心识九部（སེམས་སྨད་སྡེ་དགུ།）。止贡赞普把清静心法、超度都灭了，拉本四门没被灭。克本同扎中的“克”是卫藏地区的一支氏族之名，比如公元11世纪出生的克敦巴大师等即出自克氏家族，“本”是诞生于克氏家族的本波即大师，“同扎”是其真名；象雄穆夏应该是阿里穹窿银城地区的人；降本盆囊中的“降”是指唐书中的南诏①，敦煌古藏文文献中称为白蛮乌蛮（སྨྲ་དཀར་སྨྲ་ནག），“本”是降地区的本波即法师，“盆囊”是其本名；玛本图嘎中的“玛”是区域，即今黄河上游流域，“本”是那里的本波即法师，“图嘎”是其本名②。九位密宗武士与吐蕃第八代赞普止贡赞普生活于同一时代。

## 七、占巴南喀与本教文化

本教文献中与占巴南喀相关的资料虽多，但几乎都是公元十世纪以后形成或删改的史料。众多文献记载：占巴南喀生于象雄穹隆银城，是穆氏族之后。他在公元八世纪时，创立新本教，把本教文化推向更高舞台，引起后期本教信徒的重视及国内外学者的关注和兴趣。本文分七章对占巴南喀及本教文化进行介绍，供大家参考。

### （一）占巴南喀传及其相关文本简介

对占巴南喀进行专门研究的学术成果不多，较为突出的是斯央女士的《占巴南喀探究》、才让太的《公元八世纪的苯佛关系及苯教新派的形成》。本教藏文文献中关于占巴南喀相关的文本非常多，其中历史比较久远和较为著名的文本包括《斯巴根本经注释》

① 刘昫：《旧唐书》第3592页，现存《中华二十四书》第32卷，中华书局。

② 玛敦索增掘藏：《库释》（སྒྲ་འགྲེལ།），电子版，第14页，资料来源于绰仓格西祖普慈诚。

《扎巴林札》《三尊上师传》《阔邦占巴传》《不了义明灯经》《斯巴授记经》《本教伏藏目录》和《本教源流弘扬明灯》等。

1.《斯巴根本经注释》（མཛོད་སྤྲ་འགྲེལ།）由阔邦·占巴南喀所著，玛敦索增伏藏师掘藏于公元1108年，是一部《世间根本经》（སྲིད་པའི་མཛོད་ཕུགས།）的注解。本书共有38章，144页，其中第一章就有占巴南喀相关的资料。

2.《扎巴林札》，其全名为《扎巴仁钦林札》，据说由是占巴南喀写成，但有很多不同版本。《扎向一本教史书》，据《西藏本教源流》记载，该书由塔意益西洛珠掘藏于公元10世纪中叶；《雍仲本教续书》，由占巴南喀写成，掘藏者不明；《扎巴林札》，由占巴南喀写成，玛西饶生根掘藏于12世纪中叶。《上中下三部史书》，即上部戒律书，中部密宗史书，下部佛教史书，由占巴南喀写成。

3.《三尊上师传》，本教大圆满分印度部传承和象雄部传承，《耶赤大圆满》属于印度部传承，占巴南喀写成。该传记后面有《三尊上师传》，三尊上师分别为《占巴南喀传》《泽旺仁增传》《龙本拉年传》，共18页，由龙本拉年的弟子龙贡阔罗著于12世纪中叶，现收录于本教《甘珠尔》第138卷。

4.《阔邦占巴南喀传》别名为《江雅尔阔邦历史》，摘自《密宗续部史书》，作者不明，写作风格类似自传，共有24页，现存《古象雄历史文化典籍丛书》第1卷之《高僧列传》。其中有占巴南喀的氏族起源、占巴三父子相关内容、占巴南喀的生平事迹。 该传记与《世间根本经注释》的占巴南喀内容一致，分别为两个版本。

5.《不了义明灯经》是由占巴南喀大师写成，毗卢遮那、泽旺日绰巴和龙本拉年先后传承。公元1088年，由龙本拉年汇编成集并得到广泛流传。该经文分《传记部》《修行部》和《故事部》。“传记部”阐释幸饶弥沃相关生平事迹故事，“修行部”讲述菩提道次第修法的全部内容，“故事部”讲述了占巴南喀大师游记的相关故事集。现存《刚底斯雍仲本教文献丛书》第7卷。

6.《斯巴授记经》为比较著名的本教史书，是由阔邦·洛珠妥麦大师于公元1301年，掘藏于今四川甘孜州道孚县扎噶岩山，现存《本教历史文献汇编》中。本书共有12章，157页，其第六章、七章、八章、九章、十章中有提到本教经文伏藏等与占巴南喀相关的故事。

7.《本教伏藏目录》。本教在公元8世纪时，被吐蕃所灭，很多文献在那时在各地伏藏。自公元913年三位尼泊尔游方僧从桑耶寺盗经流传西藏各地起，本教陆续出现很多伏藏师，都集中在公元10世纪、11世纪、12世纪，但没有目录。噶敦慈诚坚参根据各种伏藏目录，汇编了“本教伏藏目录集”，其中有公元1108年玛敦索增之前的掘藏经文目录。这应该是最早的伏藏目录，亦是最权威的伏藏目录。其中详细记载了如何伏藏，何处伏藏，伏藏了什么经，后来由谁掘藏，何处掘藏等。

8.《占巴南喀大传》，书成于十九世纪中叶，作者不明，共四卷，一千多页，木刻板，刻板现存于四川甘孜州新龙县色威乡贡嘉寺。

（二）占巴南喀简介

本教文本中占巴南喀有达波占巴南喀、象雄占巴南喀、花生占巴南喀等很多同名的不同人物。以目前掌握的资料来看，至少有与止贡赞普同代的占巴南喀和赤松德赞时期的占巴南喀。这两位都处在灭本时期，而且在灭本过程中对维护本教和创新本教起到非常重要的作用，但其维护的方式不同。

知·嘉瓦雍仲认为达波占巴南喀和象雄占巴南喀都是为了度人，诞生的时间与地点不同，但其本质不二。可见13世纪，就有学者认为达波占巴南喀与象雄占巴南喀是两个同名的人。白崔等20世纪的学者们也认同此观点。著名藏学家南喀诺布以《岗底色神山目录》为依据认为：有的史学家认为占巴南喀生于公元八世纪，其容易把象雄占巴南喀与吐蕃的切乌占巴混为一谈。

据本教资料记载，止贡赞普时期，吐蕃本教有两个传承，一是来自吐蕃本土的原始本教，二是来自象雄的密宗与大圆满传承。象雄本教传承势力日益增长，威胁到止贡赞普的政治地位。国王召集诸本教法师，当众宣布道："雅砻境内容不下本教的教政和吐蕃的国政，江吴兰擦与本教四门留下，其余本教大士请远离吐蕃境内。"此时诸法师纷纷请求国王不灭本，而占巴南喀果断提出："国王指令只下一次，凡人说话才反复无常，大士们求情无用，江吴兰擦也随我们远离此处。"当时国王下令消灭来自象雄的本教，把来自象雄的本教大师赶出吐蕃，唯独江吴兰擦留下任国师。此时只有占巴南喀敢说："江吴兰擦与众法师同行，远离吐蕃"。

据《胜掘根本略文根本注释》记载：赞普赤松德赞时期，雍仲本教遭到灭顶之灾，大师们为了保护本教，对本教文献做了汇编和分类，埋藏在高原各地。此时占巴南喀四十七岁，对本教经文做了汇编和分类并藏在各地。《不了义经除暗明灯》中记载：占巴南喀四十七岁时，在桑耶青普修持辟谷即绝食法，带十二两金粉，来到德瓦雍仲岭布擦尔拜上师东炯图钦。对上师做了供奉后，返回吐蕃。此时正处吐蕃兴佛灭本之际，本教大师忙于埋藏或迁徙经文，毗卢遮那大译师也在做佛本混译工作，之后其上师东炯图钦才圆寂。

据《斯巴授记经》记载：赤松德赞对诸本教法师道：吐蕃领土上容不下本教的教政和吐蕃的国政，诸位大师要么改为佛教，要么远离此地，必须二选一。占巴南喀道："我可以宏扬佛教，出家为僧，但祖先的雍仲本教，自聂赤赞普流传至今，推翻本教一事还望慎重思量。"国王答："兴佛灭本势在必得，占巴南喀出家为僧是明智之举，但本教经文可以写在黄纸上，埋在地下，以保护传承。"据此可知，止贡赞普时期的占巴南喀虽在保护本教，但他很自信，不但答应离开吐蕃领地，还要带走国王命名的国师江吴兰擦。而赤松德赞时期的占巴南喀为了保护本教，被迫改教为佛教，出家为僧，名真卡巴云。两者名字虽相同，也都在维护本教，但保护的方法不同。

《宁玛宗教源流》云："占巴南喀原先是本教上师，后来改为佛教，学习藏传佛教文化，懂藏梵互译，法力无边。他把诸多本教经典供奉给莲花生大师，莲花生大师又把这些经文藏在地下，成为本教伏藏经。占巴南喀在莲花生大师处出家为僧，头戴红帽，法名为彭瓦尔过玛尔（即红帽大师）。"他认为本教经文是由莲花生大师与占巴南喀共同埋藏，他出家师父亦是莲花生大师。本教与佛教文献都记载：公元八世纪时，不但有位叫占巴南喀的本教历史名人，他还被迫改为佛教，出家为僧，把本教文献埋藏在高原各地。《东噶藏学大辞典》中把占巴南喀列为宁玛派君臣二十五位之中。有的文献记述载，占巴南喀出家后，法名为占巴益西。

（三）占巴南喀之父母

据《阔邦·占巴南喀传》记载：很久以前，在雍仲君比擦尔花苑，更嘎沃初之城，名为赞谢杰尔钦（བཙན་བཞེར་གྱེར་ཆེན།）和鲁莫根门即龙女（ཀླུ་མོ་སྨན་བཙུན།）的一对夫妇，他们膝下无子。同时，在雍仲沃玛林地区，雍仲宫殿中有一位法师，名本赛·穹郭巴上师。二位夫妇向穹郭巴法师供奉金银财宝，请求传授求子之法。大师在妃子龙女舌头上涂了甘露液，并预言到明年会生子。当天晚上丈夫梦到一道白光从天而降融入到自己头上，夫人梦到藏文"哈"（ཧ།）字融入到自己的头顶。数月之后，二位夫妇果真得一子，取名为"赤杰东南"（ཁྲི་གྱེར་སྟོང་ནམ།）。他从小就聪慧过人，精通修行秘诀，回忆前世，预知来世，被认定为大圆满祖师才美俄丹即无量光的化身，名占巴南喀；十三岁时，向父母行礼，道："现如今我能回忆前世，预知来生，与密宗传承有缘，故应去拜四大智者为师求学。"王子得到父母的准许后，前去四大智者处，学习密法，取得非凡成就。四大智者即象雄智者东炯图钦、吐蕃智者夏日乌勤、木雅智者杰匝喀乌、弟吴智者江擦玛邛。

该文本中占巴南喀的别名炯雅尔阔邦（ཁྱུང་ཡར་ཁོད་སྤུངས།），父亲名炯雅尔弥阔（ཁྱུང་ཡར་མུ་ཁོད།），母名为鲁莫门尊（ཀླུ་མོ་སྨན་བཙུན།），出生地点为象雄穹窿银城（即今西藏阿里噶尔县境内），是穆氏族与龙族的混血，也是本教祖师幸饶弥沃之后。

《三尊上师传》记载：大师全名为穆幸喇本·占巴南喀（དམུ་གཤེན་བླ་བོན་དྲན་པ་ནམ་མཁའ།），父亲名穆杰赞巴（དམུ་གཤེན་བཙན་པ་ངར་ཀྱི་རྗེ།），别名穆幸达巴；母名为达萨卡尔江（བདེ་ཟ་མཁར་ལྕམ།），别名嘉萨沃玛噶（རྒྱ་ཟ་འོད་མ་སྐར།）。其属穆氏族即幸氏之系，出生于象雄，长大后游于印度、卡奇、勃律、吐火罗、吐蕃等地，弘法利生。《不了义经》记载：占巴南喀名为穆幸占巴南喀，父亲名穆幸达巴（དམུ་གཤེན་དག་པ།），母亲名为达萨卡尔江（སྟག་ཟ་མཁར་ལྕམ།）。《世间根本经注释》记载：父亲名炯雅尔弥阔，母名恰尊贡玛，儿子名阔邦占巴南喀，别名为切乌占巴南喀。三部传记中的占巴南喀之名、父母名及其氏族名和故事内容大致相同。

《雍仲本教十万颂续》中止贡赞普时期的占巴南喀为炯雅尔·喇钦阔邦，而与赤松德赞同代的占巴南喀名为占巴南喀，父名雍仲杰波，母名鲁莫弥句。其中的“炯雅尔”是氏族名，“喇钦”意大上师，“阔邦”为度化众生之士之意。该书中止贡赞普时期的占巴南喀底气十足，带着众法师离开吐蕃；赤松德赞时期的占巴南喀，被迫改宗为佛教，出家为僧，以保本教经文。

有的文本中只记载占巴南喀来到吐蕃，拜访赤松德赞，预言授记，伏藏经文之事，其父母、氏族名和诞生地没有记载。所有文本的共识是其氏族属穆氏之系，是幸饶弥沃之后，才美俄丹之化身，生于象雄穹窿银城，属阔邦之系，占巴三父子之首。他还曾游历过印度、卡拉奇（ཁ་ཆེ།）、勃律（བྲུ་ཞ）、吐火罗（ཐོད་ཀར།）、吐蕃、尼泊尔弘法利生。

《阔邦·洛珠妥麦传》记载：公元八世纪时，象雄的阔邦村落的上千户村民，被迫迁至今阿坝九寨沟，成为今九寨沟的阔博八大村寨。从中表明占巴南喀生于象雄穹窿银城，父母名炯雅尔弥阔之王古格沃吉恰日坚，是幸饶弥沃之后裔。还说：幸饶弥沃之子贡擦旺丹生四子，占巴南喀就是属于第二子一系。以此可以断定，公元七至八世纪，象雄地区有个叫“阔邦”的部落，他们到底是以姓氏为名还是地名，目前无法判断。但至少在八世纪时，其势力非凡，被迫迁至九寨沟。阔邦·占巴南喀就是他们的领主。

《三尊上师传》记载：“占巴南喀诞生时，受夜叉王等众多部落的尊敬，九岁时拜仲松噶瓦吉为师，受菩萨戒，能阅读各种文字，笔下生花；十七岁时，前往印度，拜印度的幸·德瓦宁波为师，学习藏文和梵文的互译，将大圆满译成藏语；拜幸·玛达布夏为师，学习显宗性相法；拜象雄东炯图钦为师，学习密宗降魔之术；在沃初生根林（འོད་འཕྲོ་སེ་རྡེ་གླིང་།）闭关三年，以吸取精华；在桑耶羌普（བསམ་ཡས་མཆིམས་ཕུག）修持辟谷，吐蕃住八年；在赤松德赞灭本时，占巴南喀协助毗卢遮那翻译本教与藏传佛教混合内容；上师东炯图钦圆寂时，回一趟象雄；印度婆罗门与本教发生冲突，占巴南喀以龙族法门击败对方，人们称其为门巴的吐蕃大师。”占巴南喀协助毗卢遮那，改革吐蕃文化。后来赤松德赞灭本，占巴南喀和毗卢遮那对本教经文做了汇编、删减和分类并做了伏藏（埋藏）工作。

本教文献中不仅有两个占巴南喀，其上师东炯图钦也有两位，即与止贡赞普同代的东炯图钦和赤松德赞时期的东炯图钦。比如《扎巴仁钦林札》记载：“止贡赞普起了灭本之心，本教大师协商对策时，意见不同，占巴南喀道：大家很难共识，我的上师东炯图钦在南措湖闭关，不妨请他来主持大局。占巴南喀前往上师处，说明情况后，东炯图钦道：此劫难免，尽快把经文藏起来，以保护传承。”还说：部分经文要由本教四大智者带到南方伏藏。其中的象雄东炯图钦就是四大智者之首。

《本教未灭之因》的后跋中提到，该文在吐蕃赞普赤松德赞和象雄国王李弥嘉时期，由象雄耳传大圆满上师囊谢勒波所汇编，传授于象雄大师东炯图钦，即汇编于公元八世纪初。可见，赤松德赞时期也有个叫东炯图钦的象雄大师。敦煌古藏文文献P.T.1038中提到：吐蕃王朝是由聂赤赞普初建于雅砻地区，即聂赤赞普是十二部落的统领者；PT1287中有止贡赞普至朗达玛之间的吐蕃赞普历史简介。《国王从天而降的故事》中有吐蕃七赤天王简介。无论是敦煌文献还是藏文佛本文献都有个共识，那就是吐蕃四十二位赞普，其中以聂赤赞普、穆赤赞普、丁赤赞普、索赤赞普、美赤赞普、达赤赞普、思赤赞普为吐蕃最初的七位赞普，名七赤天王。止贡赞普乃思赤赞普之子，是吐蕃第八代赞普，生于公元前500至400年左右。而赤松德赞为第三十八代赞普，生于公元八世纪。所有本教历史文献均记载，本教在前吐蕃的止贡赞普时期被灭过一次，在后吐蕃的赤松德赞时期被灭过一次。两次都有占巴南喀、象雄东炯图钦参与，而且故事写的各有特色。

（四）占巴南喀与莲花生大师

莲花生大师在公元八世纪时，经菩提萨埵的推荐来到吐蕃，但在吐蕃停留的时间众说纷纭。与莲花生大师相关的较为早期的资料是《巴协》，其版本较多，每个版本的内容都有差异。其中学术界比较认同的是《巴协》（དབའ་བཞེད།），其虽为吐蕃时期的文献，但十一世纪起，添加了后人的意图，成为掺杂文本。比如跋文中提到阿底峡、拉喇嘛等十一世纪之人，文本中有一名叫白玛桑巴的人从尼泊尔来到吐蕃，经停三个多月，遭到追杀，逃到芒域，之后就没有下文。其他版本的《巴协》中认为：白玛桑巴瓦就是莲花生，但他是否是占巴南喀之子尚未查明。有的巴协版本中出现了萨迦班智达的名字，明显其内容在十三世纪时被篡改过。

本教早期文献《扎巴林札》（12世纪初掘藏）记载：占巴南喀为象雄人，其妃子俄丹巴玛为婆罗门之女，占巴南喀300（30岁）岁时，与俄丹巴玛结为夫妻，生两子，长子为泽旺敦萨或雍仲敦萨（གཡུང་དྲུང་དོན་གསལ།），次子被取名为白玛同卓（པདྨ་དོན་གསལ།）。有一天，妃子听说罗刹境地有个第七世婆罗门法会，要求占巴南喀用禅定压服诸空行母，以便得到第七世婆罗的舍利子。但占巴南喀因受到空母的诱惑，忘记压服之事，导致妃子空手而归。妃子俄丹巴玛一气之下，带着小儿子白玛同卓离开象雄，前往乌丈纳地区。到了乌丈纳时，俄丹巴玛得知空母法会的消息，把自己打扮得漂漂亮亮，前去参加空母法会，回来时儿子不见踪影，四处寻找丢失之子。俄丹巴玛白天时离开，她就把儿子放在一朵花中，晚上回来时花已经合拢，第二天国王见到花时，刚好花就开了，乌丈纳国王夫妇膝下无子，刚好从莲花中得了一子，喜悦至极，命名为白玛炯乃，译成汉文是莲花生。

慈诚丹比坚参在二十世纪初所著的《问答录》中说：白玛敦萨、白玛同卓和白玛炯乃即莲花生是同一个人。穆幸·尼玛坚参的《母续仪轨》中记载：乌丈纳的莲花中，占巴南喀次子莲花生，降伏罗刹，弘法利生。由此可见，莲花生与占巴南喀为父子之说，记录时间约始于公元11世纪末。除此之外，公元12世纪初的文本《三尊上师传》中也有占巴南喀、泽旺仁增与白玛同卓为父子的记录，但没有三父子之称。

很多新本文献中普遍认为，占巴南喀、泽旺仁增、白玛炯乃（莲花生大师）为占巴三父子。据相关资料记载，莲花生大师有花生传和胎生传。胎生传里以占巴南喀为父，俄丹巴玛为母，泽旺仁增为长子，白玛炯乃为次子，占巴南喀、泽旺仁增与莲花生大师为占巴三父子。现在不但流传有占巴三父子的修持仪轨，还有很多本教寺庙在每年正月初十时，唱诵占巴三父子仪轨，以纪念占巴三父子。莲花生与占巴南喀父子之说不仅在本教文献中有记载，萨迦派的蒋杨钦哲旺波、觉囊派的达拉那他莲师传中也有记载。

关于占巴三父子的名称最早出现于何时，学术界没有确切答案，但至少在11世纪末12世纪初就已广泛流传。掘藏于公元1108年的《阔邦占巴南喀传》记载：占巴南喀娶印度婆罗门之女俄丹巴玛（འོད་ལྡན་འབར་མ།）为妻，生二子，长子名白玛东萨（པདྨ་དོན་གསལ།），即泽旺仁增；次子名白玛同卓（པདྨ་མཐོང་གྲོལ།），即莲花生大师。

《三尊上师传》还记载：“占巴南喀二百五十岁时，娶妻生二子，长子名泽旺卓萨（ཚེ་དབང་སྒྲོན་གསལ།），次子名雍仲同卓（གཡུང་དྲུང་མཐོང་གྲོལ།），即莲花生。长子游历各地，弘法利生；次子被派到罗刹地，降伏罗刹。”其中还说：占巴南喀修习麦日本尊和象雄耳传大圆满。据说：长子泽旺仁增来吐蕃时，因母亲不高兴，他为遵从母亲之意愿，以八岁身份来到吐蕃。可见，当时印度教与本教的关系比较恶劣。而俄丹巴玛是印度婆罗门之女，她不喜欢吐蕃，引起家族分裂。

据《扎巴林札》记载：占巴南喀三百岁时，娶印度婆罗门之女俄丹巴玛为妻，生二子，长子名雍仲东萨，次子名白玛同卓。长子修习巨邦三法即象雄部传承，得长寿成就，名泽旺仁增（即长寿持明）；为次子传授密宗诛法，降伏罗刹的灌顶。他后来与乌丈纳国王结缘，成了王子，不小心杀死大臣之子等，其中记载的故事很多。至于占巴南喀与俄丹巴玛分离的原因与故事，与《三尊上师传》大致相同。早期三部传记中就有占巴南喀及其两位儿子的故事，但没有三父子省称的记载。

占巴三父子名称最早出现在奔塞·琼果匝（1175年）伏藏的经文中，其次在著名伏藏师多吉林巴即雍仲林巴掘藏的《占巴三父子修持仪轨》中。多吉林巴生于1250年，卒年不详。慈诚丹比坚参的《问答真理之言》里　“以穆幸·尼玛坚参之论为据，认为雍仲同卓、白玛同卓、白玛东萨与白玛炯乃即莲花生大师为同一个人。”堪青·尼玛丹增的《教历宝蔓》记载：白玛同卓与莲花生大师为同一个人。

到了公元十四世纪占巴南喀、穆幸尼玛坚参时代，占巴三父子不但是新本的主流文化，还认罗丹宁波为莲花生大师之化身。公元十七世纪初，由琼布丁青县的弥修多吉、康区炉霍的格西雍仲丹增等本教大师先后辈出，产生《莲师忿怒仪轨文》；公元十八世纪初，本教伏藏师桑吉林巴在共布本日神山掘藏《莲师传记普明灯》，共1090页，现存炉霍易日寺泽旺成列手里。公元19世纪中叶，桑阿林巴大师著作《三身胜掘本尊修法》，即占巴三父子修持仪轨。

（五）占巴南喀与赤松德赞

才让太《公元八世纪的佛苯关系及苯教新派形成》一文中记载："在苯教历史上，公元八世纪的穆苯·詹巴南喀是一位无法回避的重要历史人物，他不仅在当时的一些宗教活动和历史事件中举足轻重，而且对后世的苯教产生了深远的影响，他撰写的著述和法本至今在苯教寺院和民间修行中成为重要的文献依据。除了他以外，在晚期的苯教历史文献中还出现过其他几位同名的詹巴南喀，即出生在大食的詹巴南喀、出生在象雄的杰尔邦·詹巴南喀，还有一种说法，认为止贡赞普时期也出现过一位詹巴南喀。在传统的苯教文献中，不同时期的詹巴南喀的历史功绩及其影响又交相辉映，历史的真实、宗教的神秘和后世的神话使他们之间的关系呈现出一种剪不断、理还乱的错位的人文景象。"詹巴南喀与占巴南喀为汉译过程中产生的不同名，藏文中写法一致。

《雍仲本教十万颂续》记载：松赞干布以前，印度有印度宗教，中原有历算法，昌域地区医学发达，吐蕃与象雄只有本教文化，全民信本教。公元八世纪，中原禅宗流传在吐蕃并受欢迎，但后来受印度佛教的阻碍，禅宗信徒被流放到甘肃敦煌地带。赤松德赞年幼时，本教大师、大臣和明妃们不让他接触佛教徒，不允许支持印度佛教，甚至还制定了禁传佛教的规定。赤松德赞因年幼无实权，身边有人挑拨离间，甚至偷偷与尼泊尔的菩提萨埵以书信来往。赤松德赞长大后，邀请菩提萨埵到吐蕃传法，但不幸的是当时吐蕃发生瘟疫、地震、火山喷发等多种灾难，吐蕃人把所有灾难之因扣在菩提萨埵头上，把他赶出了吐蕃。

这让赤松德赞更加坚定灭本兴佛的意愿，为此把白玛桑巴瓦（即莲花生）迎请到吐蕃，奠定了传佛法之基础。于是，再次迎请菩提萨埵，与本教进行辩论，把本教大师放到别处，随意篡改经文。菩提萨埵遵照赤松德赞指令，建立桑耶寺，弘扬佛教文化。需要说明的是，本教所有历史资料中记载，在佛本辩论中占巴南喀是本教的代表人物，菩提萨埵为佛教的代表人。但佛教文献的佛本辩论中没有提到占巴南喀，只提到他改宗为佛教门下。

本教很多文献记载，占巴南喀入定多年，赤松德赞灭本时，从禅定中醒来，来到吐蕃，与赤松德赞会面。起初辅助毗卢遮那弘扬印度部传承的本教文化，即本教与佛教混合的藏族文化。其中就有本教九乘次第、大圆满、塞米经等很多新本传承体系，成为八世纪新生的本教文化。后来毗卢遮那被流放到嘉绒，弥斯萨桑前往多麦地区，占巴南喀被迫改宗为佛教徒，法名占巴益西。占巴南喀改教兴佛时，对国王提出以下要求：改教可以，但前提是把本教经文进行埋藏，以保护传承。赤松德赞不仅答应要求，还参与其中。

但《本教教历宝蔓》记载，占巴南喀生于公元前914年。《扎巴林札》记载：占巴南喀、琼波达扎敦祖任吐蕃第九代赞普布底贡杰之国师。布底贡杰乃止贡赞普之子，是公元前四至五百年之人，而赤松德赞生于公元八世纪，他们不是同代人。而且与止贡赞普同代的占巴南喀叫炯雅尔喇钦阔邦，八世纪的占巴南喀就叫占巴南喀。八世纪时不仅有占巴南喀，还有琼波达扎敦祖。佛教早期文献《巴协》（དབའ་བཞེད།）记载：八世纪时，本教与藏传佛教进行辩论，其中琼波·达扎敦祖是本教的代表人物。

如今在阿里噶尔县门士乡古入江寺有一尊占巴南喀大师的石刻

雕像。这尊雕刻像曾在斯里兰卡世界佛教造像与石窟大会上登台展览，被著名学者温玉成等断定为我国最早期的石刻雕像，距今有2000至1800年的历史。由此可见，穹窿银城历史悠久、底蕴深厚。这里有几点值得参考：一、本教文本中以穹窿银城为占巴南喀大师的王宫和修行处；二、占巴南喀大师是象雄十八国王之古格沃吉恰日坚之子，三、占巴南喀为幸饶弥沃之后；四、本教文本中所提到占巴南喀，即公元8世纪来到吐蕃的占巴南喀。以上说明占巴南喀生于阿里，约为公元2世纪之人，他与8世纪的占巴南喀是否为同一个人还得调查。

（六）占巴南喀与毗卢遮那

《巴协》有很多不同版本，所有版本中均提到毗卢遮那（བཻ་རོ་ཙ་ན།），他是吐蕃最初七位出家人之一。唯独《巴协》（《དབའ་བཞེད།》）里没有七位出家人之说，其中记载："赤松德赞逝世后，本教与佛教对国王丧葬起了争议，毗卢遮那到吐蕃时，本教法师坐在国王右排座位，大臣坐在左排，王子坐在上面，佛教徒没有座位，毗卢遮那依照本教排位安座，协商丧葬仪式。王子对众臣道：自聂赤赞普起，吐蕃起初只有王族丧葬，后来才有民间丧葬法。如今佛本教都在吐蕃兴盛，佛教弘法利生，维护寺庙，本教主持丧葬。此时毗卢遮那提出意见，并且做出选择，要做佛教徒。"据说：毗卢遮那对本教丧葬做了改革，形成新本的丧葬仪式。可见，毗卢遮那起初是本教信徒，后来改为佛教徒。

十二世纪初所写的《本教伏藏目录》中记载："毗卢遮那按照赞普指令，前往印度、卡拉奇、勃律、吐火罗和象雄，翻译很多佛本混合经文，其中有幸饶弥沃自传《塞米经》。该传记是毗卢遮那由象雄文译成藏语，献给吐蕃赞普赤松德赞。"其中中还说道：毗卢遮那把本教经文《九乘次第经》《乘时镜》《现证明智顶经》《法性要义广论经》等共四十多卷藏在西藏扎耶巴山中，公元十世纪末由三位僧人掘藏，流传至各地。还说这些经文由象雄东炯图土钦、占巴南喀、毗卢遮那三人译成藏文，现收录于本教大藏经甘珠尔般若部里。

毗卢遮那不但在本教文献中有记载，藏传佛教经文中也有记载。其《传记》中记载：毗卢遮那翻译显宗时名益西德，翻译大圆满时，名为毗卢遮那，翻译本教时称根嘉同达。本教与佛教经典皆记载："毗卢遮那翻译佛本混杂内容。"如今本教经文有三个传承体系，即印度部传承、象雄部传承、斯巴本教传承。印度部传承就是佛教与本教混杂内容。譬如：《乘释镜》（ཐེག་འགྲེལ་མེ་ལོང་།）中有声闻乘、独觉乘、唯识宗、中观宗等印度佛教之内容，密宗四部等印度教与本教混杂内容，大圆满等本教独到内容。该书跋文中还提到，本文是由幸饶弥沃在拉日将托山顶所著，毗卢遮那由勃律语译成藏语。

占巴南喀翻译的《了义经》《不了义经》《耶赤经》与毗卢遮那翻译的内容和写作风格极为相同。但后来毗卢遮被那流放到嘉绒，占巴南喀被迫改宗为佛教徒。此时，占巴南喀对毗卢遮那预言授记道："你去康巴地区，嘉绒有墨尔多神山、夏扎拉栽，北方有玛雅嘎巴等很多神山，你可以去那里修持大圆满，必有大成就。"本教认为毗卢遮那是占巴南喀的弟子，前去嘉绒亦是占巴南喀的授记。

### （七）占巴南喀与本教伏藏历史

据《巴协》记载：公元8世纪时，本教很多文献被扔到河里，有的被埋在黑塔中。《西藏王统记》记载：很多本教文献埋藏在扎玛山等高原各地，有的扔到河里，除了世间本教，都被灭。关于如何伏藏，藏在何处，由谁主持埋藏，为何要埋藏等问题，由噶敦·慈诚坚参在公元11世纪末至12世纪初，以本教各大伏藏目录为根据，汇编了一本伏藏史书，书名《本教伏藏目录》。书中记载："噶瓦巴匝、阿杂热鲁耶坚参等佛教徒们，对赞普说：如今国政与教政实力相当，将来可能由本教替代赞普。赞普问如何解决该问题？佛教徒答：要么把本教大师们流放到别处，要么让他们入狱。"

该书中还记载：赞普对本教大师们说，此处容不下国政与教政两股势力，遂下达了本教改教为佛教的指令。占巴南喀道："本教是吐蕃历代流传的国粹，灭了它对赞普不利。"赞普对占巴南喀道："孤心意已决，你也改教拜佛教门下，出家为僧。"占巴南喀答："我改教可以，但本教作为吐蕃先祖流传之宝，应把它埋藏，以保传承。"赞普说："本教是先祖遗留的灵魂，保护本教亦是保护本土文化。"于是两人一起把本教的很多文献埋藏在高原各地。

那么究竟埋藏在何处呢？世间根本藏为主的大量经文驮在犏牛背上，运到北方岗底色山、达果山埋藏，大力发愿，祈愿有缘人再次弘法利生；一部分经文埋葬在桑耶寺屋顶；一部分埋藏于扎雅巴山等。关于本教文献伏藏问题不仅在伏藏目录一书中有记载，在《扎巴林扎》《斯巴祭祀预言授记经》《本教源流弘扬明灯》等很多史料中也有记载。

（八）占巴南喀与身语意教法

《日光根本续》是由东炯图钦所著，约出于13世纪左右，由扎沃贡雅掘藏于今青海宗喀一带，其中就有身语意三教之说。其中说幸饶弥沃圆寂后，象雄沃摩四门穹窿银城，有穆氏之系的占巴南喀诞生，把幸饶弥沃所讲的经文第二次汇编记录成经文，译成象雄、吐蕃、桑巴、勃律、卡奇、印度、达斯等各国语言，本教文化得以弘扬。其中还说：以幸饶弥沃为身教之主，弥乔丹周为语教之主，占巴南喀为意教之主。

据《扎巴林札》记载：以身度化众生时，由幸饶弥沃化身六能仁佛、千万化身、三百六十位翻译大师，以弘扬显密大圆满传承。以语度化大众时，化为弥乔丹周、释迦牟尼，度化众生。弥乔丹周弟子有印度译者拉达阿卓、中原译者李丁芒波、象雄译者弥邦萨党、昌域译者塞妥杰江、格萨尔译者昂巴杰让、达斯译者穆嚓扎海，把本教文化传播各地。以意度化众生时，由占巴南喀传授息增怀伏妙法。

幸饶弥沃自传《塞米经》中记载：幸饶弥沃教法分三个阶段，三十年为身教期，三十年为语教期，三十年为意教期。　对于传记中提到的“三十年”，学者们各抒己见，众说纷纭，有的说一百年为一个幸年，三十幸年有九千年；也有人说二百年为一寿年，三十寿年为六千年。总之，该传记中提到身语意三教。

本教信徒认为本教弘扬期分三个阶段，初期是幸饶弥沃时代，幸饶弥沃亲自降生，娶妃、生子、弘法、降伏恶魔、度化恶者等，弘法利生，培养数不尽弟子。幸饶弥沃一生传授三转法轮，一转中传授九乘次第，二转中传授四门一库，三转中传授内外密三部。第二期是弥乔丹周时期。即幸饶弥沃之子弥乔丹周从天而降，来到沃摩隆仁，担任幸饶弥沃弘法继承者，对幸饶弥沃所述经文做了汇编、分类、培养弟子，撰写论著。对幸饶弥沃所讲的九乘次第、四门一库做了注解，留下很多论典。第三期是占巴南喀时期，占巴三父子诞生，对幸饶弥沃经文做了汇编、分类、注释、分析，从而有了第二次汇编。

（九）结语

通过上述分析可以发现，藏族历史上至少出现过两名占巴南喀，即与止贡赞普同代的阔邦·占巴和赤松德赞时期的喇钦·占巴南喀。他们二人都赶上灭本时期，都自称是穆氏族之后，生于象雄。学者们对本教发展史的划分各执己见，主要以前吐蕃、后吐蕃、后弘期等三个阶段为主。根据本教文献所载内容可以推断，本教于止贡赞普时期被灭，其子布底贡杰时本教得以复兴，赤松德赞时期再次被灭，后弘期时复兴。占巴南喀不但赶上两次灭本时期，还对新派本教的诞生、发展、系统化起到至关重要的作用。占巴南喀的论文著述、仪轨法本对后期本教发展影响深远。公元八世纪时，占巴南喀与毗卢遮那共同创建新派本教即印度部本教传承，对之后的本教发展有了很深的影响。自公元10世纪至20世纪初之间，占巴南喀传记及相关文献资料至少有几十部，相关著作则不计其数。

## 八、吐蕃大译师毗卢遮那

无论是本教文献还是藏传佛教文献，都有毗卢遮那即白若杂纳（བཻ་རོ་ཙ་ན།）东游故事的记载。如今在四川甘孜州的新龙、炉霍、道孚、丹巴、甘孜，以及阿坝嘉绒的金川、小金、玛尔康等川西北地区，有很多当地百姓公认的毗卢遮那住所和修行处，以及与毗卢遮那相关的故事。藏语“康”（ཁམས།）是指古代吐蕃边上的所有辖区；“康巴”（ཁམས་པ།）指四川甘孜州、青海的玉树、昌都的江达、凉山的部分地区，以及阿坝嘉绒的部分地区。“康北”（ཁམས་བྱང་།）指康巴北部的八个县，包括甘孜州新龙、雅江、白玉、德格、色达、炉霍、道孚、甘孜八个县。白若杂纳大译师的东游，与康北及嘉绒的历史文化关系密切。

### （一）毗卢遮那相关资料

藏文文献中毗卢遮那传记等资料甚多，其中包括本教和藏传佛教的文献。藏传佛教的毗卢遮那传记大多数产生于13世纪中叶，本教的毗卢遮那相关文献出现在10至12世纪之间。为了更好地了解毗卢遮那与甘孜康北文化的关系，在此简要介绍一下部分文献资料。

1.《巴协》所叙内容为公元八世纪佛教传入吐蕃的故事。它有几个版本，有的版本成文于12世纪，有的在11世纪末形成文字并传承下来。所有《巴协》史籍中都以毗卢遮那为六位出家师或七位出家师之一。除此之外，尚未提到流放到嘉绒的内容。其中《དབའ་བཞེད།》有赤松德赞离世后，本教再次掌权，主持国王丧葬仪式的记载。那时，毗卢遮那来到雅砻地区，与本教法师一起举行国王丧事后，说道：“从今天起，我要做个佛教徒。”由此说明，之前他是个本教信徒。

2.《白若杂纳传——面具经》（བཻ་རོ་རྣམ་ཐར་འདྲ་འབག་ཆེན་པོ།）

据该传记记载，此传记为向乃萨比（ཞང་གནས་གསང་པ།）伏藏，由觉母门莫（ཇོ་སྨན།）所掘藏，传授于卓文·扎西坚赞（འབྲོམ་བན་བཀྲ་ཤིས་རྒྱལ་མཚན།），根据白若杂纳的三部传记汇编而成，汇编地在赛陈寺（གསེར་

བྱིང་དགོན།），但未提及伏藏和掘藏的时间。据《东噶藏学大辞典》记载，觉母门莫是古如曲翁（ཀུ་རུ་ཆོས་དབང་།）之徒，生于1248年。由此可见，这部传记成书于13世纪中叶。据说《白若杂纳传》有三个不同版本，实则一本书分三章，而不是三本书合成一本。本书汇编者达玛生根（ཉམ་སེ་ཉི།）在传记探究篇中说道，这部传记汇集了白若杂纳游历天竺、中原和藏族地区的故事，并非三部传记的合集，而且其中很多内容是根据莲花生大师传记篡改的。祖拉陈瓦的《智者喜宴》中也提到白若杂纳传记有很多版本，合理的只占极少数，不仅添加和删除非本书内容很多，篡改记录也不少。

3.《白若杂那传莲欢经》（བཻ་རོ་རྣམ་ཐར་པདྨའི་དགའ་ཚལ།）

该传记结尾处写道：这部传记是由著名伏藏师多吉林巴（རྡོ་རྗེ་གླིང་པ།）即雍仲林巴大师掘藏，传记名为“བཻ་རོའི་རྣམ་ཐར་པདྨའི་དགའ་ཚལ།”。根据曼日寺第23代堪布尼玛丹增的《本教教历宝蔓》记载：“公元1242年，知・嘉瓦雍仲诞生；公元1250年，伏藏师多吉林巴在巴卓达仓（སྤ་གྲོ་སྟག་ཚང་།）地区掘藏经文；1253年，藏传佛教萨迦派借助元朝势力，统领西藏。”从中可知，多吉林巴掘藏传记的年代应在13世纪50年代。这两部传记中有白若杂纳（毗卢遮那）诞生、赤松德赞认义子，以及白若杂纳前往印度学习、回西藏后被流放到嘉绒等故事。

4.《噶敦伏藏目录》（又名《本教伏藏目录》）

噶敦为作者之名，全称噶敦・慈诚坚赞或噶敦慈嘉，“伏魔目录”是其书名，其中详列了10至12世纪初的所有本教伏藏经典。根据《乘释镜》（ཐེག་འགྲེལ་མེ་ལོང་།）记载，噶敦・慈诚坚赞的上师名为象敦慈诚（ཞང་སྟོན་ཚུལ་རྒྱལ།），约在11世纪70年代出生。其弟子为噶敦・慈诚坚赞（སྨ་སྟོན་ཚུལ་རྒྱལ།），噶敦・慈诚坚赞的弟子为卓衮满贡瓦（འགྲོ་མགོན་སྨན་གོང་བ།）大师（1123年诞生）。噶敦・慈诚坚赞诞生年代虽不详，结合上述内容可以推断，约在11世纪80至90年代。总之，《本教伏藏目录》中有从桑耶寺盗取的伏藏品至扎叶巴本教伏藏品（ཡེར་བའི་བོན་སྐོར།）之间的诸伏藏精品简介，共有12处。其中《章阿玛伏藏文品》中有毗卢遮那（白若杂纳）前往克什米尔、勃律和象雄等地，翻译《塞米经》《乘释镜注释》等很多文献的故事。

5.《乘释镜》（ཐེག་འགྲེལ་མེ་ལུང་དགུ་སྐོར།）

该经典由白若杂纳在8世纪时从勃律语（བྲུ་ཤ）译成藏语。10世纪初，由藏传佛教的三位僧人从西藏拉萨达孜县扎耶巴（བྲག་གཡེར་པ།）地区先后传承给隆敦沃巴、杰尔敦、象敦慈诚、噶敦慈诚坚赞、卓衮门贡瓦等历代上师。其内容主要为本教中伏藏九乘次第的见地、修法、行为、成果等，共有81页。噶敦·慈诚坚赞、卓衮·罗朱坚赞、绒敦巴大师、良美大师等先后对此经作了注解，在本教寺院中广泛流传。

6.《扎巴林札》（བསྒྲགས་པ་གླིང་གྲགས།）

据史料记载，《扎巴林札》是占巴南喀所撰，为10世纪中叶的塔系·益西罗朱和12世纪中叶的玛·西饶生根等掘藏。其中虽无白若杂纳的生平传记，但有个与白若杂纳相关的重要信息，即白若杂纳从象雄或印度返乡后，做了很多翻译工作，但本教与藏传佛教大师并不认可他的工作成果，所以要求赞普流放白若杂纳。此时，白若杂纳拜占巴南喀为师，请求指点迷津。占巴南喀对他说：“你去康区嘉绒、康巴地区，那里有拉姆则山、谢夏扎山、扎噶山、墨尔多山等很神山。在那儿闭关修持大圆满，会获得大彻大悟的成就。”白若杂纳根据占巴南喀的指点到康区修持大圆满，成为本教与藏传佛教公认的大圆满上师。除此之外，《本教源流宏扬明灯》《宗教源流如意宝》《西藏本教源流》等很多史籍中都有毗卢遮那到康区和嘉绒的故事。

（二）毗卢遮那生平简介

据藏文古籍记载，“白若杂纳”为梵文，译成藏文叫“南巴囊栽”（རྣམ་པ་སྣང་མཛད།），汉文意为“大日如来”。音译过程中产生“毗卢遮那”或“白若杂纳”或“白若杂那”等不同汉文音变，但其意均为大日如来。汉传佛教唐密经典中称大日如来为法身佛，庐舍佛为报身佛，释迦牟尼为化身佛。白若杂纳之所以用毗卢遮那即大日如来作为别名，应该是表示对梵文和大日如来的崇高敬仰。11世纪的俄大译师（རྔོག་ལོ་ཙ་བ།）称白若杂纳为如太阳的翻译师，因他的翻译作品独特，他通晓藏文语法，翻译流畅，这是他的独到之处。白若杂纳大小传记中记载，白若杂纳把本教与藏传佛教经文混译，写成文书。在翻译本波教经文时，拥有“更加唐达”（ཀུན་ཅག་ཐང་ད།）之名称；翻译大圆满时，称“白若杂那”；翻译佛教经文时，称“益西代”（ཡེ་ཤེས་སྡེ།）。

白若杂纳约在8世纪时生于今西藏日喀则尼木县松日区瓦郭村。父亲名为巴果尔海多（བ་གོར་ཧེ་འདོད།），或称巴果尔更加（བ་གོར་ཀུན་ཅག）、巴果尔多带嘉瓦（བ་གོར་དོད་དའི་རྒྱལ་བ།）等。巴果尔为家族名，位于今尼木县桑日镇境内；海多为父亲之名，多底嘉瓦是化名或真名；母亲名为占塞嘎吉（བྲམ་ཟེ་དགའ་སྐྱིད།）或噶萨·赛珍（དཀར་ཟ་གསལ་སྒྲོན།）。

据相关资料记载，白若杂纳年幼时，拥有巴果尔更加唐达和雍仲洛萨等别名。《白若杂纳传》（འདྲ་འབག）记载，他8岁时随吐蕃赞普赤松德赞前往王宫，在桑耶翻译学校学习梵文和象雄语，别名为“白若杂纳”（བཻ་རོ་ཙ་ན།），成为赤松德赞之义子。15岁时，根据王室的安排，他前往印度、克什米尔、勃律和象雄等地学习，翻译很多经书，获得吐蕃大翻译师之称号。白若杂纳47岁时返乡，把所翻译的经书献给赞普赤松德赞。白若杂纳48岁左右，遭到印度或尼泊尔游方僧的攻击，说他所翻译的经全都是外道经，导致其被流放到查瓦绒、嘉绒或康巴等地。白若杂纳（毗卢遮那）在修行上最大的成就，都在康区和嘉绒地区所获，因为他毕竟48岁才到康巴和嘉绒地区。

宁玛派很多经典中白若杂纳的大圆满上师叫“西日松哈”（ཤྲཱི་སིང་ཧ།）。有的宁玛派文献中说西日松哈是印度人，也有的说他是内地人，后来前往印度弘法利生，刚好白若杂纳去印度时与他相遇，便拜师求学大圆满。当然还有学者说白若杂纳在嘉绒学习大圆满，因为有记录说他在竹林中求学大圆满，如今小金县以东卧龙一带就有竹林。而且白若杂纳在嘉绒、查瓦绒、康区修行是所有白若杂纳相关文献的共同点。

不过白若杂纳前往印度的故事在时间上有几个疑点，比如毗卢遮那（白若杂纳）8岁时遇见吐蕃赞普赤松德赞并被认为义子；15岁时去勃律和象雄学习，47岁返乡时赤松德赞仍在世。白若杂那到了西藏后，被流放到康巴和嘉绒地区，赞普赤松德赞圆寂后才返回雅砻。据藏文资料记载，赤松德赞去世时间一说为56岁，一说为59岁。以此推断，即便赤松德赞59岁时去世，与白若杂那相遇时，也不到10岁，不可能认其为义子。

《本教伏藏目录》中虽没有白若杂那的生平简介，但他前往勃律（བྲུ་ཤ）、卡拉奇（ཁ་ཆེ།）、象雄等地学习，翻译了《塞米经》《乘释镜》《因类滴经》等很多经典，并将其呈给赞普等相关记录。如今国内外的藏学家们对这些经典都很受重视。《白若杂纳传》和《莲师传》等很多藏传佛教史料中记载了白若杂纳把本波与藏传佛教混杂翻译一说。那么混译了那些经文？就是如今本教大藏经中存有的《法性要义广论经》（10卷）、《现证明智顶经》（10卷）、《塞米经》、《乘释镜》等。其中吸收了很多中观、唯识宗等印度佛教的内容，也保留了密宗、大圆满和斯巴本教等内容。

《斯巴授记经》记载，白若杂纳自称是达瓦坚赞的化身。《象雄耳传本教未灭之因》记载，达瓦坚赞是象雄耳传二十六位虹化大师之一，也是杰尔邦·囊谢勒波之上师。而囊谢勒波是象雄国王李弥嘉的国师，约在7世纪末8世纪初诞生。有的本教文献中认为，白若杂纳与中原译师李丁芒波是同一个人，也有文献指出，白若杂纳是李丁芒波的转世。

（三）毗卢遮那与康北文化的渊源

甘孜康北地区流传着很多与白若杂那相关的故事，包括其修行处、住所、神奇的足迹和手印等。无论是本波教还是藏传佛教，很多高僧大德的生平传记中多次出现白若杂那的名称和相关故事。还有几处白若杂那伏藏经文的宝地，包括甘孜帕翁本莫山、炉霍易日沟的绰曲扎神山、道孚县的巴协扎噶神山、嘉绒的墨尔多神山、谢夏扎和拉姆则神山等。炉霍灵龙寺、易日寺、章达乃罗日绰的简介中都有毗卢遮那的记载。

1.甘孜帕翁本莫神山与白若杂纳

帕翁本莫（པ་སྔོང་བོན་མོ།）神山是阿须护法神之山，即本教岩石女神，位于甘孜县与新龙县交界处、新龙县银多乡境内。据《斯巴授记经》记载记述，此处有白若杂那、李丁芒波埋藏的很多本教经文，公元1301年时由阔邦·洛珠妥麦所掘藏，包括《赞魔护法经》《斯巴授记经广论》《阿须护法经》等。如今在康巴地区有很多白若杂纳的修行处，藏文史料中也有白若杂纳东游的故事，这些可以互为佐证。

2.炉霍易日沟的绰曲扎与白若杂纳

绰曲扎雪山位于炉霍县以南，新龙县以东，道孚县以西，在三个县的交界处。18世纪时，易日沟称雅绒峡谷或新龙峡谷（ཉག་ཨ་འཛིང་ལུང་།），位于今四川甘孜州炉霍县仁达乡易日村境内。仁达乡政府所在地往南4公里处的岩石上有白若杂纳留下的背印；再前行3公里，就是萨玛村，萨玛村往北山沟里就是绰曲扎神山。神山里有白若杂纳的修行处和脚印遗迹。这些传说诞生于17世纪或更早。总之，易日沟的灵龙寺、绰曲扎神山、易日寺都有关于白若杂纳的记载，这些都可作为间接证据。

3.灵龙寺位于炉霍南部，与道孚的交界处，今炉霍县仁达乡易日沟境内，系藏传佛教宁玛派。其口述资料中提到：“毗卢遮那的妃子化为一头黄牛即如意牛，从仁达到灵龙神山，融入到灵龙山的如意树上，因此得到巴乃的名称。”虽然藏文史料中未曾提到毗卢遮那有妃子之说，但民间确实有此等故事。

4.道孚巴协扎噶山与白若杂纳

白若杂纳东游故事中提到巴协扎噶神山。其位于道孚县以西，新龙县以东，炉霍仁达乡的东南角，四川甘孜州道孚县木茹乡和仲尼乡西北部。据说14世纪初，阔邦·洛珠妥麦在此掘藏很多古藏文献，正是8世纪时白若杂纳所伏藏的精品。四川甘孜、炉霍、道孚、新龙等地都有白若杂纳的修行处、住所及手印足迹。这些也许可以印证白若杂纳东游的事实。

5.墨尔多神山与白若杂纳

墨尔多神山位于丹巴县的东北部，小金县以西，金川县西南角，是一座琼氏家族修行、加持之神山，亦是嘉绒女王的守护神。当然，这亦是革什杂土司、金川土司、绰斯甲土司、赞拉土司的起源地。18世纪，本教著名伏藏师桑吉林巴受革什杂土司的邀请，来到甘孜、炉霍、道孚、丹巴、金川等地开创很多神山，墨尔多神山就是其中之一，当然墨尔多也是斯巴杰姆、大慈母之神山。当时人们认定桑吉林巴是白若杂纳的转世活佛。这也许就是为了与藏传佛教格鲁派争地盘、争信徒。本教史料《扎巴林札》记载，白若杂纳因翻译内容和教派问题，在吐蕃地区无立足之地，占巴南喀对他说：“你去康区嘉绒、康巴地区，那里有拉姆则、谢夏扎、扎噶、墨尔多等很神山。在那儿闭关修持大圆满，会获得大彻大悟的成就。”琼氏家族东迁故事中也提到了墨尔多神山，即琼布·雍仲经甘孜、炉霍、道孚、丹巴，最后到了金川独角沟——墨尔多神山山脚，因供奉神山而得子的故事记载。当地也流传着白若杂纳在墨尔多神山修行的故事。

6.谢夏扎神山、拉姆则神山与白若杂纳

藏文古籍《扎巴林札》记载，占巴南喀对白若杂纳授记道，墨尔多神山、谢夏扎神山、拉姆则神山都是修行大圆满最殊胜之境。“谢夏扎”（ཤར་བཞག་བྲག）又称“夏扎拉栽”（བཞག་བྲག་ལྷ་རྩེ།），位于道孚县八美镇以东，康定县塔公镇以北，丹巴县以南，是一座著名神山。“拉姆则”（ལྷ་མོ་རྩེ།）就是康定的跑马山。阔邦·洛珠妥麦、良美大师、噶玛巴邓江旺波父子都曾在这里修行。

7.乃罗日绰

乃罗日绰位于炉霍县东北10公里处，今炉霍县虾拉沱镇章达村北部的山沟里。据说：其日绰即修心处起初由毗卢遮那修行，后来章达噶玛等大师前后莅临并修行。也有毗卢遮那返回雅砻时，在这里待过几天的故事，虽然都是民间传说，但均为如实记录。

8.丹巴县与白若杂纳

丹巴革什扎乡至丹东乡之间有白若杂纳降魔、建立108座佛塔的故事。除此之外，还有很多岩石山洞，据说曾是他的修行处、住所。这些故事也许就是在14世纪，阔邦·洛珠妥麦来到康北时才传开的，也许与18世纪桑吉林巴康行的故事有关系。

另外，白湾·华尔登的《嘉绒藏族历史明镜》也记载了白若杂纳在嘉绒地区放羊、修行的故事。据白若杂纳传记记载，白若杂纳与木雅朵谢杰布有关系。而朵谢杰布与盘谢杰布是金川土司南开杰布属下的两位大臣。据说白若杂纳从嘉绒返回西藏时，经过炉霍的宗塔草原，在那里传授大圆满。

综上所述，白若杂纳是出世于吐蕃时期的本教与佛教公认的翻译大师，而且是赞普赤松德赞的义子。他曾到印度、卡拉奇、勃律、象雄等地留学，为不同地域间文化的交流作出了杰出的贡献，后来遭到批判，被流放到边地。大译师即便到了边地，也未曾放弃学习和修行，最后在嘉绒和康北地区得到大圆满精髓，修行获得极高成就，返回吐蕃，弘扬大圆满文化。大师的生平在本教和佛教文献中皆有记载，而且自10世纪开始有相关资料，但其传记在13世纪中叶才形成文字，编纂成册，呈现在广大读者面前。

**九、三位游方僧**

本教的很多文献中记载，来自尼泊尔的三位游方僧是本教最初的伏藏师，还说他们是占巴南喀大师的化身，其实他们是来西藏盗金或求财的。吐蕃在高原地区疆域辽阔，势力强大，但再大的强国也有合久必分之日。公元834年，朗达玛遇刺，吐蕃势力开始减弱，延续一千多年的吐蕃分崩离析。自那时起，王室成员各自为阵，自立为王，历史上称分裂割据时期。当吐蕃土崩瓦解后，属于吐蕃的陵墓、经堂、佛塔就暂时无主人。而尼泊尔、勃律、印度北部的人纷纷来到高原，寻宝求财，人们称他为游方僧。

1.伏藏经的起源

伏藏是藏族文化的特色之一，只有在藏族地区才有伏藏文献。那么为何要伏藏即埋藏经文？曾在世界各地都有过宗教与政治、政治与政治、宗教与宗教之间的斗争。如果一个宗教威胁到了某个王朝、政治家或另一个宗教时，他们就想尽一切办法，把它灭掉。

藏文本教文献在吐蕃第八代赞普止贡赞普时期，遭到了一次毁灭。那时吐蕃本教有三个大传承，分别为拉本四门、丧葬超度、密宗与大圆满传承。其中拉本四门包括占卜、历算、禳灾、治病行医，是吐蕃本土流传的原始宗教；丧葬超度一半是来自象雄，一半是来自吐蕃本地。止贡赞普说道：“这里本教与国教两者难容，除了拉本四门和使用拉本四门的个别大师之外，所有其余本教请离开吐蕃领地。”当时，所灭的本教是来自象雄的神族宗教——密宗和大圆满[①]。

《本教伏藏目录》记载：止贡赞普时期灭本之后，大部分经文伏藏在今西藏日喀则岗巴县知参塔尕地区。公元1017年时，本教著名伏

① 玛敦索增掘藏：《世间根本藏注释》，电子版，第15页，由格西祖普慈诚所提供。

藏师幸钦鲁噶掘藏，把所有经文分为显宗、密宗、大圆满、斯巴本四个体系，传授于知、西、巴、美等四大家族的大师们，以此相继传承，发扬光大①。

第二次伏藏是公元八世纪赤松德赞时期，那时为何灭本，如何灭本，如何伏藏本教经文，有谁伏藏，伏藏在何处，伏藏了哪些经典，何时伏藏等详细记载于本教史籍《扎巴林札》《斯巴授记经》《本教伏藏目录》等书中②。这些经文伏藏之后，某一天被有缘人发现，掘藏之后流传给世人，成为伏藏经。譬如：三位游方僧只是来自尼泊尔的寻金者或盗墓者，并非本教大师；还有本教伏藏经中非常出名的三位猎人，捕猎的时候在一颗大树下过夜，其中一位用手指挖了大树下的泥土，发现被烧掉的东西，继续挖了之后发现很多经文，流传给后人；还有切邬年彤巴大师，实则是一位放羊的老人，在一处山洞里发现很多经文，后人们尊称为伏藏师。但是他们掘藏之后，其弟子或弟子的弟子们，又在文献中添加自己的想法，或为了方便使用，篡改仪轨或文献的可能性还是很大的。

2.三位游方僧简介

游方僧，藏文中称为阿杂热或阿加热（ཨ་ཙར྄།），他们身份特殊，可以说是传教士，也可以是寻金者或盗窃者，大多数阿加热以传教士或游行者的身份走访各地。自7世纪开始，卡拉奇、勃律、尼泊尔、印度的传教士或旅游者来到高原，传播不同文化。

根据12世纪初纂编的《伏藏史》一书记载，三位来自尼泊尔的游方僧，分别为衮确扎巴（དཀོན་མཆོག་གྲགས་པ།）、聂莫公布（ཉ་མོ་མགོན་པོ།）、塞根热纳（སད་ཀུན་རད་ན།），为了寻找金子，从尼泊尔千里迢迢来到西藏的拉堆地区。他们走遍各地，但没能找到金子。三位听当地老百姓说桑耶寺有很多金银珠宝，于是假装成虔诚的朝圣者，来到

① 赤索丹主编：《本教历史文献汇编》第5卷，兰州：甘肃文化出版社，2018年，第299页。

② 赤索丹主编：《本教历史文献汇编》第3卷，兰州：甘肃文化出版社，2018年，第30页。

桑耶寺朝拜、读经、磕头。桑耶寺的管家们觉得三位游方僧很虔诚，就让他们住在寺院的经堂里。

三位游方僧图谋不轨，半夜在经堂里搜金子时，发现很多豹皮、虎皮、熊皮做的皮箱，拿起皮箱感觉很沉。因怕被人发现，没敢在经堂里打开，他们认为里面肯定是金子，所以趁夜里大伙睡觉之际，背着皮箱，偷偷溜走。为了安全起见，他们白天藏在森林中休息，晚上跑路。

走了几天后，三位游方僧打开箱子一看，里面没有金子，全是本教的经文。第二天继续赶路，走了几天后，三位断了食物，没有干粮，实在没办法。有一天，一个人守着皮箱，其余两人去村里找吃的。当他们走到村边时，有人在敲鼓念经。二位游方僧问村民道：“这里念经的师父是谁，做何法事？”村民答：“是塔西赤塞（མཐའ་བཞི་འཁྲུལ་གསས།）在为村民做法事。”两位游方僧说：“我们能拜访他吗？”村民答：“可以，我去叫他。”大师下楼后，与两位游僧见面。游方僧说：“我们有很多经文，你若有食物的话，可以做交换。”塔西赤塞非常高兴，给了他们酥油、牛肉、糌粑，但游方僧只给他一卷经文，而且还不能提前看，就让他很多经文中随便选一卷。赤塞大师说：“豹皮虽漂亮，虎皮大气，但我想要的东西应该在熊皮箱里。”备选的经函中有《黑胜橛三续》《黑胜橛根本经及其注释》《玛莫护法二十尊修法》等，成为中伏藏经文。自那时起，伏藏师、伏藏经文就登上西藏的历史舞台，三位游方僧就成了西藏伏藏师的鼻祖。其实他们是从桑耶寺盗取了经文，流传到民间，被称为桑耶寺伏藏经或三位游方僧伏藏经。这些游方僧并非什么本教传教士或法师、巫师，他们将所盗之物传授于塔西，塔西又把它传授于苏热盘（ཟུག་ར་འཕེན།）、达敦鲁赞（ཏ་སྟོན་ཀླུ་བཙན།）、热敦热盘（ར་སྟོན་ར་འཕེན།）等。

三位游方僧接着向北行进，到了堆龙（སྟོད་ལུང་།）地区时，三位佛教老师，分别为万·释迦牟尼（བན་ཤཱཀྱ་མུ་ནེ།）、千·释迦扎瓦（འཚེམ་ཤཱཀྱ་ཟ་བ།）、沃玛·向秋德（འོ་མ་བྱང་ཆུབ་བདེ།）来到此处，说道："我们去桑耶寺取伏藏经。"三位游方僧说："经文已被我们拿到，你们马背上的东西给我们，我等可用经文交换。"三位用食物和财富交换了经文，高兴地拿回来，晚上夜宿在拉堆多岗（ལ་སྟོད་མདོག་གི་སྨད་སྨང་།）地区的塞本西饶坚参（འདར་བན་ཤེས་རབ་རྒྱལ་མཚན།）家。三位佛教老师用青稞、牛奶做供养，念诵祈请文，打开皮箱后，全是本教经文，倍感遗憾。其中一人说："我们将把它烧掉吧？"另一人说："不行，本教护法厉害，遭到诅咒对我们不好。"另一人就说："要不将把它供奉于西饶坚参之侄，擦沃塞古大师（ཚ་བོ་གཟི་སྒྲ།），因他是本教师父，也许会给我们钱财盘缠。"三人不谋而合，把经文供奉于擦沃塞古。其中有很庞大的本教经文，成为伏藏经文之祖①。

在曼日寺第23代堪布尼玛丹增的《本教历法宝蔓》中记载：三位游方僧掘藏或盗取经文的时间为公元913年②。《本教源流弘扬明灯》中记载：三位游方僧把经文转卖于塔西赤塞，塔西楚塞又把他传授于沃右·嘉敦绰盘，其弟子为雅卓苏热盘，其弟子为向格热敦鲁赞，其弟子为热敦拉杰与热刚二人，其弟子为知夏·南喀雍仲③。自三位游方僧至知夏·南喀雍仲之间相隔六代之遥，而南喀雍仲生于994年④。其历史在《本教伏藏目录》《本教源流弘扬明灯》《西藏本教》《雍仲本教大藏经甘珠尔目录》中皆有记载。

3.三位游僧的伏藏品和传承

塔西赤塞依照游方僧的要求，在很多经文中任意挑选一卷，其中有《胜橛本尊三续》《胜橛根本释》《二十圣母护法神修法》等很多

① 赤索丹主编：《本教历史文献汇编》第5卷，兰州：甘肃文化出版社，2018年，第291页。

② 邓真尼玛主编：《吐蕃与象雄历史文献》上册，成都：四川民族出版社，2016年，第1052页。

③ 芭·丹杰桑布：《本教源流宏扬明灯》，北京：中国藏学出版社，1991年，第199页。

④ 邓真尼玛主编：《吐蕃与象雄历史文献》上册，成都：四川民族出版社，2016年，第1052页。

殊胜法，就连坛城也绘在经函的木板上面。

据《西藏本教源流》记载：赤塞大师得到经文后，自己认真研究并实修，获得非凡成就。于是，把它传授于微右（འོ་ཡུག）地区的嘉敦·绰潘（རྒྱ་སྟོན་ཁྲོ་འཕན།），他又把法传授于雅卓（ཡར་འབྲོག）地区的苏盘大师（གཟིག་འཕན།），其传于向（ཤང་།）地区的热敦·鲁赞大师（ར་སྟོན་ཀླུ་རྒྱལ།），其传于拉杰贡巴大师（ལྷ་རྗེ་སྒོམ་པ།），其弟子是知夏·南喀雍仲（诞生于公元994年），形成中部伏藏的主要传承或下部伏藏的传承。此与《本教源流弘扬明灯》记载的内容相同。

该书中还记载：三位游方僧经堆龙（སྟོད་ལུང་།）地区，前往北部南让（ནམ་ར།）地区时，来自拉堆多塞（ལ་སྟོད་མདོག་སྨས།）地区的达尔万·释迦穆尼（ཤཱཀྱ་མུ་ནེ།）、千·释迦扎瓦（མཆིམས་ཤཱཀྱ་ཟ་བ།）和沃玛向秋生根（འོ་མ་བྱང་ཆུབ་སེངྒེ།），牵着马，马背上还驮着东西到那里。这三位大师叫佛教三僧，也是比较出名的伏藏大师。三位游方僧向佛教三僧问道："三位高僧要去何方？马背上的是什么？"佛教三僧答："要去桑耶寺掘藏，即取佛教经文，马背上的是食物。"三位游方僧道："经书已被我们拿到，可与你们马背上的东西交换。"佛教三僧从皮箱里随意取了一本时，书中冒出火焰，他们觉得这个皮箱价值连城，把马和马背上的东西给予三位尼泊尔游方僧，自己取走了经书皮箱。

他们中途设法打开箱子，但火焰未曾停止燃烧，没能打开。到了拉堆门贡（སྨན་གང་།）地区，在西饶坚参家借宿一夜。当时他们有一名本教师父，名叫擦沃塞谷（ཚ་བོ་གཟི་སྒུར།）大师。佛教三僧与西饶坚参一起，以七粒白色青稞做供养，然后行礼、忏悔，诚心念诵祈请文，并祈祷祈福。皮箱打开后，发现里面全是本教的经书。两位师父说："烧掉经文。"其中一位说："本教护法神厉害，若要烧掉的话，会遭到报应。"三位商量后，说："如果我们把经文给予擦沃塞古的话，本波师父也许送我们金银珠宝和食物。"三位遂把皮箱赠予擦沃塞古，就离开村子。

从中流传的经文如下：虎皮箱里有《戒律六续》《塞卡萨列卓玛》《见地秘诀引导法》《中阴注释》《行礼三十颂》《食礼修法》《本觉自度法等共六续》《五毒自度》《秘密意续宣法》《器情续》《见地九部》；豹皮箱里有《慧度八界》（共八卷）以及《慧度八界注释》《内部四经》《塞部四经》《戒律部上下集》《秘密四部十万颂》《天女空性经》《玛布》《历算部》《大乘金经》《日光四部》《四部龙经》等；熊皮箱里有密宗大圆满部，比如《超度内外经》《婴儿超度经》《女性超度经》《隆基火供》等，大量经文流传于民间。其中包括显宗、密宗、大圆满和斯巴本的内容，据说一共有三百多卷，目录里大部分都有。

桑耶寺在八世纪时，由吐蕃赞普赤松德赞建王族藏金阁，类似于现在的图书馆。吐蕃王朝崩溃后，这些寺院没人管理，大批文献流入民间，形成了现在的大部分藏文文献。三位游方僧所掘藏的只是其中很少的部分，后来陆续出现伏藏师，将这些文献取走后流传到各大寺院和各教派的藏经阁。

三位游方僧将经文传授于佛教三僧，佛教三僧传给擦沃塞谷（ཚ་བོ་གཟི་སྒྲུར།）。擦沃塞谷有四大授教弟子，分别为萨敦珠拉（ས་སྟོན་འབྲུག་ལྷ།）、东江扎拉交（སྟོང་འབྱམས་དགྲ་བླ་སྐྱབས།）、旺（དབང་།）和那若（ན་རོ།）；保密的有一个弟子，叫幸・乃辛格德。乃辛格德（ཉལ་ཞིན་གུ་ཏུ།）给擦沃塞古喝了酒，趁对方喝醉，他对塞古的明妃说："师父把经文给了我，我要带走。"明妃不知实情，就把经文给了乃辛格德。师父擦沃塞谷酒醒后，对乃辛说："你可以手抄，但不能带走原文。"乃辛非常高兴地抄写了大部分文本，之后回家修行。在修行时，他所做的朵玛就变成五条白色的蛇，导致擦沃塞谷得了麻风病而亡。乃辛尚未生病前，把所有经文和传承传给了麦邬家族的麦邬・若巴大师。麦邬・若巴72岁时，其子麦邬・拉日年波诞生。根据堪布尼玛丹增的《教历宝蔓》记载，麦邬·拉日年波诞生于公元1024年，以此推断，三位游方僧的年代可以追根到913年。

## 十、绰仓·珠拉伏藏师

绰仓·珠拉伏藏师（གཏེར་སྟོན་ཁྲོ་ཚང་འབྲུག་ལྷ།）是公元十世纪中叶之人。他既是一名伏藏师，又是一名出色的比丘大师。下文从三个方面介绍绰仓·珠拉，以了解十世纪的本教文化现状。

1.绰仓·珠拉出生地与年代考释

据《西藏本教源流》记载，自公元913年三位来自尼泊尔的游方僧从西藏桑耶寺盗取很多本教经文，流传于民间起，伏藏传承的历史就载于史册，伏藏大师也因此登入了西藏的历史舞台。据说自三位游方僧伏藏至公元1017年著名伏藏师幸庆鲁噶掘藏之间，先后辈出十五位伏藏师，绰仓·珠拉是其中的一位，属于北伏藏传承，也是本教后弘期历史上非常有影响力的著名高僧①。据说目前我们所看到的《绰仓·珠拉传记》为阿赤大圆满的鼻祖贡佐巴大师在十一世纪五十年代左右所写，也有文献记载：本传记以贡佐巴大师所写的传作为根据，经后人编纂而成。再后来绰仓珠拉之后的绰如意幸嘉瓦对此做了注释，形成了现在的传记。由此可见，该传记先后改过几次，也做了注释，所以应该有很多版本，但笔者只看见一种版本，是唯一详细介绍绰仓·珠拉的传记，也是最早的绰仓珠拉传，现存于《象雄文集》丛书第5卷②。

除此之外，还有一部传记称《绰仓珠拉传珍珠宝蔓》，作者不详，现收录于本教丹珠尔。其中介绍道：绰仓珠拉诞生于火龙年正月十五的早晨黎明之刻，当时空中有青龙叫声，雷声遍满，被父母命名为“绰仓珠拉”（ཁྲོ་ཚང་འབྲུག་ལྷ།）。“绰仓”（ཁྲོ་ཚང་།）是家族之名，与绰沃瓦塞本尊也有关系，珠拉是真名。

---

① 夏擦·扎西坚赞：《西藏本教源流》，北京：民族出版社，1985年，第239页。

② 阿旺·泽仁扎西主编：《象雄文集》丛书，第5卷，成都：四川民族出版社，2012年，第15-64页。

据传记记载，绰仓·珠拉大师以比丘师的身份掘藏经文，弘扬密宗与大圆满心法，成为显密双修的比丘大师。由此可见，早期的伏藏师不一定都是瑜伽师，也有出家的比丘师父。

根据曼日寺第23代堪布尼玛丹增的《教历宝蔓》记载，绰仓·珠拉诞生于公元956年，卒于公元1077年（123岁圆寂）[①]，此信息可信度极高。因在《绰仓珠拉传记》中记载：绰仓·珠拉67岁时，来到西藏日喀则尼木县尼木乡，拜见麦邬·拉日年波之父麦邬·若巴（མེའུ་རོག་དཔལ།），第二年其子麦邬拉日年波诞生[②]。据众多文献考证，拉日年波诞生于公元1024年，那年绰仓珠拉刚好68岁[③]。他们的诞生年代可以互为印证。

大师诞生之地有两种说法，一是西藏那曲申扎县（ཤན་ཚ་རྫོང་ངམ་ཤེལ་ཚ་རྫོང་།）雄梅镇境内，帕丹巴和绰仓珠拉的见面地、修行地都在此地，至今仍能得见。二是康巴德格的绰仓寺附近，即今四川甘孜藏族自治州德格县中拉多乡绰仓寺附近。当时此地有四个部落，其中绰仓部落是绰仓·珠拉家族所统领的部落，但这个说法说服力不大。

2.大师的生平事迹

据《绰仓·传记》记载：绰仓·珠拉的爷爷叫做绰仓年拉（ཁྲོ་ཚང་གཉན་ལྷ།）。他有一子出生后，被象雄上师妥塞命名为绰仓·塞卡年（གསས་མཁར་གཉན།），是一名修持瓦塞本尊的瑜伽大师。绰仓是家族之名，珠拉中的“珠”（འབྲུག）是龙的意思，据说大师诞生那天有雷声，“拉”是神的意思，出生于绰仓家族的神龙之意。绰仓·塞卡年是绰仓家族的传宗接代者，他与达萨·珍玛（སྟག་ཟ་སྒྲོན་མ།）结亲，生两子，长子叫绰仓·土巴（ཁྲོ་ཚང་ཐུབ་པ།），次子名绰仓·珠拉（ཁྲོ་ཚང་འབྲུག་ལྷ།）。据说绰仓·珠拉大师是前文所述公仔楚杰（ཀོང་ཙེ་འཕྲུལ་རྒྱལ།）的化身。

① 邓真尼玛主编：《象蕃历史文集》上册，成都：四川民族出版社，2016年，第1052页。

② 阿旺·泽仁扎西主编：《象雄文集》丛书，第5卷，成都：四川民族出版社，2012年，第20页。

③ 根桑罗珠：《象雄与吐蕃历史宝蔓》，第30页，手写本，现存阿坝郎依寺邓真尼玛手里。

绰仓·珠拉自幼拥有异于常人的超级天分，比如能回忆前世，可预知来生，学习不费力气，斯巴本教、显宗五部、密宗六续、象雄耳传等样样精通，但行为怪癖，不与小孩说话，从小成熟稳重，乐于行善积德，天生慈悲。绰仓·珠拉的全名“杰尊绰仓珠拉”。藏文“杰”（རྗེ།）是国王、神王、圣人、贤者等德行兼备者所拥有的名号；“尊”（བཙུན།）是行为美德的持戒者尊号，因绰仓·珠拉是著名的比丘者牛·达栽大师（སྣག་ཅེ།）的得意弟子，成为众人仰望的高僧大德。大师自幼在父亲处学习藏文读写、藏文语法和各种仪轨等基础知识，闻思占卦、天文、历算、藏医药、禳解等斯巴本教的内容，奠定了学习本教文化的基础。

绰仓·珠拉十岁时，其母亲不幸去世，葬礼都由十一岁的小孩儿亲自安排布置，令众人刮目相看。因大师从小智慧出众，父亲的老师象雄妥塞大师对十岁的绰仓·珠拉赞口不绝，传授密宗的灌顶和修法秘诀，取名为“雍仲坚赞”（གཡུང་དྲུང་རྒྱལ་མཚན།）。他从小跟随父亲塞卡年，勤奋学习密法见地与仪轨，接受密宗和大圆满的各种灌顶与传承，对四部密宗、大圆满心法闻思修行，成绩非凡。成年后，拜著名伏藏师热贾（ར་ལྷགས་གཉེར་སྟོན།）尊者为师，对其伏藏品《大圆满菩提藏》（བྱང་སེམས་གབ་པ།）等很多上乘法理做了闻思修行，深入研究，取得良好的成绩。大师20岁时，前往西藏的卫藏地区，拜著名比丘师牛·达栽尊者和慈诚益西（ཚུལ་ཁྲིམས་ཡེ་ཤེས།）为师，受比丘戒，名珠拉；25岁（公元984年）时，到达娜地区，即象雄十八位国王之达娜杰波统治管辖之地，有个叫松扎嘉沃圣地（གསང་བྲག་རྒྱ་བོ།），即今西藏藏北那曲申扎县雄梅乡境内，发现很多本教的伏藏经典，对本教后弘期发展起到非常大的作用。其中有《大悲佛母五部经》（བྱམས་མ་འབུམ་ལྔ།）、《佛母八救度仪轨》（བྱམས་མ་འཇིགས་པ་བརྒྱད་སྐྱོབ།）、《年杰贡恩修法》（གཉན་རྗེ་གུང་སྟོན་གྱི་སྒྲུབ་ཐབས།）、《阿玛摘第修法》（ཁྲི་སྒྲུབ་ཨ་མ་དྲིད་དེ།）、《阿噶光明法》（ཨ་དཀར་

འོད་སྒྲུབ་ཐབས།）、《年族黑白修法》（གཉན་གྱི་སྐྱིང་བཅོས་དཀར་ནག）、《红色大鹏修法仪轨》（དབལ་ཁྱུང་དམར་པོ་སྒྲུབ་ཐབས།）、《白文殊修法》（སྨན་རྒྱུད་སྨྲ་སེང་དཀར་པོ།）、《刚子来麦修法》（ཀེང་ཙེ་ལེན་མེད་ཀྱི་སྒྲུབ་ཐབས།）、《历算十万颂》（གཙུག་ལག་དཔལ་འབུམ་དཀར་པོ།）等①。

大师四十岁时，与宁玛派著名成就者帕当巴大师（ཕ་དམ་པ།）相互拜师，倾心交谈，交换心得，相互赞美，彰显出大德高僧的优良品质。两位为了让对方更好地了解彼此，除了修行、佛法的交谈外，还比过法力，比过神通，彼此都十分敬佩和仰望对方，毫无嫉妒和傲慢之心，给后人留下了做人做事的良好榜样。

大师六十七岁时，前往西藏日喀则尼木县松日地区，拜师72岁的麦邬·若巴大师（མེའུ་རོག་དཔལ།）。麦邬·若巴是麦邬家族的唯一继承人，但他妻子无法生育，二位夫妇正着急时，绰仓·珠拉千里迢迢来到麦邬家族，与麦邬·若巴相见，为若巴夫妇传授《佛母救八难经》，对二位预言授记道：明年这个时候，将会诞生贵子，提前为他取名“拉日年波”。第二年即公元1024年果真如大师所示，生了一子，天资聪慧，有王族气质。夫妇二人对绰仓·珠拉大师信服得五体投地，依照绰仓珠拉的预言，为儿子取名拉日年波，后来培育数不尽的弟子，弘扬本教文化，成为麦邬·家族的骄傲，众人称麦邬·拉日年波。以上内容摘自绰仓·珠拉传记②。

绰仓·珠拉六十五岁时，前往西藏日喀则聂拉木县的巴氏家族，拜访巴氏家族之祖巴敦华确杰瓦（སྦ་སྟོན་དཔལ་མཆོག་རྒྱལ་བ།）。当时巴敦华确杰瓦虽不到二十岁，但巴氏家族是豪门世家，像绰仓珠拉这样德高望重的大师也要让他三分，要登门拜访。大师登门巴氏家族时，巴氏之子巴确杰瓦对绰仓珠拉仰慕已久，一见面就磕头拜师，请求传法，希望在绰仓·珠拉座前出家为僧，但缘分不到。当绰仓·珠

① 夏察·扎西坚参：《西藏本教源流》，北京：民族出版社，1985年，第239页。

② 阿旺·泽仁扎西主编：《象雄文集》丛书第5卷，成都：四川民族出版社，2012年，第5至45页。

拉正要为他剃头时，看见巴敦的每根头发上都呈现着本尊明王与明妃的像，大师就说："您不能出家，就以瑜伽师的身份弘法利生，更有成就。"[①]据绰仓·珠拉大师的传记记载：绰仓·珠拉于120岁时圆寂，以此推断，大师圆寂于公元1075年，但堪钦尼玛丹增的《教历宝蔓》中说大师于公元1077年圆寂。

3.大师的伏藏品与部分弟子介绍

（一）著作简介

绰仓·珠拉的著作基本都是伏藏经。据仁增更珠扎巴著于公元1740年的《本教大藏经目录》记载：绰仓·珠拉的伏藏品有《佛母救八难经》（བྱམས་མ་འཇིག་པ་བརྒྱད་སྐྱོབ།）、《佛母五部经》（བྱམས་མ་འབུམ་ལྔ།）、《佛母二十一赞》（བྱམས་མའི་སྟོད་པ།）、《南达经》（རྣམ་དག）、《年杰贡恩修法》（གཉན་རྗེ་གུང་སྔོན་གྱི་སྒྲུབ་ཐབས།）、《九字明咒修法》（ཨ་དཀར་འོད་ཆེན་གསང་སྒྲུབ།）、《年族禳解法》（གཉན་གྱི་སྙིང་བཅོས་དཀར་ནག）、《红色鹏鸟修法》（ཁྲུང་དམར་སྒྲུབ་ཐབས།）、《公仔楚杰修法》（ཀོང་ཙེའི་སྒྲུབ་སྐོར）等很多文本[②]。

其中《佛母救八难经》中包括《救诅咒经》《救敌难经》《送子经》《救法难经》《救灾难经》《救疫难经》等八个章节，现收录于本教大藏经《库门经典汇编》。《佛母五部经》分为戒律部、般若雍仲地道部、无上部、累积资料胜意部、中立部，现收录于《冈底斯雍仲本教文献》丛书中的第9卷《十地五道明灯》[③]，噶敦慈诚坚参、绒敦巴大师、良美大师等很多历代高僧皆为此做过注解，目前藏族地区各地寺院和民间都能见到这部经。而且藏族人坚信这部经能使家庭和睦、求子得子、救灾免难。

《年布经》（གཉན་འབུམ།）是本教四部经之首，国际藏学会原

① 芭·丹杰桑布：《本教源流宏扬明灯》，北京：中国藏学出版社，1991年，第190页。

② 仁增·更珠扎巴：《本教大藏经目录》，北京：中国藏学出版社，1993年，第57页。

③ 伟色金巴主编：《库门经典汇编》第44卷《大悲佛母和南达经》，兰州：甘肃民族出版社，2015年。

会长卡尔梅·桑丹坚参对此做过研究，写过相关论文[①]。现收录于《卡尔梅·桑丹选集》中册之“藏族历史、传说、宗教仪轨和信仰研究”[②]。《佛母二十一赞》现存于西藏本教的各个寺院，本教信徒几乎都会背诵。绰仓珠拉圆寂时，对自己的弟弟阿达拉塞（ཨ་དར་ལྷ་གསས།）说：将来有个姓玄（གཞོན།）的师父，把这些经文交到此人手中，他会把这些文本传承下去。但阿达拉塞自始至终都未能见过此人，所以非常遗憾地把这些经文和宝藏埋藏起来。后来出生于绰仓家族的拉杰大师寻找绰仓家族所埋藏的宝物和经文，但没音讯。拉杰之子阿达拉塞年老年事已高，但因为无后，所以自己一个人去上山砍柴，发现了很多腐烂的经文。把它带回家里仔细研究，有的已腐烂，有的还能读，拉塞久按照家族遗言，把经文交到幸上师手里，传承至今。

（二）部分弟子介绍

绰仓珠拉的弟子众多，最出众的应该是普巴金刚的传承者麦邬·若巴大师（公元951年生）、其子麦邬·拉日年波（公元1024年生）、巴敦华确杰瓦（公元1002年生）、知夏·南喀雍仲大师（公元994年生）和知夏琼格坚参等。他们皆是11世纪初的本教高僧，也都是知、西、巴、麦邬四大家族的传承人。根据贡佐巴大师传记记载，贡佐巴大师未能见过大师，但受到加持的有两位师父，其中一位就是绰仓·珠拉。据说麦邬·拉日年波之亲堂弟乃贡佐巴大师（公元1038年生），他没见过绰仓珠拉，但他写了大师的传记，留给后人。绰仓·珠拉大师把戒律的传承传授于知夏·琼格坚参（བྲུ་ཤ་ཁྱུང་གི་རྒྱལ་མཚན།），琼格坚参传授于知杰喇嘛（བྲུ་རྗེ་བླ་མ།），知杰喇嘛传授于知敦·尼玛坚参（བྲུ་སྟོན་ཉི་མ་རྒྱལ་མཚན།）。后来由于尼玛坚参的哥哥达瓦

① 伟色金巴主编：《库门经典汇编》第107卷《年布经和朵布经》，兰州：甘肃民族出版社，2015年。

② 卡尔梅·桑丹坚参著，德康·索南曲杰译：《卡尔梅·桑丹坚参》下册，北京：中国藏学出版社，2020年，第319页。

加参未能生育，面临绝后。知敦·尼玛坚参因此还俗，继任哥哥之位，以传宗接代。绰仓珠拉的戒律传承也由此断绝。

总之，绰仓·珠拉是公元十一世纪中叶的伏藏大师，亦是一名出色的本教比丘大师。大师自幼学习藏语文，长大后游历各地，拜很多师父，学习本教为主的藏族文化；自22岁起，从各地掘藏了很多藏文经典，以复兴本教文化。

### 十一、幸庆鲁噶大师

幸庆鲁噶是十世纪末的著名伏藏大师，他发掘了浩瀚的本教伏藏精品，对本教后弘期发展的帮助极大。幸氏（གཤེན།）、知氏（བྲུ།）、西氏（ཞུ།）、巴氏（སྤ།）、美氏（མེའུ།）为本教最大的四个家族，他们历史悠久，培育了数不尽的优秀弟子，弘扬优良的传统文化。其中最为优秀的包括幸庆鲁噶，和其弟子知南喀雍仲（བྲུ་ནམ་མཁའ་གཡུང་དྲུང་།）、知夏琼格坚参（བྲུ་ཤ་ཁྱུང་གི་རྒྱལ་མཚན།）、西耶勒波大师（ཞུ་ཡེ་ལེགས་པོ།）、巴敦华尔桥嘉瓦（སྤ་སྟོན་དཔལ་མཆོག་རྒྱལ་བ།）、觉拉玉吉（ཅོག་ལ་གཡུ་སྐྱིད།）等无数大德，建立耶如文萨卡、智藏寺、幸仓寺、西日向等很多本教学院。我们从幸庆鲁噶的传记可以看出，公元十至十一世纪时，本教文化中已有了显宗、密宗、大圆满、斯巴本的传承体系，通过这些传承，可以学习本教文化，传承优良传统。

1.幸庆鲁噶的家族

据相关文献记载，幸庆鲁噶家族历史源远流长，可追根到辛饶弥沃的世袭穆氏王朝，被称为幸氏家族。它与青藏高原各部族的世系、文化，以及历代君王之间紧密相关。

据说辛饶弥沃是西藏雍仲本教的鼻祖，穆氏王朝的王子，出世于沃莫隆仁，传授雍仲本教的信仰，本教弟子们以他为佛。他为了降伏恰巴魔王，从沃莫隆仁越过喜马拉雅，走进了象雄即今阿里[①]，建造了穹窿银城王宫（ཁྱུང་ལུང་དངུལ་མཁར།）。辛饶弥沃还在玛旁雍错

①《辛饶弥沃自传集经》第268页，现收录于本教甘珠尔第25卷，兰州：甘肃民族出版社。

湖（མ་ཕམ་གཡུ་མཚོ།）里行沐浴，受到了龙族人的供奉和敬仰；在拉日将托山顶（ལྷ་རི་གྱང་ཐོ།）闭关静修，深受神族的供养和赞美，收了很多神族的弟子。然后，为了扩大穆氏王朝的政治势力，提高它的文化地位，以寻恰巴魔王被盗的宝马为名，千里迢迢来到工波（ཀོང་པོ།）地区[①]，与魔族军队决战于此，征服了魔族、赞族、罗刹族，最后他们都成为辛饶弥沃的得意弟子。工波王名叫共杰噶波（ཀོང་རྗེ་དཀར་པོ།），开始他与魔族同流合污，以辛饶弥沃为敌。但接触了辛饶弥沃之后，被辛饶弥沃的慈悲、智慧与和谐中道的精神打动，对辛饶弥沃心生敬仰，把自己的女儿工波公主（ཀོང་བཟའ་འཕྲུལ་ལྕམ།）许配给辛饶弥沃[②]。辛饶弥沃与工波公主在阿里穹窿银城定居，生一子，名佛子共擦旺丹。据资料记载，辛饶弥沃有八个儿子，除了共擦旺丹，都出家为僧，唯独共擦旺丹担起了穆氏王朝传宗接代的责任，娶妻生子，延续后代[③]。

据本教文献记载，共擦旺丹继任了穆氏家族的家业。他生了四子，分别为光王（འོད་ཀྱི་རྒྱལ་པོ།）、雷王（ཐོག་གི་རྒྱལ་པོ།）、龙王（འབྲུག་གི་རྒྱལ་པོ།）、噶邬穹四子（མགར་བུ་ཆུང་།）。长子龙王生三子，即穆本阿瓦日让（དམུ་ཨ་ཕ་རི་རིང་།）、穆杰唐唐南美（དམུ་རྗེ་ཐུམ་ཐུམ་རྣམ་མེད།）、穆杰嘉（དམུ་རྗེ་རྒྱལ།）。穆本阿瓦日让之子为囊瓦多金大师（གཉེན་སྣང་བ་མདོག་ཅན།），是吐蕃赞普聂赤赞普、木赤赞普的上师，把密宗巨邦三法、大圆满心识九部传播到吐蕃。从第二子雷王而传承来的就是阿里穹窿银城的宫主占巴南喀大师（དྲན་པ་ནམ་མཁའ།），占巴南喀的长子名泽王仁增，次子称莲花生大士。

从共擦旺丹的第三子龙王衍生出的就是辛庆鲁噶之家族，后期本教文献中称为辛氏家族。比如龙王生穆本玉丹（དམུ་བོན་ཡེ་དན།），其子为穆本唐多（དམུ་བོན་ཐང་རྡོལ།），其子穆本杰罗擦（དམུ་བོན་སྐྱོལ་ལོ་

①工波是指今西藏林芝为主的地区。

②《塞米经》第253至262页，详见《象雄与吐蕃历史文献》上，成都：四川民族出版社，2016年。

③ 白次大师：《本教源流妙语贤劫庄严论》，拉萨：西藏人民出版社，1984年，第42页。

ཚལ།），其子为幸卓瓦（གཤེན་གྲོལ་བ།），其子为穆卡波弥波（དམུ་ཁ་སྤོ་མུ་སྨོ།），其子为穆卡耶穆耶（དམུ་ཁ་ཡི་མུ་ཡི།），其子为穆来要瓦（དམུ་ལེ་ཡོལ་བ།），其子为穆龙（དམུ་ལོང་།）。他们的名字记载于本教密宗或大圆满的历代上师传承中，从象雄来到吐蕃，与吐蕃的历代君王形成师徒关系，弘扬象雄的信仰观、人生观、宇宙观，使得本教文化成为前吐蕃乃至青藏高原的主流文化。

公元八世纪时，由于吐蕃内部产生变故，幸氏家族从卫藏迁徙到青海宗喀地区，并驻扎于此，传承幸氏家族的优良传统、风俗习惯，在广大信众心里播下了本教文化的种子。约在公元九世纪末，即穆氏・扎萨鲁耶杰波（བཀྲ་གསལ་ཀླུ་རྒྱལ།）时代，幸氏家族由于社会动荡，又从宗喀迁徙到德格的丹玛（འདན་མ།）地区，统领金沙江一带，弘扬幸氏家族传承数千年的优秀文化，征服了当地百姓。扎萨鲁杰娶拉金（ལྷ་རྒྱན།）为妻，诞下弥要贡波（མི་གཡོ་མགོན་པོ།）、多杰贡波（རྡོ་རྗེ་མགོན་པོ།）、巨丹贡波（འཇིག་རྟེན་མགོན་པོ།）三子，而后幸氏家族中衍生出无数支系。弥要贡波生三子，分别为华尔贡赛（དཔལ་མགོན་གསས།）、周赛（འབྲུག་གསས།）、果赛（རྐོད་གསས།）。藏文“赛”（གསས།）来源于象雄语，译成汉文是神、天、本尊之意。当时幸氏家族就用赛的名字，说明他们祖籍隶属于象雄。华尔贡赛之子乃幸庆鲁噶、鲁匝和盖阔①。如今在安多藏族生活地区，有很多号称穆氏的家族，都是从幸世家族衍生的。

据相关资料记载，幸氏、知氏、西氏、巴氏和美氏为本教最大的四大家族，他们延续数千年，与勃律（བྲུ་ཤ）、乌仗那（ཨོ་རྒྱན།）、托噶（ཐོད་དཀར།）、象雄（ཞང་ཞུང་།）、吐蕃、达波（དྭགས་པོ།）、工波（རྐོང་པོ།）、梁波（ཉང་པོ།）的宗教信仰、文化传承、生活习惯、部落世袭和社会人际关系都有着紧密联系。尤其是幸氏家族从达瑟沃莫隆仁至嘉卡巴确（རྒྱལ་མཁར་བ་ཆོད།）、阿里（མངའ་རིས།）、卫藏（དབུས་

① 夏匝巴大师：《本教源流妙语宝库》，北京：民族出版社，1985年9月，第141页。

གཙང་།）先后传承，辈出无数贤者，在本教文化乃至喜马拉雅文化的发展中做出了杰出贡献。

2.幸庆鲁噶的传记

幸庆鲁噶出身于幸氏家族，是辛饶弥沃之后，不灭顶佛的化身，也是幸[①]（གཤེན）、杰尔[②]（བྱེར།）、玛[③]（རྨ།）、玉[④]（དབྱིལ།）四大伏藏大师之首。据相关资料记载，他在公元996年诞生于德格丹玛（འདན་མ།）地区[⑤]，父亲名华尔贡赛（དཔལ་མགོན་གསས།），母亲名不详。据说夫妇二人生育时虔诚念诵《龙经》（ཀླུ་འབུམ།）而得一子，取名为鲁噶（ཀླུ་དགའ།），是喜龙之意，因他们供奉龙王，念诵龙经，让龙欢喜并赐子，所以称鲁噶。不久后再生一子，称鲁匝（ཀླུ་བརྩེགས།），是双重喜龙之意。他们家生三子，长子幸庆鲁噶（ཀླུ་དགའ།），第二子鲁匝（ཀླུ་བརྩེགས།），第三子名盖阔（གེ་ཁོད།）。幸庆鲁噶为长子，名鲁噶，是幸氏家族之后，后来得到很多弟子的敬仰，被称为幸庆波，就是大师、高僧、无上至尊之意。

幸庆鲁噶十三岁时，宗喀地区的部分村民划分为知参的管辖范围，因此幸氏家族也迁徙到丹玛地区。在那一年，他奉父亲之名，陪同弟弟盖阔去知参塔尕[⑥]的山上采药，到了塔龙地区时，听到有人在叫他的名字，说："幸庆鲁噶，此地有宝物即伏藏经文，你务必取得，将会大有作为。"此时，他忽然发现在一块巨石上面沾满酥油，觉得这是吉祥的征兆，但没有高调宣扬，也没跟父母说。本来想为了找到伏藏经文，在此地闭关几年，但由于他的弟弟鲁匝战死，父亲病逝，自己又娶妻等家务琐事，耽搁了闭关的时间。十七岁时，与名为

---

① 幸指幸庆鲁噶大师。

② 杰尔指仁增杰尔弥尼沃大师，是琼波杰尔大美之子，玛敦索增之上师，与玛敦索增见面时三百岁。

③ 玛是指玛敦索增，辈出于公元十一世纪中叶，公元1108年从东热琼宗地区出土本教伏藏经文。

④ 玉是指玉敦海日噶，又被称作玉敦穹果匝，生于公元1175年，是本教著名的伏藏大师。

⑤ 详见《本教教历宝蔓》第1070页，《象雄与吐蕃的历史文献》上，成都：四川民族出版社，2016年。尼玛旦增：《堪钦尼玛丹增自传》第61页，北京：民族出版社，2012年。

⑥ 知参塔尕位于今西藏日喀则岗巴县境内。

乃纳耶钦（ཉི་ནག་ཡེ་མཁྱེན།）的大力士格斗，幸庆鲁噶伤到了腰椎，变成驼背者，自那起人们称他为幸古（གཤེན་སྒུར།），他认为自己一直说要闭关，但由于家里的事，耽误闭关，才导致这样的报应。

二十岁时，娶噶萨华尔珍（གར་ཟ་དཔལ་སྒྲོན།）为妻，耽误了一年的时间。二十一岁时，幸庆鲁噶终于与其妻一起到山上闭关，有天晚上在梦里出现了一位穿着黑色衣服、虎牙尖上滴血的女神，威胁他说要吃了他，但幸庆鲁噶没有丝毫恐惧感。有时候，很多衣着虎皮、手持铃铛和大鼓的人迎接他，但最后消失得无影无踪。幸庆鲁噶在那里闭关的同时，不断地寻找伏藏经文，有一天在一块大石下面找到两个箱子，里面有很多经文。幸庆鲁噶的伏藏经文就是这样被发掘，但伏藏品在发掘后的几年里没公开，只有他自己一个人琢磨其内容，并且实修①。

幸庆鲁噶把自己的所有伏藏经文归类为四部，一是显宗的部分，二是密宗的部分，三是大圆满部分，四是世间本教的部分。第一部显宗部分中包括《八界慧度十万颂》广义十六卷，现收录于本教甘珠尔第53至68卷，已由甘肃民族出版社已出版。《八界慧度》中部六卷，现收录于本教甘珠尔第73至78卷，《八界慧度》略本共有三本，现存于本教甘珠尔79至81卷；第二部密宗中有《密宗六部》《僧土根本续》《绰沃旺庆经》等；第三部大圆满中有《大圆满菩提藏》，现收录于《冈底斯雍仲本教文献丛书》；《大圆满心识九部》现收录于四川民族出版社出版的《藏族典籍精选》第46卷中②。

幸庆鲁噶的伏藏经文伏藏时间为吐蕃第八代赞普止贡赞普时期。那时吐蕃与本教的大师之间发生冲突，师父们带着很多经文，离开吐蕃，越过卫藏谢玛雍仲神地，迁徙到洛门族、尼泊尔、南诏等地。他们到达南部顿卓那波时，天降暴雨，发生风暴，感觉此地没有弘法

① 详见《本教源流妙语宝库》，北京：民族出版社，1985年，第252页。

② 芭·丹杰桑布：《本教源流宏扬明灯》，北京：中国藏学出版社，1991年，第210页。

之地，所以返回，把本教文献伏藏于知参塔尕地区，师父们前往苏毗（སུམ་པ།）地区、降即南诏、洛门等地①。

幸庆鲁噶虽然出生在幸氏家族，名门正派，家大业大，但他年幼时因为社会动荡，时代混乱，幸氏家族游历各地，导致无时间学习。长大后，他的弟弟在西耶（ཞུ་གཡས།）与知参（འབྲི་མཚམས།）两大部落的交战中死亡，为此耽误学习机会；十八岁时，自己受腰伤；十九岁时父亲病逝，导致没有时间学习。对于公元九世纪末至十世纪时期而言，噶当派尚未诞生，阿里与拉萨战火不断，康巴地区农民起义，百姓民不聊生，生灵涂炭。公元十世纪中叶，战乱稍微平息，本教和藏传佛教开始复苏，被称为佛教后弘期。公元十一世纪初，阿里地方首领邀请阿底峡尊者，建立了噶当派，幸庆鲁噶就是出生在那个时代。那时，西藏中部以本教文化为主，阿里以噶当派为主，洛门、尼泊尔、降域、达波、工波、凉波都是本教为主。根据噶敦巴大师、阔邦罗珠陀美传记记载，十四世纪以前，四川、青海和甘肃的藏族生活地区基本上都以本教信仰为主。到了十三世纪，萨迦派的势力崛起，与本教势力并存。

3.幸庆鲁噶的部分弟子简介

幸庆鲁噶弟子很多，其中最重要的几位如下：四位授教弟子（བཀའ་བབས་བུ་ཆེན་བཞི།）、四位注释弟子、四位坚参弟子（རྒྱལ་མཚན་ཐོབ་པ་བཞི།）②、八大柱子。四位授教弟子是木雅大师（མེ་ཉག）、知南喀雍仲（བྲུ་ནམ་མཁའ་གཡུང་དྲུང་།）、旺丹西耶勒波（དབང་ལྡན་ཞུ་ཡེ་ལེགས་པོ།）、觉拉玉吉大师（ཅོག་ལ་གཡུ་སྐྱིད།）。木雅大师供奉丰厚财富，感动了幸庆鲁噶，为他传授《绰沃旺庆经》（ཁྲོ་བོ་དབང་ཆེན།）、《密宗六续》（ཐིག་ལེ་དབྱིངས་འཆད།）等密宗经典，成为大弟子；西耶勒波大师坚持苦

① 详见《伏藏目录记》，噶敦慈诚坚参著于十三世纪，现收录于《本教历史文献汇编》第5卷，兰州：甘肃民族出版社，2018年，第302页。

② 知夏琼格坚参、玛尔瓦西绕坚参、增敦旺格坚参、木雅坚参。

修，做背柴、运水、种地、捡牛粪等粗活，感动了上师，传授《大圆满菩提藏经》《心识九部经》（སེམས་སྨད་སྡེ་དགུ།），成为四大授教弟子之一；觉拉玉吉从远方千里迢迢而来，即从康巴来到卫藏，感动了幸庆鲁噶，传授《八界慧度十万颂》广义（ཁམས་ཆེན།）《八界慧度经》中部（ཁམས་འབྲིང་།）《慧度略部经》（ཁམས་བསྡུད།），成为四大授教弟子之一；知南喀雍仲以修行感动幸庆鲁噶，传授《世间起源藏》（སྲིད་པའི་མཛོད་ཕུག）及其注释（མཛོད་རང་འགྲེལ།），成为四大授教弟子之一。

四位注释弟子是指对幸庆鲁噶的伏藏经做注解的弟子，比如知南喀雍仲之子知夏琼格坚参（བྲུ་ཤ་ཁྱུང་གི་རྒྱལ་མཚན།）对《世间起源藏》做了注释，成为四大注释师之首，也是《世间起源藏》的最早注解者；美邬凯巴华尔青（མེའུ་མཁས་པ་དཔལ་ཆེན།）对《般若慧度经揭》做注释，成为四大注释师之一；巴顿华却嘉瓦（སྤ་སྟོན་དཔལ་མཆོག་རྒྱལ་བ།）对《土来央青》做注解，成为四大注释师之一；西吉波大师（ཞུ་སྒྲི་ས།）对《菩提藏大圆满》做注释，成为四大注释师之一①。

《绰沃旺庆经》的传承如下：木雅大师（མེ་ཉག）、增本彭杰（འཛིན་བོན་འཕེན་རྒྱལ།）是幸庆鲁噶的亲传弟子，是密宗法的传承人。夏匝巴大师、芭·邓杰桑波大师认为，巴敦华尔却嘉瓦见过幸庆鲁噶，但当时大师身患疾病，无法传法，所以为巴敦大师传授灌顶，吩咐道：密法的修持方法、传承在木雅大师、增本彭杰那里学习。巴敦大师按照师父的指令，拜木雅大师、增本彭杰为师，请求传法，成为幸庆鲁噶密法的法主。自那时起，幸庆鲁噶密法的部分成为巴氏家族的家传之宝，一直传承至今，发扬光大。但后来随着耶如文萨卡寺院的壮大，那里有学习密法的学院，替代了巴氏家族的密法传承②。

①详见《本教源流宏扬明灯》，北京：中国藏学出版社，1991年，第211页。《本教源流妙语宝库》，北京：民族出版社，1985年，第253页。

② 详见《本教源流宏扬明灯》，北京：中国藏学出版社，1991年，第211页。

《八界慧度经》的传承如下：传授于觉拉玉吉后，他把这些经文传播到安多一带，最后传授于美邬·拉日年波（རྨེའུ་ལྷ་རི་གཉེན་པོ།）、美邬·凯巴华尔青大师，自那时起《八界慧度经》就成为美邬家族的家传之宝。美邬家族通过八界慧度经建立了很多寺院，培养了数不尽的弟子。美邬·拉日年波诞生于公元1024年，是美邬·若波大师之子，美邬敦巴是指美邬拉日年波，美邬贡巴是贡佐巴大师，生于公元1038年，美邬凯巴华尔青诞生于公元1052年[①]。

《世间起源藏》的传承如下：幸庆鲁噶把《世间起源藏》传授给知杰父子，后对此做注释，公元1072年[②]，知杰喇嘛雍仲在西藏日喀则南林县妥嘉乡建立了耶如文萨卡学院[③]，建立之初有上千名僧人，后来壮大成上万名僧人，一直传承到公元十四世纪末。耶如文萨卡有知南喀雍仲（བྲུ་ནམ་མཁའ་གཡུང་དྲུང་།）、知夏琼格坚参（བྲུ་ཤ་ཁྱུང་གི་རྒྱལ་མཚན།）、知杰喇嘛雍仲（བྲུ་རྗེ་བླ་མ་གཡུང་དྲུང་།）、知尼玛坚参（བྲུ་སྟོན་ཉི་རྒྱལ།）、美敦巴大师（མེ་སྟོན།）、牛敦巴大师（གཉོས་སྟོན།）、阿霞度兹坚参（འ་ཞ་བདུད་རྩི་རྒྱལ་མཚན།）等十八位导师先后辈出，弘扬幸庆鲁噶以及其他伏藏大师的伏藏经文，成为本教显密大圆满三法的学习基地。耶如文萨卡建立的同时，西藏、四川、青海、甘肃等地也创立了很多寺院，弘扬本教文化，培养优秀弟子。到了公元十四世纪中叶，耶如文萨卡学院被泥石流冲毁，在西藏一带的本教文化元气大伤，再也没有像以前那样辉煌过。公元十四世纪时，良美大师建立曼日寺，自那时起，曼日寺成为本教最高佛学院，也继承了耶如文萨卡的全部传承，因良美大师就是在耶如文萨卡学院学习长大。

大圆满的传承如下：自西耶勒波大师在幸庆鲁噶座前接受《菩提藏大圆满》《心识九部》开始，成为大圆满的得意传承者。他回来后

① 才让太汇编：《堪钦尼玛丹增自传》，北京：民族出版社，2012年，第62页。

②《本教教历宝蔓》，现收录于《象雄与吐蕃历史文献》，成都：四川民族出版社，2016年，第1045页。

③ 格西西饶扎巴汇编：《象雄古刹》上部，成都：四川民族出版社，2015年1月，第52页。

在家乡建立了日向寺，培养了西吉波大师、西卓瓦幸杰、谢敦恩珠扎巴等很多弟子。后来阿赤大圆满鼻祖贡佐巴大师也在此学习，但没见过西耶勒波，他的上师是西吉波大师。自那时起，幸庆鲁噶伏藏中的大圆满部分就成为西氏家族的家传之宝，但后来由于耶如文萨卡的逐步壮大，那里也建立了大圆满学习基地，成为西氏家族的最大竞争对手①。

**十二、本教大师麦邬·凯巴巴青生平与相关问题考释**

吐蕃政权土崩瓦解之后，青藏高原陷入分裂割据时期。古语云乱世出英雄，这样的乱世，造就了象幸钦鲁噶、贡佐巴大师、凯巴巴青等优秀大师。下文中介绍了公元11世纪诞生在今西藏南林县耶茹古肖（གཡས་རུ་གུར་ལོག）地区的本教大师麦邬·凯巴巴青及其世袭家族历史。除此之外，还介绍了与凯巴巴青有关的传记等文献资料、相关人物，以及自11至12世纪在西藏的本教发展状况。

1.麦邬·凯巴巴青传记简介

十八世纪以后，关于麦邬凯巴巴青（མེའུ་མཁས་པ་དཔལ་ཆེན།）和麦邬家族的相关资料不少。但在此之前，除了芭敦·俄色坚参（སྦ་སྟོན་འོད་གསལ་རྒྱལ་མཚན།）所著的《凯巴巴青传记》外，无缘得见更早期的历史资料，所以在此向大家介绍一下这部传记。这部传记的作者名芭敦·俄色坚参，是巴氏家族之子。起初他不服气凯巴巴青，遂来到麦邬家族的桑日寺，与麦邬·凯巴巴青进行辩论。芭敦在辩论中得到修行上的启发，对凯巴巴青心生敬仰，于是拜他为师，学习本教文化。由此可以推断，这部传记亦是公元11世纪末至12世纪初所写，因其上师麦邬·凯巴巴青诞生于1052年②。

该传记名为《麦邬·凯巴巴青传记宝蔓》，麦邬乃家族之名，凯

① 夏匝·扎西坚参：《本教源流妙语宝库》，成都：四川民族出版社，2011年，第270页。

② 堪青尼玛丹增：《本教教历宝蔓》，现收录于《象雄与吐蕃历史文献》上册，成都：四川民族出版社，2016年第1版，第1053页。

巴是智者或大学者之意，巴青是其真名，法名巴丹慈诚。笔者搜集到了两部不同版本的凯巴巴青传记，一是手写本，约在18世纪所写；二是四川民族出版社出版的《藏族典籍精选》第40卷中的传记，都是芭敦·俄色坚参所著。这部传记中记述：凯巴巴青听闻 《斯巴根本藏》《集经》《雍仲隆吉经》，还对辛饶弥沃传记《集经》（མདོ་འདུས།）、《塞米经》（མདོ་གཟེར་མིག）、《隆吉经》（མདོ་གཡུང་དྲུང་གླིང་རྒྱས།）、《律部》（འདུལ་བ།）、《慧度八界》（ཁམས་འགྲེལ།）等做了注解①。从中不难看出，《集经》《塞米经》在11世纪80年代，就已有人做了注解并树立了此闻思修慧的习惯。

《凯巴巴青传记》由十二个章节构成，每章中阐释了凯巴巴青所做的重大事情，每一章后面有四句偈语作为总结。四句偈语藏文称“བར་སྐབས་ཚིགས་བཅད།”，《藏汉大辞典》中把它译成“文间诗歌”或“章末诗”②。传记中凯巴巴青去了藏传佛教学院，学习佛教知识，但没明说是哪所学院，但笔者认为应该是噶当派学院，因在11世纪中叶起，本教与噶当派交流频繁，互相学习，譬如：西益勒波曾与阿底峡尊者会见，交流心得（详情见《西益勒波大师自传》）③。当时学院老师让凯巴巴青在本学院出家，但他自己不愿在此受戒，故此来到西藏尼木地区，拜本教大师剃头出家。显而易见，当时在西藏一带，本波教和藏传佛教的竞争也非常激烈，而且大部分以非出家即瑜伽师身份修行。

另外，仁增更珠扎巴约在18世纪30年代撰成《本教源流如意宝》一书，该书由43章构成，第九章为“西藏宗教流派衍生章”。其中介绍了麦邬家族的起源与发展历史。其中有麦邬·凯巴巴青相

---

① 元旦彭措主编：《藏族典籍精选》第40卷《慧度详释》，成都：四川民族出版社，2014年第1版，第2页。

② 张怡荪主编：《藏汉大辞典》下册，北京：民族出版社，2014年，第3版，第1816页。

③ 永丹加措、雍仲旦巴主编：《旺丹西仓文集》之《西益勒波自传》（西益勒波写于11世纪中叶）甘肃民族出版社，2019年第1版，第288页。

关的内容[①]。这部史籍中对西藏本教知（བྲུ།）、西（ཞུ།）、巴（སྤ།）、麦（མེའུ།）、幸（གཤེན།）和琼（ཁྱུང་།）即六个世袭家族的历史做了简要介绍，尤其详细阐释了麦邬家族的起源与发展史。

《西藏本教源流》是诞生于康巴德格扎科地区的夏察·扎西坚赞（1859—1934）约在19世纪末期所写，1985年由民族出版社出版。这部史籍由七个章节构成，第四章为国王与世袭传承，其中虽介绍了知、西、巴、麦、幸和琼的历史传承，但对麦邬家族仅写了凯巴巴青之父拉日本波和贡佐巴大师以前的历史，凯巴巴青以后的历史未作介绍[②]。

卡尔梅·桑丹坚参的力作《卡尔梅·桑丹坚参精选文集》中记载：麦邬家族为本教家族，但该家族与幸钦鲁噶相遇的大师尚未出世，公元11世纪中叶麦邬·凯巴巴青（1052年）诞生于尼木桑日地区，即位于今西藏自治区拉萨市的西北部尼木县尼木桑日村境内[③]，这里是毗卢遮那大译师诞生之地。凯巴巴青于公元1096年在此处建了一座寺院，叫“麦邬巴丹桑日寺”，是麦邬家族的家庙，位于桑日村边上。卡尔梅·桑丹坚参认为麦邬·凯巴巴青就出生于西藏日喀则尼木县的巴丹桑日寺附近，可凯巴巴青传记中记载：大师诞生于耶茹湘格日（གཡས་རུ་ཤངས་ཀི་རི།）古肖（ཀུར་ཞོག）地区。耶茹湘在今西藏日喀则南木林县南木林镇至达那乡境内的山谷，古肖具体在哪个位置目前尚未确认，但应该离耶茹湘不远之处。西藏社科院的旦增朗加老师在《苯教六大家族世袭史》中记述了麦邬家族的历史、麦邬·凯巴巴青生平等，但没有明说古肖地区的具体位置[④]。

关于麦邬·凯巴巴青的历史记载较为详细的应是由根桑罗珠所写

① 赤索丹主编：《本教历史文献汇编》第六卷，兰州：甘肃文化出版社，2018年第1版，第253页。

② 夏察·扎西坚赞：《西藏本教源流》，北京：民族出版社，1985年第1版，第146页和

③ 卡尔梅·桑丹坚参著，德康·索南曲杰译：《卡尔梅·桑丹坚参精选》，北京：中国藏学出版社，2020年第2版，第259页。

④ 旦增朗加著：《苯教六大家族世袭史》，拉萨：西藏人民出版社，2014年第1版，第255页。

的《象雄吐蕃历史宝蔓》和白崔大师的《苯教起源》两部力作。这两部史籍皆著于20世纪初，而且是与国外专家探讨交流后所写，所以很有研究价值。比如在根桑罗珠《本教源流》中对知、西、巴、麦、幸、琼六个家族的起源、发展，以及其对本教发展的贡献做了介绍。尤其对麦邬·凯巴巴青的诞生年代、圆寂、生平也做了简要介绍，这对研究凯巴巴青很有帮助[①]。以上所有资料皆以芭敦·俄色坚参所著的《麦邬·凯巴巴青传》作为依据。比较传记、更珠扎巴本教源流、根桑罗珠本教源流后可以发现，传记内容中没有大幅添加或删除等痕迹，皆以原文为准。

2.麦邬世袭家族的起源与发展

麦邬·凯巴巴青是麦邬家族之后，其父亲名为麦邬拉日年波。《麦邬·凯巴巴青传记》记述：其家族起源于党（སྟོང་།），麦邬昂兰交波是其鼻祖[②]，即麦邬家族属西藏六大氏族之党氏族，据专家推断，党氏族即汉文史籍中的党项。文本记述：党项，羌人的一支，南北朝时，分布在今青海省东南部和四川松潘以西山谷地带。唐朝前期，吐蕃征服青藏高原的诸部族，大多数党项羌人迁徙到今甘肃、宁夏、陕北一带。白兰诸羌，分布在今四川甘孜藏族自治州，大部分在阿坝藏族自治州，隋末唐初，降于吐蕃[③]。《端智嘉全集》第四卷 《译作集》中有《新旧唐书吐蕃传》的藏文译本，其中把党项译成“东”（སྟོང་།），就是藏文扎（དབྲ།）、珠（འབྲུ།）、噶（སྒ།）、东（སྟོང་།）四大氏族之一。

据《黑头矮人起源》记载：东氏族受神的保护，血统纯净至高；扎氏族又称塞琼扎（སེ་ཁྱུང་དབྲ།）或扎琼，具有无比的神力；珠氏族又称阿加珠，这些人种勇猛如虎，征服高原人；具有文档历史的人种为

① 邓真尼玛主编：《象雄与吐蕃历史文献》下册，成都：四川民族出版社，2016年第1版，第790页。

② 元旦彭措主编：《藏族典籍精选》第40卷《慧度详释》，成都：四川民族出版社，2014年第1版，第2页。

③ 罗广武译注：《两唐书吐蕃传译注》，北京：中国藏学出版社，2014年第1版，第8页。

穆氏族；至高无上的人种为象雄果氏族。东氏族中衍生出弥波东氏（སྨུག་པོ་ལྡོང་།）、阿钦东氏（ང་ཆེན་ལྡོང་།）、妥妥东氏（ཐོ་ཐོ་ལྡོང་།）。阿钦东氏在北方，妥妥东氏位于昂学地区，弥波东氏位于东边，即今木雅日岗山脉的人，位于今四川甘孜藏族自治州和阿坝藏族自治州部分地区[①]。从中可知，东氏族在漫长的岁月中衍生出很多支系，分布在青藏高原各地。

据《麦邬·凯巴巴青传记》记载：麦邬家族之祖麦邬昂兰交波（མེའུ་ངམ་ལམ་སྐྱོར་པོ།）一直活动于西藏日喀则南木林县南木林镇的耶茹湘与曼莫玉栽地区，获得胜橛本尊或普巴本尊（ཕུར་བའི།）的成就。昂兰交波生两子，长子为斗度赞普（བདུད་འདུལ་བཙན་པོ།）即降魔之王，次子称玉幸妥噶（གཡུ་གཞིན་ཐོ་དཀར།）。玉幸妥噶之子为麦邬·嘉林（མེའུ་རྒྱལ་ལྷུན།），其子为麦邬·吉桑（མེའུ་རྒྱལ་ལྷུན།），其子为麦邬·东曹（མེའུ་སྟོང་ཚབ།）和白东（པད་སྟོང་།）。东曹之子为麦邬黑脸人（མེའུ་གདུང་ནག），黑脸人获得胜橛本尊的成就，法力无边。麦邬·白东生二子，长子为旺珠（དཔང་གྲུབ།），次子为交邛（སྐྱབས་ཆུང་།），二人绝后。

黑脸人受耶茹古肖巴（གུར་ཞིག་པ།）[②]的邀请，做塞沃日（སེ་ཐོ་རི།）和麦邬（མེའུ་གྲོང་པ།）地区的地方霸主，人们尊称为“巨拉卓噶波”（ཀྱི་ལྷ་དྲོ་དཀར་པོ།），即公认的白光神。麦邬·黑脸人生三子，长子为麦邬东栽（སྟོང་རྩེགས།），出家为僧，老二称麦邬·若巴（རོགས་དཔལ།），获得胜橛本尊即普巴本尊的非凡成就。老三称麦邬·释迦邓（ཤཱཀྱ་བརྟན།），是贡佐巴大师之父。麦邬·若巴72岁时，经绰仓·珠拉大师加持和指点，生麦邬·拉日年波（1024年），据说是文殊菩萨的化身。麦邬·拉日年波娶凉波巴钦措，但无子，娶妾准萨索南措（འབྲུམ་ཟ་ནམ་མཚོ།），生麦邬·凯巴巴青（1052年）[③]。

① 索南曲杰主编：《苯教古文献九部史》，拉萨：西藏藏文古籍出版社，2017年第1版，第71页。
② 此古肖非彼古肖，即非麦邬·拉日年波。
③ 元旦彭措主编：《藏族典籍精选》第40卷《慧度详释》，成都：四川民族出版社，2014年第1版，第1页。

麦邬家族的历史脉络比较清晰，其与普巴本尊的历史很有渊源，他们历来以本教信仰为主。自10世纪初起，家族中辈出很多出家的和非出家的密宗上师，甚至为出家与非出家产生过分歧。其一直在耶茹湘地区活动，到了11世纪中叶至12世纪中叶末，麦邬·家族中辈出如贡佐巴大师、麦邬·拉日年、麦邬·凯巴巴青等很多精通讲辩著的大师，把麦邬家族的本教文化发扬光大，成为知、西、巴、麦、幸、琼即六大家族之首。

仁增·更珠扎巴的《本教源流如意宝》中记载：麦邬·家族的氏族起源于斯巴·桑波布赤（སྲིད་པ་སངས་པོ་འབུམ་ཁྲི།），从而诞生一位白光天子（ལྷ་སྲས།），从天而降。其实这也是西藏四大家族之东氏之后。白光天子生二子，长子为玛（མ།），次子称麦邬（མེའུ།）。麦邬即上述的麦邬·昂兰交波（མེའུ་ངམ་ལམ་སྐྱོར་པོ།），他们以普巴本尊为主修行，并见证普巴本尊即胜橛。其次，他以青龙为骑，以铜铁和核桃芯子为珠子，降于冈底斯山，再飞往拉日将托神山，作为聂赤赞普的上师和供养处。还说：昂兰交波化为白色神鸟，耶茹湘地区飞过几次观察，最后降落在此处，定居于此处。神鸟下了琉璃蛋，蛋破后生二子，长子为麦邬·都瓦尊（འདུལ་བ་བཙོན།），次子为麦邬·妥噶（མེའུ་ཐོད་དཀར།）。从而衍生出麦邬上部和下部区域，上部辖区中大力弘扬本教文化。下部辖区中以麦邬·妥噶之子玉幸塞（གཡུ་གཤེན་སྲས།）为领主，其子为麦邬·杰吉林波（མེའུ་རྒྱལ་གྱི་ལྷུན་པོ།），其子为麦邬吉桑（མེའུ་སྐྱིད་སངས།），其子为麦邬·堆桥（སྟོད་རྒྱལ།）和白东（པད་སྟོང་།）二人。麦邬·堆桥之子为麦邬若巴，麦邬若巴之子称麦邬拉日年波，拉日年波之子为麦邬·凯巴巴青①。

斯巴·桑波布赤、俄噶拉塞（即白光天子）在很多本教文本中反复出现。据纳西仪轨文记载，斯巴·桑波布赤为辛饶弥沃之父，萨周艾桑为辛饶弥沃之母，辛拉俄噶即白光佛为其上师。桑波布赤在纳西

① 赤索丹主编：《本教历史文献汇编》第6卷，兰州：甘肃文化出版社，2018年第1版，第253页。

的东巴文化、普米的韩规文化、羌族的释比经，以及藏族的本教文献中都有记载。白光天子与白光佛即辛拉俄噶（གཤེན་ལྷ་འོད་དཀར།）的名称相似，至于是否为同一个人，还待查实。文本中所载的“玛”（རྨ།）在藏文文献中有玛曲、玛青、阿尼玛卿、玛曲（即黄河）等相关名词很多，是指黄河上游的游牧民族。《年布经》（གཉན་འབུམ།）是学术界非常重视的一部本教古籍。卡尔梅·桑丹坚参曾对此做过研究，并写出论文，详见于《卡尔梅·桑丹坚参精选》下册中[①]。《年布经》记载：年族生活在玛曲即黄河上游，青海昆仑山周围，以山为神，阿尼玛卿为玛曲九兄之长。当时 “年”（གཉན།）与“东”氏（ལྡོང་།）发生命案，阿尼玛卿为此做了调解[②]。总之，“玛”族（རྨ།）就是黄河上游的游牧民族，麦邬是从玛族衍生的细氏族，即玛为长子，麦邬为次子（即小弟之意）。

玉幸妥噶中的“妥噶”（ཐོད་དཀར།）在敦煌文献中出现过多次。据此可知，聂赤赞普之前，高原十二小邦都有自己的国王、宗教信仰、古幸。他们为死者做超度，或为活着的人做禳灾仪式时，迎请百位古幸妥噶（ཕོ་གཤེན་ཐོད་དཀར་བརྒྱ།）、百位女性古幸[③]。此外，辛饶弥沃父亲也被称“嘉本妥噶”或拉本妥噶。由此可见，妥噶在本教古文中多次出现。“妥噶”是因古代本教古幸们以白布缠头，穿着白衣，故谓妥噶，也许是敬仰雪山或纯净之意。总而言之，麦邬家族在赞普时期就繁衍生息在西藏的耶茹湘一带，即今西藏自治区日喀则南木林县南木林镇和妥嘉乡境内的山谷地带。

综上所述，麦邬家族在11世纪时，对后弘期本教复兴起到积极作用。比如麦邬拉日年波1023年诞生，卒于1091年。大师长大后由叔叔

① 卡尔梅·桑丹坚参著，德康·索南曲杰译：《卡尔梅·桑丹坚参精选》，北京：中国藏学出版社，2020年第2版，第319页。

② 伟色金巴主编：《库门经典汇编》第107卷《年布和朵布经》，兰州：甘肃民族出版社，2015年第1版，第1页。

③ 详见法藏敦煌古藏文文献P.T.1285–136。

陪同，拜幸钦鲁噶为师。幸钦鲁噶说：幸氏家族为本教之根，知、西、巴为本教树干，麦邬家族为其叶子，五个家族皆重要。其堂兄贡佐巴大师，全称贡佐·日绰巴或麦贡巴等拥有不同名称，生于1038年，卒于1096年。他拜知、西、巴三个家族的上师为师，学习本教文化，吸取精华，发扬阿赤大圆满传承；拉日年波之子麦邬·凯巴巴青生于1052年，长大后前往各地，学习藏文化，弘扬和维护本教文化[①]。

3.麦邬·凯巴巴青生平及相关人物

本节以芭敦·俄色坚参所作的《凯巴巴青传记》为根据，简单介绍一下巴青的生平与相关人物。据本教历法记载：麦邬·凯巴巴青诞生于1052年[②]，父亲名麦邬·拉日年波，母名为准萨索南措（འབྲམ་ཟ་བསོད་ནམས་མཚོ།），自称是弥鲁桑勒（མི་ལུས་བསམ་ལེགས།）、象雄耳传大圆满上师才帮达瓦坚参（ཚེ་སྤུངས་ཟླ་བ་རྒྱལ་མཚན།）之化身。大师自幼模仿上师传法或灌顶，梦境中经常与斯巴杰母相见，受语言授记，父亲按斯巴杰母的授记，为儿子取名为凯巴巴青。凯巴巴青五岁时，就能背诵本教《世间根本藏》、藏传佛教的《俱舍论》，闻法时经常提出意想不到的问题，难住老师们。后在觉央上师座前受居士戒。

凯巴巴青长大后，对父亲说：我要去藏传佛教的学院学习几年，多学不同教派的内容，以便相互印证。这里指的应该是噶当派，因在当时只有噶当派才有学院，而且噶当派与本教来往和交流频繁。他在噶当派学院学习因舍类、心类学、律部、般若部、俱舍论，取得非凡成绩。学院老师要求他就地出家为僧，可大师不愿在噶当派出家，甚至试图逃跑。一天他梦见一位本教出家师父对他说：要出家就在老家出家，异地异教门下出家意义不大。可见，当时教派竞争激烈。凯巴巴青以此受启发，来到西藏尼木县境内，拜藏巴比丘为师，受沙弥

①邓真尼玛主编：《象雄与吐蕃历史文献》上册《象雄与吐蕃历史宝蔓》，北京：民族出版社，2016年第1版，第788页。

② 邓真尼玛主编：《象雄与吐蕃历史文献》上册《教历宝蔓》，北京：民族出版社，2016年第1版，第1053页。

戒，取名为凯巴巴丹慈诚（དཔལ་ལྡན་ཚུལ་ཁྲིམས།）。接着，凯巴巴青返回老家，受到大喇嘛（麦邬·拉日年波）以及家乡僧众的隆重迎接，登上法座。父亲大喇嘛说：闻、思、修慧为妙法之根本，本教闻思修慧在于知氏家族、西氏家族，在那学习本教经论，并对经文做注释，以弘法利生。

凯巴巴青在耶茹古肖地区为250名僧众讲述本教般若、密法和大圆满。与此同时，贡佐巴大师来到此处，讲述《大圆满菩提藏经》《大圆满心识九部》《慧度八界》《塞米经》，凯巴巴青有缘接受叔叔所传之法，成为得意门生。在大喇嘛拉日年波处，学习属于北伏藏传承的普巴本尊经，经闻思修慧，证得真传。二十几岁时，凯巴巴青前往西氏家族之寺吉卡恩普（སྐྱིད་མཁར་སྔོ་ཕུགས།）地区，拜西氏上师卓瓦幸杰（ཞུ་སྒྲོལ་བ་གཤེན་རྒྱལ།）为师，学习三宣大圆满（བསྒྲགས་པ་སྐོར་གསུམ།）①、印度部传承（རྒྱ་གར་བོན་སྐོར།）②的大圆满、《世间根本藏》等广泛内容。之后，又前往贡佐巴大师处，学习大圆满心法，接受指点心性，见证自己的本性。

接下来，其父麦邬·拉日年波在塞我日③传授了为期一年的本教灌顶和传承。凯巴巴青也到场，与其父一起传法，闻法僧人有五百多名。父亲对凯巴巴青说："你也学了很多法门，显密大圆满样样精通，可以独当一面，今天起我封你为拉钦即大喇嘛（བླ་ཆེན།）。"由此可以判断，所谓拉钦应该是学习到位，修行达到一定境界之后所拥有的学历职称。凯巴巴青对《塞米经》《集经》《隆吉经》《菩提藏》《八界慧度》等很多经文做了注释，至今本教各大寺院都在学习这些经文。

---

① 李西达让汇编，谢敦恩珠扎巴伏藏：《三宣大圆满》，现收录于《库门经典汇编》第137卷，兰州：甘肃民族出版社，2015年第1版。

② 印度部传承为占巴南喀、毗卢遮那所述，详见《耶赤大圆满》，现收录于《库门经典汇编》第138卷，兰州：甘肃民族出版社，2015年第1版。

③ 塞我日又称年吉塞我日，位于今西藏日喀则尼木县桑日地区。

大师前往各地，传授妙法，弘扬显密大圆满精神。当时，麦邬桑日地区的僧众分上部和下部辖区，上下部产生矛盾，巴青怎么劝都无用，最后放弃，纷争也逐步消失。凯巴巴青在世时，麦邬家族修行人中出现了两个流派，出家派和非出家派。很多人不愿意出家，经凯巴巴青等高僧的劝告，大家才接受出家生活。当时本教出家的师父极少，大多数都是在家修行者，所以凯巴巴青要求大家出家。朗达玛时期，赞普不支持出家僧人，尽量减少出家人数，导致出家与非出家的分歧和矛盾①。公元9至12世纪，修行场所有两处，一是寺院，二是日绰(རི་ཁྲོད། 即修行院)。日绰不被规矩束缚，相对自在，所以大部分都愿去日绰修行。到了贡佐巴大师，日绰也变成集三百人集体修行的基地，所以寺院和日绰之间的关系微妙，很多日绰逐步变成寺院②。当然，当时很多教派都在尽全力更改修行途径、僧人体制，本教也不例外。知氏家族是其中最成功的案例，11世纪就已拥有3500名僧人的寺院，西氏家族和麦邬·家族也积极努力，但始终达不到知氏家族的规模。

其弟子中有玛尔敦，这位是否为玛尔敦嘉乐（1123年）还须查实。除此之外，还有很多弟子，比如大圆满智者瓦唐·象敦（པ་ཐང་ཞང་སྟོན།），辩论智者芭敦·俄色坚参和象慈诚罗丹（ཞང་ཚུལ་ཁྲིམས་བློ་ལྡན།），密宗智者塞敦（སེ་སྟོན།）、聂觉央（དམྱལ་རྗེ་གཡུང་།），因明智者觉拉如巴（ཕྱོག་ལ་རིག་པ།）、聂觉寻（དམྱལ་ཙོ་གཞོན།），仪轨专职人紫俄色（ཙི་འོད་ཟེར།）和紫达吉（ཙི་སྟག་སྐྱི།）等③。

在11至12世纪间，西藏中部一带的本教寺院不只麦邬·家族的尼木桑日寺，还有其他家族也有自己的寺庙。最大的应该是耶茹文萨卡

① 关于朗达玛时期的寺院和僧人情况见《卡尔梅·桑丹坚参精选》上册，北京：中国藏学出版社，2020年第2版，第3页。

② 元旦彭措主编：《藏族典籍精选》第20卷《大圆满法论》，成都：四川民族出版社，2014年第1版，第6页。

③ 元旦彭措主编：《藏族典籍精选》第40卷《大圆满法论》，成都：四川民族出版社，2014年第1版，第1至20页。

学院（གཡས་རུ་དབེན་ས་ཁ།），相传有上万名僧人。西氏家族的寺院也很大，还有多隆智龙寺（སྟོད་ལུང་འབྲི་ལུང་དགོན།）人数也很多，幸氏家族也有自己的寺院。

西藏、四川、青海、甘肃等地区在公元10至13世纪间有很多本教寺院，寺院本教——雍仲本教在噶当派、萨迦派的压力与竞争中，存活下来，而且发展得很好。同时，寺院本教也受到噶当派、萨迦派的影响，成为独具特色的卫藏雍仲本教（即寺院本教）。尽管这种本教与康区、纳西、普米、羌族、嘉绒等地传承的民间本教稍有区别，但差距不大。不过在11世纪以后的藏传佛教历史书籍中很少提到这些寺院及其文化面貌，以及其对百姓的社会生活的影响。20世纪50年代，国外学术界开始关注并研究藏族文化与历史的同时，本教也成为他们的关注焦点。1980年开始，我国宗教政策得以恢复，学者们开始研究民族与宗教文化，本教文化也走入了研究学者的视野。

### 十三、 格西·雍仲丹增与格什杂家族

本篇分三部分，第一部分简单介绍了与格西·雍仲丹增相关的藏文资料；第二部分介绍了格西·雍仲丹增自出生到圆寂之间的简要生平；第三部分介绍了格西家族的起源与发展，以及与甘孜的炉霍、道孚、丹巴的复杂关系。其中还阐述了格西家族与金川土司之间的关系、格西迁徙到炉霍虾拉沱地区的原因等。

1.雍仲丹增的相关资料介绍

格西·雍仲丹增相关的资料很欠缺，我们只能以《雍仲丹增自传——护法丹金所见记》（དམ་ཅན་མཐོང་སྣང་འཛའ་ཚོན་དྲྭ་བ།）、《阿赤大圆满历代大师传》（ཨ་ཁྲིད་བླ་མ་བརྒྱུད་པའི་རྣམ་ཐར།）、《格西雍仲丹增礼赞文传》（རྣམ་ཐར་ལོངས་སྤྱོད་རྒྱན།）、《琼布王室世系水晶镜》（ཁྱུང་པོ་རྒྱལ་རྒྱུད་ཤེལ་དཀར་མེ་ལོང་།）、《拉赛雍仲》（ལྷ་སྲས་གཡུང་དྲུང་།）来作参考，除此之外，没有更多的资料。

（1）格西·雍仲丹增自传简介

以《桑吉林巴自传》《更珠扎巴自传》为例，17至18世纪的大师们，习惯于写自传。《雍仲丹增自传》是由雍仲丹增自己口述，其侄儿桑阿扎巴大师做的笔录，大概有四十多页，主要内容以格西·雍仲丹增的人生经历、修行上的卓越成就，以及相关人物为主，现存于易日寺附近的一户农民家，我们有幸把它扫描下来，做文本保护，但遗憾的是只剩下三十页，其余的都已丢失。听说新龙有一部写本，我们也联系了，但至今未有音讯。这部传记所阐释的不仅仅是雍仲丹增的毕生事迹，还提到了十七世纪时西藏的社会现象、人文历史、本教与藏传佛教的微妙关系，以及本教在康巴文化乃至藏族文化中的地位。这部自传不管是出自雍仲丹增自己之手，还是他的侄儿桑阿扎巴之手，都能说明那个时代的社会生活、文化现象、社会关系，反应了当时的民俗民风、民族性格等。

（2）阿赤大圆满历代上师传简介

《阿赤大圆满历代上师传》是夏匝·扎西坚赞大师以知嘉瓦雍仲所著的《阿赤大圆满历代师传》为根据，添加了知嘉瓦雍仲之后的历代上师传，阐释了自11世纪中叶至19世纪之间的34位本教历代大师的传记，其中包括格西雍仲益西、格西雍仲丹增、朵登雍仲坚参、更珠扎巴大师等[①]。书中内容涵盖这些大师的出生年月、出生地点、父母、家庭背景、拜师学艺、人生阅历、修行途径，以及为藏族文化所付出的贡献等。除此之外，还描述了阿赤大圆满的建立基础、创立人、创立原因以及其诞生、发展、演变的详细情况。这部传记还说明了自公元11世纪中叶至19世纪末，本教文化在西藏、四川、青海、甘肃等地的兴衰、变迁情况。

（3）格西雍仲丹增的礼赞文传简介

关于雍仲丹增的礼赞文多，但以礼赞文为记载方式的传记很少

① 夏咱·扎西坚赞：《夏咱·扎西坚赞全集》第9卷，成都：四川民族出版社，2011年，第389页。

见。《雍仲礼赞文传庄严论》以赞颂文的方式描述了格西·雍仲丹增之生平，为四页写本，内容深奥，词句严谨，通俗易懂，是由格西家族之子、格西雍仲丹增之侄格西罗丹宁波为叔叔雍仲丹增所撰写。据《雍仲丹增自传》记载：易日寺建立之初（1690年），格西·桑阿扎巴、格西罗丹宁都担任建寺工作[①]。由此说明，其作者格西罗丹生于1680年左右，为嘉绒丹巴的格西家族，亦是格西·雍仲丹增之侄，桑吉林巴之徒。据桑吉林巴自传记载，1726年时，他在西藏工布本日神山（位于今西藏林芝市）闭关修行时，与著名伏藏师桑吉林巴偶遇，并邀请他到四川炉霍和嘉绒地区[②]。《雍仲丹增礼赞文传》由易日寺僧众在每年正月初八时，点一百盏酥油灯，做一百个朵玛，并念诵此经，以此怀念上师雍仲丹增，为他祈祷，累积福德。

（4）琼布王室世系水晶镜书简介

《琼布王室世系水晶镜》是由琼波·罗珠坚参撰写于14世纪末至15世纪初。这部史籍中包括拉塞·琼帕茶莫和琼波·雍仲父子的游记和琼氏家族的世袭传承，介绍了他们的世系起源、传承、发展、衍生、变化等的历史。这二位父子从琼波经南擦瓦绒来到嘉绒，与当地领主交流，并成为嘉绒之王。琼波雍仲到了嘉绒后，被嘉绒人推荐为王，娶嘉绒女王拉姆·董丹玛为妻，生四子，称雍仲四子或沃波四子，沃波是指雍仲的家乡琼波。格西家族即格什杂家族就是其四子之一，主要生活在嘉绒格什杂地区，后来因各种缘由，来到康区炉霍虾拉沱。这部书中还提到象雄、穆氏王朝、辛饶弥沃、雍仲本教、外道、北阿达擦瓦绒、东嘉莫绒、西工布绒、南查瓦绒等，以及木雅多嘎达、炉霍旦都乡、格什杂、旺扎即赞拉王、绰匝即绰斯嘉、戈隆匝即金川土司等嘉绒家族。

① 格西·雍仲丹增：《格西·雍仲丹增自传》，手写本，第14页，现存于炉霍县易日三组达瓦家。
② 详见《卡尔梅·桑丹坚参全集》。

2.格西雍仲丹增生平简介

据《格西·雍仲丹增自传》记载：格西·雍仲丹增的出生地点为康区五大峡谷之斯学峡谷，位于今四川甘孜藏族自治州炉霍县尼木乡虾拉沱嘉杰村境内。他的父亲名为杰波·松饶布（གསུང་རབས་འབྲུམ།），是格什杂家族之后；母名为霍尔母噶乐嘉（ཧོར་མོ་ཀ་ལུ་རྒྱ།），是炉霍土司德瓦谢巴之女。有一则关于格西家族的故事说：格西（格什杂）家族原本在丹巴格西峡谷（དགེ་བཤེས་ཁོག）即丹巴县格什杂地区，后与嘉绒最强的金川土司饶丹杰布发生冲突，被迫西迁，来到道孚，驻扎于道孚的格西乡，再迁徙到炉霍的虾拉沱，与炉霍土司联姻，驻扎于此。这个故事不仅在炉霍有，嘉绒丹巴、金川也同样流传。

根据曼日寺第23代堪布·尼玛丹增大师的《本教教历》记载：格西·雍仲丹增诞生于1658年，他在5岁时，在叔叔格西·雍仲益西处受虎衣明王的灌顶，得名达拉交（སྟག་ལ་སྐྱབས།），奠定了学习本教文化的基础；15岁时，前去卫藏地区本教最高的佛学院曼日寺（位于今西藏日喀则南林县托加乡境内）拜第十代堪钦西饶俄色和十一代堪钦雍仲坚参为师，为期5年，学习本教仪律部、般若部、中观部、世间根本藏、因明学以及密宗和大圆满传承，成为优秀的高僧大德；20岁时，大师来到色拉寺，学习藏传佛教格鲁派传承的相关知识。

22岁时，雍仲丹增在返回老家的途中，停留在琼波丁青地区，接受本教密宗修法传承；23岁时，来到炉霍央雯寺（炉霍雅德乡吉绒寺），闭关两年；27岁时，拜著名大圆满上师朵登·雍仲坚参（རྫོགས་ལྡན་གཡུང་དྲུང་རྒྱལ་མཚན།）为师，在阿赤大圆满和象雄耳传大圆满法中闻思修慧，成为名副其实的大圆满一代上师；30岁时，大师受到琼波丁青县普拉达栽上师谢依雍仲杰波（ཤེལ་ཞིག་གཡུང་དྲུང་རྒྱལ་པོ།）①的邀请，前往琼波地区，拜其为师，学习本教新密传承，包括罗丹宁波的耳传法和弥秀多杰的耳传，成为新密本教的法主和弥秀多杰的得意

① 谢依雍仲杰波又称弥秀多吉，是本教四大活佛之一，雍仲丹增之师。

弟子。

格西·雍仲丹增刚到上师弥秀多杰处时，其护法神——丹金护法神就一直呼唤雍仲丹增。有时在梦里出现，甚至在现实生活中都以各种方式出现，为他做了很多提示，但雍仲丹增无动于衷。当格西雍仲丹增与上师弥秀多杰告别的头一天晚上，丹金护法出现雍仲丹增的梦里，说道：明天上师会举办告别仪式，在仪式上会供你很多佛像、佛塔等稀世珍宝，但你除了丹金护法的法瓶，其他的都不能要，这样我就可以随你做护法。第二天，弥秀多杰确实举行了隆重的告别仪式，仪式上供奉了很多珍贵的佛像和佛塔，但雍仲丹增除了丹金护法的法瓶之外，一尊都没收。弥秀多杰在无奈之下，说该护法的心已不在我这里，留着他也无用，说完便把丹金护法的法瓶赠于雍仲丹增。雍仲丹增高兴地接受法瓶，与随从同行返回老家。大师回家的路上，有很多与丹金护法有关的神奇故事，详见于《雍仲丹增自传》。

雍仲丹增尚未回到老家前，其侄儿桑阿扎巴就写了丹金护法的供奉仪轨《聚宝经》，仪轨与雍仲丹增所见的丹金护法完全吻合。桑阿扎巴还造了一个装丹金法瓶的小箱子，也与丹金护法的法瓶大小刚合适，这样不谋而合的善缘接二连三地出现，丹金护法
就变成了易日寺的护法神，亦是本教忿怒莲师三大护法神之一。雍仲丹增在弥秀多杰处学习时，法名为德庆弥巨宁波（བདེ་ཆེན་མི་འགྱུར་སྙིང་པོ།），成为弥秀多杰与罗丹宁波的所有耳传的法主。《丹金护法仪轨》的原文是弥秀多杰的耳传，约有四十页，为长条写本；桑阿扎巴所著的《单独仪轨聚宝经》，也有四十多页，为长条写本。

据《雍仲丹增自传》记载：大师32岁时返回老家，被炉霍土司召见，顺便提到修建寺院之地，遂去了很多地方，最后选择了易日沟（炉霍县仁大乡易日沟）。雍仲丹增是格西家族之子，也是炉霍土司的侄儿，所以他本可以有上百个随从使者，但他以修行者的身份行动，不带随从。他的两个侄儿和其他人先去易日沟，自己随后到

了易日沟沟口仁大乡，看着易日沟说：“此沟感觉封闭了一般，有路吗？”步行进去后才知道，原来这条山沟很长远。众人到了易日沟紫内村边上的大树下睡了一夜，第二天大师的鞋不见了，刚好那天晚上下了雪，雪地上有动物的足迹，他跟着足迹走到了易日寺老寺院的遗址处，看见自己的鞋在那。雍仲丹增就说道：好了，这就是以后我修行的地方。他选了修行净地后，炉霍土司依然不放心，让易日寺的一百户村民伺候自己的侄儿，他们就变成了格西雍仲丹增的弟子，村子也成了喇嘛村。雍仲丹增在此地建了本教寺院，名易日扎西门珠林寺。易日是地名，因在易日沟里建了扎西门珠林寺院，所以称易日寺。

格西雍仲丹增在此建了寺庙之后，迎来了很多弟子，这些弟子来自西藏昌都的江达县、丁青县，那曲的巴青县、聂荣县，以及四川甘孜的德格县、理塘县、巴塘县、雅江县、新龙县、甘孜县、炉霍县、道孚县、九龙县、康定县、丹巴县、冕宁县、石棉县、泸沽湖、大小金川等很多地方，总计有一百五十个寺院的僧人，易日寺便成为康巴地区的本教学习基地。就是因为易日寺逐渐壮大，很多学徒来到易日寺，不去曼日寺，与曼日寺的关系也变得微妙。从康巴地区的本教寺院中能看出，他们的仪轨传承、金刚神舞、念诵顺序、风格都与易日寺相吻合；当然有的也被某些大师更改为曼日寺传承，但依然能看出易日寺的传承痕迹。自那时起，曼日寺开始排斥新本，本教内部衍生了两个传承，即新密和旧密。在此前，有新本的内容，但还没有形成一个完整体系的传承。

格西·雍仲丹增在37岁时，上师朵登·雍仲坚参圆寂，雍仲丹增同时管理包括雅德乡邓达山沟的吉绒寺与易日寺在内的很多寺院，那时在易日寺学习的僧人增至上千名。1727年，雍仲丹增圆寂。

据说格西雍仲丹增与炉霍泥巴沟里的一位名叫阿嘎登巴（ཨ་སྟ་བསྟན་པ།）的上师关系不好。这位大师圆寂的前一天，梦见自己吃了一盆虫子。第二天召集自己的所有弟子，说："我将会圆寂，无论发生了什么神奇的事，你们都要把我埋在桥边的十字路口上，上面建个九层伏魔塔。"弟子们心里不愿意，但只能顺从。第二天阿嘎登巴真的圆寂了，大师圆寂时安坐于离垫子一尺高的空中，弟子们对如此殊胜的圆寂现象生起敬仰，于心不忍，所以没有按照师父的意愿去做。他们给师父的遗体披上袈裟，做了隆重的丧葬仪式，仪式上邀请了很多当地著名的高僧。其中第一位邀请的就是格西·雍仲丹增，但雍仲丹增因闭关没能去成，就派了一位老喇嘛代替自己。走的时候，他对喇嘛吩咐道："你不要坐在首位，就坐在末位，带着我的课诵经文，今晚如果法体动起来，你就用经文打他的头。"

老喇嘛从易日寺到尼马沟走了七十多公里，累得不行，就稍微睡了一会儿。同时，那位大师的尸体站了起来，拿着坛城中的宝瓶为每一位高僧灌顶，那些高僧再没能起来。老喇嘛依然睡不醒，斯比杰母护法的坐骑用蹄子踢了一下将其叫醒，他看见那位大师站着为所有在睡眠中的高僧们灌顶，立马把经文扔过去，可能是因为害怕，没打着头，只打到腿上，把他给绊倒了。自那时起，他与格西·雍仲丹增势不两立，最后被雍仲丹增伏法，成为他的护法神。如今在仁达村边上有个脚印遗迹，据说是雍仲丹增降伏阿嘎登巴时所留下的，那里的供台也是用来供奉阿嘎登巴护法的。雍仲丹增圆寂时，他的法体没被埋葬，就放在玻璃里面，法体下面有阿嘎登巴的魂石。类似这样与雍仲丹增有关的民间故事特别多，比如雍仲丹增与龙的故事，与魔王阿嘎登巴的故事，等等。

雍仲丹增的弟子众多，但其中最优秀的就是耿珠扎巴、桑吉林巴、桑阿扎巴、格西罗丹（格西达拉布）等。罗丹宁波、弥秀多杰、桑吉林巴、耿珠扎巴为本教四大活佛，是新本的主要人物，其中弥秀多杰是雍仲丹增的上师。

3.四位汉族和尚的故事

易日寺金刚神舞里面有两位汉族师父、两位弟子的故事。这个故事以喜剧性的方式博人一笑。据说格西·雍仲丹增去了中原，在峨眉山闭关修持占巴三父子，回来时带着很多汉族贵族之子。神舞中的这一部分就是为他们所定制，以解除他们对家乡的执念。大致曾流传在今四川雅安、宝兴、石棉、绵阳、德阳、乐山地带，如今在雅安、宝兴、石棉和绵阳依然能看见本教寺院遗址、古籍文献。这些证据表明以前在这些地方有过本教传承。

这台金刚神舞除了按照剧本跳舞之外还有游戏的部分，供众人取乐。即先由两位弟子把各自师父请上舞台。在迎接师父的过程中，为了保护自己的师父，弟子们故意把另外一个师父推开或阻挡前行或争抢位置。两位师父也必须配合弟子们的逗趣行为，尽兴过后，面具下的师父会宣布停止。两位师父坐回各自位置后，弟子就放心地去拿鼓和钹等乐器。但回来的时候，会发现另外一位喜剧演员“巴根（འབག་རྒན།）”在戏弄两位师父。两位弟子为了保护自己的师父，就要与他争斗，赶出这位不速之客。两头舞狮、四位游方僧也会出来，按剧本跳神舞。

两位师父根据四位游方僧的舞步奏乐，四位游方僧完整地把自己的舞跳完了之后，就可以离开舞台，但两位师父还需在各自位置待着不动，两头舞狮子继续戏耍。于是，两位弟子就请自己的师父离开舞台，进行其他的游戏。这个喜剧在康区其他的本教寺院里都有，只是出现的方式不同，也没有那么喜剧化。

那么易日寺为什么会有这样喜剧化的神舞，而且还那么隆重？笔者以前看过很多次易日寺神舞，因为没有剧本根据，因此无法看出其特殊之处。后来问易日寺的很多老喇嘛，他们说：格西雍仲丹增曾经去过中原，很多汉族的贵族弟子愿意跟随雍仲丹增来到易日寺学习。但贵族的弟子们有时候会想家，所以易日寺为了逗他们开心，解除他们的思乡之苦，安排了这样的喜剧舞。这个喜剧开始是汉族的弟子们自己玩的，后来就变成了易日寺的传统金刚神舞，每年正月十五的时候都会跳。这就说明了易日寺为什么会有这样喜剧化的金刚神舞。

4.格西家族的历史渊源

据文献记载，古代藏族地区有知氏、幸氏、西氏、美邬、巴氏和琼氏等六大家族。琼氏即大鹏鸟之后，其中又分黑琼氏、白琼氏、黄琼氏与花琼氏即四大家族。嘉绒格西家族（格什杂安抚司）是属于花琼氏家族之后，琼波雍仲四子之格西匝之后。

据说普贤王如来为了度化众生化身为三只大鹏鸟，飞到穹波丁青地区。当时很多种地的当地农民看见此奇鸟，说："三只大鹏头上有角，所以应该是公鸟，称他为穹坡（即公鸟之意）。"三只鸟只待了一刻，便飞走了，大鹏在地上爪痕中生了四枚鹏蛋。蛋破后生了非常俊美的四子，从而有了琼波四大家族。吐蕃第九代赞普布底贡杰时期，邀请了弥穹金（མུ་ཁྱུང་རྒྱལ།）和拉穹金（ལྷ་ཁྱུང་རྒྱལ།）担任吐蕃国师，弘扬本教文化。弥穹金之子琼波·达扎敦祖（ཁྱུང་པོ་སྟག་སྒྲ་དོན་གཙུག）等在本教文献《扎巴林札》、藏传佛教文献《巴协》等中皆有记载。还有琼波家族之后冉桑赤乃阔，他不但在象雄耳传历代上师中出现过，还做过吐蕃第29代赞普达贡年苏的上师[①]。

据说花琼氏家族之后拉赛琼帕茶莫为了弘法利生，带着自己的儿子琼波雍仲，从雅砻走到象雄乃至康区，游历各地。其中琼波雍仲经阿达擦瓦绒（洛擦瓦绒）来到嘉绒，途中经过德格、甘孜县、炉霍县、道孚、木雅嘎达、丹巴县，最后到了金川独角沟，与那里的女王拉姆董丹玛结亲，生四子，格什杂就是其中之一。

据说拉姆董丹玛是东女国的最后一位国王，墨尔多神山是他们的神山。拉姆董丹玛与琼波雍仲结亲，生四子，被称为雍仲四子或布波四子（དབལ་འབོལ་བུ་བཞི།），布波是地名。他们的第一个儿子叫戈隆匝

① 赤索丹主编：《本教历史文献汇编》第3卷《扎巴林札》，兰州：甘肃文化出版社，2018年，第43页。

（ཀུན་སྐྱོང་ཙ།），生了此子后六年没有生育。二位夫妇邀请卦师卜卦，说要修绰沃瓦塞本尊。琼波雍仲精修瓦塞本尊，不久后生一子，被称为绰匝（ཁྲོ་ཙ།），即忿怒本尊赠送之子；二位夫妇以药师佛仪轨受灌顶，行善积德，并生一子，称旺匝（དབང་ཙ།）；后来通过雍仲隆吉经广行善事，生一子，称格西匝（དགེ་ཤེས་ཙ།），即行善之子①。

嘉绒语中的“匝”（ཙ།）是婴儿之意，比如象雄耳传大圆满历代上师当中的达布示匝（ཏ་པི་ཧྲི་ཙ།）、穆匝杰尔美（དམུ་ཙ་གྱེར་མེད།）都以匝为名。四字中的“戈隆”是求神得子之意，雍仲夫妇发菩提心，求嘉莫墨尔多神山所赐之子，称戈隆匝，后来安定在饶丹地区，称金川土司饶丹杰波。绰匝中的绰是绰沃（ཁྲོ་བོ།），即忿怒本尊之意；“匝”是忿怒本尊所赐之子之意，就是绰斯甲土司的祖先。旺匝中的“旺”是灌顶或授权之意，因受了药师佛灌顶并生子，所以称为旺匝，有人说他是赞啦杰波的祖先，也有人说是巴底杰波土司。老四叫格西匝，格西中的“格”是善的意思，他们做了很多善事，生一子，称格西匝，或称格什杂安抚司，定居在丹巴格西地区。

**十四、仁增更珠扎巴大师**

琼波·罗丹宁波②（ཁྱུང་པོ་བློ་ལྡན་སྙིང་པོ།）、谢依·雍仲杰波（ཤེལ་ཞིག་གཡུང་དྲུང་རྒྱལ་པོ།）③、仁增更珠扎巴（ཀུན་གྲོལ་གྲགས་པ།）④、伏藏师桑吉林巴（སངས་རྒྱས་གླིང་པ།）⑤为本教四大活佛，其中更珠扎巴排名第三。康区非常著名的扎（དབྲ།）、江（ལྕང་།）、孟（སྨོན།）三大家族之孟杰家族。其父名雍仲杰（གཡུང་དྲུང་རྒྱལ།），是孟杰家族之后，母名达萨·才让措（སྟག་ཟ་ཚེ་རིང་མཚོ།），也是出身望族。孟杰家族坐落于甘孜朱学

① 阿坝藏族自治州藏族历史文化古籍研究协会主编：《嘉绒地区杰布和文殊档案》，成都：四川民族出版社，2017年，第2页。

② 琼波罗丹宁波又称南喀仁钦，是本教四大活佛之首，公元1360年生于琼波丁青县孜珠山附近。

③ 谢依雍仲杰波别名为谢依弥秀多吉，是本教四大活佛之第二位，生于琼波丁青县。

④ 仁增更珠扎巴是追霍尔甘孜人，是本教四大活佛之第三位，公元1700生于西藏昌都丁青县满吉寺。

⑤ 桑吉林巴是本教四大活佛之第四位，公元1705年生于琼波丁青县孜珠寺。

或追学（ཇི་ཤོད།）果兰地区，即今四川甘孜藏族自治州甘孜县呷拉乡雍仲林寺。大师诞生时，其父母都在西藏昌都丁青县的孟杰寺，所以更珠扎巴出生于琼波丁青县孟杰寺。

康区史料中的“朱霍尔”（ཇི་ཧོར།）是指朱倭与霍尔两个区域。朱倭是今炉霍县三区，但古时的朱倭包括炉霍、甘孜、道孚，“朱学或追学”（ཇི་ཤོད།）是指追沃（炉霍县志中写成朱倭）的下部或峡谷，包括今鲜水河的流域。十七世纪以前，这一片土地的信徒基本上是本教信徒，譬如：追敦·索南吉美（ཇི་སྟོན་བསོད་ནམས་འགྱུར་མེད།）、追敦·彭措（ཇི་སྟོན་ཕུན་ཚོགས།）、追敦才旺慈诚（ཇི་སྟོན་ཚེ་དབང་འཕྲིན་ལས།）、嘉绒雍仲益西（རྒྱལ་རོང་གཡུང་དྲུང་ཡེ་ཤེས།）、朵登雍仲坚参（རྟོགས་ལྡན་གཡུང་དྲུང་རྒྱལ་མཚན།）、格西雍仲丹增（དགེ་བཤེས་གཡུང་དྲུང་བསྟན་འཛིན།）等都出生于朱倭地区，弘扬本教文化①。

更珠扎巴的全称“仁增更珠扎巴”（རིག་འཛིན་ཀུན་གྲོལ་གྲགས་པ།）、“孟杰更珠扎巴”（སྨོན་རྒྱལ་ཀུན་གྲོལ་གྲགས་པ།），别名为“南喀益西”（ནམ་མཁའ་ཡེ་ཤེས།）、“更珠贾村”（ཀུན་གྲོལ་འཇའ་ཚོན།）等，拥有很多尊称。孟杰更珠扎巴中的“孟杰”是家族之名，孟杰家族起初就在甘孜县呷拉乡境内，但后来在格鲁派的各种压力下，被迫跋涉到扎科满吉寺（即今德格县温拖镇满吉村满吉寺）。“贾寸宁波”是指大师在出生时，甘孜呷拉乡天空彩虹密布，故此得名为贾寸草原或贾寸村，更珠扎巴也被称尊称为贾寸宁波②。

据说，更珠扎巴4岁之前，未曾开口说话；到5岁从琼波丁青县返回家乡——甘孜呷拉乡雍仲林寺；9岁时，拜自己的父亲雍中杰为师，学习藏文读写、正字、三十颂、音释论等语法，以及密宗仪轨使用法等，奠定了学习藏族文化的基础；15岁时，拜上师格西雍仲丹

① 夏咱·扎西坚赞：《夏咱·扎西坚赞全集》（9）《阿赤大圆满历代上师传》，成都：四川民族出版社，2011年7月第1版，第386页。

② 夏咱·扎西坚赞：《夏咱·扎西坚赞全集》（9）《阿赤大圆满历代上师传》，成都：四川民族出版社，2011年7月第1版，第391页。

增为师，受沙弥戒，尊称为南喀益西。据《更珠扎巴本生传记》记载："雍仲益西大师前祈祷，"[①]即更珠扎巴被上师雍仲丹增认定为雍仲益西的转世活佛，而雍仲益西是雍仲丹增的叔叔。

更珠扎巴在上师雍仲丹增座前认真学习阿赤大圆满、象雄耳传大圆满、大圆满精要三法的理论体系，并接受灌顶与传承，以及指点心性、直指大圆满秘诀，成为雍仲丹增最得意的弟子。更珠扎巴20岁时，前往西藏，在本教最高佛学院曼日寺（西藏自治区日喀则南林县托加乡境内）学习，拜曼日寺第12位堪布西饶俄色为师，接受比丘戒，得名嘉瓦俄色；认真听闻本教显宗五部大论、密宗四部和大圆满三部，深入研究和分析，并精进修持，获得非凡成就。据《象蕃历史漫谈》记载：西饶俄色于1722年坐床，于1734年圆寂[②]。

更珠扎巴还在西藏各地朝拜学习，搜集资料，拜访知（སྦྲ།）、西（ཞུ།）、巴（སྤ།）、美（མེའུ།）的很多大师，接受本教密宗各种仪轨的灌顶和传承，成为名副其实的密宗传承人；30岁时，返回老家甘孜呷拉地区，闭关修持瓦塞本尊的前行与正行法，使身心合一、自在，成为真正的密宗大师[③]。

《卡尔梅·桑丹坚参的论文集》下册中根据桑吉林巴的自传描述了桑吉林巴如何来到嘉绒，来了之后做了什么，见了何人等。其中提到，公元1729年时，桑吉林巴得到格西土司丹增诺布的两位弟弟（即桑阿阿扎巴和格西罗丹宁波）的诚恳邀请，来到嘉绒地区。更珠扎巴应该在公元1731年来到嘉绒，与著名伏藏师桑吉林巴、桑阿扎巴相遇，并拜其为师，接受很多法门的传承。他们三位应该是互为上师。格西罗丹全称罗丹宁波，他经过西藏林芝的本日神山时，与桑

① 作者不明：《仁增·更珠扎巴本生记》，写本，现存于阿坝县夺登寺邓巴达尔吉家。

② 邓真尼玛主编：《象雄与吐蕃历史文献》下册，成都：四川民族出版社，2016年11月，第838页。

③ 夏咱·扎西坚赞：《夏咱·扎西坚赞全集》（9）《阿赤大圆满历代上师传》，成都：四川民族出版社，2011年7月第1版，第391页。

吉林巴偶遇，生起信仰，并邀请大师到嘉绒弘法[①]。此次提到的罗丹宁波是格西罗丹宁波，他与本教四大活佛中的琼波罗丹宁波并非同一个人。四大活佛之首的罗丹宁波叫琼波罗丹宁波，公元1405年诞生于琼波丁青县孜珠山附近[②]。他的耳传和伏藏精品《无垢庄严经》《不灭佛号》等共有六十多函。而格西罗丹是嘉绒格西土司丹增诺布和桑阿扎巴的弟弟，格西雍仲丹增之侄，桑吉林巴之徒[③]。

桑阿扎巴是雍仲丹增之侄，桑吉林巴之徒，格西罗丹之兄，出生于炉霍峡谷虾拉沱嘉杰村境内。夏匝巴大师的《阿赤大圆满历代上师传》中记载：雍仲丹增弟子颇多，但最得意的就是桑阿扎巴与更珠扎巴二位[④]。《阿赤大圆满历代上师祈请文》中记载：噶丹华日深密修行处，上师桑阿扎巴前祈请，正教弘扬十方之珍宝。即他的修行处乃炉霍易日寺的噶丹华日神山，与更珠扎巴有师徒之名。

更珠扎巴所著的《雍仲本教甘珠尔目录》记载：“十二丁卯铁侯年时圆满结束”。十二丁卯铁猴年即公元1740年，此年为《雍仲本教甘珠尔》汇编的结束之年。据说：更珠扎巴1700年诞生，65岁时圆寂，即1765年圆寂。如今在我国云南、四川、西藏、青海、甘肃等地和邻国尼泊尔的本教寺院中都存有大师的经典著作，如《更珠扎巴内外密传记》（自传）以及《藏文语法论著》《土弥言教注释普明灯》《修辞注释智者喜宴》《本教源流如意宝》《大圆满前行直指秘诀正文》《雍仲本教甘珠尔目录》《菩提道次六十颂注释》《大白伞盖仪轨法》《静猛本尊修法》《玛莫斯巴杰母修法》《虎衣明王仪轨》《空母智慧集》《内外密修法传承》《千尊佛灌顶》《胜掘金刚深密仪轨》《陀罗尼集》等40余部。

---

① 详见《卡尔梅·桑丹坚参选集》下册，北京：中国藏学出版社，2010年9月第2版，第379页。

② 邓真尼玛主编：《象雄与吐蕃历史文献》上册，成都：四川民族出版社，2016年11月，第1054页。

③ 德康·索南曲杰英译藏：《卡尔梅·桑丹坚参选集》下册，北京：中国藏学出版社，2010年9月第2版，第379页。

④ 夏咱·扎西坚赞：《夏咱·扎西坚赞全集》（9）《阿赤大圆满历代上师传》，成都：四川民族出版社，2011年7月第1版，第391页。

大师的弟子多如繁星，其中最为优秀的有穆辛·根呷彭措（དམུ་གཞིན་ཀུན་དགའ་ཡེ་ཤེས།）、绰琼·南喀旺登（ཁྲོ་ཁྱུང་ནམ་མཁའ་དབང་ལྡན།）、绰仓丹增诺布（ཁྲོ་ཚང་བསྟན་འཛིན་ནོར་བུ།）、扎敦·雍仲吉美（དབྲ་སྟོན་གཡུང་དྲུང་འགྱུར་མེད།）、夺登益西丹增（རྟོགས་ལྡན་ཡེ་ཤེས་བསྟན་འཛིན།）等①。

**十五、夏尔匝·扎西坚参**

夏尔匝·扎西坚参（1859—1935）别名为夏尔匝巴、如巴让谢、智美宁波。“夏尔匝”（ཤར་རྫ།）是大师出生之地名,即今四川甘孜州德格县扎科乡丁青寺附近的“匝霍尔”（རྫ་ཧོར་པ།）村。譬如：宗喀巴大师出生于宗喀地区，得名为宗喀巴大师；麦乌拉日年波生于古晓地区，称古晓巴大师；良美大师建立曼日寺，得名为曼日巴；夏尔匝巴大师生于夏尔匝，修行于夏尔匝，故得名为夏尔匝巴大师。“扎西坚参”（བཀྲ་ཤིས་རྒྱལ་མཚན།）为其真名，是吉祥宝幢之意；智美宁波（དྲི་མེད་སྙིང་པོ།）即无垢精髓和如巴让谢（རིག་པ་རང་ཤར།）自明自觉都是他的密宗和大圆满之法名。汉文译法有夏咱·扎西坚赞、夏扎·扎西坚赞、夏匝·扎西坚参、夏尔匝·扎西坚参等很多种，但藏文原文只有一个。

如今在甘孜康北地区有很多以“霍尔”为名之地，比如霍尔章谷，炉霍虾拉沱称霍尔阔或霍尔巴，雅江有“霍尔隆巴”，甘孜称“追霍尔”，扎科地区也有个叫匝霍尔巴，因此地都是霍尔土司的管辖范围。此地在雅砻江上游“扎曲河”（རྫ་ཆུ།）之岸，达岗、泥巴岗、塞岗三座山脉当中，夏尔匝地区属达岗与泥巴岗山脉之系。其位于德格县城以西，东连甘孜县的贡隆乡，南与甘孜县昔色乡相邻，北面与德格的察扎乡毗连，西接德格县城。就是在德格县扎科乡丁青寺西部山腰的夏尔匝雍仲岭波修行处，现名为夏尔匝佛学院。

根据夏尔匝巴大师的大小传记和采访老人时得知，大师是生于19

① 夏咱·扎西坚赞：《夏咱·扎西坚赞全集》（9）《阿赤大圆满历代上师传》，成都：四川民族出版社，2011年7月第1版，第391页。

世纪50年代的杰出本教大师。《夏咱扎西坚参全集》前言中有夏尔匝巴大师简介，《阿赤大圆满历代上师传白莲蔓》中也有其简介，夏尔匝巴的弟子扎敦巴大师所著的《上师夏尔匝扎西坚参传》是最广义的传记。根据以上大小传记所述，夏尔匝巴在公元1859年，生于霍尔夏尔匝地区（德格县扎科乡丁青寺匝霍尔巴村），父亲名扎西嘎（བཀྲ་ཤིས་དགའ།），是名居士；母名为沃勒（བོ་ལེགས།），也是一名本教信徒。儿时的大师，乐于行善，信仰坚定，天生具有出离心、慈悲与智慧，对生活、名利都不贪婪，很知足，父母为其取名为南杰才旦（རྣམ་རྒྱལ་ཚེ་བརྟན།）。儿时扎智·珠钦丹增旺甲（དྲ་སྒྲུབ་བསྟན་འཛིན་དབང་རྒྱལ།）来到他们家，为刚出生的小孩做了长寿灌顶并加持，由此与大师结了师徒善缘。

在那时，新龙土司公布郎加军队侵入匝霍尔巴地区，夏尔匝巴家族也因此被迫迁至匝巴下方。他小时候经常生病，三岁时，父母把他带到珠钦·丹增旺甲处，受长寿灌顶和加持。上师丹增旺甲说："他必须出家，只有出家，他才能保命，若不出家，就必死无疑。"可怜父母心，把孩子交到丹增旺甲手里后，二老就回到自己的家。自那时起，夏尔匝巴大师拜叔叔雍仲坚参为师，学习藏文诵读、语法、藏文书法、禳灾仪轨、历算、占卜等知识，为深入学习显密理论打下坚实基础。

夏尔匝巴11岁时，在上师丹增旺甲处受居士戒及其他很多本尊的灌顶和传承，取名为扎西坚参，后来人称为夏尔匝·扎西坚参；14岁时，夏尔匝巴母亲去世，父亲娶了继母，生了一男一女。儿子叫慈城丹增（ཚུལ་ཁྲིམས་བསྟན་འཛིན།），出家为僧，当上堪布，尊称堪布慈城丹增；女儿叫才旺吉，是夏尔匝罗珠坚参之母。夏尔匝巴19岁时，在珠钦丹增旺甲处学习大圆满九加行、四出离心、指点心性等，在闻思修慧方面取得极大成就。25岁时，前往卫藏地区，朝拜曼日寺、热拉·雍仲林寺、幸仓寺等很多圣地，学习不同地方的本教文化。

夏尔匝巴大师先后拜麦敦·尼玛坚参（མེ་སྟོན་ཉི་མ་རྒྱལ་མཚན།）、伏藏师德钦岭巴（གཏེར་སྟོན་བདེ་ཆེན་གླིང་པ།）、伏藏师泽旺扎巴（གཏེར་སྲས་ཚེ་དབང་གྲགས་པ།）、更珠登都岭巴（ཀུན་གྲོལ་བདུད་འདུལ་གླིང་པ།）、松旦桑丹益西（སུམ་ལྡན་བསམ་གཏན་ཡེ་ཤེས།）、雍仲林堪布嘎绒尼玛（གཡུང་དྲུང་གླིང་མཁན་པོ་བསྐལ་བཟང་ཉི་མ།）、格鲁派著名活佛扎噶洛桑年扎（སྐུ་བཞེངས་བྲག་དཀར།）、贡珠云丹嘉措（ཀོང་སྤྲུལ་ཡོན་ཏན་རྒྱ་མཚོ།）、噶陀司德曲吉嘉措（ཀ་ཐོག་སི་ཏུ་ཆོས་ཀྱི་རྒྱ་མཚོ།）等24位大师为师，学习本教、宁玛派、噶举派、萨迦派、格鲁派的传承教义，在以显宗、密宗、大圆满、斯巴本等为代表的藏族文化传承体系中做了闻思修慧，成为学识渊博、德行兼备的大成就者。

尤其在西藏古老文化占星学、历算学、传统天文学、藏医药学、禳灾仪轨（协调人与自然的各种方法）、超度法（丧葬法）、增福延寿经（除病免难）、藏文语法、诗歌修辞、辞藻学、因明学（藏文逻辑学）、宗教哲学中闻思修慧，吸取精华，成为赫赫有名的大学者。还在多位大师处受阿赤大圆满、耳传大圆满、心识九部大圆满的传承，深思熟虑，精进修持，把学习与修行相结合，修行与生活相结合，做人与做事相结合，成为西藏本教的一代高僧。

大师的著作包括：阐述本教起源与发展历史《西藏本来源流》，阐述显、密、大圆满修持方法阐述的《法藏宝库》，概说九乘次第宗派的《经论宝典》，阐释无上大圆满基位、道位、果位阐释法的《明空宝典》，阐释三部大圆满精华的《虚空藏宝典》，解说密宗仪轨使用法的《密宗道次第论》，汇聚大圆满实修方法的《三身自现法》，阐述别解脱戒、菩萨戒、密宗戒阐述法的《三律仪宝典》，阐述阿赤大圆满十五座间前行法的《法海言教》，以及《三身佛极乐净土》《皈依二十颂及其注释》《菩提学处108颂及其解释》《阿赤大圆满历代上师传》等共有17卷。

如今国内外的专家学者中不但开始研究《西藏本教源流》《大圆

满普贤心髓》，而且不少学者为此做了翻译、注释、撰写了相关论文等。譬如：国际藏学研究协会原会长卡尔梅·桑丹坚参在1972年时，用英文对夏尔匝巴的《西藏本教源流》做了译注；后来一位汉族老学者，又把它译成汉文并做了注解；2012年，西南民族大学教授刘勇，以英文版与藏文版的《西藏本教源流》作参考，重新翻译成汉文，名《藏族雍仲本教史妙语宝库》。

国际著名藏学家南开诺布等很多著名专家学者们运用《西藏本教源流》的内容开展研究，很受国内外学术界的重视。1985年9月，民族出版社出版此书，成为国内最早期出版的本教出版物。《大圆满普贤心髓》也有英文、汉文、法文等三十多种版本。

2000年，由四川民族出版社现任社长泽仁扎西做主编，出版夏尔匝巴的力作大圆满前行《法海言教》出版，别名为《本教知识宝典》，2015年，该书第8次印刷，先后刊印达5万多册。该书由塔德活佛泽旺吉美仁波切提供翻译经费，由西南民族大学教授泽仁吉美负责汉文翻译，但还没出版发行。

夏尔匝·扎西坚参传记有广略二部，都是扎敦斯拉坚参大师（1897—1959）所著。广本名《上师夏尔匝·扎西坚参传》，共1本，全藏文，1990年由中央民族大学教授才让太主编，中国藏学出版社出版发行。夏尔匝巴的传记略本也在四川民族出版社出版，但由于找不到原本，所以无法提供出版信息。

夏尔匝巴大师全集有17卷，20世纪80年代时，由原甘孜州政协副主席、甘孜州佛协副会长阿勇活佛第一次印刷；阿坝夺登寺活佛、甘肃迭部佐仓寺住持南喀丹增仁波切第二次出版发行；21世纪初，邓真尼玛也做过一次印刷；2011年，琼布丁青寺住持坚参罗布活佛提供项目经费，由四川民族出版社出版。另外泽旺吉美活佛曾出资，将夏尔匝巴大师全集用木刻板做过一次印刷。夏尔匝巴全集目前在德格扎科乡夏尔匝佛学院有木刻板遗存。

《夏匝·扎西坚参全集》共17卷，其中包括：1.《夏尔匝巴大师传》；2.《大圆满前行法海言教》；3.《大圆满三身自现证》；4.《皈依二十颂、菩提心一百颂及其注释》；5.《西藏本教源流》；6.《经论藏宝典》；7.《法藏宝库上册及其注释》；8.《法藏宝库下册及其注释》；9.《秘诀集虚空藏宝典》，10.《仪轨集宝藏》；11.《大圆满明空宝典》上册；12.《大圆满明空宝典》下册；13.《密宗道次第修法》；14.《三律仪论典》；15.《祈请颂文集》；16.《修法汇聚》；17.《煨桑与护法文集》。

夏尔匝巴大师自26岁起，在夏尔匝修行处（ཤར་རྫ་རི་ཁྲོད།）闭关修行，建立康区最大的大圆满修行院。后来随着大师声名鹊起，迎来了各个地方的弟子，其中有来自西藏、青海、甘肃、云南、四川等各个地方的，修行院遂转变为夏尔匝佛学院。大师在原有的阿赤大圆满、象雄耳传大圆满、心识九部大圆满、菩提藏大圆满传承的基础上，建立独特风格的大圆满修持方法，培养了很多优秀弟子，以弘扬西藏本土文化。

夏尔匝巴大师弟子众多，主要包括：珠钦·丹增旺甲之子扎色·达瓦扎巴、本教与宁玛派公认的著名伏藏师桑阿岭巴、安多阿坝夺登寺住持慈城旦比坚参、新龙博美地区的扎敦巴大师、新龙贡嘉寺的泽旺晋美大师、夏尔匝巴之侄罗珠坚参大师，以及易日寺住持雍敦旦增坚参、阿坝夺登寺的恩顿同瓦让卓、德格温拖乡的更珠登都岭巴、青海热工地区翁嘉活佛雍仲彭措、若尔盖的江帕旦增仁青、德格塔德寺的喇嘛慈城智美、瓦尔琼活佛丹增旺波等。大师一生学习与修行，在76岁（公元1935年）时，在夏尔匝日绰圆寂。圆寂时其身体变成彩虹消失于空中，大圆满经典中称其为虹化。人们尊称夏尔匝·扎西坚参、扎色·达瓦扎巴、贡嘉·泽旺晋美为康区三尊虹化大师。

约在19十九世纪80年代左右，康区进行过一次利美运动，就是倡导无宗派、无偏见的运动。这应该是在19世纪时，有计划、有目的、有理论支持的民族文化交往、交流、交融的成功案例。第一、德格土司提供了很好的环境和资源；第二、贡珠云丹嘉提供了优秀的策划方案；第三、各教派的大师积极配合。夏尔巴大师虽不是计划者或执行者，但他也是参与者。利美运动最大的优势，是利美运动的计划者贡珠·云丹嘉措生于本教家族，信奉噶举派，后成为萨迦派嘉阳钦哲的弟子，宁玛派上师麦彭巴亦是其弟子。后来格鲁派大师扎噶活佛的加入，让这个计划更有胜算。

而夏尔匝巴大师既是利美运动的参与者，又是受益者，他在利美运动的保护伞下，培养了很多特别优秀的本教弟子，撰写了特别优秀的论著，为复兴本教文化做出积极贡献。总之，夏尔匝巴大师用一生的时间，学习和修行藏族本土文化，布教育人，为传承和弘扬民族文化做出了卓越贡献。

# 第三章 本教文化与地名研究

本章包括四部分内容：一是8世纪时的本教文化在吐蕃的地位、作用，等等；二是古象雄的文化传承、地理划分和信仰等；三是本教古籍中的青藏高原以及周边地区的部分地名研究，包括吐蕃、中原、印度、尼泊尔、波斯、勃律、克什米尔等。

## 第一节 八世纪的本教文化传承

8世纪是吐蕃的鼎盛时期，也是对宗教、文化进行改革之际。在如此特殊的时期，作为吐蕃主流文化的本教，以象雄部、印度部和斯巴本传承为主。象雄部传承是没有经过改革之前的本教文化，它包含本教密宗和大圆满传承；印度部传承是指8世纪时被改革之后的本教文化，它包括毗卢遮那传承和占巴南喀传承；斯巴本是吐蕃民间文化，其中包括占卜、历算、医术、禳解等内容[①]。

8世纪时，吐蕃为了改革政治体制、宗教信仰和文化传承，大量引进了勃律、印度、中原、伊朗等不同地区的文化，以此改进和完善本土文化。在8世纪以前，吐蕃地区只有本教的信仰。到了8世纪时，随着吐蕃实力日渐强大，其宗教文化也需要进行改革，所以引进外来的文化补充自己的力量，本教文化自然受到严重影响。当地民众一时无法接受外来文化，导致怨声四起。

反对的人当中有吐蕃贵族大臣、妃子、平民百姓乃至本教大师。

---

① 邓真尼玛主编：《吐蕃与象雄历史文献》上册，北京：民族出版社，2016年11月第1版，第671页。

当时本教的诸多大师为了保护流传上千年的文化瑰宝，带着大量经书和文物迁到云南等地，形成了吐蕃的边缘文化。《西藏王统记》记载，本教大量文献埋藏在扎玛尔（ཟབ་དམར།）等地①，从中不难看出，一部分本教经文埋在卫藏、阿里等地。自公元913年起，很多大师相继掘藏文献，成就了如今本教的伏藏文献。具体埋在何处、为何要埋藏、由何人埋藏、何时埋藏和埋藏了哪些经典等详细情况见于本教《扎巴林扎》《世间续授记经》②。

## 一、本教象雄部与印度部传承

本教文献中有象雄部和印度部两大传承体系。象雄部传承中又衍生出了密宗和大圆满两大传承。大圆满分年句（སྙན་རྒྱུད།）耳传大圆满③、心识九部大圆满（སེམས་སྨད་སྡེ་དགུ།）④；密宗中包括巨邦三法（སྤྱི་སྤུངས་སྐོར་གསུམ།）⑤、盖阔本尊传承（གེ་ཁོད།）⑥、麦日本尊（མེ་རི།）、母续（མ་རྒྱུད）⑦等传承。巨邦三法的历代传承中有本教上部六尊上师（སྟོད་ཀྱི་བླ་མ་ཆེ་དྲུག）、中期十三位世袭上师（བར་གྱི་གདུང་རྒྱུད་བཅུ་གསུམ།）、晚期四大论师（སྨད་ཀྱི་མཁས་པ་མི་བཞི།）、八大译师（རིག་འཛིན་ལོ་པཎ་གཤེན་བརྒྱད།）、二十位大智者（བོན་ཆེན་མཁས་པ་ཉི་ཤུ།），共有八十位大成就者⑧先后出世并弘扬巨邦三法。他们的修行处有本教文献中所载的密宗修行圣地三十七处，具体位置在《世间根本藏注释》（མཛོད་སྒྲ་འགྲེལ།）、《扎巴林扎》中有相关记述，后来有的学者也

① 萨迦索南坚参：《西藏王统记》，北京：民族出版社，1982年10月第1版，第203页。

② 邓真尼玛主编：《吐蕃与象雄历史文献》下册，成都：四川民族出版社，2016年11月第1版，第553页。

③《四部象雄耳传》，由二十六位虹化大师先后相传的心法，达布示匝与囊谢勒波大师在公元七世纪时，汇编于西藏日喀则仲巴县达若地区。

④ 云丹彭措主编：《藏族典籍精选》第46卷《大圆满精要》[幸庆鲁噶掘藏]，成都：四川民族出版社2014年12月第1版。

⑤巨邦三法：身体化身为瓦塞本尊、语言化身为拉果本尊、意化身为佐确本尊，详见《瓦塞本尊仪轨》，现保存于易日寺课诵文集，本赛穹果栽掘藏于12世纪初。

⑥ 本赛穹果栽掘藏：《盖阔本尊——伏魔本尊》，现存于炉霍县仁达乡易日寺的课诵文集。

⑦ 雍忠丛书主编：《本教母续根本经及其注释》[古如诺栽掘藏]，北京：民族出版社2009年12月第1版。

⑧ 本教八十位成就者有两种说，即母续说和巨邦三法说，两者之间的人物和传承有所不同。

为此做了田野考察，大部分都得到了论证[①]。八十位成就者中包括聂赤赞普、穆赤赞普、哈然巨巴尔、大伟李伟、阿尼查达、塞尼噶沃、象雄东炯土钦、夏日邬钦、杰匝卡邬等，都诞生于前吐蕃时期象雄、卫藏、康巴木雅、门巴等地。其中有吐蕃的大臣、王子和国师等各类人物，可见这些传承在吐蕃极受重视。据《世间根本藏注释》记载：自聂赤赞普至第八代赞普止贡赞普之间，吐蕃的本教有三大传承，即神本四门、超度法、清净心法。神本四门中包括占卜、历算、禳解、医术学等四脉传承；超度中包括男性超度、女性超度、婴灵超度、老人超度等很多法门；清净心法包括密宗巨邦三法、大圆满心识九部法。止贡赞普时期，本教一部分文献被损毁，神本四门没被灭，超度灭了一半，清净心法全部被灭。

自止贡赞普至赤松德赞之间，吐蕃与象雄地区只有本教象雄部的传承。到了8世纪，吐蕃东征西讨，不断扩展自己的领地，同时也引入了周边的部落文化，与本土文化相融合，形成风格独特的8世纪吐蕃文化，被称为本教印度部传承。《世间根本藏注释》云：止贡赞普时期，印度有曲（ཆོས།）即印度佛教，中原有八卦历算即易经（རྩིས།），昌域即新疆的和田一带有医药学（སྨན།），吐蕃与象雄只有雍仲本教（བོན།）[②]。这里的中原是以今青海、甘肃一带为主的黄河流域，根据《山海经》记载，炎黄祖先起源于黄河源头昆仑山脉的东拉山，道家的太上老君在昆仑山修行过。《扎巴林扎》记载：赤松德赞上半生时修本教法，吐蕃的百姓也信本教；赤松德赞中年时期本教与藏传佛教并修，但百姓依然只信本教；下半生时，赤松德赞信藏传佛教，百姓依然信本教。由此可以看出当时印度佛教在西藏的传播情况，以及当时吐蕃民众的宗教信仰情况。

---

①才让太主编：《冈底斯雍仲本教文献》第1卷《辛饶弥沃传记与历史》，北京：民族出版社，2010年9月第1版，第107页。

② 玛敦索增掘藏：《世间根本藏注释》，电子版，第15页，资料来源于绰仓格西祖普慈诚。

为了更好地了解象雄部传承，先要介绍一部经典，名为《象雄耳传本教不灭之因》。据说这部经典由囊谢勒波大师著于7世纪，本教历代大师都比较重视这部经典，它是本教的重要古籍文献之一。国际著名藏学专家卡尔梅·桑丹坚参和南开诺布认为，这部文献的出现早于10世纪前，阐述内容主要为囊谢勒波大师与赤松德赞间的对话以及囊谢勒波如何说服赤松德赞停止改本活动，还阐述了赤松德赞与象雄李弥嘉之间的精彩故事，以及赞普如何讨伐象雄王。这部经典共有十一页，现收录于朗塔丹增尼玛所编的《吐蕃与象雄历史文献》一书中①。

根据这部经典以及《扎巴林扎》与《唐书·吐蕃传》记载，当时吐蕃东征西讨，南征北战，大力拓展疆域，势力强大。《唐代吐蕃历史及文化论集》中记载，唐代时吐蕃前所未有的强盛。新旧唐书之吐蕃传中也有吐蕃征服突厥、土谷浑、苏毗（སུམ་པ།）、南诏、回纥、象雄、婆罗门即印度、尼泊尔（《唐书》中称泥婆罗国）②、克什米尔、李唐时代陕西等地的详细记载，从中可见当时吐蕃在亚洲的地位。

敦煌法藏版第十二卷20页第300号记载：松赞干布征服苏毗、凉波杰、工布杰、达波杰等所有部落，青藏高原的大部分部落都被统领。333号记载：芒松芒赞时期，突厥被吐蕃统领。335号记载：南诏归顺吐蕃，成为吐蕃的一部分。341号记载：赤德松赞时期，与唐王朝交战，噶居③南达伊朗，很多地区被攻破。392和393号记载：赤松德赞时期，不但攻破了唐王朝的大量城池，象雄、和田、于阗、且末等都归顺吐蕃，南至白蛮也被统领④。甘肃宕昌县所发现的本教早期

① 邓真尼玛主编：《吐蕃与象雄历史文献》上册，成都：四川民族出版社，2016年，第659页。

② 罗广武译注：《两唐书吐蕃传译注》，北京：中国藏学出版社，2014年5月第1版，第13页。

③ 甘肃临夏回族自治州的噶居地区。

④ 多布旦、扎西才让整理：《法藏敦煌藏文文献勘录》第12卷，拉萨：西藏人民出版，2017年4月第1版，第20至27页。

文献中，就有雍仲本教、辛饶雍仲的记载。所以了解本教文化对研究8世纪的宗教文化、社会现状有一定帮助。

当时，宗教信仰为统治者提供了强有力的执政手段和政治力量，吐蕃在强化自身政治影响力的同时，通过军事斗争拓展版图，然而其经济文化也需要提升和改革，所以不得不改变宗教文化和政治体制。本教作为吐蕃曾经的主流文化，遭遇突如其来的改革和外来文化的冲击，对于本教信徒而言，无论在情感上还是习惯上都难以接受，导致大师们带着大量本教文献迁徙至吐蕃边缘地带即南诏、理域等地，形成了那里的主流文化，从而衍生出很多传承。如很多专家所断，如今彝族的毕摩文化（བོན་པོ།）、纳西的东巴文化（སྟོན་པའི་ཆོས་ལུགས།）、普米的韩规教（རྟགས་པ།）、摩梭的达巴文化都有可能是本教文化的遗存。吐蕃在宗教改革期间，反对派主要代表人——象雄国师囊谢勒波大师通过精修麦日本尊的法力、智力，说服执政者，使其停止对本教经文的篡改活动。象雄地区灭本、追杀信徒的行为至此而止。自那时起，吐蕃地区停止改本活动，因此诞生了《象雄耳传未灭本之因》，并遗留下本教四部耳传大圆满、麦日本尊和戒律六续等非伏藏文献。这些经典既没被篡改又没有被埋藏，所以本教文献中称其为非伏藏即嘎玛（བཀའ་མ།）文献。

本教象雄部有很多传承体系，但主要以两大传承为主：一是巨邦三法、大圆满心识九部；二是耳传大圆满、麦日本尊传承。巨邦三法以瓦塞本尊、拉果本尊、佐确本尊、密宗六续为主，如今存于本教甘珠尔第120、121、123卷。约在11世纪末、12世纪初，这些经典先后得以弘扬，流传至如今的四川、青海、甘肃、西藏、云南等地。大圆满《心识九部》（སེམས་སྨད་སྡེ་དགུ།）、《菩提藏》（བྱང་སེམས་གབ་པ།）于公元1017年由幸庆鲁噶[①]掘藏于志参塔尕[②]，传授于其二弟子西耶

① 幸庆鲁噶（གཤེན་ཆེན་ཀླུ་དགའ།）生于996年。

② 志参塔尕（འབྲི་མཚམས་མཐའ་དཀར།）位于今西藏日喀则之南岗巴县境内。

勒波大师①，之后逐步流传至各地，现收录于《藏族典籍精选》和《冈底斯雍仲本教文献丛书》中。

耳传大圆满分《四部耳传大圆满》和《大圆满经验传授广中略三法》。据说《四部耳传大圆满》由达布示匝②与囊谢勒波大师在7世纪左右著于达若地区③，现收录于《冈底斯雍仲本教文献丛书》第24卷中。麦日本尊、盖阔本尊是从一个传承衍生的，盖阔本尊中有阿德穆伟（ཨ་ཏི་མུ་ཝེར།）、古谢忙盖（ཀུ་བྱི་མང་སྐེ།）、瓦尔钦盖阔（དབལ་ཆེན་གེ་ཁོད།）三尊。如今流传在民间各地，易日寺课诵文集中也有。这些文献虽都属于象雄部传承，但仔细对比研究，不难发现是不同时代或不同区域亦或是不同传承的文化。

印度部传承是被改革之后的本教文化。8世纪宗教改革的主要负责人是毗卢遮那大师，他是赤松德赞的义子，自幼被赞普带到桑耶翻译学院，培养成才，让他担任改教工作的主要负责人。宁玛派《莲师箴言》云："毗卢遮那本曲相融合。"本教文献《因明语王经》云："毗卢遮那本曲之集体④。"《毗卢遮那传记》记载："毗卢遮那本曲混合译⑤。"本曲中的"本"是指本教，"曲"是指藏传佛教，即以中观自续为主的印度佛教传到青藏高原，与本教相融所形成的流派。毗卢遮那大师把本波教与藏传佛教相结合，两者内容混合翻译（包含《妙法乘释镜》⑥《驳邪见因滴经》《因明语王经》等），形成了本教与藏传佛教相融的传承体系，即本教印度部传承。

所谓印度部传承是本教文化与印度佛教相融合形成的本教传承，

① 西耶勒波大师（ཞུ་གཡས་ལེགས་པོ།）是幸庆鲁噶四大弟子之一，大圆满的受教弟子，是西氏家族之后。

② 达布示匝（ཏ་པི་ཧྲི་ཙ།）是本教二十六位虹化大师之第二十五位。是囊谢勒波大师的上师。

③ 达若位于今西藏日喀则仲巴县达若乡以北。

④ 才让太主编：《冈底斯雍仲本教文献》第19卷《大圆满因明部》，北京：民族出版社，2010年9月第1版，第13页。

⑤《白若杂纳传白玛噶擦》第7章，成都：四川民族出版社，1995年，第291页。

⑥ 详见才让太主编：《冈底斯雍仲本教文献》第8卷《妙法乘释镜》，北京：民族出版社，2010年9月第1版。

分两个大的传承体系，一是毗卢遮那的传承，二是占巴南喀的传承。毗卢遮那的传承中包含《妙法乘释镜》《因明学论》《因明语王经》《法性要义广论经十函》《现证明智顶经十函》等。其在本教象雄部传承的基础上，吸收并融合了中观、唯识、有部、经部等诸多印度佛教和印度教的内容，形成前所未有的吐蕃文化。根据本教文献记载，占巴南喀大师为了保护本教文化，答应赞普辅佐毗卢遮那参与改本工作，但前提是要埋藏本教文献。赤松德赞说：这些文献皆是祖先流传下来的，亦是本民族自身的智慧宝藏，为了保护它，准许埋藏。于是，占巴南喀大师与赤松德赞协商并将这些经典埋藏在桑耶寺、扎玛尔、扎耶瓦、冈底斯等各地。具体埋藏在哪里、埋藏了哪些经典、如何埋藏、为了埋藏经书如何协商等详细情况见《扎巴林扎经》《本教世间授记经》。

本教印度部传承中既然分毗卢遮那和占巴南喀两大传承，那么占巴南喀所改革的本教文献中，包括哪些经典？主要为《耶赤大圆满经》，共有700页，现收录于本教甘珠尔138卷。除此之外，还有《了义除暗明灯经》《不了义经》《量学论匙》《地道论匙》等诸多经典，形成了本教印度部传承的重要文献①。

毗卢遮那的传承如下所述：本教印度部传承的大量文献后面加了辛饶弥沃所著，但实则是毗卢遮那大师从克什米尔和象雄语译成的藏语文献，还有一部分是占巴南喀从印度语译成的藏文版。此与象雄部传承文献的写作风格、文章结构、用词方法等存在明显区别，不难看出是两个传承体系：一个是8世纪以前就流传于象雄、吐蕃、克什米尔、党项、土谷浑等地的本教文化；另一个是在8世纪时，进行改革而形成的本教文化。

① 伟色金巴主编：《库门经典汇编》第138卷《耶赤经》，兰州：甘肃民族出版社，2015年9月第1版，第685页。

## 二、妙法乘释镜与吐蕃时期之高原文化

据说《妙法乘释镜》（ཐེག་འགྲེལ་མེ་ལོང་དགུ་སྐོར།）是辛饶弥沃著于公元前2世纪左右，共有72页，约在8世纪时，毗卢遮那大师将其从克什米尔语翻译成藏语，现收录于《冈底斯雍仲本教文献》第八卷1至90页。文章的标题中第一是象雄语，二是梵文，三是勃律语即克什米尔语，最后是藏语。由此说明，该文本从象雄语翻译成了梵文，再译成了勃律语，8世纪时被毗卢遮那译成吐蕃语。翻译的过程中译文不断更改，可以说是印度、勃律、象雄、吐蕃等各地文化完美相融的一部作品。梵文是古印度北部接近冈仁波齐山的语言，但后来由于印度佛教、印度教和婆罗门教的经文都以此文为主，所以称为印度梵文，甚至有很多教徒把它神化为天文或梵天文。所谓梵文是指梵天神族的文字，印度教和婆罗门教认为，冈仁波齐山是梵天之圣山，部分印度教徒认为它是自在天的圣山。比如象雄语中有不少与梵语相似的名词，梵文中亦存在很明显的象雄语言表述方式，可见两种语言通过宗教信仰和文化交流存在着深度融合。再例如阿德瑜伽（ཨ་ཏི་ཡོ་ག）中的“阿德”在象雄语中译成桑吉，即觉悟，觉悟是明白的意思；瑜伽（ཡོ་ག）在藏文中被翻译为实修。实际古象雄语系中称瑜伽（ཡོ་ཀ），是普遍、众所周知、公认之意，阿德瑜伽是普遍公认的觉悟之意。《塞米经》中辛饶弥沃的父亲为弥本（མི་བོན།）、拉本（ལྷ་བོན།）、越本（ཡོ་བོན།）、嘉本托噶。弥本是指人的本即怙主，拉本是指神的怙主，越本（ཡོ་བོན།）是指众生的怙主，越就是瑜伽的瑜，由此可见，它们之间有关联。

克什米尔在藏语中译为卡奇、知夏，即巴基斯坦下部为卡奇，上部接近象雄为知夏。卡奇应该是以今巴基斯坦首都卡拉奇为主的地区；知夏是阿里南部的克什米尔，汉语中译为勃律。止贡赞普时期就有来自卡奇的大臣或传教士，可见各地之间的友好往来、文化交融。到了8世纪时，两地的关系更加密切，卡奇的很多本教文化翻译成了

藏语。比如本教历史上非常著名的四大家族之知夏家族（བྲུ་ཞ）是最有势力的家族，对10世纪末期西藏中部地区的本教文化影响重大。据知氏家谱记载，他们在7至8世纪初，由于王子众多，九个王子中的五个从勃律流放到如今的阿里，统治阿里上下。他们以传教士的身份来到阿里，借由本教文化的影响，扩大自己的势力。公元10世纪时，益西卫王族迁到阿里，迫害阿里的本教信徒，烧了本教寺院与文献，知氏家族又迁到卫藏地区。知氏家族中最有威望的就是知南喀雍仲大师，生于公元994年，是幸庆鲁噶的大弟子，与益西卫同代，由于来自知夏即勃律地区，得名知夏喇嘛或知夏南喀雍仲、知夏氏系、知夏家族等。其子为知夏琼格坚参，孙子名为知杰喇嘛雍仲。公元1073年，知杰喇嘛雍仲建立“也如文萨卡”（གཡས་རུ་དབེན་ས་ཁ།）寺院。建立之初有上千名僧人，后来发展到上万僧众，成为本教最高级的佛学院。除此之外，知氏家族在卫藏、霍尔穹地区还建立了很多寺院，弘扬本教文化。可见知氏家族实力非凡。

《妙法乘释镜》结尾记载：“我叫毗卢遮那，我不惜生命把雍仲本教文献翻译，并转交于赞普。”这部经由毗卢遮那大师从勃律语（克什米尔语）译成藏语，后交给赞普，但后来毗卢遮那被流放到嘉绒，以《妙法乘释镜》为主的很多本教经文也被毗卢遮那与占巴南喀二人共同埋藏于扎耶巴（བྲག་ཡེར་པ།）地区（即今西藏日喀则达孜县伯党乡境内）。到了公元10世纪末，被三位僧人（བན་དེ་མི་གསུམ།）掘出并传授于年敦大师（གཉན་སྟོན།），年敦大师又把它传于杰尔敦绰塞，杰尔敦绰塞传授于龙本拉年大师。龙本拉年诞生于公元1088年，三位僧人与龙本拉年之间相隔四代。当然由于伏藏区域的不同，本教九乘次第也划分为南伏藏、北伏藏、中伏藏传承。《妙法乘释镜》中所讲的九乘次第属于北伏藏传承，《塞米经》《无垢庄严经》《密集续》中所示的九乘次第属于南伏藏，两者无论在语言风格还是文章结构或文化习俗上，有非常大的差异。

毗卢遮那还翻译了一部重要的书，名叫《因明学论》，全名为《驳邪见因明学论》，藏文名“ཀུ་རྟོགས་ཚར་གཅོད་གཏན་ཚིགས་ཐིགས་མདོ།”，共有20多页，现收录于《藏族典籍精选》第六卷①。《妙法乘释镜》②讲述本教的观点——九乘次第，“因明学论”是驳遮邪见之经，两者结合才能变成完整的理论。

《妙法乘释镜》内容分九个门类，包括人天依他乘、辛饶辩论乘、大悲勇识乘、雍仲勇识乘、事净本愿乘、形俱先现乘、直观大悲乘、甚胜妙义乘、无上大圆满乘。其中，人天依他乘只认识万物表象，未发现万物的本质，认为所见、所闻、所意识到的都是事实存在，以此祈求三宝，追求平安幸福。它与宁玛派九乘中所说的人天乘内容大致相同，不倡导出离心和慈悲心。辛饶辩论乘分南觉乘（རྣམ་བཅས།）和南麦乘（རྣམ་མེད།），其内容与印度佛教声闻乘中的有部与经部非常相似，可谓是在此基础上发展而来的。大悲勇识乘认为一切法归为三相法或三性法，即遍计所执、依他起性、圆成实性。遍计所执是对万物的著相，依他起性是万物本身，圆成实性是万物的本质。其与印度佛教中的唯识宗在内容上非常相似，笔者认为它是在唯识宗的基础上发展而来的。雍仲勇识乘是中观道，远离所有戏论，不极端、不偏激、不著相。其与印度佛教中的中观非常相似，它们相辅相成，相互吸收，在此基础上形成雍仲勇识乘。事净本愿乘、形俱先现乘属于本教外部密宗，应该是与印度教的梵天、自在天的仪轨内容相融合，并发展起来的，就是外部密宗。唐朝时，本法传播到内地，称唐密，后来传到了日本，称东密。其中包括本教《普明佛仪轨》《雍仲隆吉经》《药师佛经》《大愿经》《行善经》《南达经》等很多仪轨。直观大悲乘与甚胜妙义乘以本教内容为主，其中

① 云丹彭措主编：《藏族典籍精选》第6卷《因明学论》，成都：四川民族出版社，2013年12月第1版，第1至20页。

② 才让太主编：《冈底斯雍仲本教文献》第8卷《妙法乘释镜》，北京：民族出版社，2010年9月第1版，第1至82页。

涵盖了巨邦三法、麦日本尊、盖阔本尊、母续本尊、南巴迦瓦、大慈母等内容。无上乘又称大圆满乘、究竟乘，包括耳传四部大圆满、心识九部等内容。由此可见，《妙法乘释镜》所述的九乘法中既吸收了印度佛教与印度教的内容，又吸取本教密宗、大圆满的内容，两者完美结合，便成为8世纪独一无二的吐蕃本土宗教。

《世间根本藏疏》（མཛོད་སྒྲ་འགྲེལ།）是占巴南喀大师为《世间根本藏》作的注释，公元1108年玛敦索增掘藏于象雄东然穹宗①。书中记载：吐蕃第八代赞普止贡赞普时期，本教有拉本四门、超度法门、心识法门。拉本四门即神本四门，包括以占卜、历算、禳解法、藏医术等。超度法们包括男性超度、女性超度、婴儿超度、老人超度等三百六十种超度。心识法门是密宗和大圆满法门。拉本四门是在吐蕃十二小邦的十二智慧的基础上发展起来的。超度法从布底共杰时期起源于象雄。密宗和大圆满是聂赤赞普、穆赤赞普时期逐步发展到吐蕃，成为吐蕃的主流文化。

关于《妙法乘释镜》的注解文献主要包括：12世纪时，牛敦巴大师的注解；12世纪时，也如十八位导师之首卓滚洛珠坚参的注释。最著名的是嘎敦慈诚坚参著于13世纪末的《妙法乘释镜》注释，称《乘论》，全名《次第妙乘注释明镜》，现收录于《藏族典籍精选》第49卷1至303页，四川民族出版社于2013年12月出版。14世纪中叶，萨迦派绒敦巴大师作了《妙乘经注释》，现收录于《象雄文集》第一卷211至247页，四川民族出版社于2012年5月出版。14世纪时，号称第二佛陀的良美大师为此作的注释《妙法乘释显密注释》共有85页，现收录于《冈底斯雍仲本教文献丛书》第八卷163至249页。公元19世纪末，夏匝巴大师著《经理宝藏如意宝》，现收录于《夏匝·扎西坚参全集》第六卷。自公元11世纪70年代起，本教信徒就把《妙法乘释镜》当做学习伏藏的重要课程，非常重视这部经典。

① 东然穹宗位于西藏那曲尼玛县文布村（འོམ་ཐུ་ཤང་།）向南十八里处。

### 三、本波教与藏传佛教

《智者喜宴》记载："本与曲进行辩论，曲胜本灭"[①]。"曲"（ཆོས།）是指藏传佛教；"本"或"苯"是指本教。在8世纪时，在赞普主持下，本与曲进行了一次辩论，曲得胜，本因此被灭或埋藏在西藏各地。《西藏王统记》记载："当时本与曲做辩论，本教失败，因此本教大量文献埋藏在扎耶巴（བྲག་ཡེར་པ།）等地区"[②]。这说明，8世纪时，本波教与藏传佛教称"本"与"曲"，而不是以本教与佛教来称谓。本教的《扎巴林扎》记载："本曲两派在见地、修法、行为上都不相违背，只要内心不偏袒，教派内容就能走向相融圆满的境界[③]。"以上表明，从8世纪开始，藏族宗教史中衍生出两个派系，一是本波教即本，二是藏传佛教即曲。本波教是藏地土生土长的本土文化；藏传佛教是印度佛教流传到青藏高原，与本教文化相融合并发展的新流派。本教与藏传佛教不但相互吸收彼此的内容，还受到了印度教的影响，不断革新和改造，成为如今的本教与藏传佛教。

但如今无论是学术界还是宗教界，都习惯以本教与佛教来称谓本和曲，其实这种说法是不正确的。这并非是为了证明本教是不是佛教，只是针对藏文中的本波与班底或本与曲的词汇做研究。20世纪80年代，国内学者们把佛教划分藏传、汉传和南传佛教三个传承体系。他们认为，藏族的喇嘛教是印度佛教传入藏区，与当地文化相融合形成的藏族特色佛教，称藏传佛教。在这之前，不叫藏传佛教，而称喇嘛教。自从有了藏传佛教的称号，就有了本教与佛教之说，喇嘛教的称谓因此从我国佛教历史舞台上渐渐消失。

按藏文的用词习惯，"曲"（ཆོས།）是器情万物、宗教信仰和文化传承的总称，意义与汉文中的"法"基本相同。但这种释义到了

① 巴俄·祖拉陈瓦：《智者喜宴》，北京：民族出版社，2006年1月第1版，第175页。

② 萨迦·索南坚参：《西藏王统记》，北京：民族出版社，1982年10月第1版，第203页。

③才让太主编：《冈底斯雍仲本教文献丛书》第1卷，《辛饶弥沃传记与历史》，北京：民族出版社，2010年9月第1版，第165页。

8世纪之后才广泛流传，之前所用甚少。藏文的“曲”译成汉文是“法”；藏文中的“丹曲”（དམ་ཆོས།）译为殊胜法、妙法、正法、佛法。由此可见，“曲”不一定都是“丹曲”，“法”不一定仅指佛法。“曲”是8世纪开始广泛流传的新词，与本教文献中“本”的相关内容大致相同。藏文中的“本”（བོན།）8世纪以前就在吐蕃地区广泛流传，内容广泛，流派甚多，仪轨复杂，可谓是8世纪以前对世间万物、宗教、文化的总称。

本教与雍仲本教是有区别的，本教是高原地区所有宗教、文化的总称，雍仲本教是去粗取精、改变之后的妙法。雍仲本教有正法、妙法、殊胜法、觉悟法之意，它与丹曲的意义基本相同。所以只要懂藏文的，都知道“本”与“曲”并非是佛法与非佛法之意，本波教与藏传佛教也不是佛法与非佛法之意。

根据藏族史料和相关研究可以推断，公元9世纪中叶乃至末期，本教在西藏中部、阿里地区的势力依然非常庞大①。到了11世纪初，阿里的本教文化被灭②；公元14世纪中叶，也如文萨卡被冲毁，西藏中部一带的本教势力也随之逐渐削弱③；到了公元17世纪初，蒙古固始汗军队入侵，把康南即康巴地区、康北即青海与甘肃一带的本教文化也一并吞并④；到了清代乾隆年间，嘉绒一带的本教文化也消失了⑤。由此可见，不同时代，本教与藏传佛教的关系、地位也不断发生变化。

**四、本教与藏传佛教相互篡改记录**

这一部分重点介绍的是本教与藏传佛教文献中如何看待文献篡改、混合翻译等现象。14世纪所著的本教历史文献《本教源流弘扬

①才让太主编：《冈底斯雍仲本教文献》第1卷《辛饶弥沃传记与历史》，北京：民族出版社，2010年9月第1版，第144页。

② 扎巴坚参著，穷达校注：《益西卫广传校注》，北京：民族出版社，2015年9月第1版，第108页。

③卡尔梅·桑丹坚参：《藏族历史、传说、宗教仪轨、信仰研究》上册，北京：中国藏学出版，2007年9月，第262页。

④ 详见《藏族简史》，北京：民族出版社，1995年，第356页。

⑤ 指乾隆十全武功之二，大小金川之役。

明灯》中根据10世纪中叶出土的诸如《扎向》（བསྒྲགས་བྱང་།）、《扎向疏》、《北伏藏目录》等很多早期文献推断：8世纪时，毗卢遮那、莲师等人将很多本教经文改为藏传佛教，但大部分都是混合翻译，就如毗卢遮那大师所译的内容。本教文献《扎巴林扎》记载：赤松德赞在上半生中，以本教为主要修持内容；中年后本波教与藏传佛教并修，到了下半生时，赞普信奉藏传佛教，但百姓依然修本教。据说当时本土的本教信仰流派繁多，仪轨复杂，内斗激烈，已到了对自身宗教信仰、文化理念、教育体制、政治观点等做出必要改革的时候，因此流传数千年的本教文化受影响是必然的。

《智者喜宴》中记载：菩提萨埵对赞普说，佛陀在世时，大部分八部鬼众都被降伏，但吐蕃地区还有一些八部鬼众的残余在阻碍传法，为了降伏他们，也为了与外道辩论，应邀请莲花生大士，莲花生大士在辩论上战无不胜，他能阻止吐蕃的瘟疫、灾难①。《西藏王统记》记载：大臣因不喜欢曲即印度佛教而得病发疯。当时，由于改教和突如其来地引进外来文化，遭到本教的强烈反对，从大臣到妃子，从官员到百姓，加之内部文化的冲击，斗争激烈。但这些内部斗争不仅仅是两种宗教文化的冲突，还包括权力、利益的冲突。赞普的目的是本教和藏传佛教两者相融，成为一体。但对于两者而言，这是生死存亡的斗争。其实记载中表明，当时在吐蕃地区的本教势力完全有能力政府抗衡，即便赞普也无法阻挡。再说赞普的目的不是灭本，而是改教。

《本教源流弘扬明灯》中根据本教早期文献《扎向》的记载，推断了8世纪的吐蕃本教的发展状况：本教内部衍生出很多不同派系，而且传承与传承之间斗争激烈，导致完整的文化体系四分五裂②。当

① 巴俄·祖拉陈瓦：《智者喜宴》，北京：民族出版社，2005年12月，第172页。

②《扎巴林扎》，据说该书由占巴南喀著于八世纪，玛西饶生根掘藏于11世纪，现收录于《冈底斯雍仲本教文献》第一卷，北京：民族出版社，2010年10月，第151页。芭·丹杰桑布：《本教源流宏扬明灯》，北京：中国藏学出版社，1991年，第164页。

时很多大臣和师父提出弘扬印度佛教，但赤松德赞不那么重视这个建议。后来，名为玉扎的大臣说：若想成就非凡事业，就须重建宫殿庙宇，为此，应从印度迎请佛法。他还说：本教仪轨复杂，内容深奥，传承繁多，而印度佛教与此不同，通俗易懂，方便实用。在此时，赤松德赞心想，本教传承繁多，各派内斗激烈，研习不便就不利于传播。人们所需的是一门简单易懂、便于使用的法门，因此对吐蕃宗教本教文化做了改进。

据本教经典记载：他们从乌仗那[①]（今阿富汗）迎接莲花生大师，从克什米尔迎接菩提萨埵，根据本教的宫殿形状重建之前被毁的神殿，同时把本教大量文献篡改为藏传佛教。其实在篡改一事上，本波教和藏传佛教的说法不一，藏传佛教认为本教的文献都是从藏传佛教中盗取或篡改的；本教认为藏传佛教的所有文献都是从本教文献中盗取或篡改的。前者成立的可能性不大，因当时还没那么用藏文翻译而成的经典；后者也不完全对，因8世纪时梵文文献译成藏文才刚刚开始。比如当时所译的经典中中观自续派、唯识宗、有部、经部的一些内容，本教中也有类似的文献，两者相融并形成如今的藏传佛教。比如本波教和藏传佛教的众多文献记载，毗卢遮那的著作是本曲融合体，或本曲混合译成。意思是他的著作中包含着本波教与藏传佛教的内容，都是两者相结合的整体。那么哪些是本教与藏传佛教相结合的文献？就是上述的《妙法乘释镜》《量学语王经》《因明学论》，其中既有本教的内容，又有藏传佛教的内容，是最完美的结合体。所以本教篡改了藏传佛教的内容或藏传佛教盗取本教内容的说法在这种解释下都不成立，因为这些作品中两者相互融合，不应该说盗取或篡改。这些混译不是某个大师为了丰富自己教派的内容或展现自我所为，而是吐蕃统治者为了提升自己

① 乌仗那具体位置，有三种说法，一是巴基斯坦的南部，二是巴基斯坦与阿富汗交界处，三是阿富汗地区。

的宗教内涵，改革8世纪的吐蕃文化，特意安排让毗卢遮那、占巴南喀、李西达让等这样做的。

藏传佛教中的篡改说法起源于止贡觉巴金丹公布（འབྲི་གུང་འཇིག་རྟེན་མགོན་པོ།）论著第四十卷中。书中把所有本教归纳为流浪本、篡改本、魔本三个传承①。后来的藏传佛教部分学者再三强调和运用他的说法，使很多后人误以为这是藏传佛教公认之观点。而本教信徒对此强烈反对，本教文献中也没有这样的记述；此外，很多藏传佛教大师也不太认同此说。后来，著名藏学家南开诺布教授和卡尔梅·桑丹坚参对止贡金丹公布的四十卷做过深入研究，发现该书有手写版、木刻版等很多种版本，但有的版本中根本没有流浪本、篡改本、魔本的记载。这说明，这中分类方法是后人添加进去的。

四十卷中的“篡改本”被划分为三个阶段。第一是公元8世纪，很多本教师父篡改了大量藏传佛教文献，最后赞普为此下令，说若再有篡改文献者斩首，所以没人敢改经了；第二个阶段是10世纪（即益西卫时代），班智达蓝色裙子带领改经；第三阶段是11世纪时幸庆鲁噶改经。但需要注意的是在8世纪时，从事翻译本教文献工作的只有毗卢遮那、占巴南喀、李西达让，但他们不但没被杀，而且还都被赞普重用。

据说在11世纪时，幸庆鲁噶篡改了很多藏传佛教的内容，比如藏传佛教的《五部陀罗尼》被改为《黑白花三部龙经十万颂》，《般若十万颂》被改为《八界慧度广义》等。对此，诞生于14世纪的绒敦巴大师（རོང་སྟོན་པ།）曾深入研究，表明此说法不正确。第一，《黑白花三部龙经十万颂》并非幸庆鲁噶的伏藏经。据幸庆鲁噶传记记载，幸氏家族无子，所以念诵很多遍《黑白花三部龙经十万颂》以此求子，始得一子名幸庆鲁噶。鲁噶是龙欢之意，就是因为龙得欢喜并送子，称幸庆鲁噶。后来又生一子，名叫鲁匝，意思是龙得欢喜后再赐

① 南开诺布：《古代象雄与吐蕃史》，北京：中国藏学出版社，1996年5月第1版，第354页。

一子，名鲁匝。由此可见，《黑白花三部龙经十万颂》并非幸庆鲁噶的伏藏精品。还有本教的《慧度八界十万颂》十六本，《慧度八界二万五千颂》八本，《慧度八界中本》有六本，略本有一本，共有三十本，现收录于本教甘珠尔《八界慧度广本》中。藏传佛教的《般若十万颂》广、中、略加起来只有十六本。而且据说《般若十万颂》的原文乃梵文，此文只有三本，但翻译过来后为何变成这么多本？也需要去研究。其中《八界慧度二万五千》共有八卷，它并非幸庆鲁噶的伏藏经，而是三位游方僧在913年从桑耶寺盗取的文献之一。

所以在11世纪时，沃译师（རྔོག་ལོ།）说毗卢遮那所翻译的文献中看不见翻译风格，都是他本人的著作风格，都是藏文风格。其实我们仔细查看《妙法乘释镜》就知晓，沃译师为何如此赞美毗卢遮那大译师。

**五、毗卢遮那与本教文献**

本教古籍中存有很多与毗卢遮那有关的文献，在这里重点介绍几个。首先介绍“扎耶巴”（བྲག་ཡེར་པ།）的伏藏经，又被称作“耶宗玛”（ཡར་རྫོང་མ།）、“耶伟文献”（ཡར་བའི་བོན་སྐོར།）。据说赤松德赞时期，占巴南喀和毗卢遮那二位把印度部传承的很多本教文献埋藏于扎耶巴地区（བྲག་ཡེར་པ།），托付于海波日德都纳波（ཧེ་པོ་རི་དུར་བདུད་ནག་པོ།）、“阿须”护法神护法（ཨ་བསེ།）。到了10世纪末，被卫藏的三位僧人掘藏并发扬光大①。扎耶巴位于今西藏自治区拉萨市达孜区帮堆乡境内，离拉萨市有36公里之遥②。

其中有《法性要义广论经》（རྩེ་འབུམ།）十卷，现收录于《库门经典汇编》第83至92卷，2015年9月由甘肃民族出版社出版；《现证明智顶经》（བདལ་འབུམ།）十卷，现收录于《库门经典汇编》第93至

① 夏擦·扎西坚赞：《西藏本教源流》，北京：民族出版社，1985年9月第1版，第277页。

②《象藏古刹》（སྣོ་རིགས་ཤེས་རབ་གྲགས་པས་བསྒྲིགས།）上册，成都：四川民族出版社，2015年1月第1版，第70页。

102卷；《妙乘次第经》（ཐེག་རིམ་མདོ་རྒྱུད།）、《妙法乘释镜》（ཐེག་འགྲེལ་མེ་ལོང་དགུ་སྐོར།）、《因明语王经》（ཚད་མ་སྨྲ་བའི་སེངྒེ།）、《因明学论》（གཏན་ཚིག་ཐེགས་མདོ།），现收录于《冈底斯雍仲本教文献》第8卷，2010年9月由民族出版社出版；《胜撅九续及其注释》，现收录于《库门经典汇编》第44卷、第131卷等；除此之外，还有《菩提虚空藏释义》（བྱང་སེམས་ནམ་མཁའ་དབྱིངས་རྒྱུད་དོན་འགྲེལ་དང་བཅས།）、《阿赖耶识阐释镜》（ཀུན་གཞི་འཕྲུལ་གྱི་མེ་ལོང་།）、《陀罗尼集》（གཟུངས་འདུས་རྒྱབ་ཆོག）、《食供广义释》（མཆོད་གཏོར་རྒྱ་ཆེ་འགྲེལ།）、《慈母根本经》（ཐུགས་རྗེ་བྱམས་མའི་རྩ་མདོ།）、《智慧精要经》（ཤེས་རབ་སྙིང་པོ།）、《寂静深藏经》（ཞི་བ་ཡང་གབ།）等很多显密大圆满的文献，这些经典不一定都是毗卢遮那所著或翻译，但都经过大译师校对、对堪、汇编、埋藏，故与毗卢遮那密不可分①。

其次是塞沃日伏藏文献。这些文献是毗卢遮那被流放到嘉绒时，临走的时候，不忍心眼看着很多宝贵的资料流失，所以把这些文献汇编、校对后埋藏于塞沃日圣地。11世纪初，热敦布杰大师将其掘藏。也有人说这些并非热敦自己发掘，而是别人传授给他的。其中有《心识秘诀十八部》（སེམས་ཕྱོགས་མན་ངག་བཅོ་བརྒྱད།）、《破瓦秘诀》（འཕོ་བ་ཉམས་ང་མེད་པའི་གདམས་ངག）等很多心法②。

《本教源流弘扬明灯》是芭·丹杰桑波著于1345年的本教史籍，共有四个章，第一章讲述了如何闻法、学习知识；第二章讲述了本教的显宗、密宗、大圆满的诞生、持续传承和兴衰历史；第三章中阐述了本教复兴中的伏藏与非伏藏传承；第四是本教教法发展的时间。这部史籍中对《仗阿玛史籍》解读如下：《塞米经》初由一位叫衮都桑布（ཀུན་ཏུ་བཟང་པོ།）的上师传到象雄的国王惹札邦巴（ར་རྡ་སྤུངས་པ།），之后象雄本教徒乐牟祖普（ལི་མུར་གཙུག་ཕུད།）又请授于惹札邦巴王。8

① 芭·丹杰桑布：《本教源流宏扬明灯》，中国藏学出版社，1991年12月第1版，第231页。
② 夏擦·扎西坚赞：《西藏本教源流》，北京：民族出版社，1985年9月第1版，第276页。

世纪时，大译师毗卢遮那（བཻ་རོ་ཙ་ན།）将该经典从象雄语译成藏语，献予赤松德赞。随后，在政教斗争中，毗卢遮那被流放到嘉莫察瓦绒地区，赞普将这些本教典籍封入库中。赤松德赞临终时，将典籍托付给了吐蕃第四十代赞普即王子弥杜赞普（མུ་ཏིག་བཙན་པོ།），弥杜赞普又托付给吐蕃第四十一代赞普热巴坚（རལ་པ་ཅན།）（即赤祖德赞，ཁྲི་གཙུག་ལྡེ་བཙན།），成为历代吐蕃赞普的承许之法门。后来，吐蕃最后一代赞普朗达玛的大小王子因政见不合而发生内乱时，上述典籍便落入兕师仗阿华尔吉云丹（དྲང་ང་དཔལ་གྱི་ཡོན་ཏན།）手中①。据《札巴岭扎》（བསྐྲགས་པ་གླིང་གྲགས།）等本教史籍记载，仗阿华尔吉云丹原本就是朗达玛的贴身法师（相当于古代所说的国师），从此便有了著名的“仗阿玛史籍”（དྲང་ང་མའི་ལོ་རྒྱུས།）②。后仗阿华尔吉云丹又将典籍文献交其子仗阿华尔吉扎巴（དྲང་ང་དཔལ་གྱི་གྲགས་པ།），仗阿华尔吉扎巴又交给其子仁青华尔（རིན་ཆེན་དཔལ།）。仁青华尔因夫人无后娶一小妾生仗阿多拉（དྲང་ང་མདོ་ལ།），仁青华尔身患重病时仗阿多拉才四岁，临终时将章吉色牟（དྲང་རྗེ་གསེར་མིག）叫至身边留遗嘱道：“吾儿才四岁，这些典籍文献是吾家祖传之珍宝，在孩子未满十三岁前请将这些典籍文献埋作伏藏，待孩子年满十三岁后再从伏藏中请出，供你们二人使用，此前千万别给他人看。”章吉便带上仗阿多拉按仁青华尔之遗嘱，将典籍文献作为伏藏埋入桑耶寺的墙壁中。仗阿多拉满十三岁时，将典籍文献从伏藏中请出，《塞米经》成了该伏藏典籍文献中非常重要的古籍文献之一③。

多吉林巴大师掘藏的伏藏中有巴卓达仓文献、夏瓦日文献两部。巴卓达仓部的文献中有《大圆满金快经》（རྫོགས་ཆེན་གསེར་གྱི་ཐུར་མ།）、《占巴三父子修法仪轨》（དྲན་པ་ཡབ་སྲས་གཅིག་དྲིལ།）、《阿尼玛卿礼赞

① 芭・丹杰桑布著:《本教源流宏扬明灯》，北京：中国藏学出版社，1991年，第235页。

② 邓真尼玛主编：《象雄与吐蕃历史文献》上册，成都：四川民族出版社，2016年11月，第717页。

③ 夏擦・扎西坚赞：《西藏本教源流》，北京：民族出版社，1985年9月第1版，第291页。

文》（ཨ་ཀྲེ་ཙ་ཆེན་གནས་སྡོད།）；夏瓦日部分中有《普贤引导轮》《斯巴杰母护法神仪轨》《报身五部引导轮》《化身辛饶弥沃引导轮》《红斯巴杰母护法神》《黑斯巴杰母护法神》《毗卢遮那传》《授记经》《占巴南喀修法》等很多经典，这些文献都是由毗卢遮那埋藏①。

**六、本教与藏传佛教辩论之故事**

本教文献和藏传佛教文献中皆有两者辩论之记载②，至于辩论的结果，两者皆称己方胜了。8世纪时与本教产生冲突、发生辩论的是印度佛教的中观自续派。它首先与本教进行辩论，其次与来自中原的和尚进行辩论。当时辩论的目的不仅仅是学术交流，而且关系到一地文化、一个流派的存亡。

本教当时的流派主要有三个传承，一是密宗和大圆满，二是世间本教，三是与雍仲本教背道而驰的邪本。世间本教是流传吐蕃社会各界的民间文化，它与中观没有冲突。邪本一般都是祭祀神鬼之仪轨，没有系统的文献体系，对中观同样构不成威胁。那么能与中观相提并论，在见地、修法、传承体系、理论上起冲突的，只有本教的密宗和大圆满。

当时的辩论时间早于印度部传承的诞生，进行辩论后诞生了本教印度传承。从中可以看出，本教印度传承与宁玛派在教义上为什么如此相似。据本教文献记载，中观派先与本教辩论，后与中原的门派辩论，把来自中原的和尚都流放到青海。他们就九乘次第、见地、修法进行辩论，这证明双方有类似的见地、修法、理论体系，如果没有相同的基础，就无法辩论。比如基督教与佛教，基督教不认同佛教的观点，佛教也不认同基督教的观点和说法，那么相互之间只能尊重、随喜，无法进一步进行辩论。

藏传佛教和本波教都承认进行过辩论，但辩论的结果两者说法

① 夏擦·扎西坚赞：《西藏本教源流》，北京：民族出版社，1985年9月第1版，第306页。
② 释迦·仁钦岱著：《雅隆觉沃教史》，成都：四川民族出版社，1988年8月第1版，第60页。

不一。本波教认为，理论上自己得胜，藏传佛教输了；藏传佛教说，藏传佛教胜利，本波教输了。其实辩论只是个形式，输赢只是个说法，关键在于吐蕃统治者对当时的宗教、文化现象不是特别满意，需要改革，但又说服不了当地百姓。为了说服百姓，为了让本教信徒心服口服，这才进行一次辩论。两者之间有输赢，就说明他们有很多共同语言，有共同的信仰基础。

本教文献《扎巴林扎》《本教源流弘扬明灯》《世间预言授记》中均有关于辩论的记载；藏传佛教《巴谢》等文献中也有类似的记载。但12世纪藏传佛教达向巴大师在《益西措杰传》中这样记载：当时的本教分三个体系，一是辛饶弥沃的雍仲本教，二是邪本，三是世间本教。雍仲本教的内容与藏传佛教基本相同，所以把它埋藏，成为伏藏经文；邪本比外道还恶劣，所以把它流放；世间本教是藏族民间文化，所以流传下来。

## 第二节 汉藏文古籍中的古象雄

象雄是以阿里三区为主的古老王国，是聂赤赞普尚未建立吐蕃前，高原地区的十二小邦之一。聂赤赞普成立吐蕃至达共年苏之间，青藏高原有上部象雄王国、下部苏毗国（女儿国）、中部吐蕃三股势力存在。其政治地位和经济实力旗鼓相当，宗教信仰、风俗习惯也都大同小异。自前吐蕃第二十七位赞普达共年苏（སྟག་སྒུང་སྙན་གཟིགས།）起，吐蕃以武力征服周边的十二部落。至南日松赞、松赞干布时期，吐蕃势力愈发强大，象雄成为吐蕃的一部分。目前，象雄作为国内外学术界的关注焦点，引发了更多学者从更为多元的研究视角和包容的文化角度进行探讨。本节通过本教的几部古籍文献与汉藏文古籍，探究象雄文化的变化和发展现状，并以此管窥当时青藏高原的宗教文化、社会现象、宗教信仰，其中包括：象雄与吐蕃的宗教、文化与政治的关联，里、中、外三部象雄的地理划分、文化地位、政治影响，象雄与印度、卡拉奇、昌域、格萨尔、霍尔、波斯、吐蕃等周边地区的宗教文化和政治经济的关系等几个方面。

**一、象雄的称谓来源**

象雄是当今国内外的学术界都比较关注的焦点，对“象雄”两个字的解释也有不同的说法。《本教史纲要》一书认为，象雄是青藏高原一个古老的王国，它的历史下限为公元7世纪松赞干布时期。在早期，象雄的历史疆域几乎包括了整个青藏高原，但到了晚期就基本局限于西藏西部的部分区域。“象雄”是个古老的词，“象”（ཞང་།）为地方或是山沟的意思，“雄”（ཞུང་།）是“雄侠”（ཞུང་ཞག）的缩写，即古象雄部落的名字，因而象雄是雄侠（部落）的地方或雄侠山沟之名[①]。该书还记载道：象雄与印度喜马拉雅交界，它很可能控制了拉达克，向西延伸到巴尔蒂斯坦（巴基斯坦）及和阗，并且把势力扩展到羌塘高原，总之，包括了西藏的西部、北部、东部[②]。

据说《象雄耳传之未灭本之因》是由囊谢勒波著于八世纪，其中讲到赞普如何刺杀象雄国王李弥嘉，本教为何没被绝灭等。据该书记述，赤松德赞时期，吐蕃地区发动灭本行动，向象雄发起战争，攻破穹窿银城，刺杀象雄国王李弥嘉，无数兵马战死在战场，很多象雄地区的百姓迁徙至今新疆的和田、且末、若羌，以及嘉绒、松潘、九寨沟等地[③]。《象雄与吐蕃对照字典》由西尼玛扎巴大师著于公元14世纪，藏文名“སྒྲ་ཡི་དོན་སྡེབ[④]”，是一本象雄语与吐蕃语对照的词典。词典中记载：“象雄”（ཞང་ཞུང་།）并非藏语，而是象雄语，也许就是7

① 才让太、顿珠拉杰：《苯教史纲要》，北京：中国藏学出版社，2018年4月第4版，第1页。

② 才让太、顿珠拉杰：《苯教史纲要》，北京：中国藏学出版社，2018年4月第4版，第3页。

③ 邓真尼玛编：《象蕃历史文献》上册，成都：四川民族出版社，2016年11月第1版，第659页。

④《扎耶敦带》（སྒྲ་ཡི་དོན་སྡེབ།），是一本象雄语与藏语对照的词典，十四世纪著，长条木刻板，目前保存在阿坝藏族自治州阿坝县夺登寺邓巴达尔吉家，约有二十条。

世纪以前的藏语，译成现代藏语为“夏琼”（བྱ་ཁྱུང།）。

据藏文文献记载、图像资料和民间故事可以看出，夏琼是一种体型庞大的古老巨鸟，其头上有角，背上有翅膀，飞行千里，以鱼类、蛇类为食，藏语中称“穹”（ཁྱུང་）或“南喀东”（ནམ་མཁའ་ལྡིང་།），汉文译作大鹏鸟[1]。本教经典中有很多关于大鹏鸟的祭祀仪轨[ 卡热阿琼尊掘藏：《琼鸟祭祀仪轨》，长条手抄版，现存于炉霍县易日寺噶桑尼玛家。]或传说，《鹏鸟三尊仪轨》中把大鹏鸟分为黑、红、白、花、绿等五种颜色，而且以五色鹏与五毒烦恼、五智慧连接来解释。本教《鹏鸟仪轨》中认为：大鹏鸟是龙的克星，是蛇的对治，象雄与嘉绒等的祖先[2]。如今在三大地区都有鹏鸟世系的后代，比如西藏昌都丁青县有白鹏、黑鹏、黄鹏的世系[3]，而且关于他们的故事、族谱繁多。

嘉绒人认为，自己也是象雄的后裔，而且嘉绒雍仲四子之父穹波雍仲就是大鹏鸟的后裔。据《西藏本教源流》记载，穹波雍仲约在公元八世纪来到嘉绒地区，与嘉绒最后一位女王拉莫东丹玛结亲，生四子，名嘉绒四子或雍仲四子。雍仲四子分别名耿隆匝（ཀུན་སློང་ཚ།）、绰斯匝（ཁྲོ་ཚ།）、旺匝（དབང་ཚ།）、格西匝（དགེ་བཤེས་ཚ།）[4]。嘉绒语言中的“布匝”（བུ་ཚ།）乃婴儿或孩童之意；匝麦（ཚ་མོ།）是女人之名。这应该是象雄语，因为象雄语中“示匝”（ཧྲི་ཚ།）是幼儿或小孩儿的意思，比如二十六位虹化大师中的达布示匝（ཏ་པུ་ཧྲི་ཚ།），就是孩童、赤子、普贤王之意。

四子中的长子叫耿隆匝（ཀུན་སློང་ངམ་སློང་མོ།），为祈求墨尔多神山

---

① 阿坝藏族自治州藏族历史文化古籍研究会编：《嘉绒地区杰布和文书档案》之《琼布王室世系水晶镜》，成都：四川民族出版社，2017年1月第1版，第21页。

② 阿坝藏族历史文献古籍研究协会：《嘉绒地区历史》上册，成都：四川民族出版社，2017年1月第1版，第72页。

③ 夏擦・扎西坚赞：《西藏本教源流》，北京：民族出版社，1985年9月第1版，第146页。

④ 阿坝藏族自治州藏族历史文化古籍研究会：《象雄琼氏在嘉绒地区的繁衍——穹波王史琉璃镜》，引自《嘉绒地区的历史》第一卷，成都：四川民族出版社，2017年，第71页。

所赐之子，据当地人所言，是金川的饶丹土司之祖先；第二子名绰斯匝，“绰”是绰沃即忿怒本尊的（ཁྲོ་བོ།）的简称。他们修持瓦塞本尊并得其子，所以取名为绰斯匝，据当地人说绰斯匝乃绰斯甲土司的祖先；第三子名旺匝，藏文的旺（དབང་།）是灌顶即授权之意，夫妇二人受大慈母四灌顶，并得一子叫旺匝。据说旺匝是赞拉（བཙན་ལྷ།）土司之祖先；第四子是格西匝，用嘉绒语言所示，称格什匝，即夫妇二人遵照《雍仲隆吉经》做了很多善事，并得一子，名格什匝，据当地人说，格什匝是格西家族之祖先。以上都是大鹏鸟之后①。

总而言之，如今在我国西藏昌都的丁青县，那曲的巴青县、聂荣县、那曲县，阿里，四川地区的德格、嘉绒，以及我国周边的拉达克乃至克什米尔等地都存在着大鹏鸟的崇拜和自称大鹏鸟后代的家族②。由此可见，大鹏鸟的信仰是高原地区的原始崇拜，象雄文化包含诸如大鹏鸟崇拜等原始动物崇拜，继承了不同时代的文化遗产。

《大陀罗尼经》（རྣམ་རྒྱལ་གཟུངས་ཆེན།）③中将“迥”（རྒྱུང་།）译成“雄”（ཞུང་།），“迥尼”译成“雄尼”。其中，“雄”就是“象雄”中的“雄”，译成藏文就是“穹”（ཁྱུང་།）的意思。“穹”是藏文中很古老的词汇，现在藏文中多把它写成“南喀当”（ནམ་མཁའ་ལྡིང་།），而“穹”字就非常少见。可以看出，“迥”“雄”“穹”只是读音上产生变化，但其表意都指向大鹏。阿里古城“穹窿银城”的藏文对字是“穹隆沃卡”，译成汉文就是“大鹏国的城堡”，或“大鹏峡谷的城堡”，指象雄王宫。“象雄”的称谓亦由此而来。

至公元10世纪中叶时，吐蕃赞普朗达玛（གླང་དར་མ།）邬敦赞普的

①阿坝藏族自治州藏族历史文化古籍研究会：《象雄琼氏在嘉绒地区的繁衍——穹波王史琉璃镜》，引自《嘉绒地区的历史》第一卷，成都：四川民族出版社，2017年，第71页。

② 夏匝·扎西坚参著，刘勇译：《藏族雍仲本教史妙语宝库》，北京：民族出版社，2012年12月第1版，第69页。

③ 旺丹幸色：《南巴迦瓦大陀罗尼经》13世纪时掘藏，第65页，[伏藏]手抄版，现存四川甘孜藏族自治州炉霍县易日寺南加家。

后裔扎西札巴（བཀྲ་ཤིས་བརྩེགས་པ།）之子巴德（དཔལ་ལྡེ།）、俄德（འོད་ལྡེ།）和吉德（སྐྱིད་ལྡེ།）三位王子由于内乱，迁徙到藏北阿里地区，统治了整个阿里、知夏即勃律（བྲུ་ཤ）的部分区域，自那时起，象雄被称作阿里三围或阿里三区①。而在此以前，这一地区则被称为“象雄”或“琼格隆巴”（即穹隆之谷）。到了10世纪末，以益西卫为首的吐蕃宗教势力，把阿里地区的本教寺院都烧毁或改为噶当派，由此彻底摧毁象雄地区的本教势力，建立噶当派②。总而言之，随着时代的潮流和历史的进程，“象雄”译法中产生两种说法，一是“夏穹”即鹏鸟，二是“穹隆”即鹏鸟之乡。

## 二、象雄的具体方位

《唐会要》是宋代学者王溥根据新旧唐书撰写的一部史籍，迄今900年余。该书记载：“大羊同东接吐蕃、西接小羊同、北直于阗，东西千余里，胜兵八九万。”③根据汉文史料④记载，“羊同”是象雄的别名，即我国西藏阿里一带。之所以称“羊同”，是因为那里的人以牧羊为生，以牛羊为崇拜。这个部族东接吐蕃，西连小羊同（也许就是本教文献所示的沃摩隆仁或里象雄）、北部直达于阗即今新疆的于田县为主的北部地区。《两唐书吐蕃传译注》记载：羊同藏文名象雄，分大羊同与小羊同。大羊同东接吐蕃，西连小羊同，北部直达于阗，大羊同东西千里有余⑤。与《唐会要》的内容大致相同。

《唐书·吐蕃传》中记载，当时吐蕃礼薄，唐朝没把公主许配于吐蕃，而赐婚于吐谷浑。松赞干布因此忿怒，与羊同国即象雄联盟，灭了吐谷浑，继续攻击党项国、白兰诸羌，这些地区皆降于吐蕃；然

①占巴南喀：《扎巴林扎》，玛·西饶生根出土于10世纪，引自《象雄与吐蕃历史文献》上册，成都：四川民出版社，2016年，第717页

② 扎巴坚参著，穷达校注：《益西卫广传校注》，北京：民族出版社，2015年，第108页。

③（宋）王溥：《唐会要》全三册，中华书局，1960年。

④ 罗广武译注：《两唐书吐蕃传注释》，北京：中国藏学出版社，2014年5月，第7页。

⑤ 罗广武译注:《两唐书吐蕃传注释》，北京：中国藏学出版社，2014年5月，第7页。

后攻打突厥，灭了突厥[①]。唐朝愿意与吐蕃联姻，并赐婚[②]。由此可见，当时不但已经有了象雄，而且象雄还兵强马壮，与吐蕃平起平坐。

据藏文文献记载，吐蕃赞普在达贡年苏时期，从中原迎来历算和医学，降伏吐谷浑、突厥，从北方迎来盐，建立宫殿[③]。达贡年苏（སྟག་གུང་སྙན་གཟིགས།）时期，吐蕃赞普还统领十二小邦，但是罗扎杰（ལྷོ་བྲག་རྗེ།）国王尚未被征服。为了让他归降，吐蕃发兵攻击，最后吐蕃兵败，达贡年苏被罗扎杰囚禁。达贡年苏（སྟག་གུང་སྙན་གཟིགས།）的国师热阿桑赤乃阔（ར་སངས་ཁྲི་ནེ་ཁོད།）通过他的方法把达贡年苏救出，赞普因此把国师封为象雄王，并言：用翅膀剪断铁链，降伏八部鬼众，救出吐蕃赞普，可敬本教大师[④]。可见，达贡年苏期间，象雄隶属于吐蕃。法藏敦煌古藏文文献中记载，松赞干布的父亲名为南日松赞[⑤]，南开诺布认为，松赞干布是第三十五代赞普，那么其父亲自然是吐蕃第三十四代赞普[⑥]，有的史料中记载，松赞干布乃第三十二代赞普，达贡年苏自然是第二十九代。根据法藏敦煌古藏文文献，松赞干布年幼时，父亲南日松赞被毒药所害，于是象雄（ཞང་ཞུང་།）、苏毗即桑巴（སུམ་པ།）、达波（དྭགས་པོ།）、工波（ཀོང་པོ།）、凉波（ཉང་པོ།）等各部落起义反抗吐蕃[⑦]。由此可见，那时的高原十二小邦在南日松赞时期已归顺于吐蕃，但赞普遇害后，这些部落造反，对抗吐蕃。当松赞干布执掌政权后，先斩了所有造毒之人，然后把十二小邦一一征服，使他们信仰拉本四门，重新归顺吐蕃的管辖[⑧]。其中

① 刘昫等：《二十四史》之第32卷，《旧唐书》第3卷，中华书局，第3552页。

② 罗广武译注:《两唐书吐蕃传注释》，北京：中国藏学出版社，2014年5月，第6页。

③ 萨迦・索南坚赞：《西藏王统记》，北京：民族出版社，1981年5月，第61页。

④占巴南喀：《冈底斯雍仲本教文献丛书》第1卷《扎巴林扎》（玛・西饶生根掘藏于10世纪），北京：民族出版社，2010年9月第1版，第114页。

⑤ 阿底峡尊者：《柱间史》，兰州：甘肃民族出版社，1989年9月第1次出版，第95页。

⑥ 南喀诺布：《古代象雄与吐蕃史》，北京：中国藏学出版社，1995年5月第1次出版，第385页。

⑦ 详见法藏敦煌古藏文文献P.T.1287。

⑧ 详见法藏敦煌古藏文文献P.T.1287。

的象雄不但为势力庞大的诸侯之一，而且其首领是吐蕃赞普的国舅。

《集经》中记载：穆氏王朝的七匹宝马被恰巴魔王的属下盗取[①]，辛饶弥沃为此来到工波地区，寻回宝马。工波王共杰噶波（ཀོང་རྗེ་དཀར་པོ།）把自己的女儿共萨楚江供奉于辛饶弥沃。辛饶弥沃在拉日将托圣山（ལྷ་རི་གྱང་ཐོ།）留住七天，然后向冈底斯山转了三圈，留下了神奇的脚印，又在玛旁雍错湖里洗澡，建立穹窿银城堡，与共萨楚江在此诞生了穆氏王朝的传宗接代者贡擦王丹王子[②]。文本中虽未明说象雄两个字，但有穹窿银城、冈底斯山、玛旁雍错等的名称记载，而且写明以穹窿银城为穆氏王朝之宫殿，也足以说明问题了。

《王朝明鉴》又被译作《西藏王统记》（རྒྱལ་རབས་གསལ་བའི་མེ་ལོང་།），是萨迦·索南坚赞于1388年所著。这部经典中记述，辛饶弥沃诞生于象雄沃摩隆仁，为弟子传授《慧度八界》（ཁམས་འདུས།）等雍仲本教浩瀚教义。吐蕃第八代赞普止贡赞普和第九代赞普布底共杰（སྤུ་ལྡེ་གུང་རྒྱལ།）时期，这些经文从象雄语译成藏语。书中不但记载了象雄文明，还记述了象雄的文字[③]。

《智者喜宴》（དེབ་ཐེར་མཁས་པའི་དགའ་སྟོན།）是一部著名的藏文史籍，由巴俄·祖拉陈瓦所著。其中有十二小邦的说明，其中象雄地区有勒聂西国王（ལིགས་སྙ་ཤུལ།），以玛东然松为臣[④]。敦煌古藏文文献中把它写成“ལིག་སྙ་ཤུལ།”，本教《耳传大圆满本教未灭之因》中写成“李弥嘉”（ལིག་མི་རྒྱལ།），他们写法有所不同，但意义基本相同。据专家推断，李弥嘉的藏文对字是“ཐམས་ཅད་ཀུན་ལ་དབང་བསྒྱུར་བ།”或“སྲིད་པའི་རྒྱལ་པོ།”，其意为统领世界之王或宇宙之王。李弥嘉并非指某一个国王，他是一个朝代的国王的通用名。

---

① 恰巴魔王属下有七位骑术非凡的强盗，他们盗取穆氏王朝的宝马。

② 辛饶弥沃：《冈底斯雍仲本教文献丛书》第1卷《集经》，北京：民族出版社，2010年9月第1版，第35页。

③ 萨迦·索南坚赞：《西藏王统记》，北京：民族出版社，1983年，第57页。

④ 巴俄·祖拉陈瓦：《智者喜宴》，民族出版社，2006年，第84页。

周华老师在《藏族简史》（བོད་ཀྱི་ལོ་རྒྱུས་མདོར་བསྡུས།）中提到：象雄尚未被吐蕃统领前，是独立的。那时，青藏高原主要以三股势力为主，上部以象雄为主，中部由吐蕃统治，下部由桑巴（སུམ་པ།）即苏毗女儿国所统领。他们的政治地位、管辖范围不相上下，宗教信仰、文化习俗大致相同，都是本教信仰。到了7世纪后吐蕃统一诸地方势力，高原十二小邦以及南诏、尼泊尔、和田、土谷浑都归顺了吐蕃，变成了吐蕃的一部分。这一说法与敦煌古藏文文献、新旧唐书的说法完全吻合①。

不难发现《塞米经》《集经》《扎巴林扎》等本教早期文献，是有象雄的记载的，但没有象雄里中外的划分。

到了12世纪，从古如诺栽掘藏《母续根本经及其注释》开始，象雄就有了里、中、外三区划分②。该书中以里象雄即上部象雄为沃摩隆仁，中象雄为杰卡尔巴确（རྒྱལ་མཁར་བ་ཆོད།），外象雄（即下部象雄）为阿里的穹窿银城。里象雄语名为葛布达语“ཀ་པི་ཏ་སྐད།”，中象雄语为梵语“སང་ཀྲི་ཏ་སྐད།”。这部经中提到，弥鲁桑勒、益西宁波、囊瓦多金、穆赤赞普、哈然巨巴尔、达伟芦苇等人，达伟芦苇为里象雄译师；阿尼查达、塞尼噶沃等是中象雄的译师；东炯土钦为外象雄译师，还有木雅译师杰匝卡邬、吐蕃译师夏日邬钦等③。象雄语分玛尔语、达尔玛语、德尔玛语、达尔玛德尔语、古格语、普遍语。十二世纪的本教大师本赛穹果栽的《世间根本藏注释》（སྲིད་པའི་མཛོད་ཕུག）中说：玛尔语穹窿银城语，是辛饶弥沃时代最实用的语言④，达尔玛语是象雄北部的语言，德尔玛语是象雄南部的语言，达尔马德尔语是南北混合语，古格语是书面语。其中，象雄语中“古格”就是

① 周华：《藏族简史》，北京：民族出版社，1995年，第73页。

② 古如诺栽：《母续根本经及其注释》北京：民族出版社，2009年第1次出版，第140页。

③ 阿坝藏族历史文献古籍研究协会：《嘉绒地区历史》上册，成都：四川民族出版，2017年1月第1版，第72页。

④ 本赛穹果栽：《冈底斯雍仲本教文献丛书》第十二卷《世间根本藏注释》，北京：民族出版社，2010年9月，第137页。

文字的意思。而普遍语通用于象雄何地区暂无定论。白崔的《本教源流贤劫妙语庄严》（བོན་གྱི་བསྟན་རྒྱས་པ།，简称“本教起源”）一书中也有相同记载①。

本教早期文献《扎巴林扎》中记载：中央有象雄与蕃，西有达带（སྟག་སྐི།）与苏毗（གཟིག་འཕན།，即今伊朗一带），南有印度与卡奇（ཁ་ཆེ། 即巴基斯坦），东有嘉那（རྒྱ་ནག 即汉地），北有格萨尔（གེ་སར།）和霍尔（ཧོར་ཡུལ།）②。文献还指出，象雄与吐蕃中间有盖阔年龙山（གེ་ཁོད་གཉན་ལུང་རི།）相隔③。这说明当时象雄与吐蕃是分离的，直至第二十七代赞普达共年苏时期，象雄才隶属于吐蕃。而南日松赞时期又遇到造反，后松赞干布再次征服象雄、苏毗、达波、年波等部落，自那起象雄彻底成为吐蕃的管辖范围。

**三、象雄里中外三区的划分**

2018年7月至2019年4月23日之间，中国五支联合考古队走进西藏阿里，进行系统性地联合考古，在冈仁波齐西部象泉河流域发现3500年前至2500年前的古人遗物，包括陶器、木器、青铜器、铁器、金器、玉髓、玻璃、贝饰、农作物种子、织物。他们还发现了早在3000年前，海拔4500米以上的阿里地区已有十万余户的人类活动痕迹，生活资源非常丰富，社会交流广泛④。极为寒冷严峻的象雄地区，早在3000年前就已经有了数十万人口，可见，这是历史悠久的古老王国。意大利藏学家图齐认为，在吐蕃崛起之前，象雄是一个大国，但当吐蕃开始向外扩张时，他便注定要屈服了。他的说法也得到了考古学的证实。

西藏腹心地带山南昌果沟遗址的发掘中，发现了距今3400年的青

---

① 白崔：《本教起源》，拉萨：西藏人民出版社，1988年，第34页。

② 关于这一说法的详尽论述，请见笔者文章《早期本教经典、史籍与丝绸之路相关的地名研究》。

③ 占巴南喀：《扎巴林扎》，引自《冈底斯雍仲本教文献丛书》第1卷，北京：民族出版社，2010年，第90页。

④ 详见《阿里地区古代亚洲文化交流的通道》，阿里旅游网，2019年4月23日。

稞，属于新石器时代晚期。这说明，3400年前，生活在海拔4000米以上的青藏高原先民不但会种粮食，而且已经培育了青稞、大麦等很多农作物，反映出一定的农业种植水平。

到了12世纪初，古如诺载大师掘藏《母续根本经及其注释》，其中把象雄分为里、中、外三部，有的版本也将之译成上、中、下三区，即上部象雄为沃摩隆仁（འོལ་མོ་ལུང་རིང་།），中部象雄为杰卡尔巴确（རྒྱལ་མཁར་བ་ཆོད།），下部象雄以穹窿银城（ཁྱུང་ལུང་དངུལ་མཁར།）为核心地带[1]，在此前的文献中很少得见象雄三区的说法。辛饶弥沃自传《集经》中记载：冈底斯之西有幸氏王朝国度沃摩隆仁，那里有印度河、恒河等四大河流之源头，为辛饶弥沃诞生地[2]，大概方位在今天巴基斯坦的吉尔吉特或塔吉克一带。穹窿银城位于西藏阿里噶尔县门士乡卡尔东山山梁处，那里有一座本教寺院，称古入江寺，《尼玛丹增自传》中认为，那是中部象雄的中心地带，据《母续根本经》记述，嘉卡巴确由中象雄管辖，穹窿银城乃外象雄直辖。

据《光明根本续》记载：辛饶弥沃为了降伏恰巴魔王，来吐蕃时经过阿里，建设穹窿银城，迎接共萨楚江（公布王之女），生贡擦旺丹王子。阿里中央有布让（སྤུ་ཧྲེང་།），布让上方有世界屋脊的冈底斯山，冈底斯山旁边有香积山，辛饶弥沃莅临并加持过那里[3]。另据《黑头凡人的起源》记载：冈底斯雪山为世界中心，玛旁雍错乃世界千河万水之源，上部阿里三围，中部卫藏四山，下部多康六山脉，印度河、恒河为主的四大河流向印度，黄河、怒江、澜沧江等流向内地[4]。《法藏敦煌藏文文献勘录》记载：“ཞིག་གྱི་རྒྱལ་འདི་སོ་

[1] 古如诺栽：《苯教母续根本经及其注释》，北京：民族出版社，2009年，第140页。

[2] 三位游方僧：《库门经典汇编》第25卷，《集经》，兰州：甘肃民族出版社，2015年9月第1次出版，第228页。

[3] 赤索旦主编：《本教历史文献汇编》第4卷《光明根本续》，兰州：甘肃民族出版社，2018年7月第1版，第119页。

[4] 赤索旦主编：《本教历史文献汇编》第4卷《黑头凡人的起源》，兰州：甘肃民族出版社，2018年7月第1版，第213页。

ནམ་དང་བུ་སྲིད་བྱུང་ཤིག་ཆེས། སྤུག་གྱིས་བཙན་ཟང་ཙུང་བཀའ་སྩལ་ཏེ། མཁར་ཁྱུང་ལུང་དུ་མཆིས་ན།” 即象雄王李弥嘉正在穹窿银城王宫中，从中可以推断，7至8世纪时，穹窿银城为象雄的王宫①。

到了14世纪罗丹宁波大师时期，象雄里中外（或上中下）的划分上产生极大变化，比如《世界神山指南》②中记载：“以嘉卡巴确为上部象雄，阿里三围或穹窿银城为中部象雄，穹波孜珠山为外象雄中心。”嘉卡巴确（རྒྱལ་མཁར་བ་ཚོད།）应是《唐会要》所指的小羊同或羊同，位于大羊同即阿里之西；穹窿银城位于阿里噶尔县县门士乡卡尔东山；孜珠山位于西藏昌都区丁青县孜珠寺的所在地。罗丹宁波在公元14世纪，诞生于西藏穹波丁青县孜珠寺附近，也许就是因为他是穹波丁青县之人，所以把孜珠寺列为外象雄。18世纪时期所著的《尼玛丹增自传》也有与此相同的记载③。

扎敦巴大师的《世界地理概论》（འཛམ་གླིང་མཐའ་དབུས་ཀྱི་རྣམ་བཞག）是大师去各地朝拜时，以游记撰写而成。书中记载：上部象雄位于冈底斯之西，步行大约有三个月的行程，那里有波斯、巴达贤、巴拉等部落。弥鲁桑勒大师所建的杰卡尔巴确和母续本尊的修行圣地也在此。不仅如此，此地岩石上还雕刻有母续本尊的神像；中部象雄位于冈底斯之西几日行程处，那里有占巴南喀之子泽旺仁增的修行处—恰日祖丹圣地。中部象雄范围还包括阿里的穹窿银城堡，为占巴南喀大师的修行处④。十八位恰日坚国王都诞生于中部象雄范围，他们的王宫遗址大部分目前依然可见。冈底斯向南以多尔博、木斯塘等曾经是象雄管辖范围，是耳传大圆满历代上师雍敦家族所在地，那里耳传大圆满传承已久，辈出过很多大圆满虹化大师，如今应隶属于尼泊尔多

① 多布旦、扎西才让主编：《法藏敦煌藏文文献勘录》，拉萨：西藏人民出版社，2017年4月第1版，第26页。

② 罗丹宁波编纂：《世界神山指南》，长条手写本，现存四川甘孜藏族自治州炉霍县易日寺西勒家。

③ 尼玛旦增著：《尼玛丹增自传》，北京：民族出版社，2012年9月第1版，第27页。

④ 杰尔弥尼玛俄色：《西瓦阿萨经》，第3页，现存于四川甘孜藏族自治州炉霍县易日寺课诵文集。

尔博地区管辖范围；下部象雄位于穹波孜珠山，又被称作桑巴林格降雪，那里有霍尔族三十九个部落，包括今天西藏昌都丁青县、那曲的巴青县、聂荣县、那曲县等。有时候康巴地区的嘉绒也被划归至下部象雄①。

有的学者认为汉文文献中的苏毗即藏语的“桑巴”（སུམ་པ།），即《旧唐书》所记载的东女国。据《旧唐书》记载，女儿国分东女国、西女国、北女国②，东女国为今嘉绒为主的地区，之所以称东女国，是因为嘉绒在藏文中称谢嘉莫擦瓦绒。藏文的“谢”（ཤར།）是东的意思，位于吐蕃之东，或三个女儿国中它位于东方，所以称为谢。“嘉莫”是女王，“擦瓦绒”是热带峡谷之意，就是东边的热带峡谷。由此可见，东女国应该是谢嘉莫绒的直译。东女国东连茂州（茂县）、党项（木雅），东南达雅州（雅安），村民四万余众，士兵万余人，其东连茂县，东南有雅安③。

据《嘉绒历史》上册记载，藏族地区有四大峡谷，即东嘉莫绒、北阿达绒、南擦瓦绒、西工波绒④。绒是能种田的热带或峡谷地带之意，四大峡谷有四大河缓慢流淌，即怒江河、金沙江、黄河江、澜沧江⑤。其中嘉绒在吐蕃之东，所以称谢，嘉绒以女性为贵，以女性为王，故谓嘉莫；绒是峡谷或热带之意。

西藏人民出版社出版的《本教源流贤劫妙语庄严》汉译版为《本教起源》，该书是白丹慈诚（简称白崔）于20世纪初所著，据说成书用时三十多年。这部历史文献中阐述了从本教起源到发展以及中间的兴衰和复兴，并记载了历代大师的生平事迹。书中记载：象雄的城堡

①邓真尼玛主编：《吐蕃语象雄历史文献》下册，《世界地理概述》，成都：四川民族出版社，2016年，第300页。

② 刘昫：《二十四史》第32卷《旧唐书》，北京：中华书局，第1版，第3590页。

③ 刘昫：《二十四史》之第32卷《旧唐书》第3卷，北京：中华书局，第3552页。

④ 阿坝藏族自治州藏族历史文化古籍研究协会主编：《嘉绒地区历史》上，成都：四川民族出版社，第1版，第2页。

⑤ 张怡荪主编：《藏汉大辞典》，北京：民族出版社，1993年12月第1版，第808页。

很多，但主要以中央四座城堡为核心，即穹窿银城卡尔（ཁྱུང་ལུང་དངུལ་མཁར།）、布商达拉卡尔（སྤུ་ཧྲེང་སྟག་ལ་མཁར།）、弥向西瓦卡尔（སྨི་ཤང་ཁྲི་བ་མཁར།）、玛旁布莫卡尔（མ་པང་སྤོས་མོ་མཁར།）。另外还有盖吉西瓦卡尔（གད་ཀྱི་ཁྲི་བ་མཁར།）、卡尤旦卡尔（ཁ་ཡུག་འདམ་མཁར།）、古格匝尚卡尔（གུ་གེ་ཚ་ཧྲེང་མཁར།）、北方的热西卡尔བྱང་གི་ར་བཞི་མཁར། 等很多卡尔。四处有四大卡尔，即东热穹钦城（དྭང་ར་ཁྱུང་རྫོང་།）、色日珠宗城（སེ་རིང་འབྲུག་རྫོང་།）、日妥生根城（ཏ་ཐོག་སེངྒེ་རྫོང་།）、芒域达宗城（མང་ཡུལ་སྟག་རྫོང་།），译成汉文是鹏鸟城、龙城、狮子城、老虎城①。藏文“卡尔”（མཁར།）汉译为“宫殿”，指国王的宫殿，象雄十八位恰日坚国王有十八个王宫。藏文“宗”（རྫོང་།）为城楼或城堡之意，是古人为了防止敌人入侵，用石头垒砌而成的城堡。本书中所记载的有些城堡位于今尼泊尔的多尔博、木斯塘、拉达克、印度北部以及我国西藏的羌塘等地区，说明这些区域曾是象雄的管辖范围。本书中还说，象雄分上部、中部与下部。其上部象雄为名义上的象雄，下部才是其政治中心，它东连吐蕃，西接巴尔蒂斯坦（巴基斯坦），南达尼泊尔和印度，北达霍尔即藏北羌塘以及于阗（即今天的新疆南部部分市县）②。这应该就是新旧唐书所说的小羊同与大羊同。

《冈底斯圣山指南目录》中记载，穹窿银城为象雄十八位国王之古格沃吉恰日坚国王之王宫。尤其象雄统领十八个王国的十八位恰日金，他们分别是来自天国的国王赤瓦尔拉塞吉恰日金、穹格恰日金、贡嘎谢吉恰日金三位，在位于冈仁波齐山前面的玉罗宗卡地建国，统领象雄地区；古格沃吉恰日金、嘉寸沃吉恰日金、恩钦东葛恰日金三位诞生于穹窿银城地区；曲日沃吉恰日金、察门沃吉恰日金两位统领象雄布玛尔商地区；象雄紫娜地区由达娜桑信杰波嘉吉恰日金③、佐

① 白崔：《本教起源》，拉萨：西藏人民出版社，1988年11月第1版，第35页。

② 白崔：《本教起源》，拉萨：西藏人民出版社，1988年11月第1版，第34页。

③ 达娜杰波（སྟག་སྣ་རྒྱལ་པོ།）既是一名象雄的国王，又是盖阔本尊的历代上师之一。

玛尔提邦杰波麦邦沃吉恰日金统领；象雄达偌地区①由尼谢沃吉恰日金、达谢沃吉恰日金统领；象雄达果地区由佐玛尔沃吉恰日金、白知沃吉恰日金统领；象雄卡角地区由噶江沃吉恰日金、邬华尔沃吉恰日金统领；象雄拉达地区由南加沃吉恰日金统领；象雄日托地区由恩扎沃吉恰日金统领，共计十八位国王。“恰日”是国王头上用布料做的大鹏角，是一种身份的象征②。

### 象雄国王的名称与王宫③

| 序号 | 王宫名称 | 国王名（汉文） | 国王名（藏文） |
|---|---|---|---|
| 1 | 玉龙宗卡（གཡུ་ལོ་ལྗོན་པའི་རྫོང་མཁར།） | 赤瓦尔拉塞吉恰日金 | ཁྲི་ཤེར་ལ་གསེར་གྱི་བྱ་རུ་ཅན། |
| 2 | 玉龙宗卡（གཡུ་ལོ་ལྗོན་པའི་རྫོང་མཁར།） | 穹格恰日金 | ཧྲབས་ཆེན་ཁྱུང་གི་བྱ་རུ་ཅན། |
| 3 | 玉龙宗卡（གཡུ་ལོ་ལྗོན་པའི་རྫོང་མཁར།） | 贡嘎谢吉恰日金 | གང་ཀ་ཤེལ་གྱི་བྱ་རུ་ཅན། |
| 4 | 穹窿银城（ཁྱུང་ལུང་དངུལ་མཁར།） | 古格沃吉恰日金 | རིན་ཆེན་འོད་ཀྱི་བྱ་རུ་ཅན། |
| 5 | 穹窿银城（ཁྱུང་ལུང་དངུལ་མཁར།） | 嘉寸沃吉恰日金 | འཇའ་ཚོན་འོད་ཀྱི་བྱ་རུ་ཅན། |
| 6 | 穹窿银城（ཁྱུང་ལུང་དངུལ་མཁར།） | 恩钦东葛恰日金 | ཞུན་ཆེན་དུང་གི་བྱ་རུ་ཅན། |
| 7 | 王宫在布玛尔商地区 | 曲日沃吉恰日金 | བྱ་རུ་འོད་ཀྱི་བྱ་རུ་ཅན། |
| 8 | 位于布玛尔商地区 | 察门沃吉恰日金 | ཕྲ་མེན་འོད་ཀྱི་བྱ་རུ་ཅན། |
| 9 | 象雄紫娜地区 | 嘉吉恰日金 | སྤག་སྣ་རྒྱ་པོ་ཟོམ་ཤང་ལྷུགས་ཀྱི་བྱ་རུ་ཅན། |
| 10 | 象雄紫娜地区 | 麦邦沃吉恰日金 | མེ་དཔུང་འོད་ཀྱི་བྱ་རུ་ཅན། |
| 11 | 象雄达偌地区 | 尼谢沃吉恰日金 | ཉི་ཤར་འོད་ཀྱི་བྱ་རུ་ཅན། |
| 12 | 象雄达偌地区 | 达谢沃吉恰日金 | ཟླ་ཤར་འོད་ཀྱི་བྱ་རུ་ཅན། |

① 达偌是象雄耳传大圆满历代上师达布示匝的修行地。

②赤索旦主编：《本教历史文献汇编》第8卷《冈底斯神山志目录》，兰州：甘肃民族出版社，2018年7月第1版，第52页。

③赤索旦主编：《本教历史文献汇编》第8卷《冈底斯神山指南目录》，兰州：甘肃民族出版社，2018年7月第1版，第53页。

| | | | |
|---|---|---|---|
| 13 | 象雄达果（ཏ་སྒོ།）地区 | 佐玛尔沃吉恰日金 | ཚེ་དམར་འོད་ཀྱི་བྱ་རུ་ཅན། |
| 14 | 象雄达果（ཏ་སྒོ།）地区 | 白知沃吉恰日金 | བེཛྲ་འོད་ཀྱི་བྱ་རུ་ཅན། |
| 15 | 象雄卡角（ཁ་སྒྲོལ།）地区 | 噶江沃吉恰日金 | ག་ལྗང་འོད་ཀྱི་བྱ་རུ་ཅན། |
| 15 | 象雄卡右（ཁ་ཡུག）地区 | 邬华尔沃吉恰日金 | ཨུ་དཔལ་འོད་ཀྱི་བྱ་རུ་ཅན། |
| 16 | 象雄拉达（ལ་དྭགས།）地区 | 南加沃吉恰日金 | གནམ་ལྕགས་འོད་ཀྱི་བྱ་རུ་ཅན། |
| 17 | 象雄日托（རུ་ཐོག）地区 | 恩扎沃吉恰日金 | ཨུན་གྲགས་འོད་ཀྱི་བྱ་རུ་ཅན། |
| 18 | 穹窿银城（ཁྱུང་ལུང་དངུལ་མཁར།） | 古格沃吉恰日坚 | གུ་གེ་འོད་ཀྱི་བྱ་རུ་ཅན། |

综上所述，象雄位于西藏的阿里、冈底斯山西部的拉达克、塔吉克斯坦等地，尼泊尔的多尔博、木斯塘地区都属于古象雄；聂赤赞普时期，象雄为高原十二小邦之一，也是弥鲁桑勒的后裔。公元七世纪以前，青藏高原分三股大的势力，分别象雄、吐蕃、桑巴即苏毗；七世纪后，吐蕃讨伐象雄，灭了土谷浑，势力突飞猛进的发展，很快统治了整个青藏高原乃至中亚、南亚、西亚的部分地区；八世纪时，吐蕃与象雄关系破裂，象雄国王李弥嘉被杀，传承上千年的象雄就此消失在人间；公元10纪末，朗达玛之子沃松的后代，来到阿里，统领阿里三围。

**四、考古与藏汉文史籍中的象雄历史**

“象雄”是象雄语，译成现代藏文是 “穹隆”（ཁྱུང་ལུང་།），汉文意为鹏鸟国、大鹏峡谷、大鹏之乡等。2020年8月29日，习近平总书记在中央第七次西藏工作座谈会的讲话中提到：“必须坚持治国必治边、治边先稳藏的战略思想，必须把维护祖国统一、加强民族团结作为西藏工作的着眼点和着力点。”而阿里位于西藏边陲，与我国邻国巴基斯坦、尼泊尔、印度三国交界，对于维护我国国土安全，阿里是个极其重要的位置。国内外学术界对象雄文化研究一向保有积极态度，成就非凡。尤其2015年，大型纪录片《象雄》的诞生，对象雄文化研究有了极大突破。同年，第二届西藏拉萨象雄文化学术研讨会顺利召开，象雄文化研究有了新的方向和思路，很多学者努力研究，获得了极大的成功。

1.考古文献中的象雄

西藏文物研究所与阿里札达县文物局共同成立的考古队于2018年至2020年三年中对西藏阿里札达县象泉河桑达隆果地带进行了系统考察，发现了几十座古墓，有单室、双室、单双墓道等多种形制，陪葬品有六件金面具、一件银面具、铁器、墓俑等。经测定，墓葬遗存年代在公元前300年至公元650年，至今延续了近千年。《聂赤赞普从天而降故事》中提到，聂赤赞普为穆氏（辛饶弥沃家族）之后，从象雄来到吐蕃，建立赞普王朝①。根据文献记载，象雄开始于公元前6至8世纪。从古埃及的金面具、四川成都金沙遗址中的金面具与阿里发掘的金银面具来看，金银面具与西亚、中亚乃至东亚文化有着密切关系。

2012年在西藏阿里噶尔县门士乡故如甲（古入江寺）墓地，出土由金片压制而成的正方形黄金面具。面具正面用红、黑、白三色颜料绘制面部，用红色线条描绘出五官轮廓线，面具周边均匀分布用来缝缀的小孔。经人骨碳十四测定，该墓葬年代测为公元2世纪，迄今1800年之久。国际藏学会原会长卡尔梅·桑丹坚参根据本教《十五字超度仪轨》解读，本教超度有五个所依，金面具为身体所依。

2.敦煌文献中的象雄

敦煌古藏文文献P.T.1287中提到，赤松德赞（有人说是松赞干布）时期，吐蕃因不能与象雄直接冲突，只能智取（即以联姻方式征服），所以把妹妹塞玛噶热（སད་མ་ཀ་ར།）献给象雄李弥嘉，以求和平。塞玛噶热坚决只嫁不生子，赤松德赞劝告她道：以大局为重，别导致政治矛盾。塞玛噶热还提到：穹窿银城外观上是岩石，里面

① 索南曲杰主编：《苯教古文献九部史》，拉萨：西藏藏文古籍出版社，2017年，第82页。

由金银装饰，非常壮观。显而易见，在公元7至8世纪时，象雄实力非凡，可与吐蕃相提并论。

3.汉文古典中的象雄

史书记载：松赞干布与羊同联手，发兵击败吐谷浑。吐谷浑不支，迁于青海之上，以避其锋，其国人畜并为吐蕃所擒。于是发兵攻破党项及白兰羌，率兵二十万兵，顿于松洲[①]。当时象雄与吐蕃是平起平坐，势力不下于吐蕃。《端智嘉全集》第四卷中《新旧唐书吐蕃传译本》，其中把羊同译成象雄（ཞང་ཞུང་།）[②]。

4.“大唐天竺使出铭”中的象雄

1990年6月，在西藏日喀则吉隆县北部崖壁上发现了“大唐天竺使出铭”，系唐显庆三年（公元658年）题铭。文中记述了唐代使节王玄策出使天竺，途径吉隆的过程，为研究当时的历史留下了重要的实物证据。《往五天竺国传》中把羊同写成“杨同”，唐会要与旧唐书中以“大羊同”、“小羊同”称之，而此件题铭中则有“年夏五月屈于小杨童之西”字样。按照霍魏、巴桑旺堆的推论：大羊同东接吐蕃，西连三波坷，北直于阗，西达小羊同[③]。汉文史籍中的“小羊同”或“小杨童”基本上指中象雄。所谓“屈于小杨童之西”,指碑铭所在地宗嘎位处小羊同之西，此说为研究小羊同之地望提供了新的证据[④]。

5.《杜简史》中的象雄

按照《智者喜宴》中的说辞，《杜简史》是阿底峡尊者约在11世纪中叶，来到拉萨，根据拉萨经堂管理员的描述所写之书。书中虽未提到“象雄”两个字，但详细记载了冈底斯山。他认为阿里的冈底斯山是大悲观音的（湿婆神）神山，大悲观音在那里与很多的

① 罗广武译注：《两唐书吐蕃传译注》，北京：中国藏学出版社，2014年，第7页。
② 万果、扎加编：《端智嘉全集》第四卷，北京：民族出版社，2014年，第356页。
③ 霍魏：《从新出唐代碑铭论“羊同”》，《民族研究》，1996年第1期。
④ 巴桑旺堆：《宗嘎唐代汉文摩崖碑铭补考》，《西藏研究》，1996年第3期。

天子天女一同修行，突然受到释迦摩尼的邀请，前往天竺，受释迦摩尼佛的重托，来到青藏高原，化身为猴子和罗刹，点化青藏高原人类。虽然他的很多说辞不符合历史唯物观，但有一点说明冈底斯山是大悲观音自在天的神山，玛旁雍错湖为四大河流之源。印度教经典中冈底斯为湿婆神的生殖器，因此印度教、婆罗门都崇拜冈仁波切神山。有的还认为冈仁波齐是罗汉之山。有的南传佛教徒认为，冈底斯就是传说中的须弥山。

6.《巴协》中的象雄

《巴协》（སྦ་བཞེད།）记述了尼泊尔的佛教传入吐蕃的历史，由巴塞囊著。如今民间流传的《巴协》有很多不同的版本。德吉所编的《巴协汇编》有四个版本，一是《赤松德赞、堪布菩提萨埵莲花生时期的显密历史》，二是《巴塞囊所著拔协》，三是《宗教史书》，四是《巴协》。其中最早的应该是《巴协》，该文本中提到大译师仁钦桑波、阿底峡尊者等十一世纪的人，由此可以断定这部史书形成于十一世纪末。这部文本的主要内容是八世纪赤松德赞时期的佛教历史、桑耶寺志。文本还提到："象雄的穹窿银城及其所有平民被吐蕃征服，象雄的宗教被灭，国王被杀。"

7.《聂赤赞普从天而降故事》中的象雄

《聂赤赞普从天而降故事》为吐蕃五部史籍之首，为赞普的起源篇。书中记载了吐蕃第一代赞普聂赤赞普的先祖故事，以及他如何来到吐蕃，征服十二小小邦，建立吐蕃的故事。敦煌文献与《第五宗教史》等中讲述聂赤赞普时，皆以此为准。书中记载：恰杰亚拉达州（玉帝）与穆氏家族的穆尊志玛结亲，生八子，其中第七子称"赤敦凑"（ཁྲི་བདུན་ཚོགས།）被流放到象雄，穆氏铠甲、穆氏神剑、穆盾、穆矛等为家产。他与穆氏公主追穆追赞莫结亲，生聂赤赞普。故事中提到，聂赤赞普来自象雄，而且是恰杰亚拉达州之后，与辛饶弥沃氏族同源[①]。赤敦凑的其余七个兄弟也都来到象雄，成为象雄的保护神。

8.辛饶弥沃传《集经》

《集经》中没有象雄之词，只有穹窿银城，而且指出穹窿银城是辛饶弥沃所建，他娶工布公主贡萨楚江为妻，生贡擦王丹王子[②]。西耶尼玛扎巴编于14世纪的《象雄与藏文对照词典》中象雄的对字是穹隆，即鹏鸟峡谷或大鹏峡谷、大鹏之乡之意。书中还记载：雍仲九重山即冈底斯山、玛旁雍错湖、四大河流、香积山等[③]。

9.辛饶弥沃传《塞米经》

德国的博物馆收藏着一本有图的《塞米经》写本，资料非常珍贵。其中记载了象雄、象雄的古幸等词[④]。

10.《本教未灭之因》中的象雄

这部书全称为《象雄耳传大圆满之本教未灭之因》，简称《本教未灭之因》。全书由藏文书写，共7页，2390个字，由杰尔绑·囊谢勒波著于8世纪，现收录于《象雄耳传四部大圆满》[⑤]。其内容分为四个部分：第一、赤松德赞以前，本教在青藏高原兴盛时期的概况；第二、赤松德赞如何讨伐象雄，以及灭本之史；第三、李弥嘉的上师囊谢勒波，依照王妃指令，对赤松德赞下了诅咒，使其病发卧床；第四、赤松德赞被诅咒后，诚恳邀请囊谢勒波大师，并于尊前立誓不再灭本。其中提到八世纪的象雄、象雄耳传历史、象雄文化、象雄如何被灭之史，囊谢勒波如何说服赤松德赞，象雄本教没彻底被灭之史。《菩提藏注释智海》是克擦达沃掘藏于1023年，现收录于《冈底斯雍仲苯教文献》第22卷《菩提藏注解》，该书第295页中用了“本教

① 索南曲杰主编：《苯教古文献九部史》，拉萨：西藏藏文古籍出版社，2017年，第86页。

② 伟色金巴主编：《库门经典汇编》第25卷《集经》，兰州：甘肃民族出版社，2015年，第268页。

③ 伟色金巴主编：《库门经典汇编》第25卷《集经》，兰州：甘肃民族出版社，2015年，第227页。

④ 伟色金巴主编：《库门经典汇编》第26卷《塞米经》，兰州：甘肃民族出版社，2015年，第407页。

⑤ 旦增益西主编：《远古藏文化精粹——象雄耳传》（第1卷），成都：四川民族出版社，2016年2月，第243页。

未灭之因”的内容[①]。由此说明，这部书在11世纪初，已广为人知；《本教历史明镜》是噶敦慈城坚参著于12世纪初，其中也有象雄耳传本教未灭之因之记载[②]。

11.《雍仲本教续部》中的象雄

《雍仲本教续部》是《扎巴林札》系列之一，作者占巴南喀，掘藏者不明，约在十世纪掘藏。其中记载：唐蕃交战时，由象雄本波杰尔·囊谢勒波通过麦日本尊放金火，击败敌方，赤松德赞赏赐囊谢勒波重金。其中还提到帕瓦·囊谢勒波、古如·本波妥日隆赞之名。由此可见，象雄李弥嘉被杀后，囊谢勒波归顺吐蕃，为赤松德赞立下汗马功劳。囊谢勒波还是古如家族支系。本书所记内容与象雄耳传本教未灭之因相差不大。[③]除此之外，《扎巴林札》的第五页中还说：象雄与吐蕃之间，有盖阔年龙山为界线，象雄地区有冈底斯、玛旁雍错湖、香积山、四大河流；第116页中说道：象雄与吐蕃之间步行约有六个月之距[④]。

12.《黑头矮人起源》中的象雄

《黑头矮人起源》是一部藏文古书，作者不明，其内容很独特。书中记载：雍仲九重山为雍仲本教修行山，印度金刚座为妙法之乡，印度净饭王是释迦摩尼的家族；冈底斯琉璃雪山，是南瞻部洲之中央，玛旁雍错湖是四大河流之源头，周围有四大神湖。恒河流自大象嘴，那是印度之大河；那热匝河出自宝马嘴，被称为吐蕃之大河；瑟德印度河出自狮子嘴，是阿瓦霍尔之大河，巴西出自孔雀嘴，被称为中原大河。其中还记载：象雄以本教为特色，印度以释迦佛教为特色，尼泊尔以龙族为特色[⑤]。上述的雍仲九重山即藏文雍仲古栽山

①才让太主编：《冈底斯雍仲苯教文献》第22卷《大圆满菩提藏注释》，北京：民族出版社，2010年，第295页。

② 郑巴兰卡、麦东智美俄热：《象雄文集》第三卷，成都：四川民族出版社，2012年，72页。

③ 赤索旦主编：《本教历史文献汇编》第3卷，89页，甘肃文化出版社，2018年。

④ 赤索旦主编：《本教历史文献汇编》第3卷，89页，甘肃文化出版社，2018年。

⑤ 索南曲杰主编：《苯教古文献九部史》，拉萨：西藏藏文古籍出版社，2017年，第53页。

（གཡུང་དྲུང་དགུ་བརྩེགས་རི་བོ།），集经中提到此山乃冈底斯山的别名[①]。

13.《西藏王统记》中的象雄

《西藏王统记》由萨迦·索南坚赞著于1388年。书中记载：吐蕃第九代赞普布底贡杰、如来吉时期，辛饶弥沃所传的雍仲本教从象雄传到吐蕃，得以兴盛。辛饶弥沃生于象雄沃莫隆仁，传授八界慧度、九乘次第，将很多经文从象雄语译成藏语。

14.《斯巴授记经》中的象雄

《斯巴授记经》是阔邦·罗珠陀美在22岁（1301年）时，掘藏于道孚巴协扎噶神山（སྦྲ་ཞབས་བྲག་དཀར།），即今四川甘孜藏族自治州道孚木茹乡境内。其中记载：辛饶弥沃首先化身象雄本波，来到象雄，向象雄大译师阿尼茶达（ཨ་ནུ་ཐྲག་ཏ།）大师传授盖阔本尊、麦日本尊等金火经，用象雄玛文（སྨྲ་ཡིག）写成经文；其次，来到达斯（今塔吉克斯坦一带），达斯本波萨让麦巴传授心法。其中提到“象雄八大圣地，本教文化从沃莫隆仁第一个传播到象雄，其次是达斯（སྟག་གཟིག）、东木亚（སྟོང་མི་ཉག）等其他地区。”还记载道：“象雄特色为金子，冶金技术非凡，丧葬超度皆用金子，金火能灭诸恶者；东木亚乃绵阳之主，用肩胛骨祭祀神灵，黑帐篷为营地，牛羊为生活和崇拜；吐谷浑本波以地位为特色。”其中还记载：象雄国王李弥嘉、大臣琼波冉桑（是否象雄耳传中所说的冉桑赤乃阔还得查实），当时象雄本波佐门杰尔钦做法事，帮象雄度过难关[②]。其中虽提到象雄的大师、国王、大臣、冈底斯、玛旁雍错、九大部落、八大圣地，但没有象雄里、中、外和十八位国王的记载。

15.《本教源流弘扬明灯》中的象雄

《本教源流弘扬明灯》由芭·邓杰桑波著于1345年，书中全面继承了《本教未灭之因》中的内容。本书主要讲述了象雄如何灭

① 伟色金巴主编：《库门经典汇编》第25卷《集经》，兰州：甘肃民族出版社，2015年，第227页。

② 赤索旦主编：《本教历史文献汇编》第3卷，兰州：甘肃文化出版社，2018年，第89页。

本的情况和象雄耳传（指《本教未灭之因》）。象雄国王李弥嘉时期，象雄有十二万户，加上桑巴九万余户；而吐蕃只有九千余户，面对面交战，吐蕃难以征服象雄。所以赤松德赞先收买象雄国王的次妃，以密谋暗杀象雄国王李弥嘉①。这个故事与《本教未灭之因》的内容基本吻合。但这部史书中尚未提到象雄里中外的事情。

16.《日光根本续》中的象雄

《日光根本续》是约在十二世纪末由扎沃贡年大师掘藏于青海宗喀地区。其中记载：占巴南喀诞生于象雄穹窿银城，担任辛饶弥沃一教主持的工作，并前往象雄、达斯、印度、中原、乌仗那等地学习，吸取精华，把很多经文译成藏语。在上至穹窿银城，下至松巴林格江学（སུམ་པ་གླིང་གི་གྱིམ་ཤོད།，即以琼波孜珠山为中心的桑巴地区），弘扬本教文化。松赞干布时期，把琼布达扎敦租（ཁྱུང་པོ་སྟག་སྒྲ།）、白本雪章（སྦྱི་བོན་ཤོད་གྲམ།）、李西达让（ལི་ཤུ་སྟག་རིང་།）、佐本赤祖（གཙོ་བོན་ཁྲི་གཙུག）等四人派遣到象雄，学习本教文化。这四人到了象雄，学习象雄等地的文化，翻译了很多经书②。其中虽未提到象雄里中外三区，但明确指出占巴南喀诞生于象雄穹窿银城。

17.《母续三根本及其注释》中的象雄

《母续三根本及其注释》为桑萨让尊佛母所述，弥鲁桑勒国王做集结，伏藏师古如诺栽约在12世纪初掘藏于达纳东坡地区。其中把象雄分为里、中、外或上、中、下三个区域。里象雄即上部象雄是指辛饶弥沃的诞生地沃莫隆仁，中部象雄是弥鲁桑勒的王国嘉卡巴确，下部象雄即外象雄是指阿里的穹窿银城。雍仲天国语、梵文即三十三天界语、达斯本波语即沃莫隆仁语、象雄玛文语即嘉卡巴确语。象雄语分达玛语、德尔玛语、达玛德尔语古格语，达玛语是象雄北方语，德尔玛语是象雄南方语，达玛德尔是南北共同语，古

① 芭·丹杰桑布：《本教源流宏扬明灯》，北京：中国藏学出版社，1991年，第169页。

② 赤索旦主编：《本教历史文献汇编》第4卷，兰州：甘肃文化出版社，2018年，第161页。

格语是象雄书面语①。里象雄的大译师为塞尼噶沃，中象雄的大译师为阿尼茶达，外象雄大译师为东炯土钦大师。

18.《尼玛丹增自传》中的象雄

《尼玛丹增自传》全称《堪钦尼玛丹增传》，是由尼玛丹增著于19世纪。传记中记述了有器情世界的成、住、毁、空，以及本教的诞生、发展、灭本情况，此外还介绍了辛饶弥沃的生平和部分著作，以及良美大师之传、尼玛丹增传等。该书中把象雄分为里象雄、中象雄、外象雄三个区域。其中，里象雄是指嘉卡巴确（རྒྱལ་མཁར་བ་ཆོད།），是弥鲁桑勒的国度，中象雄是穹窿银城，外象雄是指琼波丁青县孜珠山②。到了尼玛丹增时代，象雄里中外的方位产生变化，至于变化的原因，文本中没有记载。也许是受到罗丹宁波的影响，因罗丹宁波是琼波丁青县人，他把孜珠山列为外象雄，但他以什么为根据，目前不得而知。

19.《冈底斯神山目》录中的象雄

《冈底斯神山目录》是与尼玛丹增同代的学者珠钦・旦增旺加，在十八世纪初至中叶撰写而成。其中介绍了冈底斯山与各地文化的关联，以及阿里的大小古城、城堡和十八位国王的王城遗址和名称，资料非常珍贵③。

## 第三节 本教古籍中的地名研究

在以《静猛本续》《辛饶弥沃略传集经》和《扎巴林扎》为主的诸多本教史籍中，有很多关于地名的详细记载，包括勃律、卡拉奇、和田、且末、若羌、党项、苏毗、象雄、吐蕃、中原、嘉绒、波斯、

① 雍忠丛书整理：《苯教母续根本经及其注释》，北京：民族出版社，2009年，第140页。

② 堪青尼玛丹增：《堪青尼玛丹增传》，北京：中国藏学出版社，2020年，第32页。

③ 赤索丹主编：《本教历史文献汇编》第8卷，兰州：甘肃文化出版社，2018年。

洛门、尼泊尔、霍尔族等。因古籍中的地名与如今地图上的地名都难以对应，这些记载为此提供了很多方便，对中亚、西亚、东亚的地名研究帮助很大。

## 一、《静猛根本释》中的部分地名

《静猛根本释》（ཞི་ཁྲོ་རྩ་འགྲེལ།）（下面简称《根本释》）是一部与本教历史相关的重要古籍文献，曾被早期部分传统学者作为重要论据引用，譬如：生于20世纪初的贤能白崔大师（དཔལ་ལྡན་ཚུལ་ཁྲིམས།）所著的《本教起源》（བསྟན་འབྱུང་ལེགས་བཤད་བསྐལ་བཟང་བསྟན་པའི་མགྲིན་རྒྱན།）①、19世纪末生于康区新龙之地的札顿巴·斯拉噶桑丹贝坚赞（དཔྲ་སྟོན་པ་སྐུ་ལ་བསྟན་པའི་རྒྱལ་མཚན།）的《世界地理概论》（འཛམ་གླིང་ཡུལ་བཤད།）②和19世纪50年代出生的夏札·扎西坚赞大师（ཤར་རྫ་བཀྲ་ཤིས་རྒྱལ་མཚན།）著的《西藏本教源流》（ལེགས་བཤད་རིན་ཆེན་གཏེར་མཛོད།）③等著作中皆原原本本地引用过该书中有关地名的记述。不仅如此，生于公元1585年的琼布·洛珠坚赞大师（ཁྱུང་པོ་བློ་གྲོས་རྒྱལ་མཚན།）在《话说本教起源》④一书中论述瞻部洲历史时，也完整引用了《静猛根本释》中的相关记述，但没明确注明引用的书名。关于这部书，笔者也只是通过其他书籍作了一些了解，原书迄今都未寻得，故该书到底是伏藏还是非伏藏、作者是何人、伏藏于何时何地、从何伏藏中请出等，都无法作清晰的介绍。

但无论怎样，通过其他文献了解到的是，该书中把南瞻部洲分为18个大国、99个小国、1500个边缘区，以及吐蕃（བོད།）、象雄（ཞང་ཞུང་།）、格萨尔（གེ་སར།）、崇域（ཁྲོམ།）、里域（ལི་ཡུལ།）、霍尔（ཧོར།）、蒙古（སོག་པོ།）、天竺（རྒྱ་གར།）等，这可能是古代藏族

① 详见《本教源流妙语贤劫庄严论》，北京：民族出版社，1988年出版，第12页。

②《世界地理概论》（འཛམ་གླིང་ཡུལ་བཤད།）即瞻部洲中心及边缘常用之见，现收录于《象雄与吐蕃历史文集》下册，成都：四川民族出版社，2016年。

③ 夏匝·扎西坚参著，刘勇译：《藏族雍仲本教史妙语宝库》，北京：民族出版社，1985年，第9页。

④ 穹波罗珠坚参：《话说本教起源》，详见《象雄与吐蕃历史文献》下册，成都：四川民族出版社，2016年，第836页。

人的世界观。譬如，1985年民族出版社出版的《西藏本教源流》第9页中就引用了《静猛根本释》中的这段记述：“瞻部洲有十八个大国、九十九个小国和一千五百个边缘地。十八个大国中，东有嘉那（རྒྱ་ནག）和支达（གྲི་བདག），南有嘉噶（རྒྱ་གར།）和卡奇（ཁ་ཆེ།），西有达带（སྟག་སྡེ།）和苏盘（གཟིག་འཕེན།），北有格萨尔（གེ་སར།）和霍尔（ཧོར་ཡུལ།）；同时，东部嘉那边缘有嘉莫切乔（རྒྱ་མོ་ཁྲི་ཁྲོ།），南部嘉噶即天竺边缘有贾域（ཀྱད་ཡུལ།）和胡那（ཧུ་ན།），西部达斯边缘有格勒（གི་ལེ།）和普那（ཕུ་ན།），北部格萨尔边缘有索波（སོག་པོ།）和瓦尔卡（སྤལ་ཁ།）。”[①]

上述引文说冈底斯山之东有嘉那和支达两大部落，其中“嘉那”（རྒྱ་ནག）指中原地区[②]。“支达”（གྲི་བདག）在有些书籍中写为“成杜”（ཁྲི་འདུ།）或“成登”（ཁྲི་དུན།）。冈底斯山北有格萨尔和霍尔两大部落。其中的“格萨尔”（གེ་སར།）为居于今我国阿里以北新疆一带的古代部落的名称（包括新疆南部昆仑山以北和塔克拉玛干沙漠之间一带地区总名。古代名称中的格萨尔、崇域和理域中包括和田、且末、民丰和若羌、于阗等古国）。“霍尔”（ཧོར།）是今霍尔琼以（ཧོར་ཁྱུང་།）为主的部分地区，包括西藏昌都的丁青县，那曲的巴青县、聂荣县和那曲县等广阔区域，其中内含三十九个部落等，详见卡尔梅·桑丹坚参（མཁར་རྨེའུ་བསམ་གཏན།）的论文《霍尔三十九部落的产生与发展史》（ཧོར་ཚོ་བ་སོ་དགུའི་ལོ་རྒྱུས་བྱུང་འཕེལ།）[③]。有关《静猛根本释》中“霍尔边缘有索波（སོག་པོ）即蒙古和巴卡（སྤལ་ཁ།）”的记载，《尼玛丹增自传》中也有“霍尔以北有索波（སོག་པོ།）”的记载，这就印证了索波（སོག་པོ།）和巴卡（སྤལ་ཁ།）都是霍尔以北的两个部落名称[④]。同

① 夏擦·扎西坚赞：《西藏本教源流》，北京：民族出版社，1985年9月第1版，第9页。

② 赤索旦主编：《本教历史文献汇编》第4卷《黑头凡人的起源》，兰州：甘肃民族出版社，2018年7月第1版，第222页。

③ 卡尔梅·桑丹坚参著，德康·索朗曲杰译：《霍尔三十九部落的发展与变迁》，载于象雄门户网。

④ 尼玛丹增：《尼玛丹增自传》，北京：民族出版社，2012年9月第1版，第27页。

样，所谓“格萨尔的边缘有崇（ཁྲོམ།）和里瓦（ལི་བལ།）”，是指阿里以北的三大古老的部落居住区域，即今新疆的和田、若羌、且末、民丰等地。藏族古籍中有时将其写为崇格萨尔（ཁྲོམ་གེ་སར།），实际是崇域（ཁྲོམ་ཡུལ།）和格萨尔（གེ་སར།）的缩写，有时又有“里崇”（ལི་ཁྲོམ།）之写法，不难看出这是里域与崇域的合称。格萨尔、里域和崇域不仅在同一地方，而且其地名称谓也变化多端，可见它们的政治地位、意识形态、宗教信仰也不断变化。曾经一段时间里很多藏族人把理瓦（ལི་བལ།）与瓦尔波即汉语中的尼泊尔混淆，但著名藏学家根敦群培在《白史》中清楚地记载：理域位于我国新疆的和田，而不在于南方的尼泊尔[①]。总之，以上所述之地名，为象雄以北的三大部落。

据本教古籍记载，“冈底斯以南有嘉噶和卡奇”。其中的“嘉噶”（རྒྱ་གར།）是藏文古籍中对古印度的称谓，汉传佛经中译成天竺，汉文史籍《汉书》中译为“身毒”，《旧唐书》中称南婆罗[②]。笔者认为是今印度北部以库鲁（ཁུ་ནུ།）为主的古地名称谓，究其缘由，据说北印度人是由伊朗经冈底斯山迁徙繁衍而来的[③]，印度河也起源于冈底斯以北，而且印度信徒认为冈底斯是自在天的生殖器，可见他们对冈底斯山有崇高的信仰。马克斯·韦伯认为佛教源自印度教，印度教源自婆罗门宗教，婆罗门宗教有很多传承体系，但都源自冈仁波齐山[④]。本教经典中认为本教的密宗、大圆满源自三十三天界、知足天，即冈底斯山以西（约在塔吉克斯坦）。“卡奇”又称“卡拉奇”，应位于今巴基斯坦的卡拉奇附近。“知夏”（བྲུ་ཤ）指今克什米尔东部拉达克为主的地名，古汉语中称“勃律”。勃律

① 根敦群培：《白史》，四川民族出版社，2002年7月第1版，第20页。

② 罗广武译注：《两唐书吐蕃传译注》，北京：中国藏学出版社，2014年5月第1版，第13页。

③ 黄心川主编：《世界十大宗教》，北京：社会科学文献出版社，2007年3月第1版，第48页。

④（德）马克斯·韦伯著，康乐　简美惠译：《印度的宗教：印度教与佛教》，桂林：广西师范大学出版社，2020年9月第1版，第277页。

分大勃律和小勃律，大勃律位于巴尔蒂斯坦（巴基斯坦）的六大河谷之地。巴尔蒂应该是藏语知夏（བྲུ་ཤ）的音变。根据本教文献《世间藏疏》（མཛོད་སྤྲ་འགྲེལ།）所载，吐蕃第八代赞普止贡赞普时吐蕃政权中就有来自“卡奇”（ཁ་ཆེ།）和巴尔蒂的大臣，可见他们与吐蕃交往密切。

根据《根本续疏》记载，西有达带（སྟག་སྡེ།）和苏盘（གཟིག་འཕེན།），是指冈底斯山之西的两个部落，藏文文献中将两个部落统称为“达斯国”或“达瑟国”（སྟག་གཟིག་རྒྱལ་ཁབ།）。对此学术界有很大争议，比如国际著名藏学家南开诺布在《象蕃古代史宝明镜》中认为这两个地方即今波斯（པར་སིག）和“伯仁”（ཕེ་རིང་།）①；才让太教授在《象蕃文化研究》（ཞང་བོད་ཤེས་རིག་ཞིབ་འཇུག）中暂时认定为今伊朗和阿拉伯，实际上波斯是古伊朗人所建②；也有学者认为达斯是指今塔吉克斯坦或吉尔吉斯斯坦。此外，扎敦巴大师（དམ་སྟོན་པ།）的《世界地理概论》中又记载：“吐蕃以西的整个地区域‘达斯’”③。可见有许多学者对这一地域作过详细的了解和研究。

详细说明如下，蕃域又衍生出吐蕃的六大氏族，以及象雄与苏毗人种，嘉域衍生出木雅（མི་ཉག）④和裕固（ཡུ་གུར།）。霍尔中衍生出索波（སོག་པོ།）即蒙古和主古（གྲུ་གུ།）即突厥⑤。⑥按此所说，嘉与蕃即汉族与藏族的起源为同源同根，体现了民族间的深厚情谊。

① 南开诺布：《象雄古代史宝镜》，成都：四川民族出版社，1990年4月第1版，第48页。

②才让太：《象雄文化研究》，详见《藏学研究论文选》，北京：民族出版社，1990年3月第1版，第284页。

③邓真尼玛主编：《象雄与吐蕃历史文献》下册，《世界地理概论》，成都：四川民族出版社，2016年11月，第257页。

④ 根据本教文献记载，木雅分东木雅、西木雅、宗喀木雅，东木雅位于今以康东为主的部分地区，西木雅是西夏王朝的祖先，宗喀木雅位于今宗喀地区，详见《西藏本教源流》。

⑤ 知格（གྲུ་གུ།）：汉语称为“突厥”，是非常古老的游牧民族，公元5世纪，居住阿尔泰山一带。据藏族史料所示，松赞干布时期，吐蕃发兵伐突厥，导致让突厥分裂为东西两突厥，其中位于吐蕃以北后方的突厥，汉语称东突。

⑥ 白崔：《本教起源》，拉萨：西藏人民出版社，1988年11月第1版，第29页。

同样，在《安多政教史》（མདོ་སྨད་ཆོས་འབྱུང་།）[①]和《卡纳教法史》（མཁར་ནག་ཆོས་འབྱུང་།）等史籍中有“今之强巴奔岭寺（བྱམས་པ་འབུམ་གླིང་།）乃公仔楚嘉（ཀོང་ཙེ་འཕྲུལ་རྒྱལ།）所建”之说，也证明了《塞米经》中所说的公仔楚嘉在中原建立戛纳扎萨宫殿，辛饶弥沃为此来到此地加持开光之说。《塞米经》中还记载：辛饶弥沃来到中原，娶公仔楚嘉之女嘉萨楚江公主（རྒྱ་བཟའ་འཕྲུལ་ལྕམ།），生下嘉萨楚布穹（རྒྱ་ཚ་འཕྲུལ་བུ་ཆུང་།）。

藏文书籍中对汉族称谓除了“嘉娜”外，还有一种名称，那就是“紫娜”（ཙི་ན།）。《宗派源流》记载，（即汉区）之所以“嘉那”被称为“紫娜”和“智那”（ཏྲི་ན།），是因为藏族人没把汉语中的“晋”读准，把它读成“紫那”（ཙི་ན།）或“智那”的[②]。但藏语中的“嘉”（རྒྱ།）理解为今甘肃省临夏回族自治州的“嘎居”（ཀ་ཅུ།）一带，如《无垢根本经》记载：“嘎居嘉之都城内，巨仔楚吉杰波在”。即“嘎居”是嘉之地区，那里有精通天文历算的大师，名巨仔楚吉杰波（ཅུ་ཙེ་འཕྲུལ་གྱི་རྒྱལ་པོ།）[③]。辛饶弥沃传《集经》认为，巨仔楚杰为公仔楚杰之侄，辛饶弥沃与嘉萨楚江所生[④]。此地名为“嘉噶居”（རྒྱ་ཀ་ཅུ།）或（ཀ་ཅུ་རྒྱ།）。《多麦政教史》记载：“噶居有公仔楚杰所建的向巴布林宫殿（བྱམས་པ་འབུམ་གླིང་།）[⑤]。内地道教认为太上老君在黄河源头昆仑山与王母娘娘一同修行，易经文化中也有将自己的文化起源追溯到黄河之源之说。由此可知，所谓“嘉”即汉民族的祖先也曾生活于此。

---

①智贡巴·贡却乎丹巴绕布杰著，毛兰木嘉措校对：《安多政教史》，兰州：甘肃民族出版社，2015年3月第1版，第22页。

② 图官·洛桑却吉尼玛：《宗派源流》，兰州：甘肃民族出版社，1984年4月第1版，第396页。

③ 伟色金巴主编：《库门经典汇编》，第25卷《无垢根本经》，兰州：甘肃民族出版社，2015年9月第1版，第210页。

④ 伟色金巴主编：《库门经典汇编》，第25卷《集经》，兰州：甘肃民族出版社，2015年9月第1版，第241页。

⑤ 智贡巴·贡却乎丹巴绕布杰著，毛兰木嘉措校对：《安多政教史》（藏文），兰州：甘肃民族出版社，2015年3月第1版，第22页。

## 二、《集经》中记载的部分地名

《集经》又称为《集经大宝遍知一切续教言量论》（མདོ་འདུས་པ་རིན་པོ་ཆེ་རྒྱུད་ཐམས་ཅད་མཁྱེན་པ་བཀའ་ཚད་མ།）和《雍仲天法集经大宝续》（གཡུང་དྲུང་ལྷ་ཡི་བོན་མདོ་འདུས་རིན་པོ་ཆེ་རྒྱུད།）。在广中略本辛饶弥沃传记中属略传，共有二十四个章节，八十六页。约在10世纪初，本教文献中衍生出伏藏和非伏藏两个传承，这部经典属于伏藏经。《集经》的末尾只注明本书是由年钦·李西达让（གཉན་ཆེན་ལི་ཤུ་སྟག་རིང་།）从雍仲天语译成藏语，没明说掘藏师是谁①。而尼玛丹增在《本教甘珠尔和丹珠尔目录》中记载，来自尼泊尔的三位游方僧从桑耶寺盗取了本教很多经文并流传至民间，《集经》就在其中②。国际著名藏学家卡尔梅·桑丹坚参也证实过其说法③。根据《本教教历宝蔓》记载，三位游方僧来藏时间为公元913年④，由此断定这部经典是比较早期的辛饶弥沃自传。《本教源流弘扬明灯》又记载："因时局变化的因素，本教的伏藏分为北伏藏、南伏藏、卫伏藏、康伏藏和新伏藏等五类，并认定三位游方僧是最早发掘本教伏藏者和开北藏先河者"⑤。《尼玛丹增自传》中也明确记载三位游方僧请得伏藏的年代为公元913年⑥。如今在本教文献中这部《集经》已多次刊载出版，如才让太主编，民族出版社出版的《冈底斯本教文献丛书》第一册第一至八十页；伟色金巴主编，甘肃民族出版出版的《库门经典汇编》第二十五卷；邓真尼玛主编，四川民族出版社2016年出版的《象雄与吐蕃历史

---

①才让太主编：《冈底斯雍仲本教文献丛书》第1卷《辛饶弥沃传记与历史》，北京：民族出版社，2010年9月第1版，第 86页。

② 邓真尼玛主编：《象雄与吐蕃历史文献》下册，成都：四川民族出版社，2016年11月第1版，第1065页。

③卡尔梅·桑丹坚参：《卡尔梅·桑丹坚参选集》，北京：中国藏学出版社，2007年9月第1版，第140页。

④ 邓真尼玛主编：《象雄与吐蕃历史文献》下册，成都：四川民族出版社，2016年11月第1版，第1052页。

⑤ 芭·丹杰桑布：《本教源流宏扬明灯》，北京：中国藏学出版社，1985年12月第1版，第198页。

⑥ 尼玛丹增：《尼玛丹增自传》，北京：民族出版社，2012年第1版，第61页。

文集》上册第419至上486页中，收录了此书。其母本来自于新龙瓦区寺珍藏的本教大藏经《甘珠尔》中的《集经》，除此之外，民间也有诸多版本。

《集经》第二章记载："西方有穆氏王朝（དམུ་ཡི་རྒྱལ་ཁབ།），东有嘉（རྒྱ།）之域，北方有里瓦崇（ལི་བལ་ཁྲོམ།）和雪域吐蕃之地"①。即冈底斯山以西有六大王氏之首"穆氏王朝"，是辛饶弥沃世系的王朝之名；冈底斯以东有嘉娜王朝，即我国黄河流域的古人；南有门族（即门巴族，大约为今西藏自治区错那县门隅及其邻近地区）；北方有里瓦（ལི་བལ།）和崇（ཁྲོམ།）（藏文文献中指以和阗为主的古代新疆的地名）；东北有霍尔族（ཧོར།，即霍尔三十九部落辖地，包括昌都的丁青县，那曲的巴青县、聂荣县、那曲等地）；东南角有降（འཇང་།，即以我国西南地区的纳西、彝族、普米为主的很多民族，古代汉文文献中称南诏国）；雪域吐蕃是指卫藏的亚隆地区，这就佐证了十二小邦时期霍尔、崇、里瓦、绛（即今云南丽江一带）和门域等并不在吐蕃辖区范围内。藏文史料中所提到的"降域"（འཇང་།），敦煌文献中的白蛮（ཟྭ་དཀར་མོ།）和乌蛮（ཟྭ་ནག་པོ།）②，以及《旧唐书》所说的"南诏蛮"③是指8世纪的云南王。在吐蕃三十六代赞普杜松芒波杰（འདུས་སྲོང་མང་པོ་རྗེ།）时被吐蕃兼并，可谓我国南方与吐蕃关系甚为密切的民族区域之一，汉文史书中称"南诏"，敦煌古藏文文献中记为"绛"（འཇང་།）或"黑白苗族"（ཟྭ་དཀར་ནག）。其中所说的"黑白苗"（ཟྭ་དཀར་ནག），估计是从汉文文献过去称其地民族为"乌蛮"和"白蛮"的音译而来，即指今彝族、白族及纳西族等的祖先。汉文史中还有"绛的方向有六诏"之说，这就不难得知

---

① 伟色金巴主编：《库门经典汇编》第25卷《集经》，兰州：甘肃民族出版社，2015年9月第1版，第228页。

② 多布旦、扎西才让主编：《法藏敦煌藏文文献勘录》，拉萨：西藏人民出版社，2017年4月第1版，第26页。

③ 刘昫：《二十四史》第32卷《旧唐书·吐蕃传》，中华书局，第1版，第3592页。

他们就是今天彝族和白族的祖先。所谓“绛”，就是唐朝时期以今彝族和白族这两个民族的先民为主的部分民族建立的一个王国，如今已是彝族、白族、纳西族和摩梭人等多民族聚居区，同时由此还可知当地民族宗教和文化都与本教密切相关。

### 三、《扎巴林扎》中记载的部分地名

《扎巴林扎》（བསྒྲགས་པ་གླིང་གྲགས།），又称《札巴仁钦岭扎》，是一部由吐蕃本教大师占巴南喀的部分论著形成的本教史籍。其上册为戒律部宣说，中册为密宗宣说，下册为猛法宣说等，整个文本由三个宣说构成。据说，它是8世纪由占巴南喀（དྲན་པ་ནམ་མཁའ།）撰著并伏藏，其中的一部分在10世纪40年代时，由塔玉益西洛珠（མཐའ་བཞི་ཡེ་ཤེས་བློ་གྲོས།）从桑耶寺伏藏中请出；而另一部分是11世纪末由玛·西绕僧格（རྨ་ཤེས་རབ་སེང་གེ།）所掘藏，现收录于2010年10月由民族出版社出版的《冈底斯本教文献丛书》第1册第87至187页中。同时，由朗塔旦增尼玛（སྣང་མཐའ་བསྟན་འཛིན་ཉི་མ།）编纂、四川民族出版社于2016年出版的《象雄与吐蕃历史文集》上册中也收录了此书。从这部书的内容可知，其中关于瞻部洲的记载与《根本释》中的记载基本相符。

《扎巴林扎》第一章“地域之论”（ཆགས་པའི་ཡུལ་གྱི་གནས་ལུགས།）中记载：“此瞻部洲中有十八个大国、九十九个小区和一千五百个边缘地。十八个大国中，东有‘嘉那’（རྒྱ་ནག）和‘赤德’（ཁྲི་དུན།），北有格萨尔（གེ་སར།）和霍尔（ཧོར།）二区，西有‘达带’（སྟག་ཟི།）和‘苏盘’（གཟིག་འཕེན།），南有嘉噶（རྒྱ་གར།）和卡奇（ཁ་ཆེ།），中有雪域吐蕃等，共九个区域。东部嘉那的边缘有‘杰莫切确坚’（རྒྱལ་མོ་ཁྲི་ཁྲོད།）和‘托尕’（ཐོ་གར།）二地，北部霍尔的边缘有‘索波’（སོག་པོ།）和‘瓦卡’（སྦལ་ཁ།）二地，西部达斯的边缘有‘古乐’（ཀོཙ་ལི།）和‘普那’（ཕུ་ན།）二地，南部‘嘉噶’的边缘有‘达域’（ད་ཡུལ།）和‘胡那’（ཧུ་ན།）二地，以及中部的‘色壤牟兜格南

约’（གསེར་ཟངས་སྲུ་ཧྲིག་གིས་གནམ་ཡོལ།）共九地”①。其中以冈底斯山和吐蕃为中心，这可从《国王箴言》（རྒྱལ་པོ་བཀའ་ཐང་།）②中的“此蕃域雪山九峰境内，曾有先前六蕃王掌管”之说得以知晓。吐蕃之东有“嘉那”和“赤德”，嘉那是指黄河流域的人；所谓“赤德”是指万人聚集之意，就是万人聚集的城市。有的专家认为汉语中的“成都”是藏语“ཁྲི་འདུ”音变而来。总之，“嘉那”和“赤德”皆指位于吐蕃以东的两大部落辖区。以上这些地名中，霍尔（ཧོར།）、索波（སོག་པོ།）、巴卡（སྤལ་ཁ།）、崇域（ཁྲོམ།）、里域（ལི་ཡུལ།）、格萨尔（གེ་སར།）、中原（རྒྱ་ནག）和吐蕃（བོད།）等重要地名与河名，对了解青藏高原的人文历史极有帮助③。

《扎巴林扎》记载：“东面的中原与雅砻吐蕃之间以雪山山脉为界；北面格萨尔与雅砻吐蕃之间以沙坡即黄土高坡为界；西面的达斯与雅砻吐蕃之间以达夏冬之门户（དག་ཤ་དུང་གི་སྒོ།）为界；南面的天竺（即南婆罗）与雅砻吐蕃之间以喜马拉雅山脉，即类似一条巨蟒蜿蜒为界；天竺与中原间以布热岩山脉似灵猴嬉戏般（སྤྲེ་ཟེ་བྲག་རྒྱུད་སྤྲེའུ་རྩེ་བ།）为界；中原与格萨尔间以隆唐雪玛惹朱（སློང་ཐང་གྲི་མ་རལ་དྲུག）为界；格萨尔与昌域和达斯间以尼工英玛唐坝（ཉི་གོང་དབྱིན་དམར་ཐང་ཆེན།）为界，达斯与天竺间以门措纳波当仁湖（མོན་མཚོ་ནག་པོ་གཏིང་རིང་།）为界，中原与吐蕃间以松岭嘎曲玉措河（སུམ་གླིང་ཀ་ཆུ་གཡུ་མཚོ།）为界，格萨尔与霍尔和吐蕃间以赤学嘉姆山（ཁྲི་ཤོ་རྒྱལ་མོ།）和曲曼仓仁岩谷（བྲག་ཆུ་སྨན་འཕྲང་རིང་།）为界，达斯与吐蕃间以达夏多葛扎茸岩山脉（རྟག་ཤ་རྫོ་རྡོད་བྲག་རིང་།）为界，象雄与吐蕃间西以盖阔年龙绒谷（གེ་ཧོད་གཉེན་ལུང་རོང་།）为界，下部的松巴（即苏毗）与吐蕃间以

①才让太主编：《冈底斯雍仲本教文献》第1卷《辛饶弥沃传记与历史》，北京：民族出版社，2010年9月第1版，第89页。

② 多吉杰博整理：《五部遗教》，北京：民族出版社，1986年12月第1版，第112页。

③邓真尼玛主编：《象雄与吐蕃历史文献》下册《世界地理概述》，成都：四川民族出版社，2016年11月第1版，第257页。

东面的尕乌协察绒谷（ཤར་གྱི་གཙུ་ཤེལ་ཚ་རོང་།）为界，阿夏（即唐史中所说的土谷浑，位于青海与内蒙一带）与吐蕃间以雪玛拥德绒谷（ཏྲེ་མ་སྒྲུང་མདུར་རོང་།）为界，绛与吐蕃间以南面的戈玛亚拉绒谷（གོར་མ་ཞ་ལ་རོང་།）为界。”这些内容在《本教源流弘扬明灯》（བསྟན་པའི་རྣམ་བཤད་དར་རྒྱས་གསལ་སྒྲོན།）和《本家源流妙语贤劫庄严》（གཡུང་དྲུང་བོན་གྱི་བསྟན་འབྱུང་ལེགས་བཤད་བསྐལ་བཟང་བསྟན་པའི་མགྲིན་རྒྱན།）等文献中均有相关的记载[①]。

关于九十九个小区，《扎巴林扎》和《西藏本教源流》中有“干布吉章牟雪”（སྐམ་པོ་རྗེ་འབྲང་མི་ཕྱི།）、“雪窝夏东”（ཕྱི་བོ་ཕྱུག་གཏོང་།）、“古卓米鲁”（སྐུར་འགྲོ་མི་ལུས།）、“学托纳勒”（གཞོག་ཐོག་སྣ་ལེབ།）、“洁乌布美”（གཅེར་བུ་སྤུ་མེད།）、“纳美鲁恰”（སྣ་མེད་ལུས་ཁྲབ།）、“那窝切鲁盖”（རྣ་བོ་ཆེས་ལུས་འགེབས།）等记载。[②]至于一千五百个边缘地是指比较偏僻之地，据说：吐蕃、象雄、天竺、中原、达斯和格萨尔为世界六大净土，加上述的十八支大国都属于中原，除此之外的都是属于边缘地带[③]。《本教起源》记载：“一千五百个边缘地，如今绝大多数已成为强国。”由此可知这些边缘地的地名和区域范围都已发生了巨大变化[④]。

**四、象雄地区的地名简介**

这里再对象雄作一简要介绍。14世纪中叶玉・尼玛扎巴（ཞུ་ཉི་མ་གྲགས་པ།）所著的《象雄语与吐蕃语对照的词典》（སྒྲ་ཡི་དོན་སྡེབ།）[⑤]一书中记载：“象雄语中的象雄译成藏文就是穹隆，是大鹏之谷或大鹏之国或大鹏之乡的意思”。根据《新唐书》等史书记载，7世纪

---

① 白崔：《本教起源》，拉萨：西藏人民出版社，1988年11月第1版，第13页。

②才让太主编：《冈底斯雍仲本教文献》第1卷《辛饶弥沃传记与历史》，北京：民族出版社，2010年9月第1版，第90页。

③ 夏擦・扎西坚赞：《西藏本教源流》，北京：民族出版社，1985年9月第1版，第9页。

④ 白崔：《本教起源》，拉萨：西藏人民出版社，1988年11月第1版，第13页。

⑤ 西・尼玛扎巴：《象蕃语与吐蕃语对照词典》，详见《良美西饶坚参全集》，铅印版。

时，上部有象雄、下部有松巴、中部有吐蕃等三大王国①，后来象雄和松巴即苏毗等被吐蕃兼并。宋代王溥所著的《唐会要》中记载：“大羊同东接吐蕃、西接小羊同、北直于阗，东西千余里，胜兵八九万”②。本教早期文献中指出，远古时期，上部阿里隶属于象雄，卫藏隶属于吐蕃，多康六辖区隶属于嘉那（即中原）。即象雄以今阿里地区为主，吐蕃以今西藏中部地区为主，朵美六岗属于嘉那。由此可见，那时的多康六大辖区都被称作“嘉那”③。

法藏敦煌古藏文文献中记载：“父囊日龙赞（གནམ་རི་སློང་བཙན། 即囊日松赞）被毒死，象雄和松巴（即苏毗）反叛”，从这段记述中可得知象雄和松巴在7世纪以前就归吐蕃管辖，吐蕃第三十二代赞普囊日松赞（གནམ་རི་སྲོང་བཙན།）被杀后，他们便反吐蕃，自立为王。同时，从《大陀罗尼经》（རྣམ་རྒྱལ་གཟུངས་ཆེན།）等本教历史文献中“象”（ཞང་།）和“迥”（ཀྱུང་།）以及“琼”（ཁྱུང་།）这三个字的使用情况来看，可得知它们只是发音有所不同而已，表意都是相同的，比如位于穹隆之谷中的古城堡穹隆银城（藏文字面意为“穹谷银城”），这好比10世纪中叶，朗达玛的后裔扎西札巴（བཀྲ་ཤིས་བརྩེགས་པ།）之子巴德（དཔལ་ལྡེ།）、俄德（འོད་ལྡེ།）和吉德（སྐྱིད་ལྡེ།）迁至阿里地区，统治了整个阿里、直夏（བྲུ་ཤ）等上下部区域，由此便有了阿里三围之说一般④，那以前，其地都称为“象雄”或“琼格隆巴”（即穹隆之谷）⑤。12世纪发掘的伏藏《母续》中也记载：“象雄有上、中、下或里、中、外三个方位。其外象雄为以穹窿银城为主

① 周华：《藏族简史》，北京：民族出版社，1995年10月第1版，第73页。

② 王溥：《唐会要》，中华书局，1960年出版。

③ 邓真尼玛主编：《象雄与吐蕃历史文献》上册，成都：四川民族出版社，2016年11月第1版，第789页。

④ 邓真尼玛主编：《象雄与吐蕃历史文献》上册，成都：四川民出版社，2016年11月第1版，第717页。

⑤ 扎巴坚参著，穷达校注：《益西卫广传校注》，北京：中国藏学出版社，2015年9月第1版，第108页。

的阿里地区；中象雄位于嘉卡尔巴却（རྒྱལ་མཁར་བར་ཚོད།）即弥鲁桑勒大师所建的王宫；里象雄是指沃莫隆仁。”另据《母续》记载：梵语（སངས་སི་ཏའི་སྐད།）是中部象雄嘉卡尔巴确的语言。嘉卡尔巴确是弥鲁桑勒大师（མི་ལུས་བསམ་ལེགས།）建造的一座古城堡，是母续文化之源。里象雄沃莫隆仁也被认为在今吉尔吉特方向，那么嘉卡尔巴确是否就可认为是乌仗那地区①？《尼玛丹增自传》中记载：“里象雄位于嘉卡尔巴确，中部象雄位于穹窿银城，外部象雄位于丁青县的孜珠山②。”

《集经》③第十二章中记载：穹窿银城是辛饶弥沃所建的一座古城堡。他娶工布公主共萨楚江（ཀོང་བཟའ་འཕྲུལ་ཅན།），生穆氏家族的贡擦王丹（ཀོང་ཚ་དབང་ལྡན།）。贡擦王丹又生沃吉杰布（འོད་ཀྱི་རྒྱལ་པོ།意为“光之王”）、周格杰波（འབྲུག་གི་རྒྱལ་པོ།意为“龙之王”）、托格杰波（ཐོག་གི་རྒྱལ་པོ།意为“雷王”）和噶邬穹（མགར་བུ་ཆུང་།）四王子。从光王、龙王、雷王衍生出了幸氏即穆氏大中小三大血统传承并形成幸氏三大家族。老大光王后裔为辛·南喀囊瓦多金（གཤེན་ནམ་མཁའ་སྣང་བ་མདོག་ཅན།）等，本教文献中称他为大幸氏后裔。《慈母经》④等本教文献中，幸·南喀囊瓦多金在吐蕃建立初期就到了雅砻地区，任聂赤赞普（གཉའ་ཁྲི་བཙན་པོ།）和穆赤赞普（མུ་ཁྲི་བཙན་པོ།）等前吐蕃两代赞普的密宗老师，传授本教密宗巨邦三法和大圆满心识九部等。从老二龙王产生了占巴南喀（དྲན་པ་ནམ་མཁའ།）等穹窿银城的幸氏传承，本教文献中称其为中幸氏即穆氏后裔。《冈底斯圣山指南目录》⑤中记载，穹窿银城为象雄十八位国王之古格沃吉恰日坚

① 雍忠从书整理：《本教母续根本续及其注释》，北京：民族出版社，2009年9月第1版，第140页。

② 尼玛丹增：《尼玛丹增自传》，北京：民族出版社，2012年9月第1版，第27页。

③才让太主编：《冈底斯雍仲本教文献》第1卷《辛饶弥沃传记与历史》，北京：民族出版社，2010年9月第1版，第39页。

④ 伟色金巴主编：《库门经典汇编》第44卷《慈母救八难经》，兰州：甘肃民族出版社，2015年9月第1版，第220页。

⑤ 邓真尼玛：《象雄与吐蕃历史文献》上册，成都：四川民族出版社，2016年11月第1版，第789页。

国王之王宫。本教《世间根本藏疏》等文献中认为古格沃吉恰日坚国王是占巴南喀之父，全名为江亚穆克杰波古格沃吉恰日坚（རྒྱང་ཡར་མུ་ཁོད་རྒྱལ་པོ་གུ་གེ་འོད་ཀྱི་ཁྲ་ཐུ་ཅན།）。此外，还有《西瓦阿萨》①等诸多本教文献中认为穹窿银城是占巴南喀大师的王宫和修行圣地。

**五、嘉绒墨尔多神山简介**

2019年7月14日，由笔者等人临时组建了一支团队，名为“嘉绒文化田野考察队”，从成都出发，经四川雅安的宝兴县，前往嘉绒实地调查，体验生活，搜集资料，受益匪浅。此行我们发现很多引人注目的事，比如嘉绒独特的建筑风格、民间歌舞、美味饮食、服饰文化、寺院文化、壁画与唐卡等绘画艺术、宗教信仰、山水文化、婚姻丧葬等各种民俗文化。其主要有四项：一、嘉绒的墨尔多神山；二、阿弥格东（阿米格冬，ཨ་མྱེས་སྒོ་རྡུང་།）；三、寺院、民间的人文历史；四、嘉绒的（达尔尕）即锅庄及附近地区的民间歌舞等。此行目的在于发掘、保护、传承、弘扬嘉绒藏族文化。

嘉绒是藏区四大峡谷②之嘉莫擦瓦绒，此地出过很多优秀的历史人物，比如本教的匝沃·汝巴让谢、朱旺阿朵噶波、二十位曼日寺堪钦；格鲁派的擦柯·阿旺扎巴、格尔德绒钦更登坚参、格尔德·丹巴仁钦等；绒敦巴大师等萨迦派的大师，曲婆朵登等宁玛派伏藏师，仲钦日那昔日等觉囊派的大师等。此外，十八位土司分布在嘉绒各地，发挥各自优势，统领嘉绒地区，发展嘉绒文化。

墨尔多山脉起于阿坝藏族羌族自治州鹧鸪山，绵延上千里，主峰海拔5000米，在小金与金川汇合处丹巴县境内矗立，高耸入云。从西面望去犹如一尊巨佛乘骑一头猛狮奔驰，从西南而望，好似一个蓝色宝瓶横空摆放，南望则见四季烟云，峰峦叠嶂。它是本教三十三座神山之一，也是嘉绒诸山之王。《墨尔多神山志》中记载：墨尔多神山

① 塞噶敦巴耳传：《西瓦阿萨经》，长条手写本，第3页，现存炉霍县仁达乡易日寺泽绒罗布家。

② 吐蕃边上有四大峡谷，即四大热带区域，分别位于北部的阿达擦瓦绒、南部的洛擦瓦绒、西部的共布擦瓦绒、东部的有嘉莫擦瓦绒。

有六十二座眷属山，一百二十座修行处，是本尊、护法神与空行母等的加持之地[①]。

13世纪中叶时，由著名伏藏师嘉绒雍仲益西（གཡུང་དྲུང་ཡེ་ཤེས།）在墨尔多神山掘藏出《东炯魏桑供奉综述》（སྟོང་རྒྱུང་བཙན་བསང་།）[②]和罗丹宁波编于14世纪中叶的《莲师魏桑供奉综述》[③]（པད་འབྱུང་བསང་བཙན།）等很多世界神山祭祀仪轨文。《东炯魏桑》中记载："墨儿朵拉年神山等，供奉嘉绒之诸神。"此外，还有其他煨桑的仪轨、神山祭祀经、神山指南和目录等与山水相关文献中不但有墨尔多神山的记载，而且还因其地位至高，所以对墨尔多神山的名词我们都并不陌生，但一直没有机会深入调查。此次考察，我们发现墨尔多神山是研究嘉绒文化的重要入口，它与当地的各种民间信仰、生活习惯、社会生活、社会关系、人文历史息息相关。

从山水文化、神系结构来讲，山与山之间的关系如同于人类社会的阶层，他们有夫妻、父子、母子、君臣、上下级、主山和次山、化身和被化身等各种关系。有的神山仅仅是一个村庄的神，有的是几个村的神山，也有的是一个乡乃至几个乡、几个县的共同神山。有的神山超越了民族、教派，寄托了各大教派或多种民族共同的信仰。神山崇拜中遗留下来了图腾崇拜、兽像崇拜、人像崇拜，其坐骑中也有很多非常古老的动物。人像有国王、王子、妃子、臣子、僧人、贵族、将军等各种打扮都有。从中不难发现，神山文化中保留了原始宗教乃至古代宗教、中时期宗教等不同时代的文化遗迹，与人类社会的发展、变迁是同步的。

这次行程中我们搜集到了很多关于嘉绒的山水文化资料，其中数

---

①《嘉绒藏族历史文化丛书》第4卷《嘉绒墨尔多神山志》，成都：四川民族出版社，2017年4月第1次出版。

② 东江土钦：《东炯魏桑供奉综述》，雍仲益西编纂于13世纪，手抄版，现存于四川甘孜炉霍县易日寺罗布师父家。

③ 详见《莲师魏桑供奉综述》，由罗丹宁波大师编纂，手抄版，现存于四川甘孜藏族自治州炉霍县易日寺罗布师父家。

量最多、地位最高、影响力最大的就是墨尔多神山。资料中有文献资料、口述资料、壁画、唐卡等很多。嘉绒每个村庄都有自己的地方神故事，而且认为这些地方神与墨尔多神山是君臣、上下级或化身与被化身等关系。比如宝兴县（མུ་ཕྱི་རྫོང་།）硗碛乡（གཡུ་རྩེ་ཤང་།）有耶幸山、仁增喇嘛山等五个神山，五个山都是墨尔多神山的部下或冷波（即臣子）。从中可知，山有君臣、上下级等社会阶层。

有学者认为墨尔多神山是大悲佛母或瓦塞本尊的化身或神山，也有的认为它是斯巴杰母的神山。这里要特别说明一下，神山与山神的区别：神山的藏文对字是乃日（གནས་རི།），他好比是国王，是整个区域或部落乃至国家的主人；山神的藏文对字是日达（རི་བདག་དང་གཞི་བདག），好比是国王下面的将军或守护神，他只是某个山或小区的治安管理神或守护神，即地方神。神山代表的是整个国家或部落，他是需要被保护；而山神的职责是保护国王，保护所有百姓和国土。

只要对嘉绒历史稍有所了解的，几乎都知道嘉绒雍仲四子的故事。据说：琼波雍仲是拉赛琼帕茶莫之子，是大鹏鸟之后。约在公元8世纪时，琼波雍仲从琼波前往南擦瓦绒（ལྷོ་ཚ་བ་རོང་།），再到东擦瓦绒（ཤར་ཚ་བ་རོང་།），即今四川阿坝藏族羌族自治州金川县独角沟弥努塞雄地区（མི་ནུབ་གསེར་གཞུང་།），与嘉绒女王拉磨董丹玛结亲，生四子，称雍仲四子①。那时的墨尔多神山就是拉姆董丹玛家族的神山，也是大悲佛母的神山。当然里面也有绰沃瓦萨本尊的神山。但现在嘉绒各大寺院的壁画、唐卡中也有墨尔多神山的画，画中呈现的并非是女性，而是骑着狮子、戴着白色帽子、有胡子的男性神。大悲佛母是本尊，本尊代表的是国王；斯巴杰母是护法，而护法代表的是将军。从而不难发现，墨尔多神山从女王变成女性猛将，再次变成男性，说明嘉绒的王室系统、贵族地位、社会关系也经历过天翻地覆的变化。

① 阿坝藏族历史文化古籍研究协会编：《嘉绒藏族历史文化丛书》第1卷《嘉绒地区历史》上册，成都：四川民族出版社，2017年4月第1版，第98页。

不管你去嘉绒的哪个区域，他们都认同嘉莫墨尔多神山是他们的主要神山。墨尔多神山下面有三百六十座小神山，都由墨尔多神山统一管理；也有人说有六十座神山都是墨尔多神山的眷属神，他们的神系是有机关系，就像一个国王下面很多诸侯或地主一般。由此说明嘉绒地区曾经出现过统领整个嘉绒乃至康东地区的势力，而墨尔多神山就是他们家族的神山。比如藏文里嘉绒称“谢嘉莫擦瓦绒”（ཤར་རྒྱལ་མོ་ཚ་བ་རོང་།），意思是东方的女国，或东方的女王峡谷之意。唐书里也有个叫苏毗的女国，译成汉文是东女国。苏毗分北苏毗、南苏毗、东苏毗，东女国就是东苏毗，因位于羌塘苏毗之东，所以称东。有的学者认为，苏毗是藏文的桑巴音变的，并非汉语。笔者觉得东女国就是由藏语的谢嘉莫擦瓦绒意译的。其中谢是藏文，译成汉文就是东的意思，之所以称东是因为他的位置在吐蕃之东；藏语中“嘉莫”（རྒྱལ་མོ།）是女王的意思，比如本教古籍中的斯巴杰母即世界女王，扎拉杰母即战神女王，玛索尔杰母，即军神女王一样；“擦瓦绒”是热带峡谷之意。

考察队到了宝兴县时，采访了一位八十岁的老人，他提到了阿达擦瓦绒、洛擦瓦绒、谢擦瓦绒等名词。其中的阿达擦瓦绒就是向擦瓦绒。

雍仲四子（གཡུང་དྲུང་གི་བུ་བཞི།）乃琼波雍仲与拉姆董丹玛之子，嘉绒地区的很多土司都称自己是雍仲四子之后，所以他们不仅是嘉绒女王，也是十八位土司的祖先。还说拉姆董丹玛是松巴（即苏毗）二十位女王的最后一位，由此看来，拉姆董丹玛就是嘉绒女王之后，是嘉绒地区的最高统治者。墨尔多神山是他们家族的神山，也是整个嘉绒地区的守护神。据夏匝巴大师的《西藏本教源流》（ལེགས་བཤད་མཛོད།）记载，琼波雍仲来到嘉绒，与毗卢遮那同代，由此看来，他是公元8世纪之人①。

①夏擦·扎西坚赞：《西藏本教源流》，北京：民族出版社，1985年9月第1版，第147页。

# 第四章 十世纪以后的本教文化

十世纪以后本教文化中衍生了伏藏经文、非伏藏经、耳传经文、新著作即本教寺院的文化的传承。伏藏经和非伏藏是本教文献的根本，寺院僧人以此为根据，弘扬本教文化。在此简单介绍十世纪以后的本教文献演变、佛教化的本教修行菩提道次修法。

## 第一节 后弘期的本教文献传承

就整个藏族地区的文明而言，可分为六个阶段，即原始文明阶段、十二小邦统治阶段、前吐蕃王统阶段、后吐蕃阶段、吐蕃政权瓦解后的分裂割据阶段，以及归入封建王朝和中央政府统治以来的发展阶段。在漫长的历史长河中，本教文化也经过了前弘期、中弘期和后弘期的兴衰历程。这里主要介绍吐蕃政权瓦解后的分裂割据阶段。公元9世纪40年代，吐蕃最后一位赞普朗达玛遇刺身亡，传承近2000年的吐蕃政权土崩瓦解，就此进入分裂割据时期。领主们各霸一方，自立为王，并按照自己的需求扶持宗教，形成了许多教派。这些教派归结起来，皆从属于两大传承体系，即本波教与藏传佛教。此处重点对本教复兴中的伏藏、非伏藏、耳传等传承状况，以及与其相关的人物传记文献略作一些介绍。

传记写作是藏族的重要传统，也是传统史籍的主要组成部分。每一个时期的传记记载，都或多或少地反映了那个时代较为主流的叙述传统，其内容是对当时的社会制度与思想文化变迁的真实写照。作为藏族历史典籍的主要题材之一，传记本身可根据写作者分为他传和自传两类。一般可根据传记的形成过程、发展模式、所述内容、式样和性质等特点作出基础的分类，也可根据其产生的年代作出更为细致的比较。根据雍仲本教的传统，传记的写作一般有言传、伏藏、耳传和著述等四大传统，本文中笔者试图以四大传统的简明介绍为基础，分别选取每种传统中的部分典籍为具体案例，结合相关历史事件，对10世纪以后雍仲本教传记的叙述传统及其发展特点作出一些初步的探讨。

## 一、本教伏藏文献的诞生

从公元10世纪起，本教文献中出现伏藏、著述、耳传和非伏藏等四个传承的记载。其中伏藏是指从山洞、森林、古刹、古塔和古佛像等处发现或发掘的古籍文献。根据本教文献记载，从尼泊尔三位游方僧至幸庆鲁噶大师（གཤེན་ཆེན་ཀླུ་དགའ།）间，先后产生了十五位伏藏大师，并始开本教伏藏传承之先河①。从幸庆鲁噶大师开始，相继又涌现出了幸、杰尔、玛、玉四尊②和克、谢、年三尊③等本教伏藏师，弘传伏藏相关文化。然而，当今部分学者们认为所谓伏藏是伏藏师们自编的，不承认是新发现的。对此我们可细心探究一下，譬如本教历史中非常著名的伏藏师即三位游方僧，他们原本是从尼泊尔来吐蕃寻找金子的，并非传承本教文化的上师，也并非学者或大德，他们所发掘的文献也非从地下和山岩新寻得的，而是从桑耶寺中盗取的，只要我们认真读一下本教的史书便可一目了然。关于这一事《本教源流妙语宝库》中有以下记载：公元913年，尼泊尔的三位游方僧装扮成朝圣者前来吐蕃寻找金子，他们抵达桑耶后假装朝圣，当地的人们听说尼泊尔的人都十分虔诚，便让他们夜宿于桑耶寺中。当晚三位游方僧

---

① 夏擦·扎西坚赞：《西藏本教源流》，北京：民族出版社，1985年9月第1版，第239页。

② 幸、杰尔、玛、玉是指后弘期的四大伏藏师，幸即幸庆鲁噶（གཤེན་ཆེན་ཀླུ་དགའ།）、杰尔即杰尔弥尼玛俄色（གྱེར་མི་འོད་ཟེར།）、玛即玛敦索增（རྨ་སྟོན་སྲོལ་འཛིན།）、玉即玉敦穹果栽（དབྱིལ་སྟོན་ཁྱུང་རྒོད་རྩལ།）。

③ 克、谢、年三尊是指三位比较有名的非伏藏师，分别克即克擦达沃（ཁུ་ཚ་ཟླ་འོད།）、谢即谢敦恩珠扎巴（བཞོད་སྟོན་དངོས་གྲུབ་གྲགས་པ།）、年是切邬年彤巴大师（ཁྱིའུ་གཉེན་མཐིང་པ།）。

在寺中发现三个箱子，便认为是宝贝，将其盗走。逃走途中，他们打开箱子才发现装的全是本教经典，于是将少部分经典献给本教上师塔西初赛（མཐའ་བཞི་འཕྲུལ་གསས།），以换取食物，据说余下部分卖给了三位藏传佛教徒，而这几位藏传佛教徒都是一些文化水平很低的俗人，根本谈不上去识别和弘扬这些本教经典①。

与上相同，生于公元1067年的本教著名伏藏师切邬年彤巴（ཁྱེའུ་གཉན་མཐོང་པ།），原本是一位牧羊人。他在放羊时，在藏昌尼玛（གཙང་འཕྲེང་ཉུ་མ།）之地发现一个装满经文的岩洞，把它拿回家里放在佛龛上，从此便成了著名的伏藏大师。如是这般，10世纪中叶，三位猎人又在一棵大树下发现一些零星木炭，便顺其往下挖掘，获得黑白花三部龙经，同时还掘得有关龙、神、地祇的许多本教经典，这些经典迄今珍藏于各本教寺院之中。不仅如此，诞生于公元996年的本教伏藏大师幸庆鲁噶实际上也是一位俗人，尽管他自幼因父亲早亡、胞兄被杀而丧失了学习文化知识的机会，但他却于二十二岁时在今日喀则岗巴县的直参塔嘎（འབྲི་མཚམས་མཐའ་དཀར།）开启了伏藏之门，由此可明显看出，他根本没时间和能力去撰著如此多的经典②。其实藏传佛教各大教派都有伏藏文献，本教的伏藏不同于其他，比如伏藏书籍何时埋藏、为何而埋藏、埋藏的时间有多久、在何地被发掘、何时被发掘、发掘伏藏的人是谁、伏藏中发掘出了哪些经典等，在占巴南喀所著的《札巴岭扎》（བསྒྲགས་པ་གླིང་གྲགས།）③和《斯巴续本续预言授记》（སྲིད་པ་རྒྱུད་ཀྱི་ཁ་བྱང་ཆེན་མོ།）④等典籍中都有详细记载，从中可了解到本教伏藏经典的独到之处。那么，伏藏文献是否一点都没有过改动

① 芭·丹杰桑布著：《本教源流宏扬明灯》，北京：中国藏学出版社，1985年1月第1版，第199页。

② 夏匝·扎西坚参著，刘勇译：《藏族雍仲本教史》，北京：民族出版社，2012年12月第1版，第123页。

③ 邓真尼玛主编：《象雄与吐蕃历史文献》上册，成都：四川民族出版社，2016年11月第1版，第708页。

④ 邓真尼玛主编：《象雄与吐蕃历史文献》上册《斯巴妙续语言授记》，成都：四川民族出版社，2016年11月第1版，第622页。

呢？非也，比如著名藏学家卡尔梅·桑丹坚参（མཁར་རྨེའུ་བསམ་གཏན།）曾对此研究并指出，本教的伏藏是以先前觅得的古籍为基础，由伏藏师及其弟子对其进行了补充和删减的[①]，因在这些古籍中的文字书写方式和语法结构等不单纯是11世纪的写作风格和语法结构，也有许多古藏语的语言结构、人名、地名。

笔者在这里为大家介绍的是伏藏文献中的本教传记，按本教传规有非伏藏和伏藏之分，尽管属本教伏藏范畴的传记有很多，但这里只是略以范例的形式，对《集经》（མདོ་འདུས།）和《塞米经》（མདོ་གཟེར།）的传记作些简介。《集经》《塞米经》《无垢庄严经》是讲述辛饶弥沃生平的三部传记书籍，相当于辛饶弥沃本生记广中略，又称广中略本宏化传（མཛད་མདོ།）。

《集经》是辛饶弥沃以自传的方式所写，又称《集经大宝续遍知佛说经典》（མདོ་འདུས་རིན་པོ་ཆེ་རྒྱུད་ཐམས་ཅད་མཁྱེན་པ་བཀའ་ཚད་མ།）和《雍仲天本集经大宝续》（གཡུང་དྲུང་ལྷ་ཡི་བོན་མདོ་འདུས་རིན་ཆེན་རྒྱུད།），是辛饶弥沃传记中的略传，共分二十四章、八十六页，从10世纪开始列入本教文献中，属于伏藏部的经文。本书结尾只注明了此经是由年钦·李西达让（གཉན་ཆེན་ལི་ཤུ་སྟག་རིང་།）从雍仲天语译成藏语的，未记载掘伏藏师是谁[②]。据本教史籍记载，李西达让诞生于公元8世纪。著名藏学家卡尔梅·桑丹坚参的《藏族历史、传说、宗教仪轨、信仰研究》（མདའ་དང་འཕང་།）[③]中说，此书是由南方尼泊尔的三位游方僧掘藏。成书于14世纪的《本教源流弘扬明灯》（བོན་འབྱུང་བསྟན་པའི་རྣམ་བཤད་དར་རྒྱས་གསལ་སྒྲོན།）中记载："因时局的因素，本教伏藏又分为北藏（བྱང་

①卡尔梅·桑丹坚参著：德康·索朗曲杰译：《卡尔梅·桑丹坚参选集上》，北京：中国藏学出版社，2007年9月第1版，第261页。

② 才让太主编：《冈底斯雍仲本教文献》第1卷《辛饶弥沃传记与历史》，北京：民族出版社，2010年9月第1版。

③卡尔梅·桑丹坚参著，德康·索朗曲杰译：《卡尔梅·桑丹坚参选集》（上），北京：中国藏学出版社第1版，第240页。

གཏེར།）、南藏（ལྷོ་གཏེར།）、卫藏（དབུས་གཏེར།）、康藏（ཁམས་གཏེར།）和新伏藏（གཏེར་གསར།）等五个传承，三位游方僧为发掘本教伏藏之始者和北藏传规的开创者”①。有关这一史实，还可从《尼玛丹增自传》和《教历宝鬘》中明确记载三位游方僧发掘伏藏的具体年代为公元913年得以证实②。此书迄今为止已多次出版，譬如由达瓦活佛（ཡ་ལགས་ཟླ་བ།）和才让太老师（ཚེ་རིང་ཐར།）等编纂、民族出版社出版的《冈底斯雍仲本教文献》第1本第1至86页中有这部书；琼布丁青寺编纂并由甘肃民族出版社出版的雍仲本教大藏经《甘珠尔》第26卷中也有这部传记；朗塔旦增尼玛（སྣང་མཐའ་བསྟན་འཛིན་ཉི་མ།）编纂、2016年四川民族出版社出版的《象雄与吐蕃文集》上册第419至486页中也有这部书。这些不同版本《集经》的母本都来源于四川省甘孜藏族自治州新龙县瓦区寺珍藏的本教大藏经《甘珠尔》之《集经》，除此之外，还未见有其他版本存世。

《集经》中记载，与冈底斯山邻近的地区是缚刍河和徙多河等四大河流的发源地，西北部有辛饶圣地沃莫隆仁，西有穆氏王朝，东面有中原，南面有门隅，东南有绛域，北面有理域与昌域，东北有霍尔和吐蕃等，明确地指出了沃莫隆仁的具体位置，以及中原、理域、昌域、霍尔族和绛域等相关名词和地理方位。但《塞米经》中则未作记述，虽然它也是辛饶弥沃的传记，但内容与《集经》有较大区别③。

就整个辛饶弥沃的传记而言，有根本《十二宏化》（རྩ་བའི་མཛད་པ་བཅུ་གཉིས།）、分支《二十四功绩》（ཡན་ལག་གི་མཛད་པ་ཉེར་བཞི།）、小支六十或上百功绩（ཉུང་ལག་གི་མཛད་པ་དྲུག་ཅུ་དང་བརྒྱ་ཙ།）等说法。其中《十二宏化》是十二世纪初龙本拉年的耳传《不了义驱暗明灯》

① 芭·丹杰桑布：《本教源流宏扬明灯》，北京：中国藏学出版社，1985年1月第1版，第198页。

② 尼玛丹增：《尼玛丹增自传》，北京：民族出版社，2012年9月第1版，第61页。

③才让太主编：《冈底斯雍仲本教文献》第1卷《辛饶弥沃传记与历史》，北京：民族出版社，2010年9月第1版，第1页。

（ཧྲང་དོན་ཟུན་སེལ་སྒྲོན་མ།）中的新提法①，而《集经》和《塞米经》这两部经典中都没有“十二宏化”之说。《集经》中还记载了辛饶弥沃娶胡氏（ཧོས་བཟའ།）、波氏（དཔོ་བཟའ།）、汉氏（རྒྱ་བཟའ།）、共氏（ཀོང་བཟའ།）等八位妻室，生朵邬布桑（གཏོ་བུ།）、谢邬赤西（དཔྱད་བུ།）、隆珍萨瓦（ལུང་འདྲེན།）、矩阵卓玛（རྒྱུད་འདྲེན།）、共察旺丹（ཀོང་ཚ་དབང་ལྡན།）等八子，但没有明确记载辛饶弥沃的出生年代。

《集经》的第二章和第三章中对外部情器世间如何形成和内部有情众生如何产生，以及三界、六道众生、五毒烦恼等作了明确论述，与产生于11世纪的文献《斯巴起源藏》第一章和第二章的内容基本一致；第四、第五和第六章等章节中是关于七位过去佛和三世佛的详细论述，与11世纪的伏藏文献《日光根本续》（ཉི་ཟེར་སྒྲོན་མེ།）中的记载大致相同，尤其是第十六章中完整记述了《斯巴起源藏》的全部内容。总之，在《集经》二十四章中全面记载了辛饶弥沃的分支二十四大功绩之全部内容。

《塞米经》被称为中本辛饶弥沃自传，传记全称为《三世辛饶起源史和功绩大宝集续眼钉经》（དུས་གསུམ་གཤེན་རབ་བྱུང་ཁུངས་དང་མཛད་པའི་རྒྱུད་འདུས་པ་རིན་པོ་ཆེ་གཟེར་མིག་གི་མདོ་ཞེས་བྱ་བའི་གླེགས་བམ་བཞུགས་སོ།།），又称《大宝集续眼钉经十八章》，据说该传记在四门一库中属“无上普遍藏”（གཙང་མ་མཐོ་ཐོག་སྤྱི་རྒྱུག་མཛོད།）的范畴。而普遍藏又内分为“三世辛饶起源经”（དུས་གསུམ་གཤེན་རབ་བྱུང་ཁུངས་ཀྱི་མདོ།）、“三界有情生死经”（ཁམས་གསུམ་སེམས་ཅན་སྐྱེ་འཆིའི་མདོ།）、“外器缘起生灭经”（སྣོད་རྟེན་འབྱུང་བ་ཆགས་འཇིག་གི་མདོ།）和“无上果位修法经”（བླ་མེད་གོ་འཕང་སྒྲུབ་ཐབས་ཀྱི་མདོ།）等四部分，这部传记属“三世辛饶起源经”的范畴。其中对过去佛和未来佛作了概略的记载，对现在证觉者东巴辛饶弥沃（སྟོན་པ་གཤེན་རབ་མི་བོ།）的传记，分十八个章节作了详细的记载。其中

① 才让太主编：《冈底斯雍仲本教文献》第7卷《菩提道次第修法》，北京：民族出版社，2010年9月第1版，第101页。

记载：自传首先是由辛饶弥沃讲说，然后由牟乔登珠（མུ་ཚོ་ལྡེམ་དྲུག）的弟子达斯[①]智者穆匝札海（དམུ་ཙ་ཏྲ་ཧེ།）、象雄智者赤托巴匝（ཁྲི་ཐོག་སྤར་ཙ།）、古胡鲁巴勒（ཀྲུ་ཧུ་ལུ་སྤར་ལེགས།）、天竺智者拉达阿卓（ལྷ་བདག་སྔགས་གྲོལ།）、内地智者理顶孟波（ལེགས་ཏང་རྨང་པོ།）、昌域智者色托洁年（གསེར་ཐོག་ལྕེ་འབྱམས།）、吐蕃智者夏汝乌钦（ཤ་རི་དབུ་ཆེན།）、木雅[②]智者洁扎喀乌（ལྕེ་ཙ་མཁར་བུ།）和松巴[③]智者牟邦萨当（མུ་སྤུངས་གསལ་ཏང་།）等，译成各地语言而得弘传，后在吐蕃赞普赤松德赞统治时期随本教的兴衰而埋藏并成为伏藏经，10世纪中叶由章吉尊巴色牟（དྲང་རྗེ་བཙུན་པ་གསེར་མིག）从一寒林中觅得，之后玛瓦达拉（མར་བ་སྟག་ལ།）也从中获得了妙果[④]。

同时，《本教源流弘扬明灯》中关于仗阿玛史籍有如下记载：初由一位叫衮都桑布（ཀུན་ཏུ་བཟང་པོ།）的上师传给象雄的国王惹札邦巴（ར་རྡོ་སྤུངས་པ།），象雄本教徒乐牟祖普（ལི་མུར་གཙུག་ཕུད།）又请授于惹札邦巴王。8世纪时，大译师毗卢遮那（བཻ་རོ་ཙ་ན།）将该经典从象雄语译成藏语，献予赤松德赞（ཁྲི་སྲོང་ལྡེའུ་བཙན།）。而后，在派系和政教斗争中，毗卢遮那被流放至嘉莫察瓦绒地区，赤松德赞将这些本教典籍封入库中。赤松德赞临终时，将典籍托付给了吐蕃第四十代赞普弥杜赞普（མུ་ཏིག་བཙན་པོ།），弥杜赞普又托付给吐蕃第四十一代赞普热巴坚（རལ་པ་ཅན།，即赤祖德赞ཁྲི་གཙུག་ལྡེ་བཙན།），成为历代吐蕃赞普的承许之法门。吐蕃最后一代赞普朗达玛的大小王子因政见不合而发生内乱时，上述这些典籍落入咒师仗阿华尔吉云丹（དྲང་ང་དཔལ་གྱི་

---

① 达斯（སྟག་གཟིག）有几种说法，其中之一是波斯的祖先，据本教文献记载，冈底斯以西的两个部落，名达代（སྟག་སྡེ།）与苏盘（གཟིག་འཕེན།），有的学者认为是如今的塔吉克斯坦。

②《西藏本教源流》记述：木雅分东木雅、西木雅、宗喀木雅。东木雅是以康定和塔公草原为主的大部分康区；西木雅是甘肃临夏回族自治州，后来建立西夏王朝，宗喀木雅是位于青海宗喀地区。

③ 据说：松巴与新唐史中的苏毗是同一个地名，苏毗名女儿国，是如今的嘉莫擦瓦绒地区，汉语里又称东女国。藏文中谢嘉莫擦瓦绒就是东方的女儿国之意，她位于吐蕃之东，所以东女国；那里的国王、大臣都是女性担任，所以叫女儿国。

④ 伟色金巴主编：《库门经典汇编》第26卷，《塞米经》，兰州：甘肃民族出版社，2015年9月第1版，694页。

ཡོན་ཏན།）手中[①]。据《札巴岭扎》（བསྒྲགས་པ་གླིང་གྲགས།）[②]等本教史籍记载，仗阿华尔吉云丹原本就是吐蕃赞普朗达玛的贴身法师（相当于古代所说的国师），从此便有了著名的“仗阿玛史籍”（དྲང་ང་མའི་ལོ་རྒྱུས།）。后仗阿华尔吉云丹又将典籍文献交给其子仗阿华尔吉扎巴（དྲང་ང་དཔལ་གྱི་གྲགས་པ།），仗阿华尔吉扎巴交给其子仁青华尔（རིན་ཆེན་དཔལ།）。仁青华尔因无后娶一小妾生仗阿多拉（དྲང་ང་མདོ་ལ།），仗阿多四岁时父亲身患重病，临终时将章吉色牟（དྲང་རྗེ་གསེར་མིག）叫至身边留遗嘱道：“吾儿才四岁，这些典籍文献是吾家祖传之珍宝，在孩子未满十三岁前请将这些典籍文献埋作伏藏，待孩子年满十三岁后再从伏藏中请出，供你们二人使用，此前千万别给他人看。”之后章吉便带上仗阿玛即仁青华尔之子按仁青华尔之遗嘱，将典籍文献作为伏藏埋入桑耶寺的墙壁中。仁青华尔之子即仗阿多满十三岁，便将典籍文献从伏藏中请出，《塞米经》就是该伏藏典籍文献中非常重要的古籍文献之一[③]。

尽管章吉尊巴诞生的年代没有明确记载，但据《本教源流妙语宝库》（ལེགས་བཤད་མཛོད།）中有“其弟子为玛巴达拉（མར་བ་སྟག་ལ།）、玛之弟子为雍尊觉冬（གཡུང་བཙུན་རྗེ་གདུང་།）、雍之弟子为知・南喀雍仲（བྲུ་ནམ་མཁའ་གཡུང་དྲུང་།）”之说，并以尼玛丹增的　《教历宝鬘》[④]一书中知・南喀雍仲生于公元994年的记载推算[⑤]，章吉尊巴大师应大致为10世纪初或中叶之人。譬如仗阿华尔吉云丹（དྲང་ང་དཔལ་གྱི་ཡོན་ཏན།）与朗达玛赞普属同时代人，而吐蕃赞普朗达玛薨于9世纪40年代，这在敦煌文献中有明确记载，同时仗阿华尔吉云丹之子为仗阿华尔吉扎巴，华尔基扎巴之子又为仗阿仁钦华尔，由此可知他与章吉尊

① 芭・丹杰桑布：《本教源流宏扬明灯》，北京：中国藏学出版社，1991年，第235页。

② 邓真尼玛主编：《象雄与吐蕃历史文献》，成都：四川民族出版社，2016年11月第1版，第717页。

③ 芭・丹杰桑布：《本教源流宏扬明灯》，北京：中国藏学出版社，1991年1月第1版，第236页。

④《教历宝蔓》是一部本教教历法，曼日寺第23代堪布尼玛丹增著，收录于邓真尼玛主编的《象雄与吐蕃历史文献》下册，成都：四川民族出版社，2016年，第1045页。

⑤ 尼玛丹增：《尼玛丹增自传》，北京：民族出版社，2012年9月第1版，第60页。

巴为同时代之人。

仗阿玛即仗阿仁青华尔之子仗阿多拉，在他满十三岁时，与章吉尊巴共同将埋藏的本教典籍文献请出，当时章吉尊巴就说："我喜欢历史，除黄纸书写①的《塞米经》外，其他我都不要。"遂携带《塞米经》离去，如今许多学者所说的《塞米经》为章吉尊巴从伏藏中请出之说就出自于此。自那以后，相传章吉尊巴念玛巴达拉对自己有恩，想把手中的典籍文献赠送给他，便将玛巴达拉叫到自己身边，对其道："这些典籍文献的母本不能给你，你自己要抄写和校对好这些典籍。"玛巴达拉抄录完相关典籍后，章氏大师便带着典籍母本离去。从以上的记述可见，当时的吐蕃学者就十分重视文字和书籍了②。

就其典籍传承而言，据《教法释疏兴盛明灯》的记载，分两路传承。其中第一路传承为：玛巴达拉将典籍展示给自己的弟子夏翁仁钦（ཞྭ་འོང་རིན་ཆེན།）作抄录，夏翁传梅乌·拉日年波（མེའུ་ལྷ་རི་གཉེན་པོ།）而得传承。由此可知梅乌·拉日年波生于公元1024年、玛巴即玛巴达拉约生于10世纪中叶。而另一种说法是，梅乌·拉日年波之子为赛喀上师（གསས་མཁར་བླ་མ།），赛之子为夏迦旦（ཤཱག་ཀྱ་བརྟན།），夏之子为贡佐巴大师或贡佐日绰（དགོངས་མཛོད་རི་ཁྲོད།）。相传，贡佐巴大师生于公元1038年，故梅乌·拉日年波应更早，这是本教传统学者们研究的结论。第二路传承为：玛巴达拉传授于雍尊觉冬，雍传于知·达尼钦波（བྲུ་བདག་ཉིད་ཆེན་པོ།，生于公元994年）达尼钦波传于贡佐巴大师等而得传承。总之，从章吉尊巴色牟起分为两路传承，知·南喀雍仲和梅乌·拉日年波二位为10世纪时高原最有势力的两个家族之后，他们将把塞米经传承推向了顶峰。

有个别藏学专家还说，《塞米经》是章吉尊巴从《集经》和敦煌

① 黄纸写书是指在黄色的纸上写出的本教古籍文献，应该是8世纪时比较流行的纸张。

② 夏擦·扎西坚赞著：《西藏本教源流》藏文版291至293页，1985年9月北京民族出版社第1版。

文献等古籍中摘录编纂而成的，但不管怎样，从这部典籍文献中有许多古藏文，语词结构也不那么美，念诵起来拗口，词义也难以理解等角度去观察，不难看出是9世纪的典籍文献。而11世纪中叶，美邬·凯巴华尔青（མེའུ་མཁས་པ་དཔལ་ཆེན།）所著的《界略颂释》（ཁམས་སྟོང་ཚིགས་སུ་བཅད་པའི་འགྲེལ།）和《般若现观庄严论》（ཕར་ཕྱིན་མངོན་རྟོགས་རྒྱན།）等，念起来朗朗上口、词义易懂、语法严谨、语词悦耳，与当今的著述毫无区别。不仅如此，《塞米经》有许多手抄和木刻印刷等不同版本流落民间，迄今仍可得见。其中最具历史和文物价值的要数德国发现的《塞米经》古籍文献，该古籍文献中组词生硬，颂词字数长短不一，古藏文甚多，语法结构和风格等都与敦煌古籍文字非常相似，故有可能为9世纪的文献。

又譬如，从《集经》和《塞米经》这两部经典中可知，东巴辛饶诞生时，曾邀请米本（མི་བོན།）、拉本（ལྷ་བོན།）、德本（བདུད་བོན།）、赞本（བཙན་བོན།）、穆本（དམུ་བོན།）、参本（མཚམས་བོན།）、生波本（སྲིན་བོན།）、诺云本（གནོད་སྦྱིན་བོན།）、尼本（ཉི་བོན།）、达本（ཟ་བོན།）和亚本（འཇང་བོན།）等三十位本教徒，掌管政教事务[1]。降伏恰巴魔王时便已有了穆氏国度、吐蕃四河源头[2]、达波、工布、凉波[3]三域以及象雄、昌域和卡拉奇或卡奇、霍尔、嘉、达斯、冈底斯、穹窿银城等词汇和地域之称。尤其是在遗留教法时，从其所留下的《雍仲隆基》（字面大意为‘雍仲广界’）和《南巴迦瓦大陀罗尼》等之记载及其内容去探究，都可得知《南巴迦瓦大陀罗尼》和《雍仲隆基》以及《无垢庄严经》等[4]，其基础皆来自《塞米经》。该典籍文献中将东巴辛饶的功绩分为降生、传教、教化众生、娶妻、幻化生

① 伟色金巴主编：《冈底斯雍仲本教文献丛书》第1卷，《辛饶弥沃传记与历史》，北京：民族出版社，2010年9月第1版，第22页。

② 是指黄河、金沙江、怒江、澜沧江的源头。

③ 达、工、凉三区是指如今的达波、工布、凉波地区，当时应该是三个部落。

④ 伟色金巴主编：《库门经典汇编》第26卷《塞米经》，兰州：甘肃民族出版社，2015年9月第1版，第43页。

子和向百位拉幸（相当于佛陀、菩萨）顶礼等篇、向三百位女神顶礼篇、降魔篇、留下三大法门篇、有关四门库五篇、讲说十八业经篇、出家篇和厌弃红尘篇等，记载得非常详细，但其中对九次第乘却只有相应词汇，无详细记述。

## 二、本教耳传续相关的文献

本教典籍中包含有《大圆满经验传承历代师记》（ཉམས་རྒྱུད་རྒྱལ་བའི་ཕྱག་ཁྲིད་ཀྱི་བླ་བརྒྱུད་རྣམ་ཐར།）、《象雄耳传四部大圆满历代师记》（ཞང་ཞུང་སྙན་རྒྱུད་ཀྱི་བརྒྱུད་པའི་བླ་མའི་རྣམ་ཐར།）①《雍仲旦增自传》（གཡུང་དྲུང་བསྟན་འཛིན་གྱི་རང་རྣམ།）②、《尼玛丹增自传》（མཁན་ཉི་མའི་རང་རྣམ།）③、《阿赤大圆满历代上师传》④等许多文献，这些都属于诸贤者的著述。它与伏藏略有不同，例如12世纪中叶发掘的伏藏文献《盖阔本尊》（དབལ་ཆེན་གེ་ཁོད།）⑤和《瓦塞协冬》（དབལ་གསས་གཉེད་རྔུང་།）⑥等，其文字书写中就明显有许多古藏文，如反写的首个元音符号“ྀ”，将古藏文中代表人的“མི།”字写为“མྱི།”、将“无”字即“མེད།”写为“མྱེད།”、将祖先一词即“མེས་པོ།”写为“མྱེས་པོ།”、将“བོན།”写为“བོད།”，将“ཡོངས་རྫོགས།”写为“ཡང་རྫོག”，以及将一面二臂三目中的量词直接写为小写的数字即“ཞལ་༡ཕྱག་༢སྤྱན།༣”等书写习惯。有的学者由此断定，这就是12世纪的书写方式，实际并非如此。比如11世纪中叶的本教大师凯巴华尔青（མཁས་པ་དཔལ་ཆེན།）所著的《般若现观庄严论》（ཕར་ཕྱིན་མངོན་རྟོགས་རྒྱན།）⑦和《慧度小品释疏》（ཁམས་སྟོད་ཚིགས་སུ་བཅད་

①才让太主编：《冈底斯雍仲本教文献丛书》第24卷《四部象雄耳传》，北京：民族出版社，2010年9月第1版，第2至86页。

② 格西雍仲丹增：《雍仲丹增自传》，手写本，现存于炉霍县仁达乡易日三组达瓦家。

③ 尼玛丹增：《尼玛丹增自传》，北京：民族出版社，2012年9月第1版，第63页。

④ 夏咱·扎西坚赞主编：《夏咱·扎西坚赞全集》第9卷《阿赤大圆满历代上师传》，成都：四川民族出版社，2011年7月第1版，第345页。

⑤ 伟色金巴主编：《库门经典汇编》第131卷，《瓦钦盖阔仪轨》，兰州：甘肃民族出版社，2015年9月第1版。

⑥ 伟色金巴主编：《库门经典汇编》第123卷，《瓦塞昂巴续》，兰州：甘肃民族出版社，2015年9月第1版。

⑦ 才让太主编：《冈底斯雍仲本教丛书》第10卷《慧度经》，北京：民族出版社，2010年9月

པའི་འགྲེལ།）以及麦敦 · 西饶俄色（མེ་སྟོན་ཤེས་རབ་འོད་ཟེར།）著的《中观二谛》（དབུ་མ་བདེན་གཉིས།）①、《菩提道次第道次第三百二十颂》（ལམ་རིམ་སུམ་བརྒྱ་ཉི་ཤུ།）②、《律论全集》（འདུལ་བ་ཀུན་བཏུས།）、《律经略论》（འདུལ་བ་མདོར་བསྡུས།）③等著述的写作风格皆为偈句，其读音悦耳，意义深刻，不含古藏文，繁文缛节少，便于阅读，与现在的语言风格、文章结构完全相通相应。这与以上谈到的12世纪发掘的伏藏有很大区别，只要将两种文体作一比较，便显而易见。从语言和写作风格以及文字结构上来讲，12世纪的伏藏文献比11世纪的著作文献更有古旧感。同时，从12世纪卓贡洛珠（འགྲོ་མགོན་བློ་གྲོས།）所著的《量论全集》（ཚད་མ་ཀུན་བཏུས།）和《僧图根本续释如意庄严论》（རྩ་རྒྱུད་བསེན་ཐུབ་ཀྱི་འགྲེལ་ཡིད་བཞིན་རྣམ་པར་བཀོད་པའི་རྒྱན།）等论著，也可看出著述与伏藏经典的不同。如是这般，尽管一些专家学通过研究将普米族文献中的本教盖阔本尊经和瓦塞本尊经、地祇祭祀方便和有关调治的经典等认定为9世纪的文献④，但其文尾却载明为本赛穹果栽大师（དཔོན་གསས་ཁྱུང་རྒོད་རྩལ།）从伏藏中请得，这就不得不承认这些文献是12世纪中叶发掘的。倘若一位专家不了解本教的传统文献，只是以书本的文字结构来断言，那完全可以说那些文献是10世纪以前的文献。对此我们可通过以上著述，从文字的书写方式和语法结构中去发现伏藏与著述的区别。

尽管与耳传续相关的传记文献有很多，这里仅以范例的形式，对《不了义驱暗明灯经》和《耶赤经》中形成的三大传记文献，即《无

---

第1版，第235页。

①才让太主编：《冈底斯雍仲本教文献丛书》第8卷《妙法次第乘与中观论》，北京：民族出版社，2010年9月第1版，第271页。

②才让太主编：《冈底斯雍仲本教文献丛书》第7卷《菩提道次修法》，北京：民族出版社，2010年9月第1版，第117页。

③才让太主编：《冈底斯雍仲本教文献丛书》第13卷《戒律广略论》，北京：民族出版社第1版，2010年9月。

④胡忠文、胡文明主编：《普米族韩规宝典》（一），昆明：云南人民出版社，2014年10月第1版。

垢庄严经》等作一些介绍。

《不了义驱暗明灯经》为龙本拉年的耳传续，据说是由占巴南喀大师撰著，占巴大师传给自己的儿子才旺仁增（ཚེ་དབང་རིག་འཛིན།）即才旺日措巴（ཚེ་དབང་རི་ཁྲོད་པ།），才又以耳传的形式传给龙本拉年大师，故此传记文献理应归入耳传续的范畴。大尼玛丹增（མཁན་ཆེན་ཉི་མ།）所著的本教史书《教历宝鬘》中记载："才旺仁增生于公元前888年，龙本拉年生于公元1088年"，这就很清楚地说明他们非同一时代的人。

从总体上看，《不了义驱暗明灯经》包含有菩提道次第修法、六道自解论和传记等内容。其中的传记主要为辛饶弥沃的传记，传记名称在《不了义驱暗明灯经》中写为"辛饶业绩究竟之钉"（གཤེན་རབ་ཀྱི་མཛད་པ་མཐའ་ཕྱུང་གི་གཟེར་བུ།），所谓"钉"是古藏语中的一个形容词，实指摄要、关键、要义、根本等。内容包括降生、传教、教化二众生、娶妻、化子、降魔、留教法、出家、弃尘、示涅槃等十二大功绩，又称十二宏化①。《教历宝鬘》等史籍中又有"龙本拉年生于公元1088年"之说②，该师的弟子隆贡阔洛（ལུང་སྒོམ་འཁོར་ལོ།）所著的《龙本拉年传》中也说："他（即龙本拉年）二十一岁之前就已学修'大圆满三宣说'（རྫོགས་ཆེན་བསྒྲགས་པ་སྐོར་གསུམ།），二十五岁时拜见才旺日措巴大师 （即才旺仁增）"③。按以上所载，明显可知耳传续兴于公元12世纪20年代左右。

所谓《三位上师的历史传记》，是指占巴南喀、才旺日措巴（即占巴南喀之子才旺仁增）和持耳传续之上师龙本拉年等三位的

① 才让太主编：《冈底斯雍仲本教文献丛书》第7卷《菩提道次第修法》，北京：民族出版社，2010年9月第1版，第101至115页。

② 邓真尼玛主编：《象雄与吐蕃历史文献》下册《教历宝蔓》，成都：四川民族出版社，2016年11月第1版，第1045页。

③ 伟色金巴主编：《库门经典汇编》第138卷《大圆满耶赤经》，甘肃民族出版社，2015年9月第1版，第685至692页。

传记[①]，其后记中署名为隆贡阔洛杰布著。而隆贡阔洛为龙本拉年的亲炙弟子，在传记末尾有明确记载。曼日尼玛丹增自传《大尼玛丹增自传正言万丈日光》（མཁན་ཆེན་ཉི་མའི་རང་རྣམ་ལེགས་བཤད་ཉི་མ་འབུམ་གྱི་འོད་ཅན།）中也记载："龙本拉年大师生于公元1088年。隆贡阔洛应生于12世纪上半叶。"[②]通过这一记载，大致能估计出该文献撰著的年代。以上所述的这些文献中，对《不了义驱暗明灯经》《了义虚空幻藏》《大圆满耶赤经》等在初期如何兴起、中期如何传承、最终才旺日措巴又是怎样以耳传形式传授给龙本拉年大师等情形作了详细记载，目前收录于本教大藏经《甘珠尔》第138函即《续王耶赤经》第675页至692页中，共17页、一万多字。

《无垢庄严》（དྲི་མེད་གཟི་བརྗིད།）又称《无垢庄严经》（མདོ་དྲི་མེད་གཟི་བརྗིད།）、《无垢庄严辉煌经》（དྲི་མེད་གཟི་བརྗིད་རབ་ཏུ་འབར་བའི་མདོ།）和《大方广功德经》（མཛོད་མདོ་རྒྱས་པ།）等，在东巴辛饶广中略传记中属广之传记。由·钦穆匝杰尔美（སྟོང་ཆེན་དམུ་ཙ་གྱེར་མེད།）在14世纪以耳传的方式传授给了琼布·罗丹宁波（ཁྱུང་པོ་བློ་ལྡན་སྙིང་པོ།），整个典籍文献共六十章、十二函，再加《无垢根本经》（དྲི་མེད་རྩ་བའི་མདོ།）达十三函。罗丹宁波总的有耳传续约六十函，包括《不灭名称经》（མི་ནུབ་མཚན་མདོ།）八函[③]、《无垢庄严经》（དྲི་མེད་གཟི་བརྗིད།）十二函[④]以及《莲师烟供文》（པད་འབྱུང་བསང་བརྔན།）[⑤]、《丹坚嘉措护法授权经》（དམ་ཅན་རྒྱ་མཚོ་མཁའ་ལ་རང་བཞིན་གྱི་མངའ་གསོལ།）、《央里图丹吉局古》（དབྱིངས་ནས་ཐུགས་དམ་གྱི་རྒྱུད་སྐུལ་བ།，藏文字面大意为"法界敦请本尊修炼"）和《此界猛厉业之嘱托》（སྲིད་འདིར་དྲག་པོ་ལས་བཅོལ།）[⑥]等许

---

① 伟色金巴主编：《库门经典汇编》第138卷《大圆满耶赤经之三位上师传》，兰州：甘肃民族出版社，2015年9月第1版。

② 尼玛丹增：《尼玛丹增自传》，北京：民族出版社，2012年9月第1版，第63页。

③ 伟色金巴主编：《库门经典汇编》第29至34卷《不灭名称经》，甘肃民族出版社，2015年9月第1版。

④ 伟色金巴主编：《库门经典汇编》第13至24卷《无垢庄严经》，甘肃民族出版社，2015年9月第1版。

⑤ 罗丹宁波汇编：《莲师烟供文集》，现存于炉霍县仁达乡易日寺课诵文集。

⑥ 罗丹宁波汇编于14世纪：《丹坚嘉措授权护法经》，现存于炉霍县仁达乡易日寺课诵文集。

多典籍。其中《无垢庄严经》中所谓“八十寿功绩”，以每年一大功绩划分，完整记述了东巴辛饶的一生功绩，同时还记载有本教经典中的普明经（ཀུན་རིག་གི་མདོ།）、无量愿经（སྨོན་ལམ་མཐའ་ཡས།）、药师佛经（སྨན་ལྷའི་མདོ།）、善行经（དགེ་སྤྱོད།）、雍仲南迥经（གཡུང་དྲུང་རྣམ་འཇོམས།）和清净经（རྣམ་དག་མདོ།）等十二仪轨，另外还记载有四百多种动物的名称及其形状和颜色，譬如狮子就有金狮、银狮、泥狮和雪山狮等种类，虎有六具者和斑纹者等四类，豹也有四个种类等，目前收录于本教大藏经《甘珠尔》第十三至十四函中。此外，凡在藏传佛教、本波教信徒家里的佛堂中，都能拜见到木刻印刷版、手抄本以及金银汁书写的《无垢庄严经》。

**三、十世纪以后本教新作文献**

本教有一种与众不同的传承称为“耳传法”，它是通过某个时代的人以耳传的形式传给另一个时代的人，并非是从地下掘得的。此处所说的耳传与象雄耳传大圆满中所说的耳传在传承方法上有很大的不同。象雄耳传是二十四位虹化大师一个传一个从不间断地进行。此处所述的“耳传”，据说是某个时代的大师以某种特殊的方式把自己的心法传承于某个时代的弟子，耳传者即讲说的大师和被传者之间可有上百年或上千年的时间

间隔。

此传承之风气，据说是由杰尔美尼玛俄色（གྱེར་མི་ཉི་མ་འོད་ཟེར།）和龙本拉年大师（སྤྲུལ་ཤུང་བོན་ལྷ་གཉན།）二位开创的，杰尔美尼玛俄色于公元1108年以耳传的方式把“希瓦阿萨”（ཞི་བ་ཨ་གསལ།）等很多耳传法门传给色嘎顿巴（སེ་ཀར་སྟོན་པ།）。据本教文献记载，那时杰尔美尼玛俄色已三百岁，为琼布杰尔达美（ཁྱུང་པོ་གྱེར་ཟླ་མེད།）之子，按此说法，他约在8世纪出生①。同样，公元1088年，龙本拉年经才旺日措巴

① 夏杂·扎西坚参著，刘勇译：《藏族雍仲本教史妙语宝库》，北京：民族出版社，2012年12月第1版，第139页。

（ཚེ་དབང་རི་ཁྲོད་པ།）之耳传，获得本教《不了义驱暗明灯镜》（དྲང་དོན་མུན་སེལ་སྒྲོན་མ།）、《了义虚空幻藏经》（ངེས་དོན་ནམ་མཁའི་འཕྲུལ་མཛོད།）和《耶赤经》（ཡེ་ཁྲིད་མཐའ་སེལ།）等许多经典①。而后约在14世纪中叶，又有罗丹宁波大师（བློ་ལྡན་སྙིང་པོ།）和穆辛・尼玛坚赞（དམུ་གཤེན་ཉི་མ་རྒྱལ་མཚན།）等出世弘传耳传法门，耳传法就此成为本教的主要传承之一。如是这般，这一时期的耳传续应兴于11世纪下半叶。尽管许多人都不承认这些经典非他们所著之说，但可这样去思索一下，譬如当今在藏族地区有一位叫达惹的上师，他文化水平很低，连自己的名字都写不清楚，可他能口述提供神山志和本教仪轨等法门，记录者将其以文字录成册后，他就能念诵许多本，在念诵那些耳传法门时，他根本不用去想，比如念到此处便停下来用餐，餐后他又能将其连上，从未出现过差错，凡任何经典，只要听过一遍，就能过耳不忘。再比如，就琼布・罗丹宁波耳传的《无垢庄严经》中的词和义等而言，其中的人物名称和穿着都能代表几个不同时期的文化，并且还清晰录入四百多种不同动物的名称，这是一般人是难以撰著的，据说琼布・罗丹宁波拥有被称为耳传的本教典籍六十多函，这些典籍都是他在四十八岁时记录成册的②。

本教典籍中的传记文献非常多，这里介绍的主要为《象雄耳传续传承的上师传记》（ཞང་ཞུང་སྙན་རྒྱུད་ཀྱི་བརྒྱུད་པའི་བླ་མའི་རྣམ་ཐར།）、《拜见阎罗王之印象彩虹网》（དམ་ཅན་མཐོང་སྣང་འཇའ་ཚོན་དྲྭ་བ།）、《大尼玛丹增的自传》（མཁན་ཆེན་ཉི་མའི་རང་རྣམ།）和《阿尺上师传承传记》（ཨ་ཁྲིད་བླ་མ་བརྒྱུད་པའི་རྣམ་ཐར།）等。

《象雄耳传大圆满历代上师传记》内分《耳传四部大圆满》和《大圆满佛性经验传承》两个部分。其中经验传承历代上师传列入

① 伟色金巴主编：《库门经典汇编》第138卷《耶赤经之三个传记》，兰州：甘肃民族出版社，2015年9月第1版，第 675至692页。

② 伟色金巴主编：《库门经典汇编》第13之24卷《无垢庄严经》，兰州：甘肃民族出版社，2015年9月第1版。

《经验传承大圆满经》（ཉམས་བརྒྱུད་རྒྱལ་བའི་ཕྱག་ཁྲིད།）第一章中；《耳传四部大圆满历代上师》，现收录于由朗塔丹增尼玛编纂、四川民族出版社2016年出版的《象雄与吐蕃历史文献》下册之第1至60页。同样，民族出版社2010年出版的《冈底斯雍仲本教文献》第七本第1至70页中也收录了此书①。四部大圆满历代上师传与佛性经验传承历代上师传的内容虽然大致相同，但撰著时间和作者有所不同。《耳传四部大圆满历代上师传》由芭・邓杰桑波著于14世纪，而《佛性经验传承历代上师传》是由知嘉瓦雍仲著于13世纪中叶。

两部传记中，对九位如来秘传上师、自辛饶弥沃至囊谢勒波大师（སྣང་བཞེར་ལོད་པོ།）间出世的二十六位虹身大师（འཇའ་ལུས་འཔོ་ཆེན་ཉེར་དྲུག）、祈麦祖普即不灭顶佛（འཆི་མེད་གཙུག་ཕུད།）至朗玉罗波间出世的二十四位虹化上师、密集菩萨起出世的十位上师、耶幸祖普（ཡེ་གཤེན་གཙུག་ཕུད།）时次第出世的十一位上师，以及朗玉罗波至五位化身大成就者（རྣམ་སྤྲུལ་གྲུབ་ཆེན་ལྔ།）、赤依喇嘛六尊（རྟོགས་ལྡན་འབྲུལ་ཞིག་དྲུག）、无比九当丹（མཉམ་མེད་གདིང་ལྡན་དགུ།）、受教七持明（བཀའ་བརྒྱུད་རིག་འཛིན་བདུན）等传记都有详细记载。尤其详细记述了东巴辛饶至七世纪间出世的二十六位虹身者的出生地、父母、修行地、请授法要的上师、哪年进入修行、最终如何获得妙果成就和传承弟子有哪些等。

《格西雍仲丹增自传》（དགེ་བཤེས་གཡུང་དྲུང་བསྟན་འཛིན།）是17世纪末由雍仲丹增本人撰著，现珍藏于易日寺（གཞི་རིང་དགོན།），共34页，如今仅剩下约20页。目前尚未发现该传记完整版。该传记中结合嘉绒格西雍仲丹增一生的经历，清晰记述了17世纪整个青藏高原的形势，尤其是康区方向的本教状况。这本传记确实与众不同，内容详尽而真实，毫无虚假夸张之弊，撰写方式也很特别。相传，该师有拜见玛积雪山山神的印象和拜见阎罗王之印象等部分口头创作

① 才让太主编：《冈底斯雍仲本教文献丛书》第7卷《四部象雄耳传》，北京：民族出版社，2010年9月，第1至70页。

作品，但如今只剩下这部作品了。就藏族历史而言，从吐蕃聂赤赞普起，就始兴本教密宗、大圆满和斯巴本（སྲིད་པའི་རྒྱུ་བོན།）等本教教法，吐蕃第八代赞普止贡赞普（གྲི་གུམ་བཙན་པོ།）时灭本，吐蕃第九代赞普布底共杰时本教得以复兴①，吐蕃第三十八代赞普时本教再次遭到篡改，从本教传承中衍生了两大传承，即印度部本教和象雄部本教②。印度部本教始兴于8世纪，由于印度部本教的兴盛，象雄部本教也受到影响。本教信徒们为了保护象雄部本教，向赞普抗议，最后赞普同意把象雄部本教大部分资料埋藏，公元913起逐步出土发掘，称为伏藏经文③。此本教形成两大支系，据《拉拉益西卫广传校注》记载："从拉拉益西卫开始，阿里方向的本教始遭灭。"④11世纪至12世纪间本教在卫藏兴起，阿里方向噶当教法得兴，12世纪噶当教法衰败，青藏高原势力较大的为萨迦派和本教，14世纪初，本教大寺耶茹温萨卡被毁⑤，卫藏方向的本教势力变弱，约17世纪40年代，蒙古军队进入青藏高原，击败青海一带的突厥部落（ཚ་ཟུའི་དུ་སྐྱེ།）和康区的白日杰布（བེ་རི་རྒྱལ་པོ།）等，灭其地之本教，实行了三大改革⑥。《尼玛丹增自传》一书中也记载，从此嘉绒普巴之域（རྒྱལ་རོང་ཕུད་པའི་ཡུལ）等地，本教寺院几乎强行改宗为格鲁教派，17世纪60年代至17世纪90年代即格西雍仲旦增时，炉霍、新龙、道孚、甘孜、巴塘、德荣、雅江和打箭炉（即今康定）等地仍信奉本教，18世纪60年代乾隆两征大小金川后藏族地区的本教被削弱⑦。

《大尼玛丹增的自传》，又有《大尼玛丹增传正言万丈日光》

---

① 玛敦索增：《世间根本藏疏》第15页，资源来源德格绰仓寺的格西祖普慈诚。

②才让太主编：《冈底斯雍仲本教文献丛书》第1卷《辛饶弥沃传记与历史》，北京：民族出版社，2010年9月第1版，第109页和119页。

③ 芭·丹杰桑布：《本教源流宏扬明灯》，北京：中国藏学出版社，1991年1月第1版，第194页。

④ 扎巴坚参著，穷达校注：《益西卫广传校注》，北京：中国藏学出版社，2015年9月第1版，第107页。

⑤ 卡尔梅·桑丹坚参著：德康·索朗曲杰译：《卡尔梅·桑丹坚参选集》，北京：中国藏学出版社，2007年9月第1版，第262页。

⑥ 周华：《藏族简史》，北京：民族出版社，1995年第1版，151页和193页。

⑦ 堪钦尼玛丹增：《尼玛丹增自传》，北京：民族出版社，2012年9月第1版，第63页。

（མཁན་ཆེན་ཉི་མའི་རྣམ་ཐར་ལེགས་བཤད་ཉི་འབུམ་གྱི་འོད་ཅན།）、《吉祥辛教曼日堪布葛顿·尼玛旦增旺格杰布传正言万丈日光驱除众生智暗明灯》（དཔལ་གཤེན་བསྟན་སྨན་རི་བའི་མཁན་པོ་སྒོ་སྟོན་ཉི་མ་བསྟན་འཛིན་དབང་གི་རྒྱལ་པོའི་རྣམ་ཐར་ལེགས་བཤད་ཉི་མ་འབུམ་གྱི་འོད་ཅན།）之称，由大尼玛丹增撰著，后经中央民族大学教授才让太编辑校对，于2012年由民族出版社出版。该书是以曼日寺第二十三任大尼玛丹增旦增的日记编纂而成。大尼玛丹增有《摄类学》（བསྡུས་གྲྭ།）、《般若现观庄严论释》（ཕར་ཕྱིན་མངོན་རྟོགས་རྒྱན་འགྲེལ།）、《律论说》（འདུལ་བའི་རྣམ་བཤད།）、《本教大藏经目录》和《教历宝鬘》（བསྟན་རྩིས་ནོར་བུའི་ཕྲེང་བ།）等许多著述，该自传可谓著述中的精华，比如"外器世间的形成""情众生的产生""自东巴辛饶开始部分本教大士夫的生卒年代""显密大圆满三大法门的弘传及中段的传承经历"等，皆有详细记述，尤其记载了大尼玛丹增身处时代的本教形势，以及他从西藏步行前往今四川一带的经历等。这些对于学术研究，不愧为价值极高的文献。

《阿赤大圆满历代上师传》，又称《诀窍大宝阿赤大圆满历代上师传白莲鬘》（མན་ངག་རིན་པོ་ཆེའི་ཨ་ཁྲིད་བླ་མ་བརྒྱུད་པའི་རྣམ་ཐར་པདྨ་དཀར་པོའི་ཕྲེང་བ།），作者为夏札·扎西坚赞（ཤར་རྫ་བཀྲ་ཤིས་རྒྱལ་མཚན།），现收录于2011年由四川民族出版社出版的《遍知夏札巴文集》第九函345至409页中。该传记中记述了公元1038年出生的贡佐日绰巴（དགོངས་མཛོད་རི་ཁྲོད་པ།）至亚德·桑阿林巴（ཉག་གཏེར་གསང་སྔགས་གླིང་པ།）间的三十多位上师的略传。一般来说，关于阿赤大圆满历代上师的传记传知·杰瓦雍仲（བྲུ་རྒྱལ་བ་གཡུང་དྲུང་།）也撰著有不少，但这本传记算是非常完整，并与当时的实际相吻合，是一部清晰反映11世纪以后的本教阿赤大圆满史的文献。18世纪60年代，康巴藏族地区的本教势力变得弱小。19世纪40年代左右，在康区德格土司的大力支持下，康巴藏族地区各教派的开始复兴，在各教派无偏见之风的感召下，得夏匝巴大师等众多高僧大德们扶持，在他们的传记中也记载了当时本波教与藏传佛教间的融洽关系，这可通过本教与格鲁派（即俗称的“黄教”）、格鲁派与其他各教派相处的状况得以证实。

## 四、非伏藏相文献

自公元913年起，三位游方僧为主的许多伏藏大师相继出世并发掘伏藏文献，伏藏经和伏藏师等名词也就此被录入本教史册中。当有了伏藏师的名称，非伏藏的传承和上师的词汇逐渐诞生，并形成为两个法脉传承。非伏藏的藏文对字是嘎玛（བཀའ་མ།），是没有经过删改、添加或埋藏的文献，对于本教而言，是一脉本教信徒比较重视的文献。据本教文献记载，8世纪时，由于吐蕃的政教产生变化，本教信徒为了保护这些经文，一部分埋藏于岩洞、森林、地下，成为伏藏文献；一部分没有被埋藏，保持原文，形成非伏藏的文献。非伏藏中衍生出两个大传承，即印度部本教和象雄部本教。印度部本教是根据吐蕃的需求进行改革的本教；象雄部本教是既没被改，又没被埋藏的本教文献。象雄本教的文献也可分为律宗、密宗、大圆满宗即三个部传承，其中大圆满又分《耳传四部大圆满》传承、《经验传承广中略三法》传承两大支系。据本教传统文史记载，从祖师辛饶弥沃先后传授给二十六位虹化大师，于7世纪上半叶由达布示匝（ཏ་པི་ཧྲི་ཙ།）和囊谢勒波大师（སྣང་བཞེར་ལོད་པོ།）二位在达若（ད་རོག即今日喀则地区仲巴县达若乡以北古地名）录入盛典，目前收录于冈底斯本教文库第24函469页中和本教大藏经《甘珠尔》一百三十四函等文献中①。这部经典也并非完全没删改过，因文中既有11世纪的语言风格、文字结构，又含有古藏语的语法。据说：大约8世纪下半叶，沃贡根杜上师（འོར་སྒོམ་ཀུན་འདུས།）将体验传承录入成《经验传承广中略三法》等典籍，将象雄耳传续分为噶举（བཀའ་བརྒྱུད།）传承和体验传承（ཉམས་བརྒྱུད།）两大支系作弘传，密宗方的《麦日本尊经》等也与经验传承

①《四部象雄耳传》，囊谢勒波著，现收录于《库门经典汇编》第134函中，兰州：甘肃民族出版社，2015年9月第1版。

大圆满同步传承，显宗以《戒律陆续》为主，《戒律六续》又分为非伏藏和伏藏两大部分，伏藏又分三位游方僧之伏藏经典和伏藏大师古汝诺则（གུ་རུ་རྣོན་རྩེ།）伏藏两大类①，目前收录于本教大藏经《甘珠尔》第二函中。

印度部本教（རྒྱ་གར་བོན་སྐོར།）是占巴南喀与毗卢遮那大师按照吐蕃所需而更改的本教。其中有心识部和密宗部等许多法门，心识部包括大圆满法中的《耶赤经》（ཡི་ཁྲིད་མཐའ་སེལ།）、《不了义驱暗明灯经》（དྲང་དོན་ཟུན་སེལ་སྒྲོན་མ།）、《了义虚空幻藏经》（ངེས་དོན་ནམ་མཁའ་འཕྲུལ་མཛོད།）等，据说这些文献首先由占巴南喀（དྲན་པ་ནམ་མཁའ།）传授给了才旺仁增（ཚེ་དབང་རིག་འཛིན།），然后又由才旺仁增以耳传形式传授给化身龙本拉年（སྤྲུལ་ལུང་བོན་ལྷ་གཉེན།）。印度部本教中密宗又称"拥娄本葛"（ཡོང་ལུགས་བོན་སྐོར།），其主要内容为"绰沃若巴"（ཁྲོ་བོ་རོལ་པ།）和"冉巴和奔巴"（རམ་པ་དང་འབུམ་པ།）等本教法门，由木雅琼赛大师（མི་ཉག་ཁྱུང་གསས།）用青狼驮着从象雄来到木雅等地并得以兴盛。据传，自那以后麦芝敦巴西饶扎巴（མེ་ཧི་སྟོན་པ་ཤེས་རབ་གྲགས་པ།）又逐步传授给夏札巴（ཤར་རྫ།）、仲牟（དྲུང་མུ།）、甲则（སྐྱུ་རྩེ།）和瓦巴（ཞ་པ།）等人。同时，麦芝敦巴西饶扎巴不仅与吐蕃最后一位赞普朗达玛同时代，而且在讲述朗达玛被杀的相关缘由等史书中也提及了他的事迹②。毗卢遮那的传承大部分埋藏于扎耶瓦、塞沃日等，到了10世纪末，三位僧人掘藏并传承，所以其不属于非伏藏传承。

这里所说的非伏藏，是指未埋作伏藏的本教文献，尽管有的学者将龙本拉年的耳传续也归于非伏藏类，但这已在上述介绍耳传续时作了阐释，故不再赘述。一般来讲，非伏藏虽然较多，这里主要

① 夏擦·扎西坚赞：《西藏本教源流》，北京：民族出版社，1985年9月第1版，第242和294页。

②才让太主编：《冈底斯雍仲本教文献丛书》第1卷《话说本教起源》，北京：民族出版社，2010年9月第1版，第434页。《本教源流明灯镜》，成书于14世纪，现收录于《象雄文集》第5卷，成都：四川民族出版社，2012年5月出版，第434页。《本教源流妙语宝库》，北京：民族出版社，1988年，第236页。

介绍《耳传本未灭之因》（སྙན་རྒྱུད་བོན་མ་ནུབ་པའི་གཏན་ཚིགས།）和《象雄耳传大圆满历代上师传》（སྙན་རྒྱུད་བླ་མ་བརྒྱུད་པའི་རྣམ་ཐར།）等部分文献，其中《耳传本未灭之因》的作者虽不详，但在该文献末尾却署名为杰尔邦·囊谢勒波（གྱེར་སྤུངས་སྣང་བཞེར་ལོད་པོ།）著[①]，藏学研究家卡尔梅·桑丹坚参（མཁར་མེའུ་བསམ་གཏན།）则认为该书为11世纪以前的文献。总之，该文献已编入《象蕃史集》上册第649至663页中，共15页。其中记述了朗玉罗波与象雄王罗门甲（ལིག་མིན་རྒྱལ།）为福田施主关系的历史，并说撰著时处于象雄王罗门甲和吐蕃王赤松德时期。同时书中还记述了过去历代吐蕃赞普都只有一位外务大臣、一位内务大臣和一位近住大臣，共三位大臣，而在这位吐蕃赞普（即赤松德赞）时则有外务大臣十名、内务大臣十名和十名传令大臣，共三十名大臣。并说该赞普最强大，先后战胜了达斯诺吉杰布王（སྟག་གཟིག་ནོར་གྱི་རྒྱལ་པོ།，藏文字面大意为“达斯财富之王”）、天竺却吉杰布（རྒྱ་གར་ཆོས་ཀྱི་རྒྱལ་པོ།，藏文字面大意为“天竺教法之王”）、中原的陈吉杰布法度之王（རྒྱ་ནག་ཁྲིམས་ཀྱི་རྒྱལ་པོ།，藏文字面为“中原法度之王”）等，还说是由象雄罗门甲出谋划策并降服之。书中还清晰记载了吐蕃王赤松德赞诛灭象雄王的情形[②]。

《象雄耳传续上师传承之传记》，相传为直·杰瓦雍仲（བྲུ་རྒྱལ་བ་གཡུང་དྲུང་།）和巴·旦杰桑布（སྤ་བསྟན་འཛིན་བཟང་པོ།）二位编纂而成，并非他们二位新撰著的。从诸历代上师们给自己的弟子灌顶、讲续和赐与诀窍完成后，弟子们将自己上师的经历列入传承上师的传记和传承祈祷范围的习俗中看出，《象雄耳传续上师传承之传记》也是如此形成的[③]。

---

① 囊谢勒波（སྣང་བཞེར་ལོད་པོ།）是本教二十六位虹化大师之最后一位，生活于7至8世纪，是达布示匝的弟子，象雄的李弥嘉国王之上师。

②《耳传本未灭之因》，囊谢勒波著，现收录于《象雄与吐蕃历史文献》上册，成都：四川民族出版社，2016年，第649至663页。

③ 详见《耳传大圆满历代上师祈请文》，现存炉霍县仁达乡易日寺课诵文集。

# 第二节 耶茹文萨卡学院与耶茹十八位敦巴

耶茹文萨中的“耶茹”（གཡས་རུ།）是地名，位于我国西藏自治区日喀则南木林县南木林镇耶茹湘境内；“文萨卡”（དབེན་ས་ཁ།）是学院名称，是由西藏的知氏家族所建立的本教寺院。十八位敦巴是指在此相继住持学院的十八位院长。这里提到的“敦巴”与纳西东巴文化中的“东巴”之藏文写法是一样的。“敦巴”（སྟོན་པ།）是藏文音译，汉文意译为导师、祖师、引导者、明示等意义。耶如十八位敦巴自公元994—1405年之间，先后担任耶茹文萨卡学院院长，为后期的本教文化发展起到了极大作用。本文中主要介绍了耶茹文萨卡学院的十八位敦巴的诞生年代、人生经历和相关人物。

## 一、耶茹文萨卡学院简介

藏族是中国五十六个民族之一，西藏乃世界千河万水之源，其历史自然被众人所瞩目。自公元11世纪起，藏族地区衍生出不同的地方势力，各自为据，他们建立各门各派，产生诸多宗教教派。在教派斗争和竞争中，为弘扬自己的教派，打压或毁灭本土文化，但也有很多家族为了巩固自己的地位和势力，弘扬本教文化。但后来的很多研究藏族文化的人，忽略了非常重要的一环，就是藏族本地土著文化——本教文化，多用佛教化的藏文资料，来研究本教文化。譬如：自公元10世纪末起，西藏崛起知、西、巴、麦、幸等五个家族，他们建立很多本教寺院，弘扬藏族本土文化。这些家族所建的寺院，大大小小有上百座，大的寺院有上万余名僧人，小的有上百名，对后弘期的藏族文化发展起到了极大作用。到目前为止，高原民间各地，依然遗存着浓厚的本教文化，但除了学术界个别学者之外，很少有人关注这些祖辈传承的本土文化。

耶茹文萨卡学院作为11世纪崛起的本教最大寺院，僧人曾增长到上万余名，成为所有本教信徒的重要集聚点。公元10至11世纪起，卫藏一带有知、西、巴、麦、幸等势力非常强大的五大家族。他们为了弘扬本教文化，巩固自己的势力，建立了很多家族寺庙，耶茹文萨是其中由知氏家族所建的势力最强的本教寺院，创立于11世纪初，毁于14世纪末，历经近400年。

据根桑罗珠的《象雄与吐蕃历史漫谈》记载：寺院由知夏南喀雍仲和知夏琼格坚参始建于1038年，建立之初有上千人，亦有辩经习俗[①]。但是在尼玛丹增的《本教历法》中记载："耶茹文萨卡始建于1073年。"对此根桑罗珠在《象雄与吐蕃历史漫谈》中这样解释："知杰雍仲喇嘛诞生于1040年，三十三岁（1073年）把文萨卡学院改为戒律即僧人寺院，之前是僧人与在家居士共同修行殿，取名为"文萨大乐院"，僧人人数增长到数千名。"[②]公元1073年，由知杰喇嘛在原有的寺院基础上修改扩建，成为后来的文萨卡学院。

据《巴塞·班智达传记》记载：耶茹文萨卡学院的僧人有3800名。寺院毁于泥石流时，该寺院有上万余名僧人。总的来说，文萨卡自建立至损毁，僧众数量不断增加，直接威胁到其他教派，这也导致了它最后走向被毁的结局。

## 二、耶茹十八位敦巴简介

十八位敦巴分别是：知夏·南喀雍仲、知夏·琼格坚参、知杰·雍仲喇嘛、知敦·尼玛坚参、桑丹·悦波美巴、牛敦·慈诚坚参、卓贡·德紫坚参、卓贡·罗珠坚参、知·都瓦坚参、知·嘉瓦雍仲、南喀俄色、索南坚参、索南洛珠、郎喀索南、珠古·才旺坚参、南珠·南喀益西、南杰噶热、凯珠·仁钦洛珠等。

### 1.知夏·南喀雍仲

据尼玛丹增的《教历宝蔓》记载，耶如十八位敦巴之鼻祖知夏·

① 邓真尼玛主编：《象雄与吐蕃历史文献》下册，成都：四川民族出版社，2016年，，第742页。
② 邓真尼玛主编：《象雄与吐蕃历史文献》下册，成都：四川民族出版社，2016年，第742页。

南喀雍仲大师，在公元994年时，诞生在今西藏日喀则南木林县妥嘉乡的知氏家族中[①]。而知氏家族起源于勃律（བྲུ་ཤ）即上巴基斯坦知夏·南塞居多（བྲུ་ཤ་གནམ་གསས་སྲི་རྟོལ།），他们的祖先所信奉的宗教亦是本教。公元八世纪时，由于世袭家族中斗争激烈，九个王子中的五个来到阿里，统领古格、拉达克、木斯塘、夺波等地，弘扬本教文化。其中知夏·塞吉恰日坚（གསེར་གྱི་བྱ་རུ་ཅན།）被吐蕃赞普迎请，成为吐蕃民众心中的上师。塞吉恰日坚有五子，其老五生两子，次子名尼玛华尔（ཉི་མ་དཔལ།）。尼玛华尔生三子，其中长子的后裔雍仲坚参来到日喀则南木林县境内，生一子，名知夏穹勒增（ཁྱུང་ལེགས་འཛིན།），其子为雍仲生根（གཡུང་དྲུང་སེ་རྙེ།），雍仲生根的儿子为知夏·南喀雍仲（བྲུ་ཤ་ནམ་མཁའ་གཡུང་དྲུང་།）[②]。

据本教史料记载，著名伏藏师幸庆鲁噶约在1017年，在位于今西藏日喀则岗巴县的知参塔尕掘出藏大量本教经文。其中的《世间根本藏及其注释》传授于知夏·南喀雍仲和知夏琼格坚参父子，南喀雍仲成为幸庆鲁噶四大弟子之首[③]。凯珠·根桑罗珠的《象雄与吐蕃历史宝蔓》记载：南喀雍仲诞生于公元994年，圆寂于公元1048年（54岁）[④]。噶敦慈城坚参的《本教伏藏目录》记载：知夏·南喀雍仲有四子，分别为知夏·琼格坚参（བྲུ་ཤ་ཁྱུང་གི་རྒྱལ་མཚན།）、仁钦坚参（རིན་ཆེན་རྒྱལ་མཚན།）、西饶坚参（ཤེས་རབ་རྒྱལ་མཚན།）、班玛坚参（པདྨ་རྒྱལ་མཚན།），统称为四大坚参[⑤]。知夏·南喀雍仲与琼格坚参被称为知夏父子，南喀雍仲为耶茹十八位敦巴之首。

---

① 邓真尼玛主编：《象雄与吐蕃历史文献》上册，成都：四川民族出版社，2016年11月第1版，第1052页。

② 邓真尼玛主编：《象雄与吐蕃历史文献》下册，成都：四川民族出版社，2016年11月第1版，第740页。

③ 芭·丹杰桑布：《本教源流宏扬明灯》，北京：中国藏学出版社，1991年11月第1版，第212页。

④ 邓真尼玛主编：《象雄与吐蕃历史文献》上册，成都：四川民族出版社，2016年11月第1版，第1050页。

⑤ 赤索旦主编：《本教历史文献汇编》第5卷，兰州：甘肃文化出版社，2018年7月第1版，第306页。

2.知夏·琼格坚参

知夏琼格坚参为知夏·南喀雍仲的四子之长子，是知氏家族之长，按理来说，应当成家立业，但他选择出家为僧，管理寺院（知氏家族的家庙）。其出生年月不详，应诞生于11世纪10年代，诞生地位于今西藏日喀则南木林县妥嘉乡即耶茹湘境内。大师自幼跟随父亲学习藏文读写、语法、占卜、历算、禳灾、行医等本教的基本礼仪文化，长大后拜幸庆鲁噶为师，学习南伏藏传承的经文，成为幸庆鲁噶的八大弟子之首。对幸庆鲁噶的《世间根本藏》进行闻、思、修慧，掌握所有内容，并对此做了注解。《注解书》目前尚存于世，应是最早期的《世间根本藏注解》之一。譬如：1345年所著的《本教源流弘扬明灯》中记载："知夏·琼格坚参对《世间根本藏》做了注解，西耶勒波之子西吉波（ཞུ་སྐྱིད་པོ།）对《大圆满菩提藏》做了注解，麦邬·凯巴华尔青对《八界慧度略本》做了注解，芭敦巴确嘉瓦对《绰沃旺钦》做了注解。"①总之，在11世纪初，高原地区以《世间根本藏》《大圆满菩提藏》《八界慧度》为根据的闻、思、修慧的习惯已很普遍。

12世纪初所著的《伏藏目录》中记载：幸庆鲁噶弟子有得"坚参"（རྒྱལ་མཚན།）之名四位，分别为觉贡·雍仲坚参（ཇོ་སྟོམ་གཡུང་དྲུང་རྒྱལ་མཚན།）、玛尔巴·西饶坚参（མར་བ་ཤེས་རབ་རྒྱལ་མཚན།）、增本·旺格坚参（འཛིན་བོན་དབང་གི་རྒྱལ་མཚན།）、知夏·琼格坚参（བྲུ་ཤ་ཁྱུང་གི་རྒྱལ་མཚན།）②。公元1036年，知夏·琼格坚参与父亲南喀雍仲一起，在南木林县耶茹湘境内建立耶如文萨卡学院，建立之初，有上千名僧俗弟子，学习本教文化，成为本教最大的学院③。

---

① 芭·丹杰桑布：《本教源流宏扬明灯》，北京：中国藏学出版社，1991年11月第1版，第212页。

② 噶敦慈诚坚参：《本教伏藏目录》，现收录于《本教历史文献汇编》第5卷，兰州：甘肃文化出版社，2018年，第306页。

③ 邓真尼玛主编：《象雄与吐蕃历史文献》下册，成都：四川民族出版社，2016年11月第1版，第740页。

### 3.知杰·雍仲喇嘛

知杰·雍仲喇嘛（བྲུ་རྗེ་གཡུང་དྲུང་བླ་མ།）简称知杰（བྲུ་རྗེ།）、知杰尊或知达尼钦波（བྲུ་རྗེ་བདག་ཉིད།）、知达尼杰尊（བྲུ་བདག་ཉིད་རྗེ་བཙུན།）等不同名称。“知”乃家族之名，“杰”是贵族之称，雍仲喇嘛为其真名。其父亲名知夏·班玛坚参，是知夏·南喀雍仲的第四子，母亲名不详。知杰喇嘛在公元1040年，诞生于西藏日喀则南木林县妥嘉乡境内[①]，是知氏家族之后，耶茹十八位敦巴之第三位。班玛坚参的三子即知杰·雍仲喇嘛、耶西珠（ཡེ་ཤེས་གྲུབ།）、觉桑（ཇོ་གཟུངས།）中知杰为长子，与知夏琼格坚参是叔侄关系。知氏家族的历史资料中只提到父亲名，很少提起母亲，可见这一家族的女性地位较卑微。

知杰·雍仲喇嘛33岁（公元1073年）时，接管耶茹文萨卡，并扩建学院，把文萨卡改名为文萨卡清静大乐学院[②]。在此之前，文萨卡学院僧人和俗人一起学习；自知杰喇嘛接管后，文萨卡学院就转变为僧人学习之所，学徒增长到数千名，成为本教显宗、密宗和大圆满等各部传承的学习基地，也是后弘期本教最大的学院之一。文萨卡有五部大论的辩经、密宗与大圆满的闻、思、修行习俗；讲、辩、著作和闻、思、修慧的良好习惯在那时就已成为青藏高原的主要学习方法[③]。

《本教目录》一书记载：班玛坚参之子乃知杰雍仲喇嘛和益西珠巴。知杰雍仲喇嘛在知夏琼格坚参与著名高僧桑敦拉布（སུམ་སྟོན་ལྷ་འབུམ།）座前受戒，出家为僧，取名为知夏杰尊[④]。在那时，出家需要堪布和罗本两位师父。《象雄与吐蕃历史》中说班玛坚参有四子，此

① 邓真尼玛主编：《象雄与吐蕃历史文献》上册，成都：四川民族出版社，2016年11月第1版，第1053页。

② 邓真尼玛主编：《象雄与吐蕃历史文献》下册，成都：四川民族出版社，2016年11月第1版，第740页。

③ 邓真尼玛主编：《象雄与吐蕃历史文献》下册，成都：四川民族出版社，2016年11月第1版，第740页。

④ 赤索旦主编：《本教历史文献汇编》第9卷，兰州：甘肃文化出版社，2018年7月第1版，第277页。

书中说只有两子，还得核查。耶茹十八位“敦巴”当中知杰雍仲喇嘛和知敦南喀坚参被称为知杰叔侄，即以知杰为叔，知敦为侄，二位是叔侄关系。

4.知敦·尼玛坚参

知敦·尼玛坚参简称尼玛坚参，知氏家族中的益西珠巴有两子，长子为达瓦坚参（ཟླ་བ་རྒྱལ་མཚན།），次子称尼玛坚参（ཉི་མ་རྒྱལ་མཚན།），即尼玛是太阳，达瓦是月亮之意。二位统称知氏家族的日月二子。知敦·尼玛坚参乃知氏家族之后，耶茹十八位“敦巴”之第四位敦巴，知杰叔侄之一。他自幼跟父亲学习藏文读写、占卜、历算、禳灾、藏医、藏药、仪轨诵读等本教基本常识；长大后在著名伏藏师玛敦索增（མ་སྟོན་སྲོལ་འཛིན།）处学习本教密宗四部、六续和大圆满传承，成为大师的得意门生和伏藏法主。

之后他又拜大成就者琼贡觉央仁波切（གྲུབ་ཆེན་ཁྱུང་སྒོམ་རྗེ་གཡུང་།）为师，学习象雄耳传和阿赤大圆满，得到上师的真传，成为大圆满一代宗师。知敦·尼玛坚参年轻时出过家，但后来因为哥哥达瓦坚参无后，而知氏家族又是豪门，香火不能断，所以最后还俗继任家业，传宗接代。尼玛坚参本是绰仓·珠拉大师的戒律传承者，就因为他还俗，珠拉大师的戒律传承也就此断了。他约出生于十一世纪末，约在十二世纪中叶圆寂。具体情况见在《本教目录》一书中有详细记载。

5.桑丹·悦波美巴

十八位敦巴之第五位“敦巴”称桑丹·悦波美巴（སུམ་ལྡན་གཡོལ་པོ་མི་དཔལ།）。桑丹是三种具德之意，俱德上师之意，悦波是其诞生地名，美巴是真名。据曼日寺第23代堪布尼玛丹增的《教历宝蔓》记载：桑丹悦波美巴诞生于公元1134年[①]。耶茹十八位敦巴当中悦波美巴（གཡོལ་པོ་མི་དཔལ།）与牛敦慈诚坚参（གཉུག་སྟོན་ཚུལ་ཁྲིམས་རྒྱལ་མཚན།）合

① 邓真尼玛主编：《象雄与吐蕃历史文献》上册，成都：四川民族出版社，2016年11月第1版，第1052页。

称美牛二师。即悦波美巴为美，牛敦慈嘉为牛。《阿赤大圆满历代上师传》记载：他是悦波美巴麦家族之后，生于西藏日喀则浪卡县悦波（གཡོལ་བོ།）地区（即西藏自治区南部羊卓雍措湖畔）[①]。

悦波麦巴幼年时，随父亲学习藏文读写、语法、占卜、历算、禳灾、藏医药等基本知识。长大后大师来到耶茹湘耶茹文萨卡学院，拜知敦·尼玛坚参为师，受沙弥戒，在因明、《乘释镜及其注释》、《中观二谛》《般若》《世间根本藏》，以及密宗四部、六续等中做了闻、思、修慧，取得良好成绩。其次，在幸敦南喀座前，受比丘戒；在堆龙志龙寺（སྟོད་ལུང་འབྲི་ལུང་དགོན།）的大住持象·丹巴慈西（ཞང་དམ་པ་ཚུལ་ཤེས།）、著名伏藏师·玛敦索增等处，学习显宗五部、密宗四部、《菩提道次第三百颂及其注释》等。知敦·尼玛坚参还俗后，继任其位，管理文萨卡学院，成为耶茹十八位敦巴之一。他是第一个非知氏家族的人接管文萨卡学院之师父。

悦波美巴受比丘的上师叫幸敦·南喀，是麦敦·西饶俄色（མེ་སྟོན་ཤེས་རབ་འོད་ཟེར།）之徒。而麦敦西饶俄色生于1158年，幸敦·南喀与他同代；第二个上师象·慈诚坚参乃龙本拉年的上师，而龙本拉年诞生于1088年，悦波麦巴出世年代也由此可以推断为十二世纪初。他的第三个上师玛敦索增诞生于1092年。由此可见，大师就是十二世纪初出生。

大师的作品有《大圆满心识部依靠》《大上师占巴南喀秘诀》《阿赤之支》《大圆满前行七支论》《大圆满历代祈请文》《心持有相无相论》《大圆满禅定论》《三部大乘法》《大乘指点珍宝明灯》《修道增力法》《秘诀法轮概宗》《要义除恶论》《破瓦智慧法》，以及实修经验汇集《知阿赤大圆满》等[②]。

---

① 元旦彭措主编：《藏族典籍精选》第20卷《大圆满法论》，成都：四川民族出版社，2013年12月第1版，第27页。

② 元旦彭措主编：《藏族典籍精选》第20卷《大圆满法论》，成都：四川民族出版社，2013年12月第1版，第27页。

6.牛敦·慈诚坚参

牛敦·慈诚坚参，简称牛·慈诚坚参或牛敦慈坚（གཉུག་སྟོན་ཚུལ་རྒྱལ།），是康亚尔莫唐（ཁམས་གཡེར་མོ་ཐང་།）。到目前为止，笔者只搜集到牛敦慈坚的著作，但很少得见其生平资料。据曼日寺第23代堪布尼玛丹增的《教历宝蔓》记载，牛敦慈诚坚参诞生于1144年。他自幼拜桑丹·悦波美巴、阿夏德紫坚参（ཨ་ཞ་བདུད་རྩི་རྒྱལ་མཚན།）为师，学习五部大论内容。《黑头矮人》一书中记载，下部三区为康亚尔莫唐（ཁམས་གཡེར་མོ་བཏགས།）、多康塞莫达（མདོ་གམ་ཟལ་མོ་བཏགས།）和匝噶邻噶达（ཙ་ག་ལ་ཞིང་ཀ་བཏགས།）三区。亚尔莫唐是藏族地区下部三区之一①。

牛敦慈诚坚参著有《基道果三法详细抉择论》《深密道次第论》《菩提道次第修法三要》《隆吉经疏庄严论》《隆吉经辩论法》《世间根本藏疏》等很多优秀作品。后来继任悦波美巴的法座，成为耶茹十八位敦巴之一②。

7.阿夏·德紫坚参

阿夏·德紫坚参（འ་ཞ་བདུད་རྩི་རྒྱལ་མཚན།）又称卓贡·德紫坚参（འགྲོ་མགོན་བདུད་རྩི་རྒྱལ་མཚན།），是卓贡罗珠坚参之父，与他叔侄相称，也是耶茹十八位敦巴之第七位敦巴。阿夏德紫坚参的诞生年月不详，但其弟子卓贡罗珠生于公元1198年，其师父牛敦诞生于公元1144年。由此可以推断，德紫坚参约在12世纪50年代左右诞生。

其诞生地点为“悦波”（གཡོར་པོ།）地区，即今西藏自治区南部羊卓雍措湖畔，父名为阿夏敦巴雍仲生根。阿夏为家族之名，该家族中诞生阿夏·雍仲生根、阿夏·德紫坚参、阿夏·罗珠坚参等很多大德高僧。辛饶弥沃自传《塞米经》中记载，辛饶弥沃弟子中有一位叫阿夏桑瓦都巴的弟子，是辛饶弥沃十三位弟子之首，他与阿夏德紫的

① 索南曲杰主编：《苯教古文献九部史》，拉萨：西藏藏文古籍出版社，2018年，第54页。

②元旦彭措主编：《藏族典籍精选》第20卷《大圆满法论》，成都：四川民族出版社，2013年，第27页。

世袭是否有关系目前很难说，但他们藏文写法相同[①]。阿夏德紫坚参在幼年时，随父亲学习藏文读写、藏文语法、占卜、历算、禳灾、治病就医等基本常识。长大后，拜牛敦大师为师，闻思《大圆满三宣经》《大圆满极顶法》，取得很好成绩。拜悦波麦巴和牛敦慈坚为师，先后受沙弥、比丘戒，取名为德紫坚参；在《世间根本藏及其注释》《般若慧度经》《菩提到此三百颂及其注释》等中闻思修慧，吸取精华，成其得意门生[②]。

阿夏·德紫坚参还对《绰沃旺钦》（ཁྲོ་བོ་དབང་ཆེན།）、《黑胜掘本尊》（དབལ་ཕུར་ནག་པོ།）、《麦日》（མེ་རི།）、《盖阔本尊仪轨》（གེ་ཁོད།）等做了注释和使用说明。尤其在《象雄四部耳传大圆满》《阿赤大圆满》中闻、思、修行，从加行（前行）、灌顶开始正规有序修行，获取密宗和大圆满的成就。最后继任上师牛敦慈坚之法位，成为耶茹十八位敦巴之一。他与知敦尼玛坚参之子南喀坚参同代。他的弟子虽多，但最出众的弟子就是卓贡罗珠坚参[③]。

8.阿夏·罗珠坚参

阿夏·罗珠坚参又称卓贡·罗珠坚参（འགྲོ་མགོན་བློ་གྲོས་རྒྱལ་མཚན།），简称卓贡大师，是耶茹十八位敦巴之一，诞生于西藏悦波地区。家族名为阿夏，与卓贡德紫坚参叔侄相称。其父亲名阿夏西饶生根，母名仁钦布赤，生于1198年，卒于1264年[④]。

藏文中的 “卓贡”（འགྲོ་མགོན།）是救世主或怙主之意，但这里提到的卓贡应该是个地名或家族之名，比如四川甘孜藏族自治州理塘县有个叫卓贡的地方，那里有一座本教寺院，称卓贡寺。据《知阿赤大圆满历代上师传》记载：卓贡罗珠坚参天资聪慧，心怀仁慈，天生

① 伟色金巴主编：《库门经典汇编》第26卷《塞米经》，兰州：甘肃民族出版社，2015年9月第1版，第520页。

② 元旦彭措主编：《藏族典籍精选》第20卷《大圆满法论》，成都：四川民族出版社，第1版，第28页。

③ 夏咱·扎西坚赞：《夏咱·扎西坚赞全集》第9卷，成都：四川民族出版社，2011年，第357页。

④ 邓真尼玛主编：《象雄与吐蕃历史文献》上册，成都：四川民族出版社，2016年，第1054页。

精通藏文读写等。长大后前往卫藏的耶茹文萨卡，拜叔叔德紫坚参为师，受沙弥和比丘戒，学习本教五部大论，取名罗珠坚参。

之后前往西氏家族的古寺日向寺[1]，在本教的《胜掘本尊仪轨》、《瓦塞本尊仪轨》中做了听闻与思考，以闭关实修，吸取精华；拜著名伏藏师本色琼果匝（དཔོན་གསས་ཁྱུང་རྒོད་རྩལ།）[2]为师，学习其伏藏精品，成为本色琼果匝的关门弟子。在玛敦索增之子玛江美（རྨ་ལྷུམ་མེ།）、扎巴林扎的伏藏师玛西饶生根（རྨ་ཤེས་རབ་སེངྒེ་།）处受密宗和大圆满的灌顶与传承，成为大圆满法主。学成后返回耶茹文萨卡学院，胜任文萨卡学院院长，成为耶茹十八位敦巴之一。他与知南喀坚参之子知敦·达尔玛同代[3]。

大师弟子来自尼泊尔木斯塘、不丹和我国西藏、四川、青海、甘肃、云南等各地，其中较有名的知敦·慈诚坚参（བྲུ་སྟོན་ཚུལ་ཁྲིམས་རྒྱལ་མཚན།）、知·都瓦坚参（བྲུ་འདུལ་བ་རྒྱལ་བ་རྒྱལ་མཚན།）、绰仓·慈诚坚参（ཁྲོ་ཚང་ཚུལ་ཁྲིམས་རྒྱལ་མཚན།）等，为藏族文化的发展做出了杰出贡献。大师著有《世间根本藏注释》《僧土根本续注释》《因明集》《因明略论》《地道集》《阿赤大圆满三十座间》等很多经典之作，成为本教各寺院的学习教材。据本教文献记载：公元1038年，贡佐巴大师把大圆满的全部内容归纳为八十座间，即八十个作息课程；悦波美巴（公元1023年）把它归纳为八座间和十座间，即十八个作息课程；卓贡罗珠坚参把八十座间简化为三十座间，弘扬阿赤大圆满文化。据说：大师66岁（公元1264年）时圆寂，如今在嘉绒小金、甘孜理塘地区皆有其修行处[4]。

---

① 位于西藏日喀则江孜县日星乡边上。

② 本教伏藏师中幸、杰尔、玛、玉四尊，幸是幸钦鲁噶，杰尔指杰尔弥尼沃，玛指玛敦索增，玉指玉敦·琼果匝。

③ 元旦彭措主编：《藏族典籍精选》第20卷《大圆满法论》，成都：四川民族出版社，2013年，第29页。

④ 夏咱·扎西坚赞：《夏咱·扎西坚赞全集》第3卷，成都：四川民族出版社，2011年，第161页。

9.知·都瓦坚参

根据《本教历法》和《知阿赤大圆满》记载：知·都瓦坚参（བྲུ་འདུལ་བ་རྒྱལ་མཚན།）于公元1239年诞生于今西藏日喀则南木林县耶茹湘境内，是知氏家族之后。其父亲名知夏·云丹嘉措（བྲུ་ཤ་ཡོན་ཏན་རྒྱ་མཚོ།），母亲名不详。人们称他为知·都瓦玩仁波切，或知敦·都瓦坚参。“知”（བྲུ།）是指知氏家族，即其家族之名。藏文中的“都瓦”（འདུལ་བ།）是戒律之意，大师受戒之后保持清规戒律；“仁波切”（རིན་པོ་ཆེ།）是尊称，即人中之宝之意，真名为都瓦坚参。“知敦”（བྲུ་སྟོན།）是指生于知氏家族的敦巴，即导师或祖师之意。

大师自幼跟随父亲学习斯巴本教内容，包括藏文读写、占卜、历算、风水、禳灾仪轨、藏医药等本教基本常识。长大后进耶茹文萨卡学院，拜阿夏·罗珠坚参为师，对本教显宗五部大论闻、思、修慧，成就非凡；20岁时，前往西氏家族所建的基卡尔寺院（ཞུ་སྐྱིད་མཁར་དགོན།）[1]，拜达尔玛仁钦（དར་མ་རིན་ཆེན།）为师，在密宗四部和密宗各部仪轨中做了闻思修慧。当时，都瓦雍仲（འདུལ་བ་གཡུང་དྲུང་།）强烈要求师父传授比丘戒，但师父只传了居士戒，未传比丘戒，取名为都瓦坚参。可能是因为知氏家族乃名门贵族，知·都瓦仁波切又是家族长子，所以没传授比丘戒。

但是大师从西氏家族返回耶茹文萨卡学院后，在卓贡罗珠坚参处先后受沙弥和比丘戒，取名为“都瓦坚参”（འདུལ་བ་རྒྱལ་མཚན།），后人称知都瓦仁波切或知敦·都瓦坚参。师父卓贡·罗珠坚参对他说：“我年事已高，你必须继任文萨卡法座，培育弟子，弘扬耶茹文萨卡的本教传承。”说完后，直接传授灌顶和传承，让他继任法座。他继任法座后，尽心培养弟子，传授密法与大圆满。但一段时间后，他又离开文萨卡寺院，追求无忧无虑的闭关实修生活，以闭关的方式修持大圆满，以观照

① 西吉卡寺（ཞུ་སྐྱིད་མཁར་དགོན།）是西氏家族于公元1019年所建，位于今西藏日喀则江孜县日星乡以东，即日向寺背后。

自心，检验自己，审视自我。

知敦·都瓦坚参常说：惑乱之根乃外境，惑乱之因为内心，远离二元著相，打破自我，才能提升无我。大师以贡佐巴大师为榜样，在亚中热玛（ཡར་འབྲོག་ར་དམར）地区闭关实修时，文萨卡学院的管理小组专门拜访大师，劝他回寺院。但大师心意已决，留在此地，就地修行。大师55岁时（公元1294年）圆寂于布唐（འབུམ་ཐང་།）地区[①]。

10.知·嘉瓦雍仲

知·嘉瓦雍仲中的"知"（བྲུ།）是指知氏家族之名，嘉瓦雍仲是其真名。大师曾经编纂过《象雄耳传历代上师传》和《阿赤大圆满历代上师传》，为大圆满文化传承做出极大贡献。据本教文献记载，公元1249年，嘉瓦雍仲诞生于今西藏日喀则南木林县耶茹湘耶茹文萨卡境内，父亲名知夏·索南坚参，母名邬燕（ཨུག་ཡོན།），是家中四子中的长子。

大师八岁时，拜知·都瓦坚参为师，学习藏文读写、占卜、历算等本教基本常识。大师先后拜知·都瓦坚参、卓贡·德紫坚参、卓贡·罗珠坚参等为师，接受密宗各部仪轨的灌顶和修法传承，尤其是在《象雄耳传大圆满》《阿赤大圆满》《大圆满耶赤经》《三宣大圆满》等中进行闻、思、修，取得非凡成就。知嘉瓦雍仲把贡佐巴大师的大圆满八十座间、卓贡罗珠坚参的三十座间简化为十五座间，即十五个作息课程，称《阿赤大圆满十五座间》，从而诞生本教大圆满"阿佐年三部"（ཨ་རྫོགས་སྙན་གསུམ།），其中的阿是指阿赤大圆满，以贡佐巴大师为鼻祖；佐是指佐巴钦波即大圆满，其中包括幸钦鲁噶的《大圆满心识九部》（རྫོགས་ཆེན་སེམས་སྨད་སྡེ་དགུ།）[②]、《大圆满菩提藏》（རྫོགས་ཆེན་བྱང་སེམས་གབ་པ།）[③]、《耶赤经》（རྫོགས་ཆེན་ཡེ་ཁྲིད་མཐའ་

---

① 元旦彭措主编：《藏族典籍精选》第20卷《大圆满法论》，成都：四川民族出版社，2013年，第29页。

② 元旦彭措主编：《藏族典籍精选》第46卷，《大圆满精要》，成都：四川民族出版社，2014年。

③ 才让太主编：《冈底斯本教文献》第7卷，《菩提藏大圆满》，北京：民族出版社，2010年。

སེལ།）[1]、《三宣大圆满》（ཛོགས་ཆེན་བསྒྲགས་པ་སྐོར་གསུམ།）[2]；年是指象雄年巨，即象雄耳传大圆满，包括《象雄四部耳传大圆满》（སྙན་རྒྱུད་བཀའ་བརྒྱུད་སྐོར་བཞི།）[3]、《三部实修传承大圆满》（ཉམས་རྒྱུད་རྒྱས་འབྲིང་བསྡུས་གསུམ།）[4]。大师还著有《耳传大圆满经验传承》《知阿赤修法》等经典之作，成为本教各大寺院的重要教材[5]。

后来他做了知都瓦坚参的继承人，主持耶茹文萨卡学院，成为耶茹十八位敦巴之一。大师在文萨卡在职期间，除传授显密大圆满培养弟子之外，自己也在本教《大圆满印度传承》《象雄耳传》、谢敦恩珠扎巴的《三宣大圆满》等中深思熟虑，精进修持，还做了很多适当的注释和编辑，对弘扬大圆满传承起到极大作用。大师后来迁徙到耶茹文萨卡背后的山腰修行处（即耶茹卡纳寺），在那里长期闭关修行。公元1301年（59岁时）圆寂。其生平在《知阿赤大圆满历代上师传》一书中有详细记载[6]。

11.南喀俄色

知·南喀俄色（བྲུ་ནམ་མཁའ་འོད་ཟེར།）生于今西藏日喀则南木林县南木林镇耶茹湘文萨卡的知氏家族，父亲名知夏·索南坚参（བྲུ་བསོད་ནམས་རྒྱལ་མཚན།），母名邬燕，诞生年月不详，是知嘉瓦雍仲的弟弟，也是其得意门生，应出生于13世纪50至60年代左右，家中排行老四。

大师自幼在父亲索南坚参和哥哥嘉瓦雍仲座前学习藏文读写、语法、占卜、历算、禳灾仪轨、藏医药等斯巴本内容，奠定了学习本教文化之基础。长大后在知·嘉瓦雍仲座前受比丘戒，取名南喀

① 伟色金巴主编：《库门经典汇编》第138卷，《大圆满耶赤经》，兰州：甘肃民族出版社，2015年。

② 伟色金巴主编：《库门经典汇编》第137卷，《三宣大圆满》，兰州：甘肃民族出版社，2015年。

③ 才让太主编：《冈底斯本教文献》第24卷，《象雄四部耳传大圆满》，北京：民族出版社，2010年。

④ 元旦彭措主编：《远古藏族文化精髓——象雄耳传》第二卷和三卷，成都：四川民族出版社，2016年。

⑤ 元旦彭措主编：《藏族典籍精选》第《知阿赤》，成都：四川民族出版社，2014年，

⑥ 元旦彭措主编：《藏族典籍精选》第20卷，《大圆满法论》，成都：四川民族出版社，2013年，第30页。

俄色，对内外密部做了闻、思、修，取得非凡成就。尤其在《象雄耳传》《阿赤大圆满》《三宣大圆满》《大圆满耶赤经》《世间根本藏》《阿萨修法仪轨》等本教密宗与大圆满修法中着重修心，得到师父的真传。据《阿萨祈请文》记载：桑普圣地弘扬大乘法，证悟佛性心无所知相，朵登南喀俄色前祈祷。桑普就是文萨卡上部的耶茹卡纳（གཡའ་རུ་མཁར་སྣ།）寺院，是耶茹文萨卡的日绰（即修行处），南喀俄色是大师之名。据说大师有很多作品，但除了部分密宗和大圆满道歌颂之外，笔者无缘得见其他作品。他后来做了嘉瓦雍仲的继承人，成为耶茹十八位敦巴之一。

12.索南坚参

索南坚参（བསོད་ནམས་རྒྱལ་མཚན།）的全称为“塔扎·索南坚参”（མཐའ་བྲལ་བསོད་རྒྱལ།），是公元1298年至1322年间之人。“塔扎”是无比或无上之意，“索南坚参”乃其真名。他是知氏家族之后，生于今西藏自治区日喀则南木林县南木林镇耶茹湘境内，父亲名知·都瓦雍仲（བྲུ་འདུལ་བ་གཡུང་དྲུང་།），母名那隆萨索金（སྣོང་གསལ་བསོད་རྒྱན།）①。知·都瓦雍仲生两子，索南坚参为长子，可能是雍仲都瓦雍仲尚未出家之前所生。索南坚参从小在父亲都瓦雍仲座前学习藏文读写、语法、斯巴本的仪轨读本等基本知识；长大后去文萨卡学院，拜朵登·南喀俄色为师，接受密宗四部仪轨、象雄耳传、阿赤大圆满等的灌顶和传承修法，闻思修行，吸取精华。

十五岁时，在知·嘉瓦雍仲两兄弟座前受比丘戒，取法名为索南坚参（བསོད་ནམས་རྒྱལ་མཚན།）。其次，又拜著名伏藏师多杰林巴即雍仲林巴大师（གཏེར་སྟོན་རྡོ་རྗེ་གླིང་པ།），学习其伏藏经文，成为多杰林巴的伏藏法主。后来按照南喀俄色的邀请，任文萨卡学院院长一职，成为耶茹十八位敦巴之一。大师长期在耶茹卡纳寺传授夏季和冬季的课

① 堪钦尼玛丹增著：《本教历法》，现存《象雄与吐蕃历史文献》上册，成都：四川民族出版社，2016年，第1052页。

程，培养数不尽的弟子；五十四岁（1322年）圆寂，做了隆重的火葬仪式①。其弟子中有丹·慈诚俄色（འདན་ཚུལ་ཁྲིམས་འོད་ཟེར།）、塔扎·索南洛珠（མཐའ་བྲ་ལ་བསོད་ནམས་བློ་གྲོས།）等很多著名高僧。据说，索南洛珠是东炯土钦和泽旺仁增二位大德的化身。

13.索南洛珠

索南洛珠全称为“聪美·索南洛珠”（མཚུངས་མེད་བསོད་ནམས་བློ་གྲོས།），是公元1277年至1324年间之人。藏文中的聪美是无上、无比、独一无二之意，索南洛珠为真名。大师生于今日喀则南木林县南木林镇耶茹湘耶茹文萨卡境内，父亲名南喀雍仲（ནམ་མཁའ་གཡུང་དྲུང་།），母名萨迦卡卓金（ས་སྐྱ་མཁའ་འགྲོ་རྒྱན།），应该是萨迦派的，他是三子中的老二。索南洛珠9岁时，在知·都瓦仁波切和南喀俄色处学习藏文读写、语法、占卜、历算、风水、禳灾法、风水、超度仪轨等斯巴本教的内容，奠定了学习本教文化的基础；长大后，在都瓦仁波切处，先后接受沙弥戒和比丘戒，取名为索南洛珠；16岁时，拜萨迦噶居巴大师为师，学习般若、中观、因明、俱舍论等；在都瓦仁波切处接受四部密宗、三部大圆满的所有灌顶和传承修法，按照经文进行闻、思、修；20岁时，前往青海、甘肃一带的藏族地区，在阿尼玛卿转山修行，弘法利生；之后前往阿里地区，与自己的弟弟带巴西饶（དད་པ་ཤེས་རབ།）相遇，接受很多显宗、密宗和大圆满的灌顶与传承，被称为阿里索南洛珠。

接着返回耶茹文萨卡学院，继任文萨卡学院院长，成为耶茹十八位敦巴之一。任职期间，每年讲述夏季和冬季课程，弘扬佛法，利益众生。尤其把象雄耳传、阿赤大圆满广泛传播，自己也闻思修，做了注解、编辑等很多工作。大师弟子遍布青藏高原及周边涉藏市县乃至我国周边地区。大师佳作有《僧土根本注释》《世间根本藏注释》

① 元旦彭措主编：《藏族典籍精选》第20卷《大圆满法论》，成都：四川民族出版社，2014年，第46页。

《南达经注释》《历代传说宝蔓》《上师会供颂注释》《上师修法如意宝蔓》等。总之，大师前往各地弘扬本教文化，培育了数不尽的弟子，65岁（1324年）时圆寂，其详细生平见于《阿赤大圆满历代上师传》①。其弟子虽多，最为出众的有凯珠·南杰噶热（རྣམ་རྒྱལ་ཀ་ར།）、阔邦洛珠陀美（བློ་གྲོས་ཐོགས་མེད།）、凯珠·仁钦洛珠（མཁའ་གྲུབ་རིན་ཆེན་བློ་གྲོས།）、朗喀索南（ནམ་མཁའ་བསོད་ནམས།）等②。

14.郎喀索南

据《西藏本教源流》记载："知·嘉瓦雍仲、南喀俄色、索南坚参、索南洛珠、郎喀索南、才旺南索等辈出。"③从嘉瓦雍仲起，郎拉喀索南排第五。大师的出生年月、父母皆无详细记录，只知道他是知氏家族之后，出生于今日喀则南木林县耶茹湘境内。《阿赤大圆满历代上师传》中记载：郎喀索南（ནམ་མཁའ་བསོད་ནམས།）为索南洛珠(1277—1324)的弟子。由此可见，他与索南洛珠为同代，亦是耶茹文萨卡学院第十四代敦巴。

15.珠古·才旺坚参

珠古·才旺坚参简称珠古才旺（སྤྲུལ་སྐུ་ཚེ་དབང་།）。藏文中珠古是活佛或化身之意，准确来说是再来的修行人。大师诞生于今西藏日喀则南木林县耶茹湘境内，是知氏家族之后。其父亲名南卡坚参，母亲名不详，诞生于十四世纪初，是两兄弟当中的长者，弟弟即上文所述的南喀俄色（ནམ་མཁའ་འོད་ཟེར།）。才旺坚参长大后拜聪美·索南洛珠为师，在"噶"（གབ།）、"佐"（མཛོད།）、"萨"（ས།）④等中做了

① 元旦彭措主编：《藏族典籍精选》第20卷《大圆满法论》，成都：四川民族出版社，2014年，第47页。

② 夏咱·扎西坚赞：《夏咱·扎西坚赞全集》第9卷，成都：四川民族出版社，2011年，第370页。

③ 夏察·扎西坚参：《西藏本教源流》，北京：民族出版社，1985年，第263页。

④ 噶、佐、萨是文萨卡鼎盛时期的三部本教经典，"噶"（གབ།）是《向僧噶巴》（བྱང་སེམས་གབ་པ།），止贡赞普时期伏藏于西藏日喀则岗巴县知参塔尕，1017年由辛钦鲁噶掘藏，汉译为"菩提藏大圆满"，现收录于《冈底斯雍仲苯教文献》第7卷；"佐"（མཛོད།）是《斯比佐普》（སྲིད་པའི་མཛོད་ཕུག），亦是辛钦鲁噶掘藏于岗巴县知参塔尕，汉译为"世间根本藏"，现收录于"冈底斯雍仲苯教文献丛书"第12卷；"萨"（ས།）是《萨兰穆》（ས་ལམ།），占巴南喀著于八世纪，汉译为"地道

学修，尤其在《菩提藏大圆满》《心识九部》《象雄耳传》《大圆满》《八界慧度经》《戒律部》《中观》《乘释镜》《菩提道次第三百颂及其注释》，以及密宗四部、六续等中进行闻思修，成为名副其实的大师。先后受了皈依戒、别解脱戒、菩萨戒、密宗戒等四戒，成为德行兼备的大德高僧。后来担任了耶茹文萨卡学院敦巴一职，成为第十五代敦巴。

16.南珠·南喀益西

南珠·南喀益西（རྣམ་སྤྲུལ་ནམ་མཁའ་ཡེ་ཤེས།），简称南喀益西，又称凯尊南仁（མཁས་བཙུན་ནམ་རིན།），诞生在耶茹文萨的知氏家族，即今南木林县南木林镇耶茹湘境内，是珠古·才旺坚参之弟。小时候拜聪美·索南洛珠、凯珠南索等大德为师，在本教显宗五部、本教菩提道次第修法、九乘次第、大圆满菩提藏和阿赤大圆满等的传承中做了闻思修。先后受皈依戒、沙弥戒、比丘戒、菩萨戒、密宗戒等，成为维护本教显密大圆满的上师。南喀益西还在上师处受密宗四部本尊、三部大圆满的灌顶与传承，并且以实修吸取其精华，后来成为耶茹文萨卡学院的住持，成为十八位敦巴之一。朗喀索南、珠古·才旺、南喀益西三人不在阿赤大圆满传记中，所以无法详细介绍其生平。

17.南杰噶热

南杰噶热（རྣམ་རྒྱལ་ཀ་ར།）又称凯珠·南杰噶热、珠古·南杰噶热。他的诞生地位于今南木林县南木林镇耶茹湘境内，是知氏家族之后，父亲名释迦坚参俄色（ཤཱཀྱ་རྒྱལ་མཚན་འོད་ཟེར།），母亲名沃·朵萨杰母（འོ་དེ་ཟ་རྒྱལ་མོ།）。南杰噶热十岁时，拜叔叔索南坚参为师，学习藏文读写、语法、占卜、历算、禳灾仪轨、超度仪轨、藏医药等斯巴本教的内容；后来拜聪美·索南洛珠为师，受大乘理论和实修的指点，包括指点心性、大圆满见地指点等。南杰噶热在索南洛珠处，学习《阿赤大圆满十三座间》《十五座间》《象雄四部耳传

论。”文萨卡十八位导师几乎都有噶、佐、萨三部经的注解。

大圆满》《菩提藏大圆满》《心识九部大圆满》《大圆满耶赤经》等，掌握了象雄部大圆满传承和印度大圆满传承的全部内容，并实践修行。

大师得到大圆满修法秘诀后，到耶茹卡纳（གཡས་རུ་མཁར་སྣ།）和扎西则扎（བཀྲ་ཤིས་རྩེ་བྲག）等修行处修行，培养弟子，弘扬本教大圆满精神。依照上师指令，修建白色金顶和红色金顶等佛堂和灵塔，五十六岁时圆寂，诞生年月不详①，约在十四世纪中叶诞生。

18.耶茹敦巴仁钦洛珠

凯珠·仁钦洛珠（མཁས་གྲུབ་རིན་ཆེན་བློ་གྲོས།）为知氏家族之后，耶茹十八位敦巴之最后一位，于藏历第六饶炯木猴年（公元1344年）生于今日喀则南木林县南木林镇耶茹湘耶茹文萨卡境内。其父亲名萨迦文琼·根呷洛珠（ས་སྐྱ་ཀུན་དགའ་བློ་གྲོས།），即萨迦派的大师，母亲名聂杰母（ཉ་རྒྱལ་མོ།）。大师自幼天资聪慧，心怀仁慈，藏文读写轻松掌握；11岁时，拜罗本索南益西（སློབ་དཔོན་བསོད་ནམས་ཡེ་ཤེས།）为师，对五部大论做了闻思修；13岁时，受沙弥戒，法名为仁钦洛珠。

其次，在凯珠·南杰噶热尊前，受密宗四部、六续、内外密部的灌顶、传承与修法秘诀；受大圆满四灌顶后，对《菩提藏大圆满》《心识九部》《象雄耳传》《耶赤经大圆满》《阿赤大圆满》等做了闻思修，吸取精华，成为其法主；24岁时，按照舅舅南杰噶热的安排，担任耶茹文萨卡学院院长一职，成为耶茹十八位敦巴之一。25岁时，前往萨迦派的纳林札学院，拜绒敦西夏根如（རོང་སྟོན་ཤེས་བྱ་ཀུན་རིག）为师，学习中观、般若、因明、俱舍论等萨迦派课程。先后拜钦饶云丹、杰根都朱巴等大师，学习五部大论。

后来返回耶茹文萨卡学院，在凯珠南杰噶热处学习本教般若慧度、地道论、九乘次第，以及《中观二谛论》《世间根本藏及其注释》《菩提道次三百颂及其注释》《地道论集》等，成为名副其实

① 元旦彭措主编：《藏族典籍精选》第30卷，成都：四川民族出版社，2014年，第48页。

的耶茹敦巴。尤其在知敦·南杰噶热处，受密宗和大圆满的灌顶和传承，耶茹文萨卡的上师将秘诀皆传授于他。象雄耳传上部传承、下部传承的内容也都传授于仁钦洛珠，象雄耳传实修心法秘诀也得到传授，在耶茹卡纳寺等精进修行，得到证悟。在耶茹文萨卡住持十几年，培养弟子，弘扬本教文化。其弟子非常多，其中最为优秀的有良美·西饶坚参、杰草·仁钦坚参、索南坚参三人。仁钦洛珠64岁（1408年）时，于雍仲丹比扎丁（གཡུང་དྲུང་བསྟན་པའི་བྲག་སྟེང་།）修行处圆寂，就地做了火葬。弟子们为师父做了灵塔并供奉。大师在位时，本教大寺院耶茹文萨卡学院被泥石流冲毁，自那时起卫藏地区本教势力退化，再没有之前那样辉煌过。

耶茹文萨卡被冲毁之后，大约在公元1406年，本教著名高僧、仁钦洛珠的弟子良美·西饶坚参在今西藏自治区日喀则南木林县妥嘉乡境内建了曼日寺。曼日寺规模虽无耶茹文萨卡大，但其学习课程、传承得以继承下来。自那时起，曼日寺成为所有本教信徒学习之地，先后出现34代曼日堪钦，本教信徒称其为曼日法王。

总而言之，文萨卡学院位于今西藏日喀则南木林县南木林镇耶茹境内，是由知氏家族所建的家庙，逐步壮大发展成非常庞大的本教寺院。其始建于公元1038年，公元1405年被一场泥石流所冲毁。在近400年期间，耶茹文萨卡培养出十八位敦巴即导师做学院院长，弘扬本教文化，培育本教数不尽弟子。耶茹文萨卡僧众从上千名发展到上万名，成为11世纪至15世纪初本教最大学院。其弟子来自尼泊尔、印度北部、不丹，以及我国西藏、青海、甘肃、四川、云南等各个地方。

## 第三节 本教三部菩提道次第论与相关文本综述

本教文化可归类为四大传承体系，即外部法、内部法、密部法、斯巴本教部。外部法是对所有人公开的，内部法只对内部人公开，密部是对极少数人公开，斯巴本教包括占卜、历算、行医、超度、禳解等世间法。外部法以菩提道次第为主要修法，内部法以密宗道次第为主修内容，密部以大圆满前行和正行为主要修持方法。所谓“菩提道次第”，即以出离心、菩提心、无我正见次第修持觉悟，以便清除内心的贪婪、自私、愚昧之心。本教古籍《菩提道次第三百颂》著于公元11世纪80年代左右，《菩提道次第六十颂》是16世纪50年代的佳作，《菩提道次第正教明灯》是19世纪10年代的著作，下文通过这三部不同年代的道次第论及相关文献，探讨本教菩提道次第论的发展和演变情况，供大家参考，舛误难免，敬希指正。

### 一、菩提道次第三百颂

《菩提道次第三百颂》的作者叫麦敦巴大师（མེ་སྟོན་པ།，1052—1132），全称麦敦西饶俄色（མེ་སྟོན་ཤེས་རབ་འོད་ཟེར།）或雅尔卓麦敦大师（ཡར་འབྲོག་མེ་སྟོན།），诞生于亚尔卓达龙[①]玛尔波（ཡར་འབྲོག་སྟག་ལུང་དམར་པོ།）地区，是木雅氏族之后，父亲名雍仲年（གཡུང་དྲུང་གཉན།），母亲叫古日萨达瑞（གུར་ཟ་དར་རེ།），是两子当中的长子。自幼跟随爷爷学习斯巴本教，名为南扎；11岁就精通很多经典和论典，出口成章，天赋异禀，是一位难得的佛学天才；12至13岁时，拜格西达敦巴为师，学习显密理论；16岁时，与弟弟一同前往卫藏地区，在堪布达尔优巴（དར་ཡུག་པ།）座前受沙弥戒，取名西饶俄色；21岁时，拜西耶勒波（ཞུ་གཡས་ལེགས་པོ།）之子西吉色（ཞུ་སྐྱིད་སེ།）为师，学习密宗和大圆满法[②]。麦敦巴大师弟子众多，最为著名的有幸敦南喀坚参

① 亚尔卓达龙又称羊卓达陇，坐落于西藏山南市浪卡子县（སྣ་དཀར་རྩེ་རྫོང་）之西。

② 白崔：《本教源流》，拉萨：西藏人民出版社，1988年11月第1版，第230页。

（གཞིན་སྟོན་ནམ་མཁའ།）、西钦益西仁钦（ཞུ་ཡེ་ཤེས་རིན་ཆེན།）、中宋雍仲俄色（དྲང་སྲོང་གཡུང་དྲུང་འོད་ཟེར།）、巴敦凯巴沃萨坚参（སྤ་སྟོན་འོད་ཟེར་རྒྱལ་མཚན།）等[①]。

敦巴（སྟོན་པ།）是当时比较流行的名称，比如麦敦巴大师（མེ་སྟོན།）、绒敦巴大师（རོང་སྟོན།）、噶敦慈诚坚参（སྐ་སྟོན་ཚུལ་རྒྱལ།）、耶如十八位敦巴（གཡས་རུའི་སྟོན་བཅོ་བརྒྱད།）、牛敦巴大师（གཉུག་སྟོན།）、西敦（ཞུ་སྟོན།）、塞敦（སེ་སྟོན།）、象敦（ཞང་སྟོན།）、知敦大师（བྲུ་སྟོན།）等都有敦巴的称谓。藏文中的敦巴是祖师、善知识、明示、指点、引导之意。敦巴也是一种职位，本教经典中的堪布、格西、喇嘛、敦巴、本塞都是高僧大德的尊称，麦敦巴大师也是对他的尊称。

麦敦巴大师以《不了义经》[②]《般若现观庄严论》[③]《八界慧度略论》[④]等诸多经典和论典为根据，著有很多著作，最为经典的有五部论典，即《中观二谛法论》[⑤]《本教四句》《戒律集》《戒律略论》[⑥]《菩提道次第三百颂》。五部论典的阐述内容是显宗的见地、修法、行为三法，其中见地即对修行的基本认知，修法是实现目标的方法，行为是修行的起点。其中的《中观二谛论》和《本教四句》主要以见地为叙述内容；《戒律集》《戒律略论》主要以行为为阐释内容；《菩提道次第三百颂》是以出离心、慈悲心、无我正见为主要的阐述内容。

《菩提道次第三百颂》全称《菩提修法道次第论三百二十颂》，

---

① 白崔：《本教源流》，拉萨：西藏人民出版社，1988年11月第1版，第230页。

②《不了义经除暗明灯注解》（དྲང་དོན་མུ་སེལ་སྒྲོན་མེའི་འགྲེལ།）是占巴南喀大师著于8世纪，公元1088年，龙本拉年编纂并传授于隆贡阔罗大师，现收录于《冈底斯雍仲本教文献》第7卷《不了义经注解》，北京：民族出版社，2010年9月第1版。

③《般若现观庄严论》（མངོན་རྟོགས་རྒྱན།）由凯巴华尔青著于公元1052年，现收录于《冈底斯雍仲本教文献》第10卷，北京：民族出版社，2010年9月第1版，第235页。

④《八界慧度略论》（ཁམས་སྟོང་ཚིགས་སུ་བཅད་པ།），辛饶弥沃著，现收录于《冈底斯雍仲本教文献》第10卷，北京：民族出版社，2010年7月第1版，第235页。

⑤《中观二谛论》，由麦敦巴大师著于10世纪中叶，现收录于《冈底斯雍仲本教文献》第8卷，北京：民族出版社，2010年7月第1版，第276页。

⑥《戒律集》《戒律略论》，由麦敦巴大师著于10世纪中叶，现收录于《冈底斯雍仲本教文献》第10卷，北京：民族出版社，2010年7月第1版，第235页。

是麦敦巴大师即麦敦西饶俄色①著于公元1080②年的经典之作。在那时的高原，除了阿底峡尊者的《菩提明炬论》之外，别无其他关于菩提道次第修法的佳作，它历史悠久，教理独特，可谓是菩提道次第修法之母。公元1986年在昌都印刷的良美大师全集中有这部著作的文本；2010年7月民族出版社出版的《冈底斯雍仲本教文献》第7卷里也有。2013年，卡纳·噶桑嘉措把它译成汉文，名为《雍仲本教修净悟法三百颂》。

按照本教的说法，九句或七句为一偈，四偈为一颂即一个学罗噶（ཤོ་ལོ་ཀ），这部菩提道次第里有三百二十颂，所以称《菩提道次第三百二十颂》。如今在本教的各大寺院都有学习菩提道次第三百颂的习惯，他们按照传统的方式，学习其内容，以此来培育自己的菩提心。《菩提道次第三百颂》有手抄版、木刻板、现代版等很多版本。《菩提道次第三百颂》共有27页，十二章，第一章中讲依怙上师法，第二章为人生无常，第三章是暇满人身，第四章是轮回过患，第五章是四种信仰，第六章是皈依法，第七章善恶因果业报，第八章是五毒烦恼与对治法，第九章是菩提心，第十章是大乘禅定法，第十一章是无我正见，第十二章是大乘秘诀法③。

《菩提道次第三百颂的注解利他精神》（ལམ་རིམ་སུམ་བརྒྱ་ཉི་ཤུ་པའི་འགྲེལ་བཤད་གཞན་ཕན་སྙིང་པོ།）一书，由麦敦巴大师的弟子幸敦南喀坚参著于11世纪80年代，是《菩提道次第三百颂》的第一个注解版本，也是最早期的注解，现收录于《冈底斯雍仲本教文献》第七卷，共有十三个章节，160页④。

---

①麦敦巴大师又称麦敦西饶俄色、亚尔卓麦敦大师，是贡佐巴大师的四代弟子之一。（详见白崔：《本教源流》，拉萨：西藏人民出版社，1988年11月第1版。）

②堪钦尼玛丹增：《堪钦尼玛丹增自传》，北京：民族出版社，2012年9月第1版，第62页。

③麦敦巴大师：《冈底斯雍仲本教文献》第7卷《菩提道次第三百颂》，北京：民族出版社，2010年7月第1版，第118至144页。

④幸敦南喀坚参：《冈底斯雍仲本教文献》第7卷《菩提道次第三百颂》，北京：民族出版社，2010年7月第1版，第145至314页。

《不了义经除暗明灯经》简称《不了义经》，这部经典并非三百颂的注解，据说因它是占巴南喀大师著于8世纪，但在12世纪初时，由龙本拉年大师（ལུང་བོན་ལྷ་གཉེན།）做了汇编，所以自然就应用了很多菩提道次第三百颂的内容。相传占巴南喀大师著有《不了义经》《了义经》《地道明镜》《因明钥匙》《世间藏起源注释》等。《不了义经》当中包含传记类、菩提道次第修法类，传记是辛饶弥沃诞生至圆寂间一生的经历。《不了义经》有正文和注解，正文有29页，现收录于《冈底斯雍仲本教文献》第7卷1至19页，据说是由占巴南喀大师写成，龙本拉年汇编；《不了义经注解》有87页，现收录于《冈底斯雍仲本教文献》第7卷29至117页，占巴南喀大师著，龙本拉年大师汇编[①]。

**二、菩提道次第六十颂**

据本教文献记载[②]：《菩提道次第六十颂》的作者称堪钦索南雍仲（མཁན་ཆེན་བསོད་ནམས་གཡུང་དྲུང་།），公元1550年诞生于今丹巴县梭坡乡境内，父亲名为拉布（ལྷ་འབུམ།），是党项之后，母亲名雍仲措（གཡུང་དྲུང་མཚོ།）。小时候在康巴地区拜师学习，奠定了学习本教文化的基础。二十岁来到卫藏曼日寺[③]，拜第七任堪布索南益西[④]为师，学习本教五部大论，接受显密大圆满的灌顶和传承；公元1575年时[⑤]，坐上曼日寺的法座，继任堪布一职。其弟子有西子中牟（ཤེ་ཙུ་དྲུང་མུ།）[⑥]、本匝嘉瓦俄色（བན་ཙ་རྒྱལ་བ་འོད་ཟེར།）、曼日寺第九代堪钦西饶俄色大师（ཤེས་རབ་འོད་ཟེར།）等[⑦]很多贤者。

① 占巴南喀大师：《冈底斯雍仲本教文献》第7卷《不了义经及其注解》，北京：民族出版社，2010年7月第1版，第1至117页。

② 白崔：《本教源流》，拉萨：西藏人民出版社，1988年11月第1版，第248页。

③ 曼日寺坐落于西藏日喀则南林县妥嘉乡，良美西饶坚参大师始建于1405年。

④ 堪钦西饶俄色是曼日寺第七任堪布，公元1532年坐上曼日寺堪布法座。《堪钦尼玛丹增自传》，北京：民族出版社，2012年12月第1版，第62页。

⑤ 堪钦尼玛丹增：《堪钦尼玛丹增自传》，北京：民族出版社，2012年12月第1版，第62页。

⑥ 西子中牟（ཤེ་ཙུ་དྲུང་མུ།）诞生于公元1590年，公元1610年任曼日寺法座。

⑦堪钦西饶俄色诞生于公元1647年，是曼日寺第九代堪布，详见《本教源流》，拉萨：西藏人民出版社，

《菩提道次第六十颂》是三百颂的简要内容，简称为《妙语道次第修法》（ལེགས་བཤད་ལམ་རིམ།）。它由七句为一偈（ཚིགས་བཅད་གཅིག），七偈为一颂（ཤོ་ལོ་ཀ），共有60颂，即4200偈。正文共十五页，分十二章，其中：第一章为上师法，即讲述如何做一位如法而合格的菩提道次第老师；第二章为暇满人身，即讲述学习的八种违缘、十种善缘条件；第三章为人生无常，讲述万物的延续和变化等特点；第四章为轮回过患，即讲述轮回的因缘和结果等真相；第五章为因果业报，讲述万物非造物主所为，而是由我们的劳动所得；第六章为四种信仰，即本教对人生、生活、未来的正确认识；第七章为皈依法，即学菩提道次第论的入门知识；第八章为发心，即培养菩提心，消除自私的方法；第九章为禅定法即心静的方法，像水清才能看见水底般，心静才能看清自己；第十章为无我正见，讲的就是真实的自己、万物的真相；第十一章为防诽谤，让众人正确认识正法，拥有正知正见的方法；第十二章和第十三章为三学内容，即戒学、定学、慧学，以此培养出离心、慈悲心、无我正见，铲除自私、贪婪、愚昧①。

《菩提道次第三百颂》是以九句为一偈，而《六十颂》是由七句为一偈，一个颂有七偈，共有十六颂，他们的写作风格、语言习惯、文章结构没有太大差别，内容也基本相同，但《六十颂》比三百颂更易懂通俗②。比如一般论著中以来邬（ལེའུ།）、高（སྐབས།）为章节之称，《不了义经》当中以塞邬（གཟེར་བུ།）为章节之称，但《三百颂》《六十颂》以顿（དོན།）为章节之称，比如第一章为（དོན་དང་པོ།），第二章为（དོན་གཉིས་པ།）。奇怪的是《三百颂》为11世纪80年代所著，而《六十颂》是16世纪80年代的作品，但语言习惯、写作风格确如此相近，就连章节顺序和数目都是一模一样。

---

1988年11月第1版，第230页。

① 堪钦索南雍仲：《菩提道次第六十颂》，手抄版，共15页，现存于阿坝藏族自治州阿坝县夺登寺邓巴达尔吉家。

② 堪钦索南雍仲：《良美大师全集》第8卷，第80页，1996年印刷于阿坝藏族自治州理县。

如今在各大寺院和比较大的家族里皆能看见《菩提道次第六十颂》的文本，而且既有手抄版又有木刻板及现代版。藏族地区的很多僧人习惯背诵《菩提道次第三百颂》和《六十颂》，以此方式学习道次第内容。有的寺院每年的夏季讲一堂菩提道次第修法的课，以此来培养僧人的出离心、菩提心、虔诚的信仰，提高修行素养。

《妙语道次第注释解脱明灯》的作者为本教四大活佛之仁增更珠扎巴大师（ཀུན་གྲོལ་གྲགས་པ།）。他于公元1700年诞生于今西藏昌都丁青县境内，之后来到四川甘孜藏族自治州甘孜县果来寺[①]，离甘孜县城有20公里之遥。康巴地区的本教有扎（དབྲ།）、江（ལྕང་།）、门（སྨོན།）等实力非凡的三大世系[②]，而仁增更珠扎巴是门杰家族（སྨོན་རྒྱལ།）之后，其父亲名仲穆伟（དྲུང་མུ་ཕྱེར།，是雍仲杰波的意思），母亲名达萨泽仁措（ཚེ་རིང་མཚོ།）。更珠扎巴22岁时，拜格西雍仲丹增为师，受沙弥戒，取名为南喀益西，在本教各部经典中尽心闻思修，成就非凡。尤其精进学习阿赤大圆满，细心钻研，努力实修，成为格西雍仲丹增的阿赤大圆满继承人[③]。后来前往西藏藏的曼日寺，拜曼日寺第十代堪钦[④]仁钦俄色为师，取名为杰瓦俄色。仁增更珠扎巴论著有《本教大藏经目录》[⑤]《藏语语法明灯》[⑥]《本教源流如意宝》[⑦]等很多优秀作品[⑧]。

大师以《菩提道次第三百颂》《三百颂的注解》和占巴南喀的

---

① 夏咱·扎西坚赞：《夏咱·扎西坚赞全集》第9卷《阿赤大圆满历代上师传》，成都：四川民族出版社，2011年7月第1版，第391页。

②《德格丁青寺热阿巴世系家谱》，现存于甘孜藏族自治州德格县扎科乡丁青寺里。

③ 易日寺编纂：《普明佛仪轨》之《阿赤大圆满历代上师祈请文》，现存于四川甘孜藏族自治州炉霍县仁达乡易日寺泽绒罗布家，第31页。

④ 白催：《本教源流》，拉萨：西藏人民出版社，1988年11月第1版，第248页。

⑤ 仁增耿珠扎巴：《本教大藏经目录》，北京：中国藏学出版社，1993年12月第1版。

⑥ 仁增贡卓札巴：《藏语语法明灯》，北京：民族出版社于1998年12月第1版。

⑦ 仁增更珠扎巴：《本教历史文献汇编》第6卷《本教源流如意宝藏》，兰州：甘肃民族出版社，2018年7月第1版，第200页。

⑧夏咱·扎西坚赞：《夏咱·扎西坚赞全集》第9卷《阿赤大圆满历代上师传》，成都：四川民族出版社，2011年7月第1版，第391页。

《不了义经》，以及良美大师的《地道明灯》等本教菩提道次第相的诸多关文献资料为根据，对《菩提道次第六十颂》做了注解，名为《妙语道次第注解解脱明灯》（ལེགས་བཤད་ལམ་གྱི་རིམ་པའི་ཁྲིད་རིམ་ཐར་ལམ་གསལ་སྒྲོན།）或《三士道的菩提道次第妙语法注释解脱明论》（སྐྱེས་བུ་གསུམ་གྱི་བྱང་ཆུབ་སྒྲུབ་ཐབས་ལེགས་བཤད་ལམ་གྱི་རིམ་པའི་ཁྲིད་ཡིག་ཐར་ལམ་གསལ་བཤད།），共有90页，十四章，目前只存手抄版[①]，尚无现代版和木刻板。可以说仁增更珠扎巴是第一个为《菩提道次第六十颂》作注解者，笔者在阿坝夺登寺学习时，有幸得见此书，还做了一些笔记。不过现在本教的很多寺院开始重视这部论著，各大寺院里每年夏季或冬季时，会组织集体学习。

更珠扎巴还作过一个《菩提道次第六十颂》的略义，名为《菩提修法道次第略义解脱天梯》（བྱང་ཆུབ་སྒྲུབ་ཐབས་ལམ་གྱི་རིམ་པའི་བསྡུས་དོན་ཐར་པའི་སྐས་ཆེན།），共有5页，也是以偈颂形式写成，为手抄版，目前没有现代版。从本教菩提道次第论文献中可以看出，自十世纪至十八世纪间的大师们所作的修法仪轨基本上都是以偈颂文写成，可能是为了便于背诵。这些经典既有助于闻思修三慧，汲取智慧，也可把它当做经文来背诵，消业积福。对于本教信徒而言，背诵或唱诵经文也是一种学习方法，比如密宗和斯巴本的很多仪轨都是以唱诵形式学修。

### 三、菩提道次第正教明灯

《菩提道次第正教明灯》的作者是慈诚丹比坚参，是阿坝夺登寺的第三代住持，也是夏匝巴大师五大弟子[②]之首（1888—1935），诞生于阿坝藏族自治州阿坝县瓦西家族（豪门贵族），幼时在格尔德大活佛座前受戒，出家为僧，但他那时就一再强调自己是本教师父，后来被认定为夺登寺住持慈诚益西的转世灵童，自那时起他就被邀请到

① 根珠扎巴：《菩提道次第六十颂注解解脱明灯》，手抄版，90页，现存于阿坝藏族自治州阿坝县夺登寺邓巴达尔吉家。

② 夏咱·扎西坚参的五大弟子：扎敦巴、泽旺晋美、达瓦扎巴、慈诚丹比坚参、罗珠坚参。

四川阿坝县瓦尔玛乡夺登寺。大师从小拜师学习，深得老师们的喜爱，尤其对藏文修辞学很有造诣。长大后拜夏咱·扎西坚参为师，学习本教显、密、大圆满修法，成为夏匝巴大师的五大弟子之首。大师一生写了很多优秀作品，比如藏文《修辞学概论》《天文学概论》《佛陀三十二相八十随好概论》《菩提道次第修法正教明灯》等佳作[①]。

据说：最初对“正教明灯”取名为《菩提道次第修法正教明灯》的藏文对字是“བྱང་ཆུབ་ལམ་གྱི་རིམ་པ་གཞིན་བསྟན་གསལ་བའི་སྒྲོན་མེ།”，但由于拉布林寺的很多格西读到这部菩提道次第论后，认为这部论典中的很多内容有从宗喀巴的《菩提道次第广论》中抄袭的嫌疑，也许并非他自己的心得感悟。所以作者把书名改为《本教相关经论要义菩提道次第正教明灯》，“相关经论”是指《八界慧度广论十六卷》[②]《八界慧度八卷》[③]《八界慧度略论》[④]《菩提道次第三百颂》《三百颂注解》《不了义经》《母续道次第论》《菩提道次第六十颂》《六十颂注解解脱明灯》，夏扎巴大师的《法藏宝库》《法海言教》等，以上述的本教文献为根据，参考仁增·更珠扎巴、夏咱·扎西坚参的写作风格，著成《菩提道次第论正教明灯》。“正教明灯”有手抄版、木刻板、现代版，木刻板是由雍增索巴坚参主要负责木刻，现存于四川阿坝藏族自治州阿坝县哇尔玛乡夺登寺里。2012年7月，由如阿嘉措活佛和堪布根珠嘉措负责，在四川民族出版社第1次出版发行；2015年，由俄日才让把它翻译成汉文，2016年2月由中国藏学出版社第1次

① 泽尔清特确丹比尼玛：《泽尔清旦贝坚赞文集》，成都：四川民族出版社，2012年2月第1次出版，第1页。

②幸庆鲁噶：《本教甘珠尔》第53至68卷《慧度八界十六卷》[伏藏]，兰州：甘肃民族出版社，2015年9月第1版。

③ 幸庆鲁噶：《本教甘珠尔》第69至72卷《慧度八界八卷》[伏藏]，兰州：甘肃民族出版社，2015年9月第1版。

④ 幸庆鲁噶：《本教甘珠尔》第73至82卷《慧度八界六卷》[伏藏]，兰州：甘肃民族出版社，2015年9月第1版。

出版，汉文书名为《菩提道次第课程·本教普贤明灯》，作者为次成丹贝坚赞[①]。

关于《菩提道次第正教明灯》一书的成书原因，根据夏匝巴大师的传记记载[②]，夏咱·扎西坚赞的论著中最为著名的有五大宝库，即显密大圆满通论《法藏宝库》（སྡེ་སྣོད་མཛོད།）、本教文化发展历史书《藏族雍仲本教史妙语宝库》或《西藏本教源流》（ལེགས་བཤད་རིན་པོ་ཆེའི་མཛོད།）、本教九乘次第法的见地、修法、行为、仪轨、成果细说《教理宝库》（ལུང་རིགས་མཛོད།）、细谈大圆满基道果三位的《大圆满明空宝典》（དབྱིངས་རིག་མཛོད།）、各种仪轨集《虚空藏宝典》（ནམ་མཁའ་མཛོད།）。其中《法藏宝库》有二十一章，特授予慈诚丹比坚参，将其认定为《法藏宝库》的法主。阿坝夺登寺的僧众在定期学习《法藏宝库》时，有很多内容难以领悟。所以夺登寺的恩敦同瓦让卓（རིས་དོན་མཐོང་བ་རང་གྲོལ།）、雍增索巴坚参（ཡོངས་འཛིན་བཟོད་པ་རྒྱལ་མཚན།）等很多大师恳求恩师慈诚丹比坚参，希望根据《法藏宝库》的难点，再写一部相同的菩提道次第论著。丹比坚参为了方便弟子学习，根据《法藏宝库》的前十章中的各种难点，以许多经典、论典等相关资料为根据，著成《正教明灯》这部论典。

综上所述，不管是本波教还是藏传佛教，自公元十世纪起，菩提道次第修法在藏族民间逐步传开，流传各地，它的发展和演变，对藏族文化和藏族历史影响深远，意义重大，成为藏族文化不可分割的重要组成部分。

---

① 正教明灯的提供材料者为四川阿坝县夺登寺霍尔祈麦江措、吉美、邓巴达尔吉活佛。

② 扎敦巴大师：《夏咱·扎西坚赞全集》第1卷《夏咱·扎西坚赞传记》，成都：四川民族出版社，2011年7月第1次出版，第40页。

# 第五章 象雄耳传大圆满与高原文化

象雄耳传大圆满主要流传在我国西藏阿里的普兰、古格、札达和印度的拉达克、尼泊尔的多波、木斯塘、卓等古代象雄管辖范围，故此，得象雄耳传之名。要了解象雄的历史文化，就得深入了解其主流文化——象雄耳传大圆满。象雄耳传在象雄地区传播时间漫长，传播范围广泛，培育数不尽的大圆满历代大师。除了象雄之外，他还在吐蕃、知夏（勃律）、印度北部、古代嘉绒、南诏、中原等地蓬勃发展。它是最有高原特色的古老文化，也是适应、吸收能力极强的藏族文化。笔者把象雄耳传分四个部分来做简单介绍，一、象雄耳传之九祖传承；二、象雄耳传与高原古代文化；三、本教未灭之因的译本介绍；四、象雄耳传四个传承与象雄文明。

## 第一节 大圆满九祖与原始神灵

大圆满源于我国阿里的冈底斯山，是最原始、最自然的古老文化，其注重本源，迎合自然，顺应自然，不主张造物主或万能神。大圆满在最早是对自然即蓝天的崇拜，经过漫长的岁月，逐步转化为以人格化的普贤王来敬仰大自然。随着时代的进步，蓝天信仰演化为光的崇拜，所以称大圆满为光明法，普贤王演变为白光佛。古代藏族人认为，人类源自光明天，无论在前吐蕃时的聂赤赞普，还是神族的不灭顶佛，上部象雄的辛饶弥沃，都以白光佛、普贤王为最高之神。下面就以《象雄耳传九祖传承》对大圆满的起源与发展做个简单介绍。

## 一、原始鼻祖普贤王（ཡེ་ཉིད་སྟོན་པ་ཀུན་ཏུ་བཟང་པོ།）

印度大乘佛教、汉传佛教经典中虽有三身佛之说，但没有关于普贤王的记载。在藏族宗教经典中，只有本波教和藏传佛教宁玛派才有普贤王的崇拜。本教大圆满以普贤王为法身佛，辛拉俄噶即白光佛为报身佛，辛饶弥沃为化身佛（有的经典中不灭顶佛为化身佛），三者以三身佛相称①。有的经典中以普贤王为法身佛，楚辛囊当为报身佛，不灭顶佛为化身佛②。法身当中的“法”是指万物，包括植物和动物，传统经典中称作器世界和情世界；身是汇聚之意，万物汇聚之体叫做法身佛；佛是觉悟，即明白之意。

《大圆满九祖经》是《象雄耳传历代上师传》中的一小节，讲述了本教大圆满九祖的历史传承。其中记载：法界普遍空性刹土中，原始鼻祖普贤王如来，以自然本源的状态，把大圆满授于大悲祖师白光佛，使他认识无生无灭无言喻之胜意③。可见，本教大圆满起源于原始祖师法身普贤王。“原始”是最自然而起初之意，祖师是指大圆满的鼻祖，有引导者、指点者的意思。本教早期文献记载：普贤王因过于尊贵，没有身份的称谓和明显的外观，没有崇拜的弟子和眷属，无供奉之庙宇会堂，无时间和空间的概念，无所讲的法，被称作五无，也叫五圆满④。

藏族地区的本教寺院中普贤王的唐卡和壁画，最起初只以蓝色为意象，没有人像。后来通过描绘产生了变化，蓝天转化为人像，以便观想、祭祀、供奉、纪念。从本教的角度而言，普贤王是诸佛之真身，诸神之本源，轮回与涅槃的根本。无论是猛力神还是温顺的佛，

---

① 云丹彭措主编：《藏族典籍精选》第44卷《密续论》，成都：四川民族出版社，2014年12月第1版，第85页。

② 雍忠丛书整理:《苯教母续根本经及其注释》，北京：民族出版社，2009年12月第1版，第142页。

③ 才让太主编：《冈底斯雍仲本教文献》第24卷《大圆满象雄耳传心法·诀窍部》，北京：民族出版社，第1版，第182页。

④ 才让太主编：《冈底斯雍仲本教文献》第14卷《显密心宝库》，北京：民族出版社，2010年9月第1版，第201页。

都是从普贤王中演化出来的。很多学者在很长一段时间里，认为原始宗教中没有一神崇拜，但后来施米特在1912年出版的《一神概念的起源》一书中提出了这个广为人知的理论。施密特认为在人类原始崇拜之前，已有原始的一神教存在，即太初神①。而普贤王恰恰证明了施米特的理论推断，因他是本教早期的信仰。

《象雄耳传历史通论》中记载了150位上师之传，而且他们都有先后序列，皆是师徒关系，中间未曾间断过，这对研究象雄历史很有价值②。他们虽存在于不同年代，但都认为普贤王是最自然而原始的鼻祖。本性没有好坏善恶高低之分，也不分佛与众生、轮回与涅槃，他不是上帝或造物主所造出来的艺术产品，而是原本自然的本能呈现。认识他，你便是佛，不认识他，就是无明，导致众生轮回③。所以占巴南喀云："佛是觉悟了的众生，众生是未觉悟之佛，佛与众生只有觉悟与非觉悟区别，没有本质上的区别。"其实这就是大圆满所说的普贤王或佛性。普贤王以蓝色裸体出现，与原始人的生活习惯十分相似。本教经典中药师佛、辛饶弥沃、普贤王都以蓝色描绘。

## 二、大悲祖师普贤白光佛（ཐུགས་རྗེ་སྟོན་པ་ཀུན་ཏུ་བཟང་པོ་འོད་དཀར།）

《大圆满九祖经》中记载：普遍空性究竟刹土中，由大悲祖师白光如来，以本性不动不灭之禅定，把大圆满心法传授于自己的化身白光佛，使他领悟到了无边无际之普贤王本意④。藏文辛拉俄噶（གཤེན་ལྷ་འོད་དཀར།）译成汉文称白光佛、白光如来、白光神、白光本尊等。古代青藏高原有神族、龙族、年族、人族、夜叉族、罗刹族、魔族等很多族群，每个族群有自己宗教，称为本（བོན།），所有宗教的巫

① 凯伦·阿姆斯特朗著，蔡昌雄译：《神的历史》，海口：海南出版社，2017年2月第1版，第9页。

② 才让太主编：《冈底斯雍仲本教文献》第24卷《大圆满象雄耳传心法·诀窍部》，北京：民族出版社，2010年9月第1版，第182页。

③ 云丹彭措主编：《藏族典籍额精选》第46卷《大圆满精要》，成都：四川民族出版社，2014年12月第1版，第78页。

④ 才让太主编：《冈底斯雍仲本教文献》第24卷《大圆满象雄耳传心法·诀窍部》，北京：民族出版社，2010年9月第1版，第182页。

师或大师或上师统称为“幸”（གཤེན།）。藏文辛拉俄噶中的幸是指巫师或上师的统称，“拉”（ལྷ།）是所有巫师或大师的上师，所有上师之本尊，也是诸神之真身，诸佛之本源之意。《杜鹃神鸟经》（རིག་པ་ཁུ་བྱུག）中白光佛分可见的白光佛、不可见的白光佛、所依白光佛①。肉眼可见的白光佛常住于色究竟天，为三世辛饶之本尊；不可见的白光佛是诸佛的智悲载体，是本性的呈现，也可以说是原始祖师普贤王的另一个身份；所依白光佛是指白光佛的神像、经函、灵塔，以此为认识白光佛的途径和方法。之所以称不可见的白光佛，是因肉眼看不见他，他是万物的真理，是可见白光佛的真身；可见白光佛是大悲白光佛的化身；所依白光佛是认识白光佛的一切可依方法。《大圆满菩提密藏》（བྱང་སེམས་གབ་པ།）中记载：白光佛分为大悲白光佛、本性白光佛、加持白光佛。大悲白光佛是诸佛的慈悲与智慧而形成的报身佛；本性白光佛是心的本质，不管男女老少，人人都有此佛，所以人人都有成佛的机会；加持白光佛是引导我们、加持我们的所有老师或上师，因只有上师才能让我们认识到正确的道路。其中还说：白光佛是诸佛的集体呈现，诸神之本源，诸辛饶之真身。五方佛、三世佛、色究竟天的神族都是其眷属，常住究竟刹土，传授密法与大圆满②。

**三、神族祖师化身白光佛（རྒྱལ་ཚབ་སྟོན་པ་གཤེན་ལྷ་འོད་དཀར།）**

《大圆满九祖经》指出：神族色究竟天刹土中，由大悲祖师白光佛，以大慈大悲的禅定，把大圆满心法传授于色究竟天的白光佛，使他认识非中非边非二元的本意。化身白光佛乃大悲白光佛的化身，是色界天的主尊，三世诸佛之本尊③。据我国西藏的本教、印度

① 云丹彭措主编：《藏族典籍额精选》第46卷《大圆满精要》，四川民族出版社，2014年12月第1版，第78页。

② 才让太主编：《冈底斯雍仲本教文献》第22卷《大圆满心识部总论》，北京：民族出版社，2010年9月第1版，第83页。

③ 才让太主编：《冈底斯雍仲本教文献》第24卷《大圆满象雄耳传心法·诀窍部》，北京：民族出版社，2010年9月第1版，第182页。

佛教、婆罗门教的大量文献记载，神族分为色界天、无色界天、欲界天，据说他们互不可见，他们是两个不同时代的人，由于时代相隔，所以互不相见[①]。在色界天之上，有个叫色究竟天的刹土，藏文中写为“沃门”（འོག་མིན།），即神族的至高处，是所有色体和植物至上的世界，白光佛就是那里的宫主或群主[②]。白光佛之所以称作本尊白光佛，是因为辛饶弥沃等所有来人间度化人类的佛，都以他为本尊。他们在下凡前，先拜他为师，接受弘法利生的灌顶（即资格），才能到人类世界，胜任导师职称，教化人类。

故此，化身白光佛是辛饶弥沃、不灭顶佛、朵嘉耶钦的上师，是色究竟天的尊师，由于身份尊贵，就连欲界天神都无法与他相见。辛拉俄噶是所有古幸的本尊，所有本尊的祖师，是开创密宗和大圆满之鼻祖。他发现了最自然、最本质、最原始的真理，并把它传授于弟子才美俄丹（ཚད་མེད་འོད་ལྡན།），相继传承，成为如今的密宗和大圆满法。本教大圆满有很多传承，但所有传承的根本在于白光佛，所以说：“诸佛之本白光佛。”他的身体散发白色光芒，头顶带着王冠，身着王子服饰。而普贤王是裸体，宗教界认为，裸体是代表本性赤裸裸，神学认为那是原始社会的现象。但白光佛则不同，他的身着、打扮、姿势、肤色中都有雪域高原的特征。白光佛的名字中出现了光，他所创始的大圆满全称光明大圆满，本教认为大圆满的最终成就是让身体变成光，即达成光的成就。

阿底峡尊者在《噶当言教》中记载：印度佛教徒的自在观音，本教的白光佛，与婆罗门的湿婆神是同一个人[③]。由此可见，白光佛也许是雅利安人到青藏高原前的原始神[④]。据说：在公元前2000年左右，

① 赤桑丹主编：《本教历史文献汇编》第4卷，兰州：甘肃文化出版社，2018年7月第1版，第23页。

② 伟塞金巴主编：《库门经典汇编》第25卷《集经》，兰州：甘肃民族出版社，2015年9月第1版，第237页。

③ 仲顿巴等：《藏族史记经典丛书》之《阿底峡传》，西宁：青海民族出版社，2012年12第1版，第120页。

④ 才让太主编：《冈底斯雍仲本教文献丛书》第24卷《象雄耳传》，北京：民族出版社，2010年9

雅利安人由兴都库什山越过帕米尔高原涌入印度河流域，并和当地的土著民族进行长期斗争并最终征服了他们。古代印度河流域的文明中就有牛羊崇拜、生殖器崇拜、火葬、土葬习惯，湿婆神崇拜就是其中之一。印度人认为冈底斯山就是湿婆神的崇拜，从空中拍到的照片来看，冈底斯山确实像男性生殖器，以此说明，印度教、婆罗门为什么会崇拜生殖器[①]。

到了辛饶弥沃时代，白光佛成为拉（ལྷ།）、幸（གཤེན།）、斯巴（སྲིད་པ།）三尊之首，白光佛代表智慧，桑波布赤代表方便，辛饶弥沃代表智悲集体表现[②]。纳西东巴教认为，慈母（བྱམས་མ།）为辛饶弥沃之母，桑波布赤（སངས་པོ་འབུམ་ཁྲི།）为父，白光佛是辛饶弥沃之上师，辛饶弥沃是三尊佛的继承者，被称作四尊如来[③]。实际上，他们并非同处一个时代，比如白光佛的弟子是无量光，之后楚幸囊丹、如巴克秀、桑萨让尊、不灭顶佛、密集大师先后出现，最后才是辛饶弥沃[④]。他们之间时隔八代，但穆氏王朝以白光佛为大圆满的鼻祖，桑波布赤为斯巴本的祖师，慈母为母续文化之根，加上辛饶弥沃称四尊如来（བདེར་གཤེགས་གཙོ་བཞི།）。

**四、智明祖师才美俄丹（རིག་པའི་སྟོན་པ་ཚད་མེད་འོད་ལྡན།）**

《大圆满九祖经》中记载：瓦拉俄萨（བར་ལྷ་འོད་གསལ།）究竟刹土中，由智明祖师才美俄丹（ཚད་མེད་འོད་ལྡན།）以自然的智慧心，把大圆满心法传授于弟子楚幸囊丹（འཕྲུལ་གཤེན་སྣང་ལྡན།），使他认识到阳光般的本性[⑤]。才美俄丹译成汉文是无量光尊者，是报身白光佛的弟子，

---

月第1版，第182页。

① 黄心川主编：《世界十大宗教》，北京：中国社会科学文献出版社，2007年5月第1版，第48页。

② 伟塞金巴主编：《库门经典汇编》第25卷，《集经》，兰州：甘肃民族出版社，2015年9月第1版，第240页。

③ 辛饶弥沃著，旺丹幸色掘藏：《雍仲隆吉经》第30页，手抄本，长条，现存于炉霍县仁达乡易日寺噶桑尼玛家。

④ 伟塞金巴主编：《库门经典汇编》第25卷《集经》，兰州：甘肃民族出版社，2015年9月第1版，第240页。

⑤ 才让太主编：《冈底斯雍仲本教文献丛书》第24卷《象雄耳传》，北京：民族出版社，2010年9

楚幸囊丹之上师。

梵文“阿米带瓦”（ཨ་མི་དྷེ་ཝ།），“阿米”是光的意思，“带瓦”是神，汉文译为“光神”或“无量光神”，汉语音译为阿弥陀，意译为无量光，后来加了个“佛”字，称无量光佛。本教大圆满文本中称“才美俄丹”（ཚད་མེད་འོད་ལྡན།），本教与藏传佛教的弥陀经中称“沃巴美”（འོད་དཔག་མེད།），藏传佛教经典中称“囊瓦塔益”（སྣང་བ་མཐའ་ཡས།），本教《十二仪轨》中称“门兰塔益”（སྨོན་ལམ་མཐའ་ཡས།），[1]他是西方部落的部主，白光佛的弟子，大圆满九祖之一。

之所以称无量光，是因为他在白光佛处接受自然光明大圆满法的传承并实修，使身体变成光，照射四方，成为光的继承人。古代藏族人认为人类起源于光明天，即色界天的第二禅天（འོད་གསལ་ལྷ།）。如今的大圆满中有托噶（ཐོད་རྒལ།），即光的修行，其以日出和日落时的阳光来反观自心，以此静心，让心与自然融为一体。古代大师们之所以在山顶修行，是因山顶日出早，日落晚，以便光修。但因山顶寒冷，所以要通过拙火、气脉明点来增加热量，以身取暖，也能打开筋脉。

**五、方便祖师楚幸囊丹（ཐབས་ཆེན་སྟོན་པ་འཕྲུལ་གཤེན་སྣང་ལྡན།）**

《大圆满九祖经》中记载：恰域色界天国刹土中，方便祖师楚幸囊丹，以不增不减的本性，把大圆满传授于如巴克秀，使他认识到普贤王与白光佛如同水中月与空中月[2]。即楚幸囊丹（འཕྲུལ་གཤེན་སྣང་ལྡན།）乃无量光的弟子，杜鹃神鸟的上师，也是把色界天的宗教——大圆满带到欲界天的第一位上师。《本教母续根本经及其注释》中记载：楚幸囊丹是密宗父母子三尊之一，其以楚幸囊丹为父，

月第1版，第182页。

① 辛饶弥沃著，罗丹宁波耳传：《十二仪轨经》，手写本，现存炉霍县易日寺南嘉家。

② 才让太主编：《冈底斯雍仲本教文献丛书》第24卷《大圆满象雄耳传心法·诀窍部》，北京：民族出版社，2010年9月第1版，第182页。

桑萨让尊为母，不灭顶佛为子[①]。

《巨邦根本续》（རྩ་རྒྱུད་ཀུན་གསལ་ཉི་ཟེར་སྒྲོན་མ།）中记载，尊神拉果妥巴（ལྷ་རྗོད་ཐོག་པ།）、赤杰库巴（ཁྲི་རྒྱལ་ཁུག་པ།）、恰杰嘉波（ཕྱ་རྗེ་རྒྱལ་པོ།）、桑波布赤（སངས་པོ་འབུམ་ཁྲི།）和赤西囊当（ཁྲི་ཞི་ནམ་ཏིང་།）是楚幸囊丹的不同名称[②]。《杜鹃神鸟经》中记载：耶斯杰布（ཡེ་སྲིད་རྒྱལ་པོ།）、赤西囊当、仓巴布赤（ཚངས་པ་འབུམ་ཁྲི།）、斯巴桑波布赤（སངས་པོ་འབུམ་ཁྲི།）是同一个神的不同名称而已[③]。耶斯杰布即自然神，仓巴布赤（ཚངས་པ་འབུམ་ཁྲི།）即梵天。《巨邦意续》（སྤྱི་སྤུངས་དོན་རྒྱུད།）中记载，神族人称赤杰库巴，龙族人称赤西囊当，人族称楚幸囊丹。不同的部族，对楚幸囊丹有不同称谓，以不同身份出现，足以证明，他与高原的各个部落的文化都有着密切关系[④]。

从画像上看，赤西囊当与四臂观音的外观完全一致，但文献中找不到相关内容，以上述内容而言，赤西囊当的另一种身份是梵天，而梵天是吠陀教的祖先，起源于印度河之源头。总而言之，楚幸囊丹身份过于尊贵，欲界天神无法相见，故此，化为杜鹃神鸟，以杜鹃鸟的身份来到人间，与桑萨让尊结亲，生了不灭顶佛，传授神族的宗教。

## 六、天空祖师杜鹃神鸟（བར་སྣང་སྟོན་པ་རིག་པ་ཁྱུ་བྱུག）

《大圆满九祖经》中记载：三十三天界之刹土中，由天空祖师如巴克秀，以智慧慈悲和合圆融，把大圆满传授于桑萨让尊（བཟང་ཟ་རིང་བཙུན།），让她领悟明空不二的普贤王胜意[⑤]。藏文的克修（ཁྱུ་བྱུག）

① 雍忠丛书整理：《苯教母续根本经及其注释》，北京：民族出版社，2009年12月第1版，第144页。

② 才让太主编：《冈底斯雍仲本教文献丛书》第15卷《巨邦僧土根本续》[本赛穹果匝伏藏]，北京：民族出版社，2010年9月第1版，第5页。

③ 伟色金巴主编：《库门经典汇编》第119卷《巨邦意续》，兰州：甘肃民族出版社，2015年9月第1版，第25页。伟色金巴主编：《库门经典汇编》第128卷《如巴克秀经》，兰州：甘肃民族出版社，2015年9月第1版，第8页。

④ 伟色金巴主编：《库门经典汇编》第128卷《如巴克秀经》，兰州：甘肃民族出版社，2015年9月第1版，第8页。

⑤ 才让太主编：《冈底斯雍仲本教文献》第24卷《大圆满象雄耳传心法·诀窍部》，北京：民族出版社，2010年9月第1版，第182页。

是杜鹃鸟的意思，本教文献中杜鹃神鸟代表着智明即心的本体。

据《象雄耳传历代上师传》记载：报身白光神化为天空祖师如巴克秀即杜鹃神鸟，来到六欲界天之三十三天界，传播大圆满法。绿色杜鹃神鸟带着使命来到欲界天，度化众生。方便祖师楚幸囊丹以自觉自明而无阻碍，把大圆满心法传授于杜鹃神鸟①。还有一种故事版本，就是楚幸囊丹化为杜鹃神鸟，桑萨让尊在海边溜达时，降在其右肩上，使她感到无比的喜悦，来年生了一子，取名为不灭顶佛。

鸟的崇拜在本教经典中颇多，如阿须护法文本中的猫头鹰，琼鸟仪轨中象雄大鹏，二十七位护法中的各种鸟人，以及西超护法仪轨中白鸟等。杜鹃鸟全称为鸟王杜鹃（བྱ་རྒྱལ་ཁུ་བྱུག），古代藏族人认为杜鹃来自热带地区（门巴），他的到来为高原带来的是夏季之美。这与远古的宗教有着千丝万缕的关系②。

### 七、密法祖师桑萨让尊（གསང་བའི་སྟོན་པ་བཟང་ཟ་རིང་བཙུན།）

《大圆满九祖经》中记载：绿色宝地究竟刹土中，密法祖师桑萨让尊者，以明空相融圆满智慧，把大圆满法传授于不灭顶佛，使他认知色空相融圆满的境界③。由此可见，他既是如巴克秀的弟子，亦是不灭顶佛之母，也是不灭顶佛的上师。

藏文桑萨让尊中的“桑”（བཟང་།）是贤惠、贤德、圆满、和善之意，与普贤的贤是一个意思；“萨”（བཟའ།）是女性的总称，比如吐蕃萨是指吐蕃公主，嘉萨是指唐朝公主，共萨是指共布公主；“让尊”（རིང་བཙུན།）是贤惠和美德之意。桑萨让尊是普贤天女。

据本教文献记载，她出生时海浪中形成一枚绿色的蛋，蛋破了之后，出现一位美丽动人的仙女，被耶门杰波（ཡེ་སྨོན་རྒྱལ་པོ།）即原始之

① 才让太主编：《冈底斯雍仲本教文献》第24卷《大圆满象雄耳传心法·诀窍部》，北京：民族出版社，2010年9月第1版，第7页。

② 赤索丹主编：《雍仲本教历史文献汇编》第4卷，兰州：甘肃文化出版社，2018年7月第1版，第27页。

③ 才让太主编：《冈底斯雍仲本教文献》第24卷《大圆满象雄耳传心法，诀窍部》，北京：民族出版社，2010年9月第1版，第182页。

王取名为桑萨让尊。她的出生经历与吠陀经典中的梵天公主即妙音天女的故事情节很相似，也许就是同一个人，后来衍生出不同的宗教流派，每个宗教对她有不同称谓①。

《僧土根本续》（སྤྱི་སྤུངས་བསེན་ཐུབ།）中记载：南希共杰（གནམ་ཕྱི་གུང་རྒྱལ།）、曲江杰母（ཆུ་ལྕམ་རྒྱལ་མོ།）、斯巴杰母（སྲིད་པའི་རྒྱལ་མོ།）、大慈母（ཐུགས་རྗེ་བྱམས་མ།）、萨周艾桑（ས་ཏྲིག་ཨེར་སངས།）、普贤佛母（ཀུན་ཏུ་བཟང་མོ།）都是同一个人或同一个传承体系中的人物。她担任拉果妥巴明妃时，称南西共杰即天国祖母；担任桑波布赤明妃时，称曲江杰母即水神之母；担任瓦塞本尊明妃时，尊称斯巴杰母即世间圣母；为诸佛之母时，尊称为慈母；扮演四尊如来之一时，尊称萨周艾桑即智慧佛母；扮演楚幸囊丹明妃时，称桑萨让尊。她以不同的身份，出现在不同时代和部族，度化不同的众生②。

**八、化身祖师不灭顶佛（སྤྲུལ་པའི་སྟོན་པ་འཆི་མེད་གཙུག་ཕུད།）**

《大圆满九祖经》中记载：绿色山谷琉璃岩洞中，由化身祖师不灭顶佛，把修行经验和大圆满精髓，传授于密集大师③。不灭顶佛既是桑萨让尊的弟子和密集大师的老师，又是桑萨让尊与楚幸囊丹夫妇之子。他作为神族宗教密宗的鼻祖、三十三天界的护国大师，以及神族国王，对弘扬高原部落文化起到极大作用。诸多文献表明不灭顶佛是辛饶弥沃的前世转世，密集大师、虎衣明王、天国导师雍斯达巴、弥鲁桑勒等的上师④。本教《母续仪轨》《巨棒三法》《大圆满心识九部》《象雄耳传》《辛饶弥沃传记集经》等不同传承

① 赤索旦主编：《本教历史文献汇编》第4卷《日光根本续》[扎沃贡年伏藏]，兰州：甘肃民族出版社，2018年7月第1版，第62页。

② 才让太主编：《冈底斯雍仲本教文献》第15卷《僧土根本续》，北京：民族出版社，2010年10月第1版，第5页。

③ 才让太主编：《冈底斯雍仲本教文献丛书》第24卷《大圆满象雄耳传心法，诀窍部》，北京：民族出版社，2010年9月第1版，第182页。

④ 雍忠丛书整理：《苯教母续根本经及其注释》，北京：民族出版社，2009年12月第1版，第143页。

中都以不灭顶佛为密宗和大圆满的祖师[①]。

不灭顶佛与知足天、三十三天界、阿修罗三十三部族等多个部族文化有关系。不灭顶佛的藏文是“祈麦祖普（འཆི་མེད་གཙུག་ཕུད།）”。“祈麦”是不灭、长寿、永恒之意；“祖普”在本教古籍中是崇高的敬仰和权力的象征，一般只有国王、王子、国师级别的人才可用，一般贵族尚未用过此名。

《日光根本续》有这样一则故事，白光佛的化身杜鹃神鸟从天而降，与桑萨让尊天女生下一子。母亲把他放在大海边的花瓣中，九天后去看望儿子，发现他不但没死，还认出母亲，面露微笑。桑萨让尊为此感动，为其取名祈麦祖普，把他带回神宫，抚养成长，成为三十三天界的王子。长大后，母亲说：“我们来到世界，并非为了享受荣华富贵，我们是带着使命而来。”[②]

有的文献中的故事版本如下：不灭顶佛之母桑萨让尊为天国公主，是至尊圣母，又被称为大慈母。她游荡于大海边上时，空中突然飞来一只杜鹃神鸟，降落于佛母的右肩上，叫了几声就飞走了。过了一年之后，桑萨让尊就生了一子，感觉这孩子名不正言不顺，说：“无因之果，无种之芽，无父之子，非常令人不解，也许是不好的征兆。”说完后，把孩子放在海里的莲花中，祈愿道，“他若是个神子，就活下来，为众生服务；若是魔的化身，就希望让他立即死去。”九日后，母亲去看望自己的儿子，令人感到意外的是孩子不但没死，还认出了自己的母亲，对母亲微笑，所以称他为祈麦，即不死或不灭的意思；头顶有花的髻顶，所以称祖普，祈麦祖普汉译为“不灭顶佛”。

① 伟色金巴主编：《库门经典汇编》第25卷《无垢根本经和集经》，兰州：甘肃民族出版社，2015年9月第1版，第245页。

② 赤索旦主编：《本教历史文献汇编》第4卷《日光根本续》，兰州：甘肃民族出版社，2018年7月第1版，第61页。

### 九、天国祖师密集大师（བརྒྱུད་ཁུངས་སྟོན་པ་གསང་བ་འདུས་པ།）

《大圆满九祖经》中记载：化身祖师不灭顶佛，把自己的修行经验——“大圆满精髓”传授于密集大师，天国祖师密集大师，又传授于雍斯达巴。很多文本记载，密集大师与辛饶弥沃之父嘉本妥噶为同代，或嘉本妥噶拜过密集大师为师①。密集大师的弟子是虎衣明王、雍斯达巴，《象雄耳传历代师记》中记载：雍斯达巴是辛饶弥沃的心传弟子②，《斯巴祭祀经》中记载：虎衣明王是辛饶弥沃的忿怒之身③。由此可见，密集大师比辛饶弥沃年长几十岁，但他们是同代。

《僧土根本续》中记载：辛饶密集大师父亲名杰波西瓦丹，即温和之王，母亲名拉幸最，即神族天女，诞生于达斯地区学马赛当，即上部象雄沃莫隆仁圣地④。《母续根本经及其注释》中记载：楚幸囊丹传授心法于不灭顶佛，不灭顶佛在三十三天界，传授于桑萨让尊佛母；桑萨让尊佛母在幸氏王国沃莫隆仁刹土中，把心法传授给密集大师。说明密集大师诞生在上部象雄——沃莫隆仁⑤。

## 第二节　象雄耳传之流派

按照《象雄耳传历代上师传》中的记载，当象雄耳传传承到了辛饶弥沃时期，象雄耳传中衍生了四个流派：1.来自不灭顶佛的传承；2.来自耶幸祖普的传承；3.来自密集大师之传承；4.来自辛饶弥沃之传承。前三个是无序传承，第四个是有序传承，即有序不乱的传承。

① 才让太主编：《冈底斯雍仲本教文献丛书》第24卷《大圆满象雄耳传心法·诀窍部》，北京：民族出版社，2010年9月第1版，第182页。

②才让太主编：《冈底斯雍仲本教文献丛书》第24卷《大圆满象雄耳传心法·诀窍部》，北京：民族出版社，2010年9月第1版，第14页。

③ 索朗曲杰主编：《苯教古文九部史》，拉萨：西藏藏文古籍出版社，2017年6月第1版，第94页。

④ 才让太主编：《冈底斯雍仲本教文献丛书》第15卷《巨邦僧土根本续》，北京：民族出版社，2010年9月第1版，第10页。

⑤ 雍忠丛书整理：《苯教母续根本经及其注释》，北京：民族出版社，2009年12月第1版，第143页。

## 一、不灭顶佛之传承

不灭顶佛传承源自不灭顶佛，是无序三大传承之一。所谓无序是传承无序错乱，各传承之间交叉之多。其传承中自不灭顶佛至囊谢勒波大师之间，先后传承19位上师。

1.不灭顶佛

不灭顶佛的藏文叫“祈麦祖普”（འཆི་མེད་གཙུག་ཕུད།）。“祈麦”意为不死之神，祖普即顶髻，代表着最高、最权威、最神圣的含义。其父亲名楚幸囊丹（འཕྲུལ་གཤེན་སྣང་ལྡན།），母亲名为桑萨让尊（བཟང་བཟའ་རིང་བཙུན།），诞生于三十三天界，是密宗父母子三尊之一，也是辛饶弥沃的前世转世。《西藏本教源流》记述：“不灭顶佛，《如巴克秀经》云：父亲名楚幸囊丹。《僧徒根本续》云：父亲名赤西囊当，文本中显示两者是同一个人不同名。《本教母续根本经及其注释》云：赤西囊当或楚幸囊丹为不灭顶佛之父，桑萨让尊为母。”①

2.霍尔德钦波

霍尔德钦波全名为“奔钦·霍尔德钦波”（དཔོན་ཆེན་ཧོར་ཏི་ཆེན་པོ།）。其父母生平、诞生时间和地点不详，根据《集经》《日光根本续》《象雄耳传大圆满历代上师传记》记载，不灭顶佛乃辛饶弥沃的前世。其大弟子叫“桑瓦都巴”（གསང་བ་འདུས་པ།），汉文译为密集大师。据相关资料记载，密集大师与辛饶弥沃、虎衣明王同代。由此推断，霍尔德钦波与密集大师、辛饶弥沃为同代。

藏文“奔钦”（དཔོན་ཆེན།）是古词，譬如：代奔钦波（དེད་དཔོན་ཆེན་པོ།）即船长，罗本钦波（སློབ་དཔོན་ཆེན་པོ།）即大师或上师，奔波钦波（དཔོན་པོ་ཆེན་པོ།）意为大官或大领导。在大师、老师、大人物的名字前面加“奔钦”，显得尊贵、崇高。譬如：本教密宗经典中以“奔塞”（དཔོན་གསས།）为上师，密宗九前行法之第一法为依怙上师。奔塞中“塞”（གསས།）是象雄语，译成汉文即神或本尊之意。奔钦霍尔德亦

① 夏擦·扎西坚赞：《西藏本教源流》，北京：民族出版社，1985年9月第1版，第76页。

是如此，以大德、大师为尊称。

3.耿钦敦珠

据《象雄耳传历代上师传》记载，奔钦霍尔德弟子是耿钦敦珠（ཀུན་མཁྱེན་དོན་འགྲུབ།）。奔钦霍尔德言：外部法为公开法，以断为修行之道，修行处处有难，成就缓慢；内部法为非公开法（密法），以转变为修行之道，意义不大；密部法为绝密法（大圆满），以顺应自然为修行之道，一切以自然为贵。外部法称相性显宗乘，内部法称密宗乘，密部法为无上大圆满乘。其外部对外公开，内部是对部分弟子公开，密部是为最得意弟子公开①。

本教九乘次第当中“恰幸乘、囊幸乘、楚幸乘、斯幸乘”为因四乘；居士乘与正修乘为显宗的大乘与小乘法；阿噶乘与耶幸乘为密宗内部乘；无上乘为大圆满法，亦是自然之法，即超越因果法。

大圆满的传承内容较多，皆归纳为八个传承，分别为秘诀传承、成就传承、誓言传承、灌顶传承、言教传承、信心传承、正果传承、讲述传承。第一、秘诀传承是指要学习上师毕生的修行经验；第二、成就传承是指不仅要听闻与思考，还要精进修行并得成就；第三、誓言传承是指与上师没有任何过节，未曾放弃过本尊修法和护法神的供奉；第四、灌顶传承是指接受过密宗大圆满修行的资格灌顶，并且自己修行过其法；第五、言教传承是上师亲自指点，即亲自与上师交流；第六、信心传承是指让弟子相信法门传承，相信因果，相信自己；第七、正果传承是指能让弟子修行获得正果；第八、讲述传承是指掌握词句和内容，能让弟子明白修行的正确道路②。

4.奔钦·才邦达瓦坚参

奔钦的意思前面讲过，才邦当中的“才”（ཚེ།）是长寿、延寿之

① 才让太主编：《冈底斯雍仲苯教文献丛书》第24卷《象雄耳传大圆满心法·诀窍部》，北京：民族出版社，2010年9月第1版，第10页。

② 才让太主编：《冈底斯雍仲苯教文献丛书》第24卷《大圆满象雄耳传心法·诀窍部》，北京：民族出版社，2010年9月第1版，第9页。

意；“邦”（སྤུངས།）是象雄语，汉文译成指点、导师、上师或祖师，合称长寿师。譬如：象雄语杰尔邦（གྱེར་སྤུངས།）即本教导师、本教祖师或本教引导者之意；象雄语塞杰尔邦索（སད་གྱེར་སྤུངས་སོ།）是天国导师、神族导师之意。穆热伟若邦索（དམུ་ར་ཧེར་རོ་སྤུངས་སོ།）即穆氏王朝的导师，就是辛饶弥沃的象雄语称呼①。达瓦坚参为真名。

上师对弟子达瓦坚参说：此修行秘诀如同被放入竹子，要么往上走到成佛之路，要么往下走地狱之路，没有左右的选择。才邦达瓦坚参在扎玛岩洞（ཟག་དམར་ཟག་ཕུག）里修行九年，获得大圆满虹化成就。扎玛（ཟག་དམར།）在达扎编著的《象雄古刹》中以扎玛日都为名，位于今拉萨桑耶的扎囊县境内②。占巴南喀的《世间根本藏注释》指出：此地为前吐蕃时期本教三十七个修行处之一③。此传承中达瓦坚参成为第四代传承上师，但来自辛饶弥沃的传承中达瓦坚参排名第二十四位，亦是二十四位虹化大师之一。

5.奔钦·冉桑鲁嘉

古代藏族人习惯把“奔钦”两字加在大师和大人物的名字前面，奔钦·冉桑鲁嘉也不例外。冉桑（ར་སངས།）是家族之名，譬如冉桑鲁嘉、冉桑桑珠、冉桑古玛热都出生于冉桑家族。冉桑鲁嘉是冉桑达布示匝之父，亦是才帮达瓦坚参的弟子。冉桑中“冉”乃象雄语，汉文为红色之意。如今在嘉绒和木雅语当中岩石一般都以红岩（ཟག་དམར་པོ།）石为名，即以红色形容岩石，此与象雄语有相同之处。

桑是桑吉的“桑”，梵文中称菩提或布达，古汉语以觉悟来形容，现代汉语意为明白，藏文音译为桑吉，象雄语称“阿德”（ཨ་དྷི།）。藏文“桑”（སངས།）有清净、无垢、远离、觉悟或觉知之意，比如从无明的昏沉中醒悟。鲁嘉（ཀླུ་རྒྱལ།）是龙王之意，本教很多大师都以

① 本教名词汉译审定编辑小组编：《雍仲本教颂词精选》，成都：四川民族出版社，2017年10月第1版，第6页。

② 达扎编著：《象雄古刹》上册，成都：四川民族出版社，2015年1月第1版，第84页。

③ 占巴南喀著，玛敦索增掘藏：《世间根本藏注释》，第15页，电子版，由格西祖普慈诚所提供。

龙为名，比如幸钦鲁噶（གཤེན་ཆེན་ཀླུ་དགའ།）、鲁栽（ཀླུ་བརྩེགས།）、鲁珠益西宁波（ཀླུ་གྲུབ་ཡེ་ཤེས་སྙིང་པོ།）等①。

据本教文献记载，古时候，青藏高原的部族中有神族、龙族、魔族、赞族、罗刹族、夜叉族等部族②。从而诞生龙的供奉、供龙仪轨，以及《黑白花三部龙经》等文本，保留至今。总之，冉桑是象雄语，鲁嘉是吐蕃语，合称觉知龙王。

才邦达瓦坚参上师把自己所拥有的象雄耳传秘诀毫无保留地传授于冉桑鲁嘉大师。还说："此法稀如珍宝，要好好珍惜，好好修行。"将灌顶、传承、秘诀、指点心性等一字不漏地传给冉桑鲁嘉。冉桑鲁嘉接受传承后，前往布玛（སྤོས་དམར།）地区，修行七年，获得虹化成就。大师的出生年代、父母不详，应该是阿里香积山（སྤོས་རི་ངད་ལྡན།）一带人。

6.奔钦·达布示匝

达布示匝（ཏ་པི་ཧྲི་ཙ།）又名为奔钦·达布示匝或冉桑·达布示匝等，显示为各种化身，所以称化身达布示匝。《象雄耳传历代上师传》中以达布示匝与囊谢勒波大师为两位恩德活佛。来自辛饶弥沃的传承中有二十六位虹化大师，达布示匝与囊谢勒波为最后两位虹化师。来自不灭顶佛传承中的达布示匝为第五位传承上师，称无序传承。

达布示匝是象雄语，汉文意为光子、光的孩童。示匝中匝（ཙ།）是布匝（བུ་ཙ།）即小孩儿的意思，亦是无垢纯净之意。据说囊谢勒波大师修行稍有成就，胜任象雄国王李弥嘉的国师一职，因而起了傲慢心。达布示匝为了打败其傲慢，以孩童身份来到囊谢勒波处，给他传授心法，囊谢勒波心服口服。遂把小孩请到象雄的王宫里，做李弥嘉的上师，认证为活佛，隆重迎接，举行坐床仪式。

① 夏察·扎西坚赞：《西藏本教源流》，北京：民族出版社，1985年9月第1版，第141和251页。

② 伟色金巴主编：《库门经典汇编》第26卷《塞米经》，兰州：甘肃民族出版社，2015年9月第1版，第28页。

《象雄耳传历代上师传》中达布示匝为才邦达瓦坚参的弟子，夏匝巴大师、扎敦巴大师、藏传佛教上师都将仁波切在《宗教源流》中认为，本教大圆满中的达布示匝与宁玛派大圆满中噶饶多吉为同一个人。譬如：《宗教源流》中，普贤王在本教信徒重呈现达布示匝，宁玛派信徒中呈现噶饶多吉，本质不二①。

白崔大师的《本教源流》中记载：本波教的占巴南喀与宁玛派的噶饶多吉大师为同一个人，即本教界称占巴南喀，宁玛派称噶饶多吉②。另外，本教很多文本中以达布示匝为化身，宁玛派的大圆满称化身噶饶多吉或乌仗那噶饶多吉，这也是二位的共同点。

象雄耳传源自密集大师传承，赤塞嘉瓦的弟子叫噶饶（དགའ་རབ།），也称象雄噶饶，学者南开诺布认为，象雄噶饶与乌仗那的噶饶多吉有密切关系。宁玛派大圆满文本记述：在乌仗那地区的一位尼姑未曾与异性接触，却生了一个肉坨坨。他心想，无父之子，如无种子之果，被别人发现很不光彩。于是把他藏在花园，她则独自溜走③。第二天看望儿子是否还活着，儿子不但没死，全身发光，遂称噶饶多吉，此与不灭顶佛的传记故事很相似。

总而言之，达布示匝父亲名冉桑·鲁嘉，母亲名为西如萨（ཤེས་རིག་གསལ།），出生于冉桑家族。自幼拜父冉桑·鲁嘉和才邦达瓦坚参为师，学习象雄耳传大圆满心法，上师达瓦坚参说：此法如狮子奶，难得稀有，并非什么容器都能保留其奶。最后在大太生根岩洞里苦修九年，得大虹化成就，身体变成光融入本性④。

7.冉桑·古玛热

据《象雄耳传大圆满历代上师传》记载：冉桑·阔让、冉桑·

①其麦用珠主编：《色拉班智达·扎顿巴·噶桑丹比坚参文集》第六卷，北京：民族出版社，2009年8月第1版，第26页。

② 白崔：《苯教源流》，拉萨：西藏人民出版社，2017年3月第4次出版，第307页。

③ 巴俄·祖拉陈瓦：《智者喜宴》，北京：民族出版社，2015年4月第2版，第297页。

④ 雍敦·巴登桑波汇编：《象雄耳传大圆满历史通论》第26页，电子版，由邓真尼玛提供。

赤乃阔、冉桑·古玛热、冉桑·鲁嘉、冉桑·桑珠等均出自冉桑家族。冉桑·古玛热全名为冉桑古玛热匝，象雄语中热匝（ར་ཙ།）和伟若（ཝེར་སོ།）都是王的意思；古玛也许是个古老氏族之名，譬如：须弥山中有个叫古玛热的氏族。冉桑·古玛热匝可以解释为冉桑·王。《象雄耳传大圆满历代上师祈祷文》中记载：冉桑雍仲证得为菩提[①]。其中菩提、觉悟、觉醒等词汇多次出现。

冉桑·古玛热是达布示匝之子，由此证明，大圆满法是家族传承，父传子，子传孙，如果没有儿子，只能传授给同姓的堂弟或得意弟子。就比如冉桑·古玛热把大圆满传授于冉桑·桑珠。

总之，达布示匝把心法传授于冉桑·古玛热匝之后，说道："此秘诀心法，稀如狮子之奶（意为稀有），一般弟子修不了，别随意传播。"冉桑·古玛热匝在嘉绒地区苦修九年，证得虹化成就，大师的心与法身普贤王融为一体。藏文的"绒"或"仁"（རོང་དང་རིང་།）是大峡谷和长沟之意，他也许就在一个峡谷修行。我们可以从象雄耳传历代传承传记中得知，大圆满是冉桑家族、古如家族等象雄地区的贵族所弘扬的古代宗教[②]。只要在大圆满和密宗的修法中拥有成就，你就有机会成为某个君王、部族、王朝的国师或贴身法师。由此可见，大圆满与古代君王政治是紧密联系在一起的。

8.冉桑·桑珠大师

据《象雄耳传大圆满历代上师传》记载：冉桑·桑珠既是冉桑·古玛热的弟弟，又是其弟子。冉桑是家族之名，古玛热和桑珠是他们的真名。《象雄耳传历代上师祈祷文》云："冉桑·桑珠如天本清净。"[③]他诚心实修大圆满心法，领悟了法性本源或本质法。

冉桑·古玛热把大圆满所有实修经验传授于弟弟冉桑·桑珠，他

---

① 作者不明：《象雄耳传历代上师祈祷文》，长条手写本，现由炉霍县易日寺才旺成立收藏。

②才让太主编：《冈底斯雍仲苯教文献丛书》第24卷《大圆满象雄耳传心法·诀窍部》，北京：民族出版社，2010年9月第1版，第9页和15页。

③ 作者不明：《象雄耳传历代上师祈祷文》，长条手写本，现由炉霍县易日寺才旺成立收藏。

们是同一个家族。上师言："此法如海底的石头，隐藏神秘，难以发现，如空中的彩虹，难以琢磨。"从这段话中我们可以认识到，当时的比喻用语是多元的。冉桑·桑珠大师在无定居地苦修三年，获得殊胜成就，即虹化成就，成为名副其实的大圆满上师①。所谓无定居就是不固定日绰修行。由此可见，自那时起，不但有日绰的概念，还有身处日绰、山洞、森林修行的习惯。

9.象雄塞乃噶邬

塞尼噶邬（སད་ནེ་གའུ།）是象雄人。象雄语中的"塞"（སད།）译成藏语称"拉"（ལྷ།），汉文译为"神"。譬如：象雄语中的"塞杰尔"汉文译成神本或神的本波；"塞朵邦索圣尼"（སད་དོ་སྤྱངས་སོ་ཧྲུན་ནོ།）意为顶礼神本导师；噶邬（གའུ།）是藏族人装甘露丸和护身符的盒子，亦是戴在身上的装饰品。另外，噶邬也是装经文的盒子，就是神本宝库，实则是指大智者。譬如《西藏本教源流》中记载：里象雄的班智达阿尼茶达（ཨ་ནུ་ཁྲག་ཏ།），中象雄的班智达塞尼噶邬（སད་ནེ་གའུ།），外象雄的班智达东炯土钦，也是塞尼噶邬的弟子②。由此说明，塞尼噶邬是中象雄之人，与东炯土钦同代。

《母续根本经及其注释》中记载：里象雄是指达斯沃莫隆仁，中象雄是指弥鲁桑勒的王国嘉卡巴却（རྒྱལ་མཁར་བ་ཆོད།），外象雄是指穹窿银城。象雄班智达塞尼噶邬乃外象雄之人，神族之后，拜中象雄的阿尼茶大上师为师，学习翻译工作③。塞尼噶邬为外象雄穹窿银城之人，他拜阿尼差大为师，学习母续经。

《瓦塞本尊满还经》中记载：穆赤赞普弟子乃哈热吉巴尔（智慧上师），其弟子为达萨里伟（སྟག་ཟ་ལི་ཝེར།），其弟子为阿尼茶达，其

① 才让太主编：《冈底斯雍仲苯教文献丛书》第24卷《大圆满象雄耳传心法·诀窍部》，北京：民族出版社，2010年9月第1版，第11页。

② 夏察·扎西坚赞：《西藏本教源流》，北京：民族出版社，1985年9月第1版，第137页。

③ 雍忠丛书整理：《苯教母续根本经及其注释》，北京：民族出版社，2009年12月第1版，第141页。

弟子为塞尼噶邬，穆赤赞普至塞尼噶邬之间，出现五位上师[①]。《本教历法宝蔓》中记载：穆赤赞普诞生于公元前1074年，五代后塞尼噶邬出生。塞尼噶邬弟子象雄东炯土钦诞生于公元前979年[②]。

冉桑·桑珠把所有修行秘诀心法传授于塞尼噶邬时，塞尼噶邬说："因四乘之法暂时无需要。上师回答：如今的你不但为自己修行，也是大圆满传承人，此法你不需要不代表后人不需要。"于是，上师把所有内外秘诀一一传授给他后，他在岩洞里苦修六年，获得长寿和虹化成就[③]。

10.古如·拉幸大师

古如（གུ་རུབ།）位于今西藏阿里噶尔县门士乡为中心的古象雄地区，是西藏最西部20个县之一。《象雄古刹》上册中记载，古如位于穹窿银城山脚，噶尔县门士乡境内[④]。比如古如囊谢勒波、古如·拉幸（གུ་རུབ་lྷ་སྒྲིན།）、古如巴桑（གུ་རུབ་དཔལ་བཟང་།）、古如佐当（གུ་རུབ་ཙོ་སྟིང་།）、古如布美（གུང་རུབ་འབུམ་མེ།）、古如囊谢勒波（གུ་རུབ་སྣང་བཞེར་ལོད་པོ།）等很多大圆满上师都出于此地。如今噶尔县门士乡的古入江寺，也以古如得名。

《本教护法神仪轨噶扎瓦》（ཀ་ཁྲ་བ།）中记载：帕阿亚阿尔三幸，亚阿尔古如三幸[⑤]。梵文中有古如之词，译成藏文是"喇嘛"，汉文称上师，梵文古如与象雄文中古如是否有联系还得查实。据相关资料记载，梵文的发祥地是印度河的源头，即冈底斯山以西，也许就是本教所认为的象雄语。"喇嘛"一词源自藏传佛教密宗与大圆满，但显宗几乎很少见到喇嘛这一术语。而密宗源自象雄之西，由古代神族领

① 玛敦索增掘藏：《瓦塞本尊传承上师祈请文》，摘自《瓦塞本尊修法》，写本，现存于炉霍县易日寺噶桑尼玛家。

② 邓真尼玛主编：《象雄与吐蕃历史文献》上册，成都：四川民族出版社，2016年12月第1版，第1050页。

③ 雍敦·巴登桑波汇编：《象雄耳传大圆满历史通论》第26页，电子版，由邓真尼玛提供。

④ 达扎编著：《象雄古刹》上册，成都：四川民族出版社，2015年1月第1版，第28页。

⑤ 作者不明：《文本汇聚》，第140页，写本，现存于炉霍县易日寺泽仁罗布家。

地发展而来，所以古如、喇嘛、上师之间的关系也迎刃而解。

《象雄耳传实修传承经》云：古如拉幸的上师塞尼噶邬（སད་ནེ་གཙུ།）言："象雄耳传贵如珍宝，稀有难得，若得到它，意义重大。"古如·拉幸远离世红尘俗，在恰仓（ཁྱུ་ཚང་།）的森林中苦修十一年，并得到大圆满成就，能在空中自由飞行，在海中自由游荡，身体变成光融入本性，获得大圆满虹化成就。恰仓（ཁྱུ་ཚང་།）是本教文本常见的地名，比如恰仓噶邬上方。

11.古如巴桑大师

古如巴桑（གུ་རུབ་དཔལ་བཟང་།）不仅是古如拉幸之弟子，也是同属于古如家族。其家族名为"古如"（གུ་རུབ།），巴桑（དཔལ་བཟང་།）为他的真名。关于古如巴桑与古如拉幸是父子还是兄弟，文献中尚未查到①。《象雄耳传历代上师传》《象雄耳传实修传承》《象雄耳传历史通论》等中只有古如巴桑大师的名字、修行处的记载，但未提及他的父母、出生地和出生年代。

《象雄耳传历代上师祈请文》云："古如巴桑证得悉地师。"②大师在古如拉幸座前接受象雄耳传四部大圆满的修行秘诀，并在岩石山洞、森林等不固定之地苦修多年，获得虹化成就。古如巴桑是大智者冉桑·赤乃阔的上师，以此断定，大师大约出生在6世纪末③。

12.冉桑·赤乃阔大师

《扎巴仁钦林札》中记载了吐蕃第二十九代赞普达贡年苏（སྟག་ཀུང་སྣན་གཟིགས།）的上师，称"古幸赤乃阔"（སྐུ་གཤེན་ཁྲི་ན་ཁོད།）；雍敦巴登桑波的《象雄耳传历史通论》中把它写成冉桑·赤乃阔（ར་སངས་ཁྲི་ནེ་ཁོད།）。有的文本中写成"冉桑赤阔（ར་སངས་ཁྲི་ཁོད།）"。他们名字写

① 才让太主编：《冈底斯雍仲苯教文献》第1卷《雍仲苯教史》，北京：民族出版社，2010年9月第1版，第114页。

② 作者不明：《象雄耳传传承祈请文》，写本，第4页，现存于炉霍县易日寺才旺成立家。

③才让太主编：《冈底斯雍仲苯教文献》第24卷《大圆满象雄耳传心法·诀窍部》，北京：民族出版社，2010年9月第1版，第10页。

法有所不同，但都是同一个人[①]。因《扎巴林札》中所记载的冉桑·赤乃阔是第二十九代赞普达贡年苏的上师，而达贡年苏是南日松赞的父亲，冉桑·赤乃阔自然是七世纪初的人[②]。

而在《象雄耳传历史通论》一书中的冉桑·赤乃阔，他的弟子是苏毗本波阿瓦东（སུམ་པའི་བོན་པོ་ཨ་བ་སྟོང་།），苏毗本波阿瓦东的弟子为嘉本萨瓦俄丹（རྒྱ་བོན་གསལ་བ་འོད་ལྡན།）与加绒塞卡（ཧག་རོང་གསས་མཁར།），再往下有弟子琼波·扎西坚参（ཁྱུང་པོ་བཀྲ་ཤིས་རྒྱལ་མཚན།），琼波·扎西坚参的弟子为琼波·勒贡大师（ཁྱུང་པོ་ལེགས་མགོན།），琼波·勒贡大师的弟子是囊谢勒波大师（སྣང་བཞེར་ལོད་པོ།）[③]。囊谢勒波与赤松德赞同代，由此可以推断，冉桑赤乃阔生活于6世纪末7世纪初。

如前面所言，“冉桑”乃家族名，与达布示匝大师为同一个姓[④]。藏学研究专家南开诺布教授对《斯巴祭祀经》做了深入调查和研究，表明本书未曾受宗派斗争的影响，也没有更改的痕迹。而且在文本中有神本、龙本、赞本、魔本等很多原始本教的仪轨记载，这是自古流传在高原地区的民间本教。南开诺布也认为《斯巴祭祀经》的作者冉桑·赤阔（ར་སངས་ཁྲི་ཁོད།）与《象雄耳传历史通论》中所提到的冉桑·赤乃阔是同一个人[⑤]。

冉桑·赤乃阔是古如巴桑的弟子，象雄语中的“冉”（ར།）是岩石、红色之意，“桑”有（སངས།）远离、消除、清醒、觉醒之意，即消除所有障碍之意；“赤”（ཁྲི།）意为神或天，譬如：七赤天王等

① 雍敦·巴登桑波汇编：《象雄耳传历史通论》，电子版，第35页，由格西祖普慈诚提供。

② 才让太主编：《冈底斯雍仲苯教文献》第1卷《雍仲苯教史》，北京：民族出版社，2010年9月第1版，第114页。

③ 雍敦·巴登桑波汇编：《象雄耳传历史通论》第36页，电子版，格西祖普慈诚所提供。

④ 才让太主编：《冈底斯雍仲苯教文献》第1卷《大圆满象雄耳传心法·诀窍部》，北京：民族出版社，2010年9月第1版，第114页。

⑤ 南卡洛布著，甘孜藏族自治州编译局编：《藏族远古历史》，成都：四川民族出版社，1990年4月第1版，第38页。

很多赞普皆以赤为名；象雄语中的“阔”（ཁོད།）是降伏、调教、教化等意。譬如：象雄语的“盖阔”为伏魔，即降伏魔王之意。冉桑赤乃阔是教化天人的导师之意。

冉桑·赤乃阔接受象雄耳传的所有传承秘诀后，在南坚绒山（ཏྲ་གཙན་རོང་རི།）苦修九年，降伏老虎，以此为坐骑，在海上步行，空中自由飞行，最终获得大圆满虹化成就，即身成佛[①]。

占巴南喀的《扎巴林札》中记载：其子达贡年苏（ཉག་གུང་སྙན་གཟིགས།），以阿赤桑（སྟགས་ཁྲི་བཟང་།）为臣，冉桑本波赤乃阔任古幸一职。此时，吐蕃的势力强壮，统一了十二小邦，但其洛扎王旺瓦杰（ལྷོ་བྲག་གི་རྒྱལ་པོ་བང་བ་རྗེ།）尚未被征服。吐蕃赞普达贡年苏带兵攻打洛扎旺瓦杰，吐蕃不但未能攻破洛扎杰，反而吐蕃赞普达贡年苏被活捉，洛扎得胜，吐蕃战败。古幸冉桑·赤乃阔神通广大，骑着战马，剪断马尾，马尾尖上涂了毒药，拖着各种食物，前往洛扎地区只身一人解救达贡年苏。

到了洛扎地区，古幸冉桑·赤乃阔对洛扎王说：“我是达贡年苏的国师，代表的是整个本教。本教是所有王国之国教，吐蕃赞普达贡年苏若在监狱去世，你也不好交代。不如把马放你这儿，我去探望我的国王。”洛扎杰觉得这样没有不妥，直接答应。古幸赤乃阔到了国王处，祈请本教护法神，以金粉和烈酒供奉，自己化为巨鸟，使所有看守监狱者晕倒，用翅膀斩断了铁链，达贡年苏因此得救。自此以后，达贡年苏看重古幸，任命其为象雄与吐蕃古幸[②]。

《象雄耳传历代上师传》中记载：古如巴桑把自己的修行经验、心得、传承都传授于冉桑·赤乃阔。上师对赤乃阔说：“需要理论精通，严守戒律，所以把外部法、内部法和密部法皆传授于你。”上师

① 才让太主编：《冈底斯雍仲苯教文献》第1卷《大圆满象雄耳传心法，诀窍部》，北京：民族出版社，2010年9月第1版，第12页。

② 邓真尼玛主编：《象雄与吐蕃的历史文献》上册，成都：四川民族出版社，2016年11月第1版，第693页。

还说："得到大圆满秘诀，就不能迷恋于世俗。"冉桑·赤乃阔遂在洛扎金绒地区实修，得到非凡成就①。

13.苏毗·本波阿瓦东

根敦群培的《白史》中记载：苏毗位于吐蕃以东，长江上游一带，与安多连接②。嘉绒以东有茂县、汶川，《唐书》中把它写成"茂州"和"文州"，东南角连接雅安，《唐书》中写成"安州"。嘉绒的东西之间有快马九天之遥，南北之间有步行21天的路程，胜兵八万人③。这是八世纪时的嘉绒地区。

据藏族历史典籍记载："桑巴"源自吐蕃六大氏族之知氏家族，又称"阿加知"（ཨ་ལྕགས་འབྲི།），长江上游的藏文称"知曲"（འབྲི་ཆུ།），是知氏地区河流之意。知氏有上部知氏、下部知氏、中部知氏，有的史料中桑巴（སུམ་པ།）写成松巴（སུམ་སྤ།），两者写法不一样，内容没有区别④。

本教史料中记述：下部桑巴林格江学（སུམ་པ་གླིང་གི་གྱིམ་ཤོད།），就是象雄，分为里中外三区。外部象雄称桑巴（སུམ་པ།），以琼波丁青县孜珠山为外部象雄的中心，或孜珠山以东为桑巴⑤。藏文"学"（ཤོད།）是下方、下部、下边的意思，桑巴林格江学是指"桑巴"（སུམ་པ།）的下部。

前吐蕃时期，吐蕃王国属下有十二小邦，桑巴就是其一，也有文献记载：桑巴不属于十二小邦之中。《瑜咖拉吉金史》记载：国王聂赤赞普时期，十二小邦以吐蕃为王，还征服了桑巴王⑥。《象雄耳传

① 才让太主编：《冈底斯雍仲苯教文献丛书》第24卷《象雄耳传大圆满心法·秘诀部》，北京：民族出版社，2010年9月，第11页。

② 根敦群培：《白史》，北京：民族出版社，2005年6月，第24页。

③ 刘昫等：《旧唐书》，现收录于存《二十四史》第32卷，中华书局，1999年1月第1版，第3690页。

④ 周华：《藏族简史》，北京：民族出版社，1995年10月第2版，第69页。

⑤ 芭·丹杰桑布：《本教源流宏扬明灯》，北京：中国藏学出版社，1991年12月第1版，第123页。

⑥ 索朗曲杰主编：《苯教古文献九部史》，拉萨：西藏藏文古籍出版社，2017年4月第1版，第91页。

历代上师传》所说的“桑巴本波阿瓦东”应该是桑巴王的贴身法师①。古藏文的“阿瓦”（ཨ་བ།）是爷爷的意思，“东”（ལྡོང་།）是木雅的祖先，是六大氏族之首。譬如：东氏建立的部落称“东部落”，东氏建立的王国叫党项国或东王国。

《象雄耳传大圆满历史通论》中记载：冉桑·赤乃阔把象雄耳传大圆满心法传授于桑巴本波阿瓦东。桑巴本波阿瓦东又把心法传授于嘉本萨瓦俄丹（རྒྱ་བོན་གསལ་བ་འོད་ལྡན།），二位大师把大圆满心法从象雄传播到桑巴乃至中原。由此可见，象雄耳传在桑巴、嘉纳即中原得到传播。嘉本萨瓦俄丹又把心法传授于加绒塞卡（ཇག་རོང་གསས་མཁར།）上师。《本教母续根本经及其注释》和《西藏本教源流》等记载：萨瓦俄丹大师在内地贡吾玛绒（གུང་བུ་དམར་རོང་།）修行获得大圆满成就②。据相关资料记载，毗卢遮那在嘉绒所修的大圆满，就是学修本教大圆满。

14.嘉本萨瓦俄丹

桑巴地区的本波称桑巴本波或桑巴的本教古幸，嘉纳（རྒྱ་ནག）即内地的本波称“内地古幸或内地本教大师”。《本教母续根本经及其注释》云：“嘉本僧巴土钦（རྒྱ་བོན་ཟིང་པ་མཐུ་ཆེན།）、嘉本萨瓦俄丹（རྒྱ་བོན་གསལ་བ་འོད་ལྡན།）、嘉本勒丁忙波（རྒྱ་བོན་ལེགས་ཏིང་རྨང་པོ།）”都是嘉纳地区的本教大师，即内地的本教古幸。

《象雄耳传大圆满历史通论》《大圆满实修传承》和《象雄耳传大圆满历代上师传》等提到，桑巴本波阿瓦东把大圆满心法传授于嘉本萨瓦俄钦（རྒྱ་བོན་གསལ་བ་འོད་ཆེན།）。《本教母续经其注释》等中把他写成“嘉本萨瓦俄丹”（རྒྱ་བོན་གསལ་བ་འོད་ལྡན།）。《象雄耳传历代上师祈请文》云：“桑巴地区弘扬大圆满，桑巴阿瓦东敬祈请；嘉纳地区

① 才让太主编：《冈底斯雍仲苯教文献丛书》第24卷《象雄耳传大圆满心法，秘诀部》，北京：民族出版社，2010年9月，第11页。

② 夏擦·扎西坚赞：《西藏本教源流》，北京：民族出版社，1985年9月第1版，第155页。

弘扬大圆满，嘉本萨瓦俄丹敬祈请。”①

本教密宗《巨邦三法》（ཀྱི་སྤྱངས་སྐོར་གསུམ།）、《母续根本经及其注释》（མ་རྒྱུད་སངས་རྒྱས་རྒྱུད་གསུམ།）等中有“嘉本贤者多底嘉江（དོད་དེ་རྒྱ་ལྕམ།）、嘉本松巴土钦（རྒྱ་བོན་ཟིང་པ་མཐུ་ཆེན།）、勒丁忙波（ལེགས་ཏིང་མང་པོ།）”等记载。由此可见，这些密法都曾传播至内地。比如《本教母续根本经及其注释》中记载：“嘉纳贡吾玛绒山，九位门巴本波同时成佛。”②多底嘉江（དོད་དེ་རྒྱ་ལྕམ།）应该是一位修持母续本尊的女性师父，以此可以推断，本教母续和慈母传承都曾传播至内地。譬如，如今四川阿坝松潘、理县、茂县、小金等地都有慈母、母续的圣山。

15.喇嘛加绒塞卡

喇嘛加绒塞卡中的“加绒”（ཇག་རོང་།）是地名，应该是指热带峡谷；“塞卡”是象雄语，译成汉文是神殿或神宫、神堂之意，例如藏族地区每家每户房屋顶上几乎都有一个小房屋，叫拉则或塞卡，古代很多大师都沿用过其名；“喇嘛”是上师、尊师之意。“瓦塞”是忿怒之神，“塞卡确阿”（གསས་མཁར་མཆོག་ལྔ།）意为最殊胜的五位本尊。瓦塞、拉果、佐却、盖阔、胜掘本尊被称为五大本尊。

另外，瓦塞（དབལ་གསས།）、丁塞（གཏུམ་གསས།）、昂塞（ངམ་གསས།）、绰塞（ཁྲོ་གསས།）等五大本尊的名称都运用古象雄语中的“塞”（གསས།）一词。由此可见，“塞卡”不但在大圆满文本中记载过，密宗仪轨中也反复出现。根据以上表明，加绒塞卡上师与密宗五胜本尊修法仪轨有紧密联系。

《象雄耳传大圆满历代上师传》中记载：琼波阿瓦东把象雄耳传心法传授于弟子加绒塞卡③。琼波阿瓦东就是上述的桑巴阿瓦东。阿

① 作者不明：《象雄耳传大圆满历代上师祈请文》，第4页，现存于炉霍县易日寺才旺成立家。

② 夏擦·扎西坚赞：《西藏本教源流》，北京：民族出版社，1985年9月第1版，第157页。

③ 才让太主编：《冈底斯雍仲苯教文献丛书》第24卷《象雄耳传大圆满心法·秘诀部》，北京：民族出版社，2010年9月，第12页。

瓦东上师的秘诀有三种，言教之秘诀、信心之秘诀、实修之秘诀。根据以上说明，古时的大圆满有言传身教、信心与实修缺一不可。加绒塞卡上师云："要么像个乞讨者，无忧无虑，环游世界；要么就像狮子寻食一样，隐居于岩石、森林，修行三门；要么像国王失去权力一般，过着低调生活。"[①]以上表明了当时的修行方式，以及对世俗、生活、修行的态度。

大师所有理论闻思都通过后，在"盖玛达仓"（གད་དམར་སྟག་ཚང་།）苦修了八年，取得非凡成就。

16.琼波扎西坚参

琼波扎西坚参的全名为"琼波喇嘛扎西坚参"（ཁྱུང་པོ་བླ་མ་བཀྲ་ཤིས་རྒྱལ་མཚན།）。"琼波"（ཁྱུང་པོ།）是地名，位于今昌都丁青县为主的藏北地区。《琼布王室世系水晶镜》《西藏本教源流》等记载：很久以前，一只头上有角、背上有翅膀、飞行千里的巨鸟来到此地。那里的人有的说那是琼鸟，也有人说应该是公鸟，因头上有角，还有人认为那只鹏鸟是普贤王的化身，斯巴桑波布赤的后裔，此地因而得名为琼波。鹏鸟停了一刻，又飞走。其脚印后面生四枚蛋，分别为黑、白、黄、化色，因而形成琼波白氏、化氏、黑氏、黄氏家族[②]。琼波扎西坚参就是出生于琼波的象雄耳传传承人。

据《琼波王室世系水晶镜》记载：琼波与嘉绒人，以及嘉绒的王族有着千丝万缕的关系。不仅嘉绒，如今在德格塔德寺、新龙益西寺、青海旺嘉寺的家族中人都强调自己是琼波之后，可见琼波文化与本教文化乃至整个康巴文化的复杂关系。琼波喇嘛中的"喇嘛"（བླ་མ།）是上师之意，扎西坚参是其真名。

《象雄耳传历代上师传》记载：琼波·阿瓦东把耳传大圆满的所有心法传授于琼波·扎西坚参。扎西坚参云：无舍无取如鸟降落于石

① 雍敦·巴登桑波汇编：《象雄耳传历史通论》，电子版，第26页，由邓真尼玛所提供。

② 阿坝藏族自治州藏族历史文化古籍研究协会编：《嘉绒地区杰布和文书档案》，成都：四川民族出版社，2017年1月第1版，第2页。

上不留脚印，无阻无碍如天雷爆发，无实质如空中的彩虹，毫无犹豫如鹏鸟飞往天空，若没能达到以上境界，便是未证悟之现象。大师在象雄萨德岩洞里苦修二十一年，以野兽为伴，以鸟类为友，最后获得大虹化成就①。

象雄是指今阿里、拉达克、木斯塘、多波、霍尔琼等地。《本教母续根本经及其注释》中以沃莫隆仁为里象雄，嘉卡巴确为中象雄，阿里穹窿银城为外象雄②。《尼玛丹增传》中以弥鲁桑勒的宫殿嘉卡巴确为里象雄之中心，阿里穹窿银城为中象雄的中心，琼波孜珠山为外象雄之中心③。以上是象雄耳传的传播范围。

17.琼波勒贡大师

据《象雄耳传理事通论》《象雄耳传实修传承》和《象雄耳传历代上师传》记载：琼波·勒贡（ཁྱུང་པོ་ལེགས་མགོན།）为琼波·扎西坚参之子，也是象雄耳传大圆满著名上师。“琼波”是家族之名，“勒贡”是真名。笔者认为，古代本教历史中有密宗和大圆满的传承，除了家族人员不外传的说法就得到了证实。因在密法与大圆满修行中要是得到成就，就有资格做某个王朝的国师或贴身法师。这也反映了古代宗教与政治的利益关系。

琼波·勒贡大师云：心性永固不变，本性本源如珍宝，无生无灭如天花，显而非实如彩虹，无边无际无中央。若未能证悟其深意，好比得到宝物而丢失，让人遗憾终生。大师在多若湖（དོ་རོ་མཚོ།）苦修八年，获得虹化成就。大师约在七世纪出生，那时就已有离戏见地、雍仲、永固不变之概念。

18.玛霍尔达斯

玛霍尔达斯（མ་ཧོར་སྟག་གཟིག）是琼波·勒贡的弟子，也是象雄耳

① 才让太主编：《冈底斯雍仲本教文献丛书》第24卷，《象雄耳传大圆满心法·诀窍部》，北京：民族出版社，2010年9月第1版，第12页。

② 雍忠丛书整理：《苯教母续根本经及其注释》，北京：民族出版社，2009年12月第1版，第142页。

③ 才让太整理：《尼玛丹增传》，北京：民族出版社，2012年9月第1版，第27页。

传无序传承之上师。藏文“达斯”（སྟག་གཟིག）两个字有很多注释，《静猛根本续》《扎巴林扎》等中认为，冈底斯山以西有达待（སྟག་སྡེ།）、苏盘（གཟིགས་འཕེན།）两个部落，合称达苏或达斯[①]。《黑头矮人》《斯巴祭祀经》中记载：辛饶弥沃诞生地，称达斯或达苏（སྟག་གཟིག）沃莫隆仁[②]。扎敦巴大师的《世界地理概说》中吐蕃以西的所有地区叫达斯[③]。如今甘孜石渠县上部也有个以达斯为地名的地方。

玛霍尔达斯中的达斯是个地名，这也许是辛饶弥沃之乡达斯沃莫隆仁（འོལ་མོ་ལུང་རིངས།），因众多古文中都有本教大多数经文从达斯沃莫隆仁译成象雄语，再译成藏语、勃律语、木亚语、印度语的记录[④]。

总之，如玛霍尔达斯的上师琼波勒贡所言：外物与心不二，所以无有分别意念；无分离之法，不能偏袒；或无物无色，无执著。大师在冈底斯山苦修十二年，但没得到预计效果，再次拜师学习。说：“我苦修十二年，但得不到信心，我将金子奉上，请再次为我指点。”上师答：“金子不收，我愿意为你指点。”玛霍尔达斯再次回到冈底斯山，苦修六年，获得虹化成就，身体透明无碍，心得自在如意[⑤]。其传记中也出现空性、不二、主观与客观等概念。

19.囊谢勒波大师

囊谢勒波又称“古如囊谢勒波”（གུ་རུབ་སྣང་བཞེར་ལོད་པོ།），约在7至8世纪生于象雄古如（གུ་རིབ།）地区，即今西藏阿里噶尔县门士乡境内。他在八世纪时，继任象雄李弥嘉国王（ལིག་མི་རྒྱ།）的国师一职。

---

① 赤索丹主编：《雍仲本教历史文献汇编》第3卷《扎巴林扎》，兰州：甘肃文化出版社，2018年7月第1版，第4页。

② 索南曲杰编：《本教古文献九部史》，拉萨：西藏藏文古籍出版社，2017年4月第1版，第53页和94页。

③ 其麦用珠主编：《色拉班智达·扎顿巴·噶桑丹巴将参文集》，北京：民族出版社，2009年8月第1版，第105页。

④ 雍忠丛书整理：《苯教母续根本经及其注释》，北京：民族出版社，2009年12月第1版，第142页。

⑤ 雍敦·巴登桑波汇编：《象雄耳传大圆满历史通论》第25页，电子版，邓真尼玛提供。

吐蕃赞普赤松德赞刺杀李弥嘉后，追杀象雄古如部落的人，灭他们的信仰本教。囊谢勒波为阻止吐蕃赞普追杀古如部落和灭本，通过象雄麦日法（ཞང་ཞུང་མེ་རི།）对赤松德赞行诛法，下了诅咒，使赞普得病卧床不起，于是赞普立誓不再追杀象雄古如部落，停止灭本行动。

当时的本教有两个大的传承，分别是象雄部的传承和印度部的传承。印度部的本教传承几乎都被伏藏，象雄部传承没被伏藏，这都是囊谢勒波的功劳，所以有一本书叫《本教未灭之因》。另外，李弥嘉遇刺后，囊谢勒波坐上象雄的国王宝座，自那时起，古如部落无需向吐蕃交税，可坐在吐蕃赞普的右侧。

《象雄耳传历代上师传》中“达布示匝和囊谢勒波”为两位恩情活佛。囊谢勒波的父亲名古如布美（གུ་རིབ་འབུམ་མེ།），是一名象雄古如地区的瑜伽师；母亲名为沃萨珍乃（འོར་ཟ་སྒྲོན་ནེ།），是沃（འོལ།）部落的公主。囊谢勒波13岁时，拜父亲古如布美为师，学习历算、占卜、祭祀神灵、婚丧仪式等基础知识，奠定修行的基础；47岁时，拜大圆满上师才帮达瓦坚参为师（ཚེ་སྤུངས་ཟླ་བ་རྒྱལ་མཚན།），学修象雄耳传四部大圆满法。

大师获得象雄耳传真传后，上师达瓦坚参再三嘱咐道：“切不可轻易外传。”弟子答：“我誓不外传。”上师言：“若与善缘弟子相遇，可传。”由此说明，大圆满并非谁都可学，但若有慧根，不分贵贱，都可以修，即并非绝密之法。囊谢勒波在象雄耳传中闻思后，接受灌顶，在达若（ད་རོག）地区即今西藏日喀则仲巴县达若乡以东的一处山洞里修行，获得虹化成就。

自辛饶弥沃至公元7世纪之间，象雄耳传大圆满中先后衍生出很多流派传承，并在印度北部喜马街、拉达克、尼泊尔的木斯塘、多波、不丹国、我国西藏的阿里、巴青县、丁青县、聂荣县等地得以发展，由此得象雄耳传之名。7至8世纪左右，囊谢勒波继任所有传承，并将其形成文字，编纂成书籍，称《四部耳传大圆满》。囊谢勒波长期在异地修行，回家时，身体变瘦，满脸胡子，就连家人都不认识他，还说："囊谢勒波已去世很久，你不可能是他。"囊谢勒波对家人说了自己小时候的故事，才得到家人的信任。囊谢勒波回家后，家人用羊奶和牛奶为其滋养身体，身体才慢慢得以恢复。

大师修行成就非凡，尼邦塞（ཉི་པང་སད།）做他护法，得民心，最后得到虹化成就即光的成就。其弟子众多，但象雄耳传的得意传承弟子只有乃帕瓦杰苏大师。相关资料子啊《本教未灭之因》《大圆满实修传承法》中有详细记载。

**二、耶幸祖普的传承**

象雄耳传大圆满四大传承之第二传承，是来自耶幸祖普的传承，也是无序三大传承之一。《西藏本教源流》中关于耶幸祖普的故事有两种版本，第一版本是诸佛菩萨因为众生的苦难，流泪成海，海中形成珍宝之蛋，蛋中生一名蓝色人，具有金色眉毛，塞之指甲，头顶具有光的孩童，人们称他为"耶幸祖普"（ཡེ་གཤེན་གཙུག་ཕུད།）。耶是本原、原始和自然之意，幸是密宗和大圆满行者，祖普是头顶有光、地位崇高之意。第二个版本是曾经在达苏沃莫隆仁周围森林中有个国王，叫杰波扎巴阔罗（གྲགས་པའི་འཁོར་ལོ།）。扎巴阔罗有一头大象叫"代如夏"（དེ་རུབ་ཤ）。有次代如夏失踪，家仆着急寻大象，发现代如夏在一处岩石附近，边喝水，边听着岩石中发出来的声音。家仆也跟着听，里面发出动人的歌声，家仆跑到家里跟主人讲述此事。主人说：把岩石毁掉，若是佛菩萨的化身，他将会现身，若是恶魔化身，他将会死掉。主仆二人把岩石摧毁，里面出现一位孩童，被称作耶幸祖普[1]。

耶幸祖普的弟子为敦珠勒巴鲁塞，敦珠勒巴鲁塞的弟子为象雄赤年达卓，象雄赤年达卓的弟子为雨罗大师，雨罗大师的弟子为象雄赤瓦，象雄赤瓦的弟子为琼波勒贡，琼波勒贡的弟子为玛霍尔达斯，玛

① 夏擦·扎西坚赞：《西藏本教源流》，北京：民族出版社，1985年9月第1版，第74页。

霍尔达斯的弟子为古如囊谢勒波①。

**耶幸祖普的传承表**

| 序号 | 王宫名称 | 国王名（汉文） | 国王名（藏文） |
|---|---|---|---|
| 1 | 耶幸祖普大师 | སྟོན་པ་ཡེ་གཤེན་གཙུག་ཕུད། | 不灭顶佛之别名 |
| 2 | 敦珠勒巴鲁塞 | དོན་འགྲུབ་ལེགས་པ་ཀླུ་སྲས། | 龙子 |
| 3 | 象雄赤年达卓 | ཞང་ཞུང་ཁྲི་སྙ་སྟག་སྒྲོ། | 象雄地区的人 |
| 4 | 象雄雨罗大师 | ཞང་ཞུང་གཡུ་ལོ། | 象雄人 |
| 5 | 象雄赤瓦大师 | ཞང་ཞུང་ཁྲི་བ། | 象雄人 |
| 6 | 琼波·勒贡大师 | ཁྱུང་པོ་ལེགས་མགོན། | 琼波地区 |
| 7 | 玛霍尔达斯大师 | མ་ཧོར་སྟག་གཟིག |  |
| 8 | 古如·囊谢勒波 | གུ་རུབ་སྣང་བཞེར་ལོད་པོ། | 象雄古如地区的人 |

## 三、密集大师的传承

密集大师是不灭顶佛和桑萨让尊的大弟子，也是虎衣明王、雍斯达巴、弥鲁桑勒、鲁珠·益西宁波等的上师。密集大师把瓦塞本尊、拉果妥巴、佐却卡江等巨邦三法的传承弘扬于上部象雄，即象雄卡友（ཞང་ཞུང་ཁ་ཡུག）地区②。密宗心法中有祈麦母子幸三尊，母是指桑萨让尊国母，子是指不灭顶佛，幸是指密集大师，藏文称桑瓦都巴（གསང་བ་འདུས་པ།），是象雄耳传九祖之一。

《象雄耳传历代上师传》中记载：密集大师的弟子为拉幸·雍斯达巴，拉幸·雍斯达巴的弟子为耶幸桑珠大师，耶幸桑珠大师的弟子为杰邦勒珠大师，杰邦勒珠大师的弟子为江雅赞普，江雅赞普的弟子为赤塞嘉瓦，赤塞嘉瓦的弟子为象雄噶饶，象雄噶饶的弟子为冉桑·

① 才让太主编：《冈底斯雍仲苯教文献》第24卷《象雄耳传大圆满心法·诀窍部》，北京：民族出版社，2010年9月第1版，第14页。

② 雍忠丛书整理：《苯教母续根本经及其注释》，北京：民族出版社，2009年12月第1版，第143页。

索南匝，冉桑·索南匝的弟子为象雄扎西坚参，象雄扎西坚参的弟子为古如囊谢勒波[①]。

上述传承中出现冉桑、象雄、赞普、雍斯达巴、囊谢勒波、象雄噶饶。南开诺布认为中的象雄噶饶与宁玛派的大圆满传承上师五金嘎绕多吉是同一个人。

**密集大师的传承表**

| 序号 | 王宫名称 | 国王名（汉文） | 国王名（藏文） |
|---|---|---|---|
| 1 | 密集大师 | གཤེན་གསང་བ་འདུས་པ། | 达斯沃莫隆仁 |
| 2 | 拉幸·雍斯达巴 | ལྷ་གཤེན་ཡོངས་སུ་དག་པ། | 三十三天界 |
| 3 | 耶幸桑珠大师 | ཡེ་གཤེན་བསམ་འགྲུབ། | 象雄人 |
| 4 | 杰邦勒珠大师 | གྱེར་སྤུངས་ལེགས་འགྲུབ། | 象雄人 |
| 5 | 江雅赞普大师 | རྒྱང་ཡར་བཙན་པོ། | 象雄人 |
| 6 | 赤塞嘉瓦大师 | ཁྲི་སྲས་རྒྱལ་བ། | 象雄人 |
| 7 | 象雄噶饶大师 | ཞང་ཞུང་དགའ་རབས། | 象雄人 |
| 8 | 冉桑·索南匝 | ར་སངས་བསོད་ནམས་བརྩེགས། | 象雄人 |

## 四、辛饶弥沃的传承

象雄耳传中辛饶弥沃的传承称有序传承，其中出现二十六位虹化大师，都是师徒关系，而且前为师后为弟子，自辛饶弥沃到囊谢勒波大师之间先后出现。

①才让太主编：《冈底斯雍仲苯教文献产生》第24卷《象雄耳传大圆满心法·诀窍部》，北京：民族出版社，2010年9月第1版，第14页。

## 辛饶弥沃的传承表

| 序号 | 王宫名称 | 国王名（汉文） | 国王名（藏文） |
|---|---|---|---|
| 1 | 敦巴・辛饶弥沃 | སྟོན་པ་གཤེན་རབ། | 本教祖师 |
| 2 | 拉幸・雍斯达巴 | ལྷ་གཤེན་ཡོངས་སུ་དག་པ། | 天龙人三贤之一 |
| 3 | 鲁本巴南觉波 | ཀླུ་བོན་བ་ནམ་སྐྱོལ་པོ། | 龙族之人 |
| 4 | 赤代桑吾 | མི་བུ་ཁྲི་ལྡེ་ཟབ་བུ། | 人族之人 |
| 5 | 瓦南觉波大师 | བ་ནམ་སྐྱོལ་པོ། | |
| 6 | 赤塞嘉瓦 | ཁྲི་སྲས་རྒྱལ་བ། | 密集大师传承第六位上师 |
| 7 | 冉桑桑珠 | ར་སངས་བསམ་འགྲུབ། | 不灭顶佛传承中第八位 |
| 8 | 达摩辛饶大师 | དར་མ་ཤེས་རབ། | 达摩波弟即菩提之父 |
| 9 | 达摩波弟大师 | དར་མ་སྟོ་དྷི། | 有人说他是汉传佛教中的达摩祖师 |
| 10 | 象雄赤盘大师 | ཞང་ཞུང་ཁྲི་འཕེན། | |
| 11 | 穆耶拉江大师 | མུ་ཡེ་ལྷ་རྒྱང་། | 穆是天的意思 |
| 12 | 玛幸勒桑大师 | རྨ་གཤེན་ལེགས་བཟང་། | |
| 13 | 杰尔幸达拉 | གྱེར་གཤེན་སྟག་ལ། | 以虎皮为衣的成就者 |
| 14 | 冉桑雍仲 | ར་སངས་གཡུང་དྲུང་། | 冉桑家族的耳传大师 |
| 15 | 冉桑雍盘 | ར་སངས་གཡུང་འཕེན། | 据说是冉桑雍仲之子 |
| 16 | 盖巴敦珠大师 | དགེ་འབར་དོན་འགྲུབ། | |
| 17 | 杰邦盖盘 | གྱེར་སྤུངས་དགེ་འཕེན། | 杰邦是本教祖师之意 |
| 18 | 戴塞盖杰 | དེའི་སྲས་དགེ་རྒྱལ། | 杰邦盖盘之子 |
| 19 | 象雄南嘉 | ཞང་ཞུང་རྣམ་རྒྱལ། | 象雄古如地区之人 |
| 20 | 弥江噶波 | མུ་རྒྱང་དཀར་པོ། | |

| | | | |
|---|---|---|---|
| 21 | 霍尔钦波 | ཧོར་ཏི་ཆེན་པོ། | 不灭顶佛传承中是第二位 |
| 22 | 敦古珠巴 | དུན་ཀུན་གྲུབ་པ། | 不灭顶佛传承中是第三位 |
| 23 | 冉桑盘杰尔 | ར་སངས་འཕེན་རྒྱལ། | 冉桑家族 |
| 24 | 才邦达瓦坚参 | ཚེ་སྤུངས་ཟླ་བ་རྒྱལ་མཚན། | 达布示匝与囊谢勒波的上师 |
| 25 | 达布示匝 | ཏ་པི་ཧྲི་ཙ། | 不灭顶佛传承中是第六位 |
| 26 | 杰邦囊谢勒波 | སྣང་བཞེར་ལོད་པོ། | 象雄国王李弥嘉的上师 |

不灭顶佛传承中辈出20位上师，最后一位是囊谢勒波大师；耶幸祖普的传承中出现了8位上师，最后也是囊谢勒波大师；密集大师的传承中出现10位上师，最后还是囊谢勒波大师；辛饶弥沃传承中辈出26位虹化大师，最后也是囊谢勒波。由此可见，囊谢勒波是四个传承的继承者，他把四个传承都以文字形式传给了后人。

## 第三节 象雄耳传本教未灭之因

### 一、《本教未灭之因》

1.引言

八世纪的灭本史有很多不同版本，譬如：本教文献《札巴林扎》（བསྒྲགས་པ་གླིང་གྲགས།）中未提到囊谢勒波和李弥嘉的情况[①]；《本教未灭之因》中不只提到象雄李弥嘉被杀、囊谢勒波下诅咒，还提到东炯土钦、占巴南喀、菩提萨埵等许多名人，但没提到占巴南喀如何伏藏本教经文之史[②]；桑耶寺寺志《巴协》（སྦ་བཞེད།）则记述了萨霍尔（卡奇）堪布菩提萨埵被迎请到吐蕃，与本教进行辩论并灭本的过程。至赤松德赞去世，本教再次夺权，继而使本波教与藏传佛教争论不休，

① 赤索丹主编：《本教历史文献汇编》第3卷，兰州：甘肃文化出版社，2018年7月。

② 旦增益西主编：《远古藏族文化精粹——象雄耳传》第1卷，成都：四川民族出版社，2016年2月，第234页。

并最终导致吐蕃灭亡[①]。但该文本没有关于象雄国王李弥嘉遇害、囊谢勒波下诅咒，以及占巴南喀伏藏本教经文的历史记载。

法藏敦煌古藏文文献P.T.1287中也提及了弘扬佛法的赤松德赞，拥有广阔无边领土、势力强大的象雄国王李弥嘉及其谋杀史，但未曾记录灭本过程。有趣的是，其中还出现了吐蕃大臣囊谢拉赞（སྣོན་པོ་སྣང་བཞེར་ཟླ་བཙན།），这与《本教未灭之因》作者囊谢勒波名字相似[②]。这一谋杀李弥嘉的故事不但在《本教未灭之因》中有所记载，在法藏敦煌古藏文文献中也存在，虽然其中记载的次妃名为象雄赛嘛噶热（སད་མ་ཀ་ར།），而不叫囊萨拉珍[③]；新旧唐书中则有“吐蕃连羊同（象雄），灭突厥、吐谷浑，吞并周边国家”的记录，但关于本教与藏传佛教等涉及宗教问题的历史则只字未提。而本文所讨论的《本教未灭之因》中，则详述了刺杀象雄国王李弥嘉的缘由、刺杀过程，以及象雄与吐蕃之间的各种利害关系。因此，该写本对了解八世纪的藏族历史非常重要。

这部史料的完整标题为《象雄耳传大圆满之本教未灭之因》（རྫོགས་ཆེན་ཞང་ཞུང་སྙན་རྒྱུད་བོན་མ་ནུབ་པའི་གཏན་ཚིགས།），简称《本教未灭之因》，别名为《本教兴灭之史》（བསྟན་པ་དར་ནུབ་ཀྱི་ལོ་རྒྱུས།）。全文由藏文书写，共7页、2390个字，现收录于《象雄耳传四部大圆满》[④]。其内容有四个要义：1.赤松德赞以前，本教在青藏高原兴盛时期的概况；2.赤松德赞如何谋杀象雄的李弥嘉国王，以及灭本之史；3.李弥嘉的上师囊谢勒波，依照王妃指令，对赤松德赞下了诅咒，使其病发卧床；4.赤松德赞被诅咒后，诚恳邀请囊谢勒波大师，并于尊前立誓

① 德吉编：《巴协汇编》，北京：民族出版社，2009年8月，第237至281页。

② 多布旦、扎西才让主编：《法藏敦煌藏文文献勘录》第12卷，拉萨：西藏人民出版社，2017年4月，第25页。

③ 多布旦、扎西才让主编：《法藏敦煌藏文文献勘录》第12卷，拉萨：西藏人民出版社，2017年4月，第26页。

④ 旦增益西主编：《远古藏文化精粹——象雄耳传》（第1卷），成都：四川民族出版社，2016年2月，第243页。

不再灭本。

这一文本由象雄李弥嘉国王的上师囊谢勒波所著，传授于东炯土钦，后有帕瓦·杰苏塞琼等六位象雄成就者；古格罗丹等六位上部象雄的大师和五位下部象雄的上师先后传承。十世纪末，由木斯塘的象雄耳传大圆满上师雍敦·西饶坚参（ཡང་སྟོན་ཤེས་རབ་རྒྱལ་མཚན།）对此做了添加和删改，但正文核心部分未改。笔者在此把《本教未灭之因》由藏文译为汉文，以期能够为学术界提供新的参考资料①。

**本教未灭之因的传承上师表**

| 古如地区的六位象雄成就者 | | 象雄耳传六位上部传承 | |
|---|---|---|---|
| 帕瓦·杰苏塞琼 | ཕ་བ་རྒྱལ་གཟིགས། | 古格罗丹 | གུ་གེ་བློ་ལྡན། |
| 穆·佐盖大师 | དམུ་ཙོ་གེ་ཆེན་པོ། | 普兰根噶 | སྤུ་རང་ཀུན་དགའ། |
| 穆·佐丁大师 | དམུ་ཙོ་སྟངས་ཆེན་པོ། | 南觉塞确 | རྣལ་འབྱོར་གསས་མཆོག |
| 穆·学章钦波 | དམུ་ཤོད་ཏྲམ་ཆེན་པོ། | 琼西弥土 | ཁྱུང་བྱིད་མུ་ཐུར། |
| 穆·嘉瓦罗珠 | དམུ་རྒྱལ་བ་བློ་གྲོས། | 则·德瓦绒莫 | རྩེ་བདེ་བ་རིང་མོ། |
| 本杰赞普 | དཔོན་རྒྱལ་བཙན་པོ། | 朵美秀波 | རྡོགས་མེད་ཞིག་པོ། |

**本教未灭之因下部的五位传承上师**

| | | |
|---|---|---|
| 1 | 琼西弥土上师 | ཁྱུང་བྱིད་མུ་ཐུར། |
| 2 | 幸杰雍仲拉则大师 | གཤེན་རྒྱལ་གཡུང་དྲུང་ལྷ་རྩེ། |
| 3 | 拉贡噶波大师 | ལྷ་སྒོམ་དཀར་པོ། |
| 4 | 恩珠坚参大师 | དངོས་གྲུབ་རྒྱལ་མཚན། |
| 5 | 沃贡更都大师 | འོལ་སྒོམ་ཀུན་འདུལ། |

① 雍敦·巴登桑波汇编：《象雄耳传历史通论》，电子版，第85页，由邓真尼玛提供。

2.《本教未灭之因》正文译本

正教兴灭历史如下：八世纪以前，吐蕃与象雄辖区内以本教为国教，使其得以兴盛。诸大智者与大成就者，以护国利民，弘扬正教（本教）为己任；很多实修者行持密法，传承正教，培育弟子；由诸大力士、成就者保护正法，维护正义。当时，吐蕃与象雄地区，除了本教，别无其他宗教。

本文记录时：象雄地区由佐门杰钦大师（ཙོ་མེན་གྱེར་ཆེན།）①做护法，吐蕃地区处于巴·居章噶波（སྦ་ཇི་ཐྲོམ་དཀར་པོ།）②、东炯土钦（སྟོང་རྒྱུང་མཐུ་ཆེན།）③、四大智者（མཁས་པ་མི་བཞི།）④、占巴南喀大师（དྲན་ཆེན་དྲན་ནམ་མཁའ།）下半生时期；象雄耳传的四大活佛分别为象雄扎西坚参（ཞང་ཞུང་བཀྲ་ཤིས་རྒྱལ་མཚན།）⑤、古如·达伟鑫拉（གུ་རུབ་སྟག་ཤེར་ཤིང་སླག）⑥、玛霍尔·达苏（མ་ཧོར་སྟག་གཟིག）⑦、才帮·达瓦坚参（ཚེ་སྤུངས་ཟླ་བ་རྒྱལ་མཚན།）⑧，在本钦·达布示匝（ཏ་པི་ཧྲི་ཙ།）⑨、杰邦·囊谢勒波

---

① 芭·丹杰桑布的《本教源流宏扬明灯》第162页记载：象雄地区成就者虽多，但象雄佐门杰钦时期灭本；吐蕃成就者虽多，但巴居章噶波时期灭本，此即运用了《本教未灭之因》的内容。《雍仲本教续部十万颂》（གཡུང་དྲུང་བོན་གྱི་རྒྱུད་འབུམ།）中有象雄杰尔钦佐盆（ཞང་ཞུང་གི་བོན་པོ་གྱེར་ཆེན་བཙོ་འཕེན།）的记载。

② 巴·吉章噶波是本教四大智者之首，与松赞干布同代。

③占巴南喀的《扎巴林札》中记载：止贡赞普之子布底贡杰时期，象雄东炯土钦前来，辅助布底贡杰复兴本教，其次前往西南的罗刹领地，降伏罗刹，此时尼泊尔的本教被灭。详见《本教历史文献汇编》第3卷，第118页。敦煌古藏文文献P.T.1060中记载：象雄的神弥炯和东炯（ཞང་ཞུང་གི་ལྷ་མུ་རྒྱུང་དང་སྟོང་རྒྱུང་།）弥炯也许是象雄耳传中的弥炯噶波大师；东炯也许是东炯土钦。

④ 扎沃贡年伏藏的《日光根本续》中以琼波·达扎敦祖、白雪章钦波、佐本赤祖琼扎、李西达让为四大智者。

⑤ 雍敦·巴登桑波12世纪初编纂的《象雄耳传历史通论》中记载：本钦·霍尔德传承之第13位上师叫琼波扎西坚参，有的文献中称他为象雄扎西坚参。

⑥ 雍敦·巴登桑波的《象雄耳传历史通论》中记载：囊谢勒波有四位上师，其中一位叫达伟鑫拉金（སྟག་ཤེར་ཤིང་སླག་ཅན）。

⑦ 雍敦·巴登桑波12世纪初编纂的《象雄耳传历史通论》第31页中记载：本钦·霍尔德传承之第15位上师叫玛霍尔达苏。

⑧ 雍敦巴登桑波十二世纪编纂的《象雄耳传历史通论》第29页中记载，才帮达瓦坚参为二十四位虹化大师之最后一位，也是囊谢勒波的上师。

⑨ 雍敦巴登桑波十二世纪编纂的《象雄耳传历史通论》第30页中记载，达布示匝为囊谢勒波的上师，也是冉桑鲁嘉的弟子，冉桑古玛热的父亲。

大师（སྣང་བཞེར་ལོད་པོ）时期①，象雄与吐蕃地区的本教遭到一次毁灭。

这一时期，象雄由李弥嘉（ལིག་མི་རྒྱ།）为王，门巴地区有班热郎（པན་ར་ལིང་།）国王在位，吐蕃以赤松德赞为赞普。赤松德赞之前（聂赤赞普至赤松德赞间，吐蕃出现38位国王），吐蕃的每个赞普，只有三个大臣，分别为内臣（ནང་བློན།）、外臣（ཕྱི་བློན།）、密谋臣（ཕྱིན་བློན།）。但赤松德赞时期，吐蕃已有三十位大臣，即外臣有十位、内臣有十位、密谋臣有十位，共三十位。当时，吐蕃势力非凡，军备充裕，征服了达苏财富国王（སྟག་གཟིག་ནོར་གྱི་རྒྱལ་པོ།），吐蕃与达苏（波斯）之间打通了商贸之路，河上架起桥梁，达苏国王与吐蕃君臣相称，货物互通。

李弥嘉拥有九万九千精兵，桑巴千户也隶属于象雄；而当时的吐蕃只有四十二千户，加上桑巴一千户，如果正面交战，吐蕃无法打败象雄。吐蕃赞普赤松德赞使诈，设计和骗取了象雄国王，赢得其信任，然后提出了刺杀他的计划。李弥嘉有三个王妃，最次的王妃叫"古如萨·囊珍勒莫"（གུ་རུབ་བཟའ་སྣང་སྒྲོན་ལེགས་མོ།）②。当时她只有十八岁，容易轻信外人。吐蕃外交密臣（密谋臣），心狠手辣，不择手段，带着装满野牛角的金粉，拜见古如·王妃。密臣将金粉供奉于古如·王妃，并对她说："吐蕃赞普为您感到很委屈，您再怎么努力也只是个次妃。吐蕃国王（赤松德赞）很是心疼您，想教训一下李弥嘉国王，有何办法？若有刺杀象雄王的办法，你将会是吐蕃的功臣，成为赤松德赞的正妃，而且吐蕃一半的管辖权都归你。"

古如·囊萨珍勒（གུ་རུབ་སྣང་བཟའ་སྒྲོན་ལེགས།）妃子说："象雄精兵覆盖大地，吐蕃只有追莫向（吐蕃兵很少）那么多，正面交战，自然不是对手，若谋杀尚可成功。"还说："李弥嘉国王下个月打算从象

---

① 占巴南喀的《雍仲本教续部十万颂》中有"古如帕瓦萌谢勒波、古如赞托仁穆萨"的记载。详见《雍仲本教历史文献汇编》第3卷，第88页。敦煌古藏文文献P.T.1287r384中也有"林波囊谢拉赞（བློན་པོ་སྣང་བཞེར་ཟླ་བཙན།）"的记载。

② 这位妃子应该是生于象雄古如地区，也许是古如家族之女。

雄来到桑巴林格江学（སུམ་པ་གླིང་གི་ཀྱིམ་པོད།）[①]，你们提前在那布置安排，等待国王的到来，具体由我来策划密谋。”吐蕃密臣说：“这方法倒是可行，但女人的话不能全信，您必须把具体的时间、地点和方案放在山顶的拉则[②]旁边，我才能相信。”古如·囊萨珍勒与李弥嘉国王提前到达拉则旁边，王妃囊萨珍勒偷偷放了一锅水，水里放了圆形金镜、小螺和一支毒箭。吐蕃赞普说：这一锅水代表下月十五时，圆形金镜和小螺代表东热塞普（དངས་ར་གསེར་ཕུགས།）和东普（དུང་ཕུགས།），即两个地名，毒箭是狠心杀死之意。

于是，吐蕃赞普和密臣提前到达约定的地点等待。赤松德赞与象雄的李弥嘉国王见面后，刺杀了他。象雄虽有十万余精兵，但被吐蕃一万人的军队打败，死伤惨重。在此之前，拉萨地区发生瘟疫、干旱等灾难。吐蕃密臣让占卦师贝乃古（སྤེ་ནེ་གུ།）[③]占卜预算。占卜师说：“此事由一名无父无母的孤儿所引起。”当地百姓问：“孤儿是谁？请指认他。”占卦师用马鞭指着一位十五岁的小孩儿，说：“就是他。”百姓问：“那我们该怎么做？”卦师说：“需由十五位不同氏族的本波师父举行仪式，让小孩骑着褐色之牛，面向西部，流放到讲不同语言的地区。”

当地百姓和密臣们按照占卦师的预言，把他流放到卡拉奇（ཁ་ཆེ།）毗婆沙（བྱེ་བྲག）[④]兴盛地。这个小孩机缘已到，前往印度与卡拉奇等地，学习佛法，成为出色的大译师，被尊称为堪布菩提萨埵（བོ་དྷི་ས་ཏྭ།）[⑤]。菩提萨埵被流放是因占卜师“白乃古”所致，所以对他

---

① 据说：桑巴林格江学是指如今西藏昌都地区丁青县孜珠山，待查实。

② 拉则（ལབ་ཙེ།）是古人在山顶供神时用的神殿，最起初也许是发信息之处，譬如：聂赤赞普在拉日将托神山时，被几个供神的本波所发现。

③占巴南喀的《扎巴林札》（གྲྭ་བསྒྲགས་པ་རིན་པོ་ཆེའི་གླིང་གྲགས།）中记载：由贝乃古、白雪珍、象玛象陈巴杰、昂达热鲁共等担任赤松德赞的古幸即贴身法师或护国师。故此可以断定，与赤松德赞同代。详见《本教历史文献汇编》第3卷，第35页。

④《扎巴林札》和《静猛根本释》（ཞི་ཁྲོ་རྩ་འགྲེལ།）中记载：冈底斯南部有印度和卡奇，指的就是卡拉奇地区。详见《本教历史文献汇编》第3卷，第8页。

⑤《巴协》（སྦ་བཞེད།）中记述：菩提萨埵是萨霍尔人，就是巴基斯坦卡奇地区的人，后来得到吐

恨之入骨，在吐蕃赞普与大臣之间，赞普与本波大师之间使了很多离间计，他向吐蕃赞普写信道：“毁灭本教，迎请印度佛教。大堪布。”还说：“印度佛法为妙法，本教在吐蕃实力雄厚，威胁到王权，到子孙时代，王位有可能被本教大师所取代，这对整个吐蕃都有威胁，所以先要灭了本，以绝后患。”

赤松德赞起初没听菩提萨埵之言，还说：“灭本如灭日月，如果定数已尽，日月也会被灭，但如果定数未尽，我们不能逆天而行，要顺其自然，无需刻意灭本，该灭时自然被灭。”此时，蓝天被乌云遮住，门巴国王班热郎梦到温暖三千世界的太阳，突然消失于空中，门巴王把自己的梦讲给哈喇亚国王（རྒྱལ་པོ་ཧ་ར་ཡ།）。哈喇亚国王又讲给大臣黛西代。就这样，一传十，十传百，传遍整个吐蕃。赤松德赞心想：“这小孩儿流放他处时，旅途遥远，环境险恶，但他不但能存活，还去了印度深造佛学。不但到了尼泊尔，还给我写信；本教大护法李弥嘉国王被杀，门巴王也有此梦境。种种迹象表明，本教定数已尽，是该灭了。”

当时，象雄万户隔离于上部小国，桑巴千户隔离于小范围政治领域，象雄王国四分五裂。象雄国王李弥嘉的正妃琼萨措杰（ཁྱུང་བཟའ་མཚོ་རྒྱལ།），因夫君被杀对吐蕃国王恨之入骨。于是邀请李弥嘉的上师囊谢勒波，以锦缎绸子做宝座，为囊谢勒波安置宝座，搭上白色夏娃日帐篷，敬酒供食，流着眼泪请求国师道：“本教护国大王遇刺，如钢铁般的本教律法已断，如太阳般的国法遭到削弱，本教领地四分五裂，如日月般的本教将被灭亡。此时此景，还望您出马，阻止这一切。”

囊谢勒波大师言：“麦日诅咒法中有个叫‘布’（སྦུ།）的诅咒，即一两金子用咒语加持三年并放过去，能灭整个吐蕃；有被称为‘琼’

蕃赞普的邀请，来到吐蕃弘扬佛法，他的传承应该是中观自续派，也是宁玛派的鼻祖。详见《巴协汇编》，第241页。

（ཁྲུང་།）的诅咒法，用半两金子加持三个月，放过去，可毁灭赤松德赞的所在地雅鲁藏布一带；被称为‘欧’（ཛུག།）的诅咒中，有一分（即一两的十分之一）的金子加持七天放过去，能杀死赞普赤松德赞。您要做哪个诅咒法？”琼萨措杰妃子说：“吐蕃百姓无罪，不能伤害，我要做‘欧’（ཛུག།）的诅咒法。”于是杰邦·囊谢勒波在达若措林（ད་རོག་མཚོ་གླིང་།）修行处①，搭着白色帐篷，垫锦缎宝座，以一分金子作为加持对象，加持七天。一分分为三份，其中一份在黄昏时，扔过去，落在雅拉香波山脚的湖里，于是湖枯龙跑；半夜凌晨时，又扔了其中的三分之一，落在索卡帮波日（སོག་ཀ་སྤུང་པོ་རི།）的七只鹿身上，死了两只，五只鹿晕倒，如今该地名叫夏娃荣（ཤ་བ་རིངས།），即鹿晕倒之地；三分之一在黎明时刻放到古卡琼瓦达栽（སྐུ་མཁར་ཕྱིང་བ་སྟག་རྩེ།）②，于是赤松德赞突然病倒。赤松德赞知道自己灭了本教，谋杀了象雄国王李弥嘉，今早又突然受到了麦日本尊“佐”（ཛོ།）的诅咒，他很快意识到，自己激怒了囊谢勒波大师。

所以赤松德赞派了一百个骑士，带着装满金粉的牛角，去邀请囊谢勒波大师，为自己治病，解除诅咒。赞普还说：“如果请不到，我将必死无疑。”一百个骑士到了扎西峡谷（今雅鲁藏布江流域扎囊县境内），对放羊的人问道：“杰邦·囊谢勒波③对吐蕃赞普赤松德赞下了诅咒。我们来此是为了邀请杰邦大师，如今大师人在何处？”放羊者答：“大师身在达若措林岩石山山脚，搭着白色帐篷，不过他居无定所，你们未必能够见到。”这一百名骑士坐船过海，到了领地时，囊谢勒波化为琉璃似的岩羊角，坐在锦缎宝座上。百位骑士知道，那是囊谢勒波大师的化身，于是供奉金子，绕转行礼，祈祷祈福，请求现身。

---

① 位于今西藏自治区日喀则仲巴县达若乡以北，那里有个莲花生修行洞，据当地村民说曾有一位本教大师在那里修行过。

② 古卡是国王的宫殿，琼瓦达在是宫殿的名称，是吐蕃历代赞普的宫殿。

③ 杰尔绑·囊谢勒波也被称为古如·囊谢勒波。

岩羊角立马变成囊谢勒波大师，说道：“赤松德赞谋杀象雄国王李弥嘉，灭了本教，赶走本教大师，我虽恨赞普赤松德赞，但若他死了，吐蕃必将灭亡，所以我让他变得半死不活。我若陪同你们前去，你们能否承诺停止灭本活动？”大臣说：“我们来时，赞普赤松德赞叮嘱道，灭本并非他的本意，是菩提萨埵为主的印度堪布和部分臣子所为，如今他答应所有要求。”这百位骑士还传达国王的话道：“我将对三百六十部象雄部的本教进行保护；古如（དུ་རུག།）地区的人到了雅鲁藏布地区，可免所有赋税，可坐在赞普右侧上座；为李弥嘉国王铸造一尊与其身材同等的金神像，以此纪念李弥嘉国王，用十三尊国王神像（这应该是古代藏族人偿命的方式），向琼萨措杰（ཕྱིང་བཟའ་མཚོ་རྒྱལ།）忏悔谢罪。”大师答：“若上述句句能够兑现，我可以前去，治好国王之病。”

于是，囊谢勒波跟随百位骑士，前往雅鲁藏布地区，拜访赞普赤松德赞，为赞普撰写了《回遮仪轨桑提帕尔玛九部经》（ཕྱི་ཟློག་གི་ཚེ་ག་གསང་ཐིམས་འཕར་མ་དགུ་སྐོར།）。大师作法，在赞普的身体九窍（བུ་ག་སྒོ་དགུ།）中取出很多金丝，同时排出了很多血与脓，使其恢复，赤松德赞对囊谢勒波也敬爱有加，象雄的三百六十部经文因此未遭毁灭，古如地区的村民来赞普之地可以坐在赞普右侧座位①；与象雄国王李弥嘉身材同等的十三尊神像也供奉于琼萨措杰正妃以忏悔谢罪。本教文化再次得到重用时，杰邦·囊谢勒波大师成为了象雄的国王。他把象雄部的本教传授于象雄的东炯土钦，此文乃《象雄耳传四部大圆满》中赤松德赞时期的本教历史，名《本教未灭之因》。

①《巴协》中记载：赞普去世前，本教立于赞普右侧座位，赞普圆寂后本教立于左侧和右侧的所有座位。详见《巴协》，北京：民族出版社，2009年8月，第275页。

## 《本教未灭之因》中记载的古人名录

| 序号 | 藏文 | 汉文 | 注释 |
| --- | --- | --- | --- |
| 1 | ཙོ་མེན་གྱེར་ཆེན། | 佐门杰钦 | 象雄的成就者 |
| 2 | སྤ་ཛི་ཁྲོམ་དཀར་པོ། | 巴·居章噶波 | 赤松德赞的古幸即贴身法师 |
| 3 | སྟོང་རྒྱུང་མཐུ་ཆེན། | 东炯土钦 | 本教四大智者之象雄智者 |
| 4 | མཁས་པ་མི་བཞི། | 四大智者 | 东炯土钦、夏日邬钦、杰匝喀邬、江擦玛琼 |
| 5 | བླ་ཆེན་དྲན་ནམ་མཁའ། | 占巴南喀大师 | 占巴三父子之首，出生于八世纪 |
| 6 | ཞང་ཞུང་བཀྲ་ཤིས་རྒྱལ་མཚན། | 象雄扎西坚参 | 象雄耳传上师 |
| 7 | གུ་རུབ་སྟག་ཤེར་ཤིང་སླག | 古如·达伟鑫拉 | 象雄耳传上师 |
| 8 | མ་ཧོར་སྟག་གཟིག | 玛霍尔·达苏 | 象雄耳传上师 |
| 9 | ཚེ་སྤུངས་ཟླ་བ་རྒྱལ་མཚན། | 才帮·达瓦坚参 | 囊谢勒波的上师之一 |
| 10 | དཔོན་ཆེན་ཏ་པི་ཧྲི་ཙ། | 本钦·达布示匝 | 囊谢勒波的上师之一 |
| 11 | གྱེར་སྤུངས་སྣང་བཞེར་ལོད་པོ། | 杰邦·囊谢勒波 | 象雄的国师，李弥嘉的上师 |
| 12 | ཞང་རྒྱལ་ལིག་མི་རྒྱ། | 李弥嘉 | 古象雄之国王 |
| 13 | ཁྱུང་བཟའ་མཚོ་རྒྱལ། | 琼萨措杰 | 李弥嘉国王的正妃 |
| 14 | གུ་རུབ་སྣང་བཟའ་སྒྲོན་ལེགས། | 古如囊萨珍勒 | 李弥嘉国王的次妃 |
| 15 | ཁྲི་སྲོང་ལྡེ་བཙན། | 赤松德赞 | 吐蕃第三十八代赞普 |
| 16 | མཁན་པོ་བོ་དྷི་ས་ཏྭ། | 堪布菩提萨埵 | 萨霍尔人，藏传佛教宁玛派的鼻祖 |
| 17 | མོན་གྱི་རྒྱལ་པོ་པན་ར་ལིང་། | 门巴王班热郎 | 门巴王 |
| 18 | སྤེ་ནེ་གུ། | 白乃古卦师 | |

## 二、作者囊谢勒波简介

1.简单介绍作者之传

《象雄耳传本教未灭之因》的作者叫囊谢勒波，是象雄耳传二十六位虹化大师之一，也是象雄国王李弥嘉的国师，象雄耳传四大传承的继承者。

囊谢勒波的传记有多种版本，其中最著名的几部简介如下：

其一，最早记载于雍敦·巴登桑波的《象雄耳传历史通论》（ཞང་ཞུང་སྙན་རྒྱུད་ཀྱི་ལོ་རྒྱུས་སྤྱི་བཤད།）中，共3页，1500字，简单易懂①；

其二，收录于知·嘉瓦雍仲13世纪中叶编纂的《象雄耳传历史传》（ཞང་ཞུང་སྙན་རྒྱུད་ཀྱི་རྣམ་ཐར་ལོ་རྒྱུས།）中，共计3000余字②。其依据之前的两个版本撰写，未有新的延伸；

其三，出现于1345年，由芭·邓杰桑波所编纂的《象雄耳传历代上师传》（ཞང་ཞུང་སྙན་རྒྱུད་བརྒྱུད་པའི་བླ་མའི་རྣམ་ཐར།）中，共计2500字③。

《象雄耳传历史通论》中的译本《囊谢勒波传》有三个特点：一、文中出现了许多人名、地名等古代词汇，值得深入研究；二、表达通俗、简单易懂，成书时间较早；三、译本作者与象雄耳传大圆满关联密切。

《象雄耳传历史通论》中的古代词汇

| 现代词 | 古词 | 现代词 | 古词 |
| --- | --- | --- | --- |
| གཙང་མ། | རྩང་མ། | དཔེ་མཚོན་དགུ། | དཔེའ་མཚོན་རྒུ། |
| དགུ། | རྒུ། | ཤོག་བུ། | ཤོག་གུ། |

① 雍敦·巴登桑波编纂：《象雄耳传历史通论》，共有96页，电子版，由邓真尼玛提供。《囊谢勒波传》记载于该书第34页。

② 知·嘉瓦雍仲编纂：《象雄耳传历史传》，现收录于《远古藏文精粹——象雄耳传》，成都：四川民族出版社，2016年2月，第1至45页。

③ 芭·丹杰桑布编纂：《象雄耳传历代上师传》，收录于《冈底斯雍仲苯教文献丛书》第24卷，北京：民族出版社，2010年9月，第1至86页。

| | | | |
|---|---|---|---|
| དགུང་ལོ། | རྒུང་ལོ། | དགོངས་རྒྱུད་དགུ། | རྒོངས་རྒྱུད་རྒུད། |
| དགོངས་པ། | རྒོངས་པ། | བར་སྣང་། | བར་ཡིང་། |
| རྫོས་གྲུབ། | དངོས་གྲུབ། | ཐེག་པ་རིམ་དགུ། | ཐེག་པ་རིམ་རྒུ། |
| མ་འགགས་པ། | མ་སྒགས་པ། | དགེ་བ། | དགེའ་བ། |
| དཀའ་བ་རྒུ། | དཀའ་བ་དགུ། | དཀར་པོ། | ཁར་པོ། |

## 三、囊谢勒波传（译本）

象雄的七位成就者传记中，囊谢勒波位于首位。囊谢勒波传记分五部分，即其父母和诞生地、上师、修行处和修行情况、共同成就和非共同证悟的成就现象（共同成就是指一般的成就，非共同成就是指殊胜成就）。

此传摘自雍敦·巴登桑波的《象雄耳传历史通论》。该传文辞直白、内容详实、通俗易懂。不仅记述了囊谢勒波的父母、出生地点、家族、上师、修行处、修行成就等生平经历，还呈现了当时吐蕃与象雄的关系，对了解象雄本教存续的历史诱因和社会情境大有裨益。为此，笔者将之译为汉文，以飨读者。

1.父母

囊谢勒波的父亲名“古如布美”（ཀུ་རུབ་འབུམ་མེ།）（生于象雄古如地区），母亲名 “沃萨珍乃”（འོར་བཟའ་སྒྲོན་ནེ།）。

2.如何拜上师

囊谢勒波十三岁时，开始接受学修课程；四十七岁时，拜象雄耳传大圆满上师才帮达瓦坚参（ཚེ་སྤུངས་ཟླ་བ་རྒྱལ་མཚན།）为师，以无尽珍贵的财富做供养，在玛密（མ་མིག）山以西的扎荣噶波（བྲག་རོང་དཀར་པོ།）岩洞里接受大圆满象雄耳传五部指点（ཇི་སྒྲོད་ལྔ།）。杰邦·囊谢勒波发誓不传于他人，上师达瓦坚参说：若遇有缘弟子，尽可传授，但对无缘者绝密。此外，还拜五位传承上师的最后一位达伟·鑫拉金（སྟག་ལེར་ཤིང་སྣག་ཅན།）为师，接受象雄耳传秘诀；拜七位传承上师的最后一位上师象雄扎西坚参（བཀྲ་ཤིས་རྒྱལ་མཚན།）为师，接受象雄耳传的秘诀；以二十四位虹化大师之最后一位上师达瓦坚参（ཟླ་བ་རྒྱལ་མཚན།）为师，接受象雄耳传的秘诀；拜三十八位上师的最后一位玛霍尔达苏（མ་ཧོར་སྟག་གཟིག）为师，接受耳传秘诀，成就象雄四部耳传大圆满法。

囊谢勒波闻思象雄耳传之精髓，严守戒律，实修心法，精通各门各派，掌握修行奥秘，获得非凡成就，得到李弥嘉的赞美与认可，并任国师一职，因而引发其傲慢。因傲慢造成非共同成就的障碍，后在扎西东热山谷（ཏ་ཧྲི་དུངས་རི།）的森林中，遇见达布示匝大师，才获得非共同成就（虹化成就）。

3.修行圣地

囊谢勒波大师的修行地乃达若措门（ད་རོག་མཚོ་སྨན།）地区（达若不但是囊谢勒波与达布示匝修行之地，亦是象雄四部耳传大圆满编写文字，汇成经函之地）[①]，这是深受圣人加持之地，他在此处修行，延寿到576岁。

4.修行的成就

暂时成就是指一般成就，囊谢勒波通过麦日本尊成就三种诅咒，即布（སྤྱི།）、琼（ཁྱུང་།）、欧（ཧྲུག།）。

**四、象雄耳传东南西北四个传承**

象雄耳传大圆满乃象雄文化之精髓，研究象雄的历史文化，这部文本便成为极其重要的资料之一。根据《象雄耳传四部经》记载：将《象雄耳传大圆满》集结成典的上师名叫古如·囊谢勒波（གུ་རུབ་སྣང་བཞེར་ལོད་པོ།），是象雄的李弥嘉国王（ལིག་མིན་རྒྱལ།）之国师，据说李弥嘉去世后，该师曾担任摄政一职，由此可知其年代应在八世纪中。按其弟子帕瓦·杰苏塞琼（ཕ་བ་རྒྱལ་གཟིགས་གསས་ཆུང་།）的传记记载，他

① 达若位于今西藏自治区日喀则仲巴县达若乡以北的山洞里。

是吐蕃第四十一代赞普赤热巴坚（ཁྲི་རལ་པ་ཅན།）的应供上师。由此可见，约在八世纪末和九世纪初，帕瓦·杰苏塞琼仍健在①。帕瓦·杰苏塞琼至本嘉赞波（དཔོན་རྒྱལ་བཙན་པོ།）大师间有六位上师相继出世，称为象雄六大上师，他们几乎都诞生于象雄古如地区。从本嘉赞波大师起，耳传续分为上下部两种传承，兴于象雄上下部地区，从雍敦大师起，南传和北传产生，兴于整个象雄和吐蕃之域，具体如下：

（一）总说传承四部的产生

《本教源流弘扬明灯》是由芭·邓杰桑波于公元1345年所著的一部本教史书。书中记载："自帕瓦杰苏（པ་བ་རྒྱལ་གཟིགས།）至奔嘉赞普（དཔོན་རྒྱལ་བོན་བཙན་པོ།）之间，先后出世六位上师，传承象雄耳传。自本嘉赞普象雄耳传大圆满衍生出两大传承，其种《象雄耳传四部大圆满》传授于古格罗丹（གུ་གེ་བློ་ལྡན།）大师。古格罗丹传承中相继出现六位上师，在象雄上部（拉达克、古格、普兰等地）地区广泛流传，成为象雄上部传承，也是象雄耳传四部大圆满。本嘉赞普又把《象雄耳传实修传承广中略》（ཉམས་རྒྱུད་རྒྱས་འབྲིང་བསྡུས་གསུམ།）、《麦日本尊修法》（མེ་རི།）等传授于象地区的琼协牟特上师（ཁྱུང་བྱིད་མུ་ཁྲུར།），从而由五位上师先后传授象雄下部地区，形成象雄耳传下部传承。上部传承六位上师的最后一位为朵美依波（རྟོགས་མེད་ཞིག་པོ།），下部传承五位上师的最后一位为阔贡衮德（འཕོར་སྒོམ་ཀུན་འདུལ།），合称'沃贡衮德'（འོར་སྒོམ་ཀུན་འདུལ་ཡང་ཟེར།），他们二位将把《象雄耳传历代上师传》《实修传承广中略三部》结合成一体，成为一个传承，传授于雍敦·西饶坚参大师（བླ་མ་ཡང་སྟོད་ཆེན་པོ།），使耳传续上下传承合二为一，从雍敦巴大师起耳传续分为南传和北传②。

《修行传承佛说教授》是公元1342年至1390年间由知嘉瓦雍仲所汇编的一部象雄耳传续修传承的著述，其中记述的《历代上师记》的

① 雍敦巴登桑波汇编：《象雄耳传通史》，电子版，第20页，由邓真尼玛提供。

② 芭·丹杰桑布：《本教源流宏扬明灯》，北京：中国藏学出版社，1991年，第194页。

标题有“大圆满象雄耳传续的历史传记”和“象雄耳传大圆满历代上师传”，写法各异，共达45页。该著述中记载，亚阿塞杰（ཡ་ངལ་གསས་རྒྱལ།）和托嘎曼吉（ཐོད་དཀར་སྣན་སྐྱིད།）二位任吐蕃赞普·赤热巴坚的卫士，帕瓦杰苏（ཕ་བ་རྒྱལ་གཟིགས།）任赤热巴坚的应供上师，可见公元815年帕瓦杰苏仍健在。总之，帕瓦杰苏塞琼（ཕ་བ་རྒྱལ་གཟིགས་གསས་ཆུང་།）、穆·佐盖钦波（དམུ་ཙོག་གེ་ཆེན་པོ།）、穆·卓董钦波（དམུ་ཙོ་སྟོང་ཆེན་པོ།）、穆·薛章钦波（དམུ་ཤོ་ཏྲམ་ཆེན་པོ།）、穆·嘉瓦罗珠（དམུ་རྒྱལ་བ་བློ་གྲོས།）和本嘉赞波（དཔོན་རྒྱལ་བཙན་པོ།）等六位大师先后世出，称为象雄古如地区的六大成就者[①]。他们将象雄耳传以古如为主，弘扬于整个象雄之域。这一时期的四位上师的名字前都冠带有“穆”（དམུ།）的姓氏，可见在八世纪“穆”在高原地区的影响。“穆”在古藏文中还有“དམུད།”、“རྨུ།”、“རྨུད།”、和“སྨུ།”等多种写法，按法藏敦煌古藏文文献P.T.129中“穆之域在东南界”和“穆王降旨”，P.T.1060中有“穆达确”（དམུ་ཏ་འི་ཚོ།），P.T.1285中有“穆本益乌覃（དམུ་བོན་ཡིའུ་ཐན།）”等记载，指出了“穆”为一小国，有国王、宗教（即本波），以及本波的巫师和信仰。《当许噶唐布巴奇塔本古本教文书》（གཏམ་ཤུལ་དགའ་ཐང་འབུམ་པ་ཆེའི་ཡིག་རྙིང་།）第四章中记载：“母与王母之名称，添加‘རྨུ་ཚ་ཧིང་བ།’字样，将‘དམུ།’写为‘རྨུ།’”字[②]。辛饶弥沃中传《塞米经》中记载：“穆本益乌覃（དམུ་བོན་ཡིའུ་ཐན།）[③]前往穆域等地”。[④]有的书中又写为“穆苯益丹（དམུ་བོན་ཡི་ཏན།）”。

①芭·丹杰桑布：《象雄耳传历代上师传》，现存《冈底斯雍仲苯教文献丛书》第25卷，成都：四川民族出版社：2010年，20页。

② 巴桑旺堆　罗布次仁汇编：《当许噶唐蚌巴奇塔本古苯教文书汇编》，拉萨：西藏藏文古籍出版社，2007年9月，第21页。

③穆本益乌谭是辛饶弥沃时期高原三十三个部落之一穆部落之巫师，后来成为辛饶弥沃之徒。而穆是穆、都（魔）、赞三族之最强大的部落。

④ 伟色金巴主编：《库门经典汇编》第26卷《塞米经》，兰州：甘肃民族出版社，2015年9月，第25页。

《瑜伽拉吉坚之史》（ཡོ་ག་ལྷ་གྱེས་ཅན་གྱི་ལོ་རྒྱུས།）①中记载："聂赤赞普之祖先赤登惆被流放穆域的传说中说，聂赤赞普来到吐蕃时，持穆之铠甲学尔莫（དམུ་ཁྲབ་ཤོལ་མོ།）、穆之头盔穆娄（དམུ་རྨོག་དམུ་ལུགས།）、穆之盾牌共察（དམུ་ཕུབ་གོང་ཁྲད།）、穆之九层梯（དམུ་སྐས་རིམ་དགུ།）和穆章茸亚（དམུ་འབྲང་ཟངས་ཡག）等，顺穆之九庹天绳，降至人间。"②由此可知，穆氏与吐蕃有着紧密的联系③。同样，《柱间史》④中也有"头顶有一天神之穆索"之记载，将穆本波、董本波等中的藏文"དམུ།"字写为"རྨུ།"字⑤。公元1108年，伏藏大师玛顿索增（རྨ་སྟོན་སྲོལ་འཛིན།）在宕惹（དྭང་ར།）地区发掘的古籍《巨邦僧土经》中记载："穆（དམུ།）、都（བདུད།）、赞（བཙན།）的部族公开食人，鬼、罗刹和非人雪尔气盛，人、玛和辛处于低谷中。"⑥穆、都、赞被列入黑恶或恶业之化身，人、玛、辛恰好与之相反，列为善的一方。

《智者喜宴》中记载："从第五位穆王科吉（རྨུ་རྒྱལ་ཁོ་རྗེ།）开始，掷阿昌江昌（ང་འཕྲང་ཅང་འཕྲང་།）器具和绳索"⑦，其中就写到了吐蕃以前出现的十个小邦，穆杰科吉为第五位，他们拥有柱子等装饰品，还会念咒语。本教古籍《黑头矮人的故事》（《དབུ་ནག་མིའུ་འདྲ་ཆགས།》）中有"恰（ཕྱྭ།）、穆（དམུ།）、祖（གཙུག）三种，这一记载指出了恰•杰嘉波（ཕྱྭ་རྗེ་རྒྱལ་པོ།）和穆杰斯巴（དམུ་རྗེ་སྲིད་པ།）和祖邓窝阔（གཙུག་ཧེན་ཨོ་ཀོ），是高原上最古老而重要的氏族⑧，且法藏敦煌古藏

① 该书讲述了吐蕃第一代赞普聂赤赞普从天而降之故事，敦煌古藏文文献、《弟吴宗教源流》中皆以此为据。据《弟吴宗教源流》记载，藏族有五部历史，聂赤赞普从天而降的故事是其中之一。

② 索朗曲杰主编：《苯教古文献九部史》，拉萨：西藏藏文古籍出版社，2017年4月，第86页。

③ 索南曲杰主编：《苯教古文献九部史》，拉萨：西藏藏文古籍出版社，2017年4月，第81页。

④ 据说：《柱间史》（བཀའ་ཆེམས་ཀ་ཁོལ་མ།）是阿底峡来到桑耶寺时，根据寺院管理员口述所写的松赞干布故事，也有的说是松赞干布所写，由阿底峡从桑耶寺宝瓶柱中掘藏。

⑤ 觉沃·阿底峡发掘：《柱简史》，兰州：甘肃民族出版社，1981年9月，第81页。

⑥ 才让太主编：《冈底斯雍仲苯教文献》第15卷《生土根本续》，北京：民族出版社，2010年9月，第9页。

⑦ 祖拉陈瓦：《智者喜宴》，北京：民族出版社，2015年，第82页。

⑧ 索南曲杰主编：《苯教古文献九部史》，拉萨：西藏藏文古籍出版社，2017年，第48页。

文文献P.T.129中有“恰之使者来到穆氏之地”的传说，如是本教祖师辛饶弥沃的氏族渊源也可追溯到穆氏辛（དམུ་རིགས་གཤེན།）或穆辛（དམུ་གཤེན།）[①]。尼泊尔的三位游方僧于公元952年发掘的《集经》[②]（《མདོ་འདུས།》）等古籍中有“冈底斯的以西有穆氏之国”[③]的记载。其中不仅非常明确地指出了穆为氏族血统中逐步形成的古代一小国，且有他们的宗教信仰和本波（即国师）。

言归正传，象雄古如地区四位上师中的最后一位是穆·嘉瓦罗珠（དམུ་རྒྱལ་བ་བློ་གྲོས།），其弟子本嘉赞波（དཔོན་རྒྱལ་བཙན་པོ།）向他自己的弟子古格·西绕乐丹（གུ་གེ་ཤེས་རབ་བློ་ལྡན།）[④]传授了象雄耳传，并使其在象雄上部地区得以弘传，所传之的法门为“象雄耳传四部大圆满”。后又经弟子即香地区之琼西米特牟特（ཤང་གི་ཁྱུང་བྱིད་མུ་ཐུར།）传与以霍尔琼为主的象雄下部地区，所传为广中略三部实修传承和象雄麦日（ཞང་ཞུང་མེ་རི།）等法门，被称为“象雄耳传下部传承”。上部传承的六任上师中的最后一位上师称朵美依波（རྟོགས་མེད་ཞིག་པོ།），将教言传承的所有法门传授给了雍敦·西饶坚赞（ཡང་སྟོན་ཤེས་རབ་རྒྱལ་མཚན།）。下部传承的五任上师中的最后一位阔贡衮德（འཁོར་སྒོམ་ཀུན་འདུལ།），将广中略修行续和象雄麦日（ཞང་ཞུང་མེ་རི།）等法门传授给了雍敦钦波（ཡང་སྟོན་ཆེན་པོ།），形成上下部传承交汇合流。

雍敦钦波（ཡང་སྟོན་ཆེན་པོ།），又名“雍敦西饶坚赞”（ཡང་སྟོན་ཆེན་པོ་ཤེས་རབ་རྒྱལ་མཚན།），据记载辛钦鲁噶（གཤེན་ཆེན་ཀླུ་དགའ།）和旺丹西益勒波（དབང་ལྡན་ཞུ་ཡས་ལེགས་པོ།）幼小时，还曾在尼泊尔的木斯塘、多波和卓等地弘扬象雄耳传，根据《西益勒波自传》记载，西益勒波抛弃

① 赤索丹主编：《本教历史文献汇编》第3卷《扎巴林札》，兰州：甘肃文化出版社，2018年7月，第122页。

②《集经》是辛饶弥沃的自传，据说：李西达让约在七世纪，从达斯沃莫隆仁翻译成藏语，八世纪时，伏藏于桑耶红色之塔，十世纪中叶被三位尼泊尔游方僧误认为是金子，从寺院盗取，流传到民间。

③ 伟色金巴主编：《库门经典汇编》第15卷《无垢根本经》，兰州：甘肃民族出版社，2015年9月，第228页。

④ 此文中提到的古格罗丹与古格西饶罗丹是同一个人。

家业，前往知参塔尕拜幸钦鲁噶为师。幸钦鲁噶说：“要么去阿里木斯塘，拜雍敦·西饶坚参为师，学习大圆满；要么回家种地，维持家业；要么回家，筹备人力物力，随我去挖伏藏经文，你自己选。”由此推断，西益勒波十几岁时，雍敦·西饶坚参已非常出名。据《教历宝鬘》记载：“西益勒波生于公元1002年”[1]，由此说明，雍敦·西饶坚参约生活在十世纪中叶[2]。

象雄耳传因为传播区域和各上师的出生地及修行处不同，而分上、下、南、北的传承，这在上师传记中有明确的记载[3]。夏咱·扎西坚赞的《西藏本教源流》中也说道：“上下部和南北二部等四大传承是针对上师们所处的特殊地域和特殊居住地而言的。”[4]

有关这些上师传承的有力依据，《西藏本教源流》中记载道：“象雄的六大上师、上部六位证悟士、下部五位上师、可信九大上师、秘密五位上师、受教授七持明、八大方便道主、众生之二怙主、传承三上师、八无比可靠者等共59位上师先后辈出，迄今由上至下，以词语传承和修炼传承结合的方式作传承”[5]，在他们的详传中也对各自的传记作了明确的记述。

另外，此法因兴盛于象雄地区而呼象雄耳传，其中上部地区传承，主要盛行于拉达（ལ་དྭགས།）、布仁[6]（སྤུ་རངས།），有的文本中也写为布尚（སྤུ་ཧྲངས།）、古格（གུ་གེ）和勃律（བྲུ་ཤ）[7]等地，下部传承

---

[1] 尼玛旦增：《本教历法宝蔓》，现收录于《象雄语吐蕃历史文献》上部，成都：四川民族出版社，2016年，第1052页。

[2] 西益勒波：《西益勒波与西刚赤秀自传》第12页，2016年，兰州印刷，内部资料。

[3] 芭·丹杰桑布汇编：《象雄耳传大圆满历代上师传》，现收录于《冈底斯雍仲苯教文献》第25卷，北京：民族出版社，2010年9月，第81页。

[4] 夏扎·扎西坚赞：《西藏本教源流》，北京：民族出版社，1985年9月，第233页。

[5] 夏扎·扎西坚赞：《西藏本教源流》，北京：民族出版社，1985年9月，第233页。

[6] 布让的藏文（སྤུ་རངས།）或（སྤུ་ཧྲངས།），译不让，是西藏阿里地区的一个县，象雄语：不让中的“不”最初指头，“让”是指马，1959以前称普兰宗，1960以后改为普兰县，共有两个乡、一个镇，分别普兰镇、巴嘎乡、霍尔乡。

[7] 勃律是藏文“བྲུ་ཤ”的音变，吐蕃时期，勃律分裂为大勃律和小勃律，小勃律因吐蕃的打压，迁徙到今天的吉尔杰特一带，大勃律一直在阿里以南上巴基斯坦地带，归顺吐蕃。

盛行于霍尔（ཧོར།）和琼（ཁྱུང་།）境内。南传传承主要盛行于尼泊尔的洛上下部区域（བལ་པོའི་གློ་སྟོད་སྨད།）[1]和玛尔宗（དམར་རྫོང་།）、多波（དོལ་པོ།）和不丹（འབྲུག་ཡུལ།）等地。北传主要盛行于北部宕惹玉措（དྭངས་ར།）等地[2]。七世纪时，吐蕃与象雄联盟，北伐突厥，使突厥分为东突与西突；征服阿夏（འ་ཞ།）即吐谷浑后，又与唐王朝开战，以上情况皆记述于《两唐书吐蕃译注》中[3]。由此可知，当时象雄王朝的政治和军事力量都非常强大。

《象雄耳传大圆满历代上师略传》（ཞང་ཞུང་སྙན་རྒྱུད་ཀྱི་བླ་མའི་བརྒྱུད་རིམ་མདོར་བསྡུས།）中记载："达布示匝（ཏ་པི་ཧྲི་ཙ།）和囊谢勒波（སྣང་བཞེར་ལོད་པོ།）称二位恩德化身，也是师徒关系。囊谢勒波传于杰苏塞琼（རྒྱལ་གཟིགས་གསས་ཆུང་།），杰苏塞琼传穆辛卓格（དམུ་གཤེན་ཙེ་གེ），穆辛卓格传授于杰辛佐当（གྱེར་གཤེན་ཛཻ་བདང་།），囊谢勒波又把心法传授于薛章钦波（མོ་ཏྲམ་ཆེན་པོ།），薛章钦波传于穆·嘉瓦罗珠（དམུ་རྒྱལ་བ་བློ་གྲོས།），穆·嘉瓦罗珠传于本嘉赞波（དཔོན་རྒྱལ་བཙན་པོ།），此六位合称象雄六大成就者。"

《历代上师传的注释》（མཆན་འགྲེལ།）中记载："此后，教言传承和修炼传承分别划分出来，形成上下两部传承"。《象雄耳传大圆满历代上师传承》（བརྒྱུད་རིམ་མདོར་བསྡུས།）中也记载："本嘉赞波（དཔོན་བཙན་པོ།）仅将教言传承传古格洛丹（གུ་གེ་བློ་ལྡན།），古格洛丹传于布仁衮尕（སྤུ་རིང་ཀུན་དགའ།），布仁根呷传授于赛琼，赛琼又传于琼西米特（ཁྱུང་བྱིད་མུ་ཁྲར།），琼西米特传于德瓦让莫（བདེ་བ་རིང་མོ།），其弟子为朵美秀波（རྫོགས་མེད་ཞིག་པོ།），以上诸位合称上部六位上师。

本嘉赞波（དཔོན་བཙན་པོ།）又把实修的部分传授于林珠米特（ལྷུན་

① 洛上下部区域统称木斯塘。
② 夏扎·扎西坚赞：《西藏本教源流》，北京：民族出版社，1985年9月，第124页。
③ 罗光武译注：《两唐书吐蕃传译注》，北京：中国藏学出版社，2014年5月，第6页。

གྲུབ་སུ་ཐྲི།）。林珠米特弟子为幸杰拉泽（གཞེན་རྒྱལ་ལྷ་རྩེ།）。幸杰拉泽的弟子为拉贡嘎波（ལྷ་སྒོམ་དཀར་པོ།），拉贡嘎波的弟子为恩珠坚赞（དངོས་གྲུབ་རྒྱལ་མཚན།），恩珠坚赞的弟子是沃贡滚都（འོར་སྒོམ་ཀུན་འདུས།），这五位被称作下部地区的六位上师”①。雍敦·西饶坚赞（ཡང་སྟོན་ཤེས་རབ་རྒྱལ་མཚན།）先后在俄贡衮杜上师（བླ་མ་འོར་སྒོམ་ཀུན་འདུས།）和夺美依波大师（རྟོགས་མེད་ཞིག་པོ།）尊前请授象雄耳传四部大圆满、三部实修传承后，将两大传承合并。自那时起，象雄耳传又分北传和南传两大传承体系。北传体系可见其他记载，南传系统则为雍敦钦波传给其子贤能奔巴吉（འབུམ་རྗེ།），奔巴吉传于雍敦扎西坚赞（ཡང་སྟོན་བཀྲ་ཤིས་རྒྱལ་མཚན།），雍敦扎西坚赞传于温布益西坚赞（དབོན་པོ་ཡེ་ཤེས་རྒྱལ་མཚན།），益西坚赞传于坚赞仁钦（རྒྱལ་མཚན་རིན་ཆེན།），坚赞仁钦传于冀乔戴西（གཅིག་ཆོད་དད་ཤེས།），冀乔戴西传于直嘉雍仲（བྲུ་རྒྱལ་གཡུང་དྲུང་།），直嘉雍仲传于日巴西乐（རི་བ་ཤེར་བློ།），日巴西乐传于阿托益西仁钦（ཨ་ཐོག་ཡེ་ཤེས་རིན་ཆེན།），知·嘉瓦雍仲（བྲུ་སྟོན་རྒྱལ་བ།）传于陀拉西饶巴（མཐོ་ལ་ཤེས་རབ་དཔལ།），陀拉西饶巴传于郭宗·郎喀俄热（སྒོ་རྫོང་ནམ་མཁའ་འོད་ཟེར།），郭宗·郎喀俄热传于嘉绒雍仲益西（རྒྱལ་རོང་གཡུང་དྲུང་ཡེ་ཤེས།），嘉绒雍仲益西传于克珠仁钦乐助（མཁས་གྲུབ་རིན་ཆེན་བློ་གྲོས།），克珠仁钦乐助传于良麦西饶坚赞（མཉམ་མེད་ཤེས་རྒྱལ་མཚན།）②。

在《象雄耳传历代略传》中，除南传外，对北传未作详细记载。兴于尼泊尔多波和木斯塘的南传体系，从知·嘉瓦雍仲（བྲུ་རྒྱལ་བ་གཡུང་དྲུང་།）起又派生出部分传承支系。知·嘉瓦雍仲生于公元1242年，卒于公元1290年，这不仅在堪布尼玛（མཁན་ཉི་མ།）所著的《教历

①旦增益西主编：《远古藏族文化精髓——象雄耳传》第1卷，成都：四川民族出版社，2016年2月，第124页。

②旦增益西主编：《远古藏族文化精髓——象雄耳传》第1卷，成都：四川民族出版社，2016年2月，第124页。

宝鬘》中有记载①，他还是耶茹十八导师中的第十位敦巴。

知·嘉瓦雍仲大师尚出世前，耶茹文萨卡寺主要学修“大圆满菩提密藏”“心识九部”“三宣大圆满”“耶赤塔塞”和“阿赤大圆满”等传承。从知·嘉瓦雍仲起将象雄耳传传入耶茹文萨卡学院，象雄耳传、阿赤大圆满、心识九部为“阿佐年松”。其中的“阿”指《阿赤大圆满》，“佐”大圆满指“菩提隐密”、“心识九部”和“三宣大圆满”，“年”指象雄耳四部大圆满和三部实修传承。

（二）象雄六大成就者

自帕瓦·杰苏塞琼（ཕ་བ་རྒྱལ་གཟིགས་གསས་ཆུང་།）至本嘉赞波（དཔོན་རྒྱལ་བཙན་པོ།）间的六位上师，称为象雄六大成就者。据说，他们诞生于象雄古如（གུ་རུབ།）之地，即以今西藏自治区阿里地区噶尔县门士乡为中心的区域，因这一带古称“古如”之地。现以《象雄耳传通史》（ཞང་ཞུང་སྙན་རྒྱུད་ཀྱི་རྣམ་ཐར་སྤྱི་བཤད།）、《修炼传承佛说教授》（ཉམས་བརྒྱུད་རྒྱལ་བའི་ཕྱག་ཁྲིད།）、《象雄耳传历代上师传》（ཞང་ཞུང་སྙན་རྒྱུད་བརྒྱུད་པའི་བླ་མའི་རྣམ་ཐར།）、《耳传历代上师祈请文》（སྙན་རྒྱུད་བླ་བརྒྱུད་གསོལ་འདེབས།）和《象雄耳传历代上师略传》（ཞང་ཞུང་སྙན་རྒྱུད་བརྒྱུད་ཀྱི་རིམ་མདོར་བསྡུས།）等经典为参考依据，将帕瓦杰苏（ཕ་བ་རྒྱལ་གཟིགས།）、穆·佐盖钦波（དམུ་ཙོ་གེ་ཆེན་པོ།）、穆·佐当（དམུ་ཙོ་སྟང་།）、穆·薛章钦波（དམུ་ཤོ་ཏྲམ་ཆེན་པོ།）、穆·嘉瓦罗珠（དམུ་རྒྱལ་བ་བློ་གྲོས།）和本嘉赞波（དཔོན་རྒྱལ་བཙན་པོ།）等六位大师简要介绍如下：

1.大圆满上师帕瓦·杰苏塞琼

象雄耳传大圆满历代上师中有个叫“帕瓦杰苏塞琼（ཕ་བ་རྒྱལ་གཟིགས་གསས་ཆུང་།）”的上师，有的文本中写成“杰度塞琼”（རྒྱལ་ཏིག），是囊谢勒波大师的心传弟子，也是吐蕃第四十一代赞普赤热巴坚的国师。藏文“帕瓦”（ཕ་བ།）有多层含义，一是父亲之意；二是非出家的瑜伽师或在家居士的总称；三是年长或年老者，因与囊谢

① 邓真尼玛主编：《象雄与吐蕃历史文献》上部，成都：四川民族出版社，2016年11月，第1053页。

勒波相遇时，他已是七十三岁，所以有了帕瓦即为父或阿爸之称。杰苏塞琼是真名，其中的塞是神、上师、供应处，琼是小的意思，应该是小上师之意。大师出生于象雄赤代地区（万户村）一个贵族家庭。父亲名亚阿塞杰（ཡ་ངལ་གསས་རྒྱལ།），是一名象雄麦日本尊的成就者，后来做了吐蕃赞普赤热巴坚的国师，他也是属于古如家族；母亲名为托噶满吉（ཐོད་དཀར་སྨན་སྐྱིད།），是一名托噶公主。托噶应该是古时候大勃律（བྲུ་ཤ）地区的某个部落名称，即上巴基斯坦的古代名称。勃律的藏文是知夏（བྲུ་ཤ），卫藏南木林县的知氏家族就是来自于勃律。勃律境内曾有一支强大部落，叫托噶部落（ཐོད་ཀར།），他们以知氏家族为师，赞普时期，托噶与象雄来往密切，文化相互融合，托噶满吉就是来自托噶地区。

象雄王国的大国师囊谢勒波年老后，象雄赤代（万户村）地区公开寻找自己的继承人，但有资格继承象雄耳传的寥寥无几，只找到了七十三岁的帕瓦杰苏和三岁的穆佐盖布穹（དམུ་ཚོག་གེ་བུ་ཆུང་།）。穆佐盖因年幼，暂时无法胜任继承者，所以只能选七十三岁的帕瓦杰苏塞琼大师做继承人。杰苏塞琼精通占卜、历算、禳解、医术、超度仪轨，以及九乘次第方便法，也很了解积累资粮的各种方法，以造福百姓。

大师性格温和，稳如泰山，才智过人，慈悲善良，慷慨大方，能闻心法，能吃苦，敢于面对困难，勇于放下，愿意付出。大师自己被选为象雄耳传的继承者后，拜囊谢勒波为师，学习象雄耳传心法。囊谢勒波历经五年时间，通过管子传授象雄耳传的全部内容。当时，帕瓦·杰苏塞琼的夫人若熙·萨盖玛和三个儿女，因与父亲失联，全无音讯，心痛不已。

但大圆满不是听闻和思考就能传承下来，所以大师只有放下小我，接受象雄耳传之后，还要继续闭关修行，吸取精华，获取成就，以便把大圆满精神传承于后人。为了更好地修行、了解自己、展现自己，大师在美江噶纳（མི་རྒྱང་དཀར་ནག）地区，长期闭关修行，培养后人，延寿到370岁。

大师自幼修持象雄耳传大圆满和麦日修法（མེ་རི།），使长寿健康，色身光芒四射，庄严无比，获得密宗咒语的无上成就。大师的内心自由自在，活在本性之中，没有顾虑，不求成佛，不怕轮回生死，没有宗教概念，没有贵贱之分，获得虹化大成就。

2.穆・佐盖钦波（དམུ་ཚོ་གེ་ཆེན་པོ།）

穆・佐盖钦波（དམུ་ཚོག་གེ་ཆེན་པོ།）是著名象雄耳传大圆满历代上师之一，他是帕瓦・杰苏塞琼（པ་བ་རྒྱལ་གཟིགས།）的得意弟子，也是囊谢勒波选中的大圆满传承弟子。出生于西藏阿里的古如（གུ་རིབ།）地区，即今西藏自治区阿里噶尔县门士乡境内，为古如家族之后，父亲名古如杰尔江（གུ་རིབ་གྱེར་རྒྱང་།），是一位优秀的瑜伽大师；母亲名拉姆江吉（ལྷ་མོ་ལྕམ་གཅིག），意为唯一天女。

以象雄耳传历代上师中的穆・佐盖钦波（དམུ་ཚོག་གེ་ཆེན་པོ།）、穆・佐当（དམུ་ཚོག་སྣང་བས།）、穆・薛章钦波（དམུ་ཤོ་ཏྲམ་ཆེན་པོ།）、穆嘉瓦罗珠（དམུ་རྒྱལ་བ་བློ་གྲོས།）为证，可以得出穆（དམུ།）是格家族之名。譬如：古时候，在青藏高原有穆（དམུ།）、都（བདུད།）、赞（བཙན།）三个强大部族。其中穆是比较强大的部落，笔者认为穆部落在辛饶弥沃时代，演变为穆氏王朝，统领青藏高原，建立雍仲本教；“都”是魔族，“赞”是赞族，他们处处与穆氏王朝为敌，所以他们之间的关系复杂，变化莫测。但本文所提到的“穆”是否为穆氏王朝的后裔还得证实。

穆・佐盖钦波小时候跟随父亲古如杰尔江大师，学习占卜、历算、禳灾、医术、超度、祭祀神灵仪轨等世间本教的内容，奠定学修大圆满的基础；十九岁时，拜著名大圆满成就者帕瓦・杰苏塞琼为师，闻思象雄耳传四部大圆满的所有秘诀和传承，得到上师的真传；而后，在虎衣勇识——瑜伽勇识的聚集处，降伏阿修罗部族的圣地闭关修行，实修大圆满，获得生死自由，远离自我与生死轮回，验证本性，生命延续，认识真实的自己；170岁时圆寂。据此而言，在那时的瑜伽师以虎皮为衣，或穿着白衣。

以辈出于象雄耳传历代上师中的冉桑家族（ར་སངས།）、古如家族（ཀྱུ་རིབ།）、穆氏家族（དམུ།）、雍敦家族（ཡང་སྟོན།）为证，可以得出象雄耳传大圆满是传承于象雄地区的贵族家传之宗教，是只有贵族豪门之后才有机会学习的法门，学到大圆满之后，可以担任某个部落的国师或贴身法师职位。

3.穆·佐东钦波

穆·佐东钦波是穆佐盖之徒，象雄六大成就者之一，是古如家族之后裔。其父亲名为古如敦巴炯恩，母亲名为若西萨阿波汶。穆佐盖、穆佐东都属于穆氏之系，是古如家族之后。帕瓦杰苏之母叫若西萨，佐东之母也叫若西萨，他们也许来自同一个家族。因为象雄耳传是家族宗教，只传给世系家族。其中穆·佐盖、佐东中的“佐”（ཙོ།）或（ཛོ།），与象雄麦日法有关系，因象雄语“佐玛”（ཛོ་དམར།）是火绳之意。比如藏文“佐玛来拉果”（ཛོ་དམར་ཀླད་ལ་སྐོར།），意为火轮在头顶转动。

穆佐东钦波儿时成家立业，47岁时拜大圆满老师穆佐盖钦波为师，学习象雄耳传法。之后，在向谢荣地区闭关静修，获得长寿成就，活到113岁。据此可知，当时修行学法的不一定都是出家师父，他们起初娶妻生儿女，成家立业。在家业上有了一定的成就，才去追求修行生活，为自己的未来做准备。穆佐东把象雄耳传传授于自己的徒弟穆·薛章钦波，以培育后人，传承象雄文化。

4.穆·薛章钦波

穆·薛章钦波（དམུ་ཤོ་ཏྲམ་ཆེན་པོ།）为穆·佐盖大师（དམུ་ཙོག་གེ）的弟子，属古如血统，其父亲名为古如·绰嘉（ཀྱུ་ཏྲབ་ཁྲོ་རྒྱལ།），母亲名为热莫鲁谷（ར་མོ་ལུ་གུ）[①]。据说穆·薛章钦波与穆·佐盖大师是同父异母之兄弟，大师四十岁时厌倦尘世，向穆·佐盖大师献谷物青稞五驮等，请授教法，遂前往达果雪山（ཏ་སྒོ་གངས）之尼玛隆沟（ཉི་མ་ལུང་པ）修法[②]。

达果雪山，是位于今西藏自治区那曲西北部尼玛县达果乡前方的一处修行胜地，穆·薛章钦波大师（དམུ་ཤོ་ཏམ་ཆེན་པོ）在此地居住至一百七十岁，获得教法，并在阳光下，断生死之根成为觉悟者，身似虹光逝去，据此可知，其拥有共生之智。《象雄耳传历代上师祈请文》（《ཞང་ཞུང་སྙན་རྒྱུད་བརྒྱུད་པའི་གསོལ་འདེབས》）中记载："薛章钦波所见如幻影，穆杰罗珠有寂成定势"（详见《象雄耳传历代上师祈请文》）[③]，该师延寿到一百七十岁，皆以隐匿之势广行利生事业。

5.穆·嘉瓦罗珠

穆·嘉瓦罗珠（དམུ་རྒྱལ་བ་བློ་གྲོས）为穆·薛章钦波（དམུ་ཤོ་ཏམ་ཆེན་པོ）的弟子，其为本教历史上十分著名的大圆满上师之一，属古如血统，其父亲为古如·孜古（གུ་རུབ་ཙི་གུ），是一位穷人，所谓"孜古"为老鼠之称，估计为其绰号，母亲名不详。穆·嘉瓦罗珠幼时放羊，满四十五岁时，厌倦红尘，前往达果雪山胜地，在穆·薛章钦波（དམུ་ཤོ་ཏམ་ཆེན་པོ）尊前学法长达九年，无余获得教法精髓后，整个上半生居于达若的甲普（ད་རོག་ལྕག་ཕུག）之地修炼，其地位于今西藏自治区日喀则仲巴县达若乡（ད་རོག་ཤང་）以北的山洞，下半生居于松松拉扎岩山（ཟང་ཟང་ལྷ་བྲག）[④]作修行，修成大圆满虹身成就即光的成就，意与诸佛无二。《象雄耳传历代上师祈请文》中记载："穆·嘉瓦罗

---

① 热莫和鲁谷是山羊和小绵羊的合称，他们应是以羊为信仰物。

②才让太主编：《冈底斯雍仲苯教文献》第24卷《象雄耳传大圆满》，北京：民族出版社，2010年9月，第9页。

③作者不详：《象雄耳传历代上师祈请文》，长条写本，现珍藏于炉霍县仁达乡易日寺才旺成立手中。

④ 达扎主编：《象雄古刹》上部，成都：四川民族出版社，2015年，第58页。

珠证悟生死涅槃[①]。”

雍敦巴丹桑布（ཡང་སྟོན་དཔལ་ལྡན་བཟང་པོ།）的《象雄耳传大圆满通史》（《ཞང་ཞུང་སྙན་རྒྱུད་ཀྱི་རྣམ་ཐར་སྤྱི་བཤད།》）一书中也记载：“四十四岁时（《修炼传承佛说教授》中则记为四十五岁遁入佛门），厌倦红尘俗世，在达果雪山胜地于穆·薛章钦波（དམུ་ཤོ་ཏྲམ་ཆེན་པོ།）尊前请授教法九年，上半生在达若甲普之地集勤敏雍仲本教教言之世间非人护法，居于持明和降伏瑛界的本教徒集聚处，下半生在桑桑拉扎山生妙果和加持之处，高寿达二百七十岁。”[②]

6.本嘉赞波

本嘉赞波（དཔོན་རྒྱལ་བཙན་པོ།）又可译为本嘉赞普，是穆·嘉瓦罗珠的弟子，有的书中又称“本赞波或赞普”（དཔོན་བཙན་པོ།）[③]，据说该师的出生地为达若岩山之域，即今西藏日喀则地区仲巴县达若乡（ད་རོག་ཤང་།）境内[④]。其父亲名为古辛托拉（སྐུ་གཤེན་ཐོག་ལྷ།）[⑤]，母亲名为芒威公主金琼玛（མང་ཡིར་བཟའ་རྒྱན་ཆུང་མ།），出身于芒域地区的某个富翁家族；本嘉赞普属“托拉”（ཐོག་ལྷ།）之子，至于“托拉”是否为氏族之称还待考查。相传，他的母亲长达十二年无后，有一天，她睡在岩脚时，梦见从西方的白色岩石中走来一名美貌动人的化身孩童，与她交媾，次年她便生下一子，据说这个孩子就是本嘉赞波。

本嘉赞波的降生传说，与吐蕃第八代赞普止贡赞普（གྲི་གུམ་བཙན་པོ།）之子汝里吉（ རུ་ལས་སྐྱེས།）的身世非常相同，这些故事有什么关联还得进一步查实。大师七岁时就精勤行善，年满十二岁便前往居住于桑桑拉扎（ཟང་ཟང་ལྷ་བྲག）的穆·嘉瓦罗珠（དམུ་རྒྱལ་བ་བློ་གྲོས།）身边，献丰厚礼，行礼求法。大师看中此人，并给他传授象

① 大圆满经文中生死指轮回，涅槃指远离生死，即寂静状态，或超越生死之意。

② 雍敦·巴登桑波编纂：《象雄耳传历史通论》，电子版，第38页，由邓真尼玛提供。

③ 藏文本嘉赞波的赞波同吐蕃赞普的赞普，都写成“བཙན་པོ”，应该是某个贵族之后。

④ 据《本嘉未灭之因》记载，达若是达布示匝与囊谢勒波二人汇编象雄耳传四部大圆满之地。

⑤ 吐蕃赞普的古辛即贴身法师，也是为国王做禳灾、超度、祭祀神灵的巫师。

雄耳传四部大圆满法，他遂在耶茹香之山顶（ཤངས་ཀྱི་རི།）隐居修行，获得长寿成就之证果。耶茹香之山，位于今西藏日喀则南木林县境内，桑桑拉扎位于今西藏日喀则昂仁县辖区内，此地也是本塞琼果匝大师（དཔོན་གསས་ཁྱུང་རྒོད་རྩལ།）的掘藏圣地，当地百姓非常崇拜此山。

本嘉赞波（དཔོན་རྒྱལ་བཙན་པོ།）修得大圆满成就后，身体无需进食，一生活了很长时间，最终以虹化之身得解脱，身体化为一只绿布谷鸟（杜鹃鸟），飞往达斯（སྟག་གཟིག）之地，降伏西南罗刹等相关传说也非常多。《象雄耳传历代上师祈请文》中有“本嘉赞波降伏热夏恶孽”之记载，其中的“热夏”（རཀྵ།）在象雄语和梵语中指食人魔，即汉语中的“罗刹”。所谓“降伏热夏恶孽”，即指在西南地区降伏罗刹之意，与莲花生大师降伏罗刹的故事十分相似。

雍敦巴丹桑布（ཡང་སྟོན་དཔལ་ལྡན་བཟང་པོ།）的《象雄耳传大圆满通史》中记载：“（本嘉赞波）十三岁时在桑桑拉扎山向穆·嘉瓦罗珠请授教法，据说还献了五百甲胄”[⑥]。《证悟佛说传承经》（《ཉམས་རྒྱུད་རྒྱལ་བའི་ཕྱག་ཁྲིད།》）中本嘉赞波又被写为“大成就者”，“向穆·嘉瓦罗珠献丰厚礼物”中的“甲胄”需进一步考证[⑦]。

《象雄耳传历代上师祈请文》中加载：“杰苏塞琼解除身之缚，穆辛佐盖光明常持续，杰幸佐当显出妙神通，薛章钦波所想皆如幻，六位有福贤能受祈祷！”[⑧]帕瓦·杰苏塞琼（པ་བ་རྒྱལ་གཟིགས་གསས་ཆུང་།）、穆·佐盖（དམུ་ཙོ་གེ）、穆·佐当（དམུ་ཙོ་སྟངས།）、穆·薛章钦波（དམུ་ཤོད་ཏྲམ་ཆེན་པོ།）、穆·嘉瓦罗珠（དམུ་རྒྱལ་བ་བློ་གྲོས།）和本嘉赞波（དཔོན་རྒྱལ་བཙན་པོ།）等被称为象雄六成就者或有福六贤。从本嘉赞波（དཔོན་རྒྱལ་བཙན་པོ།）起，象雄耳传中衍生出上部和下部两大传承体系。

⑥ 雍敦·巴登桑波编纂：《象雄耳传历史通论》第39页，电子版，由邓真尼玛提供。

⑦益西旦增主编：《远古藏族文化精髓——象雄耳传》第1卷，成都：四川民族出版社，2016年2月，第20页。

⑧ 作者不详：《象雄耳传历代上师祈请文》，第2页，现藏于炉霍县仁达乡易日寺才旺成立手中。

（三）五位下部传承之师

自六位古如上师的最后一位本嘉赞波起，象雄耳传续分为四部传承和实修传承两大传承体系，实修传承又分广中略三个传承，以及麦日传承。该传承先后传于林珠米特尔
（即琼西米特牟特尔）、幸杰雍仲拉则、隆当贡钦（即拉贡嘎波），以及其子恩珠坚赞和沃贡衮都等五位上师，被称为象雄耳传下部传承。下部传承的五位上师被称为“五位化身成就者”，他们所传内容为《耳传实修广中略》。到了沃贡更都和雍敦·西饶坚参时期，形成文字，汇编成了文本。

1.林珠米特尔

林珠米特尔拥有本钦·林珠米特（དཔོན་ཆེན་ལྷུན་གྲུབ་མུ་ཐུར།）、琼西·米特（ཁྱུང་བྱི་མུ་ཐུར།）等很多尊称。琼西是家族之名，即属于本教知、西、巴、美、幸、琼六大氏族之琼氏家族，米特是其真名。大师为本嘉赞波的得意弟子，父亲名为琼西·珠比杰波（ཁྱུང་བྱིད་གྲུབ་པའི་རྒྱལ་པོ།），母亲名为杰洛囊斯金（སྣང་སྲིད་རྒྱན།）。他诞生后，因父亲姓氏为琼西米特氏系而又称“琼西米特牟特尔”（ཁྱུང་བྱིད་མུ་ཐུར།），诞生地估计在耶茹香之山。传说，本赞波上师（བླ་མ་དཔོན་བཙན་པོ།）居于香吉山时，林珠米特尔（ལྷུན་གྲུབ་མུ་ཐུར།）前往雅砻长沟中寻牛，遇见一位身体矮小、头戴一小修行帽、身着蓝色服装的上师，问其要去何处、去干什么、是不是本教徒、居于何处等，上师结合大圆满见地作答。

林珠米特尔进一步说道：“从你头戴的帽子和衣着上看，像是一个本教徒。”

上师向米特尔打听道：“你是本教徒吗，父母在何处，吐蕃有多少本教徒，学何法，属于哪个传承？”

米特尔答道：“吾为本教徒之后。”并将自己的父母和所知晓的知识，如实告诉了那位上师。从这段故事分析，上述经历中所说的雅砻长沟在香吉山范围内，故推测林珠米特尔的出生地应在耶茹香吉山

一带，即今西藏自治日喀则南木林县。

之后，本嘉赞波向弟子琼西米特完整传授了象雄耳传的灌顶和传承，详细解读了大圆满的全部内容。米特大师先后在耶茹香之域（ཤངས་ཀྱི་ཡུལ།）和昀波等地修炼，获得殊胜正果[①]。《象雄耳传大圆满历代上师祈请文》中有“林珠米特精通生圆次第”[②]的记载，说明他获得了密宗生起圆满次第之成就。

在《象雄耳传历代上师传记》中，本钦·霍尔德（དཔོན་ཆེན་ཧོར་ཏི།）、本钦·达布示匝（དཔོན་ཆེན་ཏ་པི་ཧྲི་ཙ།）、本嘉赞波（དཔོན་རྒྱལ་བཙན་པོ།）、本钦·林珠米特尔（དཔོན་ཆེན་ལྷུན་གྲུབ་མུ་ཐུར།）等上师的名字前都冠带本钦两个字，在密宗经论中上师称为“本赛”、本钦，这说明藏文“本”字与本教密宗文化的传承有着复杂的关系。

《证悟佛说传承经》中有“他（林珠米特尔）将杰波尼邦塞（རྒྱལ་པོ་ཉི་པང་སད།）和门莫（སྨན་མོ།）[③]等沦为奴仆，命其为教法之守护神灵”之记载，故迄今部分本教寺庙中都将尼邦塞王（རྒྱལ་པོ་ཉི་པང་སད།）和非人曼姆（སྨན་མོ།）列为守护神灵作供养。由此可知，从那时起就有供养这些守护神灵的传统。《大圆满象雄耳传续》（ཉམས་རྒྱུད་རྒྱལ་བའི་ཕྱག་ཁྲིད།）中不仅记载了尼邦塞王和非人曼姆二位是大圆满法的重要守护神灵，还说尼邦塞（ཉི་པང་སད། 即日邦塞）、达邦塞（ཟླ་པང་སད། 即月邦塞）、嘎邦塞（སྐར་པང་སད། 即星邦塞）、铮邦塞（སྤྲིན་པང་སད། 即云邦塞）和亚邦塞（འཇའ་པང་སད། 即虹邦塞）等为大圆满守护神灵五部之内属[④]。

《象雄耳传大圆满通史》（ཞང་ཞུང་སྙན་རྒྱུད་ཀྱི་རྣམ་ཐར་སྤྱི་བཤད།）中

---

① 才让太主编：《冈底斯雍仲苯教文献》第24卷《象雄耳传大圆满》，北京：民族出版社，2010年9月，第23页。

② 生圆次第是指密宗修法生起次第圆满次第。

③ 古藏文“门莫”是女性总称，比如拉门（ལྷ་སྨན།）即神族之女，鲁门（ཀླུ་སྨན།）即龙女，扎门（བྲག་སྨན།）即岩石女，南门（གནམ་སྨན།）即天女，亚门（གཡའ་སྨན།）山女等。

④ 才让太主编：《冈底斯雍仲苯教文献》第24卷《象雄耳传大圆满》，北京：民族出版社，2010年9月，第23页。

载："在清净人身之父母传记中：一、于名为惹壤（ར་རངས།）之地，生为琼西米特珠比杰布（ཁྱུང་ཅིད་གྲུབ་པའི་རྒྱལ་པོ།）和结罗氏朗斯健（སྣང་སྲིད་རྒྱན།）夫妇之子。二、与余业和有缘上师相遇的经历中，精干上师似鸟王般的修行者，居于耶茹香吉山时，牟特尔（མུ་ཐུར།）前往雅砻长沟寻牛，遇身体矮小的本曾波上师。"①其中将本赞波（དཔོན་བཙན་པོ།）写成了"本曾波"（དཔོན་ཆེན་པོ།），将寻牛一词的藏文写成了"གནག་སྔོན་དུ་ཕྱིན་པ།"，"耶茹香"（གཡས་རུ་ཤངས།）有可能就是今西藏日喀则南木林县耶茹湘一带，尚需进一步考证。

譬如：问上师请授灌顶需多少费用时，上师答道："无需大如马象，但小如针线也无益，送些酒新、食新、刨花和哈达来即可。"按此说法，可知请授教法不仅要上供，而且有送酒和金银以及哈达之俗。据说琼西米特牟特尔（ཁྱུང་ཅིད་མུ་ཐུར།）因对上师所授之内容感到满足，未悟诀窍之意，未学大圆满而学绨咒，故懊悔不已②。

2.幸杰拉则

幸杰拉则（གཤེན་རྒྱལ་ལྷ་རྩེ།）又称幸杰雍仲拉则，是本嘉赞波的弟子，《象雄耳传历代上师传》中以幸杰雍仲拉则相称③。他又是林珠米特尔（ལྷུན་གྲུབ་མུ་ཐུར།）的同门师兄弟，其父亲名为幸巴瓦林纳（གཤེན་འབར་བ་སྐྱིང་ནག），幼时丧母，父亲娶继母，继母常对他克食，使他在心中种下了仇恨的种子。后来他听说林珠米特在耶茹香地区，法力高强，遂前去学法术。米特上师不仅给他教法术，还将他带往自己的根本上师本嘉赞波处。经本嘉赞波讲授许多法要窍门后，心中的怨恨消失，生菩提善心。笔者认为，幸杰拉则与林珠米特并非出自同一个血统，不仅父母的名称不同，且只是听说"林珠米特"在山里修行才过来，此前两人从未谋面。他们只是同一上师的师兄弟，他们都

① 雍敦·巴登桑波编纂：《象雄耳传历史通论》，电子版，第40页，由邓真尼玛提供。

② 雍敦·巴登桑波编纂：《象雄耳传历史通论》，电子版，第41页，由邓真尼玛提供。

③ 才让太主编：《冈底斯雍仲苯教文献》第24卷《象雄耳传大圆满》，北京：民族出版社，2010年9月，第24页。

以本嘉赞波为上师。

根据《证悟佛说传承经》记载：林珠米特应生于九世纪末。大师幼时丧母，继母又多次克食，遂入密宗法门等，与尊者米拉日巴（མི་ལ་རས་པ།）的经历十分相似。《象雄耳传通史》中又记载：“其父为幸巴林纳（གཤེན་འབར་སྐྱང་ནག），幼时母亲去世后被遗弃。后来，又遭继母的欺凌，正当他产生报复心理时，听一些赌徒议论道：应祈请高强法力的本钦林珠米特大师。幸杰拉则上前询问原因，赌徒回答道：他‘法力极为高深’，牦牛无需牧人则养了一头白牦牛，山羊也无需牧人却养有一群白山羊”[①]。据说，在前去寻觅上师的途中，还看见赌徒们向林珠米特尔祈祷。

《证悟佛说传承经》中记载：“首先拜见林珠米特尔的觉姆，按其说作了许多服侍。上师林珠米特在作自我介绍后问道：‘你从何而来，所为何事？’幸杰将自己的故事和父母之事一一作了回答，并倾述了被继母欺凌的苦衷，表明自已是来求法的。”[②]其中所说的“觉姆”，这里应理解为林珠米特尔上师之母。由此可知，他首先拜见上师之母，上师之母介绍了上师。据说他不仅在林珠米特上师尊前请授了许多密宗法门，还拜见了米特的上师本嘉赞波大师，得授完整无余之大圆满法之法要窍门，成为该师之心传弟子，并随上师前往达斯[③]之地，降妖除魔。

幸杰上师在雍仲拉则山腰建立寺院，并将自己的名字也更改为幸杰雍仲拉则（གཤེན་རྒྱལ་གཡུང་དྲུང་ལྷ།），就像至尊古尔肖巴（རྗེ་གུར་ཞོག་པ།）、夏札巴（ཤར་རྫ་བ།）、宗喀巴（ཙོང་ཁ་པ།）和曼日巴（སྨན་རི་བ།）一样，皆是以地名与人名合称。其原名为幸杰，雍仲拉则应为居住地和寺庙名，他证得延寿成就，活了113岁，获得大圆满虹化成就

① 雍敦·巴登桑波编纂：《象雄耳传历史通论》，电子版，第41页，由邓真尼玛所提供。

②益西旦增主编：《远古藏族文化精髓——象雄耳传》第2卷，成都：四川民族出版社，2016年2月，第22页。

③ 达斯是否沃莫隆仁还得查实。

即光的成就，意与法身无二无别。[①]《象雄耳传大圆满历代上师祈请文》中记载：“幸杰拉则处于本性自然法中。”[②]

3.拉贡嘎波

拉贡嘎波又称隆丁拉贡嘎波（ཡོམ་ཏིང་ལྷ་སྒོམ་དཀར་པོ།），是幸杰拉泽的弟子，属沃尔贡衮德（ཨོར་སྒོམ་ཀུན་འདུལ།）和俄尔尊者（ཨོལ་ཛེ།）等方面去考查，可知“沃尔”（ཨོར།）是古老氏族血统的称谓。其父亲名为隆丁阿扎拉（ཡོམ་ཏིང་ཨ་ཙ་ར།），是一位精通斯巴本教（世间本教）者，故他从小学的就是斯巴本教或拉本四门的内容[③]。约七八岁左右，拉贡嘎波便向父亲提出，自己不愿做因之本教徒，父亲一听震怒，扇了他一际耳光，很不高兴呵斥道：“你不学神苯，那就去学达苯吧！”那时的所谓“神苯”，就是占卜和以药物等作禳解、走村窜户作经忏的老咒师贤能的总称，而“达苯”估计应为纯“咒师”，譬如：穆佐当（དམུ་ཙོ་སྟངས།）就曾被称为达拉坚即着虎袍者等，依此作分析便可知有一种名叫“达苯”的法门。

拉贡嘎波生于九世纪末和十世纪初。《证悟佛说传承经》中记载：“其名呼为隆丁贡钦（ཡོམ་ཏིང་སྒོམ་ཆེན།，意为隆丁大禅修者）。其父亲名为隆丁阿扎拉（ཡོམ་ཏིང་ཨ་ཙ་ར།）[④]”，其中“隆丁”（ཡོམ་ཏིང་།）估计为他的出生地或户名。拉贡嘎波因与父亲意见不合，遂前往多美地区，拜亚思本顿（ཡ་ཟི་བོན་སྟོན།）为师求法，据说正当他冒充行家、高骄自满的时候，闻幸杰拉则之名，傲慢便就地消失了，接着作大圆满修炼，悟性增强，其名也以拉贡嘎波著称[⑤]。

① 益西旦增主编：《远古藏族文化精髓——象雄耳传》第2卷，成都：四川民族出版社，2016年2月，第22页。

② 作者不详：《象雄耳传历代上师祈请文》第2页，今珍藏于炉霍县仁达乡易日寺才旺成立。

③ 本教文本中以占卜、历算、禳灾、医术为拉本四门即神本四门。

④ 益西旦增主编：《远古藏族文化精髓——象雄耳传》第2卷，成都：四川民族出版社，2016年2月，第25页。

⑤ 益西旦增主编：《远古藏族文化精髓——象雄耳传》第2卷，成都：四川民族出版社，2016年2月，第25页。

《象雄耳传大圆满通史》中记载：“（拉贡嘎波）前往汉区（即今之内地）[①]，在亚斯本敦处，学习本教中观法部，从十三岁学起，至二十三岁通达学问。然后，同绕卡两位老夫妇相伴，前往雍仲拉则寺，拜见幸杰拉则上师，请授法要达三年之久。据说，他三十岁起作避世修行，居无定所地作修行。”[②]今之青海省海南藏族自治洲贵德县河东乡，估计就是那时所说的“汉区”，而上述文章中谈及的“不做世俗的诵经师”就是不想以在家的身份修行，而未得其父的同意，但依然拜亚斯本敦出家为僧。同时，亚斯本敦又有喇嘛·贡巴绕萨（བླ་མ་དགོངས་རབ་གསལ།）和拉钦·贡巴绕萨（བླ་ཆེན་དགོངས་པ་རབ་གསལ།）等很多别名。《教历宝鬘》中记载：“亚斯本敦，公元952年生于青海贵德。”[③]由此说明，拉贡噶波亦是辈出于十世纪中叶。所谓“白色辛道中观”，有可能是指大悲母五论。

《耳传续上师传承传》中记载：“拉贡嘎波（ལྷ་སྒོམ་དཀར་པོ།）学斯巴本教[④]，达十三年之久，然后同绕卡的两位老夫妇相伴，前往雍仲拉则寺，拜幸杰拉则上师。在上师身边闻思密宗四部和象雄耳传大圆满三年。上师曾对他说：‘此教授分观察肉相、观察名称、观察肉色、观察现行和观察梦境等五个方面，你已齐备了’，可谓倾囊相授。”

从此，拉贡嘎波之心中认为空性应无偏著，以居无定所作修行，最终大圆满密意富集一身。《象雄耳传大圆满历代上师祈请文》中也有“拉贡嘎波证悟密法胜意”之记载。据此可知，当今本教对密宗弟子之性相的观察有观察肉相等习俗是从古代时就逐步兴起的。此外，他的传记中记载了他具有伏鬼养魔、降雹和渡河等本

① 详见《西藏本教源流》，北京：民族出版社，1985年，第228页。

② 雍敦巴登桑波编纂：《象雄耳传历史通论》第44页，电子版，由邓真尼玛提供。

③ 邓真尼玛主编：《象雄与吐蕃历史文献》上册，成都：四川民族出版社，2016年11月，第1052页。

④ 斯巴本教是中包括占卜、风水、历算、行医、禳灾、超度、山水等世间之法，不包括密宗和大圆满法门。

领，并于97岁时圆寂。

4.恩珠坚赞

恩珠坚赞（དངོས་གྲུབ་རྒྱལ་མཚན།）为拉贡嘎波的弟子，又名子恩珠坚赞（སྲས་དངོས་གྲུབ་རྒྱལ་མཚན།），是沃贡更都之子。其父亲名为沃本拉布（འོར་དཔོན་ལྷ་འབུམ།），母亲名为明姆曲色（མེན་མོ་ཆོས་སེ།），他在家中三子中排行老二，生年不详，其血统属“沃氏”（འོར།），约生于十世纪中叶，据说：《象雄耳传实修广中略三法》是他与雍敦·西饶坚赞二位师徒以文字录入成典的[①]。

恩珠坚赞自幼学习“象雄麦日法”（ཞང་ཞུང་མེ་རི།），有一天，他对妻子道：“我要去请授象雄耳传大圆满法。”妻子道：“您就安心学密宗咒语即可，为何非要学大圆满？”他一怒之下回答道：“当下能精通象雄耳传大圆满者非拉贡嘎波（ལྷ་སྒོམ་དཀར་པོ།）莫属，不学本教，那就学藏传佛教。”由此不仅可以知晓他是一名作经忏的咒师，而且当时本波教和藏传佛教两者的词汇已出现，教派也已有了。他离家出行时，曾叮嘱妻子道：“要管护好孩子，干好农活，我也好去求法数年。”由此可清楚地知晓他当时是一名俗家本教徒。后来获得法要教授，并作名为“绒夏那仓”之修炼后，开始居无定所之修行，最后获得虹化成就。

《证悟佛说传承经》中记载：“母亲曲色（ཆོས་སེ།）生有四子，恩珠坚赞排行老二，幼时零星闻得拉贡嘎波上师的一些教授，便心生敬仰。长大后闻思‘象雄麦日本尊法’，成果累累。”[②]该书还记载：“夫妇膝下生四子，大师排第二子，七十三岁圆寂。”其年代应在十一世纪初，同时《象雄耳传大圆满历代上师祈请文》中记载：“恩珠坚赞证悟本性自然法。”

① 才让太主编：《冈底斯雍仲苯教文献》第24卷《象雄耳传大圆满》，北京：民族出版社，2010年9月，第31页。

② 益西旦增主编：《远古藏族文化精髓——象雄耳传》第2卷，成都：四川民族出版社，2016年2月，第25页。

《证悟佛说传承经》中记载："恩珠坚赞（དངོས་གྲུབ་རྒྱལ་མཚན།）拜见拉贡噶波后，向上师请授来世不再转生之教授，上师为观察根器道：'来世不转生，难以修得觉悟，与其那样，不如学修密宗和斯巴本教'。恩珠坚赞向上师道：'如今能精通大圆满者非您莫属，倘若不传授于我，那我就去学宁玛派[①]的大圆满法'，遂卖掉许多田产，换成金子，叫妻子和儿子种好地，自己离家前去求法。初在甲普坚（རྒྱ་ཕུག་ཅན།）处学中观和量论[②]，接着在香巴捷邛（ཤངས་པ་ཟྲི་ཆུང་།）尊前请授大圆满法，然后尊师香巴命他回家探望孩子，并拜见拉贡嘎波上师，对本教与藏传佛教作了许多探讨，拉贡嘎波上师称赞恩珠坚赞是一名运气和缘分十足的弟子，随即完整传授《大圆满实修广中略三法》。之后恩珠坚赞便在耶茹的帕旺甲勒（གཡས་ཀྱི་ཕ་བོང་སྐྱ་ལེབ།）之地修行，白天向自己的弟子沃贡更都传法，夜晚向非人[③]传法，还撰写了许多修行日记，数日不进食作禅定而居。"[④]

《象雄耳传大圆满通史》中也有如是明确之记载，恩珠坚赞向上师辛甲拉则请授来世不再转生之法，上师回答他说："你有妻子和儿子，来世不转生也难。"恩珠坚赞道："当今精通大圆满教非您莫属，倘若您都不传授予我，那就只好做名曲教徒了。"[⑤]由此可知，恩珠坚赞是因上师未授大圆满法而成为藏传佛教的信徒。

5.沃贡衮都

沃贡衮都（འོར་སྒོམ་ཀུན་འདུལ།）为恩珠坚赞的弟子，《证悟佛说传承经》中记载："该上师（指恩珠坚赞）传沃贡衮都，沃贡衮都为拉贡上师（བླ་མ་ལྷ་སྒོམ།）四个儿子中最小的"，指明了沃贡衮都就是

① 宁玛派是旧密之意，是新密诞生以后才形成之词，文本中以曲即藏传佛教相称，并非指如今的宁玛派，但翻译时为了更让人确切了解事实，把它译成宁玛派。

② 量论是指因明学。

③ 非人是指天道、阿修罗道、魔鬼等无形的众生。

④ 益西旦增主编：《远古藏族文化精髓——象雄耳传》第2卷，成都：四川民族出版社，2016年2月，第30页。

⑤ 雍敦·巴登桑波主编：《象雄耳传历史通论》第46页，电子版，由邓真尼玛提供。

拉贡上师之子。芭·邓杰桑波（སྤ་བསྟན་རྒྱལ་བཟང་པོ།）编纂的《象雄耳传大圆满历代上师传》也有如是记载：“其（指沃贡衮都）血统为沃氏，父亲名为沃本敦巴嘉瓦（འོར་བོན་སྟོན་པ་རྒྱལ་བ་གསས།），母亲名为琼雪西·秋准玛（ཁྱུང་ཅིད་བཟའ་བྱང་ཆུབ་སྒྲོན་མ།），年满十三岁时在麦雅大师处学习密宗和大圆满法门。”①

“麦雅”（མེ་ཉག）又称木亚大师，《本教源流弘扬明灯》等典籍中指出，芭敦巴确嘉瓦之上师中也有叫“麦雅”的大师。如果是这样，沃贡衮都便生于公元十世纪末，因芭敦巴确嘉瓦就生于公元1014年②。后于十九岁时拜见恩珠坚赞上师，得授无余之教授，遂前往诸方修行。近八十岁时，有两位安康人前来听习教授，并想请授原稿，未恩准。后在他的弟子雍敦钦波（ཡང་སྟོན་ཆེན་པོ།）再三请求下，三位文字录入者根据上师的记忆，录入了二十余天，最终汇编成《象雄耳传实修传承》一书。之后，他的温布③弟子们以备忘录的形式抄录成许多草书本④。

《象雄耳传大圆满历代上师传》（《ཞང་ཞུང་སྙན་རྒྱུད་བརྒྱུད་པའི་བླ་མའི་རྣམ་ཐར།》）中记载：“他居于经堂、寺庙和村中修炼，八十余岁时圆寂。”⑤《耳传续祈祷词》（《སྙན་རྒྱུད་གསོལ་འདེབས།》）中也有“沃贡衮都不忘总持具，五大幻化成就者们受祈祷”之记载。

（四）上部六大传承师

本嘉赞波上师将象雄耳传历代上师传相继传给自己的第二个弟子古格罗丹（ཀུ་གེ་བློ་ལྡན།）和普兰·衮尕仁莫（པུ་རིང་ཀུན་དགའ་རིང་

① 才让太主编：《冈底斯雍仲苯教文献》第24卷《象雄耳传大圆满》，北京：民族出版社，2010年9月，第31页。

② 邓真尼玛主编：《象雄与吐蕃历史文献》，成都：四川民族出版社，2016年11月，第1052页。

③ 温布是替代上师的师父。

④ 益西旦增主编：《远古藏族文化精髓——象雄耳传》第2卷，成都：四川民族出版社，2016年2月，第33页。

⑤ 才让太主编：《冈底斯雍仲苯教文献》第24卷《象雄耳传大圆满》，北京：民族出版社，2010年9月，第31页。

མོ།）、南觉赛乔（ནམ་ལ་འབྱོར་གསས་མཆོག）、琼西·米特（ཁྱུང་བྱིད་མུ་ཐུར།）、孜·德瓦仁莫（རྩེ་བདེ་བ་རིང་མོ།）、仁贡·夺美依波（རང་སྒོམ་རྟོགས་མེད་ཞིག་པོ།）等六位上师，传播于拉达（ལ་དྭགས།）、古格（གུ་གེ）、布仁即普兰（སྤུ་རིང་།）和知夏（བྲུ་ཤ།）即勃律等象雄上部地区，故以耳传续上部传承著称[①]。据《象雄耳传四部大圆满》记载，囊谢勒波（སྣང་བཞེར་ལོད་པོ།）得才邦·达瓦坚赞（ཚེ་སྤུངས་ཟླ་བ་རྒྱལ་མཚན།）所传之“外见总断法门”（ཕྱི་ལྟ་བ་སྤྱི་གཅོད།）、“达布示匝”（ཏ་པི་ཧྲི་ཙ།）传承中的“内诀窍直接教授”（ནང་མན་ངག་དམར་ཁྲིད།）、“密明裸见”（གསང་བ་རིག་པ་གཅེར་མཐོང་།）和“绝密理论通达”（ཡང་གསང་གནས་ལུགས་ཕུགས་ཆོད།）等，称为耳传四部法[②]。

1.古格罗丹（གུ་གེ་བློ་ལྡན།）

“古格罗丹”（གུ་གེ་བློ་ལྡན།）又称西饶乐丹（ཤེས་རབ་བློ་ལྡན།），是本嘉赞波之弟子，其名字中的古格是地名，西饶罗丹为法名。据《象雄耳传大圆满历代上师传》记载：“该师（即古格罗丹）的出生地在古格境内”[③]，《雪山志梵音悦意》（གངས་རིའི་དཀར་ཆག་ཚངས་དབྱངས་ཡིད་འཕྲོག）中也有“象雄古格之地，在距今西藏自治区阿里地区扎达县18公里处，其地是古代十八位恰如坚（即鸟角）王中里扎古格王俄吉恰如坚（འོད་ཀྱི་བྱ་རུ་ཅན།）的都城”之记载[④]。本教典籍中记载，“古格”为象雄语，是古代文字的别名。象雄语又分象雄达尔玛方言（དར་མའི་སྐད།）、德尔玛方言（དིར་མའི་སྐད།）、达尔玛德方言（དར་མ་དིར་གྱི་སྐད།）、帕尔波洲方言（ཕལ་པོ་གླིང་གི་སྐད།）和古格方言

① 才让太主编：《冈底斯雍仲苯教文献》第24卷《象雄耳传大圆满》，北京：民族出版社，2010年9月，第32页。

② 邓真尼玛主编：《象雄与吐蕃历史文献》上册，成都：四川民族出版社，2016年11月，第82页。

③ 才让太主编：《冈底斯雍仲苯教文献》第24卷《象雄耳传大圆满》，北京：民族出版社，2010年9月，第35页。

④ 旦增旺加：《冈底斯神山目录》，现收录于《雍仲本教历史文献汇编》第8卷，兰州：甘肃文化出版社，2018年7月，第52页。

（གུ་གེའི་སྐད།）等，其中达尔玛方言为象雄北部方言，德尔玛方言为南部方言，达尔玛德方言为南北部帕尔巴的通用方言，并说“古格方言”为文字语言，由此可见古格王朝对象雄文化起到了怎样的影响[①]。

《象雄耳传续传记明镜》（ཞང་ཞུང་སྙན་རྒྱུད་ཀྱི་རྣམ་ཐར་གསལ་བའི་མེ་ལོང་།）中记载：“古格罗丹的血统为聂（སྙེལ།）氏，其父母名不详，幼时牧羊，曾在梦境中梦见一布谷鸟反复说人话。”有一天便亲自见到了那只布谷鸟（杜鹃），同时还见到一只马鸡，跟随其前去，与一位青面、头戴禅修帽的上师相遇，该师向他完整传授了象雄耳传四部大圆满之知识。据《象雄耳传大圆满历代上师传》记载：该上师就是本嘉赞波（ལྷ་མ་དཔོན་བཙན་པོ།），随后他便在古格地区的日措（即山湖之处）和乡村等作无定所之修炼并获得了成就。

据说得到本嘉赞波上师传授象雄耳传四部大圆满之法要秘诀后，他便化为一只绿布谷，随声光前往西南罗刹之地，降伏罗刹。据《象雄耳传大圆满历代上师祈请文》记载：“古格罗丹心生大乐。”[②]因其也为象雄耳传四部大圆满之上师，故在《耳传四部大圆满》中也有其传记。

2.普兰·衮尕仁莫

藏文的“སྤུ་རངས།”汉文译成布让、不让或普兰，是古代象雄地区的地名，隶属于今西藏自治区阿里管辖。普兰县位于西藏阿里地区的南部，喜马拉雅[③]山的南侧峡谷，中国、印度、尼泊尔三国交界处。阿里地区的普兰县有一镇两乡，分别为普兰镇、巴嘎乡和霍尔乡。不让（སྤུ་རངས།）又写成布商（སྤུ་ཧྲངས།），不让是象雄语，最初指头，让是指马；另一种说法是“布”指雪，“让”指山，即雪山之意。

---

① 巴崔：《苯教源流》，拉萨：西藏民族出版社，2017年，第27页。

② 作者不详：《象雄耳传历代上师祈请文》第6页，今珍藏于炉霍县仁达乡易日寺才旺成立手中。

③ 喜马拉雅是古印度语，喜马是雪，拉雅是山，雪山即冈底斯之意，譬如：冈底斯中的岗是藏语，底是雪，色是山。

普兰·衮尕仁莫为古格罗丹的弟子，他的诞生地在布仁或不让地区，即今西藏自治区阿里地区的普兰县普兰镇境内。据《冈底斯神山目录》记载，其地古时候为象雄普玛杰邦窘结吉王薛汝俄吉恰如坚（བྱུ་རུ་འོད་ཀྱི་བྱ་རུ་ཅན།，意为“珊瑚光角者”）的驻地①。

据文献记载：普兰·衮尕仁莫的血统属董（ལྡོང་།）氏，幼时起学习藏文读写和本教仪轨的写读及念诵等，作了许多闻思，并在部分上师身边闻思大圆满法要诀窍等法门，尤其以古格罗丹为根本上师，得授象雄耳传四部大圆满法之诀窍介绍等，居于冈底斯、香积山、玛旁雍错湖聚集的不让地区，迄今仍可见称为“不让衮尕在岩石上留下的神奇足迹。”②所谓“董氏”，应为原始六氏族中的“侗氏”（ལྡོང་།）或“董氏”（སྟོང་།）③，《象雄耳传历代上师祈请文》中也有“不让衮尕修力得解脱”之记载④。

古格罗丹和普兰·衮尕仁莫等皆为上部传承之上师，皆诞生于象雄上部的拉达（ལ་དྭགས།）、古格（གུ་གེ）和不让（སྤུ་ཧྲང་།）等地，并在其地修炼大圆满，弘传象雄耳传之法门，这在著名的“上部传承”已非常明确，譬如：古格班智达著扎巴坚赞所著的《拉·喇嘛益西卫的传记注释》中，就清楚地记载了益西卫在十世纪时阿里地区灭本的情形⑤。

3.南觉赛乔

南觉赛乔（རྣལ་འབྱོར་གསས་མཆོག）为不让·衮尕仁莫的弟子，其中“南觉”是瑜伽师之意，解释为正道的掌管者，有的又解释为以理论胜义作修炼者，而“赛乔”则指殊胜之神，本教古籍中上师

---

① 旦增旺加：《冈底斯神山目录》，现收录于《雍仲本教历史文献汇编》第8卷，兰州：甘肃文化出版社，2018年。

② 才让太主编：《冈底斯雍仲苯教文献》第24卷《象雄耳传大圆满》，北京：民族出版社，2010年9月，第36页。

③ 索朗曲杰主编：《苯教古文献九部史》，拉萨：西藏藏文古籍出版社，2017年，第66页。

④ 作者不详：《象雄耳传历代上师祈请文》，第6页，今珍藏于炉霍县仁达乡易日寺才旺成立手中。

⑤ 扎巴坚赞著，穷达校注：《益西卫广传校注》，北京：中国藏学出版社，2015年，第105页。

为“本赛”（དཔོན་གསས།），“拉确本赛”是上师胜过本尊之意，换句话说：上师乃本尊的化身，譬如：拉·喇嘛益西卫（ལྷ་བླ་མ་ཡེ་ཤེས་འོད།）就呼为天师，“拉”是神或本尊，喇嘛是上师，益西卫是真名，即本尊上师。估计当时在阿里的贵族阶层中已形成了如是称呼之传统习俗。

《象雄耳传大圆满历代上师传》中记载：“据说因该师的父母和出生地而取名为‘朱古’（སྤྲུལ་སྐུ།）,即化身或转世。”①《证悟佛说传承经》中也记载：“问上师之上师居于何处？由于他的出生地和父母等不详而未作答，因该师为占巴南喀（དྲན་པ་ནམ་མཁའ།）之子泽旺仁增（ཚེ་དབང་རིག་འཛིན།）的化身，故以‘朱古’相称，是一位本教与藏传佛教的继承者，又名‘恰云依波’（ཐུ་ཡོན་ཞིག་པོ།）。”

南觉赛乔拜见不让·衮尕仁莫（སུ་རང་ཀུན་དགའ་རིང་མོ།），完整得授象雄耳传大圆满四部诀窍介绍等要门后，居无定所地修炼，于八十五岁时通达本性自然之见地，拥有无数证果迹象②，《象雄耳传历代上师传》中也有“南觉赛乔证悟自然本性”之记载。

4.琼西·米特

琼西·米特（ཁྱུང་བྱེད་མུ་ཐུར།）又写为“琼谢·米特”（ཁྱུང་བྱེད་མུ་ཐུར།），是南觉赛乔的弟子，生于知、西、巴、美、幸和琼六大氏族中的琼氏家族，故称“琼西·米特”。《象雄耳传续传记明镜》（སྙན་རྒྱུད་རྣམ་ཐར་གསལ་བའི་མེ་ལོང་།）中只是记载了他的修行之地卓学（ཡུལ་གྲོ་ཤོད་པ།），未写明其父母和具体出生的时间和地点。而在《证悟佛说传承经》中记载了“他的父亲名为琼西·珠比巴坚赞（ཁྱུང་བྱེད་གྲུབ་པའི་རྒྱལ་མཚན།），母亲名为杰萨囊金（གྱེར་ཟ་སྣང་རྒྱན།），拜本嘉赞波

① 才让太主编：《冈底斯雍仲苯教文献》第24卷《象雄耳传大圆满》，北京：民族出版社，2010年9月，第36页。

② 芭·丹杰桑布编纂：《象雄耳传大圆满历代上师记》，现收录于《象雄与吐蕃的历史文献》，成都：四川民族出版社，2018年，第20页。

为师，请授耳传大圆满的全部内容。”①以上说明，他生于今西藏昌都琼布地区，长大后拜南觉赛乔、本嘉赞波为师，得授象雄耳传四部法的灌顶和传承，成为耳传四部法的继承者。据《象雄耳传大圆满历代上师传明镜》记载：“其名写为车依钦波（འཁྲུལ་ཞིག་ཆེན་པོ།）②，那时有将大圆满上师尊称为车依和朵登（即具悟）等传统习俗”，他明显就是从这一角度而得其名，同时又因他向来以居无定所地修炼心法，故无法认定其所在地。

他不仅出现在象雄耳传历代上师传记中，他还亲自拜本嘉赞波等象雄耳传历代上师为师，请授了《象雄耳传实修广中略法》，成为象雄耳传言教传承和实修传承二法③的继承者。其弟子中最为出色的有幸杰拉则和孜·德瓦仁莫（རྩེ་བདེ་བ་རིང་མོ།）等，并向幸杰拉则传授了《象雄耳传实修传承》，向德瓦仁莫传授了《象雄耳传教言传承》，象雄耳传从此衍生出两大传承。

5.孜·德瓦仁莫

孜·德瓦让莫（རྩེ་བདེ་བ་རིང་མོ།）出生于卓学（གྲོ་ཤོད།）地区，与琼西·米特的出生地一致，血统属孜家族，其父母之名和籍贯等不详，长大后拜见琼西米特上师，请授得象雄耳传续教言传承相关四部及其法要诀窍和介绍等，遂在上部最好的神山圣地修行。有此可知他是由下部地区前往上部地区的。琼西米特（ཁྱུང་བྱིད་མུ་ཐུར།）以知现空无别将上下部地区慑服，孜·德瓦仁莫刹那间对真谛起信，经修炼，通达见地④。同时，《象雄耳传历代上师传》中也有“德瓦仁莫同时得成就”之记载。

---

① 作者不详：《大圆满象雄耳传历代上师祈请文》第6页，现存炉霍县仁达乡易日寺才旺成立手中。

② 芭·丹杰桑布编纂：《象雄耳传大圆满历代上师记》，现收录于《象雄与吐蕃的历史文献》，成都：四川民族出版社，2018年，第20页。

③《象雄耳传大圆满四部》简称为象雄耳传言教传承，《象雄耳传实修广中略法》简称为象雄耳传实修传承。

④ 才让太主编：《冈底斯雍仲苯教文献》第24卷《象雄耳传大圆满》，北京：民族出版社，2010年9月，第36页。

6.仁郭·夺美依波

仁郭·夺美依波（རང་སྒོ་རྟོགས་མེད་ཞིག་པོ།）又称“仁贡·夺美依波”（རང་སྒོམ་རྟོགས་མེད་ཞིག་པོ།），出生于咯堆之地，即今尼泊尔的咯乌，也就是汉语所称的“木斯唐”之地，其血统为绒波氏，由此可知是以地名取的氏族名。其父母之名和出生年代不详，按口语中“以目未见日月星辰等，仁贡·夺美依波请垂念”之说，可知他是一位一生精勤闭关的修行者，他依从孜·德瓦仁莫（རྩེ་བདེ་བ་རིང་མོ།）上师请授得象雄耳传续教言传承相关四部法要诀窍介绍和援助后，居于咯域上部苯轲普右侧名为“绒”的修行处修行。

相传，他一生精勤闭关修行，有目却未见过日月星辰，培养了雍敦钦莫（བླ་མ་ཡང་སྟོན་ཆེན་མོ།）等众多弟子，在褚达邦被认定为郎辛之转世化身，孜·德瓦仁莫上师也曾说：从其远离高傲自大和沉稳的角度看，可断定为转世化身，故心生极大信念，获得今之通达，属上部传承之六位上师之一，后来从雍敦起分为南北两大传承[①]。

《象雄耳传历代上师祈请文》（《ཞང་ཞུང་སྙན་རྒྱུད་བརྒྱུད་པའི་གསོལ་འདེབས།》）中记载：“修行之相具足之上师，古格罗丹德钦心中显，布仁·衮尕修力通达获解脱，瑜伽赛乔生力用浊时，琼西米特·牟特尔法力皆具足，德瓦仁莫同时得领悟，夺美依波自明现丽日，具悟六车依受祈祷！”[②]

（五）雍敦钦波至南传和北传的产生

从雍敦钦波开始，象雄耳传续分为南传和北传两大传承，雍敦巴丹桑布（ཡང་སྟོན་དཔལ་ལྡན་བཟང་པོ།）的《象雄耳传续历史总述》（《ཞང་ཞུང་སྙན་རྒྱུད་ཀྱི་ལོ་རྒྱུས་སྤྱི་བཤད།》）中记载：“著名南传的成因为，具悟傣西（རྟོགས་ལྡན་དད་ཤེས།）前往洛扎等地转山朝圣时，向

① 才让太主编：《冈底斯雍仲苯教文献》第24卷《象雄耳传大圆满》，北京：民族出版社，2010年9月，第38页。

② 作者不详：《大圆满象雄耳传历代上师祈请文》，第6页，现存炉霍县仁达乡易日寺才旺成立手中。

直·嘉瓦雍仲（བྲུ་རྒྱལ་བ་གཡུང་དྲུང་།）所传耳传续称为南传。而北传则为，邦拉郎辛（སྤུང་ལ་གནམ་གཤེན།）即雍敦西饶坚赞（ཡང་སྟོན་ཤེས་རབ་རྒྱལ་མཚན།）传于拉堆上师车依（ལ་སྟོད་བླ་མ་འབྲུལ་ཞིག），车依传于夺登乌汝（རྟོགས་ལྡན་དབུ་རུ།）、夺登乌汝本赛琼葛（དཔོན་གསས་ཁྱུང་གོད།）、香·乐助（ཞང་བློ་གྲོས།）和辛·益西乐助（གཤེན་ཡེ་ཤེས་བློ་གྲོས།）等，此传承系称为北传。”[①]现根据《象雄耳传大圆满历代上师传》（ཞང་ཞུང་སྙན་རྒྱུད་བརྒྱུད་པའི་བླ་མའི་རྣམ་ཐར།）、《证悟佛说传承经》（ཉམས་རྒྱུད་རྒྱལ་བའི་ཕྱག་ཁྲིད།）和《象雄耳传续历史总述》（ཞང་ཞུང་སྙན་རྒྱུད་ཀྱི་ལོ་རྒྱུས་སྤྱི་བཤད།）等经籍中的记载[②]，将北传系中的上师介绍如下：

1.雍敦·西饶坚赞

雍敦西饶坚赞的父亲名为亚阿·赛甲（ཡ་ངལ་གསས་སྐྱབས།），而帕瓦杰苏（ཕ་བ་རྒྱལ་གཟིགས།）的父亲也叫亚阿·赛嘉（ཡ་ངལ་གསས་རྒྱལ།），由此可知，“亚阿”（ཡ་ངལ།）是一个重要的氏族称谓。他的母亲名叫聂姆却姐（སྙི་མོ་ཆོས་སྒྲིད།），据说他于父亲去逝三日后出生。雍敦西饶坚赞又有“雍敦钦波”（ཡང་སྟོན་ཆེན་པོ།）、雍敦钦波上师（བླ་མ་ཡང་སྟོན་ཆེན་པོ།）等称呼，实名称西饶坚赞（ཤེས་རབ་རྒྱལ་མཚན།），迄今其血统传承仍未间断。

二十岁时，拜部分贤能成就者为上师，闻思显密二宗法门。满二十七岁时，与部分藏传佛教学者辩经未获胜，被贬为苯波捷唐巴（བོན་པོ་ལྕེ་ཐང་བ།，大意为“短舌本教徒”），遂前往别处学修伏藏教法。有一天，他在闻思十三伏藏教法时，突然所现实而无厌，知其为虚幻伪相，随即前往一个别日措即山间隐寺修行，两眼睁睁直视虚空，便能达自身所想之目的地，却被众人议论为疯子。

当他居于一山顶时，据说出现许多显相，尤其在空中云雾中亲

① 雍敦·巴登桑波编纂：《象雄耳传大圆满通论》第134页，电子版，由邓真尼玛提供。

② 才让太主编：《冈底斯雍仲苯教文献》第24卷《象雄耳传大圆满》第51页，民族出版社，2010年9月。

眼见到了本嘉坚赞上师之尊容，得授记和许多妙果。而后，与色苯卓嘉（སེ་བོན་ཁྲོ་རྒྱལ།）相会，对修炼作了许多探讨，形成十三大教授议题。卓嘉上师问他：“这十三大教授议题，你是向谁请教的？”他答曰：“是我向俄贡衮德上师（བླ་མ་འོར་སྒོམ་ཀུན་འདུལ།）请教的。”卓嘉进一步问道：“你已如大海般富有，为何还要求我这一滴？”雍敦回答道：“我必须得求教于您。”于是，二位上师将修炼传承以文字的形式编纂为广中略三部典籍，成为修炼传承的继承贤者[①]。

《证悟佛说传承经》（《ཉམས་རྒྱུད་རྒྱལ་བའི་ཕྱག་ཁྲིད།》）中记载：“据说，象雄耳传续之上部传承和下部传承皆源自本赞波（དཔོན་བཙན་པོ།），最终受教者为雍敦钦波大师（བླ་མ་ཡང་སྟོན་ཆེན་པོ།）。雍敦钦波向部分弟子传授了广本《修行续》（ཉམས་རྒྱུད་རྒྱས་པ།），向部分弟子传授了中本《修行续》，还向部分弟子传授了略本零散之《修行续》，在上中下地区产生了十三名弟子。”[②]

《象雄耳传续象雄耳传大圆满历代上师传》（《ཞང་ཞུང་སྙན་རྒྱུད་བླ་བརྒྱུད་རྣམ་ཐར།》）中记载：“接着，向一切上师会集之雍敦钦波（ཡང་སྟོན་ཆེན་པོ།），以授记的形式道：‘现在您就去阿里上部，您的上师夺美依波（བླ་མ་རྟོགས་མེད་ཞིག་པོ།）在其地，现居于上部地区的甲汝寺，有两位僧徒，还培养了无数弟子。’而后，雍敦钦波在前往咯域上部途中见许多赌徒在掷骰子，口中还不断的高呼‘有目不见日月星辰者，仁贡夺美依波请垂念！’雍敦钦波上前询问该师居于何处，对方回答那边山顶有座寺庙，修象雄耳传续获得成就的夺美依波上师就居于该寺中。雍敦钦波闻此好消息，更加起信，喜出望外，心中暗想：‘吾也定能精通象雄耳传续的，明天一定要去拜见，得净身打扮一番，次日上午应提前备好前去拜访的礼品和会供物品’。当晚，夺美依波

① 才让太主编：《冈底斯雍仲苯教文献》第24卷《象雄耳传大圆满》，北京：民族出版社，2010年9月，第39页。

② 益西旦增主编：《远古藏族文化精髓——象雄耳传》第2卷，成都：四川民族出版社，2016年2月，第34页。

（རྟོགས་མེད་ཞིག་པོ།）就梦见有一妇人前来对他说：‘您的弟子邦拉郎辛（སྤང་ལ་གནམ་གཤེན།）的转世化身，明日要来拜访您，请您向他完整传授象雄耳传续教言传承之法门。’次日，约在下半晌，一位身着咒师装束、梳有蓬松发辫、上半身裸露、留着胡须、披着白色长衫、长衫上套一件咒师服、其上再套一件黄红色服装的人来到大师门前。夺美依波的近住弟子即侍从前来向大师禀报，有一来自董甲（ཡུལ་གདོང་སྒྱ།）的本教徒求见。夺美依波大师料想定是昨晚梦境中的那位，遂答应求见。雍敦钦波拜见夺美依波大师后，向大师禀报他曾略学过一点象雄耳传续。大师道：‘你要请授的应是象雄耳传续的修炼传承和密宗火焰方面的法门，吾有吾之上师古格罗丹所传之耳传续教言传承相关四部，其中外见地总断法吾已向龙贡（ལུང་སྒོམ།）传授，你可向龙贡请授，那是一脉相承的法门，可使你如愿以偿。’遂向雍敦钦波完整传授了内诀窍直接教授和密宗理论通达，以及绝密三明智裸见之灌顶教授和诀窍等。随即雍敦钦波便开始居无定所地修行，获得无数证果迹象。”

据说由于过早向其传授法要窍门而能未成就上师之恩愿，无论怎样，他于63岁时圆寂。这在象雄耳传续象雄耳传大圆满历代上师传中的北传传记中有明确记载①。该师有龙贡夺美（ལུང་སྒོམ་རྟོགས་མེད།）和雍敦丹巴奔吉（ཡང་སྟོན་དམ་པ་འབུམ་རྗེ།）等众多弟子，从雍敦丹巴奔吉起兴耳传续南传，从龙贡夺美依波起兴耳传续北传。

雍敦巴丹桑布（ཡང་སྟོན་དཔལ་ལྡན་བཟང་པོ།）的《象雄耳传续历史总述》（《ཞང་ཞུང་སྙན་རྒྱུད་ཀྱི་ལོ་རྒྱུས་སྤྱི་བཤད།》）中记载：“接着，前往耶茹湘之地，拜见直顿杰尊（བྲུ་སྟོན་རྗེ་བཙུན།，估计为直氏大主宰杰尊）和贤能梅顿（མཁས་པ་མེའུ་སྟོན།），闻思南藏二部之法门。”由此可知，

① 才让太主编：《冈底斯雍仲苯教文献》第24卷《象雄耳传大圆满》，北京：民族出版社，2010年9月，第39页。

梅顿（མེའུ་སྟོན།）生于公元1024年，十二世纪时仍健在①。同时，《证悟佛说传承经》（《ཉམས་རྒྱུད་རྒྱལ་བའི་ཕྱག་ཁྲིད།》）中也记载，按预言所示，他应活到73岁，但不知是泄漏了教授之机密，还是文字有误，只活到了63岁②。

2.雍敦丹巴奔吉（ཡང་སྟོན་དམ་པ་འབུམ་རྗེ།）

雍敦巴丹桑布（ཡང་སྟོན་དཔལ་ལྡན་བཟང་པོ།）的《象雄耳传续历史总述》（《ཞང་ཞུང་སྙན་རྒྱུད་ཀྱི་ལོ་རྒྱུས་སྤྱི་བཤད།》）与直·嘉瓦雍仲（བྲུ་རྒྱལ་བ་གཡུང་དྲུང་།）的《证悟佛说传承经》（《ཉམས་རྒྱུད་རྒྱལ་བའི་ཕྱག་ཁྲིད།》）中皆记载，雍敦丹巴奔吉为雍敦西饶坚赞（ཡང་སྟོན་ཤེས་རབ་རྒྱལ་མཚན།）夫妇所生三兄妹中的长子，弟弟名为鲁扎·扎西坚赞（ཀླུ་བྲག་བཀྲ་ཤིས་རྒྱལ་མཚན།），妹妹名为亚阿觉简（ཡ་ངལ་ཇོ་ལྕམ།）。丹巴奔吉，又称“奔吉俄”（འབུམ་རྗེ་འོད།），《耳传续象雄耳传大圆满历代上师传》（《སྙན་རྒྱུད་བརྒྱུད་པའི་བླ་མའི་རྣམ་ཐར།》）中说他的血统属亚阿氏（ཡ་ངལ།），其父亲名为雍敦西饶坚赞（ཡང་སྟོན་ཤེས་རབ་རྒྱལ་མཚན།），母亲名为凝氏扎西（གཉན་མོ་བཀྲ་ཤིས།），三兄妹中雍敦丹巴奔吉排行老大，在直顿尼嘉（བྲུ་སྟོན་ཉི་རྒྱལ།）尊前闻思《隐密》和《经藏》二法门。由此可知该师与直顿尼嘉同处一个时代，其亲父去逝后，他又在母亲阿玛觉简处学习密宗和心识部学问③。

父亲雍敦西饶坚赞（ཡང་སྟོན་ཤེས་རྒྱལ་མཚན།）曾要求丹巴奔吉（དམ་པ་འབུམ་རྗེ།）前往俄贡衮德（དམ་པ་འབུམ་རྗེ།）身边请授灌顶教授，并赐予他零散的修炼传承，丹巴奔吉却要求赐予教授之原文，父亲回答说他没有原本。当时身为儿子的丹巴奔吉就觉得父亲肯定没受过真传，心中暗想如是教授不可能没有文本，后来由三位康巴人以文字录入成

① 雍敦·巴登桑波编纂：《象雄耳传大圆满通论》第65页，电子版，由邓真尼玛提供。

② 益西旦增主编：《远古藏族文化精髓——象雄耳传》第2卷，成都：四川民族出版社，2016年2月，第35页。

③ 才让太主编：《冈底斯雍仲苯教文献》第24卷《象雄耳传大圆满》，北京：民族出版社，2010年9月，第51页。

典，这才使他信服。按此说，耳传续修炼传承之法门是在十一世纪时以文字录入成典，才使其得以信服。由此可知，尽管俄贡衮德（འོར་སྒོམ་ཀུན་འདུལ།）和雍敦父子也作了些文字录入，但按口头传说，其记述在此前各上师传记中均可见到。

按父亲西饶坚赞要求，丹巴奔吉修了六年修行续的旨意，他从一个秋季开始闭关修行，闭关还未如数完成就出关经商，受尽了苦难，遂发誓从现在起一定要在俄贡上师身边详细请授本尊三怙主等密宗火焰法之灌顶教授，无独有偶，俄贡上师得一好梦，随即将广中略修炼传承法完整传授于他，并对丹巴奔吉道："我已尽力了，但通达词义者唯雍敦西饶坚赞莫属，望好好作闻思。"

从那以后，丹巴奔吉在咯域上部的雅砻共察之地，与世人隔绝，闭关修行十七年，亲眼目睹了本尊火焰之尊容，并能役使护法和守护神灵，他不仅拥有在宰杀的牛肚内示现猛厉朵玛等无数证果迹象，还是一名出家尊者。由此可知，本教历史中，虽将修行续录入成典者记为俄贡衮德，但实际上应为雍敦父子。同时还可推断，尽管俄贡（འོར་སྒོམ།）是雍敦西饶坚赞（ཡང་སྟོན་ཤེས་རབ་རྒྱལ་མཚན།）和雍敦丹巴奔吉（ཡང་སྟོན་དམ་པ་འབུམ་རྗེ།）父子俩的上师，但他只向丹巴奔吉传授了修炼传承之法，未见有教言传承之传授经历①。

3.弟扎西坚赞（གཙུང་པོ་བཀྲ་ཤིས་རྒྱལ་མཚན།）

弟扎西坚赞在雍敦西饶坚赞夫妇所生三兄妹中排行老二，幼时为持咒者，成年后娶卡地朗稠玛（ཆག་གི་སླང་ཕྱུག་མ།）为妻，生有一子，其中"卡"为一地名。他虽学修密宗火焰法和三怙主等法门而得通达，但孩子三岁时丧母，亲戚们劝他再娶一房，他执意未娶。三十一岁时前往耶茹，在尼木桑日山（སྙི་མོ་ཟང་རི།）等地学经，依从巴唐香顿（པ་ཐང་ཞང་སྟོན།）和松顿拉奔（སུམ་སྟོན་ལྷ་འབུམ།）等上师受持别解脱

① 益西旦增主编：《远古藏族文化精髓——象雄耳传》第2卷，成都：四川民族出版社，2016年2月，第35页。

戒，在众生怙主曼工巴（སྨན་གོང་བ།）身边完整请授得大圆满四大灌顶法门。

按大堪布尼玛著的《佛教教历神奇宝鬘》（《སངས་རྒྱས་ཀྱི་བསྟན་རྩིས་ངོ་མཚར་ནོར་བུའི་ཕྲེང་བ།》）中“巴唐香顿（བ་ཐང་ཞང་སྟོན།）生于公元1072年，众生怙主曼工巴玛顿嘉勒（འགྲོ་མགོན་སྨན་གོང་བ་མར་སྟོན་རྒྱལ་ལེགས།）生于公元1112年，雍敦扎西坚赞（ཡང་སྟོན་བཀྲ་ཤིས་རྒྱལ་མཚན།）的及门弟子即琼郭扎（དངོས་སློབ་དཔོན་གསས་ཁྱུང་རྒོད་རྩལ།）上师生于公元1175年”之记载①，扎西坚赞前往后藏学经的时间应为公元1130年至1140年期间。据说，他活了八十五岁，以此可知，他生于十二世纪初，卒于约十二世纪末。

尤其是，他在其兄丹巴奔吉（དམ་པ་འབུམ་རྗེ།）身边详细请授得广中略本《象雄耳传续修炼传承法》和密宗火焰以及本尊三怙主等灌顶教授后，在象雄成就者喀拉热夏咯昌（ཁ་ལ་རཏྣ་དང་རག་ཤ་སྒོམ་ཕྲེང་།）和喀尺学那亚（ཁ་ཁྲི་ཤོ་ན་ཡ།）等加持的胜地泮扎共勒岩右侧修行，亲眼目睹了前辈持明之尊容，并得授记，于季春二十日圆寂，享年八十五岁。②但他的经历在《证悟佛说传承经》（《ཉམས་རྒྱུད་རྒྱལ་བའི་ཕྱག་ཁྲིད།》）和《象雄耳传续历史总述》（《ཞང་ཞུང་སྙན་རྒྱུད་ཀྱི་ལོ་རྒྱུས་སྤྱི་བཤད།》）却未见记载。

4.具悟温布（རྟོགས་ལྡན་དཔོན་པོ།）

具悟温布为扎西坚赞的弟子，为扎西坚赞之妹亚阿觉简（ཡ་ངལ་རྗེ་ཙམ།）与俄甲（འོ་བརྒྱད།）所生之子，因悟性具足而称具悟。因其父为盗匪，幼时曾随父从事盗匪行为数年。有一天，占卜师通过占卜看见有一匹青马时，便脱口而道：“盗其马可有大赚头”，他们便去盗劫那匹马，结果钱没赚到，反而使父亲丢掉了性命，盗匪死伤惨重，自已的腹

① 邓真尼玛主编：《象雄与吐蕃历史文献》上册，成都：四川民族出版社，2016年11月，第1054页。

②才让太主编：《冈底斯雍仲苯教文献》第24卷《象雄耳传大圆满》，北京：民族出版社，2010年9月，第51页。

部也被戳伤，肠子都落了一地，这时只听一位仆人说："从此人眼根较高的角度看，有可能是俄甲之子。"而另一位仆人则说："别怕，他镇得住。"两人随即丢下他，各自骑马逃离，后又返回，帮他把肠子装回肚里，用丝线缝合好伤口，他这才免于一死。

据说，后来尽管他取回了被焚烧的父亲遗体，但因父亲和许多盗匪的死亡，自己也身负重伤，使他产生了极为强烈的厌倦情绪，于是前往向奔吉（ཞིང་འབུམ་རྗེ།）身边学习文化知识。可还未学到什么知识，就遭舅舅严厉批评。然后，又前往舅舅鲁扎巴（ཀླུ་བྲག་པ།）即雍敦扎西坚赞（ཡང་སྟོན་བཀྲ་ཤིས་རྒྱལ་མཚན།）身边，请求道："上师啊，我没学到文化，你若有佛陀教授，请赐予吧！"雍敦大师道："善哉，这里有普贤佛之密意大圆满象雄耳传续"，随即将其灌顶教授之本体和分支全部作了传授。得到真传后，具悟温布便在徐察达宗（ཁྲི་ཚར་སྟག་རྫོང་།）境内的色卓（སེར་བཙོག）和班仓（བན་ཚང་།）的岩洞以及哈学的洁尔坚（དང་ཤོག་གི་སྐྱེར་པ་ཅན།）等地修行，获得无数证果迹象，后在将要去后藏雍仲拉山建寺时突然圆寂①。这在他的传记修行续教授中也有记载。

5.雍敦坚赞仁钦（ཡང་སྟོན་རྒྱལ་མཚན་རིན་ཆེན།）

雍敦坚赞仁钦为具悟温布（རྫོགས་ལྡན་དཔོན་པོ།）的弟子，又称"雍敦丹萨巴（ཡང་སྟོན་གདན་ས་པ།）"。该师为具悟温布的舅舅，出生地为尼泊尔咯域上部，其血统为雍敦或亚阿氏。其母亲聂姆衮姐（ཡང་སྟོན་གདན་ས་པ།）此前尽管生有一子，取名为亚阿麻（ཡ་ངལ་འབབ།），但二十七岁便早逝了。于是，父亲亚阿氏（ཡབ་ཡ་ངལ།）召集咯、笃波和牧区三地的所有弟子道："现吾已绝后，尔等应各自护持教法了。"遂将自己的供器和著衣及座垫等物品赠送给了弟子们。乡亲们见状，无不伤心落泪，异口同声地劝他再娶一房续后，他却沮丧地回答说：

① 才让太主编：《冈底斯雍仲苯教文献》第24卷《象雄耳传大圆满》，北京：民族出版社，2010年9月，第52页。

“总体来看，本教徒都较弱，此地恶人较多，故要想长寿很难。”接着，弟子们商议后，派四位章松（相当于比丘）前往各地，在后藏上部地区的达则之地将年满八岁的雍敦坚赞仁钦（ཡང་སྟོན་རྒྱལ་མཚན་རིན་ཆེན།）请入寺中，弟子和施主们举华盖、胜幢等，举办了隆重庆典，咯域和笃波及牧区三地的八十座本地寺庙均作了献供，为其举行了继位典礼。

雍敦坚赞仁钦在未满二十一岁期间，仍未离蓄发持咒者相，着咒师衣，闻思和修炼密宗内外续法门。见到具悟温布上师后，上师正想在笃波的布津（དོལ་པོ་ཕི་ཅེར།）举办一次吉祥授位仪式，给咯波地区传书带信，邀请琼葛格西前来为自已颂吉祥。坚赞仁钦抵达后，向上师请授得许多耳传续法门。具悟温布上师还语重心长地对他道：“吾已年迈，何时离世说不定，这些法要教授之主宰只有靠你担当了。”遂将象雄耳传续的本体和分支法门统统传授给了坚赞仁钦。于是，坚赞仁钦从当年冬月起至次年春之间勤作讲闻，上师所传之法要教授无余尽显于心中。接着，他又前往咯窝司如（སློ་བོ་སི་རིབ།）和笃波（དོལ་པོ།）等地的部分寺庙修炼，据说于62岁时圆寂，显现了无数证果迹象①。《证悟佛说传承经》（《མས་རྒྱུད་རྒྱལ་བའི་ཕྱག་ཁྲིད།》）和《象雄耳传续历史总述》（《ཞང་ཞུང་སྙན་རྒྱུད་ལོ་རྒྱུས་སྤྱི་བཤད།》）等典籍中所说的“雍敦丹萨巴”（ཡང་སྟོན་གདན་ས་བ།）就是这位上师②。

6.具悟咭阙傣西（རྟོགས་ལྡན་གཅིག་ཆོད་དད་ཤེས།）

具悟咭阙傣西为雍敦坚赞仁钦（ཡང་སྟོན་རྒྱལ་མཚན་རིན་ཆེན།）的弟子，其父亲名为索苯磋旦（སྲོ་བོན་ཁྲི་བསྟན།），母亲名为贡波健（མགོན་པོ་རྒྱན།）。在他未出生前，冈底斯山神和叶翁玛（ཡིད་འོང་མ།）就曾作过预言。他六岁时丧母，十三岁父亲又离他而去，父亲离世时曾留

① 才让太主编：《冈底斯雍仲苯教文献》第24卷《象雄耳传大圆满》，北京：民族出版社，2010年9月，第51页。

② 益西旦增主编：《远古藏族文化精髓——象雄耳传》第2卷，成都：四川民族出版社，2016年2月，第35页。

下遗嘱："请将我的这个孩子，送去亚阿（ཡ་ངལ།）处吧！"尊父遗嘱，咭阙傣西（གཅིག་ཆོད་དད་ཤེས།）便在上师处出家，精进学修显密和大圆满诸法门。满十九岁时，从事许多令上师高兴的服侍事务。在咯窝期间，直顿格西（བྲུ་སྟོན་དགེ་བཤེས།）和亚阿·东葛（ཡ་ངལ་སྟོན་རྒོད།）圆寂时，他前去收税，期间从楼上跌落摔伤，疼痛难忍，医治了无数次，均未见奏效，心中顿时产生了"别在独自呆下去，应在上师尊前学修一些对临终有益的法要窍门"的想法，于是按照斯巴杰姆（即世间王母）的预言所示，闻思无上大圆满象雄耳传续之法门，并依母续划定要隘，作断法闭关修行，尊坚赞仁钦上师"从现在起你就是耳传续的主宰，要好好作修炼，正规向他人授课"之嘱托，在雪山、三湖和卫藏四地之南部门奔塘坝（མོན་འབུམ་ཐང་།）、北部的郎措秀莫湖（གནམ་མཚོ་ཕྱུག་མོ།）、上部的古格汝托（གུ་གེ་རུ་ཐོག）、西部的札拉达惹（རྫ་ལ་རྡ་ར།）、普兰（སྤུ་ཧྲང་།）、勒米（སླེ་མི།）、翁罗（འོམ་ལོ།）和笃波（དོལ་པོ།）等地修炼，成为与泽旺日措巴（ཚེ་དབང་རི་ཁྲོད་པ།）之思想无二无别之贤能。

7.知·嘉瓦雍仲（བྲུ་རྒྱལ་བ་གཡུང་དྲུང་།）

直·嘉瓦雍仲的传记，属耶茹十八上师范畴，这在前文介绍耶茹十八位上师时已讲过。他将具悟咭阙傣西邀请至耶茹文萨卡寺，传授未流于地下的象雄耳传续法要诀窍及其相关介绍和后援等法门，不仅自己修炼，还编纂了广中略本修炼传承之精髓《证悟佛说传承经》（ཉམས་རྒྱུད་རྒྱལ་བའི་ཕྱག་ཁྲིད།）和《象雄耳传大圆满历代上师传》（བླ་བརྒྱུད་རྣམ་ཐར།）等经典，将象雄耳传续之法门弘传至整个藏族生活地区。《大圆满心识下九部》和《象雄耳传续》和《阿赤大圆满经》三大法门，通常以简缩的"阿卓严松"（ཨ་རྫོགས་སྙན་གསུམ།）著称，其中"阿"（ཨ）指《阿赤大圆满经》，"卓"（རྫོགས།）指《大圆满经》、"严"（སྙན།）指《耳传续》。

8.龙贡夺美（ལུང་སྒོམ་རྟོགས་མེད།）

龙贡夺美为雍敦西饶坚赞的弟子，生于今西藏日喀则一带，血统属龙氏，其父母和生年不详。他在雍敦西饶坚赞即邦拉郎辛（སྤང་ལ་གནམ་གཤེན།）身边相互请授得耳传续教言传承相关四部的灌顶教授后，前往今日喀则一带的日措即山间隐寺修行，到底修行至多少岁不详，后成为修行传承和教言传承中耳传续之主宰。

9.车美依波（འབྲུལ་མེད་ཞིག་པོ།）

车美依波为龙贡夺美（ལུང་སྒོམ་རྟོགས་མེད།）的弟子之一，他为尼泊尔咯域下部的夏尔巴人（ཤ་རི་བ།），血统为聂尔氏（སྙེལ།）。该师与邦拉郎辛即雍敦西饶坚赞和龙贡夺美二位上师互传象雄耳传续教言传承相关四部之灌顶教授后，前往山间隐即日措作潜心修行，获得成就。

10.聂贡日瓦协尊

聂贡日瓦协尊（གཉག་སྒོམ་རི་བ་ཤེར་བཙུན།）即出生于聂氏家族的修行者日瓦协尊，为车美依波的弟子，生于宕惹玄贡（དང་ར་སྲུན་དགོན།）之地，血统属聂氏，长大后在车美依波身边全面请授得象雄耳传续教言传承相关四部之灌顶教授后，在雪山之达郭（གངས་ཀྱི་སྟ་སྒོ།）和宕惹（དང་ར།）等地修行，获得无上成就。

11.邬汝·索南坚赞（ཨུ་རུ་བསོད་ནམས་རྒྱལ་མཚན།）

邬汝·索南坚赞为聂贡日瓦协尊的弟子，祖籍在白日境内，即今甘孜藏族自治州德格县境内的觉达宗，血统为董氏，内部称“甲氏”（རྒྱ།），五岁丧母，倍受继母欺凌，因家中子女多，父亲让其出家，取法名为“索南坚赞”（བསོད་ནམས་རྒྱལ་མཚན།）。二十岁时在日顿苯依乐丹大师（རས་སྟོན་བོན་ཞིག་བློ་ལྡན།）身边请授《菩提心示密》（《བྱང་སེམས་གབ་པ།》）和《斯巴卓普》（《སྲིད་པའི་མཛོད་ཕུགས།》）等法门，成为贤能。之后，与日瓦协尔尊在宕惹玄贡作闭关修行时，梦见前来与邬汝相见，次日上午前去拜见上师，得授大圆满象雄耳传续教方传承相关四部之教授，后来居于白日方向修行，获得通达的见地，于八十一岁时圆寂。他撰有《邬汝董腾》（ཨུ་རུ་སྟོང་ཐུན།）等许多论著，培养了工察·扎西达吉（ཀོང་ཚ་བཀྲ་ཤིས་དར།）、索南益西（བསོད་ནམས་ཡེ་ཤེས།）、玛儅宇则（མ་ཧིང་གཡུ་རྩེ།）等能从事弘法利生的无数弟子。

12.索南益西（བསོད་ནམས་ཡེ་ཤེས།）

索南益西为邬汝·索南坚赞（ཨུ་རུ་བསོད་ནམས་རྒྱལ་མཚན།）的弟子，生于辛达儅（གཤེན་དར་ཞིང་།）之地，即今西藏日喀则地区谢通门县附近地区，血统为涅氏，内部称聂氏。他遵从益西乐助（ཡེ་ཤེས་བློ་གྲོས།）上师的旨意，前往白日之地拜见索南坚赞大师（བསོད་ནམས་རྒྱལ་མཚན།），请授得大圆满象雄耳传续外见地总断和内诀窍直接教授，以及秘密智裸见和绝密终极理论等灌顶教授，之后返回达儅，将所学的耳传续教言传承和修炼传承之灌顶教授如数向益西乐助上师作了汇报，后来培养了牟朵·益西仁钦（སྨུ་སྟོ་ཡེ་ཤེས་རིན་ཆེན།）等众多弟子。相传，益西乐助大师于公元1123年建辛达儅寺，由此不难知晓，索南坚赞与益西乐助大师应为同时代的人。

# 附录：公开出版的本教文献索引（1985—2019）

自公元1985年至2019年，国内公开出版的本教文献约有76种，总计700余册，分别由四川民族出版社、民族出版社、西藏藏文古籍出版社、西藏人民出版社、青海民族出版社、青海人民出版社、甘肃民族出版社、甘肃文化出版社、中国藏学出版社、云南民族出版社、云南人民出版社、中国教育出版社等四十家国内正规出版社出版，尚未搜集到的还有很多。

| 序号 | 出版社 | 数量 | 单位 |
|---|---|---|---|
| 1 | 四川民族出版社 | 132 | 册 |
| 2 | 西藏人民出版社 | 3 | 册 |
| 3 | 青海人民出版社 | 10 | 册 |
| 4 | 民族出版社 | 42 | 册 |
| 5 | 甘肃民族出版社 | 275 | 册 |
| 6 | 西藏藏文古籍出版社 | 192 | 册 |
| 7 | 中国藏学出版社 | 18 | 册 |
| 8 | 青海民族出版社 | 21 | 册 |
| 9 | 云南民族出版社 | 1 | 册 |
| 10 | 宗教文化出版社 | 1 | 册 |
| 11 | 云南人民出版社 | 2 | 册 |
| 12 | 中国教育出版社 | 1 | 册 |

| | | | |
|---|---|---|---|
| 13 | 甘肃文化出版社 | 25 | 册 |
| 14 | 海外出版社 | 1 | 册 |

笔者搜集到的资料共计75种，按出版年份先后排序，详列如下：

1.ས་བཟང་རིན་པོ་ཆེའི་གཏེར་མཛོད།（ལེགས་བཤད་རིན་པོ་ཆེའི་གཏེར་མཛོད་དགའ་བའི་ཆར་ཞེས་བྱ།）《西藏本教源流》，夏察·扎西坚参著，北京：民族出版社，1985年9月第1次出版。

2.གཡུང་དྲུང་བོན་གྱི་བསྟན་འབྱུང་།（གཡུང་དྲུང་བོན་གྱི་བསྟན་པའི་འབྱུང་ཁུངས་ལེགས་བཤད་བསྐལ་བཟང་བསྟན་པའི་མགྲིན་རྒྱན་ཞེས་བརྗོད།）《本教源流》，白催著，拉萨：西藏人民出版社，1988年11月第1次出版。

3.བརྡ་སྤྲོད་ཉི་ཤུ་བདུན་པ།《苯波文通二十一颂》，显·奎巴色仓著，成都：四川民族出版社，1989年10月第1次出版。

4.ཞང་བོད་གནའ་རབས་ཀྱི་ལོ་རྒྱུས་ནོར་བུའི་མེ་ལོང་།《藏族远古史》，南卡洛布著，北京：中国藏学出版社，1990年4月第1次出版。

5.ཤར་རྫ་བཀྲ་ཤིས་རྒྱལ་མཚན་གྱི་རྣམ་ཐར།《夏尔杂·扎西坚参传》，扎敦·格桑丹贝坚参著，才让太整理，北京：中国藏学出版社，1990年3月第1次出版。

6.མདོ་གཟེར་མིག《赛米》，全1册，藏文版，章杰增巴著，北京：中国藏学出版社，1991年5月第1次出版。

7.བསྟན་པའི་རྣམ་བཤད་དར་རྒྱས་གསལ་བའི་སྒྲོན་མེ་འམ་བསྟན་འབྱུང་དར་རྒྱས་གསལ་སྒྲོན་ཡང་ཟེར།《本教源流宏扬明灯》，芭·邓杰桑波著，全1册，藏文版，北京：中国藏学出版社，1991年12月第1版。

8.གཡུང་དྲུང་བོན་གྱི་བཀའ་འགྱུར་དཀར་ཆག（ཟབ་དང་རྒྱ་ཆེ་གཡུང་དྲུང་བོན་གྱི་བཀའ་འགྱུར་དཀར་ཆག་ཉི་མ་འབུམ་གྱི་འོད་ཟེར།）《本教大藏经目录》，全1册，藏文，仁增更珠扎巴著，北京：中国藏学出版社，1993年12月第1次出版。

9.ཞང་བོད་ལོ་རྒྱུས་ཏི་སེའི་འོད།《古代象雄与吐蕃史》，全1册，藏文

版，南喀诺布著，北京：中国藏学出版社，1995年5月第1次出版。

10.ཐེག་ཆེན་སངས་རྒྱས་གཡུང་དྲུང་བོན་གྱི་ངོ་སྤྲོད་བློ་གསལ་སྒོ་འབྱེད།《本教常识》或《大乘觉悟道雍仲本教常识》，全1册，藏汉对照，北京：民族出版社，1998年2月第1次出版。

11.བརྡ་སྤྲོད་ཀུན་སྣང་སྒྲོན་མེ།《藏文语法明灯》，藏文版，全1册，仁增贡卓扎巴著，北京：民族出版社，1998年12月第1次出版。

12.《象雄时期的藏族文明》，藏文版，全1册，阿旺嘉措著，兰州甘肃民族出版社，1998年第1次出版。

13.ཐེག་ཆེན་སངས་རྒྱས་གཡུང་དྲུང་བོན་གྱི་བཀའ་འགྱུར།《大乘雍仲本教甘珠尔》，藏文版，全178册，满吉拉色主编，拉萨：西藏藏文古籍出版社，2000年7月1次出版。

14.མདོ་དྲི་མེད་གཟི་བརྗིད།《敦巴辛绕全传》，藏文版，全12卷，巴桑次仁主编，拉萨：西藏藏文古籍出版社，2000年9月第1次出版。

15.གཡུང་དྲུང་བོན་གྱི་ཞལ་འདོན་དང་ལོ་རྒྱུས་ཅུང་བསྡུས་ཞང་ཞུང་སྙིང་ཏིག《象雄文萃》，汉文版，张家·仁增降措著，北京：民族出版社，2002年7月第1次出版。

16.གསོ་རིག་འབུམ་བཞི།《本教四部藏医经典》，藏文版，全1册，杰布赤协著，北京：民族出版社，2005年6月第1次出版。

17.མདའ་དང་འཕང་སྟོད་ཆ་དང་སྨད་ཆ།《卡尔梅·桑丹坚参全集》，藏文版，全2册，卡尔梅·桑丹坚参著，德康·索南曲杰译，北京：中国藏学出版社，2007年9月第1次出版，2010年11月第2次出版发行。

18.ཡ་ཐོག་བོད་ཀྱི་ཤེས་རིག་ཞིབ་འཇུག་ལས་འཕྲོས་པའི་གཏམ།《古藏文化探源》，藏汉对照，全1册，泽绒洛吾著，北京：民族出版社，2007年6月第1次出版。

19.《西藏本教经文集》，全1册，德庆多吉编译，拉萨：西藏人民出版社，2008年4月第1版。

20.གཡུང་དྲུང་བོན་གྱི་བཀའ་རྟེན་དཔེ་རྙིང་ཕྱོགས་བསྒྲིགས་བཞུགས་སོ།།《雍仲本教经

典及其注释》，伟色金巴彭措主编，全110册，兰州：甘肃民族出版社，2008年9月第1次出版。

21.མན་ངག་རིན་པོ་ཆེའི་ཨ་ཁྲིད་ཐུན་མཚམས་བཅོ་ལྔ་པའི་སྔོན་འགྲོའི་ཁྲིད་རིམ་བཀའ་ལུང་རྒྱ་མཚོ། ཡོངས་གྲགས་ལ་བཀའ་ལུང་རྒྱ་མཚོ་ཞེས་བརྗོད།《本教知识宝典》，全1册，夏咱扎西坚赞著，阿旺泽仁扎西编辑，成都：四川民族出版社，2009年7月出第1次出版，2018年第10次出版。

22.《雍仲本教大师》，汉文版，全1册，宁艳娟著，2009年11月大雁文化事业股份有限公司橡实文化出版社第1次出版。

23.སྨྲ་པཎྜི་ཏ་དབྲ་སྟོན་ངག་དབང་བསྐལ་བཟང་བསྟན་པའི་རྒྱལ་མཚན་གྱི་གསུང་འབུམ་ཐོགས་བསྒྲིགས།《色拉班智达·扎顿巴·噶桑丹巴将参文集》，藏文版，共8卷，其麦拥珠主编，北京：民族出版社，2009年6月第1次出版。

24.ཐེག་པ་ཆེན་པོ་གསང་སྔགས་མ་རྒྱུད་ཐུགས་རྗེ་རྒྱུད་གསུམ།《本教母续根本经及其注释》，藏文版，全1册，古如诺栽伏藏于12世纪，雍忠丛书整理组整理，北京：民族出版社，2009年12月第1次出版。

25.རྟོགས་ལྡན་ཁྲི་རིན་པོ་ཆེ་འཇམ་དབྱངས་མཁྱེན་རབ་རྒྱ་མཚོའི་གསུང་འབུམ།《夺登赤瓦文集》，藏文版，共4卷，赤瓦嘉央降措著，成都：四川民族出版社，2009年6月第1次出版。

26.《西藏的睡梦瑜伽》，汉文版，全1册，丹增旺杰著，向红茄、姜秀英译，北京：中国藏学出版社，2009年1月第1次出版。

27.གངས་ཏི་སེའི་བོན་གཞུང་རིག་མཛོད་དཔེ་ཚོགས།《冈底斯雍仲本教丛书》藏文版，26卷，才让太、达瓦活佛主编，北京：民族出版社，2010年7月第1次出版。

28.《本教密法》，汉文版，全1册，拉弛著，杰当·西绕江措译，昆明：云南民族出版社，2010年7月第1版。

29.ཀུན་མཁྱེན་ཤར་རྫ་བཀྲ་ཤིས་རྒྱལ་མཚན་གྱི་གསུང་འབུམ་བཞུགས་སོ།།《夏咱·扎西坚参全集》，藏文版，全7册，阿旺泽仁扎西主编，成都：四川民族出版社，2011年7月第1次出版，2013年第2次出版。

30.དཔལ་གཤེན་བསྟན་སྣ་རིའི་མཁན་པོ་སྒོ་སྟོན་ཉི་མ་བསྟན་འཛིན་དབང་གིས་རྒྱལ་པོའི་རྣམ་ཐར་ལེགས་བཤད་ཉི་འབུམ་གྱི་འོད་ཅན་ནམ་ཡོངས་གྲགས་ལ་མཁན་ཉི་མའི་རང་རྣམ་ཟེར།《尼玛丹增自传》，藏文版，全1册，尼玛丹增著，才让太整理，北京：民族出版社，2012年9月第1次出版。

31.《藏族雍仲本教史妙语宝库》，汉文版，全1册，夏杂·扎西坚参著，刘勇译注，北京：民族出版社，2012年出版。

32.《本教史纲要》，汉文版，全1册，才让太、顿珠拉杰著，北京：中国藏学出版社，2012年11月第1次出版。

33.ཞང་བོད་ཡ་ཐོག་ཁྱད་ནོར་དཔེ་ཚོགས།《象雄文集》，藏文版，全5卷，成都：四川民族出版社，2012年6月第1次出版。

34.《修行——幸福在何处》，汉文版，全1册，仁增尼玛著，西安：陕西师范大学出版社，2012年4月第1次出版。

35.《雍仲本教法相宝典》，汉文版，全1册，新甲旦增、宁艳娟主编，成都：四川民族出版社，2013年2月第1次出版。

36.《发现自己》，汉文版，全1册，泽绒洛吾著，兰州：甘肃民族出版社，2012年10月第1次出版。

37.《僧侣博客》，汉文版，全1册，泽绒洛吾著，兰州：甘肃民族出版社，2012年10月第1次出版。

38.མཉྣ་པཎྜི་ཏ་ཛེ་བཙུན་ཚུལ་ཁྲིམས་བསྟན་པའི་རྒྱལ་མཚན་གྱི་གསུང་འབུམ།《泽尔青旦贝坚赞文集》，藏文版，全3卷，泽尔青旦贝坚赞著，成都：四川民族出版社，2012年7月第1次出版。

39.བོན་གྱི་ཤེས་རིག་ཚིག་མཛོད།《本教文化大辞典》，藏汉双语，全1册，顿珠拉杰主编，拉萨：西藏人民出版社，2012年12月第1次出版。

40.སྒོ་བཞི་མཛོད་ལྔའི་ཡང་བཅུད།《藏族典籍精选》，藏文版，共52卷，元旦平措主编，成都：四川民族出版社，2013年12月第1次出版。

41.ཟེ་སྟོད་རིན་པོ་ཆེའི་མཛོད།《雍仲本教法藏宝库》，汉文版，全1册，夏

尔匝·扎西坚著，卡纳·格桑嘉措译，戴发望、宋魏主编，西宁：青海人民出版社，2013年1月第1次出版。

42.སངས་རྒྱས་གཡུང་དྲུང་བོན་གྱི་དཔེ་ཚོགས།《藏族珍稀古籍集》，藏文版，全19册，元旦平措编，成都：四川民族出版社，2013年7月第1次出版。

43.《甘南本教的历史与文化》，汉文版，全1册，阿旺嘉措著，北京：中国藏学出版社，2013年第1次出版。

44.《普米韩规宝典》，汉文版，全2册，胡忠文、胡文明主编，昆明：云南人民出版社，2014年10月第1次出版。

45.བོན་གྱི་གདུང་རྒྱུད་ཆེན་པོ་དྲུག་གི་བྱུང་བ་བརྗོད་པ།《本教六大世袭家族史》，藏文版，全1册，旦增朗杰著，拉萨：西藏人民出版社，2014年7月第1次出版。

46.སྐྱང་སྤྲུལ་དྲི་མེད་འོད་ཟེར་གྱི་གསུང་འབུམ།《象珠志美奥色文集》，藏文版，全6册，象珠志美奥色著，阿旺嘉措、丁子旺加主编，北京：中国藏学出版社，2014年10月第1次出版。

47.《苯教与西藏神话的起源——“仲”、“德乌”和“苯”》，汉文版，全1册，曲杰·南喀诺布著，向红笳、才让太译，北京：中国藏学出版社，2014年5月第1版。

48.《西藏本土文化、本土宗教——本教音乐》，汉文版，全1册，嘉雍群培著，北京：宗教文化出版社，2014年11月第1版。

49.ཞང་བོད་གདན་རབས།《象藏古刹》，藏文版，全2册，格西西饶扎巴著，成都：四川民族出版社，2015年1月第1次出版。

50.གསུང་རབས་སྨོ་མཛོད་རིན་པོ་ཆེའི་གླིགས་བམ།《门库经典汇编》（别名《本教甘珠尔》），藏文版，全150册，伟色金巴彭措主编，兰州：甘肃民族出版社，2015年9月第1次出版。

51.བྲག་མགོ་དགེ་བཤེས་ཚེ་དབང་རྒྱལ་མཚན་གྱི་གསུང་དེབ།《格西泽翁坚赞文集》，泽翁坚赞著，藏文，全2册，2015年11月甘肃民族出版社第1次

出版。

52.རྒྱལ་བ་གཉིས་པ་སྨན་རི་བ་མཉམ་མེད་ཆེན་པོའི་བཀའ་འབུམ།《良美大师文集》，良美大师著，全10册，永忠祖培主编，2015年5月四川民族出版社第1次出版。荣获第二十二届全国优秀藏文图书一等奖。

53.ཆོས་རྒྱལ་ནམ་མཁའི་ནོར་བུའི་གསུང་འབུམ།《南喀诺布文集》，藏文版，全6册，南喀诺布著，西宁：青海人民出版社，2015年12月第1次出版。

54.《藏彝走廊：本波教朵玛文化研究》，汉文版，全1册，才旦著，北京：中国教育出版社，2015年9月第1次出版。

55.《一个西藏喇嘛的故事》，汉文版，全1册，泽绒洛吾著，西宁：青海人民出版社，2015年1月第1次出版。

56.《与自己对话》，汉文版，全1册，泽绒洛吾著，西宁：青海人民出版社，2015年1月第1次出版。

57. མུ་ཁྲི་བཙན་པོའི་དཔྱད་རྩོམ་བདམས་བསྒྲིགས།《穆赤赞普文萃》（1），藏文版，仁博次邓、八桑主编，成都：四川民族出版社，2015年6月第1次出版。

58.བྱང་ཆུབ་ལམ་གྱི་རིམ་པའི་དམིགས་ཁྲིད་གཤེན་བསྟན་གསལ་བའི་སྒྲོན་མེ་ཞེས་བྱ་བ།《菩提道次第教程·本教普显明灯》，汉文版，全1册，次成丹贝坚参著，俄日才让译注，北京：中国藏学出版社，2016年2月第1次出版。

59.གདམས་ཤུལ་དགའ་ཐང་འབུམ་པ་ཆེ་ནས་རྙེད་པའི་བོན་གྱི་གནའ་དཔེའི་ཞིབ་འཇུག《当许噶唐布巴奇本教古文献研究》，藏文版，全1册，吉毛措著，北京：中国藏学出版社，2016年8月第1次出版。

60.ཚད་མ་ཀུན་ལས་བཏུས་པའི་འཇུག་སྒོ་ཤེས་རབ་སྒྲོན་མེ་འབར་བའི་འོད་སྣང་།《集量论入门智慧明灯》，藏文版，共3卷，珠波泽仁著，成都：四川民族出版社，2016年11月第1次出版。

61.ཞང་བོད་ལོ་རྒྱུས་ཡིག་ཚོགས་བསྒྲིགས།《象雄与吐蕃历史文献》，藏文版，全2

册，邓增尼玛编，成都：四川民族出版社，2016年11月第1次出版。

62.རྒྱལ་གཞིན་རིག་མཛོད།《远古藏族文化精粹之象雄耳传》，藏文版，全4册，丹增益西主编，成都：四川民族出版社，2016年2月第1次出版。

63.གནའ་རབས་བོན་གྱི་དཔེ་དཀོན་བྲིས་མ།《古藏文本教手抄珍本文献》，藏文版，共10卷，才让太、阿旺嘉措主编，西宁：青海民族出版社，2016年12月第1次出版。

64.ཁུ་བྱུག་སྔོན་མོའི་སྒྲ་དབྱངས།《本教古文献九部史》，藏文版，全1册，索朗曲杰编，拉萨：西藏藏文古籍出版社，2017年4月第1次出版。

65.ཞར་རྒྱལ་མོ་ཚ་བ་རོང་གི་ལོ་རྒྱུས་དང་རིག་གནས་དཔེ་ཚོགས།《嘉绒藏族历史文化丛书》，藏汉双语版，全10册，阿坝藏族自治州藏族历史文化古籍研究协会编，成都：四川民族出版社，2017年1月第1次出版。

66.སངས་རྒྱས་གཡུང་དྲུང་བོན་གྱི་ཞལ་འདོན།《雍仲本教颂词精选》，藏汉双语，全1册，本教名词汉译审定编辑小组译，成都：四川民族出版社，2017年10月第1次出版。

67.《认识本教》，汉文版，全1册，泽绒洛吾著，西宁：青海人民出版社，2017年3月第1次出版。

68.བོན་གྱི་ལོ་རྒྱུས་ཡིག་ཚང་ཆེན་མོ།《本教历史文献汇编》，藏文版，全10卷，赤索丹主编，兰州：甘肃民族出版社，2018年7月第1次出版。

69.རྒྱལ་རོང་གཡུང་དྲུང་ལྷ་སྟེང་དགོན་པའི་ལོ་རྒྱུས་དང་ད་ལྟའི་གནས་བབ་ཞིབ་འཇུག《雍仲拉丁寺的历史与现状研究》，藏文版，全1册，吉毛措著，成都：四川民族出版社，2018年12月第1次出版。

70.ཚངས་པ་ལྷ་ཡི་ཡོ་བཅོས་རྒྱས་པ།《本教远古文献之本教远古祭祀仪文汇编》，藏文版，龙康·平措多吉、拉巴扎西主编，拉萨：西藏藏文古籍出版社，2018年10月第1次出版，。

71.《象雄文明研究》，汉文版，全1册，同美著，成都：四川民族出版社，2018年10月第1次出版。

72.བོན་གྱི་ཆོས་དང་རིག་གནས་ཁམས་དཀར་མཛེས་ཕྱོགས་སུ་དར་འཕེལ་བྱུང་ཚུལ་ལ་དཔྱད་པ་མེས་པོའི་ཞབས་རྗེས།《甘孜州本教文化传播研究》，藏文版，全1册，泽仁吉美著，四川民族出版社，2018年10月第1次出版。

73.སྲིད་པའི་མཛོད་ཕུགས་ཀྱི་གཞུང་།《世间根本藏》，藏文版，辛饶弥沃著，永忠旦增、八桑、仁博次邓主编，成都：四川民族出版社，2018年8月第1次出版。

74.འབྲུག་ཆུའི་དམངས་ཁྲོད་གནའ་རབས་བོན་གྱི་དཔེ་རྙིང་ཕྱོགས་བསྒྲིགས།《舟曲民间古籍本教文献》第一辑，藏文版，全25册，舟子、署明、王茜、全庸卓玛主编，赵桂芳审核，兰州：甘肃文化出版社，2018年7月第1次出版。

75.《旺加·格勒隆智嘉措文集》，藏文版，全10册，旺家·格勒隆智嘉措著，西宁：青海民族出版社，2018年12月第1版。

以上内容是由本人在长期调查研究本教文献的过程中搜集到的文献，若有遗漏，敬希指正。

# 后记

笔者是一名藏族历史与文化工作者，从事该项工作至今已有26年。自2016年起，笔者开始搜集与整理与本书相关的内容，2021年将初稿交予西藏藏文古籍出版社。

要考究西藏远古历史还得靠考古资料和古代神话的研究方法，但现如今国内研究古代神话的不多，西藏古代神话研究者少之又少。要实现伟大的中国梦，就要挖掘具有历史价值的中国传统文化，以加强文化自信，复兴中国文化。本书以青藏高原的人与自然为主要内容，以大量神话考古、文献考古、历史考古的资料作为依据。在搜集和整理资料，以及编辑成书的过程中得到过很多人的支持和帮助。在出书费用方面，有丹巴阿支拉交及来自各地的朋友们积极帮助，还有出版社的大力支持，本书才能完整呈现在读者面前。

除此之外，中国社科院的降边嘉措老师、南开大学教授阿错、原四川省文化厅副厅长泽波老师、甘孜州政协副主席龚建忠、甘孜州佛协、甘孜州藏研所，以及泽仁吉美老师、泽仁扎西社长、扎西俄热、仁博次旦、生根·仁增尼玛、泽旺吉美、祈麦雍仲、根呷坚参、红星央宗、泽绒麦朵、杨昌东知、泽仁拥章、张克草、青姆、阿支拉交、华青加、丹增旺甲、降洛等很多老师们提出了宝贵的建议和意见，提供过相关资料，对本书的写作给予非常大的帮助。此外，还有天津的常竞、北京的周佳融、德格的秋珍等老师们对本书多次校对和润色，在此一并致谢。